江苏省非物质文化遗产概览

江苏省文化和旅游厅非物质文化遗产处
南京大学文化与自然遗产研究所 编

江苏人民出版社

图书在版编目(CIP)数据

江苏省非物质文化遗产概览 / 江苏省文化和旅游厅非物质文化遗产处,南京大学文化与自然遗产研究所编. — 南京:江苏人民出版社,2021.5
ISBN 978-7-214-16978-5

Ⅰ.①江… Ⅱ.①江…②南… Ⅲ.①非物质文化遗产—介绍—江苏 Ⅳ.①G127.53

中国版本图书馆 CIP 数据核字(2019)第 286936 号

书　　名	江苏省非物质文化遗产概览
编　　者	江苏省文化和旅游厅非物质文化遗产处 南京大学文化与自然遗产研究所
责 任 编 辑	莫莹萍
特 约 编 辑	宋莎丽　张　欣
封 面 设 计	曹　洁
责 任 监 制	王　娟
出 版 发 行	江苏人民出版社
地　　址	南京市湖南路 1 号 A 楼,邮编:210009
网　　址	http://www.jspph.com
照　　排	江苏凤凰制版有限公司
印　　刷	江苏凤凰通达印刷有限公司
开　　本	718 毫米×1000 毫米　1/16
印　　张	34.75
字　　数	542 千字
版　　次	2021 年 5 月第 1 版
印　　次	2021 年 5 月第 1 次印刷
标 准 书 号	ISBN 978-7-214-16978-5
定　　价	118.00 元

(江苏人民出版社图书凡印装错误可向承印厂调换)

《江苏省非物质文化遗产概览》编委会

主　任

贺云翱

编委会成员

郑孝清（南京）	李晓红（无锡）	牛　刚（徐州）
严旭华（常州）	徐春宏（苏州）	倪小平（南通）
周　霞（连云港）	李　倩（淮安）	朱　超（盐城）
王官宏（扬州）	许　伟（镇江）	许　晶（泰州）
陈　浩（宿迁）		

《江苏省非物质文化遗产概览》

主　编

贺云翱

编　务

黄　亮　黄文浩　宋莎丽

序 言

非物质文化遗产,是人们在社会生产和生活中创造、在一个地区或者一个族群内通过口传心授等方式世代相传的各种传统文化表现形式,以及与其相关的实物和场所。它包括传统口头文学以及作为其载体的语言,传统美术、书法、音乐、舞蹈、戏剧、曲艺和杂技,传统技艺、医药和历法,传统礼仪、节庆等民俗,传统体育和游艺等。它的主要形态是社会实践、观念表述、表现形式、知识和技能,载体是相关的工具、实物、场所和文化空间。它的主要功能包括认识历史、传承文化、进行审美体验、增加科学知识、调节社群关系、创造经济收益等。它深植于民族民间,蕴含着特有的精神价值、思维方式、想象力和文化意识,是民族身份的象征。它依托于人而传承,并在传承中不断被赋予智慧和创造力,是传统在当代社会生活中的现实体现,具有为相关社区以及群体提供认同感的文化意义和可持续发展的社会功能。

江苏物华天宝,人杰地灵,是中华文明的发源地之一。该地历史上经历商末吴人东迁与周初徐人南迁、永嘉之乱与晋室南迁、唐代安史之乱、两宋之交靖康之变、明初迁民云南与移民"填实京师"等多次南北经济文化大交流,形成了由吴文化、金陵文化、徐淮文化、维扬文化、苏东海洋文化等不同的区域文化所组成的江苏文化。北宋末年以后,中国经济、文化的重心南移,江苏遂成为中国经济和文化的重心之一。

"东南财赋地,江左人文薮。"文明的久远,经济的富庶,江湖河海的滋育,勤劳、睿智的江苏人民在这片美丽富饶的土地上创造并留存了丰富多彩、弥足珍贵的文化遗产,既有以物质形态为主的苏州古典园林、明代陵寝、大运河、文献典籍等名扬天下"有形"文化遗产;又有主要通过口传心授方式活态传承下来的绚丽多彩的非物质文化遗产,仅经初步调查建档的资源项目就有 28922 个,其中昆曲、古琴艺术(虞山琴派、广陵琴派、金陵琴派、梅庵琴派)、南京云锦织造技艺、扬州雕版印刷技艺、金陵刻经技艺、扬州剪纸、南京剪纸、徐州剪纸、金坛刻纸、香山帮传统建筑营造技艺、宋锦织造技艺、苏州缂丝织造技艺、苏州端午习俗等16个具有历史、文学、艺术和科学价值,体现中华民族、江苏区域优秀传统文化的代表性项目,被联合国教科文组织列入了人类非物质文化遗产代表作名录,获得国际社会传统文化的最高荣誉;其他如吴歌、江南丝竹、东坝大马灯、扬剧、苏州评弹、苏绣、宜兴紫砂陶制作技艺、雷允上六神丸制药技艺、沛县武术、金坛抬阁、建湖十八团杂技、秦淮灯会、水乡妇女服饰等2029个代表性项目,分别被列入了国家、省、市、县(区)级代表性项目名录。这些弥足珍贵的非物质文化遗产,门类齐全、品种繁多、形式多样、内容丰富,蕴含着深邃的人文内涵,既有民族文化的共性,又有区域文化鲜明的个性,构成了江苏传统文化的海洋。它凝聚着江苏人的聪明才智,寄托着江苏人的情感追求,是江苏宝贵的精神文化财富,在中华民族传统文化中具有突出的地位和影响。

非物质文化遗产既是历史发展的见证,又是不可再生的文化资源。保护好非物质文化遗产,继承和弘扬优秀传统文化,对于民族精神的凝聚和延续、当代文化创新、实现中华民族伟大复兴,都具有不可估量的重大作用。然而,随着全球化趋势的加强和现代化进程的加快,我国的文化生态发生了巨大变化。一些依靠口传心授的非物质文化遗产正在不断消失,不少传承人相继离世,许多传统技艺濒临消亡,大量具有历史、文化价值的珍贵实物与资料遭到毁弃或流失,随意滥用、过度开发的现象时有发生,非物质文化遗产的生存状况受到了比较大的冲击,加强非物质文化遗产保护已经刻不容缓。

江苏在全国最早认知并保护非物质文化遗产,1978—2003年开展的民族民间文化保护工作(工程)便是其前身。随着2001年、2003年我省的昆曲、古琴艺术(虞山琴派、广陵琴派、金陵琴派、梅庵琴派)分别被联合国教科文组织列入首批、第二批人类口头和非物质遗产代表作,非物质文化遗产逐渐被更多人认知。2004年我国加入联合国《保护非物质文化遗产公约》后,按照国家的统一部署,江苏将民族民间文化保护转化为非物质文化遗产保护,由此开始了全面保护非物质文化遗产的进程。

江苏的非物质文化遗产保护,始终坚持"保护为主、抢救第一、合理利用、传承发展"的指导方针和"政府主导、社会参与、明确职责、形成合力；长远规划、分步实施、点面结合、讲求实效"的工作原则，以建立健全非物质文化遗产保护体系，促进优秀传统文化创造性转化、创新性发展，增强非物质文化遗产的生命力和影响力为目标，以保护代表性项目、保护传承实践、保护传承能力、保护传承环境为主要任务，扎实推进保护工作深入开展。

率先立法保护。2005年起，江苏在全国率先制定《江苏省非物质文化遗产保护条例》，并于2006年11月1日起施行。嗣后，《苏州市昆曲保护条例》《无锡市宜兴紫砂保护条例》等地方法规陆续出台，为非物质文化遗产保护提供了法律保障。

全面调查建档。2006年起，在文化部①组织和指导下，江苏在全省范围内实施非物质文化遗产大普查，记录并建档保存资源项目28922个，全面摸清了区域内非物质文化遗产的种类、数量、分布状况、生存环境、保护和传承现状，为择优保护奠定了基础。

明确保护对象。为了对具有历史文学、艺术和科学价值、体现优秀传统文化的非物质文化遗产进行有效保护，2007年3月24日，江苏省人民政府公布了第一批江苏省非物质文化遗产代表性项目名录，全省各级人民政府也相继公布了名录项目2029个，国家、省、市、县（区）四级非物质文化遗产名录体系基本形成。

推行科学保护。区别不同类型非物质文化遗产代表性项目的生存条件和传承方式，分别采取不同措施加以保护。如，对人类非物质文化遗产代表作项目重点保护；对宜兴紫砂陶制作技艺生态化保护；对金箔锻制技艺生产性保护；对海州五大宫调传承主体集约化保护；对溱潼会船群体性保护；对南京白局抢救性保护。同时，积极探索对昆曲、苏州评弹集"团、院、所、场、校"于一体的整体性保护；对扬州玉雕、漆器形成"产、学、研、传、节、会、展"集成性保护。这些实践和经验，为科学、有效地保护非物质文化遗产，起到了引导和示范作用。

强化传承机制。非物质文化遗产保护的关键是传承。2006年，我省在全国率先制定实施《江苏省非物质文化遗产代表性传承人命名与资助暂行办法》，通过认定并命名代表性传承人、资助传承人带徒授艺、对传承人发放补贴、给传承人提供工作和活动场所、为体制外传统工艺美术行业的传承人免试评定职称、利用国内

---

① 现为文化和旅游部。下同。

外节庆和会展平台推介传承人展示交流等六项具体政策措施惠及传承人,提高他们的社会和经济地位,激励其投身传承实践,提高传承能力和水平。

扩大社会传播。全省定期举办如中国昆剧艺术节、中国古琴艺术节、中国苏绣艺术节等非物质文化遗产专题活动;常年举办非物质文化遗产演出、展示、竞赛、讲座、旅游,以及进社区、进乡镇、进校园等系列活动;在岁时节令及"文化遗产日"举办秦淮灯会、溱潼会船、苏州端午节会、七夕节、扬州中秋赏月会、柚山放灯节、泰伯公祭等民俗活动,以及组织各级代表性项目传承人参加国内外展演交流,宣扬江苏传统文化,普及非物质文化遗产知识,吸引公众体验认知、共同参与保护、共享保护成果。

完善工作保障。省及各市、县(区)级财政每年用于非物质文化遗产保护的专项经费固定或动态投入超过2000万元,并周期性增加,经费保障不断加大;省、市、县(区)政府普遍成立了非物质文化遗产保护工作领导小组或建立了部门联席会议制度,省暨13个市、86个县(区)成立或挂牌保护中心,拥有专职或兼职工作人员近700人,组织保障不断加强;全省普遍建立了非物质文化遗产保护工作专家咨询机制;省文化和旅游厅每年组织对代表性项目和传承人保护情况进行督导检查;省、市、县(区)定期或不定期评选表彰保护工作先进集体和先进个人、杰出传承人和优秀传承团队等,激励公民、法人和其他组织为保护多作贡献,提升全社会的保护意识;全省还实行省、市两级培训制度,采取分期或集中轮训,对基层保护工作人员进行专业培训或轮训。保护工作机制逐步健全,工作保障日趋完善。

这些年来,经过各级政府和社会各界的共同努力,江苏的非物质文化遗产保护工作取得了阶段性成效,并具有了广泛的社会基础。然而,保护非物质文化遗产是一项十分浩大、极其复杂的文化传承工程,任重而道远,需要全社会共同参与和一代甚至几代人的付出。让我们共同努力,延续民族精神和文化血脉,继往开来,不辜负时代赋予我们的使命。

2019年11月

凡　例

　　一、本书收录了江苏省第一批到第四批的国家级、省级非物质文化遗产代表性项目，力图用简明扼要、通俗易懂的文字帮助读者从宏观性、概览性的角度了解江苏非遗。

　　二、本书分为十个章节。第一章：民间文学；第二章：传统音乐；第三章：传统舞蹈；第四章：传统戏剧；第五章：曲艺；第六章：传统美术；第七章：传统技艺；第八章：传统医药；第九章：传统体育、游艺与杂技；第十章：民俗。每章的非物质文化遗产代表性项目按照世界、国家级、省级的顺序编排。

　　三、每一个非物质文化遗产代表性项目都有独一无二的编号，本书将项目与编号一一对应，在同一级别内，按照编号顺序从小到大排列，有利于读者检索。

　　四、本书收录的是第一至第四批江苏省国家级非物质文化遗产代表性项目，以及第一至第四批江苏省非物质文化遗产代表性项目。因其中部分项目是原有项目的扩展项目，故将其整理合并。

　　五、本书的资料大部分来源于江苏省文化和旅游厅非物质文化遗产处，另有部分参考相关著作和网络。

目　录

第一章　民间文学 …………………………………………………… 001
1. 白蛇传传说 ………………………………………………………… 001
2. 梁祝传说 …………………………………………………………… 002
   (1) 宜兴梁祝传说 ………………………………………………… 002
   (2) 华山梁祝 ……………………………………………………… 003
3. 董永传说 …………………………………………………………… 003
   (1) 东台董永传说 ………………………………………………… 004
   (2) 金坛董永传说 ………………………………………………… 004
   (3) 丹阳董永传说 ………………………………………………… 004
4. 吴歌 ………………………………………………………………… 005
   (1) 河阳山歌 ……………………………………………………… 005
   (2) 白茆山歌 ……………………………………………………… 006
   (3) 芦墟山歌 ……………………………………………………… 006
   (4) 双凤山歌 ……………………………………………………… 006
   (5) 胜浦山歌 ……………………………………………………… 007
   (6) 白洋湾山歌 …………………………………………………… 007
   (7) 阳澄渔歌 ……………………………………………………… 007
   (8) 昆北民歌 ……………………………………………………… 008
   (9) 石湾山歌 ……………………………………………………… 008
5. 宝卷 ………………………………………………………………… 009
   (1) 靖江宝卷 ……………………………………………………… 009
   (2) 同里宣卷 ……………………………………………………… 010
   (3) 锦溪宣卷 ……………………………………………………… 010

　　　　(4) 河阳宝卷 ·· 010
　　　　(5) 胜浦宣卷 ·· 011
　　　　(6) 常州宣卷 ·· 011
　　　　(7) 吴地宝卷 ·· 011
　　　　(8) 无锡宣卷 ·· 012
　6. 徐福传说 ·· 013
　7. 东海孝妇传说 ·· 013
　8.《华山畿》和华山畿传说 ·· 014
　9. 韩信传说 ·· 014
　10. 寒山拾得传说 ·· 015
　　　　(1) 和合二仙传说 ·· 015
　　　　(2) 寒山寺钟声传说 ·· 016
　　　　(3) 迎唐僧传说 ·· 016
　11. 花果山传说 ·· 016
　12. 九里山古战场传说 ·· 017
　13. 巫支祁传说 ·· 017
　14. 水漫泗州城传说 ·· 018
　15. 隋炀帝传说 ·· 018
　16. 彭祖传说 ·· 019
　17. 张道陵传说 ·· 019
　18. 施耐庵与《水浒》传说 ·· 020
　19. 达摩传说 ·· 020
　20. 刘邦传说 ·· 021
　21. 卞和献玉传说 ·· 021
　22. 露筋娘娘传说 ·· 022
　23. 沈拱山传说 ·· 023
　24. 伍子胥故事 ·· 023
　25. 项羽故事 ·· 024
　　　　(1) 浦口项羽故事 ·· 024
　　　　(2) 宿豫项羽传说 ·· 024

26. 崔致远与双女坟的故事……025
27. 姐儿溜……025
28. 谜语……026
　　（1）海虞谜语……026
　　（2）竹西谜语……026
　　（3）无锡灯谜……027
　　（4）淮安灯谜……027
　　（5）平望灯谜……027
　　（6）南通灯谜……028
29. 焦尾琴传说……028
30. 虞姬传说……029
31. 汉王拔剑泉和马扒泉传说……029
32. 张士诚传说……030
33. 海州智慧人物传说……030
34. 曹瘦脸儿故事……031
35. 蒋乔镇的民间故事……031
36. 花子街……032
37. 二郎神传说……032
38. 苏东坡传说……033
39. 朱元璋传说……033
40. 镜花缘传说……034
41. 丁兰刻木传说……034
42. 周七猴子传说……035
43. 九龙口传说……035
44. 秦淮传说故事……036
45. 孟郊与《游子吟》的故事……036
46. 南通范氏世家诗文……036

第二章　传统音乐……038

1. 江南丝竹……038

- 2. 五大宫调 ·· 039
  - （1）海州五大宫调 ································· 039
  - （2）响水五大宫调 ································· 040
- 3. 民歌 ·· 040
  - （1）高邮民歌 ······································· 041
  - （2）扬州民歌（胥浦农歌）······················· 041
  - （3）六合民歌 ······································· 042
  - （4）兴化民歌 ······································· 042
  - （5）通东民歌 ······································· 043
  - （6）阜宁牛歌 ······································· 043
  - （7）高淳民歌 ······································· 044
  - （8）南闸民歌 ······································· 044
  - （9）通州民歌 ······································· 045
- 4. 道教音乐 ··· 045
  - （1）苏州玄妙观道教音乐 ························· 046
  - （2）泰州道教音乐 ································· 046
  - （3）茅山道教音乐 ································· 047
  - （4）乾元观道教音乐 ······························ 048
  - （5）无锡道教音乐 ································· 048
- 5. 海门山歌 ··· 050
- 6. 吟诵 ·· 050
  - （1）常州吟诵 ······································· 051
  - （2）吟诵调（苏州吟诵）························· 051
- 7. 佛教音乐 ··· 052
  - （1）天宁寺梵呗唱诵 ······························ 052
  - （2）金山寺水陆法会仪式音乐 ···················· 053
- 8. 古琴艺术 ··· 054
  - （1）虞山琴派 ······································· 054
  - （2）广陵琴派 ······································· 055
  - （3）金陵琴派 ······································· 056

(4) 梅庵琴派 ·············· 056

9. 十番音乐 ·············· 057
　　(1) 楚州十番锣鼓 ·············· 058
　　(2) 邵伯锣鼓小牌子 ·············· 058
　　(3) 辛庄十番音乐 ·············· 059
　　(4) 宜兴十番锣鼓 ·············· 060
　　(5) 木渎十番 ·············· 060

10. 鼓吹乐 ·············· 061
　　(1) 唢呐艺术(徐州鼓吹乐) ·············· 061
　　(2) 海州鼓吹乐 ·············· 062

11. 茅山号子 ·············· 063

12. 薅草锣鼓(金湖秧歌) ·············· 063

13. 南乡田歌 ·············· 064

14. 邵伯秧号子 ·············· 065

15. 渔民号子 ·············· 066
　　(1) 吕四渔民号子 ·············· 066
　　(2) 㺕港渔民号子 ·············· 066

16. 留左吹打乐 ·············· 067

17. 丝弦 ·············· 068
　　(1) 泓口丝弦 ·············· 068
　　(2) 宜兴丝弦 ·············· 069

18. 锣鼓乐 ·············· 069
　　(1) 陆家锣鼓 ·············· 069
　　(2) 戴埠太平锣鼓 ·············· 070
　　(3) 天岗锣鼓 ·············· 070
　　(4) 东浦丝弦锣鼓 ·············· 071
　　(5) 洋渚圣旨锣鼓 ·············· 071
　　(6) 新沂锣鼓 ·············· 072

19. 二胡艺术 ·············· 072

20. 板桥道情 ·············· 073

21. 古筝艺术 ·· 074

第三章　传统舞蹈 ··· 075

- 1. 竹马 ·· 075
  - （1）东坝大马灯 ··· 075
  - （2）邳州跑竹马 ··· 076
  - （3）蒋塘马灯舞 ··· 077
  - （4）淮阴马头灯舞 ·· 077
  - （5）湾北小马灯舞 ·· 078
  - （6）南辰跑马灯舞 ·· 078
  - （7）黄塍跑马阵 ··· 079
- 2. 龙舞 ·· 079
  - （1）骆山大龙 ·· 080
  - （2）直溪巨龙 ·· 080
  - （3）二龙戏珠 ·· 081
  - （4）凤羽龙 ··· 082
  - （5）栖霞龙舞 ·· 082
  - （6）长芦抬龙 ·· 083
  - （7）段龙舞 ··· 083
  - （8）沙沟板凳龙舞 ·· 084
  - （9）太平龙灯 ·· 084
  - （10）玉祈龙舞 ··· 085
  - （11）海安苍龙舞 ·· 085
  - （12）海安罗汉龙 ·· 086
  - （13）丁伙龙舞 ··· 086
  - （14）陆家段龙舞 ·· 086
- 3. 傩舞 ·· 087
  - （1）跳幡神 ··· 088
  - （2）跳娘娘 ··· 088
  - （3）跳马伕 ··· 089

(4) 高淳跳五猖 …………………………………………………………… 090
4. 洪泽湖渔鼓 ……………………………………………………………………… 090
5. 睢宁落子舞 ……………………………………………………………………… 091
6. 男欢女喜 ………………………………………………………………………… 091
7. 钟馗戏蝠 ………………………………………………………………………… 092
8. 麻雀蹦 …………………………………………………………………………… 093
9. 狮舞 ……………………………………………………………………………… 093
　　　(1) 江浦手狮 ……………………………………………………………… 094
　　　(2) 铜山高台狮子舞 ……………………………………………………… 094
　　　(3) 丹阳九狮舞 …………………………………………………………… 095
　　　(4) 邳州舞狮 ……………………………………………………………… 095
10. 滚灯 …………………………………………………………………………… 096
11. 谈庄秧歌灯 …………………………………………………………………… 096
12. 花鼓 …………………………………………………………………………… 097
　　　(1) 海安花鼓 ……………………………………………………………… 097
　　　(2) 浒澪花鼓 ……………………………………………………………… 098
　　　(3) 浒浦花鼓 ……………………………………………………………… 098
　　　(4) 泰兴花鼓 ……………………………………………………………… 099
　　　(5) 渔篮花鼓 ……………………………………………………………… 099
13. 睢宁龙虎斗 …………………………………………………………………… 100
14. 花船舞 ………………………………………………………………………… 101
　　　(1) 大兴旱船 ……………………………………………………………… 101
　　　(2) 灌云花船 ……………………………………………………………… 101
　　　(3) 三河花船 ……………………………………………………………… 102
15. 莲湘 …………………………………………………………………………… 102
　　　(1) 姜堰滚莲湘 …………………………………………………………… 103
　　　(2) 如皋莲湘 ……………………………………………………………… 103
　　　(3) 洪武花棍舞 …………………………………………………………… 104
　　　(4) 闵桥莲湘 ……………………………………………………………… 104
　　　(5) 甪直连厢 ……………………………………………………………… 105

16. 高跷 ··· 105
　　(1) 沛桥高跷 ······································ 106
　　(2) 竹镇高跷 ······································ 106
　　(3) 临泽高跷 ······································ 106
17. 宝堰双推车 ·· 107
18. 龙吟车 ··· 108
19. 柘塘打社火 ·· 108
20. 跳当当 ··· 109
21. 茶花担舞 ·· 109
22. 睢宁云牌舞 ·· 110
23. 灯舞 ·· 111
　　(1) 万绥猴灯 ······································ 111
　　(2) 指前鱼灯 ······································ 111
　　(3) 新沂七巧灯 ··································· 112
　　(4) 丹阳马灯阵舞 ································ 113
　　(5) 常熟滚灯 ······································ 113
　　(6) 春城马灯阵舞 ································ 114
　　(7) 嶂山马灯阵舞 ································ 114
24. 千灯跳板茶 ·· 115
25. 渔篮虾鼓舞 ·· 115
26. 荷花盘子舞 ·· 116
27. 抬判 ·· 117
28. 倒花篮 ··· 117
29. 打罗汉 ··· 118
30. 渔舟剑桨 ·· 118
31. 睢宁鲤鱼戏花篮 ··································· 119
32. 跑驴(丁嘴跑驴) ··································· 120
33. 冻煞窠 ··· 120
34. 盾牌舞 ··· 121

第四章　传统戏剧 · · · · · · 122

1. 昆曲 · · · · · · 122
2. 京剧 · · · · · · 123
   - （1）江苏省京剧院京剧 · · · · · · 124
   - （2）淮安京剧 · · · · · · 124
3. 苏剧 · · · · · · 125
4. 扬剧 · · · · · · 126
   - （1）扬州扬剧 · · · · · · 126
   - （2）镇江扬剧 · · · · · · 126
   - （3）江苏省演艺集团扬剧 · · · · · · 127
5. 泗州戏 · · · · · · 127
6. 柳琴戏 · · · · · · 128
7. 杖头木偶戏 · · · · · · 129
   - （1）江苏省演艺集团木偶剧团 · · · · · · 130
   - （2）扬州杖头木偶戏 · · · · · · 130
   - （3）泰兴杖头木偶戏 · · · · · · 130
   - （4）如皋杖头木偶戏 · · · · · · 131
   - （5）卸甲肩担木偶戏 · · · · · · 131
   - （6）七都提线木偶 · · · · · · 132
8. 淮剧 · · · · · · 133
   - （1）盐城淮剧 · · · · · · 133
   - （2）淮安淮剧 · · · · · · 133
   - （3）泰州淮剧 · · · · · · 134
   - （4）宝应淮剧 · · · · · · 134
9. 锡剧 · · · · · · 135
   - （1）江苏省锡剧团锡剧 · · · · · · 135
   - （2）无锡锡剧 · · · · · · 136
   - （3）常州锡剧 · · · · · · 137
   - （4）苏州锡剧 · · · · · · 137
10. 淮海戏 · · · · · · 138

11. 童子戏 · 139
    (1) 通州童子戏 · 139
    (2) 海州童子戏 · 139
    (3) 沭阳童子戏 · 140
12. 徐州梆子戏 · 141
13. 滑稽戏 · 141
    (1) 苏州滑稽戏 · 142
    (2) 常州滑稽戏 · 142
14. 阳腔目连戏 · 143
15. 丰县四平调 · 144
16. 香火戏(金湖香火戏) · 144
17. 吕剧 · 145
18. 淮红戏 · 146
19. 越剧(竺派艺术) · 146
20. 黄梅戏 · 147
21. 皮影戏 · 147

第五章　曲艺 · 148

1. 苏州评弹 · 148
2. 评话 · 149
   (1) 扬州评话 · 150
   (2) 常州评话 · 150
   (3) 南京评话 · 151
3. 扬州清曲 · 152
4. 扬州弹词 · 153
5. 无锡评曲 · 154
6. 琴书 · 154
   (1) 徐州琴书 · 154
   (2) 苏北琴书 · 155
   (3) 淮海琴书 · 155

7. 南京白局 …… 156
8. 小热昏 …… 157
　(1) 常州小热昏 …… 157
　(2) 无锡小热昏 …… 158
9. 工鼓锣 …… 159
10. 大鼓 …… 159
　(1) 苏北大鼓 …… 159
　(2) 邳州大鼓 …… 160
11. 扬州道情 …… 160
12. 丹阳啷当 …… 161
13. 徐州坠子 …… 162
14. 唱春（常州唱春） …… 162
15. 肘鼓子 …… 163
16. 洋钎说书 …… 163
17. 兴化锣鼓书 …… 164
18. 莲花落 …… 164
　(1) 沛县荷叶落子 …… 164
　(2) 海安莲花落 …… 165

第六章　传统美术 …… 166

1. 木版年画 …… 166
　(1) 桃花坞木版年画 …… 167
　(2) 南通木版年画 …… 167
2. 剪纸 …… 168
　(1) 扬州剪纸 …… 168
　(2) 南京剪纸 …… 168
　(3) 金坛刻纸 …… 169
　(4) 宜兴刻纸 …… 170
　(5) 徐州剪纸 …… 170
　(6) 溱湖刻纸 …… 171

- (7) 金湖剪纸 ... 171
- 3. 苏绣 ... 172
  - (1)（苏州）苏绣 ... 172
  - (2) 无锡精微绣 ... 173
  - (3) 南通仿真绣 ... 173
  - (4) 扬州刺绣 ... 174
  - (5) 东台发绣 ... 174
  - (6) 南通彩锦绣 ... 175
  - (7) 苏州发绣 ... 175
  - (8) 乱针绣 ... 176
- 4. 徐州香包 ... 177
- 5. 象牙雕刻 ... 177
  - (1) 常州象牙浅刻 ... 178
  - (2) 南京仿古牙雕 ... 178
  - (3) 扬州牙刻 ... 179
- 6. 竹刻 ... 179
  - (1) 无锡竹刻 ... 180
  - (2) 常州留青竹刻 ... 180
  - (3) 金陵竹刻 ... 181
  - (4) 扬州竹刻 ... 181
- 7. 泥塑 ... 182
  - (1) 惠山泥人 ... 182
  - (2) 苏州泥塑 ... 183
  - (3) 沛县泥模 ... 183
  - (4) 徐州泥塑 ... 184
  - (5) 孤山泥狗子 ... 184
  - (6) 邳州泥玩具 ... 185
  - (7) 南京泥人 ... 185
  - (8) 太平泥叫叫 ... 186
- 8. 灯彩 ... 186

（1）苏州灯彩	187
（2）扬州灯彩	187
（3）秦淮灯彩	187
（4）徐州花灯	188
（5）南通灯彩	188
9. 玉雕	189
（1）扬州玉雕	189
（2）苏州玉雕	190
（3）徐州玉雕	190
（4）邳州玉雕	190
10. 核雕	191
（1）光福核雕	191
（2）云渡桃雕	192
11. 邳州纸塑狮子头	193
12. 常州梳篦	193
13. 丰县糖人贡	194
14. 盆景技艺	195
（1）扬派盆景技艺	195
（2）苏派盆景技艺	196
（3）如皋盆景技艺	196
（4）孟河斧劈石盆景技艺	197
（5）常熟苏派盆景技艺	197
15. 玻璃雕绘画	198
16. 邳州年画	198
17. 江都漆画	199
18. 无锡纸马	200
19. 上党挑花	200
20. 民间绣活	201
（1）盐城老虎鞋	201
（2）邳州绣花鞋	202

21. 南京十竹斋饾彩拱花技艺 ………………………………………… 202
22. 石雕 ……………………………………………………………… 203
    (1) 金山石雕 …………………………………………………… 203
    (2) 藏书澄泥石雕 ……………………………………………… 204
    (3) 铜山石刻 …………………………………………………… 204
23. 竹编 ……………………………………………………………… 205
    (1) 扬中竹编 …………………………………………………… 205
    (2) 后塍竹编 …………………………………………………… 206
24. 麦秆剪贴(大丰麦秆剪贴) ……………………………………… 206
25. 常州掐丝珐琅画 ………………………………………………… 207
26. 戏剧脸谱 ………………………………………………………… 208
27. 丰县吹糖人 ……………………………………………………… 208
28. 虞山派篆刻艺术 ………………………………………………… 209
29. 邳州喜床画 ……………………………………………………… 209
30. 木雕 ……………………………………………………………… 210
    (1) 南京仿古木雕 ……………………………………………… 210
    (2) 扬州木雕 …………………………………………………… 211
    (3) 南通红木雕刻 ……………………………………………… 211
    (4) 苏州红木雕刻 ……………………………………………… 212
    (5) 冲山佛像雕刻 ……………………………………………… 212
    (6) 常州红木浅刻 ……………………………………………… 212
    (7) 泰州木雕 …………………………………………………… 213
31. 苏州砖雕 ………………………………………………………… 213
32. 泰兴麻将雕刻 …………………………………………………… 214
33. 东海水晶雕刻 …………………………………………………… 214
34. 连云港锻铜技艺 ………………………………………………… 215
35. 草编(薛桥草编) ………………………………………………… 215
36. 常州烙画 ………………………………………………………… 216
37. 农民画 …………………………………………………………… 216
    (1) 六合农民画 ………………………………………………… 216

(2) 邳州农民画 ·················· 217
   (3) 射阳农民画 ·················· 217
38. 沙地灶头画 ······················ 218
39. 连云港贝雕 ······················ 218
40. 面塑 ···························· 219
   (1) 姜堰面塑 ···················· 219
   (2) 阜宁面塑 ···················· 219
41. 瓷刻 ···························· 220
   (1) 南京瓷刻 ···················· 220
   (2) 大丰瓷刻 ···················· 220

第七章　传统技艺 ·················· 222
1. 宜兴紫砂陶制作技艺 ·············· 222
2. 南京云锦木机妆花手工织造技艺 ···· 223
3. 宋锦织造技艺 ···················· 224
4. 缂丝织造技艺 ···················· 225
   (1) 苏州缂丝织造技艺 ············ 225
   (2) 南通缂丝织造技艺 ············ 226
5. 蓝印花布印染技艺 ················ 226
   (1) 南通蓝印花布印染技艺 ········ 226
   (2) 邳州蓝印花布印染技艺 ········ 227
6. 传统建筑营造技艺 ················ 227
   (1) 香山帮传统建筑营造技艺 ······ 228
   (2) (常熟) 香山帮传统建筑营造技艺 ·· 228
   (3) 扬州园林营造技艺 ············ 228
   (4) 徐州民居传统营造工艺 ········ 229
7. 砖瓦制作技艺 ···················· 230
   (1) 苏州御窑金砖制作技艺 ········ 230
   (2) 昆山传统砖瓦制作技艺 ········ 231
   (3) 相城传统砖瓦制作技艺 ········ 231

　　　　（4）溱潼砖瓦制作技艺 …………………………………… 231
　　8. 南京金箔锻制技艺 ……………………………………………… 232
　　9. 家具制作技艺 …………………………………………………… 233
　　　　（1）江苏省工艺美术协会精细木作工艺 …………………… 233
　　　　（2）苏州明式家具制作技艺 ………………………………… 233
　　　　（3）常州明式家具制作技艺 ………………………………… 234
　　　　（4）通作家具制作技艺 ……………………………………… 234
　　　　（5）句容精细木作技艺 ……………………………………… 235
　　　　（6）扬州广陵精细木作技艺 ………………………………… 235
　　　　（7）江阴精细木作技艺 ……………………………………… 235
　　　　（8）柞榛家具制作技艺 ……………………………………… 236
　　10. 漆器制作技艺 …………………………………………………… 237
　　　　（1）扬州漆器髹饰技艺 ……………………………………… 237
　　　　（2）苏州漆器制作技艺 ……………………………………… 237
　　11. 醋酿技艺 ………………………………………………………… 238
　　　　（1）恒顺香醋酿制技艺 ……………………………………… 238
　　　　（2）汪恕有滴醋酿制技艺 …………………………………… 239
　　　　（3）恒升香醋酿制技艺 ……………………………………… 239
　　12. 雕版印刷技艺 …………………………………………………… 240
　　13. 金陵刻经印刷技艺 ……………………………………………… 241
　　14. 制扇技艺 ………………………………………………………… 241
　　　　（1）苏州制扇技艺 …………………………………………… 241
　　　　（2）金陵折扇制作技艺 ……………………………………… 242
　　　　（3）高淳羽毛扇制作技艺 …………………………………… 243
　　15. 风筝制作技艺 …………………………………………………… 243
　　　　（1）南通板鹞风筝制作技艺 ………………………………… 244
　　　　（2）徐州风筝制作技艺 ……………………………………… 244
　　　　（3）沙洲风筝制作技艺 ……………………………………… 244
　　　　（4）如皋风筝制作技艺 ……………………………………… 245
　　16. 剧装戏具制作技艺 ……………………………………………… 246

17. 陶器烧制技艺 ······ 247
- (1) 宜兴均陶制作技艺 ······ 247
- (2) 宜兴彩陶装饰技艺 ······ 247
- (3) 黑陶制作技艺 ······ 248

18. 传统棉纺织技艺 ······ 249
- (1) 南通色织土布技艺 ······ 249
- (2) 沛县色织土布技艺 ······ 249
- (3) 雷沟大布制作技艺 ······ 250
- (4) 丰县棉纺织技艺 ······ 250

19. 金银细工制作技艺 ······ 251
- (1) 南京金银细工制作技艺 ······ 251
- (2) 江都金银细工制作技艺 ······ 252

20. 民族乐器制作技艺 ······ 252
- (1) 苏州民族乐器制作技艺 ······ 253
- (2) 扬中箫笛制作技艺 ······ 253
- (3) 赵氏二胡制作技艺 ······ 254
- (4) 柳琴制作技艺 ······ 254

21. 装裱修复技艺 ······ 255
- (1) 苏州书画装裱修复技艺 ······ 255
- (2) 扬州装裱技艺 ······ 255

22. 传统木船制造技艺 ······ 256
- (1) 兴化木船制造工艺 ······ 256
- (2) 洪泽湖木船制造技艺 ······ 257
- (3) 连云港木质渔船制作技艺 ······ 257
- (4) 七桅古船制作技艺 ······ 258
- (5) 常熟古船制作技艺 ······ 258

23. 酿造酒传统酿造技艺 ······ 259
- (1) 金坛封缸酒酿造技艺 ······ 259
- (2) 丹阳封缸酒酿造技艺 ······ 260
- (3) 玉祁双套酒酿造技艺 ······ 260

- (4) 铜罗黄酒酿造技艺 …… 261
- (5) 后塍黄酒酿造技艺 …… 261
- (6) 海门颐生酒酿造技艺 …… 261
- (7) 王四桂花酒酿造技艺 …… 262
- (8) 樱桃酒酿造技艺 …… 262
- (9) 糯米陈酒酿制技艺 …… 262
- (10) 黑杜酒酿造技艺 …… 263
24. 绿茶制作技艺 …… 263
    - (1) 苏州洞庭碧螺春制作技艺 …… 264
    - (2) 连云港云雾茶制作技艺 …… 264
    - (3) 南京雨花茶制作技艺 …… 264
25. 晒盐技艺 …… 265
    - (1) 淮盐制作技艺 …… 265
    - (2) 盐城海盐晒制技艺 …… 266
26. 扬州富春茶点制作技艺 …… 266
27. 姜思序堂国画颜料制作技艺 …… 267
28. 毛笔制作技艺 …… 268
    - (1) 扬州毛笔制作技艺 …… 268
    - (2) 徐氏毛笔制作技艺 …… 269
29. 苏州碑刻技艺 …… 269
30. 绒花制作技艺 …… 270
    - (1) 南京绒花制作技艺 …… 270
    - (2) 扬州绒花制作技艺 …… 271
31. 漳缎织造技艺 …… 271
    - (1) 天鹅绒织造技艺 …… 271
    - (2) 苏州漳缎织造技艺 …… 272
32. 常熟花边制作技艺 …… 272
33. 扬州通草花制作技艺 …… 273
34. 蒸馏酒酿造技艺 …… 274
    - (1) 汤沟酒酿造技艺 …… 274

(2) 洋河酒酿造技艺 …………………………………… 274
　　　(3) 双沟大曲酒酿造技艺 ………………………………… 275
　　　(4) 高沟酒酿造技艺 …………………………………… 275
　　　(5) 泰州白酒酿造技艺 ………………………………… 276
　　　(6) 丰县泥池酒酿制技艺 ……………………………… 276
　　　(7) 沛县酿酒技艺 ……………………………………… 277
　35. 南京板鸭、盐水鸭制作技艺 ……………………………… 277
　36. 三凤桥酱排骨烹制技艺 …………………………………… 278
　37. 宜兴陶堆花技艺 …………………………………………… 278
　38. 真金线制作技艺 …………………………………………… 279
　39. 八栀立式大风车制作技艺 ………………………………… 279
　40. 蔡集手抄草纸制作技艺 …………………………………… 280
　41. 常州龙泉印泥制作技艺 …………………………………… 280
　42. 陆慕蟋蟀盆制作技艺 ……………………………………… 281
　43. 朴席制作技艺 ……………………………………………… 282
　44. 柳编技艺 …………………………………………………… 282
　　　(1) 赣榆柳编 …………………………………………… 283
　　　(2) 草桥柳编 …………………………………………… 283
　　　(3) 盐都柳编 …………………………………………… 283
　45. 渔具制作技艺 ……………………………………………… 284
　　　(1) 洪泽湖渔具制作技艺 ……………………………… 284
　　　(2) 兴化渔具制作技艺 ………………………………… 285
　46. 配制酒酿造技艺 …………………………………………… 285
　　　(1) 东台陈皮酒酿造技艺 ……………………………… 285
　　　(2) 窑湾绿豆烧酿造技艺 ……………………………… 286
　47. 糕团制作技艺（黄天源苏式糕团制作技艺） …………… 286
　48. 糕点制作技艺 ……………………………………………… 287
　　　(1) 稻香村苏式月饼制作技艺 ………………………… 287
　　　(2) 叶受和苏式糕点制作技艺 ………………………… 288
　　　(3) 西亭脆饼制作技艺 ………………………………… 288

- （4）乾生元枣泥麻饼制作技艺 ········· 289
- （5）常州大麻糕制作技艺 ········· 289
- （6）常州芝麻糖制作技艺 ········· 290
- （7）阜宁大糕制作技艺 ········· 291
- （8）惠山油酥制作技艺 ········· 291

49. 黄桥烧饼制作技艺 ········· 291
50. 常州梨膏糖制作技艺 ········· 292
51. 采芝斋苏式糖果制作技艺 ········· 293
52. 宝应捶藕和鹅毛雪片制作技艺 ········· 293
53. 董糖制作技艺 ········· 294
    - （1）如皋董糖制作技艺 ········· 294
    - （2）秦邮董糖制作技艺 ········· 294
54. 素食烹制技艺 ········· 295
    - （1）绿柳居素食烹制技艺 ········· 295
    - （2）鸡鸣寺素食制作技艺 ········· 296
55. 清真菜烹制技艺（马祥兴清真菜烹制技艺） ········· 296
56. 陆稿荐苏式卤菜制作技艺 ········· 296
57. 豆腐制品制作技艺 ········· 297
    - （1）苏式卤汁豆腐干制作技艺 ········· 297
    - （2）界首茶干制作技艺 ········· 298
    - （3）横山桥百叶制作技艺 ········· 298
    - （4）白蒲茶干制作技艺 ········· 299
58. 酱菜制作技艺 ········· 299
    - （1）三和四美酱菜制作技艺 ········· 299
    - （2）常州萝卜干腌制技艺 ········· 300
    - （3）甪直萝卜制作技艺 ········· 300
59. 淮安茶馓制作技艺 ········· 301
60. 靖江肉脯制作技艺 ········· 301
61. 常熟叫化鸡制作技艺 ········· 302
62. 沛县鼋汁狗肉烹制技艺 ········· 302

63. 镇江肴肉制作技艺 …………………………………………………… 303
64. 刘长兴面点制作技艺 ………………………………………………… 303
65. 汤面制作技艺 ………………………………………………………… 304
　　（1）昆山奥灶面制作技艺 ………………………………………… 304
　　（2）镇江锅盖面制作技艺 ………………………………………… 304
　　（3）东台鱼汤面制作技艺 ………………………………………… 305
66. 汤包制作技艺 ………………………………………………………… 305
　　（1）楚州文楼汤包制作技艺 ……………………………………… 306
　　（2）靖江蟹黄汤包制作技艺 ……………………………………… 306
67. 扬州炒饭制作技艺 …………………………………………………… 307
68. 平桥豆腐制作技艺 …………………………………………………… 307
69. 如皋丝毯织造技艺 …………………………………………………… 308
70. 南通扎染技艺 ………………………………………………………… 308
71. 南通勾针技艺 ………………………………………………………… 309
72. 青铜器修复与仿古技艺 ……………………………………………… 309
73. 南通铜香炉浇铸技艺 ………………………………………………… 310
74. 谢馥春"香、粉、油"制作技艺 ……………………………………… 310
75. 建湖花炮制作技艺 …………………………………………………… 311
76. 兴化水车制作技艺 …………………………………………………… 311
77. 宜兴青瓷制作技艺 …………………………………………………… 312
78. 拓印技艺 ……………………………………………………………… 312
79. 太仓糟油制作技艺 …………………………………………………… 313
80. 太仓肉松制作技艺 …………………………………………………… 313
81. 钦工肉圆制作技艺 …………………………………………………… 314
82. 石港腐乳酿制技艺 …………………………………………………… 315
83. 合成昌醉螺制作技艺 ………………………………………………… 315
84. 木渎石家鲃肺汤制作技艺 …………………………………………… 316
85. 徐州饣它汤工艺 ……………………………………………………… 316
86. 秦淮（夫子庙）传统风味小吃制作技艺 …………………………… 317
87. 苏州织造官府菜制作技艺 …………………………………………… 317

88. 传统绳带编制技艺 …… 318
89. 吴罗织造技艺 …… 318
　　（1）四经绞罗织造技艺 …… 318
　　（2）纱罗织造技艺 …… 319
90. 传统鸟笼制作技艺 …… 319
　　（1）扬派雀笼传统制作技艺 …… 319
　　（2）苏派鸟笼制作技艺 …… 320
91. 古籍修复技艺 …… 320
92. 高港宫灯制作技艺 …… 321
93. 皮毛制作技艺 …… 321
94. 宜兴龙窑烧制技艺 …… 322
95. 宜兴陶传统仓储技艺 …… 322
96. 青铜失蜡铸造技艺 …… 323
97. 草编 …… 323
　　（1）下邳蒲扇编织技艺 …… 324
　　（2）新沂蓑衣编织技艺 …… 324
　　（3）射阳草编技艺 …… 324
98. 锡帮菜烹制技艺 …… 325
99. 苏帮菜烹制技艺 …… 325
100. 淮帮菜烹制技艺 …… 326
101. 京苏大菜烹制技艺 …… 327
102. 淮安全鳝席烹制技艺 …… 327
103. 太湖船菜烹制技艺 …… 328
104. 太湖船点烹制技艺 …… 328
105. 清水油面筋制作技艺 …… 329
106. 何首乌粉制作技艺 …… 329
107. 高邮咸鸭蛋制作技艺 …… 330
108. 羊肉烹制技艺 …… 330
　　（1）藏书羊肉制作技艺 …… 330
　　（2）码头汤羊肉烹饪技艺 …… 331

109. 酱油酿造技艺 ··· 331
   (1) 浦楼白汤酱油酿造技艺 ·· 331
   (2) 华士冰油酿造技艺 ··· 332
110. 永和园面点制作技艺 ··· 332
111. 安乐园清真小吃制作技艺 ··· 333
112. 王兴记小吃制作技艺 ··· 333
113. 共和春小吃制作技艺 ··· 334

第八章 传统医药 ··· 335

1. 丁氏痔科医术 ··· 335
   (1) 南京丁氏痔科医术 ··· 335
   (2) 无锡丁氏痔科疗法 ··· 336
2. 苏州雷允上六神丸制药技艺 ·· 337
3. 内服膏剂 ·· 337
   (1) 致和堂膏滋药制作技艺 ·· 338
   (2) 雷允上膏方制作技艺 ·· 338
4. 季德胜蛇药制作技艺 ·· 339
5. 外敷膏剂（膏药制作技艺）·· 340
   (1) 唐老一正斋膏药制作技艺 ··· 340
   (2) 蒋氏骨伤膏药制作技艺 ·· 340
   (3) 邱氏烫伤膏制作技艺 ·· 341
   (4) 徐州祛腐生肌膏制作技艺 ··· 341
   (5) 吴氏膏药制作技艺 ··· 341
   (6) 戴晓觉膏药制作技艺 ·· 342
   (7) 阙氏膏药制作技艺 ··· 342
6. 王氏保赤丸制作技艺 ·· 343
7. 五妙水仙膏制作技艺 ·· 344
8. 喉科疗法 ·· 344
   (1) 雅妙河戴氏中医喉科疗法 ··· 344
   (2) 黄氏喉科疗法 ·· 345

9. 闵氏伤科疗法 ·· 345
10. 妇科疗法 ·· 346
    (1) 郑氏妇科疗法 ····································· 346
    (2) 周氏妇科疗法 ····································· 347
    (3) 金坛儒林树德堂妇科疗法 ···························· 347
11. 儿科疗法 ·· 347
    (1) 常州钱氏中医儿科疗法 ····························· 348
    (2) 塘桥陆氏中医儿科疗法 ····························· 348
    (3) 谦字门儿科中医术 ································· 348
    (4) 兴化史氏中医幼科疗法 ····························· 349
    (5) 臣字门儿科中医术 ································· 349
12. 骨伤疗法 ·· 350
    (1) 金坛老人山程氏骨伤疗法 ···························· 350
    (2) 常州朱氏伤骨科疗法 ······························· 350
    (3) 刘氏骨伤疗法 ····································· 351
13. 正骨疗法 ·· 351
    (1) 许氏正骨疗法 ····································· 351
    (2) 谢氏正骨疗法 ····································· 352
14. 接骨术 ·· 352
    (1) 曹氏中药热敷接骨疗法 ····························· 353
    (2) 张氏接骨术 ······································· 353
15. 中医内科疗法 ·· 354
    (1) 常州屠氏中医内科疗法 ····························· 354
    (2) 然字门内科中医术 ································· 354
    (3) 春字门内科中医术 ································· 355
16. 龙砂医学诊疗方法 ···································· 355
17. 张简斋中医温病医术 ·································· 356
18. 万寿堂胃病疗法 ······································ 357
19. 中医肝病疗法 ·· 357
    (1) 肝胆疾病中医外治法 ······························· 357

（2）汤氏肝病疗法 ·················· 358

20. 朱氏诊法（咽喉诊、脐腹诊） ·················· 358

21. 金陵洪氏眼科疗法 ·················· 359

22. 吴氏疗科疗法 ·················· 359

23. 金陵中医推拿术（朱金山推拿疗法） ·················· 360

24. 针灸 ·················· 360

　　（1）陈氏针灸（雀啄刺法） ·················· 361

　　（2）朱氏针灸疗法 ·················· 361

　　（3）宋氏耳针疗法 ·················· 361

25. 金陵杨氏中药炮制技艺 ·················· 362

26. 骨康外敷药酒炮制技艺 ·················· 362

27. 黄氏玉容丸制作技艺 ·················· 363

28. 益肾蠲痹法治疗风湿病技术 ·················· 364

29. 梨膏糖制作技艺 ·················· 364

第九章　传统体育、游艺与杂技 ·················· 365

1. 沛县武术 ·················· 365

2. 建湖"十八团"杂技 ·················· 366

3. 练石锁 ·················· 367

　　（1）殷巷石锁赛力 ·················· 367

　　（2）无锡花样石锁 ·················· 368

　　（3）海陵撂石锁 ·················· 368

　　（4）姜堰撂石锁 ·················· 368

4. 阳湖拳 ·················· 369

5. 彭祖导引养生术 ·················· 369

6. 铜山北派少林拳 ·················· 370

7. 太极拳（孙氏太极拳） ·················· 371

8. 史式八卦掌 ·················· 371

9. 刘氏自然拳 ·················· 372

10. 形意拳 ·················· 372

11. 江南船拳 ······ 373
12. 六步架大洪拳 ······ 373
13. 十五巧板 ······ 374
14. 抖空竹 ······ 374

第十章　民俗 ······ 376

1. 抬阁 ······ 376
   (1) 金坛抬阁 ······ 377
   (2) 东山台阁 ······ 377
2. 清明节 ······ 378
   (1) 溱潼会船 ······ 378
   (2) 茅山会船 ······ 379
3. 端午节（苏州端午习俗） ······ 380
4. 元宵灯会 ······ 380
   (1) 秦淮灯会 ······ 380
   (2) 古胥门元宵灯会 ······ 381
   (3) 新安灯会 ······ 382
   (4) 马庄灯俗 ······ 382
   (5) 方巷走北习俗 ······ 382
   (6) 沙沟游走灯会 ······ 383
5. 水乡妇女服饰 ······ 383
   (1) 苏州甪直水乡妇女服饰 ······ 384
   (2) 胜浦水乡妇女服饰 ······ 384
6. 庙会 ······ 385
   (1) （下关）妈祖庙会 ······ 386
   (2) 苏州轧神仙庙会 ······ 386
   (3) 泰伯庙会 ······ 387
   (4) 惠山庙会 ······ 387
   (5) 皂河龙王庙会 ······ 387
   (6) 子房山庙会 ······ 388

- (7) 华山庙会 …… 388
- (8) 九里季子庙会 …… 388
- (9) 薛城花台会 …… 389
- (10) 南京祠山庙会 …… 389
- (11) (河口) 祠山庙会 …… 390
- (12) 金村庙会 …… 391
- (11) (太仓) 妈祖祭 …… 391
- (12) 杨桥庙会 …… 392
- (13) 圣堂庙会 …… 392
- (14) 茅山东岳庙会 …… 393
- (15) 彭祖庙会 …… 393
- (16) 泰山庙会 …… 393

7. 金山寺水陆法会 …… 394
8. 扬州"三把刀" …… 395
9. 七夕节（太仓七夕习俗） …… 396
10. 柚山放灯节 …… 396
11. 宜兴观蝶节 …… 397
12. 海州湾渔俗 …… 397
13. 洪泽湖渔家婚嫁礼俗 …… 398
14. 苏南水乡婚俗 …… 399
15. 湖甸龙舟会 …… 400
16. 中秋节（扬州中秋拜月） …… 400
17. 虞山三月三报娘恩 …… 401
18. 邓尉探梅 …… 401
19. 吴桥社火 …… 402
20. 渔沟花鼓会 …… 402
21. 上鹞灯 …… 403
22. 雨花石鉴赏习俗 …… 404
23. 淮北盐民习俗 …… 404
24. 江苏省菱塘回回习俗 …… 405

25. 扬中河豚食俗 ············· 405
26. 徐州伏羊食俗 ············· 406
27. 沛县汉宴十大碗食俗 ············· 406

附录一 非物质文化遗产代表性项目名录 ············· 407
　　中国入选人类非物质文化遗产代表作名录 ············· 407
　　国家级非物质文化遗产代表性项目名录（江苏部分） ············· 408
　　江苏省非物质文化遗产代表性项目名录 ············· 424

附录二 非物质文化遗产代表性项目传承人 ············· 456
　　国家级非物质文化遗产代表性项目代表性传承人名录（江苏部分）
　　············· 456

附录三 非物质文化遗产政策 ············· 465
　　保护非物质文化遗产公约（2003） ············· 465
　　国务院办公厅关于加强我国非物质文化遗产保护工作的意见 ············· 477
　　国务院办公厅关于转发文化部等部门中国传统工艺振兴计划的通知 ············· 481

附录四 非物质文化遗产法规 ············· 486
　　中华人民共和国非物质文化遗产法 ············· 486
　　江苏省非物质文化遗产保护条例（2013年修订版） ············· 493
　　南京市非物质文化遗产保护条例 ············· 505
　　苏州市非物质文化遗产保护条例 ············· 512

第一章 民间文学

民间文学是一种大众化的文学形式,包括传说、民间故事、说唱文学、谜语等类别,集口头性、传承性、集体性、变异性、意识形态性和批判性于一体,其流传主体是广大普通民众。

江苏境内民间文学资源丰富,且分布广泛,主要形式有传说、民间故事、说唱文学、谜语,以及谚语、神话、歌谣等,其内容涉及时政、事理、修养、社会、生活、自然、生产等多个领域,源远流长,内涵深刻,并在流传发展中孕育了不同的地方特色,如苏南地区河网密布,稻作传统悠久,民间文学颇具雅洁生动、清丽委婉的吴文化风韵;苏北受齐鲁文化影响,民间文学敦厚勇武、豪放简约;苏中地区的民间文学兼容了南北特色,呈现出俚敏俗趣的特点;同时江苏的民间文学总体都展示了千百年来江苏人共同拥有的勤劳、善良、勇敢、睿智、乐观向上等品质,体现了中华民族传统的道德情操和伦理观念。

民间文学具有娱乐、教化、认识生活、优化社会等功能,反映了广大民众的心理轨迹和社会经济发展脉络。保护和传承民间文学,对认识中华民族的历史与现状、探索民族的未来具有重要意义。当前,由于生产生活方式的变迁,传统民间文学面临流失的危险。江苏各级非物质文化遗产行政主管部门和相关高等院校、科研院所正积极开展对民间文学的保护、传承与利用工作。

1. 白蛇传传说

白蛇传传说是中国四大民间传说①之一,又名白娘子传奇、雷峰塔传奇,以江

---

① 中国民间四大传说,指的是牛郎织女传说、孟姜女传说、白蛇传传说和梁祝传说。

苏镇江为发源地并流传于浙江杭州、四川峨眉山、河南鹤壁等地。初唐时,镇江地区出现了白蛇传的最初版本《金山寺和尚降白蛇》。宋代,镇江民间流传白蛇传的话本《雷峰塔》,故事的主体内容已基本形成。明代,冯梦龙在其编撰的拟话本小说《白娘子永镇雷峰塔》中,对应了镇江当时的若干真实地名如针子桥、金山寺、五条巷、渡口码头等。清代方成培改编的《雷峰塔传奇》,对"水漫金山寺"这一故事的高潮情节进行了详细描写。

白蛇传流传之初是白蛇变为少女欺骗残害男性的故事,后来逐渐演变为爱情故事。白蛇为报答许仙前世救命之恩,变化为女子白素贞在西湖断桥与许仙相遇并成婚,但被高僧法海识破,与他大战于镇江金山寺,失败后被镇压于雷峰塔下。白蛇传为文艺创作提供了主题和素材,历代由其改编的曲艺、戏剧乃至电影电视作品广泛流传于海内外,常演不衰。

白蛇传传说的传承人有李志中、宗震名、倪双喜、周广富、包季青等。每逢端午节,镇江的各书场、剧场轮番上演白蛇传传说,集镇上也有"唱麒麟""荡湖船"等表演,家家吃十二红,喝"雄黄酒",门上插菖蒲,身上揣香包。

2006年5月,江苏省镇江市和浙江省杭州市联合申报的白蛇传传说被列入第一批国家级非物质文化遗产代表性项目名录,项目编号为Ⅰ-6。

2007年3月,镇江市申报的白蛇传传说被列入第一批江苏省非物质文化遗产代表性项目名录,项目编号为JSⅠ-1。

2. 梁祝传说

梁祝传说是中国四大民间传说之一,在不同地区有着不同的流传版本。故事主要讲述祝英台女扮男装求学时,与同窗好友梁山伯相爱,遭家庭反对后双双化蝶的爱情悲剧。据梁祝传说改编的越剧《梁山伯与祝英台》、小提琴协奏曲《梁祝》、钢琴协奏曲《梁祝》、电影《梁山伯与祝英台》等各种作品,以及由此而形成的求学、婚恋的独特风尚,构成了庞大的梁祝文化系统。

(1) 宜兴梁祝传说

宜兴地区是梁祝传说的发源流传地之一。宜兴最早记述梁祝故事的是《善权寺记》，始记于南朝齐建元二年(480)，称祝英台旧宅在宜兴善权寺位置，梁祝自小一起读书，后又到齐鲁、东吴等地游学访友，逐渐产生感情。宜兴现有"祝家庄""梁家庄"等地名、遗址，还有观音堂、荷花池、双井、九里亭等"十八相送"遗址。

许多专家认为"化蝶"情节在宜兴形成。农历三月廿八是宜兴的"观蝶节"①，宜兴人用"梁山伯""祝英台"为蝴蝶命名。

(2) 华山梁祝

南京市高淳区固城街道花山一带民间口口相传着华山梁祝山歌。华山梁祝山歌的歌词具有高淳方言特征，例如在对唱中，祝唱："一脚深来一脚浅，正好淹到口身边。"梁唱："明明淹到大腿边，为何说淹到口子边？"梁唱："游来一对大白鹅，水浅水深问白鹅？"祝唱："后头母鹅叫哥哥，前头公鹅就是你这呆头鹅。"顾颉刚②认为吴歌《华山畿》是梁祝传说的原型。③

2006年5月，江苏省宜兴市与浙江省宁波市、杭州市、上虞市④，山东省济宁市，河南省汝南县联合申报的梁祝传说被列入第一批国家级非物质文化遗产代表性项目名录，项目编号为Ⅰ-7。

2007年3月，宜兴市申报的梁祝传说被列入第一批江苏省非物质文化遗产代表性项目名录，项目编号为JSⅠ-2；2016年1月，南京市高淳区申报的梁祝传说被列入省级扩展名录。

3. 董永传说

董永传说广泛流传于江苏、山东、湖北等地。1955年，董永传说被搬上了银幕，改编成黄梅戏戏曲片《天仙配》，次年在全国公演。董永传说进一步家喻户晓、深入人心。董永传说讲述了一个孝感天地的天人情缘的故事，大意为董永家境贫困，不得已卖身葬父，感动天上织女下凡嫁给董永，为其织绢还债，最终两人过上

---

① 参见"第十章 民俗"中的"宜兴观蝶节"。
② 顾颉刚(1893—1980)，江苏苏州人，中国现代著名历史学家、民俗学家。
③ 参见本章的"《华山畿》和华山畿传说"。
④ 现为浙江省绍兴市上虞区。下同。

了幸福的生活。各版本起源、流传地区不同,内容也有细微差别。

(1) 东台董永传说

江苏东台的董永传说有两个版本。一是清代《(嘉庆)东台县志》所载:"董永,西溪镇人。父亡,贫无以葬,从人贷钱一万,以身作佣。父葬后,道遇一妇人求为永妻,永与俱诣钱主,令织绢三百匹以偿,甫一月毕,辞永去曰:'我天上织女也,缘君至孝,天帝命我代为织绢。'言讫,凌空去。"二是清代刘积兰《彭城堂笔记》记载,西汉时,山东名为张七妹的农家女逃荒至东台西溪,因同情董永卖身葬父,就嫁给了他并种桑养蚕织绢偿债,后因操劳过度死去,乡亲们附会她是七仙女下凡以表怀念。在流传中,东台董永传说又加入了董永受皇封做官,七仙女把与董永生的儿子送回人间,取名董仲舒,董仲舒在相士指点下找到母亲,在董永故后为父守孝三年,最终升天成为"鹤神"等情节。

(2) 金坛董永传说

江苏金坛的董永传说讲述了孝子董永和七仙女及其子鹤生的传说。当地有不同版本的董永与七仙女传说故事,在该地民间流传较广的就多达数十个,并有若干相关的延伸。此外还流传有很多咏叹董永的诗词。在金坛境内董永传说相关的遗存、遗迹和实物多达40多处(件),包括董永庙、董永携子仰望七仙女的望仙桥、董永与七仙女定情的老槐树等。距老槐树东南约2千米的傅家村,相传为当年董永卖身抵债的傅员外家故地,而董永村西的茅山顶宫也立有与董永有关的碑文。

(3) 丹阳董永传说

延陵位于丹阳西南部,因春秋时为吴国延陵季子的封地而得名。相传古时董永卖身葬父,七仙女被其孝行感动,私自下凡在槐荫树下与之结为夫妇,助其织锦还债。玉帝得知,将七仙女捉回。七仙女在天上产子,设法送到人间由董永抚养。逐渐长大的小董永盼母心切,在延陵"望仙桥"上跪了七七四十九天,硬是把石桥板跪出了一对深深的小膝印,但还是未见到母亲,后来在异人鬼谷子的指点下,母子终于相见。

元代《(至顺)镇江志》云,汉董永墓在丹阳延陵,有碑记其事,地名董碑,亦名董坟。明万历年间(1573—1620)青阳腔唱本《槐荫记》中说"董永原籍为丹阳县人"。清《(光绪)丹阳县志》记载丹阳延陵南有望仙桥、董永墓,望仙桥石板上有深深的膝盖印。20世纪50年代,以《织锦记》《槐荫记》为蓝本,严凤英、王少舫主演的黄梅戏《天仙配》唱遍大江南北和东南亚各国,"家住丹阳姓董名永"的唱词更是家喻户晓,妇孺皆知。目前丹阳境内与董永传说相关的遗迹有:望仙桥、清乾隆三十七年(1772)十月立的《重修望仙桥记》石碑、延陵镇董家村、司徒镇董阁庄村。

2006年5月,江苏省东台市等申报的董永传说被列入第一批国家级非物质文化遗产代表性项目名录,项目编号为Ⅰ-9;2008年6月,江苏省金坛市①申报的董永传说被列入国家级扩展名录;2011年5月,江苏省丹阳市申报的董永传说被列入国家级扩展名录。

2007年3月,东台市、镇江市丹徒区、丹阳市、金坛市申报的董永传说被列入第一批江苏省非物质文化遗产代表性项目名录,项目编号为JSⅠ-3。

4. 吴歌

吴歌是吴语地区民歌的统称,起源于吴地人民日常生活及渔猎、农耕生产过程中,可上溯至《楚辞》,经后世增补形成。

吴歌俗称"山歌",以方言吟唱,具有吴地特色。吴歌根据题材可分为劳动歌、时政歌、仪式歌、情歌、生活歌、历史传说歌、儿歌、长篇叙事吴歌等。吴歌没有乐器伴奏,演唱方式有个人清唱、两人对唱和多人合唱等。由于环境的差异,苏州、无锡不同地区的吴歌还具有自身的风格。

(1) 河阳山歌

河阳山歌盛行于张家港南部,以河阳山地区为中心,可追溯至明代。河阳山歌内容丰富,题材广泛,保留了远古民歌的特征。同时,农民歌手保留了大量河阳山歌的原始传抄本,为山歌的传承与研究提供了文字资料。目前搜集到的河阳山

---

① 现为江苏省常州市金坛区。下同。

歌共有 3 万余行,再加上近万行的宗教仪式山歌,共有近 4 万行,其中《圣关还魂》全长 6448 行。《汝河山歌》《老姐嫁人》《天门阵》《荒年山歌》《断情歌》《沈七秀》等都是原创的完整的原生态山歌,是历代传抄本,基本上都保留了明代以前的方言、俗语,好多方言在今已不知何解了,即使是歌唱它的民歌手也不知其意,却依然保存在这些本传及口传山歌中。河阳山歌有明晰传承谱系的歌手共计三代,代表性传承人有尹丽芬等。

(2) 白茆山歌

白茆山歌盛行于常熟境内白茆塘流域,历史悠久,明嘉靖年间(1522—1566)白茆人顾玉柱便已在其所立《行乐歌》碑中以山歌形式叙事。明代冯梦龙也在其所编《山歌》的 10 卷中,把白茆山歌收录其中。白茆山歌的题材有劳动歌、时政歌、节令歌、地名歌、历史传说歌和情歌等,以劳动歌和情歌最为丰富,多为三、四句的"短歌"。山歌曲调丰富柔丽,旋律典雅古朴,其中以"三邀三环"最具代表性。白茆有"对歌"传统,百姓常在白茆塘两岸举行山歌会,唱山歌在当地颇为盛行。

(3) 芦墟山歌

芦墟山歌是指吴江境内以芦墟为中心的汾湖流域的山歌,历史悠久,最早可追溯到汉代。宋代郭茂倩把魏晋时期的吴声歌曲编纂成集,芦墟山歌便成为《乐府诗集》的一部分。芦墟山歌被收录进明代冯梦龙编纂的《山歌》和《挂枝儿》中。

芦墟山歌类型多样、内容丰富、曲调多变。其中长篇叙事吴歌艺术水准最高,以取材于汾湖湖畔真实事件的《五姑娘》最具代表性,它的发现打破了"汉族无长歌"的定论。20 世纪 80 年代,文化工作者在芦墟采录了大量的山歌并发现 100 多位歌手。其传承谱系可追溯到清代咸丰年间(1851—1861)的"山歌王"杨其昌。目前,芦墟山歌的代表性传承人为杨文英,她博采众长、兼收并蓄,根据自己的嗓音条件,把山歌曲调的硬转腔进行修磨加工,使唱腔更加委婉细腻,代表作品有《小调皮》《山歌泱泱唱开场》《汾湖边上新事多》等。

(4) 双凤山歌

双凤山歌流传于太仓西部的双凤地区,距今已有 1600 多年历史。元末双凤玉皇阁道士周道禄善作青词,其词有腔、有韵,颇为动听,流传于民间,对于双凤山歌的发展起到了重要作用。昆曲的水磨腔也从双凤民歌中吸取了不少音乐素材。

双凤山歌以劳动山歌、情歌和历史传说歌最为突出。双凤山歌的歌词、曲调丰富,音域适中嘹亮,易传唱,部分曲调与昆曲有渊源。旧时双凤盛行对歌、赛歌,影响极大。双凤山歌歌手目前有五代明晰的传承谱系,代表性传承人有徐士龙等。

(5) 胜浦山歌

胜浦山歌流行于苏州东郊胜浦镇,始于南朝时,到唐宋年间形成七言四句式,明后趋于消沉。直到晚清时才渐有起色,到民国期间已极为普遍,20世纪50年代仍风靡鼎盛。

胜浦山歌内容丰富,形式多样,以四、七字句的小山歌为主,也有部分大山歌与长篇叙事歌,曲调优美委婉。胜浦山歌是当地百姓生活中不可或缺的一部分。山歌内容丰富多彩,形式多样,歌词内容大致有劳动歌、情歌、仪式歌、生活歌、传说歌及儿童之间相互对唱和成人教育儿童所唱的儿歌。胜浦山歌具有群众基础,目前传承谱系明晰的歌手计有三代。

(6) 白洋湾山歌

白洋湾山歌是苏州城北"阳澄—阳山"山歌带上的重要一环,主要分布在白洋湾地区的申庄、新渔、张网、颜家等村,与黄桥三角咀、浒关华桥等地山歌连成一片。其内容丰富,形式多样,乡土气息浓厚,并以其独特的地域唱腔,成为吴歌具有代表性的流派。作为吴歌的重要组成部分,白洋湾山歌产生于有着"农耕、渔耕、花耕"三耕文化的苏州古城西北部,生而兼具纯朴自然的特征。它题材广泛,种类多样,囊括私情山歌、历史山歌、风物山歌、盘答歌、杂歌等。在演唱形式上有独唱、对唱、轮唱、一领众合等,多以对唱为主,并常伴有生动而形象的动作。

(7) 阳澄渔歌

阳澄渔歌流行于苏州相城一带,是渔民们劳作过程中的创造。唱山歌是阳澄湖畔人们一天生活中不可缺少的组成部分,日出而作时要唱"开场"山歌,日落而歇时要唱"关箱"山歌。阳澄渔歌主要分为地方风情歌、私情歌、劳作歌、苦歌、戏文山歌、急口歌等,曲调为吴歌基本调、长甩调、五更调、十姐梳头调等。演唱形式有独唱、男女对唱或一人领唱众人伴唱。阳澄渔歌是以吴方言传唱的山歌,属吴歌一系,带有明显的阳澄湖水域特色。阳澄渔歌记载着人类走向文明的足迹,保存着朴素的古训和人们的思想情感。

(8) 昆北民歌

昆北民歌的传播中心区域在现今昆山北部巴城和周边市镇一带。在长期的农耕生活中,反映农民心声、抒发对美好生活憧憬的昆北民歌应运而生。昆北民歌基本都是不带偏音的五声音阶,旋法以级进为主,间插小跳,歌风大多委婉、流畅。调式丰富,宫、商、徵、羽调式广泛运用,并巧用调式交替手法,使调式旋法不落俗套,产生新意。节奏大多自由而多变,特别在山歌中常穿插变拍子、混合拍子,使旋律张弛有序、变化无穷,产生迷人的魅力。装饰音运用也特别多,如前倚音和下滑音经常被运用,使昆北民歌更加细腻、生动地表达。昆北民歌也为昆曲的诞生提供了营养。

(9) 石湾山歌

石湾山歌是吴歌的一种,古称"唐市船歌",主要在常熟石湾一带流传,沿袭了诸多吴歌的特征,如"吴格",即谐音双关,以及四句头山歌中多用衬字。但除了有吴歌的共同特征外,它还具有自身特点:一是渔歌、劳动歌较多;二是常熟方言促成了石湾山歌特有的音乐格调;三是音乐形式短小精悍。石湾山歌类型多样,有引歌、盘歌、劳动歌、仪式歌、情歌、生活歌等;曲调也很丰富,有四句头小山歌,有三邀三环的大山歌,还有划龙船调、号子、吭吭调、夯夯调等30余种。它反映生活内容非常广泛,涉及方方面面,有民风民俗、劳动生产、人情世故、婚丧嫁娶、三教九流等,极具生活气息。

2006年5月,江苏省苏州市申报的吴歌被列入第一批国家级非物质文化遗产代表性项目名录,项目编号为Ⅰ-22;2008年6月,江苏省无锡市申报的吴歌被列入国家级扩展名录。

2007年3月,苏州市,无锡市锡山区、惠山区申报的吴歌被列入第一批江苏省非物质文化遗产代表性项目名录,项目编号为 JSⅠ-6;2009 年 6 月,张家港市、常熟市、吴江市①、太仓市、苏州市工业园区申报的吴歌(河阳山歌、白茆山歌、芦墟山歌、双凤山歌、胜浦山歌)被列入省级扩展名录;2016 年 1 月,苏州市姑苏区、苏州市相城区、昆山市、常熟市申报的吴歌(白洋湾山歌、阳澄渔歌、昆北民歌、石湾山歌)被列入省级扩展名录。

5. 宝卷

宝卷起源于唐代的"佛经俗讲",经中晚唐发展,至宋元形成"宝卷",分为讲唱经文和演唱佛经故事两大类,民间宗教的信徒将其视为珍宝。清道光年间(1821—1850),宝卷内容出现两种走向:一种仍为宗教性的坛训和教义,即扶乩通神降坛垂训式宝卷;另一种则逐渐摆脱宗教气氛,以讲唱神话传说和民间故事为主,成为一种曲艺形式,如《五祖黄梅宝卷》《韩湘宝卷》《白蛇传宝卷》《孟姜女宝卷》等。

宝卷在中国各个地区都有流行,江苏地区的宝卷具有特殊的地域特色。

(1) 靖江宝卷

靖江宝卷,又名"靖江讲经宝卷",最迟明代传入并流行于靖江及周边吴方言区。

靖江讲经宝卷以吴地方言"老岸话"讲唱,内容融合了民间传说、歌谣和风俗,以散文叙事为主,结合韵文诗歌。宝卷分为"圣卷""草卷"和"科仪卷"。"圣卷"最富特色,是以因果报应、行善积德为主题的神佛故事;"草卷"记述了历史传说、民间故事;"科仪卷"则用于仪式。宝卷旧有文本 100 余种,现存各类印本、抄本、口头唱词 90 余种。

靖江讲经宝卷具备文学性与地方特色,反映了民间生活传统,群众基础广泛。靖江讲经宝卷被称为"人类口头文学的活化石",具有历史学、民俗学、宗教学、民间文学的研究价值。目前讲唱靖江讲经宝卷的民间艺人有 120 余人,每年做会在

---

① 现为江苏省苏州市吴江区。下同。

3000场以上。

(2) 同里宣卷

宣卷是"宣讲宝卷"的简称,同里宣卷在吴江同里一带流传,清代同治至光绪年间(1862—1908)逐步兴盛,后经波折,流传至今。

同里宣卷早期都是"木鱼宣卷",后发展成"丝弦宣卷"。内容上,除传统佛道经文故事与民间传说、小说神话外,20世纪70年代后还出现现代题材的作品。同里宣卷艺人吸收了地方戏剧的特点,逐渐添加丝弦锣鼓等伴奏,还充实了越剧、弹词、锡剧、沪剧等曲调。同里宣卷主要分"许派""徐派"两种,曲调均为自创。许派以许维钧为首,以苏州方言夹杂吴方言表演,曲调部分吸收苏州滩簧,脚本语言讲究韵律,文风及表演细腻典雅,深受城市听众欢迎;徐派以徐银桥为代表,说表用同里及吴江方言,内容通俗易懂,表演自由风趣,深受农民喜欢。

(3) 锦溪宣卷

昆山地区的锦溪宣卷于明代盛行,清代活跃,近代普及,历经波折流传至今,影响广泛。

锦溪宣卷由主唱、伴唱、丝弦伴奏组成,其中主唱者是宣卷班子中的灵魂,担负演绎故事、说表情节、演唱曲调的重任。伴唱的帮腔悠长、抒情,有时运用小嗓或翻高,起到补充和对比作用。伴奏时和时停、错落有致,使宣卷演唱动静结合、张弛有序。锦溪宣卷的唱词规整押韵,具有乡土气息和民间色彩。唱腔兼有抒情和叙事的特点,起腔和收腔都有帮腔伴唱。其"清板"可长可短,上句自由处理,下句落音规整,可容纳较长的情节延展。锦溪宣卷的唱表使用"苏州话"加"陈墓话(锦溪方言)",兼有说、表、唱、念,曲调吸收了苏南民间小调和苏州滩簧。

(4) 河阳宝卷

河阳宝卷以张家港凤凰镇为中心流传。它是唐代变文的重要传承,发源于宋代,盛行于明清、民国时代。目前在凤凰镇的农村中仍有10余个讲唱班子进行传唱,它与河阳山歌一起作为古代农村文化的重要组成部分。河阳宝卷通过讲唱民间故事,演绎了人与社会、人与人、人与自然和谐相处的朴素观念。河阳宝卷吸收了河阳山歌等当地艺术,至今保存有数十本清以来的宝卷抄本。目前河阳宝卷存本200余种,已出版了220万字的河阳宝卷3册,成为国内外研究中国民间文化的重要资料。

(5) 胜浦宣卷

苏州地区的胜浦宣卷流传于胜浦镇及周边农村,来源于佛教音乐、戏曲与民歌。内容多为劝人为善、祈求国泰民安的民间传说与历史故事。表演形式既有传统的"木鱼宣卷"、二人双档宣卷,又有多人合奏的"丝弦宣卷"。在胜浦乡村的庙会上或农家婚庆、寿诞、迁居、婴儿剃头等礼仪之日都需要宣卷班子来热闹一番。

胜浦宣卷用本地方言宣唱,曲调丰富。现存宣卷底本有100余种。目前胜浦宣卷表演活跃。

(6) 常州宣卷

常州宣卷流传于常州各区,是家族、师徒间传授的民间曲艺,分为神佛科仪类、说唱故事类、仪式类,现存200多种。常州宣卷宣演活动主要有两种形式,一是娱乐表演,二是作为佛事的组成部分。后者主要在长辈做寿、祭祖求子、新房落成、拜佛了愿的仪式中进行。常州宣卷用常州方言说唱、吟诵,每句一般为七个字,前六字为一拍,第七字为一拍,全句共四拍。说唱时,一人宣唱,数人应和,每宣唱二句,众人颂合:"南无佛,阿弥陀佛。"其主宣、主唱者为女性,打破了女子不抛头露面的传统观念。演唱曲调有【南方调】【挂金锁】等,内容多为本地原创素材。

常州宣卷兼具历史性与地方特色,反映了常州人的生活,记录了江南民俗风情和社会变迁,具备民俗研究价值。其"劝善"的主基调对和谐社会的构建起到了促进作用,同时为常州滩簧、常州道情、常州唱春以及锡剧提供了题材资源。

(7) 吴地宝卷

吴地宝卷是吴语区宝卷的统称,用吴方言演唱,曲调优美动听,包括了苏锡常和浙江北部一带,尤以张家港河阳、吴江同里、昆山锦溪、苏州胜浦等地最为集中和典型。常熟和张家港地区的宝卷是吴地宝卷的杰出代表。

吴地宝卷的内容可分为神道故事、妇女修行故事、民间传说故事、俗文学传统故事、道教经义和童话。卷本有三种式样,一是"全唱本",即全是唱词;二是"全讲本",只讲不唱;三是"讲唱本",有唱有讲。表演多讲唱结合,唱词简朴,皆为七言句,以吴地方言押韵。吴地宝卷宣唱有两种形式,即"木鱼宣卷"和"丝弦宣卷"。"木鱼宣卷"一般是两人搭档,在桌子东西两旁相对就座。东首为"上手",桌上放醒木、折扇、经盖、木鱼等物;西边为"下手",一边击打磬子,一边附和"上手",并加唱"南无阿弥陀佛"。"丝弦宣卷"增加了丝弦乐器,6—8人表演。宣卷是当地重要的民俗活动,百姓做寿、婚嫁、佛道节日、庙会等都有宣卷表演。吴地宝卷浓缩了佛教与民歌的音乐精华,故事具有群众基础,艺术价值高。

(8) 无锡宣卷①

宣卷是"宣讲宝卷"的简称,起源于唐宋时的佛教活动,后发展成一种说唱形式,在江浙一带民间极为盛行,大多在庙会、婚礼、祝寿、祈福等场合演唱。明清以来,"宣卷说因果"就已融入无锡民众日常生活中。清末民初,活跃于乡村的宣卷进入无锡城区,经过起起落落几个阶段,至今仍活态存在,成为国内外专家关注研究的课题。锡剧的前身滩簧,即发端于常州、无锡宣卷。无锡宣卷的卷本以佛、道、儒为内涵,讲唱的多为民间故事和佛道传说,保留了宋元古宝卷的遗风,是不可多得的民间信仰与民俗文化。

2008年6月,江苏省靖江市申报的宝卷(靖江宝卷)被列入国家级扩展名录,项目编号为Ⅰ-13;②2014年11月,江苏省苏州市申报的宝卷(吴地宝卷)被列入国家级扩展名录。

2007年3月,靖江市申报的靖江讲经宝卷被列入第一批江苏省非物质文化遗产代表性项目名录,项目编号为JSⅠ-7;2009年6月,吴江市、昆山市、张家港市、苏州工业园区、常州市天宁区申报的宝卷(同里宣卷、锦溪宣卷、河阳宝卷、胜浦宣卷、常州

---

① 该项目在申报省级非物质文化遗产代表性项目时,被评入"曲艺"类。现按照国家分类标准,归入"民间文学"类。
② 2006年5月,甘肃省武威市凉州区和酒泉市肃州区联合申报的河西宝卷被列入第一批国家级非物质文化遗产代表性项目名录,项目编号为Ⅰ-13。因而2008年申报的宝卷(靖江宝卷)属于国家级扩展名录。

宣卷)被列入省级扩展名录;2016年1月,常熟市、张家港市申报的宝卷(吴地宝卷)被列入省级扩展名录。2016年1月,无锡市滨湖区申报的宣卷(无锡宣卷)被列入第四批江苏省非物质文化遗产代表性项目名录,项目编号为JSⅤ-19。

6. 徐福传说

徐福传说可追溯至汉代,源于徐福出海、徐福造船等事件,流布于浙江象山、慈溪,山东胶南,以及江苏赣榆一带。在赣榆核心区域金山镇徐福村及周边镇、村有相关遗迹留存。

徐福是见于史书的第一位航海家,赣榆徐福传说包括《徐福东渡》《徐福河》《留福村的由来》《秦始皇与绣针女》等30多个传说故事。其中"徐福东渡"的传说影响最大:秦始皇统一中国后,梦想长生不老,赣榆方士徐福主动要求出海寻找仙药,携带三千童男童女及百工和各种工具与粮食种子作为献礼,先后三次东渡,最终漂洋过海到达扶桑。相传徐福在日本传播了农耕、锻冶、制盐等技术,将日本从原始社会推进到奴隶社会,日本尊徐福为"司农耕神""医药之神"等。徐福传说融民俗、艺术和宗教为一体,体现了赣榆的历史文化底蕴,具有文学价值、历史价值以及社会研究价值。此外,徐福传说在海外影响广泛,在当代中日和中韩文化交流中作用重大。

2011年5月,江苏省赣榆县①等申报的徐福传说被列入国家级扩展名录,项目编号为Ⅰ-41。②

2009年6月,赣榆县申报的徐福传说被列入第二批江苏省非物质文化遗产代表性项目名录,项目编号为JSⅠ-15。

7. 东海孝妇传说

东海孝妇传说源于《汉书·于定国传》中记载的孝妇事迹,经历代创作增补而

---

① 现为江苏省连云港市赣榆区。下同。
② 2008年6月,浙江省象山县、慈溪市申报的徐福东渡传说被列入第二批国家级非物质文化遗产代表性项目名录,项目编号为Ⅰ-41。

丰富,在连云港地区流传。

东海孝妇是中国孝文化的代表人物。传说讲述了东海孝妇丧夫亡子后独自孝敬婆母,却被太守冤杀,导致郡中枯旱三年的故事。在流传中,原故事里又加入了"车载十丈竹竿,以悬五幡,立誓于众曰:'青若有罪,愿杀,血当顺下;青若枉死,血当逆流!'"等情节,让其更富感染力。这一传说后来也成为元代四大悲剧之一《窦娥冤》的情节来源。东海孝妇传说体现了中华民族传统道德中的慈孝思想,孝妇也被尊奉为民间神祇。东海孝妇传说具有民俗、文学艺术、宗教学等多重价值。

2014年11月11日,江苏省连云港市申报的东海孝妇传说被列入第四批国家级非物质文化遗产代表性项目名录,项目编号为Ⅰ-128。

2009年6月20日,由连云港市申报的东海孝妇传说被列入第二批江苏省非物质文化遗产代表性项目名录,项目编号为JSⅠ-21。

8.《华山畿》和华山畿传说

《华山畿》是南朝著名的爱情民歌集,现存25首。华山畿传说的发源地在镇江姚桥镇华山一带,讲述了一位秀才投宿华山村客店时与店家小姐一见钟情,求婚遭店家拒绝后郁郁而终。灵车行至华山村客店门前止步不行,店家女见状,出门歌《华山畿》一曲,曲毕棺木应声而开,女子纵身入棺殉情而死。时人将两人合葬,取名"神女冢"。

《华山畿》是民间文学的瑰宝,被收录在南朝宋《乐府诗集》与元代《(至顺)镇江志》中,并为文艺创作提供了素材,被改编成戏剧、诗歌、故事等多种艺术形式,广为传颂。

2007年3月,镇江市新区申报的《华山畿》和华山畿传说被列入第一批江苏省非物质文化遗产代表性项目名录,项目编号为JSⅠ-4。

9. 韩信传说

韩信是中国古代伟大的军事家、汉王朝开国元勋之一。"韩信传说"即由韩信的生平衍生出的传说故事,淮安地区胯下桥、漂母墓等遗址见证了韩信传说在淮安的发展流传。

韩信传说以韩信的戎马一生为基本素材,包括《漂母施饭》《胯下桥》《萧何月下追韩信》《漂母与瓜蛊》《十万兵卒兜土修筑漂母墓》等等。韩信传说几乎包罗了韩信一生的经历,寄寓了淮安人对这位家乡历史人物的赞佩和尊崇之情,具有深厚的群众基础和极高的文学价值。由韩信的传说衍生出了许多以韩信为主人公的曲艺、戏剧,乃至现代影视作品。

2007年3月,淮安市淮安区申报的韩信传说被列入第一批江苏省非物质文化遗产代表性项目名录,项目编号为JSⅠ-5。

10. 寒山拾得传说

寒山拾得的传说最初流传于苏州城乡及无锡、上海、杭州等周边城市,后沿大运河逐渐远播各地直至日本,自唐迄今,经久不息。

寒山、拾得都是唐代高僧,寒山有诗僧、怪僧之名,曾隐居在浙江天台山寒岩,因名寒山。两人曾一同在天台国清寺当厨僧,情同手足,常一起吟诗作对,探讨佛学,后人将他们的诗汇编成《寒山子集》三卷。两人于唐贞观年间(627—649)由天台山迁至苏州妙利普明塔院任住持,此院遂改名为寒山寺。时人珍视二人友情,便将他二人推崇为和睦友爱之神。

(1) 和合二仙传说

相传寒山、拾得原是兄弟,因同时爱恋一个姑娘而有隙,后相继出家于同一寺庙。师父分赠他们荷花与果盒,寄寓"和合"之意,从此兄弟俩和好如初。也有说他俩原居北方,虽为异姓,却亲如兄弟,后来同时爱上一个女子却互不知晓,待到临近婚期才真相大白,于是善良的寒山便弃家出走,来到苏州枫桥镇削发为僧。拾得知其用心也舍下恋人,到处寻觅寒山,后来听说寒山在苏州枫桥,便折了一支盛开的荷花前去会面,寒山见拾得到来急忙相迎,捧着盛放斋饭的圆盒也来不及放下,两人相见,不禁大喜,于是拾得也当了僧人。苏州老百姓称他们为"和(荷)合(盒)二仙"。清雍正十一年(1733)他俩被御封为"和圣""合圣",和合二仙传说从此名扬天下。

(2) 寒山寺钟声传说

一日,寒山寺门前河道上漂来一口大钟,这大钟已修炼千年,要漂到西方去朝佛。寒山叫小和尚捞上来,挂在钟楼内,敲钟时大钟很不愿意,发出"懊恼来!"的声音,所以苏州人有句谚语:"寒山寺的钟声——懊恼来!"另一传说是,寒山叫拾得去捞钟,拾得用竹竿一撑,跳到了大钟内,大钟没有被捞上岸,顺流漂到了日本,拾得就在日本念佛传经。寒山想念拾得,就仿照漂去的大钟铸了一口,挂于钟楼。钟声响起,传到了日本,拾得听到了,也敲响大钟,两边钟声相应,称为"和合之音"。

(3) 迎唐僧传说

相传寒山知道唐僧师徒从西天取经回来,要经过苏州上空,所以特意将庙门向西而开,诚心迎接唐僧师徒四人,目前寒山寺寒拾殿的屋脊上还塑有唐僧取经的塑像,这也是为了纪念他们。

寒山拾得传说对苏州民俗影响深远。民间将其视为夫妻和合之神进行膜拜,婚礼厅堂内都要挂"和合二仙"神像,祝祷百年好合,白头到老。和合二仙传说也是苏州民间工艺的重要题材,在桃花坞年画、砖雕、核雕、剪纸、玉佩上面均有出现,被苏州民间视为吉祥物。寒山拾得传说的影响不仅遍及全国各地,也影响了海外华人圈。

2009年6月,苏州市申报的寒山拾得传说被列入第二批江苏省非物质文化遗产代表性项目名录,项目编号为JSⅠ-8。

11. 花果山传说

花果山传说流传于连云港云台山(今统称为花果山)及其周边地区。传说来源于《禹贡》的相关记载,在流传中故事情节逐渐丰富。

传说包括《石猴出世》《石猴锁龙》《如意金箍棒》等一系列关于石猴的故事。花果山传说中的石猴具备了猴、人、神的三种属性,体现了花果山地区的风土人情与地域特色,表达了云台山人民对自然的认识和征服自然的愿望。花果山传说保存了连云港地区的乡土文化与方言口语的精华,具有文学价值和民俗价值,为文学艺术创作提供了素材,其中最为著名的是明代小说家吴承恩吸收传说内容创作的神话小说《西游记》。

2009年6月,连云港市申报的花果山传说被列入第二批江苏省非物质文化遗产代表性项目名录,项目编号为JSⅠ-9。

12. 九里山古战场传说

九里山古战场传说起源并流传于徐州一带,自中国历史上传说时代起,这里就已是兵家必争之地。

相传这里曾发生过包括舜帝征服异族、周公东征、晋楚争夺彭城、刘项彭城决战、韩信十面埋伏、南北朝彭城拉锯战、朱棣九里山伏击战等重要战役。这些战役为后世的诗歌、小说等文学创作提供了素材与主题,在流传中,这些战争故事也与当地传说、歌谣、风景古迹等相融合,形成了独具地方特色的民间文学,亦为当地的名胜古迹镀上了文化色彩。此外,传说对于地方史志的编纂与古战场遗址的研究也具有一定的参考价值。

2009年6月,徐州市九里区申报的九里山古战场传说被列入第二批江苏省非物质文化遗产代表性项目名录,项目编号是JSⅠ-10。

13. 巫支祁传说

巫支祁传说流传于淮河流域,可以追溯至汉代,经后世演绎后形成现今的面貌。

巫支祁传说是大禹治水时锁镇淮河水怪的神话故事。巫支祁最初形象是龟形水神,后演变为近似人形的水猿。相传大禹治水时,遇见淮水神人巫支祁,形若猿猴,缩鼻高额,金目雪牙,臂力过人。禹用铁锁锁住其颈,鼻穿金铃,锁在龟山脚下,"淮水乃安"。巫支祁传说反映了淮安人民在河网密布的地区抗争水灾的历程,也为历代的文学创作提供了素材。其中,孙悟空被镇压五行山下的故事与巫支祁传说相似,可见这一传说对于塑造《西游记》中孙悟空的形象起到了重要作用。

2009年6月,洪泽县①申报的巫支祁传说被列入第二批江苏省非物质文化遗产代表性项目名录,项目编号为JSⅠ-11。

14. 水漫泗州城传说

水漫泗州城传说发端于泗洪县半城镇及洪泽湖湖区,流传于洪泽县、盱眙县等地,可追溯至清康熙年间(1662—1722)。

清康熙十九年(1680)黄河夺汴入淮,最终导致泗州城全部被淹没。泗州城难民逃难至半城镇的过程中,将灾情与大禹、巫支祁等地方神话故事以及朱元璋等历史人物相结合附会,形成了一系列与水灾相关的传说故事,并经由半城镇镇民传播开去。水漫泗州城传说体现了科学时代到来前人们对自然灾害的认知,也反映了人们对泗州城的怀念,表达了人们向往美好生活的心愿,折射出湖区百姓的思想感情和审美取向,具有艺术价值和社会价值。

2009年6月,洪泽县、盱眙县联合申报的水漫泗州城传说被列入第二批江苏省非物质文化遗产代表性项目名录,项目编号为JSⅠ-12;2011年9月,泗洪县申报的水漫泗州城传说被列入省级扩展名录。

15. 隋炀帝传说

隋炀帝传说主要流传于扬州地区,来源于史实,经后世加工而成,反映了隋炀帝杨广的暴虐荒淫。

传说有三类:一是"开运河"的故事,其中影响最大、流传最广的当属"麻胡子"的故事,说的是隋炀帝下扬州开运河时,麻叔谋当监工,每天都要吃蒸熟的小孩。二是"看琼花"的故事,传说中隋炀帝开运河是为了看琼花。三是隋炀帝在扬州时的生活与死后下葬的故事,主要有"迷楼"和"雷塘"的故事。"迷楼"是说炀帝行宫深幽曲折,人入其中,难以寻找出路,迷楼由此而得名;"雷塘"是说隋炀帝下葬时

---

① 现为江苏省淮安市洪泽区。下同。

突然雷电交加,三葬三击而暴尸,雷击之处成为水塘,故名雷塘。此外,还有炀帝梦中受到菩萨和师父的训斥,有所悔悟,遂舍宫敕造禅智寺的故事,以及"真假隋炀帝"的故事,即隋炀帝的卫士与皇帝相像,于是谋害了皇帝冒名顶替,但他荒淫无道,被大臣们发现身份后躲到扬州,被追至扬州的大臣诛杀。

隋炀帝传说描绘了扬州百姓许多生产、生活情景,是运河文化的重要组成部分。

2009年6月,扬州市邗江区申报的隋炀帝传说被列入第二批江苏省非物质文化遗产代表性项目名录,项目编号为JSⅠ-13。

16. 彭祖传说

彭祖传说以彭祖故里——徐州铜山区大彭镇为中心,主要流传于徐州铜山区、贾汪区、沛县、睢宁县、邳州市,以及相邻的安徽灵璧县、萧县等地,相传起源于《尚书》出现后。

彭祖是中国古代最著名的健康长寿养生家、烹饪家,传说中活了840岁。阴间有一位夜游神来阳间巡察,发现彭祖已经活了800多岁,便上报阎王。阎王宣召判官查阅生死簿,最后从夹缝中发现了记录彭祖生平的纸卷,便知是判官舞弊。原来判官是彭祖的外甥,幼年丧母,蒙彭祖收养长大,当上判官后为了报答舅舅的养育之恩,便把舅舅的名字卷成纸条藏在了夹缝中,后因公务太忙忘记,纸条便藏了近千年。阎王念其孝心,便从宽处理了他,仍然命他为判官。这就是传说中彭祖活到840岁的原因。

2009年6月,徐州市申报的彭祖传说被列入第二批江苏省非物质文化遗产代表性项目名录,项目编号为JSⅠ-14。

17. 张道陵传说

张道陵传说起源于其出生地丰县宋楼镇,源于汉代张道陵的事迹。

相传张道陵为拯救百姓,决心修道布道,备受人们尊崇。传说题材丰富,包括风物传说、地名传说、人物传说、习俗传说等。风物传说有《玄帝与张道陵》《黑水潭联姻得宝》《张道陵疏渠退污洪》《张道陵是蜀地制盐业的祖师》《张天师青城山战鬼降巫》；地名传说有《药盒子的由来》《龙虎山炼丹》；人物传说包括张道陵及其家人、乡亲等的事迹，有《张老汉巧占天门穴》《张天师降生的传说》《张道陵出世的传说》《张道陵是神童》《张道陵与黑水圣母的不解情缘》《张天师捉妖》《孙夫人法坛退妖水》等；习俗传说主要讲述了张道陵与一些习俗起源的故事，有《桃木——驱鬼辟邪的灵物》《镇妖符归根》《张道陵与虎头鞋、虎头帽的渊源》《白虎来黑虎走》《抬辇求雨》《泰山石敢当》《孙夫人打坐修炼的蒲团流传于世》《明镜高悬辟宅邪》等。

2009年6月，丰县申报的张道陵传说被列入第二批江苏省非物质文化遗产代表性项目名录，项目编号为JSⅠ-16。

18. 施耐庵与《水浒》传说

施耐庵与《水浒》传说自元末明初以来便流传于苏北里下河地区。施耐庵在大丰白驹镇完成《水浒传》的创作后，当地便流传着许多相关故事。

传说内容包括施耐庵的生平及其文学创作活动。施耐庵是兴化白驹场（今盐城大丰区白驹镇）人，学识广博，才华横溢。早年曾中进士，但仕途不顺辞官，后参加元末张士诚起义，因张士诚居功自傲、疏远忠良而离去，作《秋江送别》套曲赠予同僚鲁渊、刘亮等人。此后，施耐庵浪迹江湖，靠行医、任教为生，其间与弟子罗贯中一起写作并搜集整理宋江起义的相关故事。朱元璋上台后缉捕张士诚部属，施耐庵征求顾逖的意见，在白驹隐居不出，专心创作《水浒传》。

2009年6月，兴化市、大丰市①申报的施耐庵与《水浒》传说被列入第二批江苏省非物质文化遗产代表性项目名录，项目编号为JSⅠ-17。

19. 达摩传说

达摩传说主要流传于南京六合区长芦一带，源于禅宗初祖达摩在中国从事的

---

① 现为江苏省盐城市大丰区。下同。

佛教活动。

达摩于南朝梁武帝普通年间(520—527)到达广州,因与梁武帝观念不合而北上,途经长江时将一束苇草置于江面,踏蹑而渡,因此留下了"达摩一苇渡江,栾巴噢酒灭火"的传说。达摩"一苇渡江"后在长芦寺布道、传经,各地僧尼前来朝觐,这使得长芦寺的香火格外旺盛,名声远播,鼎盛时甚至有僧侣1700多人,长芦寺成为当时佛教禅宗的发祥地和佛教活动的重要场所。

达摩传说具有本土色彩与地方特色,故事短小明快,富有想象力和哲理,对民俗文化、佛教文化、历史文化均具有重要价值。

2009年6月,南京市六合区申报的达摩传说被列入第二批江苏省非物质文化遗产代表性项目名录,项目编号是JSⅠ-18。

20. 刘邦传说

刘邦传说流传于汉高祖刘邦的故乡沛县,源于刘邦的事迹,经历代提炼加工而成。

刘邦传说涵盖了刘邦从出生到当上皇帝的传奇一生,从不同的角度反映了刘邦的性格、用人智慧和军事谋略。传说大致可分两类:一是野史传说,如《刘邦出世》《马歇着为何抬起一条腿》《蝼蛄救命》《鼋汁狗肉》等;二是正史记载,如《斩蛇起义》《约法三章》《分我杯羹》《四面楚歌》等。

刘邦传说短小精悍、结构巧妙、语言丰富、人物生动、形象逼真、内容引人入胜,具有文学价值和历史价值,而且它还体现了中华民族的优秀文化传统,具有教育意义与现实意义。

2009年6月,丰县、沛县联合申报的刘邦传说被列入第二批江苏省非物质文化遗产代表性项目名录,项目编号为JSⅠ-19。

21. 卞和献玉传说

卞和献玉传说主要流传于南京高淳区桠溪及周边地区,与当地地名关联紧密,亲近贴切。

传说采用高淳方言口耳相传。春秋时,住在荆山脚下的卞和在望玉山上发现了宝玉,先后送给楚厉王、楚武王,两代楚王不识宝贝,砍去了卞和两足。楚文王登基后,卞和又将宝玉献上。楚文王命人将该玉雕制成璧,命名为"和氏璧"以表彰卞和,并赐大夫之禄,以养终身。故望玉山又名状元山,卞和也成了"献宝状元"之祖。卞和死后,卞家村人把他安葬在状元山下,立碑纪念,后人及村民每年清明前来祭祀,并把卞和奉为财神,因其跛足,故称之为"坐宝财神"。卞和献玉传说流传广泛,具有地域特征及历史文化价值,对保护当地自然环境亦有一定的促进作用。

2009年6月,高淳县①申报的卞和献玉传说被列入第二批江苏省非物质文化遗产代表性项目名录,项目编号是JSⅠ-20。

22. 露筋娘娘传说

露筋娘娘传说集中流传于江都、邗江、高邮、兴化等大运河沿线地区。传说源于唐代地名与传说,南宋时向贞女文化方向演化。

露筋娘娘传说是贞女文化的代表,可分三类:一、关于露筋的来历和露筋娘娘传说的起源;二、露筋娘娘从贞女到运河船民保护神的嬗变和转化;三、露筋娘娘与历代文人、官员人神感应的故事。相传唐代末年,有姑嫂二人到高邮走亲戚,来到邵伯时,在一个单身汉的家中借宿,考虑到未婚女子不便和陌生男子共居一室,小姑就在门外荒地上过夜。夏天酷热,蚊虫成阵,第二天早上嫂子开门一看,小姑已经被蚊子叮死,血被吸干,连筋骨都露了出来。当地人建了一座"露筋祠"纪念她,后世文人也常来此作诗凭吊。随着运河文化的发展,露筋娘娘也被看作运河船民的保护神。

露筋娘娘传说侧面反映了明清时代的道德要求、民俗风情以及人们与天灾搏斗、战胜洪水的信念和期望,同时,传说也有助于人们了解运河的原生态风貌。

2009年6月,江都市②申报的露筋娘娘传说被列入第二批江苏省非物质文化遗产代表性项目名录,项目编号为JSⅠ-22。

---

① 现为江苏省南京市高淳区。下同。
② 现为江苏省扬州市江都区。下同。

23. 沈拱山传说

沈拱山传说可追溯至清咸丰年间(1851—1861),流传于盐城等沈拱山生前活动的地区。

沈拱山生于农家,幼年丧父,和母亲相依为命。幼年时他便才智过人,开蒙不久就考取秀才。他秉性刚直,看到政府黑暗昏庸,便弃仕耕读。沈拱山胸怀正义,仗义为民,被百姓称为"布衣青天",因此得罪了很多官员,以致被县官逮捕。他据理力争,县官无法将他定罪,只能将他关押起来。最后,沈拱山在狱中遇害,享年65岁,葬于沈家墩。

沈拱山传说与农民生活相关,具有乡土气息,影响深远广泛,也为文艺创作提供了素材。

2009年6月,盐城市盐都区申报的沈拱山传说被列入第二批江苏省非物质文化遗产代表性项目名录,项目编号为JSⅠ-23。

24. 伍子胥故事

伍子胥故事流传于南京高淳区固城及周边地区,故事主要情节为"浣纱女舍身灭口",采用高淳方言讲述。相传公元前528年左右,楚平王听信谗言,将大将伍奢全家抄斩,唯伍子胥幸免于难。他逃入吴国,在今高淳固城沙滩头村附近迷路,见一女子在河边浆纱,便上前问路。浣纱女得知伍子胥乃忠良之后,便以浆纱米汤让其充饥,并为他指明前往吴国的道路。行走片刻,伍子胥回望,见浣纱女立在原地,心中起疑,便折回身来。浣纱女知其担心自己泄密,便转身投溪,舍生取义。数年后,伍子胥带兵伐楚,胜利而还。经过当年浣纱女舍身的溪边,他便将楚宫内缴获的三斗三升"金豆子"撒在溪中,此地因而得名"黄金港",相传后来固城一带常出土祭奠浣纱女的金豆子。据文献记载,大诗人李白游历高淳时,被浣纱女的义举所感动,为浣纱女的纪念碑撰写了碑文。

2009年6月,高淳县申报的伍子胥故事被列入第二批江苏省非物质文化遗产代表性项目名录,项目编号为JSⅠ-24。

25. 项羽故事

西楚霸王项羽,名籍,字羽,公元前232年出生于下相(今宿迁)梧桐巷。项羽力能扛鼎,才气过人,是秦末重要的反秦运动领袖之一。全国有关项羽的传说甚多,这些故事经过口耳相传,经久不衰,家喻户晓,是富有特色的口头文学作品,具有珍贵的民间文学价值。

(1) 浦口项羽故事

流传于南京浦口地区的项羽故事,主要是项羽经垓下之战败走浦口,至乌江自刎的系列事迹。浦口的项羽故事包括21个故事,分别对应21处地点:瓢儿井、点将台、饮马池、高望、兰花塘、红绣鞋、失姬桥、胭脂井、魂落铺、九头亡、勒马想、霸王泉、驻马河、滚马滩、霸王庙、御祭庵、鬼门关、晾甲庙、下马石、霸王鞭、四马山(又名四溃山)。

项羽故事表达了人们对项羽英雄人格的崇敬以及"不以成败论英雄"的观念,对研究当地民风、民情、民俗具有重要价值。

(2) 宿豫项羽传说

流传在宿豫的项羽传说系列故事基本上以史实为中心,以《史记·项羽本纪》为原本,以项羽一生的盖世传奇为主线,由霸王举鼎、少年立志、揭竿而起、破釜沉舟、巨鹿之战、鸿门宴、楚汉相争、垓下之战、四面楚歌、霸王别姬、自刎乌江等故事组成。传说用叙事的方式讲述了项羽威武、刚烈、仗义、叱咤风云的英雄气概以及柔肠多情的情怀,在民间广为流传。项羽是一位历史英雄,他一生都在英勇奋战,为推翻秦王朝的统治奠定了大局。但他最后结局非常悲壮,留下了千古流唱的慷慨悲歌:"力拔山兮气盖世,时不利兮骓不逝,骓不逝兮可奈何,虞兮虞兮奈若何。"历代王朝的统治者和文人墨客对项羽都有极高的评价。所以项羽传说是宿豫人民世代以来最爱传颂的故事,他们以是项羽家乡人而倍感自豪。

2009年6月,南京市浦口区申报的项羽故事被列入第二批江苏省非物质文化遗产代表性项目名录,项目编号为JSⅠ-25;2011年9月,宿迁市宿豫区申报的项羽故事被列入省级扩展名录。

26. 崔致远与双女坟的故事

崔致远与双女坟的故事流传于南京高淳固城及其周边地区。唐时即有文字提及,宋代、清代亦有相关文学作品问世。

据高淳地方志记载,高淳县东南境花山下有一荒冢,埋葬了一对因婚姻不能遂愿而自杀的同胞姊妹,称"双女坟"。崔致远与双女坟的故事讲述了唐时新罗学者崔致远任溧水县①县尉时,听闻传说前往凭吊并赋诗,当夜梦中见双女前来致谢的故事。故事传达了用情以真、劝人为善、寓教于乐的理念,反映了中韩古代文化交流的历史。

2009年6月,高淳县申报的崔致远与双女坟的故事被列入第二批江苏省非物质文化遗产代表性项目名录,项目编号为JSⅠ-26。

27. 姐儿溜

姐儿溜流行于东海县境内,以李埝乡、山左口乡最为盛行,相传起源于宋代黄淮水灾时期,清代以后传唱越发广泛。

姐儿溜相传是一位人称"马姐儿"的人创作的,当地俗称蝉为"姐儿溜"并视其为马姐儿的化身。姐儿溜现有传唱曲调200余个,包括《嚡哩落》《姐儿溜》《满江红》等,其中最具代表的是长行歌谣《房四姐》。歌谣讲述了村姑房四姐被婆家虐待,经过艰辛努力苦尽甘来的故事。

姐儿溜思想鲜明,人物生动,通过矛盾冲突展现人性,兼具写实与浪漫色彩,体现了老百姓在艰苦生活中的精神追求,是民间文学之宝。

2009年6月,东海县申报的姐儿溜被列入第二批江苏省非物质文化遗产代表性项目名录,项目编号为JSⅠ-27。

---

① 现为江苏省南京市溧水区。下同。

28. 谜语

谜语是劳动人民的智慧结晶。谜语最初是"隐语",劳动人民把不敢直抒胸臆的话语,用曲折隐晦的语言表达出来。后来逐渐发展,至今谜语已种类丰富,趣味盎然,形式齐备。谜语一般由谜面、谜目和谜底三部分组成。有些运用迷格制成的灯谜还有迷路。

(1) 海虞谜语

海虞谜语流行于常熟地区,明清以来兴盛,出现了大量名家与著作,后发展历经曲折,通过师徒相授、组织交流、学校教学、猜谜活动等形式传承至今。

海虞谜语可分为民间谜语与灯谜两大类。民间谜语形式多样,包括"山歌谜""俚谚谜""歇后语谜"等;灯谜也称"文义谜",较为深奥,主要以书面形式在文人中流传,后逐步传至社会,每逢元宵佳节,将谜面写在灯上,或写在彩纸上,供游人射猜。此外还有"画谜""印章谜""诗谜""词谜""对联谜"等。谜语猜制有会意法、象形法、增损离合法、别解法、排除法、综合法、组字法和拟人法等。每一种方法又有多种形式,如会意法就有正面会意法、反面会意法、侧面会意法、夹击会意法、分段会意法、计算会意法、补贴会意法、剔除会意法、增减会意法、抵消会意法等。海虞谜语的格式有上千种,最常用的有卷帘、上楼、遥对、蕉心、虾须、燕尾、碎锦、摘遍、粉底和梨花等十种。

海虞谜语作为语言艺术,有着独特的地方风格和"精、新、巧、雅、趣"的特点。

(2) 竹西谜语

竹西谜语主要流行于扬州市区及运河沿线的高邮、宝应等地,其历史可追溯到南北朝。明清时期下层知识分子中出现了由盐商赞助的灯谜社团,以清嘉庆(1796—1820)时的"竹西春社"最具影响力。清光绪(1875—1908)至民国年间,"竹西春社"开始了谜语历史与理论的研究,此后逐步发展。竹西谜语的传承方式多为师徒传承和家族传承。

竹西谜语谜格丰富,以"新赋格"和"昭阳格"为大宗,多以扬州乡土风情为谜底,并以土音方言谐声先翻译成中介谜面或谜底,然后再猜出谜底。竹西谜语追求谜格与谜艺手法等制谜手法方面的创新,其中最重要的是"画谜"和"动作谜"的发明。竹西谜语清新、自然、流畅、构思独特,典雅而不晦涩,颇受人民欢迎。谜语巧妙运用了形、音、义,变化多端,内容题材广泛丰富,信息量大,知识面广,能够提高人们阅读和求知的兴趣,锻炼逻辑思维和推理能力。

近年来,扬州当地为保护弘扬竹西谜语,采取了成立灯谜协会以及举办"竹西谜会"等诸多措施。

(3) 无锡灯谜

历史上,灯谜与吴越之地有着不一般的渊源。汉代《吴越春秋》中记载最早的中国诗歌"断竹,续竹"[1],即是隐语(灯谜雏形)。宋代无锡费衮写的《梁溪漫志》中也记载有猜谜轶事。明末清初,无锡人秦松龄在《来生福弹词》集中展示了18条灯谜。清咸丰年间(1851—1861)的《龙山灯虎》系近代灯谜界具有影响力的谜集。

无锡灯谜经过数百年的传承,渐渐析出"雅中有俗、俗中有趣"的特点,常作应时、应地、应景之作品,为大众所喜欢。自20世纪80年代无锡成立灯谜社团以来,谜事活动从未间断过。

(4) 淮安灯谜

明清漕运鼎盛时期,淮安灯谜名家辈出,还成立了淮安隐语社、清江浦谜社、商旧谜社等灯谜社团。吴承恩的《西游记》第一回中即有谜的描写。灯谜在淮安民间广泛流传,并形成了鲜明的地方特色。清末民初,淮安还出现了灯谜大家顾震福。至当代,淮安灯谜有了长足的发展。

淮安民间多有猜谜(俗称"破命")习俗,一直流传至今。利用淮安方言和人名、地名创作灯谜,也是淮安灯谜的一大特色,如"抱着初生儿"(猜地名——淮阴),谜底就是方言"怀婴"的谐音。

(5) 平望灯谜

苏州吴江区平望镇猜灯谜的历史可追溯至南北朝。历代灯谜高手不断,明代

---

[1] 出自先秦的《弹歌》,全文内容为:"断竹,续竹;飞土,逐宍。"

有午梦堂主人叶绍袁,清代有诗人郭麟,清末民初有张起南与文学家、教育家薛凤昌。薛所著的《邃汉斋谜话》与张所著的《橐园春灯话》被并称为中国"谜话双璧"。受薛凤昌及《邃汉斋谜话》的影响,清末民初以来,平望灯谜活动相当普及。20世纪80年代以来,平望灯谜爱好者的队伍日趋壮大,他们组织成立了"莺湖谜会",编印了不少谜刊,每年在全国各地报刊上发表谜作数千则。

平望灯谜具有鲜明的地方特色。在每次举办的灯谜展猜、灯谜赛中,不少谜题是由当地灯谜爱好者围绕平望名胜古迹、风土人情、国家政策、法律法规等而创作的,洋溢着浓烈的乡土气息,彰显着鲜明的艺术个性,具有较高的文化艺术价值和时代性。

(6) 南通灯谜

南通是全国最早恢复灯谜活动的城市之一。这追溯到20世纪50年代末,市劳动人民文化宫成立了南通市职工业余兴趣小组,主要举办猜制灯谜的活动。之后陈学海等首批南通谜人共同创办了《乳虎集》,成为南通谜人与其他城市灯谜界的交流刊物。1964年,南通谜人又与上海、武汉等地的谜友进行谜艺探讨交流,联合出刊了《虎会》。1980年1月,南通市职工灯谜研究组成立。1985年5月,南通市职工灯谜协会成立,先后举办了数次大型灯谜活动,且出版了不少资料性文本。

南通灯谜体现了全民参与的集体性。南通灯谜因南通濒江临海的独特地域特色,在谜语创作等方面融入了本土文化,将地方历史、人文、经济等诸多元素包容进灯谜创作,形成了南通灯谜独特的江海文化特色。

2009年6月,常熟市和扬州市申报的谜语(海虞谜语、竹西谜语)被列入第二批江苏省非物质文化遗产代表性项目名录,项目编号为JSⅠ-28;2016年1月,无锡市、淮安市、苏州市吴江区、南通市联合申报的谜语(无锡灯谜、淮安灯谜、平望灯谜、南通灯谜)被列入省级扩展名录。

29. 焦尾琴传说

焦尾琴的传说主要集中在溧阳天目湖镇观山村一带,这里至今尚存有蔡邕读书台遗址,还流传着焦尾琴的故事。

据传,蔡邕在朝廷中遭受迫害,便"亡命江海,远迹吴会",举家来到溧阳观山、黄山湖一带隐居。有一日,他与女儿听到邻居烧火时候灶膛发出的声音,铮铮然有裂帛之音,认为被烧的木头是做琴的好材料,便与女儿蔡文姬一起把它从火中救了出来。被烧过的梧桐木被制作成琴,琴声美妙,十分动听。因为琴的尾部已经被火烧焦,所以命名为"焦尾琴"。蔡文姬出嫁的时候,便带着焦尾琴作为陪嫁。焦尾琴是中国古代四大名琴之一,美琴喻人,焦尾琴是遭受磨砺的君子的象征。

2011年9月,溧阳市申报的焦尾琴传说被列入第三批江苏省非物质文化遗产代表性项目名录,项目编号为JSⅠ-29。

30. 虞姬传说

虞姬传说主要分布在虞姬故里——沭阳,以及宿迁、徐州、新沂、淮安、泗阳、连云港等地。另外,安徽灵璧、泗县、定远、和县等地及河南荥阳也流传有虞姬的传说。

虞姬是西楚霸王项羽的随征夫人。在项羽率领起义军推翻秦王朝的统治和楚汉征战的过程中,虞姬一直随项羽出征,转战南北,生死不离,直至公元前202年项羽兵困垓下时,为使项羽剪断牵挂,以便突出重围,东山再起,毅然拔剑自刎,留下了"霸王别姬"的千古绝唱。虞姬一生虽然短暂,但留下的美丽传说极为丰富,有爱情传说、性格传说、地名传说、植物传说、军旅传说等。这些传说短小精悍,通俗易懂,生活气息浓郁,传布十分广泛。

2011年9月,沭阳县申报的虞姬传说被纳入第三批江苏省非物质文化遗产代表性项目名录,项目编号为JSⅠ-30。

31. 汉王拔剑泉和马扒泉传说

拔剑泉和马扒泉传说发生在徐州铜山区汉王镇丁塘山下,流传范围广泛。相传2200多年前,刘邦攻占彭城(徐州)后,因为得意忘形,而败于项羽手下。于是他只好带着残兵败将,往彭城西南方向逃窜。项羽领大军紧追不舍至汉王的丁塘山下,把刘邦的残兵败将团团围困,刘邦兵马已无路可逃,再加上又渴又饿,疲惫至极,只好下马喘息。绝望的刘邦从腰中拔出宝剑,朝石头上一掷,仰天长叹道:

"天亡我也!"谁知,当他从石头缝中拔出宝剑时,一股清澈的泉水随剑而喷涌出来!在此同时,他的马也急躁不安地用蹄子扒地,巧得很,马蹄子也扒出了泉水。刘邦的兵马饮泉水解渴,疲劳大减,精神大振,全力拼杀冲出了项羽的重围,此后才得以东山再起,打败项羽,一统天下,当了皇帝。从那以后,刘邦拔剑出水、马扒成泉的传说,就像泉水一样,一直流传在汉王镇的民间。

拔剑泉泉眼呈菱形,像宝剑插的孔。马扒泉呈马蹄形,像马蹄踩过留下的坑。泉水四季恒温,从岩石缝里喷涌出来,千百年来从未停息,终年长流,是徐州云龙湖的发源地。

2011年9月,徐州市铜山区申报的汉王拔剑泉和马扒泉传说被列入第三批江苏省非物质文化遗产代表性项目名录,项目编号为JSⅠ-31。

32. 张士诚传说

张士诚传说主要流传于其故乡盐城大丰一带。张士诚自年轻时起,就在当地从事帮闲记账一类的杂差。他善于运作,凭借积累的关系让自己的3个弟弟也做上操舟运盐的营生,顺便贩卖私盐。靠此发家的张士诚乐善好施,像"及时雨"宋江一样有着良好的口碑,深受老百姓的爱戴。元末天下大乱,张氏兄弟因为卖盐期间受富户压榨,张士诚又被盐场一个叫丘义的保安(弓手)辱骂欺压,于是便带着同伙起义。当时参与起义的一共有18个人,包括他的3个弟弟和1个叫李伯升的好汉。他们把丘义杀死,又遍灭诸富家,放火烧掉了不少大宅院。当时盐工们生活在水深火热之中,于是便纷纷报名加入张士诚的队伍。张士诚的势力慢慢发展起来,最后,他自称"诚王",势力笼罩整个吴地。

2011年9月,大丰市申报的张士诚传说被列入第三批江苏省非物质文化遗产代表性项目名录,项目编号为JSⅠ-32。

33. 海州智慧人物传说

海州智慧人物传说是指常年流传在古海州(今连云港地区),以卫哲治、苗坦之、吉呆3人为代表的民间智慧人物的系列传说。这些传说自清代起一直以口头方言的形式代代相传,连云港一带几乎家喻户晓,现今仍被广为传诵。

这三位传奇人物历史上真有其人,传说只是把他们的一些故事加以夸张,具有传奇色彩。如卫哲治,清乾隆(1736—1795)初任海州知州,关于他为官廉政、智斗豪强的传说有 26 篇。苗坦之是海州西乡的一位穷秀才,关于他帮助穷人、智斗豪门的传说有 55 篇。吉杲诙谐幽默,正义感强,是海州地区有口皆碑的一位东方朔式的传奇人物,他的传说有 75 篇。

2011 年 9 月,连云港市海州区申报的海州智慧人物传说被纳入第三批江苏省非物质文化遗产代表性项目名录,项目编号为 JSⅠ-33。

34. 曹瘦脸儿故事

曹瘦脸儿故事是如东人民演绎出的民间故事,在县境内家喻户晓、老少皆知。

大约在清雍正至嘉庆(1723—1820)的百年间,如东县城年久失修的堰堤被海啸、海溢造成多次决堤。官府不抚恤灾民,导致沿海百姓民不聊生。老百姓急切呼唤勇于挺身而出的智者为民请命。曹瘦脸儿名曹秀生,并非真有其人,而是传说中的一位公正与智慧的化身,平民百姓期盼和崇拜的偶像。

曹瘦脸儿故事以民间打官司为特色,一则故事就是一桩官司,故事中充满了如东地域特色的乡风民俗,体现了盐民、渔民、农民们追求公平正义、反抗官商勾结的斗争精神。曹瘦脸儿是平民智慧的化身,他的故事辛辣讽刺了富人为富不仁、官员鱼肉乡里的社会现状。

2011 年 9 月,如东县申报的曹瘦脸儿故事被列入第三批江苏省非物质文化遗产代表性项目名录,项目编号为 JSⅠ-34。

35. 蒋乔镇的民间故事

蒋乔镇的民间故事是流传于镇江润州区蒋乔一带口传文化的总称。它起源于民间,流传在村头。其故事几乎涵盖了民间文学的各类神话、传说、故事。传说有人物传说、地方传说、动植物传说、风俗传说等。在故事中,不仅有动物故事、生活故事、机智人物故事,还有寓言、笑话等。像《白蛇传》《乾隆皇帝下江南》《茅山祖师的传说》等均有异文存在,而反映乡土地域的地名传说、人物故事更是个性鲜明,意味隽永。目前,蒋乔已搜集民间故事300余篇、民歌200余首、谚语俗语400余条,为发展地方事业积累了宝贵的文化资源。

2011年9月,由镇江市润州区申报的蒋乔镇的民间故事被列入第三批江苏省非物质文化遗产代表性项目名录,项目编号为JSⅠ-35。

36. 花子街

花子街是民间口头文学,主要流传于南通港闸区天生港镇八一村以及周边。一群沦落为乞丐的人聚居于花子街,在下雨、下雪等不便出去乞讨的日子,就集体创作了花子街长篇叙事诗,全长2000余行,以花子街李逃与富家小姐成亲、贪婪的粮户沦为乞丐的传奇故事为叙事线索,以民歌的比兴、拈连、排比、铺陈、比喻、应答等多种修辞叙事方式为手法,使长歌朗朗上口,妙趣横生。作品的原作者——那些因灾荒而流落街头的花子们,用他们所熟悉的民间长歌形式表达了对社会的评判和对生活的热爱,他们虽身处社会的底层,却充满情致,乐观、豁达。

2011年9月,南通市港闸区申报的花子街被列入第三批江苏省非物质文化遗产代表性项目名录,项目编号为JSⅠ-36。

37. 二郎神传说

二郎神的传说是二郎神杨戬的故事经民间说书艺人整理代代口传心授的一系列灌南民间传说,流传于灌南新安镇、张店镇、李集乡及五队乡等乡镇村落,其中《二郎劈山救母》《二圣斗变》《二郎担山赶太阳》等传说在灌南民间以口头形式代代相传,既富于生活气息,又离奇动人。

在元代杂剧《灌口二郎斩健蛟》《灌口二郎初显圣》的相关载述中,二郎神的故乡在灌河口。明代小说家吴承恩凭借《二郎搜山图》塑造了灌河二郎神杨戬的艺术形象。二郎神的传说与灌南地区的风土人情相结合,凸显了强烈的地域特色。传说中的二郎神具备了人和神的特征,反映了古代灌南人对自然的认识和征服自然的愿望,同时,《二郎劈山救母》的传说也凸显了灌南地区的"孝"文化。

二郎神的传说以口头方式在灌南县老百姓中代代相传,当地的文化人和说书艺人也对这一传说加以整理传播,如孟兴庄镇的潘志忠、五队乡的孙前柱等便是主要的传播者。

2011年9月,灌南县申报的二郎神传说被纳入第三批江苏省非物质文化遗产代表性项目名录,项目编号为JSⅠ-37。

38. 苏东坡传说

苏东坡传说是以北宋大文豪苏轼的故事发展演变而来的传说故事群。常州是重要的故事发生地点之一。

常州是苏东坡的"第二故乡"。苏东坡先后14次来常州,并任常州团练副使,最后终老于常州的藤花旧馆。苏东坡在常州民间留下了许多传说故事,主要作品70多篇,在常州及周边地区妇孺皆知,影响深广,并有多种版本流传和记载。其内容之丰富、数量之多,在常州诸多人物传说故事中首屈一指。苏东坡传说中所涉及人物、风物、名胜等都与常州有关。苏东坡传说中蕴含着丰厚而深刻的人生哲理和价值取向,苏东坡的人格力量和风骨情怀,影响、激励了历代众多文人学子。

2016年1月,常州市天宁区申报的苏东坡传说被纳入第四批江苏省非物质文化遗产代表性项目名录,项目编号为JSⅠ-38。

39. 朱元璋传说

盱眙太平乡,传说是大明开国皇帝朱元璋的出生地。这里流传着许许多多有关朱元璋的传奇故事,其中有《重八降生》《牛犊钻山》《十个山九个头》《放牛偷师》等10个流传最为广泛的朱元璋传说,讲述了朱元璋在贫困农家出生、成长、学习的故事,夹杂着朴素的因果思想,附会有神明、神迹等想象。朱元璋是封建王朝历史中少有的出身底层的皇帝,他的成功经历充满了传奇性,这些民间传说讲述了他幼时的贫贱以及他化解困苦生活的智慧,启迪人们奋发向上,乐观生活。

朱元璋传说来自民间、取自生活,既是民间文化的体现,也是地方历史的印证。

2016年1月,盱眙县申报的朱元璋传说被列入第四批江苏省非物质文化遗产代表性项目名录,项目编号为JSⅠ-39。

40. 镜花缘传说

镜花缘传说是《镜花缘》小说成书后在古海州地区民间流传的,与作者相关的民风民俗、文人轶事系列民间故事,距今已有200余年历史。镜花缘传说主要流布在古海州及云台山周边区域,后因《镜花缘》小说影响不断扩大,流传至徐、淮、盐等相邻地区。

镜花缘传说的主要内容有李汝珍生平传说、多九公传说、葛藤粉传说、海州板浦"二许"①传说等。这些传说地域特色明显,与作者及海州地方民俗联系密切,是研究《镜花缘》小说形成与当时海州地区自然生态、社会风情、经济发展不可多得的历史资料,人文艺术价值很高。

2016年1月,连云港市申报的镜花缘传说被列入第四批江苏省非物质文化遗产代表性项目名录,项目编号为JSⅠ-40。

41. 丁兰刻木传说

丁兰刻木传说是传统二十四孝的内容,在全国范围内影响很大,在华夏多地都有流传。据传,丁兰刻木传说产生于西汉宣帝年间(前74—前48),在丁兰故里丰县凤城镇丁兰集村流传,当地以群体性口头讲述的方式代代传承,已有2000多年的历史。

传说讲的是不孝子丁兰对寡母不孝,拳打脚踢,在看到乌鸦觅食反哺母鸦,小羊跪着吸吮母羊的奶水之后,幡然悔悟。可惜母亲被他打骂怕了,看到他迎来,逃跑中撞到树上,气绝身亡。丁兰在母亲死后刻了母亲的木像供奉,侍死如侍生,在母亲木像遭到邻居侮辱的时候,奋起捍卫亡母的尊严。故事结构完整,主题个性鲜明,人物形象丰满。

---

① 指著名学者许乔林、许桂林。

2016年1月,丰县申报的丁兰刻木传说被列入第四批江苏省非物质文化遗产代表性项目名录,项目编号为JSⅠ-41。

42. 周七猴子传说

邳州周七猴子的传说产生于清康熙至乾隆年间(1662—1795),是以邳州人"周七"为原型而塑造出的一位机智人物,一直以口头形式在邳州、新沂地区广泛流传,被称为苏北的"阿凡提"。

在周七猴子的系列传说中,周七猴子是民间智慧的象征,他来自社会底层,能言善辩,好打抱不平,深受当地百姓的推崇和喜爱。他对抗、愚弄、嘲讽特权阶级,维护了老百姓的利益。在历代的口头传播中,当地民众又融入自己的爱憎情感和聪明智慧,不断丰富,使其成为当地群众集体智慧的创作结晶。传说都是片段性的短篇,大量运用方言、谚语和歇后语,具有浓郁的乡土气息。故事风格诙谐幽默。

2016年1月,邳州市和新沂市联合申报的周七猴子传说被纳入第四批江苏省非物质文化遗产代表性项目名录,项目编号为JSⅠ-42。

43. 九龙口传说

九龙口位于建湖九龙口镇西南部,生活在九龙口沿荡地区的渔民,在长期的水上作业中,根据九龙口特殊的河道走向,展开了丰富的想象,编织了美丽的九龙口传说(龙蟒搏斗传说)。传说讲述的是上古时期,东海龙王的9个龙子降服黑蟒的故事。

在后来的口头传承中,为了纪念南宋末年陆秀夫负帝蹈海的忠烈壮举,当地创作了祭奠忠烈公的传说,讲述南宋名臣陆秀夫负帝投海殉国后,百姓在九龙口祭奠陆公的故事。九龙口美丽的自然风光与历史、传说相结合,已成为当地重要的人文景观。

2016年1月,建湖县申报的九龙口传说被列入第四批江苏省非物质文化遗产代表性项目名录,项目编号为JSⅠ-43。

44. 秦淮传说故事

秦淮传说故事是2000多年来在老百姓之间口口相传的在秦淮河两岸发生的趣闻轶事。秦淮河传说故事带有强烈的古都文化特色,基本都与历史上实有的重大事件和著名人物有关,主要包括《秦始皇怒抽赶山鞭》《周处除三害》《张僧繇画龙点睛》《沈万山聚宝盆》《秦淮掌故》《秦淮八艳》《千年秦淮夫子庙》等。这些精彩的传说故事发生在秦淮河流域,在老百姓之间代代相传,反映了秦淮河流域文化的丰富性与独特性。

2016年1月,南京市秦淮区申报的秦淮传说故事被列入第四批江苏省非物质文化遗产代表性项目名录,项目编号为JSⅠ-44。

45. 孟郊与《游子吟》的故事

孟郊与《游子吟》的故事流传于溧阳南渡镇旧县村一带,是溧阳境内传承千年的故事。

据史料记载,孟郊在溧阳县尉任上,把老母亲接来奉养。一天夜里,老母亲为孟郊缝补衣服,孟郊即兴念念有词:"慈母手中线,游子身上衣。临行密密缝,意恐迟迟归。谁言寸草心,报得三春晖。"这30个简洁质朴的平实文字,表达了孟郊对母爱的感恩之情。千百年来,孟郊《游子吟》被代代传唱。母爱力量成为特殊的时空坐标和心灵纽带,成为传统文化中血脉亲情的文化基因。《游子吟》历久弥新,传遍四海,乃至成为中华民族的千年共鸣和共同心愿。

2016年1月,溧阳市申报的孟郊与《游子吟》的故事被列入第四批江苏省非物质文化遗产代表性项目名录,项目编号为JSⅠ-45。

46. 南通范氏世家诗文[①]

南通范氏世家诗文包括明清至现当代南通范氏族人的诗词作品,从明至今传

[①] 该项目原属于"其他"类,仅有一项,为编纂需要,暂归入"民间文学"类。

承400余年,先后出现过三个高峰,即明末范凤翼时期、清末范伯子时期和当代范曾时期。

范氏是南通世家大族,从明嘉靖年间(1522—1566)的范应龙到当代范曾共13代,代代擅吟咏,大师辈出,现存诗8000余首(篇),是中国文学史上的亮点,也是诗文世家传承的典型代表。除时代背景、历史条件、师承关系、文化氛围等因素外,家学渊源是范氏成为诗文世家的重要成因。中国传统社会以家族为本位,古典诗词的创作往往带有家族传承的特征,包括父子相继、择塾师教导、姻亲师友间易子而教等传习模式,强调对先代文化精神的忠实延续。诗文世家的文化风骨对后世的文风传续有着决定性的影响。范氏家族坚持沿袭家学传统,表现出传承的韧度,对于我们进一步认识"世家"的基本特征与文化价值,重新评估"家学""师承"的重要性,及至弥补目前教育体制与学术传承的某些不足,皆有深刻的启发性。

2007年和2008年,南通大学范氏诗文研究所和南通博物苑南通范氏诗文世家陈列馆先后成立,两家单位发展成为南通范氏世家诗文保存、展示、研究的中心。

2009年6月,南通市申报的南通范氏世家诗文被列入第二批江苏省非物质文化遗产代表性项目名录,项目编号为JSⅪ-1。

第二章 传统音乐

传统音乐按类别可分为民歌、吟唱音乐、民间器乐、宗教音乐等。民歌在传统音乐项目中占有较大比例。

江苏传统音乐因地缘关系体现出丰富的特点:一是体现出江苏人灵动内敛、包容和顺、清雅细腻的文化品性;二是种类繁多,地域特色明显;三是宗教音乐各具特色,以道教音乐内容最为丰富。

传统音乐具有很高的艺术价值、文化价值和德育价值。江苏传统音乐资源虽然较为丰富,但除古琴艺术和道教音乐外,绝大部分是劳动者在劳动过程中口头创作并互相传唱的,劳动者并不能系统进行整理记录并进行流传,所以绝大多数民间音乐均面临消失的危机,亟待进一步加强保护和研究。

1. 江南丝竹

江南丝竹是流行于江苏南部、浙江西部、上海地区的丝竹音乐的统称。因乐队主要由二胡、扬琴、琵琶、三弦、秦琴、笛、箫等丝弦、竹管类乐器组成,故名。

江南丝竹源自"清商乐",俗称"细八派""清音",曾一度被称为"国乐",中华人民共和国成立后被正式定名为"江南丝竹"。

江南丝竹流行于苏州古城和常熟、张家港、太仓、昆山、吴江、吴中、相城等地,尤以太仓城乡最为繁荣。明嘉靖至隆庆年间(1522—1572)出现丝竹乐队,清末民初更盛,抗战期间渐趋衰落。

江南丝竹有坐乐、行乐两种形式,乐队有三五人至十余人,有箫、琵琶和二胡三件乐器即可演奏。所用乐器分丝弦、竹管和打击三大类。丝弦类有二胡、中胡、大胡、琵琶、扬琴和阮等。竹管类有曲笛、箫、笙。打击类有檀板、板鼓、小堂鼓、小木鱼、小钹和碰铃等。

江南丝竹艺术具有"小、轻、细、雅"的特征,乐队编制小且灵活,乐曲较短且轻盈明快、精细优雅。传统代表曲目有《三六》《行街》《欢乐歌》《慢六板》《中花六板》《慢三六》《云庆》《四合如意》,也被称为"八大曲",一些昆曲曲牌也在演奏中发展、衍变成了独立的丝竹乐曲。

江南丝竹传承以心传口授为主,历史上的苏州城乡曾有过许多丝竹班社,清代晚期的一些堂名①班社也兼奏江南丝竹。

2006年5月,江苏省太仓市和上海市联合申报的江南丝竹被列入第一批国家级非物质文化遗产代表性项目名录,项目编号为Ⅱ-40。

2007年3月,太仓市申报的江南丝竹被列入第一批江苏省非物质文化遗产代表性项目名录,项目编号为JSⅡ-9;2009年6月,江苏省演艺集团和江阴市申报的江南丝竹被列入省级扩展名录;2011年9月,苏州市申报的江南丝竹被列入省级扩展名录;2016年1月,昆山市申报的江南丝竹被列入省级扩展名录。

2. 五大宫调

五大宫调是流布于连云港海州区、响水县灌河沿线、滨海县等地,以【鹂调】【南调】【波扬】【叠落】【软平】五大曲调为基本腔调的一种用曲牌连缀体来演唱的艺术形式。

(1) 海州五大宫调

海州五大宫调,又称"海州宫调牌子曲",流传于连云港海州区及周边地区。明代嘉靖至隆庆(1522—1572)以后,海州五大宫调逐步形成并走向成熟,随盐业河运广为流传。由于地处苏、鲁接壤处,海州成为江淮方言和北方方言的交汇地带,历史上南北方的小曲杂调均在此流传生根,呈现出既融会贯通又诸调杂陈的特色。这里的民间曲调很少受其他艺术形式的影响,各类曲牌得以世代相传并完整保存。

---

① 400多年前,苏南民间把以坐唱昆曲兼奏"十番"为职业的团体,冠以"堂名"之名,后来,人们便把这一行业称为"堂名"。

海州五大宫调历史悠久,积蕴颇厚。一些明代的小曲如《寄生草》《山坡羊》《打枣竿》等虽几经传衍但仍保存完整;在江浙地区几近失传的乐曲如《马头调》等也可在这里找到传人,其唱词竟与《白雪遗音》中的记载基本相同;一些演唱难度很高的集曲至今仍有人在传唱。1980年后,由于社会环境发生变化,五大宫调等乐曲已渐呈濒危状态。海州五大宫调是明清俗曲的一份珍贵遗产,它的发掘保护将对明清小调研究产生积极的推进作用。

(2) 响水五大宫调

响水五大宫调又称"盐阜宫曲",流传于响水县、滨海县、阜宁县。它起源于明代,成熟于清代。

响水五大宫调是一种清曲演唱形式,除了五大宫调之外,还有【满江红】大调曲牌。响水五大宫调演唱以自娱为主,伴奏为小型民乐队,打击乐以碟琴伴奏最具特色。从演唱内容看,既有男女离别之情,也有历史题材、民间故事等,均存留有文人创作之痕迹。

响水五大宫调在长期的流传过程中,已与当地人民群众的生活融为一体,是他们思想感情和审美追求的真实反映。其中【鹂调】【南调】还被吸收进淮剧和淮海戏的唱腔中,深受观众欢迎。

2006年5月,江苏省连云港市申报的海州五大宫调被列入第一批国家级非物质文化遗产代表性项目名录,项目编号为Ⅱ-41。

2007年3月,连云港市申报的海州五大宫调被列入第一批江苏省非物质文化遗产代表性项目名录,项目编号为JSⅡ-10;2011年9月,响水县申报的响水五大宫调被列入省级扩展名录。

3. 民歌

民歌是一个地区的劳动人民在长期的生产生活中形成的独具特色的音乐形式,一般由劳动号子、情歌、时政歌、民间小调等组成,歌词直白热烈,能够抒发歌唱者的情感,旋律优美动听,并不一定有伴奏,演唱环境也比较随意。山间田上、渔船河边,都有可能是民歌传播的场所。

(1) 高邮民歌

高邮民歌是流行于苏北里下河地区的一种民间俗曲,其词曲最早可上溯到古代"驱傩"表演中的"散鲜花",元明时期这种民歌样式开始成形,并得到初步发展。清代至民国时期是高邮民歌发展的高峰,清末民初高邮诗人韦柏森作有《秦邮竹枝词》百首,其中"那如田父秧歌趣,齐唱家家隔垛多"的诗句即反映了当时高邮民歌空前流行的盛况。

高邮民歌大多是群众触景生情的即兴之作,内容十分丰富。按照题材划分,主要有劳动号子,包括打工、搬运号子和独具特色的高邮秧歌、车水号子、打硪号子、夯号子、牛号子等;有传授人生处世经验与生活知识的生活歌,如《劝夫莫赌钱》《和字歌》等;有歌唱恋爱相思,表达男女情感的情歌,如《高邮西北乡》《郎妹对歌》等;有记录各个时期社会状况的时政歌、革命斗争歌,如《齐心学文化》《送夫参军》等。此外还有部分原始宗教与仪式歌谣。

高邮民歌多采用"间白""对白"及"一领众和"的传唱方式,音乐以五声音阶和加清角或变宫的六声音阶为主,常有四、五、六度的大跳,"咿呀咳子哟啊哟"之类的衬腔、衬词较多,灵巧活泼、风趣俏皮,加之变化音、装饰音和衬腔衬字的巧妙安排,听起来旋律优美,情韵十足。高邮民歌艺人们继承了传统的演唱方法,使这种古老的民歌在新时代继续发挥着应有的作用。

(2) 扬州民歌(胥浦农歌)

扬州民歌分布于扬州及其周边地区,明清时期最为繁荣,中华人民共和国成立后得到较系统的收集整理。

扬州民歌由劳动号子和民间小调结合而成,大多数以五声音阶徵调式和宫调式为主,亦有六声和七声音阶调式。曲式结构多为"上下句"或"起、承、转、合"式的单乐段,旋律流畅,结构规整,极具艺术感染力。扬州民歌善于运用润腔与衬词衬腔,演唱时"夹说夹唱",使歌曲生动活泼,富于弹性,表现出欢快、流丽、活泼的风格。小调中多使用润腔,以其流动感体现出"水音"的波动,既能刻画优美的意境,表现细微情绪,又能弥补演唱者技巧的不足。此外,在号子中使用润腔可增加小调韵律,使得高亢起伏的旋律变得柔和缠绵,增强了号子的艺术性。歌词内容包括记述劳动、感叹生活艰辛、"赞古人"、"唱花名"等,亦有对纯真爱情的歌颂和向往,多根据时间、环境、情感的不同即兴编词,有时也会用锣鼓乐器伴奏,使之更具节奏感和律动感。

受自然环境、风土人情、地域方言、文化底蕴和民间风俗的影响,扬州民歌形成了"融会南北、兼济刚柔"的总体风格,其贴近生活的创作手法及"以情带声、声情并茂"的演唱特征彰显出不竭的生命活力。

(3) 六合民歌

六合民歌主要分布在南京六合区雄州、程桥、竹镇、新篁、长芦等街镇。

六合民歌根植于人们日常的生产和生活中,是当地人们日常生活的一部分,包括在劳作中歌唱的山歌、秧歌、劳动号子、情歌等,除了自娱自乐,还有提神解乏的功能。六合民歌以秧歌为代表。在插秧时节,当地农民每天只能睡四五个小时,为了提振精神,秧歌便流行起来。一人领唱,几十人合唱,气势惊人。早上人们唱山歌小调,之后则"吃过中饭唱段子,日落西山唱裙钗"。《格登代》(又称《隔咚代》《代你格登代》)是其中最出众的作品。还有放牛时所唱的牛号子《溜子溜》《打牛罗罗》等,在车水中演唱的车水号子《脚车》《四季明月》等以及各种情歌、生活歌,都是六合人民在长期实践中积淀的动人旋律。

六合民歌内容丰富,现流传存世的有300多首。20世纪80年代,《中国民间歌曲集成·江苏卷》收录了著名的民歌《茉莉花》,其收集地正是六合。六合孕育了《茉莉花》的原版《鲜花调》,经讨加工整理的《茉莉花》是中国民乐的优秀代表。

(4) 兴化民歌

兴化位于里下河腹地,孕育了数十种民歌,如茅山号子、林湖"栽秧号子"、戴窑"窑工号子"、周奋"西江月号子"、刘陆"薅草号子"等。兴化也是吴楚文化的交汇之地,形成了独特的以行船、拉纤、扯篷为代表性的号子及民歌。兴化民歌既有楚文化的粗犷、豪放,又有吴文化的细腻婉转,演唱的内容也极其丰富,涵盖面广,涉及时政、节令、农时、风俗、地名、传说、神话、调情等多个方面。

兴化民歌唱词朴素简洁,表现形式多样,曲调多以五声音阶徵调式和宫调式为主,小调曲式结构多为"上下句"或"起、承、转、合"式的单乐段。代表作《啊里隔上栽》《隔离隔三垛》《困难虽有九十九》等曾唱遍全国。

(5) 通东民歌

通东民歌是广泛流传于海门北部地区的民间音乐,其流传地包括海门北部讲通东方言及与海门接壤的通州、启东的部分地区。

通东民歌包括劳动号子、小调歌谣、喜庆利市、贺房说令等,语言形象生动,具有浓郁的江海风韵和乡土气息,反映了当时劳动人民的思想感情和审美情趣。其中,劳动号子是通东民歌中形式最丰富、内容最生动的部分。因为直接来自农民的劳动生活,所以不同的劳动便有不同的号子,如车水号子、挑粪号子、拉船号子等。其音乐豪放有力,节奏鲜明,特别能振奋精神。

通东民歌在内容上有短民歌和长民歌之分。短的称为四句头民歌,如《樱桃好吃树难栽》《南风没有北风凉》等;长民歌大多为叙事性的,有具体生动的故事情节,有的甚至长达数百句,如《红娘子》《撑船歌》等。通东民歌的音乐风格与苏南的吴语音乐完全不同,以五声音阶"1、2、3、5、6"为主。还有的曲调是四声音阶,就"1、2、5、6"四个音,非常具有感染力,是地道的劳动风格。

通东民歌大多是在劳动生活中口授心传,是在千百年来的劳动生活中自然流传下来的民间音乐。

(6) 阜宁牛歌

牛歌又称"牛号子",在苏北平原地区被称为"打哩哩",是苏北农民在长期农耕生活中创作出来的一种音乐表现形式。牛歌的历史源远流长,被称为特殊的无字歌谣。牛歌是农民与牛沟通的语言。

根据劳作的内容不同,牛歌有耕田牛歌、耙地牛歌、打场牛歌、赶车牛歌、放牛歌等。牛歌的旋律、节奏和音量因劳动内容的不同而异。劳作时,农民通过唱牛歌向牛发出指令,牛会根据不同的牛歌来调整劳作力量、速度和节奏。牛歌的节奏和旋律多以自由式为主,经过几百年的发展,牛歌还成了阜宁地方剧种——淮剧的重要音乐元素之一。牛歌蕴藏着极其丰富的内容,是农耕时代的见证,见证着人类文明的进步,通过牛歌可以研究人类农耕文明史。

(7) 高淳民歌

高淳民歌流布于南京高淳区,相传源自汉代吴歌。明代高淳音乐家李茂英编写了《木铎余音》《南湖五种曲》,对高淳民歌进行研究和整理。1949年后,先后有路行、叶林、田宝玉、肖翰芝等音乐工作者到高淳采风,编创了《五月栽秧》等著名曲目。

高淳自古以来就有"出门山歌进门戏"的习俗,高淳民歌按内容划分,有田歌、牧歌、劳动号子、仪式歌、时政歌、情歌、春歌、儿歌、历史传说歌等九类;按地形划分,有山区、圩区两种类型。高淳民歌以五声调式构成旋律,演唱形式上以民间小调为主,以3、6、i组成骨干音,构成音乐结构上的变化。高淳民歌大多来自田野,人们在劳动中和劳动之余,即兴演唱,愉悦身心。它是劳动人民在自己亲身经历的基础上,通过自由想象,将情感形象带入其中,从而达到情真意切、声情并茂的效果。尤其是劳动号子,节奏欢快,一唱众和,既可以缓解体力疲劳,又可以增强劳动者的配合程度,提高干活效率。

(8) 南闸民歌

南闸民歌流传于淮安楚州区南闸镇一带,是白马湖地区民歌的缩影和代表。南闸民歌在唐代就已闻名遐迩,明清时期得到进一步发展,清末民初其内涵被进一步丰富。

南闸民歌融合了淮剧音乐、民间小调、民间传统的"唵乐"祭祀表演、各类劳动号子以及地方风俗、民俗知识等。按照歌词的起源年代和时代特点,南闸民歌分为三种类型:一是传统民歌,主要反映家乡农民的情感生活,无政治色彩,包括以中长篇为主的叙事类以及旋律优美且具水乡风情的小调类两种;二是革命历史民歌,记述了从抗战到中华人民共和国成立初期土改庆翻身的历史;三是新民歌,主要是1958年新民歌运动后群众文化宣传活动所创作演唱的流行民歌作品。

南闸民歌的艺术特色主要表现在三点:一是具有地域特色,某些民歌仅限于在白马湖北岸一带传唱;二是吸收了外来的民间小调,旋律优美,具有乡土韵味,大部分歌词都具有口语特征,加之修辞手法多样,形象生动;三是"面广量大",有些乡镇的民歌数量可达到上千首,各个村庄几乎都有民歌手。经挖掘整理,南闸民歌有各种曲调156种,可供填词或已被填词的约85种,其中用【四季游春】调填词的词式就有16首,音调接近的约有20种,其他类型约50种。

(9) 通州民歌

通州民歌流行于南通市通州区,是通州先祖在黄海边、长江旁劳作过程中产生的表达内心感受、娱乐群体生活的民歌。通州地处吴头楚尾,吴文化和楚文化相融交汇,因而通州民歌也是吴歌楚调并存,具有鲜明的地方特色。

通州民歌从表现形式上看有号子、山歌、田秧歌、船歌、童谣、小调、风俗仪式歌等。通州民歌在演唱风格上,曲调高亢悠长,激越顿挫,富有弹性,体现了民族演唱的固有特色。其中最具代表性的是由于劳动方式不同而形成的多种不同类型的号子。有清朗婉转的打麦号子、高亢悠长的车水号子、欢快激越的嫁妆号子、粗犷豪放的打夯号子、深沉悠远的渔民号子、铿锵顿挫的搬运号子,以及造曲酿酒、挑担推车、砌房造屋等号子,不仅形式多样,内容丰富,而且曲调各异。

通州民歌唱词内容自由宽泛,即兴创作,随编随唱,富有浓郁的乡土气息和生活情趣。在劳动、爱情、祭祀、婚嫁、丧仪等社交活动中,通州民歌无处不在。

2008年6月,江苏省高邮市申报的高邮民歌被列入第二批国家级非物质文化遗产代表性项目名录,项目编号为Ⅱ-75。

2007年3月,高邮市申报的高邮民歌被列入第一批江苏省非物质文化遗产代表性项目名录,项目编号为JSⅡ-4;2009年6月,扬州市、仪征市联合申报的扬州民歌(胥浦农歌)被列入省级扩展名录;2016年1月,南京市六合区、兴化市、海门市、阜宁县申报的民歌(六合民歌、兴化民歌、通东民歌、牛歌)被列入省级扩展名录。2009年6月,高淳县申报的高淳民歌被列入第二批江苏省非物质文化遗产代表性项目名录,项目编号为JSⅡ-18。2009年6月,淮安市楚州区申报的南闸民歌被列入第二批江苏省非物质文化遗产代表性项目名录,项目编号为JSⅡ-19。2011年9月,南通市通州区申报的通州民歌被列入第三批江苏省非物质文化遗产代表性项目名录,项目编号为JSⅡ-24。

4. 道教音乐

道教音乐又称"道场音乐",是道教斋醮科仪活动中使用的音乐,它与道教一样,都是发端于古代巫觋的祭祀歌舞。道教音乐由器乐和声乐两部分组成,器乐采用钟、磬、鼓、木鱼、云锣等乐器主奏,配以吹管、弹拨、拉弦等乐器;声乐以唱诵为主,由高功法师①的独唱(宣戒诵咒、赞神、吟表等)和都讲②道士的表白及道众的齐唱组成。

(1) 苏州玄妙观道教音乐

以玄妙观道教音乐为代表的苏州道教音乐属于正一派道乐,活动范围主要在苏州城区和常熟、吴江、昆山、太仓等地,影响涉及上海、无锡等周边地区。历史可追溯至西晋,明清时期空前活跃。它继承了古代音乐的传统,吸取了庙堂音乐等成分,还受到堂名音乐、江南丝竹、昆曲、吴歌等吴地音乐艺术形式的影响,形成了独树一帜的风格,深受群众欢迎,活动十分繁盛。

明末清初施亮生真人辑成的《斋天》等书和嘉庆年间(1796—1820)道士曹希圣重订的《钧天妙乐》至今仍是玄妙观道教音乐的典范。苏州曾涌现了不少著名乐师,他们或精于音律、善于编曲,或乐器演奏技艺精湛,或在经韵吟唱方面造诣深厚,在道乐界具有很大影响。清末民初,苏州道教趋于衰落,玄妙观的一些宫宇开始出租,部分道士改行谋生,但道教音乐在民众中的影响仍相当广泛和深入。

苏州道教音乐包括器乐和声乐两大部分。器乐主要有笛曲、鼓段和由两者连缀而成的套曲,演奏方式有"坐奏""行乐"等。声乐为道教的经韵,有旋律的为"韵腔",包括"赞""颂""偈""诰""咒""符"等诸种形式。

苏州道教音乐历史悠久,它继承了古代"巫以歌舞降神"的传统,1000多年来,薪火相传,保留了诸多古代音乐遗存,具有很高的历史文化价值。

(2) 泰州道教音乐

泰州道教音乐主要流布于泰州,源于古代巫术崇拜活动,可追溯到晋代,宋代达到鼎盛,晚清衰微。

泰州道教音乐是道教活动的重要表现形式,是与斋醮法事、演道过程融为一

---

① 高功法师是指修为在众道士中最高的法师,简称高功。高功通常是经堂执事首领,主持各种大小法事,上表迎驾一切神事、经典玄律、科范威仪等类。
② 都讲与高功、监斋合称为"三法师",辅佐高功法师主持斋醮科仪,又称"右闸道"。

体的艺术。其主要演奏笛曲、鼓段和两者连缀而成的套曲或曲牌。除继承传统的道教祭祀音乐外,还汲取古代诗词音乐与昆曲音乐中的曲牌,以及苏北民间流传的俚曲小调,具有浓郁的地域特色,形成自己独到的风格特征,并涌现出众多著名乐师。其演奏形式分为行奏和坐奏两种。声乐为道教的经韵,一般用于"赞""偈""颂"的唱法。演奏乐器为传统乐器,吹奏类有曲笛、笙、箫;拉弹类有提琴(二弦)、曲弦(三弦)、琵琶;打击乐类有单皮鼓、手鼓、磬子、钲子、大小翁钹、锣、云锣、木鱼、铃主、绰板、金钟玉磬;近代欢奏乐乐器有大小唢呐、长笛,拉弹类有二胡、板胡。

道教在泰州流传较早,影响广泛,具有浓厚的宫廷雅乐风格,继承并保存了汉代以来历代宫廷音乐的部分乐曲,除继承了帝王庙堂仪典音乐、祀礼音乐外,还融合了教坊音乐、诗词音乐等音乐元素,结构完整、旋律瑰丽。泰州道教音乐内涵厚积,雅乐化民,对社会生活有着广泛的影响。

(3) 茅山道教音乐

茅山道教音乐流传于句容及周边地区,相传南朝时期由茅山上清派传人陶弘景创立,是上清派的道教活动的内容之一。至清代,茅山道教斋醮科仪活动更加频繁。

道教音乐主要用于斋醮仪式和玄门日诵。斋醮仪式有放焰口和打醮两种,包括阴阳两者,阴者是子孙后人对已故亲人追思怀念的一种特殊的表达方式,阳者则是为在世亲人的寿辰庆贺、祝福及其他重大庆典时所作的仪式,俗称做道场。通常一场仪式需要10—20个道士参加,时间长短视规模大小确定,最长有三四个小时。仪式开始后,先由锣鼓开场,再奏道乐曲牌,曲牌依斋醮的意图与哀喜情绪确定,常用曲牌有【玉芙蓉】【老八板】【万年欢】【天生牌】【三皈依】【小救苦】等。

茅山道教音乐在吸收宫廷音乐、全真派音乐基础上,又融入江南吴歌民间音乐,形成了茅山派独有的道教音乐体系。茅山道乐中的"道白",仍保留着明代南京官话语音,与苏南其他地区的道教音乐相比,有着明显的地域特色。

目前,茅山道院对茅山道教音乐的整体资料进行了系统的收集整理,一批年轻道士也已熟悉经忏科仪音乐的诵念唱奏,富有茅山特色的道教音乐得到了有效的保护和有序的承传,道乐团经常开展道乐展示活动,多次参加全国道教音乐会演。

(4) 乾元观道教音乐

乾元观位于句容、金坛交界的茅山东北的青龙山,系江苏境内唯一的坤道院①。乾元观道教音乐流布于句容、金坛,影响区域为苏州、无锡、常州、南京及上海、浙江等周边多个省市,在台湾、香港、澳门和新加坡等地也声名远扬。

乾元观道教音乐以传统古朴的经韵为主,以吹奏器乐和弹拨器乐相结合,配以打击器乐,用吴地金坛标准方言语音唱诵,表演者均为观中的坤道。相关乐器包括吹奏乐、弹拨乐和打击乐三大部分:吹奏乐有笙、箫、笛、唢呐等;弹拨乐有三弦、琵琶、扬琴、古筝、二胡、中胡、低音大胡等;打击乐有大鼓、堂鼓、板鼓、手鼓、大锣、底锣(呆锣)、当锣(月锣)、十音锣、老钹、撞铃、摇铃、引磬、大磬、手磬、木鱼等。其音乐主要用于道观斋醮科仪,分经韵和曲牌两大类。选用的经韵和曲牌随阴阳的不同情绪而分为庄严凝重、悲苦哀伤、喜庆欢乐等,并有快、慢、中三种节奏的区分。词曲内容除了少量描写自然景观之外,多是以第一人称抒发情感,主要取材于历代仙真修道传奇、修炼意境和敬天法祖等中国传统的思想形态。至今,乾元观道团保留了传统的、不同类别的曲目300多首,其音乐风格和声调旋律等,明显区别于全国各地其他道教音乐,唱诵中的咬字、吐音、做韵地域特色明显。代表性作品中,庄严凝重的有《倒卷帘》,悲苦哀丧的有《悲叹韵》,喜庆欢乐的有《香花送》《白鹤飞》《万年欢》,常用的有《单吊挂》《香赞》《老八板》《文辞》,快节奏的有《碧步玉》《快中请》《五供养》等。

乾元观道教音乐系全真龙门派②,其经韵乐仪以全真十方正韵为主,既有适量的正一派③道教音乐成分,又融入了江南丝竹和江南戏曲音乐元素,以及江南"道情""送春""啷当"等表现形式,以古朴典雅,舒缓缠绵,清丽委婉的风格形成了自己的特色,深受民众喜爱。乾元观道教音乐传播的区域广泛,其独特的中华道教音乐魅力在海内外形成了很高的美誉度。

(5) 无锡道教音乐

无锡道教音乐流布于无锡及周边地区,它可追溯到南北朝时期,兴盛于唐宋

---

① 坤道院指只有女性修行的道教学习场所或修行场所。
② 龙门派是全真道主流支派,以全老庄之真、苦己利人为宗旨。
③ 正一派与全真派不同。正一派以斋醮、符箓为主;全真教以炼丹、修仙为主。

时期,明清以来持续发展。

无锡道教音乐的基本内容可分为三类。一是腔口音乐,即道教登坛法师演唱的声乐部分。按照斋事内容场合的不同,表演体裁不同的赞颂,包括步虚①、咒、道曲、朗念等,腔口有独唱、一唱众合、齐唱等多种形式。二是梵音吹打,梵音乃清净纯洁之音乐,在苏南正一派道教中,是指用于道教斋醮仪式场合,以板鼓、丝竹、乐器演奏的独立乐种。三是锣鼓音乐,锣鼓亦称十番锣鼓,是无锡道教音乐中有别于梵音的另一门独立乐种,虽然用于做道场,但是在乐器配置、套路整合、演奏风格与斋事用法方面均不相同。

无锡道乐表演群体均由散居道士组成,演奏一般在举行宗教仪式(即道教斋醮科仪)时进行,百姓婚丧喜庆、选址镇宅、护佑祈福活动都有相应的道教斋醮科仪。无锡道教音乐是江南道教音乐的重要组成部分,以其悠久的历史、浓郁的地方特色、广泛的受众群体、宏大的规模与精致的套路独树一帜,蜚声海内外,是中国民族音乐、宗教音乐艺术园地中的一朵奇葩。无锡道教音乐还孕育了《二泉映月》《听松》《昭君出塞》等绝世名曲,天才的民间艺人阿炳便是无锡道士出身。

2006年5月,江苏省苏州市申报的苏州玄妙观道教音乐被列入第一批国家级非物质文化遗产代表性项目名录,项目编号为Ⅱ-68。2008年6月,江苏省无锡市申报的无锡道教音乐被列入第二批国家级非物质文化遗产代表性项目名录,项目编号为Ⅱ-139;2014年11月,江苏省句容市申报的茅山道教音乐被列入国家级扩展名录。

2007年3月,苏州市申报的苏州玄妙观道教音乐被列入第一批江苏省非物质文化遗产代表性项目名录,项目编号为JSⅡ-11;2009年6月,泰州市、句容市、金坛市申报的道教音乐(泰州道教音乐、茅山道教音乐、乾元观道教音乐)被列入省级扩展名录。2007年3月,无锡市申报的无锡道教音乐被列入第一批江苏省非物质文化遗产代表性项目名录,项目编号为JSⅡ-12。

---

① 步虚指道士在醮坛仪式上一边唱诵辞章一边在仪式法坛内围绕或面对神座旋绕游走,来表达对神灵的礼敬赞美和感恩。

5. 海门山歌

海门至清代乾隆三十三年(1768)才正式设县。崇明、句容等地的农民纷至沓来,围垦造田,带来了江南的方言和习俗,也带来了吴语山歌。经过长期发展,独特的海门山歌最终从劳动生活中脱颖而出,趋于定型。民国二十年(1931),管剑阁搜集整理海门山歌,辑成《江口情歌》,在文艺界引起轰动。中华人民共和国成立后,海门山歌剧团正式成立,这种特色鲜明的地方民歌有了一个传承发展的专门机构。

海门山歌语言形象生动,音乐清纯甜美、悠扬婉转,可分为抒情山歌和叙事山歌两大类。抒情山歌又称"短山歌",多系人们在劳动之中或劳动之余随口编唱的即兴山歌,有四、六、八句几种形式,句式以七字为主。叙事山歌又称"长山歌",歌词往往长达数十句乃至数百句,有完整的故事情节和【山歌调】【对花调】【佛祈调】【游湖调】等演唱曲调,演唱时有独唱和对唱等表现形式。

海门山歌表现内容极为丰富。其中有歌颂劳动、表现人民向往幸福生活的作品,如《打夯山歌》等;有歌唱爱情、表现青年男女执着追求纯真情感的作品,如《花望郎》等;有表现乐观主义精神的作品,如《我卖山歌勿要钱》等;还有反映劳动人民奋起反抗剥削者的作品,如《下遭头请我呒功夫》等。海门山歌在民间代代相传,承沿有序。目前海门通过实施扎实有效的保护工作,使海门山歌的传承、发展和艺术的普及率逐年提高,山歌作品的品质不断优化,成为深受人民喜爱的民间艺术。

2008年6月,江苏省海门市申报的海门山歌被列入第二批国家级非物质文化遗产代表性项目名录,项目编号为Ⅱ-94。

2007年3月,海门市申报的海门山歌被列入第一批江苏省非物质文化遗产代表性项目名录,项目编号为JSⅡ-3。

6. 吟诵

吟诵,指的是用乐音诵读古典诗文的方式。"吟"指用较长的音或几个音连缀而成的拖腔来"读"一个字,节奏较为宽缓;"诵"则是一个字配一两个较短的音,节奏较为紧凑。吟诵过程中,"吟"和"诵"往往结合、相间进行,而"吟"是吟诵艺术的基本方式,故吟诵常简称为"吟"。

古典诗文吟诵是历史悠久的民间艺术,有史料可据的"吴吟"始于战国时代。吟诵调还随着儒家文化、科举文化的传播,对整个东亚文化圈都产生过影响。

(1) 常州吟诵

常州吟诵是运用常州方言进行吟诵的一种传统艺术形式,其流传区域以江苏常州市区为主。它始于战国时期,经唐宋发展,明清走向繁盛,后延续至今。

常州吟诵基本是个体表演,带有自赏自娱的性质,届时由吟诵者口头即兴创作,无谱可参。各吟诵传人"一人一调",不尽相同,但总体上都具有江南民间音乐的特点。吟诵内容十分丰富,可以吟诗,包括七律、七绝、五律、五绝等近体诗和诗经、楚辞、乐府诗、杂言诗等古体诗;也可以吟词和文言文,此外旧时学生读书的音调和旧时家庭妇女闲时说故事的音调等也可被归入常州吟诵之中。

常州话保留着入声字和部分古代读音,与中古语音相接近,具有抑扬顿挫的艺术特征,能较好地体现出唐诗、宋词等古典文学作品的声韵和节奏美感。常州吟诵注重字声(平仄)与旋律、节奏的关系,其基本规律为"平长仄短""平低仄高""平直仄曲",其传承途径主要为师生相传与家庭教育,方式为口传心授。

常州吟诵是中国古代诗歌吟唱形式流传于今的重要见证,它不仅展现了历史上文人阶层吟诵音乐的风貌,也很好地保存了吴语的音韵特色,为我们今天了解中古时期南方诗歌的演唱特点提供了重要的参考依据。常州吟诵的代表性人物赵元任、周有光、屠岸等,均系我国文化界、学术界大家级人物,他们的吟诵各有其宗。赵元任用常州吟诗的音调创作《瓶花》《听雨》等歌曲,撰写吟诵音乐论文,使常州吟诵广为人知,为常州吟诵的保护、传承和研究作出了重大贡献。

(2) 吟诵调(苏州吟诵)

苏州吟诵主要包括苏州方言吟诵和唐(文治)调吟诵。

苏州方言吟诵传承源于清末的私塾教育,至今100多年。苏州方言吟诵优美动听,有明显的苏州话和地方音乐、戏曲的声腔特点,较为甜糯,音乐性强,多滑音,入声字明显,容易读出诗文的文气和感情。苏州大学教授汪平的吟诵最具代表性。

唐调吟诵就是近代著名教育家唐文治的读书调。它基本上是一字一拍,分低调和高调,拖腔有一个长长的"6—1—5—"。唐文治是苏州太仓人,他1948年的录音保存至今,被称为"近现代吟诵第一调",现今也得到较好传承。

苏州吟诵的价值在于它保留下了古代苏州最美的读书声,也保留了苏州话和苏州音乐的传统特色。它和昆曲、评弹、吴歌对于传承吴文化具有同样的价值。

2008年6月,江苏省常州市申报的常州吟诵被列入第二批国家级非物质文化遗产代表性项目名录,项目编号为Ⅱ-137。

2007年3月,常州市申报的常州吟诵被列入第一批江苏省非物质文化遗产代表性项目名录,项目编号为JSⅡ-1;2016年1月,苏州市和太仓市联合申报的吟诵调被列入省级扩展名录。

7. 佛教音乐

佛教音乐是佛教寺院在各种法事活动和节日庆典中使用的音乐。佛教传入中国后,来自印度与西域的佛教音乐在长期发展过程中吸纳中国民间音乐的艺术因素,形成了独特的面貌,既含有中国的民族音乐曲调,又含有印度和西域少数民族的音乐曲调。佛教直接应用的音乐赞呗又称"梵呗",它以短偈形式赞颂佛与菩萨,有独唱、齐唱、合唱等唱诵方式,唱诵时可用乐器伴奏。

(1) 天宁寺梵呗唱诵

常州天宁寺为中国佛教"禅宗四大丛林"之首。始建于唐代贞观至永徽年间(627—655),至今已有1300多年的历史。

梵呗是佛教活动中赞颂佛与菩萨的一种唱诵式声乐。南北朝以来,梵呗的音乐风格形成南北两大类型。常州为齐梁帝王出生之地,南方梵呗发祥之处。南朝齐永明七年(489),天宁寺梵呗以哀婉为主的风格正式确立。20世纪40年代以来,常州天宁寺梵呗唱诵传遍海内外,中国内地和台湾、香港、澳门地区,东南亚各国及美国佛教寺院的梵呗唱诵皆以天宁寺梵呗为范型。至今,常州天宁寺梵呗仍然完好地保留着1500余年前齐梁时代的雅乐传统和江南音乐风格,曲调有着较为统一的规范,节奏沉稳扎实,唱腔悠扬潇洒,呈现出古朴清雅的风格。它长期在天宁寺内有序传承。

常州天宁寺梵呗唱诵的主体部分按体裁可分为"赞"与"经"两大类,"赞"包括《炉香赞》《宝鼎香赞》等,属诗歌体,押句尾韵,以类似歌唱的方式念诵,旋律性较强;"经"包括《心经》《阿弥陀经》等,属散文体,无韵,使用乐音有节律地诵读,旋律性较差。此外,天宁寺梵呗还包括音乐形态介于"赞"和"经"之间的"偈""咒""真言"及"礼佛号"等。

常州天宁寺梵呗唱诵是佛教文化和吴文化相结合的产物。目前,随着现代化进程的加快和寺内外交流的增多,天宁寺的年轻僧人的认同感逐渐弱化。在此情势下,天宁寺梵呗唱诵出现了逐渐变异的倾向,有必要采取措施,善加保护。

(2) 金山寺水陆法会仪式音乐[①]

金山寺水陆法会仪式音乐是在金山寺水陆法会上演奏、吟唱的音乐。作为最隆重的佛教经忏法事之一,金山寺水陆法会以镇江金山江天禅寺为核心区域,向邻近的宁苏锡沪,以及浙皖湘冀等地辐射。

仪式音乐是水陆法事中的重要组成部分,形式以吟唱为主,亦有器乐。吟唱又分成唱给佛听的"法事音乐"和唱给俗人听的"民间佛曲"两种。"法事音乐"有赞、偈等佛乐,曲调古朴庄严舒缓,旋律多以级进,无大起伏。"赞"有六句与八句两种,凡六句赞皆同八句赞之曲调,词曲结合多为字少腔多,乐句之间和乐段之间的旋律连接,上句落音往往为下句的起音。偈的唱词即经文,由固定字数组成,有"赞佛偈""回向偈""叩钟偈"等多种。

民间佛曲用于弘法、劝善、度亡,所唱曲牌的音乐色彩、风格、情趣以及唱诵的形式等各有不同,民间色彩浓厚,有些曲调和民间戏曲音乐风格相似。

水陆法会的吟唱声腔曲调约上百种,曲调调式宫、商、角、徵、羽俱全;音阶以五声音阶为主旋律,较少有偏音,有些曲调常出现音高稳定的清角或变宫,向上、下五度宫音系统转调,有的呈上、下句移位模进造成旋律色彩对比,有的起唱多在

[①] 参见"第十章 民俗"的"金山寺水陆法会"。

次强拍上或弱拍上进行。每支曲牌一般以首句前一两字作引子,形式上有独唱,由维那①担任,领唱和齐唱结合,还有齐唱、轮唱。音乐旋律有庄重,有活泼,有凄婉,有热情,随仪式发展而变化。

金山寺水陆法会仪式音乐融合了南北朝以后各朝代音乐,秉承净化心灵、行善积德、向往天下太平的美好愿望,具有大乘修行宗教风格。

2008年6月,江苏省常州市申报的佛教音乐(天宁寺梵呗唱诵)被列入第二批国家级非物质文化遗产代表性项目名录,项目编号为Ⅱ-138;2014年11月,镇江市申报的佛教音乐(金山寺水陆法会仪式音乐)被列入国家级扩展名录。

2007年3月,常州市申报的天宁寺梵呗唱诵被列入第一批江苏省非物质文化遗产代表性项目名录,项目编号为JSⅡ-13。

8. 古琴艺术

古琴又称"琴""七弦琴",别称"绿绮""丝桐"等,是一种平置弹弦乐器。古琴艺术是中国历史上最古老、艺术水准最高且最具民族精神、审美情趣和传统艺术特征的器乐演奏形式,除独奏外还包括唱弹兼顾的琴歌及琴箫合奏等。目前考古发掘的资料证实,古琴形制至迟到汉代已经完备。经历代琴人和文人创造性发展,古琴艺术不断趋于成熟和完善。

(1) 虞山琴派

虞山琴派是中国古琴艺术的重要流派之一,主要活动在常熟及周边地区。它起源于明代,由严天池开创、徐青山拓展,诞生以来就有"人人自诩虞山、家家源说琴川②"的说法。

虞山琴派崇尚"音必当正律,重音而轻辞",其特点可概括为清、微、淡、远四字。虞山琴派追求气韵生动和琴乐的精神实质,融合了儒家"中和之音"和道家"大音希声"的音乐观,使动美与静美交相辉映,形成"博大和平,清微淡远"的琴风。300多年来,虞山琴派不仅催生影响了广陵琴派、梅庵琴派和日本古琴音乐,

---

① 维那,即羯磨陀那,意为"授事"。这是佛寺中管理僧众事务的职位,位次于上座、寺主。
② 琴川是常熟的别称。

也深深影响了岭南派、闽派和川派等流派的审美思想。近代,吴景略等虞山派古琴大师为古琴的发展作出了杰出贡献。

在长期的发展中,虞山琴派以自己的艺术实践自然融入常熟的人文环境,植根在常熟群众的文化生活之中,至今仍传续着生生不息的传统文化精神,在国内琴界占据着举足轻重的地位,其代表性曲目有《普庵咒》《梧叶舞秋风》等。虞山琴派是明清之际最有影响的琴派,该派的《松弦馆琴谱》在琴界有较大的影响,被琴界奉为正宗。目前虞山琴派的古琴演奏艺术已出现濒危趋势,有必要大力加强保护工作。

(2) 广陵琴派

广陵琴派活动于扬州及周边地区,是中国古琴艺术的重要流派之一。明末清初徐常遇编著《澄鉴堂琴谱》,标志着广陵琴派风格臻于成熟。

广陵琴派具有绮丽细腻、跌宕多变、刚柔相济以及音韵并茂的艺术风格。这种艺术风格来源于琴派独到的琴学主张和独具特色的演奏技法。首先,广陵琴派推崇中国传统阴阳思考方式。强调从对比中求变化,从对比中求表现。广陵琴派认为"跌宕"并非只是单一的旋律表现要素,而是一种基本原则,它能以对立统一的方式体现于乐曲的诸多表现形式之中。其次,广陵琴派的音乐表现以"意"为先。在"意"的追求中,广陵琴派强调发挥"意"在音乐表现中的前导地位,由此无论是意境、意象,还是意味都得到重视。而后,广陵琴派还讲求"声韵",注重琴曲情感表现的细致处理。广陵琴派的琴曲,大都有"音韵并存""刻画入微"的特点,于细微之处见情感。演奏时,琴人注重"重而不虐,轻而不鄙,疾而不促,缓而不驰,若吟若猱,圆而无碍,以绰以注,定而可伸,纡回曲折,疏而实密,抑扬起伏,断而复联",往往具有"音随意走,意与妙和"的风格。《渔歌》《樵歌》《昭君》《龙翔操》《梅花三弄》等均是其独具特色的代表曲目。

广陵琴派兼容性与独特性并存,传承性与开拓性并举,经数百年之薪火传承,英才辈出,于中国琴坛罕见。延至今日,因受其形式特殊的制约,难以适应"职业化""专业化"的转变,处于濒危的境况,亟待抢救与保护。

(3) 金陵琴派

金陵琴派是中国古琴艺术的重要流派之一,流布于南京及周边地区,一直伴随着文人士大夫抚琴雅集诗会等活动形式而存在。它产生于明末清初,庄臻凤主张琴人在演技上应突出个性特点,标志着金陵琴派的风格特点最终形成。清末民初,黄勉之创办金陵琴社。王心葵、徐元白等人在1934年创立青溪琴社,活跃了当时南京的琴艺活动。20世纪30年代以后,金陵琴派有了较大的发展。

在长期的艺术实践中,金陵琴派融南北琴风于一体,在节奏、指法和音乐意境等方面形成了自己独特的风格。金陵琴派强调琴家应具有全面艺术修养,认为只有通过由"琴心合一"到"天人合一"的道路,才可能达到高雅精致、清澄脱俗的艺术境界。明末清初以来,金陵琴派改变了中国古琴发展历程中只有琴歌而无琴曲的内容形式。同时还吸收了长久以来宫廷、官府所倡导的清和雅正等风韵特质,在演奏表现上则秉持古韵之遗,丰富了中国古琴艺术演奏语言。金陵琴派主张琴歌与琴曲并存,反对一味雷同,其指法灵活细腻,演奏风格飘逸洒脱、跌宕起伏,尤善以"顿挫"取胜,《蔡氏五曲》《关雎》《秋塞》《梅花三弄》《醉渔唱晚》《潇湘水云》等都是其代表琴曲。

金陵琴派在中国古琴音乐史占据一席重要位置,并对后世山东诸城等琴派产生较大影响。

(4) 梅庵琴派

梅庵琴派是近现代极有影响的古琴流派之一,源于清代中晚期,形成于1917年以后,开创者为山东诸城王宾鲁,后流传到南通、镇江、上海、浙江、合肥、福建、台湾及香港等地。

第一代传人徐立孙、邵大苏[①]整理了先师残稿《龙吟馆琴谱》,易名为《梅庵琴谱》,于1931年付梓印行,自此奠定了梅庵琴派在近代琴学界的地位。该琴谱是琴学史上的一部重要著作,自问世以来,先后被海内外多次重印、影印、翻印,不同

---

① 梅庵派古琴艺术起源于山东,清代嘉庆年间(1796—1820)济南人毛伯雨总结古琴艺术经验,编成《龙吟馆琴谱》,这一艺术成果至清末民初为"诸城二王"所继承,并传授于王燕卿。后经康有为推荐,王燕卿到南京国立高等师范学校(现东南大学前身)教授古琴,培养出徐立孙、邵大苏等传人。

版本达七八种之多。1986年,梅庵琴派第二代传人刘景韶在镇江成立了梦溪琴社,他师从徐立孙学习古琴,尽得《梅庵琴谱》所刊十四曲。

梅庵琴派的艺术特点有三点,一是在演奏上重视技巧和节奏,强调音乐的旋律之美,特别是首创琴谱点拍、标明节奏的做法,便于习琴者快速掌握乐曲节奏,使得该琴谱得以广泛流传。二是强调在指法处理上要服从琴曲的内容要求,同一指法在不同的乐曲中用法完全不同,关键在于深入领会,融会贯通。三是注意吸取有着极强感染力的民间音乐素材,并有多首琴曲为历代琴谱所未见,如琴人必学的《关山月》一曲仅见于此谱,《秋夜长》《玉楼春晓》《长门怨》等也备受称道。梅庵琴派体现了20世纪的部分文化生态,丰富了古琴乃至音乐艺术,是中国近代音乐史发展的一个亮点。

2003年,中国古琴艺术被列入人类非物质文化遗产代表作名录。

2008年6月,江苏省常熟市、扬州市、南京市、南通市、镇江市申报的古琴艺术(虞山琴派、广陵琴派、金陵琴派、梅庵琴派)被列入国家级扩展名录①,项目编号为Ⅱ-34。

2007年3月,常熟市、扬州市、南京市秦淮区、南通市崇川区和镇江市申报的古琴艺术(虞山琴派、广陵琴派、金陵琴派、梅庵琴派)被列入第一批江苏省非物质文化遗产代表性项目名录,项目编号为JSⅡ-8。

9. 十番音乐

十番音乐又称"十班""五对"等,因用丝、竹、革、木、金制作的10件乐器演奏而得名。这种音乐轻松活泼,节奏感强,音律和谐,悦耳动听,在福建、广东、江苏、浙江等地广为流传。十番曲调大多来源于民间小调和哗牌(唢呐曲),同时也从戏曲、曲艺及歌曲曲调中吸取了不少养分,其演奏形式有坐奏、行奏、舞奏之分,演奏时一般由掌板者充当指挥。

---

① 2006年5月,中国艺术研究院申报的古琴艺术被列入第一批国家级非物质文化遗产代表性项目名录,项目编号为Ⅱ-34。

(1) 楚州十番锣鼓

楚州十番锣鼓主要在淮安楚州区一带流传,是清代晚期形成的民间吹打乐。清道光年间(1821—1850),孙育卿将宫廷昆曲音乐结合当地的民间吹打乐创制而成,清末,楚州十番锣鼓渐渐销声匿迹。抗日战争爆发后,几近绝迹。

楚州十番锣鼓的演奏分为文场和武场。文场有两支曲笛(领奏)、两支箫、两支竹管、两盘笙、两面琵琶、两把三弦、两把硬弓、两把软弓共16件;武场有班鼓、板、堂鼓、大锣、皮又、小锣、木鱼、碰铃、糖锣、号筒共10件。丝竹乐器的配置为笛、对箫、对笙、对琵琶等双管编制,打击乐配置为10件,声效从高到低、层次清晰,一面两尺八(约0.93米)低音大锣和一支低音独特的号筒,不时发出"乌、亚、打、一"的节奏音效。楚州十番锣鼓可以上街走动演奏,通常设一个八人抬行大彩棚承载乐器,既解决了乐器不好携带的问题,也给整个演奏队伍增添了气势。

楚州十番锣鼓的演奏方式独特,锣鼓节奏呈现为序列结构,唱词多选自昆曲唱段,风格古朴典雅。它融唱奏为一体,丝竹乐段与锣鼓乐段相间而成套曲,也可支曲单独演奏,拆分组合自由,乐曲结尾大都以锣鼓收场。此外,还有少量的器乐吹打小牌子。

楚州当地十分重视十番锣鼓的抢救工作,已由区文化部门组织专业人员做抢救性发掘整理,搜集整理了《金盘捞月》《咏花》等十多部曲目,并组成十多人的民间表演队伍,使楚州十番锣鼓得到有效保护和传承。

(2) 邵伯锣鼓小牌子

流传于江都邵伯镇的邵伯锣鼓小牌子是苏中地区独具特色的民间器乐形式,它起源于明代,成型于清代,发展于民国,繁盛于中华人民共和国成立初期,具有较为长久的发展历史。

邵伯锣鼓小牌子吸收了道教音乐、粗细十番(丝竹乐)和当地"新春锣鼓"的精华,以多支曲牌连缀成套头曲,将丝竹乐与打击乐密集交替演奏,形成扬州、里下河牌子曲中一个富有特色的音乐流派。邵伯锣鼓小牌子的演奏分坐台、踩街两种,坐台是指搭台坐式演奏,"观音会""盂兰会"都采用此种形式;踩街是指街头行进式演奏,主要应用于每年三月廿八的东岳庙庙会巡游。施展绝技是锣鼓小牌子的一大特色,在锣鼓小牌子历史上,高胡手颜琦的"头顶拉二胡"、锣鼓手程鹤林的"铙钹——水里冒葫芦"等表演都名动一时,令人拍案叫绝。特色小击乐是锣鼓小牌子的另一特色,其演奏者都具备较强的表现力,如能用牙筷敲击小瓷碟、小酒盅等。锣鼓小牌子演奏的曲牌多为富有乡土气息的地方民歌小调,据调查统计,其曲牌有30多个,代表性的牌子曲共12支,包括【八段锦】【十八省】【十八省夹堂子】【鹦鹉歌】等,这些曲牌均已被收入《中国民族民间器乐曲集成·江苏卷》。

邵伯锣鼓小牌子历代相传,其中融入了扬州地区的民风民俗,为音乐史和民俗史的研究提供了难能可贵的材料。目前,邵伯锣鼓小牌子演奏队伍老化,青黄不接,一些演奏绝技濒临失传,这一传统民间器乐生存发展前景堪忧,亟待保护。

(3) 辛庄十番音乐

辛庄十番音乐流布于常熟一带,盛行于明末清初,主要由演唱昆曲的堂名班社演奏,为婚丧喜庆仪式提供服务。

辛庄十番音乐包括十番锣鼓和十番吹打,是演唱昆曲戏文前后演奏的乐种,特点是锣鼓段、锣鼓牌子与丝竹乐段交替或重叠进行。使用的乐器有曲笛、笙、唢呐、长尖、曲弦、提琴等管弦乐器和大锣、汤锣、马锣、春锣、七冒、戏锣、云锣、大小齐钹、双磬、单堂、单皮、小木鱼、绰板等打击乐器。规模较大时增加箫、管、双清、琵琶、二胡、南方板胡等丝竹乐器和兴锣、汪锣、点鼓等。根据所用乐器,可分为"清锣鼓"和"丝竹锣鼓"两大类。"清锣鼓",俗称"素锣鼓",只用打击乐演奏,又可细分为粗锣鼓、细锣鼓。"丝竹锣鼓",俗称"荤锣鼓",兼用丝竹乐器演奏,又可细分为笛吹锣鼓、笙吹锣鼓、粗细丝竹锣鼓。

十番锣鼓乐队以12人为"全堂"。演奏形式为坐乐,用两张方桌,丝竹乐器置桌上,锣鼓架放桌后。桌子竖放于厅堂,乐手围坐左、右、后三侧,前端扎绣着"堂名"名称的桌帷,面对厅堂大门者为上首。

辛庄十番锣鼓类作品有《粗旺》《喜元宵》《万花灯》《下西风》《大如意》《香袋》和《十八拍》等,十番吹打类的有《将军令》《普天乐》《山坡羊》《傍妆台》《水龙吟》《一枝花》《春日景和》《雁儿落》《一机锦》等。

辛庄十番音乐与昆曲相扶相依,保存有大量南北曲曲牌。其乐器配置精致多变,演奏风格细腻,艺术表现力丰富,具有很高的文化艺术价值。进入现代以来,辛庄十番音乐整体呈现濒危状态。目前主要传承集体有"春和堂""中和堂"两个班社。

(4) 宜兴十番锣鼓

据传宜兴十番锣鼓源于春秋战国时吴兵作战冲杀时的鼓声和收兵时的锣声。明清时,十番锣鼓已成为官方大型庆典活动时的音乐,民间为祈求平安丰收,在大型社日活动中也使用十番锣鼓。

宜兴十番锣鼓俗称"十番""十样锦",是由若干曲牌与锣鼓段连缀而成的套曲。十番锣鼓以大锣鼓调和小锣鼓调交错重叠连缀演奏为主要特点,锣鼓队员由二三十人组成,多的时候五十人。大锣、大鼓、小锣、小鼓各取番段,演奏时交错进行,谓"十番"。大鼓注重气势,小鼓讲究清亮,演奏时气势磅礴、番调多、节奏明快,大小锣鼓交错演奏时,时而响彻云天,时而似山间对话,一问一答,妙趣横生。十番锣鼓演奏经过代代传承,已成为宜兴当地群众节庆活动的重要内容。每逢元宵佳节,宜兴的许多村庄就会演奏十番锣鼓以示庆贺。

(5) 木渎十番

木渎十番,即是由木渎"合和堂"演奏的十番音乐,包括十番锣鼓、十番吹打。民国时期,木渎地区堂名有福寿堂、荣华堂、合和堂、鸿和堂等,传承至今仅存合和堂。

十番音乐是堂名的表演形式之一。400多年前,苏南民间以座唱昆曲兼奏"十番"为职业的团体,被冠以"堂名"之名,由此,这一行业也被称为"堂名"。表演时,以8人一组叫作一堂,由12人一组的叫作全堂。堂名自形成以来,出现在各种各样的喜庆活动中,如结婚、祝寿、满月、乔迁、开张与庙会。

木渎十番锣鼓是在堂名演唱昆曲折子戏之前后演奏的乐曲,根据所用乐器的不同,木渎十番锣鼓可分为"清锣鼓""丝竹锣鼓"两大类。十番吹打分"细吹""粗吹"两类,为昆曲伴奏的叫"昆曲吹打曲牌",用于民间的称为"吹打""鼓吹"。

木渎十番音乐所用乐器,少则十余件,多则三十余件。必用的乐器有曲笛、笙、唢呐等管弦打击乐器。规模较大时增加箫、管、南方板胡等丝竹乐器和兴锣、汪锣、点鼓等。木渎十番音乐在打击乐器外还加进了丝竹乐器,这是吴地古人的创造。此外十番音乐在演奏时围着堂名桌进行表演,后来的滩簧等都采用了这种形式。随着时代变迁,堂名式微,而木渎十番也逐渐消失,亟待拯救。

2008年6月,江苏省淮安市、江都市申报的十番音乐(楚州十番锣鼓、邵伯锣鼓小牌子)被列入国家级扩展名录,项目编号为Ⅱ-44。[①]

2007年3月,淮安市楚州区申报的楚州十番锣鼓被列入第一批江苏省非物质文化遗产代表性项目名录,项目编号为JSⅡ-14;2009年6月,常熟市申报的辛庄十番音乐被列入省级扩展名录;2016年1月,宜兴市和苏州市吴中区申报的十番音乐(十番锣鼓、木渎十番)被列入省级扩展名录。2007年3月,江都市申报的邵伯锣鼓小牌子被列入第一批江苏省非物质文化遗产代表性项目名录,项目编号为JSⅡ-16。

10. 鼓吹乐

鼓吹乐是以打击乐器、吹奏乐器等合奏形式为主的传统音乐,自汉朝起流行,是中国音乐史上重要的乐种。民间婚丧嫁娶、岁时节日中,鼓吹乐是必不可少的配乐形式。它的主奏乐器"唢呐",在民间运用广泛,是老百姓喜闻乐听、不可缺少的。

(1) 唢呐艺术(徐州鼓吹乐)

徐州唢呐以徐州的丰县、沛县、睢宁和市区最具代表性。作为京杭大运河漕运枢纽的徐州,唢呐在明代走进了徐州民间音乐生活。

徐州唢呐演奏的代表性曲牌,艺人们概括为8个字:"摇金凡调,三令四来。""摇金凡调"是指《柳金摇》和《凡字调》;"三令四来"是指《将军令》《得胜令》《回马令》《到春来》《到夏来》《到秋来》《到冬来》。"摇金""凡调""三令"旋律雄壮豪迈,声势宏大,给人以庄严之感,"四来"则曲调悠扬欢快。

徐州有无数职业、半职业或自娱性质的唢呐班子,凡遇到婚丧喜庆、祭祀活动,便搭班演出。在演奏活动基础上,通过历代艺人不断融合、交流、吸收,徐州唢

[①] 2006年5月,福建省龙岩市、福州市申报的十番音乐(闽西客家十番音乐、茶亭十番音乐)被列入第一批国家级非物质文化遗产代表性项目名录,项目编号为Ⅱ-44。

呐的演奏,既有南方的柔婉细腻之气,又有北方的粗犷豪迈之风,形成了自己独有的艺术特色,具有极高的使用和审美价值,广受人民群众的喜爱。

2007年起,徐州通过设立专项保护资金、制定保护规划、召开研讨会、组织对外交流、拍摄专题片、建立档案库等手段,全面系统地将徐州唢呐的历史资料和现实活动情况记录下来,妥善保存和加以利用。此外,徐州文化馆成立了"徐州唢呐活动中心",培养新一代的传承人,并积极组织参加国家、省、市级各类唢呐演奏大赛。

(2) 海州鼓吹乐

海州鼓吹乐是流布于连云港地区的一种民间鼓吹乐,它产生于明代,清代十分普及,康熙末年东海县安峰镇的许家班名噪一时。迄今该镇有16个鼓吹乐班,其中9个是许家的后代或传人。

海州鼓吹乐曲牌丰富,包括传统曲牌【山坡羊】【寄生草】等200多首,灌云县下车乡艺人杨家岭至今仍保存着一本手抄工尺谱。此外,海州鼓吹乐技术精湛,艺人不仅善于吹奏大号及中、小唢呐,还能用嘴巴或鼻孔同时吹奏两支唢呐,称之为"和合唢呐"。赣榆赣马镇的吴少云是该镇鼓吹乐班的四代传人,他演奏的"大号"和"和合唢呐"技巧娴熟,气满音润,堪称一绝。

民间鼓吹乐深入连云港地区群众生活的各个方面,无论是婚庆丧葬、老人过寿还是儿童过生日,都要请鼓吹乐班来吹奏,尤其是丧葬仪式,至今必不可少。民间鼓吹乐还用于庙会等祭祀仪式和民间的节庆活动,因其音质明亮而用于广场的文艺活动演奏,十分受群众欢迎。

2011年5月,江苏省徐州市申报的唢呐艺术(徐州鼓吹乐)被列入国家级扩展名录[1],项目编号为Ⅱ-37。

2009年6月,徐州市、连云港市申报的鼓吹乐(徐州鼓吹乐、海州鼓吹乐)被列入第二批江苏省非物质文化遗产代表性项目名录,项目编号为JSⅡ-22。

---

[1] 2006年5月,河南省沁阳市与甘肃省庆阳市联合申报的唢呐艺术被列入第一批国家级非物质文化遗产代表性项目名录,项目编号为Ⅱ-37。

11. 茅山号子

茅山号子源于兴化茅山镇,在苏中里下河地区流传甚广。相传孟姜女寻夫行至山海关,看到老弱病残者背石扛土,不堪重负又不敢在监工面前喘气呻吟,遂教他们用"哼号"一问一答的方法来顺气省力,并逐渐形成了劳动号子,茅山籍民夫将孟姜女所传的号子带回家乡。

茅山号子按演唱形式可分为车水号子、栽秧号子、薅草号子、挑担号子、碾场号子、掼把号子、牛车号子等,其中以栽秧号子独占鳌头,俗称"小妹妹";从音乐结构上可分为长号子、短号子;内容上有唱古代人物忠孝节义的,有咏农家四季悠然自得生活的,还有歌颂男女之间纯真朴素爱情的;场合上涉及田畔场头、圩堤渠边院落,并逐步登上舞台。茅山号子演唱方式有一人领唱众人和、一问一答、一唱一和等。茅山号子音调旋律舒缓平实,音乐节奏明快有力,演唱速度快慢自由,歌唱形式分合有致,特别是合唱部分形成了高低协调、咏叹自如的独特民歌特色。演唱风格刚柔并济,兼有江南一带的柔美委婉和苏北地区的粗犷高亢。

1956年,茅山镇民歌手朱香琳的茅山号子唱到中南海,受到毛主席等中央领导人接见,并在世界青年联欢节上获银质奖。作为兴化的特色文化品牌之一,茅山号子已被编入音乐教材,并走进中小学校园。目前,茅山镇全镇民歌手有4000多人,村村有茅山号子演唱队,镇里每年都要举办"茅山号子大家赛"活动。

2011年5月,江苏省兴化市申报的茅山号子被列入第三批国家级非物质文化遗产代表性项目名录,项目编号为Ⅱ-150。

2009年6月,兴化市申报的茅山号子被列入第二批江苏省非物质文化遗产代表性项目名录,项目编号为JSⅡ-20。

12. 薅草锣鼓(金湖秧歌)

金湖秧歌是金湖及周边地区广大劳动人民在插秧劳动中集体创作出来的田歌,是里下河地区民歌的典型代表。它形成于明代,发展于清代,成熟于清末至民国时期。

金湖秧歌的历史可追溯到明初。朱元璋称帝后,罚没苏州地区支持过张士诚的士绅商贾的家产,把他们流放外地。其中一部分就来到了金湖屯田垦荒。江南移民带来的"稻作文化"与金湖本土歌谣相结合,逐渐形成了秧歌的雏形。清代清政府镇压太平天国时,湘军北上,滞留金湖,又带来锣鼓秧歌。后来逐渐融合发展,形成了现在的薅草锣鼓的形式。

金湖秧歌的演唱形式分"秧号子""锣鼓秧歌""打鼓唱唱"三种。"秧号子"为单人唱的短歌。"锣鼓秧歌"是专职锣鼓师傅演唱的长篇叙事曲,一人敲锣,一人打鼓主唱。最突出的当属"打鼓唱唱",一人或多人唱《格冬代》,俗称"打鼓",一人接唱,称之为"唱唱"。其曲调以"四句头""五句半""串十字""抢八句"为主,风格别致,演唱方式独特,唱词内容丰富,旋律委婉柔润,清新悦耳,尤其是多重调式、调性的转换运用对于丰富民族音乐作曲技法具有重要的借鉴意义。金湖秧歌曾因人们生活生产方式转变而濒临灭绝,后金湖县政府及时开展挖掘、整理和保护工作,使其得以延续。

2014年11月,江苏省金湖县申报的薅草锣鼓(金湖秧歌)被列入国家级扩展名录[1],项目编号为Ⅱ-27。

2007年3月,金湖县申报的金湖秧歌被列入第一批江苏省非物质文化遗产代表性项目名录,项目编号为JSⅡ-5。

13. 南乡田歌

南乡田歌流行于镇江丹徒地区,与稻耕文化有很深的渊源,是农民在田间劳作时的劳动歌。

根据劳动内容,南乡田歌可分为"耕田嘞嘞""插秧田歌""打麦号子""耥草田歌""车水号子"等几种,涵括传统歌谣、即兴创作歌谣和新民歌。南乡田歌以即兴创作为主,音乐风格淳朴生动。演唱形式大多以领唱与合唱为主,田歌的曲体一般是两句体、四句体或多句体的乐段结构,除领、合形式的部分曲目为规整性节奏外,其他大多是自由、松散的节奏节拍。

---

[1] 2006年5月,四川省青川县申报的川北薅草锣鼓被列入第一批国家级非物质文化遗产代表性项目名录,项目编号为Ⅱ-27。

南乡田歌具有丰厚的文化积淀,代表和体现了江南水乡的文化特征。它的音调高亢嘹亮,是劳动人民自己的艺术创造,既抒发愁情、解除疲劳,又能陶冶性情,因此代代相传,流传甚广。南乡田歌多以口传心记的方式进行传唱流播,代表性传承人孙阿英从小跟着祖辈们在田头生产劳动,学会了许多的田间劳动山歌,并把田歌一直传承到了艺术舞台上,在首届江、浙、沪吴歌大赛上荣获"女歌王"称号。随着城市化进程的推进,南乡田歌赖以生存的载体正逐渐消失,丹徒区相关政府部门正采取措施抢救这一地区瑰宝。

2007年3月,镇江市丹徒区申报的南乡田歌被列入第一批江苏省非物质文化遗产代表性项目名录,项目编号为JSⅡ-2。

14. 邵伯秧号子

邵伯秧号子流布于扬州江都区,是当地稻作文化重要的组成部分。邵伯栽秧号子与栽秧劳作相伴而生,历史久远,可追溯至汉代。

每到插秧时节,妇女们面朝水田背朝天,借栽秧号子表述心声,解乏助兴。伴随着劳动力的流动和婚姻嫁娶等因素,邵伯秧号子兼收并蓄,积累了丰富的演唱曲调和演唱内容。有表达男女爱情、如怨如诉的歌谣,也有与历史知识相关的歌曲。表演形式上有齐唱、独唱、对唱等,一般是"一人唱众人和",有民歌谓之"号子一打声气开,顺风刮到九条街,兴化高邮穿城过,扬州邵伯传过来",每年正月十九观音会,青年男女都要在运河两岸对歌竞赛。在千百年间的流传中,邵伯秧号子形成了相对固定的演唱曲调、演唱形式和丰富的演唱内容。它融山歌、小调的特点于一体,集抒情性与叙事性于一体。由于曲调优美,1949年来,一些简朴的秧号子经专业改编后焕发新生,从田间走上舞台。1997年,《拔根芦柴花》《一根丝线牵过河》等9首邵伯秧号子被收入《中国民间歌曲集成·江苏卷》。

为传承、保护、研究邵伯秧号子,2001年当地成立了甘棠民歌民乐队,并将秧号子加入中小学音乐课,重新激发人们对秧号子的传唱热情。邵伯秧号子正在新的空间场所展示出她的独特魅力。

2007年3月,江都市申报的邵伯秧号子被列入第一批江苏省非物质文化遗产代表性项目名录,项目编号为JSⅡ-6。

15. 渔民号子

渔民号子是众多号子中的一种,主要流传在沿海地区。它以海洋劳作为主要内容,通常包括划船、撑篙、背纤、拉篷、起锚、拉网等多种号子样式,演唱者多系专事捕捞、驾船的渔民。

(1) 吕四渔民号子

吕四渔民号子是南黄海领域渔民的劳动号子,主要流传于江苏江北沿海一带,包括启东吕四港镇、海门北部、如东以及盐城大丰区的部分地区,兴盛于明清时期。

根据渔民出海捕鱼劳作过程中的不同场景,渔民号子分为"出海篇""打鱼篇""接潮篇""归港篇"等,是一种即兴填词、灵活多变的演唱方式,即在音乐旋律基本不变的情况下,演唱者可以根据场景、感受等进行自由发挥,是在海捕过程中用以协调劳动节奏和抒发情感的音乐表现手段。吕四渔民号子以当地方言"四甲话"(也称"通东话",是吴方言的延伸)为主,具有吴方言与江淮方言交叉融合的特征,明显区别于启东南部沙地的劳动号子。演唱方式以男女高音为主,有领唱、齐唱、对唱、独唱等多种形式。其中"点水号子"音高声远,余音久回,是吕四渔民号子的经典之作。出港前,渔捞长站在船的右舷,用竹篙测量水深,并唱响"点水号子",把实际数据直接上报给船老大。

吕四渔民号子完整记录了传统海洋捕捞作业全程,目前已整理出对草、拢绳、接潮、扯篷、起锚、测水、摇橹、盘车、拉网等 40 多种长短不一的号子,有高亢嘹亮、深情悠远、节奏铿锵、音律委婉等诸多的风格特征,既具有艺术价值与史料价值,也是当地民俗乡风、生活情趣和地域特色的集中体现。

(2) 弶港渔民号子

弶港渔民号子流布于东台弶港镇,影响范围包括长江口以北至连云港沿海地区。弶港渔民号子已经有 200 多年的历史,在广大渔民和群众中广泛流唱。

弶港渔民号子是渔民在海上捕捞生产过程中逐步形成的一种民间音乐。大型海上捕鱼工作需要多人合力完成,为达到用力一致,就由一人领唱,多人搭腔,形成了渔民号子,包括搬运大型渔网、铁锚等唱的"起重号子",把铁锚从海里起上来的"盘车号子",牵扯帆篷的"扯篷号子"等。根据不同的作业环节以及劳动内容、强度和歌唱类型,主要分为"单人""双人"和"多人"三大类型。单人歌唱的有点水号子、挑担号子;双人歌唱的有淘鱼号子、吊货号子;多人歌唱的有盘锚号子、牵篷号子等。

清朝末年是弶港渔民号子的鼎盛时期。小黄鱼生产汛期前,渔民从正月初就开始备汛(准备绳索网具等),直到外出生产,每天渔号子声不绝,整个弶港东、西、南、北、中遥相呼应,可谓惊天动地。在这一个半月中,除吃饭时不打号子外,渔民们在劳作时,不管肩挑手拎,推拉抬撬,均打号子。出海生产的各个环节都有相应的号子做统领,引导生产。"盘车号子""测水号子""扯篷号子""起重号子"等流传至今。这些渔民号子内容丰富,声情并茂,曲调高昂、悠远、悲怆,富有生活气息,真实再现苏北沿海渔民劳动的过程,反映出渔民们不畏艰难的精神面貌。

2007年3月,启东市申报的吕四渔民号子被列入第一批江苏省非物质文化遗产代表性项目名录,项目编号为JSⅡ-7;2011年9月,东台市申报的弶港渔民号子被列入省级扩展名录。

16. 留左吹打乐

南京六合长芦地区曾长期有军营驻扎的传统。在长芦驻军时间较长、规模较大的是宋明两代。军乐逐渐与当地民乐糅合,便形成具有固定乐律、风格独特的留左吹打乐。清代中期以后,留左吹打乐经过不断变革,已成为纯民间的鼓舞民乐,传统的"忠勇曲"演变为"忠孝曲",并加入管弦乐器,形成传承下来的大曲、小曲。

留左吹打乐共分10曲,118件打击乐器在全曲中轮番演奏,特别是26只鼓中有一面直径2.2米、高1.8米、重340千克的大鼓,被称为"金陵第一鼓"。留左大鼓一声响,鼓、锣、钹齐奏,气势磅礴,震撼人心,如万马厮杀,排山倒海。目前留左吹打乐的保留曲目包括8面梅花锣敲奏得欢快的民歌《茉莉花》;融合鼓棒等各种打击技巧的《龙狮会》《一网盖》;还有无数舞龙、舞狮、旱船、鲤鱼灯等组合表演。

留左吹打乐在民族打击乐史上具有重要的研究价值,是军风、民俗、历史的记忆。在历史更迭中,几兴几衰,不断演变,延续至今。目前有传人六代。原始的全套曲谱已失传,依靠老艺人回顾整理,现今已部分恢复,但仍旧难以完全达到原始面貌,有待于进一步挖掘、整理并加强保护和利用。

2007年3月,南京市六合区申报的留左吹打乐被列入第一批江苏省非物质文化遗产代表性项目名录,项目编号为JSⅡ-15。

17. 丝弦

丝弦可分为北方丝弦和南方丝弦。北方丝弦以石家庄丝弦为代表,是一种富有特色的戏剧。南方丝弦则以常德丝弦为代表,是江浙小调传入常德后与当地民间音乐结合产生的曲调。江苏丝弦属于南方丝弦,风格清丽婉约,是一种富有特色的民间音乐。

(1) 泓口丝弦

清光绪年间(1875—1908),溧阳溧城镇泓口村王炳荣收集当地民间古老音乐,编成10个曲牌在本村传授,这些曲目被称为泓口丝弦,流传至今。王炳荣首用丝弦笙鼓乐器演奏,丝弦便有了江南水乡乐声清雅的音乐形态。

泓口丝弦有《雄鹰》《春燕》《落叶》《昭君》《花园》《楼台》《寄生草》《红琴》《八板》《倒板》《深宫小夜曲》11个曲目,如今只剩下前6曲。这6支曲目各自独立成章,但演奏均按曲牌的顺序而进,演奏一遍需22分钟,可循环往复。乐器有笛、箫、笙、唢呐、二胡、中胡、四胡、月琴、三弦、琵琶等,并配有一组小型打击乐器。笛、二胡为主奏乐器,唢呐只吹开头和结尾,曲牌之间和部分曲牌中杂以锣鼓间奏。乐队人数和乐器配备无定规,皆视能者多少而定。最多用过18支笛、6支箫、4把笙及40余件拉、弹乐器。演奏以庙会及重大庆典活动为主,每年的正月十五、二月初八、三月十五、八月十五最盛。演奏多在列队行走中进行,二人一排,鱼贯而行。乐师身着长衫,头戴礼帽,乐器上披红扎彩,夜间演奏还在乐器上配上小电珠,彩灯闪烁,流光溢彩,弦乐飘转,视觉上、听觉上都给人以美好的享受。溧阳素有"挨锣鼓,请丝弦"之俗,丝弦乐师备受尊重,皆称作"丝弦先生",非请不至。

（2）宜兴丝弦

宜兴丝弦是宜兴地区特有的民间音乐，常见于灯会、庙会和庆丰收等活动，可追溯的历史有150余年，主要流传于宜兴东乡（大浦）、西乡（红塔、美栖、吴圩、曲流、仇圩、洴浰）等地。

宜兴丝弦演奏主要以民族弦乐和管乐器具为主，善于反调演奏，一调到底，韵律独特，委婉动听，节奏淳朴有力，具有鲜明的江南水乡地域特色，尤其是笙、箫、笛的演奏风格更让人耳目一新。乐器之间，用以锣鼓为主的打击乐器连接转换，形成套曲形式，整体通顺流畅，浑然一体，这是其他丝弦演奏所无法比拟的。

受多种因素影响，宜兴丝弦传承曾一度中断了数十年。2000年，徐舍镇洴浰村重建丝弦队，整理加工出《花园》《大看灯》《盘歌调》等10首经典古曲，使这一民间艺术重新焕发出生命力。然而丝弦队以老年人为主体，有些老艺人年事已高，演奏能力出现弱化。

2009年6月，溧阳市申报的泓口丝弦被列入第二批江苏省非物质文化遗产代表性项目名录，项目编号为JSⅡ-21；2016年1月，宜兴市申报的宜兴丝弦被列入省级扩展名录。

18. 锣鼓乐

锣鼓艺术是我国较为常见的民间器乐演奏形式，它节奏激越鲜明，演出场面壮观，艺术风格以气势磅礴、威武热烈见长，主要在各种民间吉庆、典礼场合演奏。

（1）陆家锣鼓

陆家锣鼓发源于南通港闸区，相传清嘉庆年间（1796—1820）从苏州移居到港闸地区的陆胜富喜爱敲锣打鼓，经常演奏苏州锣鼓，后发展为陆家锣鼓。

陆家锣鼓是由多种乐器组成、多声部合成的锣鼓打击乐，也是苏南十番粗锣鼓和江海文化融合的产物，兼具水乡与平原风情。其锣鼓曲牌众多，有【鱼泊水】【蛇脱壳】【八哥洗澡】【黄海啸】【闯五关】【垒堡塔】【一枝花】【五谷丰登】等。锣鼓乐器配置有小板鼓、手鼓、中鼓、大鼓、头锣、二锣、大钹、板钹、小呵、堂锣、银碗、木鱼、竹板、小碰铃多种乐器,演奏时各响其音,节奏感强,音色多样,可变性强。陆家锣鼓既可以敲打出音响高强粗犷的曲子,也可以敲打出精细悦耳、饱含情感的曲子,是民间打击乐器中极富表现力的乐种,可演奏出节律不同、风采各异的锣鼓曲谱。

(2) 戴埠太平锣鼓

太平锣鼓主要流传于常州溧阳戴埠镇一带,源于太平天国侍王李世贤驻守戴埠时,军队传授给当地百姓并广泛流传的太平军乐。

太平锣鼓不仅是太平军出征的战鼓,也是逢年过节、喜庆节日演奏的乐鼓。太平锣鼓属于民间十番粗锣鼓,全套乐器有 30 多件,由大锣鼓组和小锣鼓组构成,间以"招军"(铜制长喇叭)吹奏。大锣鼓组以大鼓、大锣、铙拔为基本乐器组成,共有 6 套曲,表现"备马""操练""出征""激战""奏捷""同庆"等 6 个情节,节奏浑厚壮烈。小锣鼓组以高音鼓、京锣、小锣、大镲、小镲、小月锣、板鼓、木鱼、撞铃等乐器组成,由【下音】【上音】【双节谷】【一五七】【雨夹雪】等锣鼓曲牌构成,节奏明快、生动活泼。大、小锣鼓高低轻重穿插,时而"招军"嘹亮,体现了威武雄壮、喜气洋洋的艺术特色,具有较高的艺术审美价值。

戴埠太平锣鼓是目前所知太平军锣鼓中唯一的现存实例,为研究太平天国的官制、军制,以及从军乐到民乐的演化、发展,提供了实例。为保护这一音乐形式,南京太平天国历史博物馆经调查,记录了乐谱并由上海音乐学院专家在戴埠录像录音。戴埠中心小学也设置了"太平锣鼓"课程培养太平锣鼓乐手,并建立了一支相当规模的小学生太平锣鼓队伍。

(3) 天岗锣鼓

天岗锣鼓原名天井锣鼓,相传明代发源于宿迁市泗洪县天岗湖并在泗洪县和安徽五河县等洪泽湖流域地区流传。

天岗锣鼓经过多代民间艺人的编制、挖掘、整理,现已具有【常锣片】【小七点】【雁落沙滩】【十八番】【凤凰三点头】【满堂锣】等 10 多个固定锣鼓牌子。天岗锣鼓演奏时边打边舞,演奏者持各种道具,可以蹦打、跳打、滚打、躺打,有时采用引领式和呼应式的表现手法,既清晰流畅,又激越轩昂,疏密有致。其中大铙可左右旋、上下旋、转圈旋,场面多变,犹如一曲歌伴舞,引人入胜。演奏中还有战旗助阵,表现出战无不胜、无坚不摧的气概。天岗锣鼓以团队表演为主,少则二三十人,多则一二百人,热情奔放,气势恢宏,高潮起伏跌宕,节奏明快,动作优美,给人以强烈的视听冲击。

天岗锣鼓传承久远,它的存在和展示,为研究中国鼓文化形成与民俗关系提供了活态依据。天岗锣鼓当前的存续状况比较良好,在苏皖边界周边县市乃至淮河中下游地区具有相当大的影响。

(4) 东浦丝弦锣鼓

东浦丝弦锣鼓起源于常州金坛区指前镇东浦村,生成至今已有 100 多年历史。因弦乐器上的弦为丝线,故称"丝弦锣鼓"。东浦丝弦锣鼓生成初始虽移植于外域,但经过历代艺人的传承和发展,已逐渐形成了自身独特的江南艺术风格。

东浦丝弦锣鼓的器乐由弹拨、吹奏和打击三部分组合。其音乐主要由 16 个曲调和十六番锣鼓组成。曲调包括【头调】【二调】【三调】【进花园】【出花园】等(现工尺谱上有 58 种调)。东浦丝弦锣鼓艺人口传"工尺谱",即用"合四乙上尺工凡六五三"十个汉字来作音符。前半部为打击乐,依次为小锣、铙钹、大锣、大钹等,后半部为弦乐,依次为三弦、琵琶、二胡、四弦胡,另有笙、笛子等,每种器乐最少 2 人,最多 12 人。演出时,指挥鼓手将板鼓竖至头顶部位,用竹签敲响等相关动作为指挥号令。曲调蕴含农耕稻作风味和水乡秀丽景色风韵,演奏时丝竹之音和锣鼓之声循环往复,起伏跌宕。

东浦丝弦锣鼓常用于庙会和各种民间活动表演,其组合形式、表演内容和艺术风格均带有江南农耕地域的民风、民俗色彩,虽历经百年沧桑沉浮,其原始曲谱的故韵仍得以完好存续,具有丰富的音乐研究价值、文化传承价值和民俗研究价值。

(5) 洋渚圣旨锣鼓

溧阳洋渚圣旨锣鼓始于清雍正五年(1727)。雍正皇帝下圣旨在洋渚村立贞节牌坊以昭示潘积之妻蒋氏品德,洋渚村潘姓族人为庆贺和纪念这一盛事,编创成套的锣鼓音乐,后称为"圣旨锣鼓"。

整套锣鼓分为野鸡出窠、水蛇换壳、和尚念经、牌坊落成、皇恩浩荡等5套。章节名目形象生动,音乐节拍朗朗上口。在200年的传承过程中,又增加了舞狮、舞龙等民间传统表演形态,使锣鼓音乐与舞狮、舞龙相得益彰。圣旨锣鼓与贞节牌坊相互映照,体现了封建社会的宗族势力与礼教对妇女的剥削压迫。蒋氏自23岁带着独女守寡,用青春换来了贞节牌坊和族人的荣誉。洋渚圣旨锣鼓是族人喜悦与自豪的象征,也是受压迫妇女苦痛的见证。这对于历史学、民俗学、社会学的研究都具有重要意义。

(6) 新沂锣鼓

新沂锣鼓源于清代,在新沂所辖各乡镇均十分流行。新沂锣鼓由小板鼓、大鼓、大锣、小云锣、小锣、大铙、小铙7种乐器组成,是民间打击乐器的合奏形式。当地有着"无锣鼓不成乐"的说法,锣鼓在当地民俗文化中扮演着重要的角色。

锣鼓的表演以小板鼓为统领指挥,两边依次为大鼓、大锣、小云锣、小锣、大铙、小铙,可以在固定地点打,亦可边行边打。新沂锣鼓在演奏时为七人,锣鼓的表演以板鼓居中领奏,两边依次为大鼓、堂鼓、板鼓、钹、镲、锣。在锣鼓表演进行过程中,如果两支锣鼓队相遇,就会形成一种"对打"的局面。两支锣鼓队互不相让,争先将自己的"绝活"亮出来,有的将锣、钹抛向空中,有的做各种翻花表演,引来围观群众阵阵喝彩。两支锣鼓队的锣鼓声交织在一起,此起彼伏。经过一段时间的对打,能够保持鼓队的鼓点清晰、节奏不乱的一家为胜方。

2009年6月,南通市港闸区、溧阳市、泗洪县申报的锣鼓乐(陆家锣鼓、戴埠太平锣鼓、天岗锣鼓)被列入第二批江苏省非物质文化遗产代表性项目名录,项目编号为JSⅡ-23;2016年1月,金坛市、溧阳市、新沂市申报的锣鼓乐(东浦丝弦锣鼓、洋渚圣旨锣鼓、新沂锣鼓)被列入省级扩展名录。

19. 二胡艺术

二胡始于唐朝,称"奚琴",至今已有1000多年的历史,是一种中国传统拉弦乐器。二胡脱胎于中国北方少数民族的胡琴,历经发展,到了近代才正式更名为"二胡"。

在二胡现代化的历程中,无锡人发挥了至关重要的作用。无锡艺术家周少梅、刘天华吸收西方乐器的长处,制作出现代二胡。二胡因此具有5个把位,又确定了高音,扩充了音域范围。两人又创作了10首独奏曲、47首练习曲,并把二胡纳入专业音乐教学之中,使之在音乐会上获得独奏的地位。在现代二胡艺术发展的100多年时间中,周少梅、刘天华、杨荫浏、刘北茂、蒋风之、储师竹、闵惠芬、王建民、邓建造等无锡籍的艺术家发挥了不可或缺的作用。

而在同一时期,无锡民间又出现了以阿炳为代表的民间二胡艺人。阿炳吸收了传统道教音乐的精华,结合自己的人生经历,创作出《二泉映月》《听松》《寒春风曲》等绝世名作。这些作品代表了二胡艺术的最高水准,成了难以超越的标杆。

2011年9月,无锡市申报的二胡艺术被列入江苏省第三批非物质文化遗产代表性项目名录,项目编号为JSⅡ-25。

20. 板桥道情[①]

道情是一种民间曲艺形式,本是道家用于传教的工具,在发展过程中,文人开始参与道情的创作,令其呈现出不同的艺术风貌。板桥道情指的是郑板桥于雍正七年(1729)完成的《道情十首》,主要流传于江淮一带。其艺术水平高超,自清代到民国历经200余年而流行不衰。板桥道情采用了淮扬小调,音律动听,雅俗共赏。小调一为"宫"调式,一为"羽"调式,在本地尤以"宫"调式最为盛行。

板桥道情的道具为渔鼓、简板。渔鼓一般用毛竹筒削成,直径为8—10厘米,竹筒选取四节(寓意二十四节气)。鼓皮多选用板油皮(生猪油包皮),刮平洗净油脂,贴在木板上阴干,再剪成大于竹筒底面的圆形皮块备用。郑板桥通过对渔翁、樵夫、头陀、书生、乞丐等贫苦而不失闲情的平民生活的叙说,表达了作者"青山绿水最堪寄托、功名富贵轻如浮云"的思想。

2011年9月,兴化市申报的板桥道情被列入第三批江苏省非物质文化遗产代表性项目名录,项目编号为JSⅡ-26。

---

① 参考"第五章 曲艺"中的"扬州道情"。

21. 古筝艺术

扬州为楚筝的发祥地之一,扬州古筝艺术包括古筝演奏艺术和刳筝技艺两个部分。千百年来,扬州筝人名家辈出,刳筝精细,工艺奇巧,传承有序,影响广泛。扬派古筝是古筝流派中别具特色的流派。

扬州筝弹奏指法独到,主要有托、劈、抹、挑、勾、剔、提、撮、摇、揉、按、滑等,其风格深受广陵派古琴影响。在扬州,琴人大多也是筝人,他们将琴曲改为筝曲,弹筝时"抚"味甚浓。扬州筝演奏曲目多为扬州的民歌小调,具有浓郁的乡土气息。同时,扬州筝兼容南北,集"南柔北刚"于一体。

扬州自古就有"千家有女先教曲"的传统,刘禹锡诗作"清筝促柱十三弦,扬州市里商人女"所说的也是扬州古筝。扬州在20世纪90年代被文化部授予"古筝之乡"的美誉。金钟奖古筝亦永久落户扬州,扬州古筝生产量占全国总量的2/3以上。扬州制筝选料考究,制作精致,其装饰与扬州的传统工艺融为一体,筝体不仅要经过多次髹漆,首尾还辅以扬州传统工艺如玉器的浮雕、镂空雕,漆器中的螺钿、刻漆,民间工艺中的烙画、麦秸画等加以美化,使其更具地方特色和文化品位。

2016年1月,扬州市申报的古筝艺术被列入第四批江苏省非物质文化遗产代表性项目名录,项目编号为JSⅡ-27。

第三章 传统舞蹈

传统舞蹈是一种把舞蹈表现形式和民俗文化空间联系在一起的舞蹈类型,伴随着各种民俗事象开展,通过表演者的肢体动作,渲染着民俗活动的氛围,表现着民俗事象的内涵。按照民俗舞蹈的主要功能,可以分为自娱之舞、娱人之舞与娱神之舞。

自娱之舞,指的是老百姓在生活中因为生活的悲喜、人生的起伏,产生剧烈的情感而跳的舞蹈,主要目的是娱情娱性。娱人之舞,是老百姓为了取悦观众所跳的民俗舞蹈,如莲湘舞,是生活艰辛的难民在乞讨时为打动他人所跳的舞蹈。娱神之舞,则是指在祭祀中,为了来年的幸福生活,用来酬谢神灵和祖先的舞蹈。

近年来,一些传统舞蹈经过挖掘创新,已经走出江苏省,走向国际。另一方面,舞蹈的濒危情况也比较严重,从相关史志对民间舞蹈的记述来看,很多已经失传。

1. 竹马

竹马也叫"跑马灯""活马""竹马灯""大马灯",是一种传统的民间舞蹈样式。它大约始于宋代,经历代民间艺人反复实践,形成固定的表演形式,多在春节、元宵节的民间庙会中演出。竹马表演形式简便,演出时舞者身着民族服饰,腰系用竹竿或竹篾扎成、分为前后两半的竹马,作出骑马状,不断变换队形和步伐,边演边走,观众则一路追看。表演动作也比较简单,以舞者跑动走场为主。整个表演人数可多可少。表演时多用锣、鼓、镲等打击乐器伴奏,也有地方以唢呐吹奏民间乐曲烘托气氛、加强节奏。

(1) 东坝大马灯

东坝大马灯流传于南京高淳区东坝镇东坝村,相传其灵感源自汉代"骆驼载乐"的艺术形式。

东坝大马灯体型庞大、造型逼真,表演生动而气势磅礴,极具观赏性。马灯先用竹子制作骨架,再用各色绒布蒙制马皮,并饰以马鞍、缰绳、铜铃等。一般由七匹"马"组成,每匹马由两人扮演,前面一人顶起"马架"扮马头,后面一人曲身,钻入"马腹"作为马身。在乐队的配合下,模仿真马的动作奔跑、腾跃。随后,扮演刘备、关羽、张飞等三国人物的小演员飞身跃马,马队交替布阵,最后按"天下太平"四字的笔画走阵收场。由于大马灯必须有较多的固定人员参加,因此表演者都是东坝村村民,多为老少三代同台表演,经传承和发展,东坝大马灯逐步成为百姓喜闻乐见的传统舞蹈。

东坝大马灯在内容上体现了高淳人民崇尚"忠义"的思想和改天换地的龙马精神,表达着对"天下太平"和谐社会的追求向往,蕴含着中国的传统道德理念。近年来,高淳当地加强了对东坝大马灯的保护,在保持原生态的基础上对音乐、舞美等方面作了进一步的规范。

(2) 邳州跑竹马

邳州跑竹马又称"竹马舞""竹马会",始于清嘉庆元年(1796),其内容取材于鞑子(金兀术[①])跨马游春的故事。

竹马以竹篾、五彩纸、彩绸扎糊而成。驾马者将竹马系于腰间,后跟随一执旗马童,二人为一对,五对为一组。领骑的金兀术扮演者跨麒麟,着铠甲、豹衣、彩裤,戴髯口,马童身着兵卒服饰,背插刀剑,擎彩色龙凤旗随马而舞。首演时,5匹马按照设计的跑马路线,配合音乐锣鼓策马跑阵。跑竹马舞蹈以"跑"贯穿始终,跑中见阵,阵中见情,有喝马起跑、催马小跑、放马轻跑、纵马快跑、鞭马疾跑、勒马倒跑、吁马停跑等动作要领,力求"跑出姿态,跑出阵势,跑出气势"。其阵势也多姿多彩,主要包括"一字长蛇""二龙取水""四门兜底""五虎寻羊""八卦阵""十字梅花""乌龙摆尾""剪马股""双套环""单套环""双穿花""狗尾圈"等。

邳州跑竹马经演绎创造,融入了打击乐、唢呐及歌唱等伴奏形式,逐渐形成载歌载舞、气氛热烈的地方民间舞蹈,并在传承发展中派生出了多种不同的风格和流派。

---

① 金兀术,即完颜宗弼(? —1148),女真名将,在金朝崛起中发挥重要作用。

(3) 蒋塘马灯舞

蒋塘马灯舞主要流传于溧阳社渚镇等地区,相传始于明嘉靖年间(1522—1566),缘于蒋塘义军首领虞顺祭祀抗辽英烈杨家将时的礼仪,内容包括北宋杨家将浴血奋战、抗击敌军和共庆胜利的情景。

蒋塘马灯舞的表演分上下两个半场。上半场以10员神将和10匹神马不断变化阵型,表现杨家将率众浴血奋战、抗击敌军、取得胜利;下半场10匹神马、10位神将逐次排列出"天下太平"阵图,共庆胜利,祝福万民安居乐业。

蒋塘马灯舞将民间祭祀与娱乐融为一体,以舞蹈形式纪念民族英雄,借以表达百姓对天下太平的希冀,是一种集民间舞蹈、民族服饰、民间美术为一体的传统民间艺术,具有较高的艺术审美价值。

(4) 淮阴马头灯舞

淮阴马头灯舞流传于淮安淮阴区及其周边地区。传说起源和韩信有关,清末民初盛行。

淮阴马头灯舞也叫"走马灯",至少需要24人才可演出,演员需精力充沛、动作有力、步伐铿锵、队列整齐、节奏感强。马头灯舞动作以走为主,即演员列单纵队伴着锣鼓节奏出场,步法有走步、侧步、跨步、退步、踮步、踏步等。演出可分为行进表演和定点表演,行进表演以"龙摆尾""穿花风""蜕蛇皮""铁链扣""别笆门"等5节为主,将队列有机组合,在行进中交替进行;定点表演则选定广场进行表演,演出"拜锣鼓""王昭君""双剪股""盘四柱""合龙门"等桥段,也可辅以行进表演的形式。

淮阴马头灯舞道具主要为马和灯,有的表演还要配备马鞭。马用竹篾扎内筋,外附布质马皮,马腰留洞,将马系于演员腰带上。灯分4盏特制高杆灯和多盏小灯笼两种,现在多用灯泡代替内置的蜡烛。表演所用道具轻便,易于操作,服装包括古代军服、古代女装以及头饰。伴奏主要是打击乐器,有两班锣鼓,也有在马脖上系响铃,或是在演员手执的马鞭上装置如莲花落一类的响器。演员一手摆动马头,另一手拿马鞭,和着锣鼓节奏以壮声势,协调步伐以及增强表演节奏。

(5) 湾北小马灯舞

湾北小马灯舞，又叫"串马灯""跑马灯"，其起源与古代驻军有一定的关联，主要流传于南京六合区。

湾北小马灯舞表演形式分"闹场"和"静场"两种。"闹场"有 3 个套路：奔腾式、套链子、串八字。"静场"是在舞台式的场地表演，其套路是以"数字"连演成趣，如"一马当先""二马窜宫"等。明清以后只传承了"闹场"的 3 个套路，"静场"套路已失传。马背上的人物则以古装戏剧如《三国》《水浒》《西游记》《白蛇传》等人物为主。

湾北小马灯舞传承未断，沿革有序。这一古老的民间灯舞和它的起源故事，传达了古代军民联谊的信息，也是古代民俗民风的活记忆。目前六合区第二文化馆（原大厂文化馆）、长芦文体中心及水家湾居委会正对"小马灯"的套路、古老的表演形式做进一步挖掘、整理、研究。

(6) 南辰跑马灯舞

南辰跑马灯舞起源并流传于东海县，其起源传说与宋辽战事有关。

南辰跑马灯舞分为祭祀、大场、小场三个部分。"祭祀"的目的是保佑出征将士早日凯旋，以及祈求百姓丰衣足食、国泰民安。在演出开始前，所有演员在村中长者引导下，列队至村口，燃放鞭炮，烧火纸，口诵祭词，祭拜祖先和上苍。"大场"为舞蹈的核心，表演内容为宋辽交战的场面，共有 13 种阵势，17 人参演，均为男性，分为 5 组，每组马、灯、卒各一，最后跟一灯和一传令兵。表演时，前 4 组骑马者男扮女装，扮演杨门女将，后跟随一辽兵主帅，表演形式以跑马为主。随着整体队形变换，跑出各种阵势，体现出抗击外寇、保家卫国、不甘于屈服的民族精神。"小场"的表演形式多样，内容为杨门女将凯旋后百姓欢悦喜庆的场面。有挑花挑、花鞭舞、扭秧歌、丢丢老爷舞、扑蝴蝶、担甑儿挑（旧时铜锅）、红公嘴大大喜、划旱船、小放牛、老媒婆等多种民间舞蹈，一派欢乐场面。

南辰跑马灯舞演绎了宋代杨门女将抗击外敌的故事，保留了古朴的祭祀风俗，又是一种综合性的艺术，它在东海县代代相传，其四代传承人徐保友、五代传承人徐建华常年在乡镇组织排练和演出。

(7) 黄塍跑马阵

跑马阵亦称"跑竹马",流传于扬州宝应北乡黄塍镇一带。据传,跑马阵源于西汉,是汉武帝时期江都王之女刘细君远嫁乌孙国和汉元帝时期昭君出塞时为庆祝和亲的大型舞蹈。表演中的五色马,分别为赤兔马、黄骠马、白龙马、乌骓马和桃花马。

跑马阵是一种由舞者腰系竹马,扮作各种角色,通过各种组合阵势来表现主题的传统民间舞蹈。宝应县黄塍跑马阵人数众多,场面宏大,动作粗犷,节奏欢快,阵式变化多端,阵连阵、阵套阵,千变万化。演员多为男性,其中"骚辣子"形象的塑造为跑马阵增添了诙谐、幽默的情趣。

黄塍跑马阵其服饰、妆容吸收了传统戏剧的表现手法,黄、红、绿、白多种色调搭配和谐,光彩夺目,既丰富多彩、又生动活泼,具有鲜明的地域文化特征。演唱穿插于跑阵之间,动静结合,一张一弛,唱词内容贴近生活,给人以亲切感,为舞蹈起到了画龙点睛的作用。

2008年6月,江苏省高淳县和邳州市申报的竹马(东坝大马灯、邳州跑竹马)被列入第二批国家级非物质文化遗产代表性项目名录,项目编号为Ⅲ-44;2011年5月,江苏省溧阳市申报的竹马(蒋塘马灯舞)被列入国家级扩展名录。

2007年3月,高淳县申报的东坝大马灯被列入第一批江苏省非物质文化遗产代表性项目名录,项目编号为JSⅢ-6;2009年6月,淮安市淮阴区申报的淮阴马头灯舞、南京市六合区申报的湾北小马灯舞、东海县申报的南辰跑马灯舞、溧阳市申报的蒋塘马灯舞被列入省级扩展名录。

2007年3月邳州市申报的邳州跑竹马被列入第一批江苏省非物质文化遗产代表性项目名录,项目编号为JSⅢ-7。

2016年1月,宝应县申报的黄塍跑马阵被列入第四批江苏省非物质文化遗产代表性项目名录,项目编号为JSⅢ-38。

2. 龙舞

龙舞也称"舞龙",民间又叫"耍龙""耍龙灯""舞龙灯",是中国分布最广、影响最为深远的一种民间舞蹈。

龙舞具有多样的表现形式,不同地域的龙舞风格迥然不同。根据龙的造型来区分,龙舞有布龙、纱龙、纸龙、草龙、钱龙、竹龙、棕龙、板凳龙、百叶龙、荷花龙、火龙、鸡毛龙、肉龙等多种形态。龙舞的传统表演程序一般由"请龙""出龙""舞龙""送龙"等环节组成。

(1) 骆山大龙

南京溧水区骆山村的骆山大龙至今已有400多年的历史,相传由明代骆山村进士杨培庵传入。传说当年杨培庵在庙中避雨,偶遇一条受到惩罚的小白龙。他见龙尾已断,心生怜悯,将其携归家乡,从此骆山村便有了舞龙的习俗。骆山大龙仿小白龙扎制,所以龙尾光秃,与众不同。

舞龙活动一般从头年的腊月廿四开始,至来年正月十八结束。骆山村邻近石臼湖,冬季为枯水季节,宽阔的湖滩就成了舞龙的最好场所。

骆山大龙主要由三部分组成:一、跳珠,由掌珠人在前面引导龙首前行;二、跳龙,掌珠人手持火红龙珠百般挑逗诱引,大龙在掌珠人的引导下,高低起伏跳龙,其阵式有巨龙摆尾、一字长蛇阵、盘旋阵等;三、跳云,由66名8—12岁男童身着彩衣、彩帽、绣鞋,每人分别手持2块绘有云彩的云板,在龙身四周围起的空场中表演,表演分为"图阵"和"字阵"2种。

骆山大龙别具特色。一是龙身巨大,长近百米,头宽2.2米、高2.3米,每节龙身长2.8米,一共24节,号称"江南第一龙",却无龙尾。表演环节较多,分工明确,舞起来蜿蜒曲折、上下起伏,无论白天夜晚都要在龙身里点蜡烛,由9人负责换蜡,6人放马蹄炮,18人敲锣打鼓,8人吹唢呐。二是参与者众多,骆山舞龙的表演者达到500人,分别承担掌旗、掌灯、吹喇叭、舞龙、跳珠、跳云等任务。

由于历史原因,骆山大龙活动时常中断,造成几十年舞一回的局面,扎龙技艺失传,给传承带来了极大的困难,所幸舞蹈花样还有保留。据说20世纪它只在抗战胜利时和80年代进行过一些表演,中间断档很长时间。2005年后骆山大龙重新得到恢复,但仍处于濒危状态,亟待抢救整理,实施保护。

(2) 直溪巨龙

直溪巨龙相传起源于明代,流传于常州金坛区直溪镇巨村,因源于巨村,且龙形巨大而得名。传说明代"巨龙"曾入宫表演,太祖朱元璋观看表演后十分高兴,钦赐御宝"巨龙巨也"。

直溪巨龙最早以稻草扎制而成,随工艺有所进化逐步改为以竹篾扎制,骨架外裹以龙鳞状的布皮和蜡烛灯饰等,龙身可达100节,全场200多米,需100多人协同表演。

表演共有18个环节,由巨龙的旗号作为前导,大锣大鼓鸣进,舞龙队擎龙列阵,跟随"引球"先"双打招"入场,首先进行"游龙""八卦阵""翻小花""翻大花""舞三步",以步法和手摆身舞辅助,表现巨龙游动的情景,然后以"跪舞""坐舞""过仙桥""罗汉盘龙""空中探花"几个环节表现巨龙活泼好动的习性和灵活矫健的身姿,再接着以"躺舞""开荷花"表现龙在荷花丛中的嬉戏憨态,并以龙身的甩动变化依次摆出"天""下""太""平"4个大字,最后,以"老龙脱壳"和"长龙翻身"两环的表演将气氛推向高潮,寓意辞旧迎新,国强民富。整场表演结合跳、钻、游、叠、戏、盘等动作技巧,环环相扣,十分紧凑。由于龙身巨大且造型逼真,动作灵活且速度快,锣鼓伴奏铿锵有力,整场表演既气势磅礴又富有江南地方特色。巨龙的表演体力消耗大,表演者多选择身强体壮的男性,在表演过程中往往需两三班人马接替。表演者最初没有统一穿戴,民国后期开始讲究服饰,现统一穿清末风格的彩衣彩裤,腰扎彩带,头戴英雄帽或头扎英雄结。

(3) 二龙戏珠

二龙戏珠龙舞历史悠久,流传至今已有400多年历史,主要流行于句容郭庄三阳地村。据传,二龙戏珠起源于农历正月十三晚句容四乡八镇家家"挑灯"、户户"出灯"的习俗。当时,人们沿着村头巷尾、田间小道崎曲巡游,以祈风调雨顺,有年轻好胜者便刻意拼接数十盏灯笼,学游龙嬉戏状"行、走、窜、跳",予人观赏,时称"跳灯笼"。

舞蹈中有两条龙,每条龙龙身长19米,10人一条龙,共20人舞动表演。一人持龙珠领珠,另有数十人举旗打伞,敲打锣鼓,表演云片。舞蹈内容有珠引龙舞、云随龙翻、龙云穿插、二龙戏珠等,队形主要有龙筐、二龙吐水、龙井、上水波形、下水波形、二龙戏珠、龙穿梅花、螺蛳单结顶、龙戏尾、龙戏情、八瓣花等。10—20名姑娘表演云片萦绕,更衬托出巨龙的矫健。

(4) 凤羽龙

凤羽龙起源并流传于无锡惠山区,人们用鸡毛制作成龙,以祈祷风调雨顺、五谷丰登。

凤羽龙全长 23 米,共 15 节,龙用公鸡毛缝制而成。因有"鸡凤"同宗之说,又因凤与龙都是吉祥的象征,于是取名为"凤羽龙",蕴含着"阴(凤)阳(龙)调和"之意。

凤羽龙表演者为 18 人,其中 1 人舞夜明珠,1 人舞龙头,11 人舞龙身,5 人敲锣打鼓、吹唢呐。其表演套路造型有跪舞、卧舞、游龙舞、龙船舞、拆旗舞、套头舞、慢八字舞、龙打展、龙脱壳、龙脱衣、龙抢珠、抽地滚、高盘塔、串锁条、三角城、卷心梅花、金龙盘珠、孔雀开屏、蜈蚣脱壳、首尾腾身、八仙过海等 40 多种。音乐伴奏采用打击乐,有大鼓、锣、钹、水镲等。每次表演先由锣鼓闹场,然后才出龙。鼓点一般采用【紧紧风】【七击头】【散点】等。由于龙身较重,故表演中需要两档人员更换上场,一般都是青壮年男性。

无锡洛社凤羽龙以独特的制作工艺、精湛的舞龙技艺,在江南地区颇负盛名,是民间传统艺术中的一朵奇葩。

(5) 栖霞龙舞

栖霞龙舞流传于南京栖霞区,源于元宵节玩龙灯的习俗。

栖霞龙舞的形态十分丰富,动作既有滚、盘、腾、游、窜等基本动作,也有跳、卧、交、绞、旋等高难度动作,队形上则有独舞、对龙、四龙、大小龙、手龙、鼓龙、组合群龙舞,还能做高难度动作的表演。除此之外,栖霞龙舞还保留着最原始的龙舞形态之一——柴龙,系用竹篾编制的节节圆筒组成龙身和龙头、龙尾,用木板固定,用木销相接,串成长龙,造型古朴。栖霞龙舞演员众多,展开有 40 米,是南京地区的"民俗活化石"之一。

20 世纪 80 年代,栖霞区进一步在全区普及龙舞艺术,除保留了传统的"柴龙舞"形式外,又发展了适宜在白天玩耍的"布龙舞"形式。此外,栖霞区还形成了一支制作龙舞道具的队伍,先后为市内外及海外华人社团制作过 60 余条龙舞道具。20 世纪 90 年代以来,栖霞龙舞不断适应社会发展需要,先后在国际、国家以及省市级各类庆典活动中演出上百场,特别是编排的广场群龙舞,以雄浑的气势、壮丽的场面赢得观众的喜爱。

(6) 长芦抬龙

长芦抬龙主要流传于南京高淳区淳溪街道,相传是与北宋杨家将有关的民间表演活动。长芦抬龙规模巨大,享有"龙中之冠"的美称,有势大、形美、声茂、律严的特点。

长芦抬龙原称"板龙",因其龙头、龙身、龙尾下均有木板托置而得名。龙身木体分块连成24节,龙身每节直径0.8米左右,每节长约2米。龙头高达3米,龙尾高跷约2米,头、身、尾连接处有转环孔装置提把,全龙每条长约60米。每节龙身需由6—8人更替抬舞。一般是"三龙"或"五龙"出动,忌出"双龙"。

龙的装饰极为讲究:黄龙头饰二冠,鼻形为卷书式;白龙头饰三冠,鼻形为笔架式;红龙头饰一高冠,鼻形为印信式。各龙头头部均用绸绫缝糊,且工艺精细。舞龙者头扎英雄巾,采用鱼鳞裹腿,穿绣花布轻便鞋,装束还讲究分色协调,随龙三色分别着装。表演队伍包括盘舞、仪仗、吹打乐队等,约需千人。

(7) 段龙舞

段龙舞流传于江阴申港地区,20世纪40年代最为流行。段龙又名"彩龙",样式丰富,色彩缤纷,按品种可分为草龙、苍龙、布龙、长龙等,按颜色可分为吴家店的黄龙、周家店的白龙、小沙上的青龙等,一般在喜庆节日和庙会活动中表演。

段龙舞的道具龙包括"龙头""龙尾"及"龙身"等,龙身一般为7节、9节、11节、13节,均为单数。龙头用竹篾制成,外蒙白布彩绘,龙身每节都扎成榔头形,后飘3米长的橘黄色绸布,不舞时节节分开,起舞时绸布飘动,段段相连。龙身上装有电珠,夜间起舞时亮光闪闪,犹如流星。

段龙舞的舞蹈动作十分丰富,有行进舞、原地舞、弓步舞、坐姿舞、侧身舞、后仰舞、半卧仰天舞等。其中舞珠者由男青年担任,舞龙者由女青年担任,男青年手执龙珠指引着整个舞队的舞蹈。舞珠动作讲究稳与奇,需力道遒劲,扎实沉稳,以起到指挥舞队的中心作用。同时,舞珠的动作中糅合了很多杂技动作,如倒立旋转、地蹦等,使表演跌宕起伏,引人入胜。

段龙舞以打击乐器伴奏,乐队由京鼓、大鼓、京锣、大锣、小锣、低音锣、京钹、大钹等组成,演出中锣鼓点子根据情绪和动态变化。1950年,中华人民共和国第一支段龙舞队伍在申港成立并于1956年获得演出奖项,此后申港对段龙舞艺术进行了保护与传承发扬工作。目前,段龙舞已成为申港的一个传统特色文化品牌。

(8) 沙沟板凳龙舞

沙沟板凳龙舞主要流传于兴化,源于东岳庙会的游行祭祀活动,经沙沟镇民间扎纸艺人李兆龙推动形成。

沙沟板凳龙舞多在庙会上演出。演出者按5、7、9个人为一组,各持一"拜香凳",凳面上糊一层白纸,上面贴有红、黄、青、蓝等色彩的鳞形纸片,形成一长条形态各异的"板凳龙"。为了表演方便,在"拜香凳"两只脚中间加一根横撑,以便单手高举。在出会队伍的排列上,若人少则组成"独龙腾空""二龙抢珠"的造型,若人多则组成"五龙闹海""九龙会聚"等造型。

随着时代的发展,为使表演更艺术化,当地人将小凳改为较大的凳子,由庙会祭祀活动改为舞台表演,有时也在大型庆祝活动上表演。龙的造型也由当初的简陋粗糙向精绘细制转换,比如彩绘上增加了色彩变化,有白龙、金龙、青龙等造型区分,这使龙的形象更丰富,神态更逼真。

板凳龙是沙沟古镇深厚文化底蕴的结晶,具有浓厚的地域文化色彩和独特的水乡风情。

(9) 太平龙灯

太平龙灯主要流传于常州新北区罗溪镇。相传太平龙灯始于清顺治年间(1644—1661),源于八卦阵中的文王卦,以祈求天下太平、风调雨顺、民生安康。

太平龙舞与东晋谢家有渊源,因此舞蹈队员均是罗溪镇谢氏家族后代。舞蹈队形以八卦阵为主阵势,舞队队员均穿带有八卦图案的白色舞衣,效仿淝水之战时士兵的白色战袍,表演时阵势气派非凡,变化多端,奥妙无穷,形成了独特的表演艺术风格。

太平龙灯一般在正月初一至元宵节活动,演出时需60余人,其中舞龙者需9

人。龙灯全长 12.6 米,分为 9 节,每节可点蜡烛,龙头、两只眼睛、两只角上共点 5 盏灯,龙尾也有 5 盏灯一字排开。舞龙时,前有督旗,十六角绣球开道引路,一路锣鼓喧天,旗帜招展,浩浩荡荡。到达表演地后,龙舞按序幕、进阵、舞龙、阵式 4 个步骤进行,随着"八卦阵""梅花阵""一字长蛇阵""月牙阵""蝴蝶阵"等阵式的不断变化,产生出不同的表演效果,十分精彩。

(10) 玉祈龙舞

玉祈龙舞流传于无锡惠山区一带,相传起源于明正德年间(1506—1521)。所用的道具龙共 9 节,龙头重 4 千克,龙身长 18 米。

玉祈龙舞融艺术、体育为一体,可根据场地条件和时间长短灵活表演。玉祈龙舞在全国首届舞龙大赛的"自选套路"中首次配用京剧锣鼓,并且表演多达 40 多种套路,其首创的"中国龙三字套路"被中国龙狮协会定位为"规定套路"。玉祈龙舞最初只有黄、青两条龙,1994 年参加江苏省运会时发展成"九龙腾飞",后又增加到了十几条龙,首届惠山区运动会时,龙身已经从 18 米增加为 208 米的长龙,龙舞也在取得成绩和荣誉的过程中不断发展创新。

(11) 海安苍龙舞

海安苍龙舞流行于苏北里下河南缘的古通扬河北岸一带,其形成可追溯到明末清初,源于祈求风调雨顺、五谷丰登的祭祀性舞蹈。

海安苍龙舞是"一人一龙"的女子龙舞。道具龙全长 2 米左右,直径 0.2 米上下,龙头龙尾均用竹篾扎制而成,各配置 0.5 米长的竹木把手一根,龙头、龙尾之间以筒状龙衣相连。龙具虽小,但制作精致,装饰性极强:龙头前额高耸、鼻腔隆起、嘴角浑圆、双目传神、龙腮微鼓、面庞丰满、金须玉角、七彩缤纷,龙衣黄底金鳞,色彩和谐,雍容华贵,龙尾由龙衣延伸而成尾饰,流畅而又飘逸,给人以高贵典雅、荣华富贵、如意吉祥的审美感受。

舞队一般按 4—9 名演员编组,其中手持龙珠的引龙人由擅长翻滚腾跳的功夫型男演员担任,其他演员则均为女性。海安苍龙舞的表演分为抖龙珠、盘龙、嬉龙、滚龙、戏珠、龙摆首、龙缠身、跃龙、搅龙、腾龙等 10 个段落。表演过程中,无论是单个舞龙人手中之龙的翻飞运转、弹跳腾越,还是整台舞龙人"傍送胯""走阵图"的移位圆场、穿花戏逗,都表现出了神龙"翔于天""潜于渊"的运动感和游弋美。

(12) 海安罗汉龙

海安罗汉龙是海安丁姓家族祖传的龙舞,可追溯至明末清初的祈雨活动。

海安罗汉龙以边舞边叠罗汉的表演为其艺术特色。表演使用11节布龙,龙身直径30—40厘米,全长24米左右,形状俊秀健美。表演时,由引龙人、龙头、龙尾和9个"把手"参与舞动,另有8个"架子"参与叠罗汉。该舞"圆曲相依",形成阵图变化,"圆"形饱满丰富,"曲"形流畅蜿蜒。罗汉龙动作多样,仅"舞大花"就有"坐龙花""跑龙花""睡龙花""背龙花""勾脚龙花""跳滚龙花"等系列动作,无一不令观众叫绝称奇。"叠罗汉"在不使用任何器械的条件下,推出三层相加、四层相叠的多层"宝塔",其造型分有"单元宝""双元宝""仙桥宝塔""叠心宝塔""三级宝塔""四级宝塔""牡丹花""翘荷花""送麒麟""哪吒闹海""鸭子淘食""盘八仙"等多种造型,最高者可达8米以上。表演时,龙珠高举,龙头高昂,龙身翻腾,龙尾律动,慑神之风采,动魄之技艺,令观众叫绝不已。

海安罗汉龙经多年的传承和发展,其套路、阵图、布局已以相对完整的文字、图片资料形式被记录在档。该舞已成为海安一大文化品牌和地域文化特色。

(13) 丁伙龙舞

丁伙龙舞起源流传于扬州江都区,相传源于东汉时扬州东陵圣母庙的祭祀活动。

丁伙龙舞的道具龙制作精细,种类繁多,表演与当地民风民俗紧密相连,颇具特色。使用的道具龙有草龙、花树龙、布龙3种,以花树龙最具特色,于龙身处插上应时鲜花,舞起来不仅好看,还散发出阵阵清香,花式达数十种,舞动时还可进行特殊编排,灵活运用,变化万千。丁火舞龙的表演绝技有"吐字(喷火)舞龙""龙凤呈祥""假龙真戏水"等,难度较高,独树一帜。丁伙龙舞专用的锣鼓音乐具有鲜明地方特色,节奏变化丰富,强弱快慢有序,为群众所耳熟能详,俗话说"锣鼓响,脚底痒",人们自然聚拢而来,参与到龙舞活动中。

(14) 陆家段龙舞

陆家段龙舞主要发源于昆山陆家镇,据史料记载,早在宋代,陆家段龙舞就在当地民间盛行。演出的时间一般选择在农历正月初一、正月十五、二月二等。段龙舞因舞蹈者持传说中的龙形道具而得名,由龙头、龙身和龙尾构成,材料选用竹篾或者铁丝为架子,外面抹上纸或者是布,龙身的节与节之间不相连,形断而神连,龙体在空中悠悠游动,看似相连,实则断开;龙身彩绘,下部安置木柄,方便表演者抓握。

段龙舞是江南特有的民间舞蹈,是苏南节庆习俗中一项独具特色的表演形式,具有相当的技巧性和观赏性,表达了群众祈祷国泰民安、风调雨顺的愿望。

2008年6月,江苏省溧水县申报的骆山大龙被列入国家级非物质文化遗产代表性项目扩展名录[1],项目编号为Ⅲ-4;2011年5月,江苏省金坛市申报的直溪巨龙也被列入国家级非物质文化遗产代表性项目扩展名录。

2007年3月,溧水县申报的骆山大龙被列入第一批江苏省非物质文化遗产代表性项目名录,项目编号为JSⅢ-8;2009年6月,南京市栖霞区、高淳县、金坛市、江阴市、兴化市、常州市新北区申报的龙舞(栖霞龙舞、长芦抬龙、直溪巨龙、段龙舞、沙沟板凳龙舞、太平龙灯)被列入省级扩展名录;2011年9月,无锡市惠山区、海安县[2]、江都市申报的龙舞(玉祈龙舞、海安苍龙舞、海安罗汉龙、丁伙龙舞)被列入省级扩展名录;2016年1月,昆山市申报的龙舞(陆家段龙舞)被列入省级扩展名录。

2007年3月,句容市申报的二龙戏珠被列入第一批江苏省非物质文化遗产代表性项目名录,项目编号为JSⅢ-9。

2007年3月,无锡市惠山区申报的凤羽龙被列入第一批江苏省非物质文化遗产代表性项目名录,项目编号为JSⅢ-10。

3. 傩舞

傩舞是广泛流传于各地的一种具有驱鬼逐疫、祭祀功能的民间舞,是傩仪中

---

[1] 2006年5月,重庆市,广东省湛江市、汕尾市,浙江省浦江县、长兴县、奉化市(现为宁波市奉化区),四川省泸县申报的龙舞(铜梁龙舞、湛江人龙舞、汕尾滚地金龙、浦江板凳龙、长兴百叶龙、奉化布龙、泸州雨坛彩龙)被列入第一批国家级非物质文化遗产代表性项目名录,项目编号为Ⅲ-4。
[2] 现为江苏省海安市。下同。

的舞蹈部分,一般在大年初一到正月十六期间表演。傩舞历史悠久,成型于周代的宫廷"大傩"之礼。在历史的发展过程中,傩舞在不同地区形成了不同的风格样式,且在傩仪中占有不同的比重。傩舞表演时一般都佩戴某个角色的面具,其中有神话形象,也有世俗人物和历史名人,"摘下面具是人,戴上面具是神"。傩舞伴奏乐器简单,一般为鼓、锣等打击乐。表演傩仪傩舞的组织称为"傩班",成员一般有8—10人,常有严格的班规。傩舞兼具祭祀和娱乐的双重功效。

(1) 跳幡神

跳幡神相传起源于元末明初,主要流传于古胥河岸边的溧阳社渚镇及周边地区,源于百姓祭祀江南治水英雄张渤①的民俗。

跳幡神有起傩、行傩、演傩、圆傩4个步骤,表现驱邪逐疫、感恩天地、祈盼丰收、祝福平安的主题。整套舞蹈动作简朴、粗犷、奔放、有力,其中最出彩的是"演傩"。"演傩"分为上、下半场:上半场在鼓声和唢呐声的奏鸣里,八匹小竹马追逐撒欢,角力嬉戏,接着是"开路神""压阵神""报信神"上场,作大刀舞,间以吼声;下半场,五路猖神(青、白、红、黑、黄)暨东、南、西、北、中表演,每位猖神分别着五色靠旗,嘴中念念有词,似唱如吟,动作简朴,唢呐高奏、鞭炮齐鸣、锣鼓渐快的同时,五路猖神越跳越欢,在周围众神与村民百姓阵阵呼唤声中,"演傩"结束。

跳幡神集祭祀、民俗和舞蹈艺术于一身,它舞蹈狂放,服饰艳丽,雕刻夸张,为学术界研究古老的傩舞在苏南地区的形成和演进提供了实例。至今,溧阳还保留有8个明代的面具。1985年,跳幡神入编《中国民族民间舞蹈集成·江苏卷》。

(2) 跳娘娘

跳娘娘是流行于扬州西北山区香火会的一种祭祀性舞蹈,与上古时代的傩礼祭祀活动一脉相承,盛行于清代。

跳娘娘源于香火戏,是香火戏艺人凤凰崇拜的艺术反映。跳娘娘的表演形式是由香童扮作"娘娘神"或"二郎神",在简洁的锣鼓伴奏下,手持特制单面小鼓,身着凤冠、霞帔、百褶裙,击鼓而舞,舞毕而歌。表演时先唱"开坛词",然后按"启告"

---

① 张渤即祠山大帝,可以参见"第十章 民俗"中的"南京祠山庙会""(河口)祠山庙会"。

"上香""子孙娘娘临坛""扫地娘娘临坛"的顺序表演。舞蹈动作多以凤鸟形态取名,故又名"凤舞"。"舞不离鼓,鼓不离手"是跳娘娘舞蹈的基本动律,击鼓的动作要求是"花香鼓,绕又晃,左鼓右签不相让,眼神随着鼓儿走,鼓如生在腰眼上,签跳鼓扣腕不僵,签签打在鼓中央",同时要求动作"扭颈收颔头不倒""腰扭胯摆、肩摇膝颤"。

跳娘娘具有原始宗教仪式特征,是古代先民们用来消灾祈福的手段,其动作至今还保留着一些神秘色彩,崇敬与庄重贯穿始终。岁时节令的民间习俗也为跳娘娘的流传、发展提供了前提条件。20世纪80年代,跳娘娘经收集整理后被编入《中国民族民间舞蹈集成·江苏卷》。

(3) 跳马伕

跳马伕俗称"烧马伕香",是南通如东一带流传的在迎神赛会期间专为祭祀"都天王爷"张巡[1](一说是元末农民起义领袖张士诚)的男子集体舞蹈。该舞在丰利、掘港、潮桥等地尤为盛行。

跳马伕时,少则三五百人,多至三千余人,"烧马伕香"者头扎彩色布巾、戴黄色纸帽,身着马伕服装,脚蹬草鞋,腰系铜铃,手执长1米多的马扦,腮插银针,在庄严而神秘的氛围中,列队跳着刚健简朴的舞蹈,并发出震耳的吼声,跳跃于"都天王爷"等菩萨的銮驾前后,为其开道护驾,借以表达对英烈的追念,对不屈不挠斗争精神的崇敬,以及企盼神明消灾降福的愿望。

跳马伕舞蹈动作没有固定的顺序,队形变化因地制宜,时间长短视迎神赛会的具体情况而定。动作队形的变化由"马伕头"(有经验的老马伕)手执令旗指挥。基本动作有"前马伕步""横马伕步""马步前跳""转身跳""左右踹腿跳""转身踹腿跳""跺步踹腿跳""荡步跳""甩臂跳""横步跳""搭腰跳""左纵马跳""右纵马跳""小跑跳""跪步""绕扦跳""纵马举扦跳"等。

烧马伕香时常伴有木鱼声,主要乐器有大鼓、排鼓、大钹、镲、铜鼓、散锣、木鱼、梆子、发号等。该舞蹈庄严凝重,粗犷热烈,动作沉而不懈,梗而不僵。

---

[1] 张巡是唐肃宗时的名将,在"安史之乱"时,率众坚守城池达3年之久。据说在陷入既无粮草又无战马的绝境时,他令军民把马铃系在身上,在阵地上来回奔跑,使敌人误以为来了援兵;但终因寡不敌众,张巡以身殉国。后来,唐肃宗追封张巡为"都天王爷",令天下立庙祭祀。

(4) 高淳跳五猖

高淳跳五猖是古代神灵出巡活动时的祭祀舞蹈,相传原为古代宫廷傩舞,流入民间演化成跳五猖舞蹈。明代跳五猖在今高淳桠溪一带流传,至今仍然保留原始古朴的风貌。

"五猖"即东、西、南、北、中(分别对应青、赤、白、黑、黄)五方之神,跳五猖意在降妖除魔,保五方平安。高淳跳五猖的表演威严、雄壮,五猖神的表演者着神袍与猖神面具,另有土地、城隍、僧、道、武士等多人。五猖神手执双刀,作巡视状出场,朝拜四方,舒臂抬腿,做出各种舞蹈动作,碎步穿插,布列各种阵形。黄面猖神居中,青、赤、白、黑猖神围聚收场。跳五猖舞蹈动作粗犷奔放,伴有仪仗队、旗幡队,音乐曲牌用民间小调,配乐用锣鼓打击乐器及唢呐、长喇叭等吹奏乐器,场面十分壮观,极具震撼性。

高淳跳五猖的活态传承对研究高淳乃至江南地区的历史、政治、社会、人文、宗教等具有重要的参考价值。20世纪80年代该舞被收入《中国民族民间舞蹈集成·江苏卷》,后又被编入《中华舞蹈志·江苏卷》。

2011年5月,江苏省如东县申报的跳马伕被列入第三批国家级非物质文化遗产代表性项目名录,项目编号为Ⅲ-97。

2007年3月,溧阳市、扬州市邗江区、如东县申报的傩舞(跳幡神、跳娘娘、跳马伕)被列入第一批江苏省非物质文化遗产代表性项目名录,项目编号为JSⅢ-4;2009年6月,高淳县申报的傩舞(高淳跳五猖)被列入省级扩展名录。

4. 洪泽湖渔鼓

洪泽湖渔鼓距今有800多年历史,鼎盛于清末民初,流行于泗洪、泗阳、洪泽、盱眙等沿湖乡镇。该舞蹈原为神头(神汉)为渔民烧大纸还愿或神坛祈祷用的一种祭祀形式,现在仍是洪泽湖流域唯一的民间舞蹈形式。

洪泽湖渔鼓吸收了泗州戏调、快板说唱等曲调,又逐步完善了舞蹈动作,从而使表演形式和唱腔都得到了全面升华。其表演时主要曲调有【嚷神咒】和【念佛记】等,因敲的渔鼓总是由一串"咚咚"的叠音字组成,故渔民又呼之为"咚咚腔"

"娘娘腔"。

洪泽湖渔鼓有着浓郁的渔家风格,具有广泛的群众基础和流布范围。近年来,宿迁洪泽区十分重视洪泽湖渔鼓的挖掘、传承和推广工作,抢救性记录和保存了50多个传统曲目、多篇唱词和大量音像资料。

2014年11月,江苏省泗洪县和洪泽县联合申报的洪泽湖渔鼓被列入第四批国家级非物质文化遗产代表性项目名录,项目编号为Ⅲ-115。

2009年6月,泗洪县和洪泽县联合申报的洪泽湖渔鼓被列入第二批江苏省非物质文化遗产代表性项目名录,项目编号为JSⅢ-29。

5. 睢宁落子舞

落子,又称"莲花落""莲花乐",流传于睢宁境内古下邳一带。相传明嘉靖年间(1522—1566),抗倭名将、威武将军汤克宽因功荣升广东总兵,至此汤家连续几代人担任总兵。为感谢皇恩,汤克宽在下邳老家搭台唱戏十余天,在众多艺人中,发现"汤家落子"演艺超群,随即收留几位艺人并帮助搭班组社,赐予田地,安家半戈山下。自此,"汤家落子"便落户下邳,传承有序。

落子舞表演时,由一英俊男子手持花伞领舞,两名白衣男子打连湘或舞动霸王鞭;两名红衣女子打竹板和耍红散巾;五名男女演员分别以跑跳步、搓跳步、踩寸子等变化多端的步法不断变化队形。其舞姿造型美、动作幅度大、节奏感极强、表现风格明快。落子舞又分为文落子和武落子。文落子又叫小架落子,歌的成分比舞蹈的成分多些,舞蹈动作幅度小,表演文雅、细腻;武落子又叫大架落子,舞蹈成分多,动作幅度大,表演奔放、粗犷。两种不同风格的落子舞均以庆贺丰收成果、渴求国泰民安、憧憬幸福美好未来为主题。

2007年3月,睢宁县申报的睢宁落子舞被列入第一批江苏省非物质文化遗产代表性项目名录,项目编号为JSⅢ-1。

6. 男欢女喜

男欢女喜可追溯到元末明初,盛行于清乾隆年间(1736—1795),是宜兴地区独具特色的民间传统舞蹈。舞蹈以史实或民间传说为基础,通过带有宗教色彩的表现形式,反映出人们祈求降福与驱避灾疫的愿望。

男欢女喜为假面双人舞,其中"男欢"与"女喜"二角又称"男殇①"与"女殇",故该舞又有"踩殇亡""调殇亡"之名。表演过程中,男、女殇双膝始终保持微屈,各地在舞姿和动律方面又有不同程度的改变和发展,最终形成各具特色的"上盘、中盘、下盘"三种流派,拥有72套独特的扇子功和72套独特的舞步。道具的使用上,男女二角各执一把黑色纸折扇,女角还执彩色手帕一条。男角使用的扇子较大,女角纸扇较短,无字画。此外,男女两角皆戴面具、系脚铃,这在汉民族舞蹈中较罕见。

舞蹈表演内容丰富,基本节目除了《钥匙头》外,还有《荡湖船》《采桑》《买胭脂》《打店》《点灯》《送茶》《男瞴女瞴》《开窗望月》《打神》《花蝴蝶》等 10 个传统节目,既带有一定的戏曲特点,又展示了服饰的美观和独特。1988 年,男欢女喜被编入《中国民族民间舞蹈集成·江苏卷》。

2007 年 3 月,宜兴市申报的男欢女喜被列入第一批江苏省非物质文化遗产代表性项目名录,项目编号为 JSⅢ-2。

7. 钟馗戏蝠

钟馗戏蝠灯舞起源于清代中前期,流传于如东岔河、掘港一带,主要在传统灯会上表演。钟馗以笨拙而可爱的判官形象出现,给人间带来福祉。

钟馗戏蝠融灯彩、木偶、杂技、舞蹈为一体。钟馗系大型灯彩,身高 2 米有余,上罩华盖伞,其头身用铅丝、竹篾扎制而成,面和前胸用薄绸糊成,呈半透明状,里面点灯。钟馗身着大红官衣、围肩、玉带、红裤、厚底马靴、尖纱官帽,脸谱庄重,双目圆睁,威风凛然,小鬼甲、乙身材较小,身着银白色道箍衣、墨绿底镶银边彩肩、墨绿色灯笼裤、薄底靴、白布袜,脸谱滑稽,与钟馗形成高与矮、大与小、庄与谐的强烈对比。

表演时由一个扮作小鬼的人在灯偶身后操纵,另有四人扮作蝙蝠,围绕钟馗

---

① 殇(shāng),指的是死于非命的鬼。

翻飞嬉戏。舞蹈语汇丰富,分"舞蝠""戏蝠""扑蝠""降蝠"等。4只蝙蝠翻飞腾挪,动作难度大。表演至高潮时,钟馗双目放光,腹中灯亮,喻钟馗心明眼亮、以正压邪,且"蝠"与"福"同音,喻消灾降福。舞蹈的音乐伴奏以打击乐为主,套用戏曲锣鼓点子,有时也用民间艺人自编的曲子配合唢呐曲牌演奏。

钟馗戏蝠在表现形式、表演风格上均有独特之处,人偶同台,人偶合一,既是舞蹈,又是杂技和灯彩,想象丰富,寓意深刻,因其独特的思想内涵和较高的文化艺术价值,被收录进《中华舞蹈志·江苏卷》。

2007年3月,如东县申报的钟馗戏蝠被列入第一批江苏省非物质文化遗产代表性项目名录,项目编号为JSⅢ-3。

8. 麻雀蹦

麻雀蹦流传于南京江宁区秣陵、淳化、湖熟一带,因舞者模拟秋收后麻雀在稻场上欢蹦啄食的情态,边击鼓边舞蹈而得名。乡民每年秋收后跳麻雀蹦以庆丰收。该舞相传明末时由河南移民带来,从方山陶家庄开始兴盛,故又名"方山大鼓"。

麻雀蹦表演时一般用十面大鼓、十面大锣,辅之以伞、旗、幡。表演者边鼓边舞,欢蹦雀跃。麻雀蹦中的鼓和锣,既是舞蹈道具,又是伴奏乐器。鼓声浑厚,鼓点简洁生动,锣音清脆,节奏稳健有力。麻雀蹦鼓手击鼓时,均扎马步,贴鼓半蹲,昂首挺胸,横握鼓槌,上下来回滚动点擦击鼓。这样击鼓不仅便于跳跃,移动自如,而且鼓声特别浑厚动听。整个舞蹈以"七五三"节奏为贯穿全舞的基本动作和鼓点,共有展翅、啄稻、亮翅、抱窝等部分。鼓点明快朴实,动作舒展大方,刚健有力,给人一种欢快奋进之感。

2007年3月,南京市江宁区申报的麻雀蹦被列入第一批江苏省非物质文化遗产代表性项目名录,项目编号为JSⅢ-5。

9. 狮舞

狮舞,又称"狮子舞""狮灯""舞狮""舞狮子",多在年节和喜庆活动中表演。

狮子在中华各族人民心目中为瑞兽,象征着吉祥如意。舞狮寄托着民众消灾除害、求吉纳福的美好意愿。《汉书·礼乐志》中记载的"象人"便是狮舞的前身;唐宋诗文中多有对狮舞的生动描写。现存狮舞分为南狮、北狮两大类,南狮具有较多的武功高难技巧,神态矫健凶猛;北狮娇憨可爱,多以嬉戏玩耍为表演内容。

(1) 江浦手狮

江浦手狮流传于南京浦口区永宁一带,其起源相传与太平天国驻军有关,后作为节日庆典和祭祀民俗被驻地乡民继承下来。

江浦手狮道具独特,用竹片扎成雏形后,以麻布和彩丝装裱成狮子模样,再在前胸和小腹下撑以两根木竹棒作为舞狮者的手柄。表演套路亦有别于其他狮舞,可由单人、二人或几十人演出。表演者穿戴黄巾或白巾、马甲、红腰带、黄色灯笼裤、黄布靴,扮作太平军战士。表演者双手紧握手狮手柄,狮头统一在右,在鼓点的指挥下,或上下甩动,呈"∞"形或编队穿梭打斗,动作包括"狮子点头""就地翻滚""二狮抢球""八狮子串井""蛟狮盘柱"等。

江浦手狮经过挖掘整理,在道具、编排、舞曲、内容等方面均表现出时代特征,在原有基础上增加女子及儿童手狮,极大丰富了江浦手狮的表现力。20世纪80年代末,当地政府对其采取了一系列保护措施,农村、学校、机关、企业、军营等对江浦手狮舞进行了编排移植,使其得到了有效的传承与保护,形成了男子手狮舞、女子手狮舞、狮虎双雄、儿童手狮舞等多支表演队伍。

(2) 铜山高台狮子舞

南京江宁区铜山高台狮子舞相传可以追溯到20世纪60年代,沈庄艺人沈庆年等将高台舞狮发展创新,形成今天独具特色的铜山高台狮子舞。

铜山高台狮子舞动作文武兼有,以"武"为主,"文"有搔痒、理毛、张望、打招等,"武"有跳跃、跌打、翻滚、登高等。整套狮子舞分为地滚、高台两部分。最惊险、难度最大的动作是在3张桌子高度的"高台"上表演。表演时的腾、闪、跃、扑、滚引人入胜,特别是在叠起的6张方桌上(3张桌子高度)活灵活现地表演,把兽王喜怒哀乐、咆哮嘶鸣、逗乐打趣的情态表现得淋漓尽致。以往每逢年节,舞狮队都要走村串户表演,烘托节日气氛,为当地群众所津津乐道。

(3) 丹阳九狮舞

九狮舞流传于丹阳后巷镇,可追溯到明代。每逢庙会、新年、正月十五元宵节或是其他喜庆节日,九狮舞都要出场表演一番,渲染喜庆气氛。

丹阳九狮舞早期的道具比较简单,九只狮子仅用竹篾片和纸简单制作而成。表演形式为一人执彩球,九人舞狮。执球者随着锣声鼓点,口吹哨子,手挥彩球,进、退、沉、盘、逗,引得狮子翻、滚、跳、跃,雄姿勃发,千姿百态,舞狮的队形也随之不断变化,6节段落的顺序依次为"狮子抱球""九连环""元宝舞""四角挽结""五瓣棉花桃心""乌龙摆尾",加之激越的鼓点、明快的节奏、澎湃的气势、奇特的舞姿,使舞者、观者无不豪情奔放,欢欣鼓舞。

(4) 邳州舞狮

邳州舞狮又称"耍狮子",是流传于邳州及周边地区的民间舞蹈,其起源可追溯至汉代,明清盛行。

邳州舞狮表演多为二大狮(也称公狮、母狮)带一只单人小狮组成一组,由一引狮武士配合引领表演,为更好烘托气氛,也有两组或三组的舞蹈配合表演,更加恢宏热烈。邳州舞狮的动作编排以舞台戏剧化、寓意拟人化为主要特征,注重展现雄狮的力量和情义,如表演玩碌碡、抱碌碡、走碌碡、挺举、倒挂金钩、跳跃、翻腾等动作,表示雄狮威猛雄壮,力大无比,同时又在表演中展现公狮、母狮情意的交流,如表演舔毛、爱抚、抖毛、挠痒、戏珠等动作,惟妙惟肖,惹人喜爱。

邳州舞狮的表演形式、套路、狮子造型都具有浓郁的苏北地方特色,以戏剧脸谱化的造型与强烈生动的色彩,展现出雄狮的威武勇猛和憨态可掬。狮子塑有九顶,也称"九顶狮子",寓意头顶九州,力大无比,具有王者风范。

2007年3月,南京市浦口区申报的江浦手狮被列入第一批江苏省非物质文化遗产代表性项目名录,项目编号为JSⅢ-11;2009年6月,南京市江宁区、丹阳市申报的狮舞(铜山高台狮子舞、丹阳九狮舞)被列入省级扩展名录;2011年9月,邳州市申报的狮舞(邳州舞狮)被列入省级扩展名录。

10. 滚灯

滚灯的历史悠久,是集舞蹈、杂技、体育为一体的运动,也是显示村坊实力的竞技表演。滚灯可追溯到北宋,流传于江苏、浙江、上海等地,尤其在太仓双凤镇、沙溪镇和璜泾镇等地盛行。

滚灯由一里一外套在一起的两个球体组成。外球直径约1米,用13根宽约3厘米、厚约1厘米的毛竹片扎成,表演者的双手可插入竹片间的空隙把球抓牢。内球直径约0.6米,用宽约2厘米、厚约0.6厘米的竹片编成,外面蒙布,缀有小铜铃,中间可插蜡烛,以倒环装置保持蜡烛的水平状态,表演时通过滚动外球摇响铜铃并配合演员的各种造型及动作带动观众的情绪。

滚灯队一般由童子1人和帮手7人组成,童子高冠束发,上着杏黄色窄袖短衫,下身蓝裤,腰束红带,脚穿白布袜、布筋草鞋,手握红缨枪,踩在灯上,一边舞枪,一边踩动灯球滚动前进。帮手上穿白色对襟蜈蚣扣衫,下着镶蓝边灯笼裤,脚蹬布制短靴,在滚灯周围配合做各种造型动作。由于滚灯较重,耍球的技巧要求高,体力消耗大,所以帮手必须由身强力壮的男子担任。童子由少年扮演,需有武术的基本功。滚灯演出用大小锣、大小钹及鼓等打击乐器伴奏。出场时奏【急急风】,节奏变化不多,速度随动作即兴掌握。

滚灯对江南杂技、舞蹈等文艺形式影响较大,对研究苏南地区抗倭史、民俗史等都有一定的资料价值。

2007年3月,太仓市申报的滚灯被列入第一批江苏省非物质文化遗产代表性项目名录,项目编号为JSⅢ-12。

11. 谈庄秧歌灯

谈庄秧歌灯相传起源于清咸丰十年(1860),主要流传于金坛谈庄村及周边。

谈庄秧歌灯表演内容取自《西厢记》及根据其改编的《红娘纪事》,有13个角色,包括"张生""莺莺""浪子""红娘""万先生""渔婆"等。13个角色每人左手挑一盏形状各异的彩灯,右手拿一把扇子,做"打莲湘"或"翻腕花"动作。扇子是花式各异的折扇。灯以竹篾和纱布扎制而成,形状图案依角色而各异。角色按照戏剧传说中的规定情境进行演唱,边唱边舞,其余角色则在原地配合或呼应。每表演完一对,再以锣鼓串联,接应上下,结构互相连贯又相对独立,犹如一挂"葫芦串"。

谈庄秧歌灯既有源于古代戏剧人物表演的成分,也广泛吸收民歌、时令小调、曲艺等元素,还有从外地民间吹打、演唱中直接移入的成分。谈庄秧歌灯演唱的基本曲调、声腔充满浓郁的江南水乡风味,调式抒情悦耳。其配对表演、队形变化及相关道具有一定规律,均以"圆"状为主,舞蹈动作轻柔文雅,舒缓秀气,同时讲究表情,表演时演员沉浸在规定情境中,含蓄儒雅,脉脉传神,达到惟妙惟肖的效果,具有较高的观赏性。1988年,谈庄秧歌灯被收入《中国民族民间舞蹈集成·江苏卷》。

2007年3月,金坛市申报的谈庄秧歌灯被列入第一批江苏省非物质文化遗产代表性项目名录,项目编号为JSⅢ-13。

12. 花鼓

花鼓原先是娱神歌舞的片段,但是后来渐渐成为下层群众卖艺谋生的手段。明代中后期,花鼓流传到江浙一带。

(1) 海安花鼓

海安花鼓是以花鼓(或花鼓灯)为道具,兼具北方"薅鼓"特色和南方"秧歌"特色的民间舞蹈,又称"角斜花鼓",流传于海安东部角斜、旧场、李堡、西场等地区。

海安花鼓原先只有"打场子",亦称"闹场",是纯粹的歌舞表演。传承与发展过程中为迎合观众掺入杂剧,增加了部分说唱戏曲艺术。每当年节或乡村庙会和迎神香火会,都是花鼓活动较多的时候,特别是每年农历正月到二月二灯期最为盛行。

演出时先由狮灯、马灯、龙灯闹场,锣鼓大作,再由花鼓出场,打开表演场地,群众即围坐观看。海安花鼓主要人物有3个,女角称"红娘子",男角称"上手",丑角过去称"骚鞑子",另有花鼓队。表演顺序为头唱、莲湘、粮船、荷花。舞蹈动作大多是从农民生产和日常生活当中提炼发展出来的,如"风摆柳"脱胎于风吹杨柳的姿态,"撬荷花"源自荷花开放的姿态,"三步两搭桥"(颠三步)、"蝴蝶绕花芯"等可以在插秧、收割、担物中寻觅其踪迹。伴奏音乐运用当地的民间小调,如【花鼓调】【穿心调】【挂金索】【莲湘调】等,曲调与唱词自成一体,具有浓郁的江南小调风味。中华人民共和国成立以来,海安花鼓经过文化馆的挖掘整理,多次出现在全国和省文艺展演和大赛之中,被中国舞蹈界专家学者誉为汉民族民间舞蹈的一朵奇葩。

(2) 浒澪花鼓

浒澪花鼓又称"下洋花鼓",是一种融歌、舞、戏为一体的民间表演艺术。相传自清雍正至乾隆年间(1723—1795)开始在如东西北部地区的浒澪、栟茶、河口等乡镇,以及海安的旧场、角斜地区流行。

浒澪花鼓的演出分"内场"和"外场"两部分,"内场"为室内坐唱的堂歌,"外场"是广场演出的歌舞小戏。外场开始先是打花鼓,出场的主要人物有红娘子(小旦)、上手(小生)、鞑子(小丑),还有和尚、渔翁穿插其间说笑逗趣。花鼓打完后接着"打莲湘"跑场子,再接着是表演"撬荷花",红娘子骑在上手肩上做荷花梗,8个女孩骑在8个男青年的肩上扮作花瓣,舞蹈队形如同荷花开放,使表演达到高潮,最后表演花鼓小戏。外场结束后转入内场唱堂会,先为主人唱【奉敬调】,继而唱各种流行小调,歌词内容有唱古人,唱爱情,唱风光或唱艺人自身经历等。

浒澪花鼓曲调质朴、流畅、优美、动听,与当地方言水乳交融。曲调中的同音反复运用,多处上行下行地跳进,造成了热烈诙谐的情趣。多变的云锣敲击、抛击,与整个乐队配合,此起彼落,增强了音乐的表现力,起到了烘托舞蹈的作用。浒澪花鼓从民间小调发展到载歌载舞,再延伸到戏曲舞台。目前,浒澪花鼓已被编入《中国民族民间舞蹈集成·江苏卷》。

(3) 浒浦花鼓

20世纪初,常熟浒浦民众以苏北花鼓为基础,结合当地的"龙灯舞""跑灯舞""麒麟舞"等传统民间舞蹈,创造出了浒浦花鼓。

浒浦花鼓边唱边舞,唱词以古代人物和传说故事为主,因兼具曲艺说唱特点,故又称"曲艺花鼓"。浒浦花鼓常在渔船出海、返航以及乡间年节、满月祝寿等喜庆场合演出,届时还会根据不同场合现编祝颂唱词。乐器有二胡、笛子、琵琶和扬琴等。伴奏乐曲通俗,便于叙事和即兴发挥,开场及中间的小锣节奏变化丰富,增添了表现情趣。演员人数为3—6人,基本角色有"花鼓大哥""花鼓百挑"和"花鼓娘子"。4人表演时加一个"花鼓妈妈",5人花鼓再加一个"顽童"。6人花鼓中加2个"花鼓娘子"。过去女角均由男子扮演。"花鼓大哥"左手小锣,右手锣片,负责引路领唱。"花鼓百挑"手持莲湘,起串联、打逗、制造气氛的作用。"花鼓娘子"左手持鼓,右手执帕,与"花鼓大哥"配合动作,具有江南民间舞蹈中"颠颤"的特点,这是区别于苏北、安徽花鼓最重要的特征之一。"花鼓妈妈"手抓手帕,也起挑逗打趣作用,动作比"花鼓娘子"更夸张。"顽童"手执小扇,穿插其间,动作夸张,活泼顽皮。浒浦花鼓将苏北豪放与苏南娇柔融于一体,展现了江南渔港人民的生活状况,表达了他们独特的情感,具有一定的历史文化价值。

(4) 泰兴花鼓

泰兴花鼓可追溯到明末清初,成熟于清代中后期,由当地农民在田间耕作休息时击鼓演唱的形式发展而来,主要流传在泰兴一带。

泰兴花鼓以红灯、莲湘、竹板、镗锣等为道具,通常由6人表演,男女各半,俗称"六人花鼓",此外亦可由2人、4人、8人、12人表演。因表演道具中有插上蜡烛的红灯,花鼓表演可以在晚上进行,故泰兴花鼓又叫"夜花灯"。舞步和动作幅度大且灵活、风趣。其动作特征是"晃头,挺脖;扭腰,摆胯;膝屈,脚颤,手灵"。在舞步上有"喜鹊登梅""玉兔拜月""雪花盖顶""游龙戏珠""金猴爬杆""螳臂当车""枯树盘根"等,其中的"颠三步"和"喜鹊登梅"步极为独特,是其他民族民间舞蹈中所没有的。唱词采用泰兴方言,朴实亲切,通俗易懂,一般都是祝愿风调雨顺、国泰民安、五谷丰登、六畜兴旺,或夸赞古人。演出形式为边跳边唱,热烈欢快,感染力强。曲调有【花鼓调】【跨金索】【倒花篮】三种,具有浓郁的苏北民间小调的风味。

(5) 渔篮花鼓

渔篮花鼓发源于无锡锡山区锡北镇张泾华李巷,流传至今已有200多年的历史。它在民间调采茶灯的基础上,吸收了安徽凤阳花鼓和地方戏曲的演唱风格,逐年演变发展而成。

据传，渔篮花鼓跟乾隆年间(1736—1795)的一对母女有关。她们每天在泾河里打鱼，船停在泾河拐弯处的五步桥下。每天打鱼回来，她们便唱起渔歌。歌声被游唱的花灯队所记录，并改编成渔篮花鼓。渔篮花鼓有一个常演不衰的曲目叫《卖鱼》，里面的渔婆和小姑娘便是这对母女。

渔篮花鼓由3个演员表演，一个装扮成渔婆，手执手帕和渔篮灯；一个装扮成姑娘，手执花鼓灯与鼓槌；另一个则装扮成小丑，手拿折扇或长烟杆从中挑逗打趣，属于典型的"三小"模式。表演时渔姑均匀绵延的微颤与小丑轻稳的舞姿相映成趣。舞蹈风格清新而朴实，加上充满水乡风味的曲调和音乐，充满着浓浓的诗情画意和鱼米之乡的风情。

2007年3月，海安县、如东县申报的花鼓（海安花鼓、浒澪花鼓）被列入第一批江苏省非物质文化遗产代表性项目名录，项目编号为JSⅢ-14；2009年6月，常熟市和泰兴市申报的花鼓（浒浦花鼓、泰兴花鼓）被列入省级扩展名录；2016年1月，无锡市锡山区申报的渔篮花鼓被列入省级扩展名录。

13. 睢宁龙虎斗

睢宁龙虎斗可追溯到明代，主要流传于睢宁地区，是具有祭祀性质的民间舞蹈。

民间艺人在龙舞中加入老虎，形成了独一无二的龙虎斗。据说，龙虎斗中的龙指刘邦，虎指项羽。全国有各种各样的舞龙形式，唯独睢宁出现龙虎相斗的舞蹈。

睢宁龙虎斗演员有12人，其中舞龙9人、舞虎2人、镇虎1人。表演者均是舞技高超、体力较强健的青壮年，并具有机智灵活的表演技巧和默契的配合能力。演出开始时，镇虎人翻着各式"跟头"登台亮相，再做"飞脚""蹁腿""扫堂""旋子"等动作后引出龙、虎各自上场，分别做出"瓦罩"等各式托举后，按各套路进行格斗，招数主要有盘龙、啃中节、跳五节、并蛟、八卦、晒翅、出筋、别翅、长龙告驾、小游回家、白龙打颤、海底捞沙、九连灯、九连环、三七肘、找九节、圈尾、勾尾、群虎、压尾、凤尾、大五穿、群珠、龙吐痰、龙虎斗、犀牛望月、啃七节小游、地八卦、地波、天波、瓦罩、独龙过江、猛虎拦路、蛟龙出水、八仙过海等。

龙虎斗舞蹈队形变化多端,龙虎相斗时舞动有序、高潮迭起,具有舞姿造型美、动作幅度大、节奏感强、表现力明快等特点。

2009年6月,睢宁县申报的睢宁龙虎斗被列入第二批江苏省非物质文化遗产代表性项目名录,项目编号为JSⅢ-16。

14. 花船舞

花船舞又名"旱船",历史悠久,传说在两汉时期,山东、苏北沿海一带渔民在节庆活动中就有表演,是一种以舞为主、说唱为辅的自娱自乐民间舞蹈形式。表演人物关系比较简单,在舞蹈动作上以跑为主,注重情节,以夸张的"划船""撬船"等为主要表演动作。气氛活跃,妙趣横生,有着较强的娱乐性。

(1) 大兴旱船

大兴旱船的历史可追溯至清代,流传于宿迁境内,主要集中在宿豫区。原为民间大旱之年祭祀求雨的一种形式,后逐渐演变为庙会、乡会、民俗节日群众自娱的广场舞蹈节目。

大兴旱船的表演形式以旱船伴舞为主,说唱为辅。主要道具是旱船,长约2米,宽约0.8米,高约1.5米,为竹竿、竹篾制成,用绸布围起,船顶、船头饰以绸花。

表演套路为开船、荡船、浅穿、四门斗、三叩首。基本舞步有十字步、碎步、垫步、弓箭步、趾步、矮步、挪步等。舞蹈伴奏的乐器有大鼓、大锣、大铙、小钹、小镗子等,点式有【急急风】【慢长锣】【游西湖】【太平春】【醉八仙】【青果湖】【双富贵】等;伴唱乐器有二胡、四胡、竹板、小瓷碟等。演唱曲调有淮红调,曲牌有【四季游春】【虞美佳人】【小五更】【八段】【扣百子】等。

现今大兴旱船的表演在内容和形式上有了很大的创新。节目内容紧紧围绕时代发展的主题,歌颂好人好事新风尚,抨击社会上的丑陋恶习,激励社会进步,形式上也从过去的一条船表演发展到十余条船同时登场。大兴旱船表演在历次市县区民间艺术表演中均获大奖。

(2) 灌云花船

连云港人把花船表演称作"玩花船"。灌云花船主要流传于灌云境内,从灌云地方文献中可知在清代就有花船表演。

灌云花船的特色之一是表演花船剧,一旦一丑相互戏谑,角色跳进跳出,诙谐有趣。花船剧中唱腔用民间小调,如【十劝郎】【谈媒】【卖饺子】【补缸】等。说唱使用灌云方言土语,乡土气息浓郁。伴奏主要用正、反弓二胡各一把,以及三弦、四胡。有时丑角还用俏皮的语言将拉胡琴的人请到船边,在各种行船动作中随船边走边拉进行伴奏。花船没有舞台要求,多在门前场地,由旦角顶船走圆场,请观众向外圈退出一个可供表演的圆场即可,四面台口,叫作"打场子"。常演剧目有《王妈说媒》《小秃闹房》《王婆骂鸡》等。

花船表演早期多为艺人自由组合,或由家庭、亲戚组成家庭班子,最为著名的有邵家班、陆家班。1949年以后,各个乡村都有花船表演,在宣传党的方针政策、国内外大事和先进人物中发挥了重要作用。每到重大节日,各行各业都有花船上街表演,人数多达上千人。

(3) 三河花船

淮安洪泽区三河花船的起源最早可追溯到明洪武年间(1368—1398),主要由扎花船和花船表演两部分组成。三河花船在形制上一般为双人花船,船长超过3米,有别于其他地区的单人花船,更贴近传统渔船。

三河花船表演时的动作具有浓郁的水乡特色,表现了渔民对水神的虔诚。"小鱼过阵"模仿的是渔船在湖面行船时,为防止撞到湖中游鱼而进行渔船躲避的动作。"拜四门"则模仿的是湖区渔民在日常行船前进行的祭拜四方水神活动,通过祭拜的方式,祈求行船平稳。这些渔民的习俗在三河花船的表演里得以保留。

三河花船保留了洪泽湖地区丰厚的历史文化特征,延续了浓厚的渔家生活习性,已经成为洪泽湖地区重要的民俗符号。

2009年6月,宿迁市宿豫区和灌云县申报的花船舞(大兴旱船、灌云花船)被列入第二批江苏省非物质文化遗产代表性项目名录,项目编号为JSⅢ-17;2016年,洪泽县申报的花船舞(三河花船)被列入省级扩展名录。

15. 莲湘

莲湘是一种历史悠久的传统民间舞蹈形式。莲湘的产生,比较可信的说法是明末清初战事频繁,人们居无定所,被迫靠乞讨为生,并随身携带一竹竿,用于打狗,有时竹竿会打在地上,发出清脆悦耳的响声,后发展为将打狗竹竿两端刻槽,在槽内装上3—5枚铜钱,用铁钉将铜钱串住,摇动或敲打时发出响声。乞讨时摇动或敲打竹竿,并伴以民间小调和舞蹈,最终形成了一种固定的舞蹈形式,即莲湘。

(1) 姜堰滚莲湘

姜堰滚莲湘起源于姜堰马庄一带的龙舞,已有200多年的历史,代表作品有《杨柳青》《丰收莲湘》《打起莲湘走四方》等。

姜堰滚莲湘由一男子手执莲湘进行滚动击打表演,全舞分为上八盘、下八盘。根据不同的姿势,每八盘分别有不同的名称,如向前叫"前八盘",向后叫"后八盘"。两个动作之间有时用莲湘击地动作来连接。滚莲湘的动作模拟了龙的形态,如"龙出水""龙戏水""龙腾跃""龙翻身"等,有很强的寓意。

姜堰滚莲湘最大的特点在于"滚"字,一是棍在身上滚,舞者手执莲湘,在身上不同部位滚击敲打,使得莲湘在身上的各部位滚动流转。二是人在地上滚,表演者边打莲湘边在地上做各种翻滚动作。舞蹈动作既雅致秀美、柔媚纤细,又刚劲质朴、热情豪放。它形式自由,变化较多,道具灵巧轻便,可配以本地流行的民间小调进行即兴表演,深为广大群众喜爱。

(2) 如皋莲湘

如皋莲湘可追溯到清代,是一种手执莲湘棒打出有节奏声响的舞蹈,在如皋地区广泛流传。

如皋莲湘具有打法多,动作、节奏、队形变化多,造型美等特点。有行进的打法,有原地的打法,还有对打、转打、蹲打、跳打等。棒可以在人体的上下左右前后各个方位打,可以在人体的脚、腿、腰、臂等部位打。主要动作有"拔棍""拔棍扭断腰""勾脚碾步""棒打里外拐""单棒打双雁""双棒打篱笆""棒打十二棍""双棒三、三、七""双棒绕钟"等。多种打法配以队形变化,使莲湘表演灵活多样,刚柔并济,此起彼伏,眼花缭乱,高潮迭起。再配以说唱、呼喊等,形成了既可在舞台上演出,又可列队过街表演的独特莲湘群舞。

如皋莲湘的服饰极富特色,每人头扎两个小髻于耳上,髻上插朵黄色花朵;身穿中式大襟缎上衣,桃红、翠绿各一半(如16人即各8套),衣裤配以深色图案花边;腰系红腰带,脚穿圆口系带彩鞋,鞋面与服饰同色。如皋莲湘使用的道具为长1.3米的青竹,距青竹棒头10厘米处掏空嵌铜钱数枚,击打时能发出响声,棒身涂以红、白两色油漆,棒头棒尾用红绸、绿绸包裹。

如皋莲湘因风格独特,1983年被收入《中国民族民间舞蹈集成·江苏卷》。

(3) 洪武花棍舞

洪武花棍舞是长期活跃于泗洪境内及淮河沿岸,具有鲜明地方特色的传统民间舞蹈,相传起源于明洪武年间(1368—1398)。

洪武花棍舞的道具主要为"花棍"。花棍系用一根细木棍、细竹竿或干透的荆条制作而成,杆长0.8—1米,直径为2.5—3厘米,在距两端5—10厘米处各钻一个长10厘米、宽1.5厘米或三四个较短的透气孔,从侧面钻一小孔穿入铁丝作轴,再分别嵌入四五个小铜钱或小铜钵,当摇动花棍时,铜钱撞击孔壁发出哗哗响声。花棍表面着红、黄、蓝等色彩,棍两端系扎彩色绸布,以作装饰,每个演员手持两根棍,根据内容可分可合,服饰以短衫为主,束腰带,戴头巾,体现牧童特征。

洪武花棍舞内容可分四部分:第一部分,展示上肢,并双棍交叉打;第二部分展示躯干,打背花;第三部分展示下肢,双棍从腿下交叉穿打、下蹲、盘打、跳跃、打连环;第四部分,组字造型。演员人数不受限制,道具简单易做,表演展示时不需固定音乐,可用歌谣伴奏,也可以口头朗诵诗歌伴奏,具有"舞"和"操"的共同特征。

(4) 闵桥莲湘

清末莲湘传入淮安地区,在金湖闵桥一带广泛流传并演化成独具特色的闵桥莲湘。

闵桥莲湘由一根1米左右、比拇指粗的竹竿制成,竹竿上、中、下端镂孔,孔中各串数个铜钱,涂以彩漆,两端饰花穗彩绸,称"竹签""花棍"。舞蹈人数不拘,舞时可由数人、数十人乃至上百人参加。表演时,男女青年各持莲湘做舞蹈动作,从头打到脚,从前打到后,边打边唱,唱词多据民间唱本,也可现场编唱。亦可男女双人对打,形成舞、打、跳、跃的连续动作。行进时,可打出前进、停留、蹲下等多种步法,在广场等宽阔场地可组成十字、井字等队形,随着男女交错对击,一起一落,节奏鲜明,动作活泼。

(5) 甪直连厢

打连厢有文武之别,苏州吴中区的甪直连厢属于文连厢,表演时歌舞并重,节奏轻快。甪直连厢所使用的连厢是由1米多长的细竹竿做成,部分雕空,嵌以铜钱,系上绒线,和着节奏边打边舞,时而敲击自身的四肢和肩、腰、背、臀部,时而向地面敲打,时而与他人对打,既可两人表演,也可由多人集体表演。舞蹈音乐大都采自结构完整、节奏明快的地方小调,演唱形式以齐唱为主,有时也采用独唱、对唱或一领众和的形式,一般偶有插白,伴奏为二胡、唢呐、锣鼓等民间吹打乐。

随着全民健身运动的广泛开展,甪直连厢已逐渐演变成既能展示甪直水乡妇女服饰①,又能健身强体的民俗文化活动,深受当地群众和中外游客的喜爱。

2009年6月,姜堰市②、如皋市、泗洪县申报的莲湘(姜堰滚莲湘、如皋莲湘、洪武花棍舞)被列入第二批江苏省非物质文化遗产代表性项目名录,项目编号为JSⅢ-18;2011年9月,金湖县申报的闵桥莲湘被列入省级扩展名录;2016年1月,苏州市吴中区申报的莲湘(甪直连厢)被列入省级扩展名录。

16. 高跷

高跷也叫"高跷秧歌",因舞蹈时多用双脚踩踏木跷而得名。高跷历史久远,源于古代百戏中的一种技术表演,北魏时即有踩高跷的石刻画像。高跷一般以舞队的形式表演,舞队人数有十几人至数十人;大多舞者扮演某个古代神话或历史故事中的角色形象,服饰多模仿戏曲行头。从表演风格上又分为"文跷"和"武跷",文跷重扭踩和情节表演,武跷重炫技功夫。

---

① 参考"第十章 民俗"中的"苏州甪直水乡妇女服饰"。
② 现为江苏省泰州市姜堰区。下同。

(1) 沛桥高跷

沛桥高跷主要流传于南京高淳区及周边地区,源自清末农历三月、五月、七月庙会上的表演活动。

沛桥高跷由沛桥村民演出,一般高跷队由十几人组成,常常老少三代同台表演。表演者分别化妆成生、旦、净、末、丑诸角,依戏文表演。沛桥高跷以表演见长,属典型的南派风格,演出基本分为跑阵和乐队两大部分。行走演出时锣鼓在前面开道,踩跷人在跷上手挥着手帕、扇子、渔网、兵器等道具,往返回复,作出种种舞姿,技艺高超者还能表演出跌扑、翻滚、劈叉等惊险动作。

高跷以两根长 85 厘米左右的木跷杆做成,中间钉耳,上装踏板,演员将脚置于踏板上,再用绳子将跷杆紧缚于双腿,然后立起行走舞蹈,极具观赏性。演出分 4 场 36 个曲目,包括《桃园结义》《打渔杀家》《摘石榴》《施公案》《刘海砍樵》《三请樊梨花》《白蛇传》《千里送京娘》《穆桂英挂帅》等。

(2) 竹镇高跷

"高跷舞龙"流传于南京六合区竹镇,竹镇是江苏省仅有的两个少数民族乡镇之一。踩高跷是当地群众的一项传统健身项目,集歌舞、体育、杂技于一体。

5 名成年人脚踩 80 厘米高的高跷,分成两组,分别手舞一红一绿两条彩色巨龙,一人手持一龙珠,合着锣鼓节奏"游龙"上场,他们在高跷上不仅能舞龙、玩灯,还能表演"双龙戏水""花好月圆""河蚌戏渔翁"等节目。舞龙的动作协调性要求很高,特别是持珠表演动作不仅生动活泼,更具指挥作用,根据场地大小合理调度舞龙方位和舞龙的表演动作。

由于难度较大,过去旦角常由男子反串,现在女子高跷舞龙是高跷艺苑中新涌现出的一朵艳丽的奇葩。苗条、秀美的江南女子站在 80 厘米高的木跷上翩翩起舞,更加亭亭玉立,越显丰姿绰约,倍觉风韵窈窕。

(3) 临泽高跷

临泽高跷是高邮临泽镇及周边地区一种世代传承的传统舞蹈。据传其始于明万历年间(1573—1620)的庙会。清乾隆年间(1736—1795),"十月朝"①城隍庙会作为该镇独有、异于周边的民俗节日,一直活跃着踩高跷的身影。

临泽高跷属于文跷,走"跷戏结合"的路子,不以竞技取胜,每年的元宵节、七月半、十月朝等传统节日表演,以神话、古代戏曲为内容,表演时戏曲人物居中,丑汉前后串场,正面角色戏服彩妆,踩着锣鼓节奏秀场;丑角们则扭逗不停,自曝其丑,活跃气氛。

2009年6月,高淳县申报的高跷(沛桥高跷)被列入第二批江苏省非物质文化遗产代表性项目名录,项目编号为JSⅢ-19;2016年1月,南京市六合区、高邮市申报的高跷(竹镇高跷、临泽高跷)被列入省级扩展名录。

17. 宝堰双推车

宝堰双推车流行于镇江丹徒区宝堰镇一带,是当地传统庙会和庆典中的传承舞目。

宝堰双推车表演的是迎亲场景,舞蹈特点是"舞不离车,二车紧随",生动活泼,诙谐风趣,在迎亲的过程中,新郎拉车,新娘坐车,车夫推车,表演夸张,间有头顶帽子等穿插表演,此外舞队以民乐班相伴,有说有唱,逗趣嬉戏。

舞蹈中使用的双推车道具是用两根竹竿或长棍扎成车架,"车轮"两边分别扎制架子,用花布流苏装饰,中间画上车轮,车前上方有一双着绣花鞋的假小脚。表演时3人一组,一般两组以上同台表演。扮演新娘的女子穿着新衣,擦胭脂,手拿绣花手绢,站在花车中央,配合花车前端的假足,营造出新娘坐在车内的视觉效果。行进时,新娘在花车里前进后退,表现新娘特有的娇羞。新郎扎红花,在前方拉车。车夫是表演的主角,车夫扮演者着大褂、戴草帽,在推车前进的同时,作梗阻止各自相望的新娘与新郎,或将各车新娘调包,有很强的喜剧效果。

宝堰双推车用夸张的肢体语言和生动的情节内容,表现了富于喜剧性的民间婚俗,具有浓郁的乡土气息和地方特色。此外,宝堰双推车优美、鲜明的音乐旋律,是丹徒南乡农民的艺术创造,其特有的地域文化特征具有一定的审美价值。

2009年6月,镇江市丹徒区申报的宝堰双推车被列入第二批江苏省非物质文

---

① "十月朝"又称"祭祖节",鬼节之一。

化遗产代表性项目名录,项目编号为JSⅢ-20。

18. 龙吟车

龙吟车又称"林灵车""辚辚车"。传说春天时唐玄宗李隆基喜爱与亲近之人一起乘坐龙吟车出外踏青,该车的形制被高淳匠人带到高淳,后成为高淳民间集体舞蹈。

龙吟车以车为道具,车为高大的木结构,总重量有500多千克。车身高3.3米,车上装有龙形木雕,长0.43米,雕刻精美,昂首伸爪,曲身翘尾,神态生动。独轮装置在车身下,直径1.43米,车轮中轴为小轮盘,直径0.4米,外车轮能在推动旋转时带动内小车轮发出碰磨吱嘎声。车身两侧立有两护杆,长7.84米。车上竖八面布质长旗,俗称"蜈蚣旗",每面旗高达8.7米。

整个表演队伍长约500米,参加表演人数有千人以上,沿村巡游。龙吟车把唐代的民间传说与艺术表演结合在一起,造型独特,在江南地区比较少见。1988年,在当地政府的抢救保护下,中断40年的龙吟车巡游再次兴起。近年来,村里成立了保护组织,组建了表演队伍,制订了相关保护计划。同时当地政府还认真地做好传承人的保护工作。

2009年6月,高淳县申报的龙吟车被列入第二批江苏省非物质文化遗产代表性项目名录,项目编号为JSⅢ-21。

19. 柘塘打社火

社,即古代祭祀土地神的仪式。南京溧水区柘塘民间在除夕至元宵节期间有打社火的习俗。所谓"打社火",就是旧时春节期间乡村社会在酬神、祈神时进行的一种民间文娱活动,以欢庆丰收,祈望来年一方百姓平安健康。

柘塘打社火以铛铛(小锣)和大鼓为主要乐器,若干人组成阵势,表演者一边敲打节奏,一边表演舞蹈。表演者要一边穿行于街道人群之中,一边进行表演,所以又称"抬鼓"。它最显著的特色是两人抬鼓、双面击打,这种鼓乐形式国内尚未发现第二例。

柘塘打社火既有浓郁的江南地方特色,又保留了相当多的北方中原地区的文化习俗。在活动过程中,有冲街、跳鼓、甩鼓、夺彩等内容,往往表现得十分火爆热烈,惊险刺激。

2009年6月,溧水县申报的柘塘打社火被列入第二批江苏省非物质文化遗产代表性项目名录,项目编号为JSⅢ-22。

20. 跳当当

跳当当又称龙凤胜会,是一种民间祭祀舞蹈形式,主要流传于南京溧水区群力一带爱廉、爱民、凉蓬、堡星等村及句容郭庄、葛村等周边村落,江宁、溧阳等地部分村落也有流布。旧时逢年过节或庙会期间,村落都会组织跳当当。

跳当当的舞蹈动作保持两腿半蹲的"马步"状,上身略前倾,两臂始终伸直,动作舒展,跨步大,有静有动,有传统武术的韵味。当当是舞蹈的主要道具,其直径为15—20厘米,无锣心,用木棍敲击,声音脆而响亮,因此整个舞蹈用其声"当当"命名。一个当当队有一到两只起指挥作用的当当。起舞时,持当当者居于队伍中间,四周是鼓队,鼓队之外又有锣队。以当当声为令,当当一响或双响,锣鼓队则伴以相应的锣声、鼓声。持当当者要互相呼应,在场地中央做出各种令人眼花缭乱的动作,单脚站立称"金鸡独立";相互斗耍、或腾挪、或闪避,称"野鸡蹦";在场中翻跟头就叫"翻筋斗"。此时,四周锣鼓队也变换相应的阵式,如"八卦阵""梅花阵""一字长蛇阵"等,酷似锣鼓助威的习武场面。

2009年6月,溧水县申报的跳当当被列入第二批江苏省非物质文化遗产代表性项目名录,项目编号为JSⅢ-23。

21. 茶花担舞

茶花担舞流传于江阴利港镇,源于苏南庙会仪仗队伍中表演的挑茶担。

茶花担舞由8人演出,塑造了诚实淳朴、纯洁可爱、幽默调皮、活泼天真的采茶姑娘形象。其中主人公金花的舞蹈采用了传统民间舞蹈中的小碎步、晃身、挑担换肩等动作,其他姑娘则采用茶担换肩、持圆扇、团扇晃手、云手转身推扇等动作,使整个舞蹈形体丰富、气氛热烈。

舞蹈道具为每人一根扁担、一个茶壶、一个花篮,茶壶、花篮都用竹篾扎成骨架,外以色布包蒙而成,舞蹈服饰则为颜色鲜亮艳丽的对襟绸缎上衣、中式裤和布鞋。

茶花担舞的音乐早先只用《打牙调》作为全舞的伴奏,后又增用了利港地区流行的《江南山歌》《十杯酒》《三月姑娘》等民歌,音乐以田野风味、辽阔优美的山歌音调,把金花和姑娘们引向山明水秀的田野境地,继而以柔美的曲调和鲜明轻快的节奏,表现姑娘们一路上的愉快心情,刻画了姑娘们可爱的形象,表现了她们活泼热烈的内心活动。

茶花担舞在传承发展中还融入了生产、爱情、友谊等方面的内容,拓展了舞蹈的表现面,增添了生活情趣,加之江南丝竹和民歌音乐的烘托,对于现代歌舞创作具有很好的参考价值。

2009年6月,江阴市申报的茶花担舞被列入第二批江苏省非物质文化遗产代表性项目名录,项目编号为JSⅢ-24。

22. 睢宁云牌舞

睢宁云牌舞可追溯到清康熙年间(1662—1722),流行于徐州东南旧黄河两岸。

睢宁云牌舞由地方扇子舞演变而来。早期是由8—16位女童手拿云牌,不断变化队形,以表现秋天的夜晚明月上升、云彩飘动的情景,后又将不同的云图组成吉祥文字,以突出舞蹈主题。舞蹈的过程表现了空中浮云、淌云、穿花云、接云、挫云等景观,由乌云到风云,由风云到浮云,由浮云到卷云,由卷云到雨云,直至暴风骤雨,继而雨后天晴,再由小磨云到大磨云,蹲云到巧云,最终叠成"天下太平"四字。

该舞主要反映了劳动人民渴望天下太平,祈盼安居乐业、生活富裕的心情。睢宁云牌舞世代传承有序,早年该舞以自娱自乐为主,每年的春节前后和四月初八下邳羊山庙会是其表演活动的主要时间段。近50年来,睢宁云牌舞又在吸取各地民族舞蹈的基础上不断创新发展,活跃在徐州大地及周边地区的舞台上,深受广大观众欢迎。

2009年6月,睢宁县申报的睢宁云牌舞被列入第二批江苏省非物质文化遗产代表性项目名录,项目编号为JSⅢ-25。

23. 灯舞

灯舞古已有之,清代就有以灯为道具舞出文字的"灯舞"记载。每逢年节(尤其是元宵节)或进行祈雨、祭祀、祈求丰收等仪式时,宫廷和民间往往都会进行灯舞表演。起初,灯舞以摆字为特征,后逐渐发展成以彩灯排列构造图案、创生意境的民间舞蹈样式,流传于全国各地。

(1) 万绥猴灯

万绥猴灯主要流行于常州新北区孟河镇等地,是一种模仿猿猴动作的民间舞蹈,历史可追溯到清代。

万绥猴灯多在逢年过节和庙会时表演。猴灯队伍一般有几十人,戴猴面面具,穿猴衣。前面由猴王和魁星领路,以一面12平方米的督旗和八面舞旗开道。在锣鼓的伴奏下,演员手持叉棍,表演猴子的各种表情和动作,待气氛高涨,再表演整套程序,包括序幕、单猴、双猴、三猴、五猴、台猴、单棍、双棍、谢幕等,全套动作可持续表演几小时。舞蹈主要动作有魁星戏猿猴、穿阵、舞势、翻筋斗、滚绣球、竖蜻蜓、金鸡独立、钻圈、单杠、双杠、倒挂金龙、搭台角、老鹰磨翅、野鸡叉天、童子拜观音等。

猴灯舞融传统面具舞、武术、杂技等元素为一体,在艺术上具有很高的审美性和娱乐性,还有着强身健体的实用性功能。万绥猴灯表演贴近生活,深受群众喜爱,在当地家喻户晓、妇孺皆知,年轻人也都自觉习之。它不仅是民俗节日中的重要表演节目,也是当地人民文化生活中不可分割的组成部分。另外,猴灯传习所、陈列展示馆等也都相继建立。

(2) 指前鱼灯

指前鱼灯主要流传于常州金坛区指前镇,源于旧时长荡湖附近渔民的取兆讨吉习俗。

指前鱼灯多在春节、庙会等喜庆场合演出,或应邀到户主家中表演。如遇求子者,表演者用雌雄两只鱼灯挂在主人房帐内,并在床上打滚翻跟头,以求户主心想事成。鱼灯形状有鲤鱼、鲫鱼、鲢鱼、青鱼、草鱼和龟、蟹、虾、蚌等渔家常食用的品种。鲤鱼等鳞类鱼制成两截,头前、尾后水平固定于表演者腰前后;龟等贝壳类鱼灯则制成盔甲形披裹,以求"鱼人合一"。鱼灯起初用竹篾制作,后改为用铁丝,鱼灯的装饰灯最早是小蜡烛,后来改为将电池灯珠以线连接遍布全身,表演时撳亮灯珠使鱼身发光。

鱼灯的表演者多是十几岁的男孩,女角也由男孩装扮,均着古代戏服,化戏剧舞台妆,渔婆们打扮成古戏中的"媒婆",均手提花篮。演出时先放三记响铳集合人群并"串阵"。"串阵"时,1条横幅、1杆号旗、2杆幡旗、2只高灯和4把带灯大伞在前,3班大锣大鼓一前一后呈三角形开路上场。接着以"鲤鱼"为首,12条"鱼"偕12个"渔婆"和"龟""虾""蟹""蚌"等水族依次跟上。随后是2只彩船,中间1人舞船,前面1人撑篙,后面1人划桨或摇橹,此外还有4个兹巴,4个掷火篮(流星球),2条小龙(龙是硬纸做的)。鱼灯队形不断变化并串舞成"梅花阵",之后鱼灯队摆出"风调雨顺""国泰民安"字样并歌唱当地的民间小调,歌词需即兴自编。接着是"走连贯",所有鱼灯面对面从各自的右侧方向与前面的人相接,"花步绕串"走过每一盏鱼灯。表演结束时,龙、幡旗、横幅和火流星先走,接着是鱼类水族,锣鼓、兹巴、大伞、高灯分前中后3段随队伍离场。整个演出约需1个小时。

指前鱼灯的表演造型生动,扮相逼真,舞姿优美,活泼俏皮,颇有情趣,具有较高的艺术观赏性和审美价值。

(3) 新沂七巧灯

新沂七巧灯可追溯到清光绪年间(1875—1908),主要流传于新沂唐店镇一带。

新沂七巧灯的特点在于"灯舞"与"字舞"的合一,旧时于每年春节后的香会上表演。表演由舞狮子开场,7名舞者手持正方形、菱形、三角形立体几何形状的灯,在锣鼓声中按照绕场、唱转堂、锣鼓伴舞、摆字的顺序进行表演,摆出几个字或几种图形,就得反复几次,直到该段结束。所摆的字有"天下太平""金木水火土"等,要求迅速、灵活、对称、完整。在"拆"与"摆"的过程中,往往配上与表现内容相关的唱词,曲调采用江淮一带的小调如【杨十杯】【十杯酒】【花棍调】等。目前保留下来的节目仅存《天下太平》《金木水火土》《十二月》《小茶壶》等,歌唱内容多涉历史,以颂扬古人,赞美自然,讲述本地风土人情、名人轶事为主。七巧灯的台步、队形都要受灯和摆字的制约,因此持灯的舞者须动作协调,保持头正、身直、步子动作稳健,一拍一步踩得稳且要富于节奏感,头摆动时,将肩膀晃动,同时将灯端平,摆字时彼此紧靠,保持结构的紧凑。该舞不以欢腾跳跃的大幅度动作取胜,而以其特有的风雅典重、静美壮观赢得观众。1998 年新沂七巧灯被收入《中华舞蹈志·江苏卷》。

(4) 丹阳马灯阵舞

丹阳马灯阵舞主要流传于丹阳皇塘镇。丹阳马灯阵舞继承和发展了传统的马灯阵势,又加入了自己的特点,从古至今,一直活跃于当地民间。

马灯阵舞多在正月初一到正月十八演出,以夜间表演最具特色。舞蹈讲究布阵和阵法变化,分为梅花阵、荷花阵、提篮阵、双十字阵、单鼓浪阵、双鼓浪阵、双龙阵、蒸架阵等 8 个阵式,其中梅花阵瞬息万变,双十字阵法度森严,双鼓浪阵此起彼伏,双龙阵腾挪有致。舞队由 60—100 人组成。表现内容主要为民间传说中的《西游记》《白蛇传》《八仙过海》《姜太公钓鱼》《渔樵耕读》《济公》等。初布阵时,在东南方立两面大纛(军队里的大旗),即灯旗和红旗,再于东南西北四角架 4 杆高挑红灯以示方位。表演由鼓点指挥,分别由两人担任领灯,每组人物前均有一马灯引领,每换一阵势走一圆场,演示过程均为行进式。各组演员跳马灯时不断变换队形,阵法严谨,井然有序,首尾呼应,环环相扣。演员出阵入阵之时驱动外应八卦,相克相生,文武之道尽藏其中,整场演出往往需三四个小时,或缩编成半小时左右。

丹阳马灯阵舞因其独特的阵法和浓郁的地域特色,在文化传承、文史研究、文艺欣赏和促进社会和谐等诸多方面都具有一定的研究、开发、利用价值。

(5) 常熟滚灯

常熟滚灯即支塘滚灯,相传为明朝抗倭明将戚继光所创,是一项带有杂耍性质的传统舞蹈,也是一种民间的古老绝技。支塘滚灯在常熟、昆山、太仓的交界处比较盛行。

支塘滚灯现流传下来的都是文滚灯。文滚灯内有50厘米直径的小镂空圆形物,是用红布或者绿布包好的,由男性表演,技巧要求高,体力消耗大,旧时表演者多为当地有名的拳师。支塘滚灯具有很强的表演娱乐性,每年的正月、二月、农闲时节以及庙会、灯会等期间,滚灯表演常吸引观者如云。滚灯的道具、服饰都蕴含极强民族性和地域性,加之表现力极强的杂耍、舞蹈性动作,画面多变,具有很强的观赏性。

(6) 春城马灯阵舞

春城马灯阵舞又称"马灯舞""跑马灯",是流布于句容茅山镇春城、敬德、朱巷等村的传统文化活动。马形道具是用竹篾、麻扎制首尾骨架,用纸、布糊于外表,染色绘画,内置蜡烛,分别扎紧于人的前胸和后背。表演前有"打场子"、举"高照灯"、放火铳等仪式。表演队伍除有22匹马外,首尾分别还有1头牛和1头小黑驴,牛代表忠诚,小黑驴俏皮、灵活,表演过程中四处穿行,凭借风趣、诙谐的表演起着烘托气氛的作用。

春城马灯阵舞历史悠久,乡土气息浓郁,地域文化特色鲜明,其中蕴藏了纸扎艺术、舞蹈阵法、传统舞蹈、戏曲表演等多重传统艺术门类,已成为这个地域传统文化的重要载体。

(7) 嶂山马灯阵舞

镇江嶂山马灯阵舞源于清嘉庆初年,是村民祈求太平,庇佑五谷丰登、子孙兴旺的一项传统舞蹈。在嶂山村,此项习俗历来是父传子、子传孙、不传外村人。

嶂山马灯阵舞共有备马、出对马、单放5朵梅花等16个场次,通过先后摆出的"天下太平"4个大字,表达出嶂山人对美好生活的向往。演出时的9匹马按不同色彩扮演不同角色。马队上场后,先出单马,再列马阵,随锣鼓的节奏踩点,时而绕圈,时而穿梭,或打情骂俏,或喜怒于色,插科打诨,淋漓尽致,表达了农民乐岁祈佑、庆贺丰年的主题。

2009年6月,常州市新北区、金坛市、新沂市申报的灯舞(万绥猴灯、指前鱼灯、新沂七巧灯)被列入第二批江苏省非物质文化遗产代表性项目名录,项目编号为 JSⅢ-26;2011 年 9 月,丹阳市申报的灯舞(马灯阵舞)被列入省级扩展名录;2016 年 1 月,常熟市、句容市、镇江市润州区申报的灯舞(常熟滚灯、春城马灯阵舞、马灯阵舞)被列入省级扩展名录。

24. 千灯跳板茶

千灯跳板茶相传出现于清代末期,流行于昆山千灯镇,是婚礼上向新人、亲戚敬献美茶的一种仪式。

千灯跳板茶的表演者大多是年轻男性,要具备刚柔相济的腰功,翻弯自如的手功,既需要身体柔韧的协调性,又需要笑容可掬的亲和力。表演者双手各托一只直径约 20 厘米的红漆木质茶盘,盘底挂有黄色小流苏,盘中各放有一只高 10 厘米左右、有托底、有茶盖的五彩茶碗,内泡有优质茶水。表演时双手悬托茶盘,翻转起舞。舞蹈动作主要是三拜九叩,行礼献茶,起舞时茶杯纹丝不动,茶水点滴不泼,通过茶盘的高低翻动和前后旋转,让观赏者享受到男方家庭给予女方家庭的隆重礼仪。表演过程大致维持在 10 分钟左右,一般没有伴奏音乐,观众在凝神、屏息中获得美的享受。

千灯跳板茶是苏南水乡婚礼习俗中一项独具风格的表演仪式,与水乡婚俗密切相连,对了解水乡生活形态、民俗传统和地域文化具有一定的研究价值。在 20 世纪 90 年代初全国民族民间舞蹈普查时,昆山市文化馆对《茶盘舞》进行了精细的采录。

2009 年 6 月,昆山市申报的千灯跳板茶被列入第二批江苏省非物质文化遗产代表性项目名录,项目编号为 JSⅢ-27。

25. 渔篮虾鼓舞

渔篮虾鼓舞自晚清开始盛行,流传于江阴华士镇一带。

渔篮虾鼓舞表演时,三个表演者边走边歌舞,属于两旦一丑的"三小"形式。扮演姐妹俩的舞者手持由竹篾、彩纸制作并装饰有花纸流苏、内部点上蜡烛的渔篮、虾鼓。姐姐身着蓝色绣花衣裤、大红绣花肚兜,腰系粉红色围裙。妹妹身着粉红色绣花边上衣、桃红色绣花中式裤、大红色肚兜、白色围裙,唱着苏南小调,翩翩起舞。丑角身着灰色长衫、白色灯笼裤、粉绿色描金帽、深绿色腰带、黑色靴子,手持小折扇,以逗趣为主,配合对唱。他边舞边唱苏南民间小调,唱词可以即兴发挥,也有编写好的唱词,与舞蹈动作不必相合。

渔篮虾鼓舞的动作韵律和风格来自江南水乡渔民的劳动,舞蹈动作模仿船民的行动,从而形成"欲动先出胯,迈步微微颤"的舞蹈风格。每年农历二月或农闲时节,镇上举行庙会、行会,常有渔篮虾鼓队的演出。

2009 年 6 月,江阴市申报的渔篮虾鼓舞被列入第二批江苏省非物质文化遗产代表性项目名录,项目编号为 JSⅢ-28。

26. 荷花盘子舞

荷花盘子舞起源于南通市通州区骑岸、十总一带,来源于当地姑娘为荷花仙子过生日的习俗。

明末清初,石港盛产荷花,当地姑娘为庆祝荷花仙子生日,于农历六月廿四的晚上,把荷花灯放入荷塘里,向荷花仙子祝寿。至清康熙初年,有人将江北丝竹《十番》改编成《荷花曲》《荷花仙子曲》。自此,荷花盘子舞逐步形成。

荷花盘子舞的基本动作是耍盘子,集传统音乐、编扎、剪纸、刺绣、舞蹈等各种艺术门类于一身,吸收了十番音乐的风格,采用民间打击乐和丝弦乐器伴奏相结合。打击乐器包括木鱼、音磬、堂鼓、徽锣等,丝弦乐器有笙、箫、笛、琵琶、古琴等。音乐节奏时而和缓如潺潺溪流,时而明快如高山流水,并伴有滴水之声。加上佛教音乐所特有的音磬和木鱼的声音,使得音乐更为古朴悠扬。舞蹈服饰有着浓郁水乡特色,姑娘们上穿左下角绣荷叶花纹的宽边淡水绿色大襟,外罩荷花瓣云肩,腰系藕色镶玉丝带,下穿淡水绿色镶边长裤;使用的道具荷花灯,旧时大多取自当地日常生活用品,即粘着纸荷花瓣子、内燃盛放香油通草花的蜘蛤壳子或蜡烛的大碗或大瓷盘。

2009 年 6 月,通州市[①]申报的荷花盘子舞被列入第二批江苏省非物质文化遗

---

① 现为江苏省南通市通州区。下同。

产代表性项目名录,项目编号为 JSⅢ-30。

27. 抬判

流传于南通市通州区的抬判溯源为庙会娱人娱神的祭祀节目,可上溯到清末,融舞蹈和杂技于一体。抬判吸收了旧时迎神赛会上菩萨出行时表演的《跳判官》《钟馗嫁妹》《童子扑蝶》等舞蹈内容和风格,表现了阴司判官钟馗在巡行途中,巧遇蝴蝶相戏,不禁童心大发,饶有兴趣地在宝座上下翻腾,与蝴蝶嬉戏的情形。

抬判需要 6 人表演,包括 1 位手执蝴蝶道具的村姑、4 位抬轿杠的小鬼以及钟馗。4 个小鬼抬着 2 根滑溜溜的轿杠,离地有 1.5 米高,钟馗在轿杠上表演"诱蝶""引蝶""扑蝶"等充满谐趣而又惊险的高难度舞蹈动作。伴奏乐器有板鼓、大锣、小锣、钹等。音乐速度根据演员的表演而灵活掌握。音乐曲调分为住头收点、长锣、七字锣、撕边、长锤、走马等。整个舞蹈贯穿了腾、越、翻、扑等极为灵活惊险的舞蹈动作,因此要求扮演钟馗和蝴蝶的演员,既要具有较高的舞蹈演员素质,还要有杂技演员的功底。

2009 年 6 月,通州市申报的抬判被列入第二批江苏省非物质文化遗产代表性项目名录,项目编号为 JSⅢ-31。

28. 倒花篮

倒花篮源于如皋西南乡庙会关帝会,少女手持花篮边歌边舞,把象征幸福的花瓣洒满人间。传说旧时如皋旱情来临时,一个贫民出身的少女为了替百姓祈雨而拒绝为财主表演,最后被逼自杀。倒花篮是乡民们对这位少女的纪念,兼具祈福之效。

目前的倒花篮以如皋当地流传的同名民间音乐为主旋律;以如皋民间花篮舞的"踮步"为基本步伐,双臂动作以柔为主,柔中带刚,走动时身体自然摆动,出现"小三道弯"形象;以民间舞的"探海""卧鱼""晃手""掖步""踏步蹲"等为基本动作,其动作又以"三道弯"为主要特点;以民间广为熟悉的形象"巨龙腾飞""孔雀开屏""龙舟竞发""福满人间"为造型;又根据民间广为流传的"吉祥如意""天女散花"美好愿望,分别设计了2个手拿彩球和扇子的"吉祥如意"女童,穿梭在12个双手倒执花篮的姑娘中间,载歌载舞。整个舞蹈热烈欢快,气势宏大,有着强烈的剧场效果。

演员造型采用了汉民族青年女性的传统打扮,梳一条齐腰长的大辫子,头戴绢花,手持方手帕,小立领大襟盘纽彩衣,中式彩裤,黑色绣花围腰,绣花布鞋,鞋面上装饰着绒线彩球,看上去盈盈清秀,楚楚动人。衣裤、鞋面是翠绿色;头花、鞋上的绒球、手绢、绸扇面都是红色;花篮是以绿色衬着红色、粉红为主的绢花装饰,创造出一种富贵、喜庆、热烈的气氛。道具以纱绢制作,既是道具又是灯彩,是如皋地方独有的一种民间传统艺术品。为了更有利于舞蹈的表演,需将一个花篮竖着从中间一分为二,正面看是四边菱形的半个花篮,背面是一个平面。花篮上固定了三道环增加了长度,上面系满五颜六色的绢花,花篮中间用竹片固定一个把手便于手执,这样就尽可能地增加花篮舞的表现力。

2009年6月,如皋市申报的倒花篮被列入第二批江苏省非物质文化遗产代表性项目名录,项目编号为JSⅢ-32。

29. 打罗汉

打罗汉自南宋起在高淳地区流行,因为流行于砖墙洪户村,所以又称为"砖墙打罗汉"。南宋时期,抗金情绪高涨,高淳地区的老百姓通过团练武术来增强武力。

打罗汉类似于杂技,但是却用真刀真枪。在表演过程中,有少林罗汉拳中的"嘻嘴罗汉"多次出场,穿插嬉戏,颇似马戏中的小丑,在紧张激烈的打斗中,增加谐趣,调整观众情绪。表演分"打斗""堆叠"两大部分。打斗部分有徒手、器械,器械有刀术、鞭术、凳术、枪术等。堆叠部分,有一大力士为基座,在他左右上下,挟附攀登着7个精壮青年,周边另有4人翻滚伴舞,并堆叠"箍榨盆""荷花瓣""奔马"等武术造型。

2011年9月,高淳县申报的打罗汉被列入第三批江苏省非物质文化遗产代表性项目名录,项目编号为JSⅢ-33。

30. 渔舟剑桨

渔舟剑桨在无锡太湖沿岸及河塔、荣巷等渔业发达地区有着悠久的历史,它具有独特的艺术观赏性、自娱性,是民间舞蹈"花船"和"剑桨"的结合。

传说在宋代,渔民们为了救出被恶霸所关押的梁山好汉李俊等人,以玩花灯为名,将兵器藏在花船中,并扮演渔姑、渔翁将兵器带进城中,大闹常州府,最终救出英雄,严惩恶霸,大快人心。随后即演变为"渔舟剑舞",在水乡地区广为流传。

剑桨外形似渔民们行船的划桨,但不同的是桨柄中暗藏着一把锋利的宝剑。平时渔民们用剑桨练功习武,强身健体,过年过节时由德高望重的人组织集资,动员青年壮士装扮成美丽的渔姑,腰系渔舟花灯,手舞剑桨,踏着锣鼓或音乐的节奏赴各村巷表演。剑桨必要时还可以用来护身保家,抗击散兵流寇、湖匪恶棍的侵害。该舞蹈大致分立杆扬帆、鱼跃龙门、百舸竞渡、习武强身四节内容,队伍中有鱼形灯2盏、门旌灯4盏(表示风调雨顺、国泰民安、五谷丰登、六畜兴旺),后面是5米多高的一根桅杆或竹竿供杂技表演使用,最后才是两组美丽的"渔姑"表演者。

2011年9月,无锡市滨湖区申报的渔舟剑桨被列入第三批江苏省非物质文化遗产代表性项目名录,项目编号为JSⅢ-34。

31. 睢宁鲤鱼戏花篮

全国用花篮表现的舞蹈有许多,鲤鱼戏花篮却是睢宁特有,流行在梁集小葛庄。背景故事是龙王的8个女儿提着花篮在海边玩耍,被鲤鱼精看到了,鲤鱼精由此爱上了公主。舞蹈歌颂了美好的爱情和太平盛世,也表达了老百姓对美好生活的向往。

鲤鱼戏花篮舞蹈由10人表演,2个男子持"鱼"为领队,引8个女子持花篮,作二龙吐须状入场,表演各种图案,如"鱼跃龙门""射光"等。该舞用锣鼓伴奏;在舞蹈间歇时演唱一些民间小调,使锣鼓全停,以民族管弦乐伴奏。舞蹈动作简单,但是运行路线和舞台调度丰富,即跳一段,摆一个字,用花篮组成"天下太平""五谷丰登"的字样。舞蹈动作优美轻盈,舞步行如风、轻如云。

近年来鲤鱼戏花篮的老艺人年龄偏大,传承断代现象严重,已处于濒危状态,亟须加以保护。

2011年9月,睢宁县申报的睢宁鲤鱼戏花篮被列入第三批江苏省非物质文化遗产代表性项目名录,JSⅢ-35。

32. 跑驴(丁嘴跑驴)

跑驴是一种民间社火舞蹈,广泛流布于北方地区。丁嘴跑驴主要流行于宿迁宿豫区大兴、丁嘴、仰化和泗阳县三庄等地,表现一对农村新婚夫妻在回娘家的路上过沟、爬坡、驴惊、抢救等经过,有说有唱有舞,诙谐风趣。传统的跑驴多为一人执驴形道具扮骑驴妇女,另一人扮赶驴人的双人表演,后逐渐出现多人群演,场面宏大,显得热闹非凡。

丁嘴跑驴在广场表演中主要有三个基本特征:一是进场起式,一般有 20—50 头活泼可爱的小毛驴被牵驴人赶着,排着整齐方阵上场。二是大跑圆场,由头驴带领驴群围绕场地奔跑,在跑场过程中,牵驴人面带喜悦,手拿驴鞭子,仰视前方,作挥鞭表演。三是童趣逗驴,此段落节奏舒缓,在"七字锣鼓"音中,由圆场队可变为面向观众的多路纵队,骑驴的"小媳妇"与牵驴"丈夫"逗趣,整场表演气势宏大。器乐有鼓、锣、钹等,敲打器乐的队伍一般由 4—5 人组成。

丁嘴跑驴的表演道具一般是由竹子扎成毛驴状,制作一般近似真驴的大小,形状也近似真驴,装饰大红大绿,较粗犷,表演者背着就可以表演。

2011 年 9 月,宿迁市宿豫区申报的跑驴(丁嘴跑驴)被列入第三批江苏省非物质文化遗产代表性项目名录,项目编号为 JSⅢ-36。

33. 冻煞窠

冻煞窠起源于明代,是溧阳社渚镇一带在祭祀活动中所跳的舞蹈,至今已有 500 多年的历史。冻煞窠是一种傩舞。

据传,冻煞窠的来源可以上溯到明朝初年。当时下马圩富庶安宁,百姓的生活富足。一位渔民在胥河捕鱼,网到了观音像,捕鱼人将它放回河里。第二次起网时,像又在网内,捕鱼人说:"你老人家是吃素的,我是吃荤的,你愿意吃荤就到我网里来,不愿吃荤,请你另找门户。"结果第三次起网时,观音像又在网内。因其是寒冬腊月从河里捞起的,百姓就取名为"冻煞观音",后称"冻煞窠"。

每年农历腊月出会,当地百姓在冻煞观音庙中供奉干果糕点、整猪整羊,鸣炮奏乐,请出诸神。队伍集合后开始巡游,前面先锋鸣锣开道,礼祠神手捧公鸡收灾,诸神行进其间,最后4人抬着观音神龛殿后,锣鼓喧天,威风凛凛,共有150余人。巡游结束后众人回到冻煞观音庙祭台表演跳神,在喇叭、锣鼓伴奏下跳判官请神、四神邀马等10套动作,表演后将观音神龛、神面、神袍、神器、旗幡等回归原处供奉,整个祭祀仪式结束,舞蹈也随之结束。

2016年1月,溧阳市申报的冻煞窠被列入第四批江苏省非物质文化遗产代表性项目名录,项目编号为JSⅢ-37。

34. 盾牌舞

相传太平天国运动后期,太平军团练使蒋顺昌回到宜兴家乡后,重整村上的盾牌队,以舞武结合,训练出一支与太平军相似的盾牌舞队,成为节庆活动和庙会的一支重要民间舞蹈团队。

起初,盾牌舞只在广场演出,人数最多时有240人,可以组成一个最大的阵势,即"蓑衣阵"(或"古钱阵")。后来由于参加庙会,需要走街串巷,人多行动不便。因此,人数逐渐减少,那些复杂的大阵势也就失传。为适应在庙会上边走边打的需要,发展了新的阵势,如"一字长蛇阵"(即"过街阵"或"行路阵")。古时还有一种非常复杂的"螃蟹阵",如"四队阵""五队阵""偏左阵""偏右阵"等,能变出许多阵形,现已失传。

盾牌舞是集武术、舞蹈、音乐于一体的民间群舞,其服饰沿用太平军装束,头扎红黄巾、身穿红绿衣、脚蹬跳网鞋。上盘使用硬木棍,下盘使用虎头盾牌、短钢刀。音乐主要以大小两组锣鼓演奏。舞蹈主要是打阵法,其动作迅猛有力、队形变化复杂、战斗气氛浓烈,独具一格。

2016年1月,宜兴市申报的盾牌舞被列入第四批江苏省非物质文化遗产代表性项目名录,项目编号为JSⅢ-39。

第四章　传统戏剧

江苏素来是戏剧大省,剧种繁多,源远流长,积淀丰厚。按剧种发源地和流行区域进行分类,大致可分三种类别。一种是土生土长的江苏地方剧种,包括昆曲、扬剧、淮剧、苏剧、锡剧、阳腔目连戏、淮海戏、童子戏等;一种是发源地有所争议而在江苏不同区域和江苏周边省市一些地区共同流行的剧种,包括柳琴戏、梆子戏、泗州戏、滑稽戏等;一种是可确认发源于外地但在江苏省内较广泛区域流行的剧种,包括京剧、吕剧等。如果以音乐结构分类的话,江苏传统戏剧也可分为三大类,即"曲牌体""板腔体"及"曲牌、板腔综合体"。江苏纯粹的"曲牌体"剧种只有昆曲,纯"板腔体"剧种除皮簧系的京剧外,尚有淮剧及拉魂腔系的淮海戏、柳琴戏、泗州戏及梆子戏等,而在江苏本土原生且具有较大影响的扬剧、锡剧、苏剧,以及本属"曲牌体"高腔系的阳腔目莲戏、童子戏等,经过长期的演变,已形成了"曲牌、板腔"综合性音乐结构。

中华人民共和国成立以来,江苏各地在保护和传承传统戏剧方面做了大量扎实的工作,包括收集、挖掘各剧种传统戏藏本、艺人口述记录本和回忆录等。至20世纪60年代初先后铅印或油印传统剧目数千个,为加工或改编传统剧目提供了珍贵的资料。省文化主管部门和省戏剧家协会多次联合举办戏剧理论与作品的专题研讨,对江苏的戏剧研究、戏剧保护及戏剧创作起到了重要的促进作用。

1. 昆曲

昆曲又称"昆腔""昆山腔""昆剧",是中国现存最古老的剧种,源自宋代南戏与元杂剧,至今已有600多年历史。昆曲于元末产生在昆山一带,明代初年在昆山地区形成了"昆山腔",嘉靖年间(1522—1566)经过魏良辅等人的革新,昆山腔吸收北曲及海盐腔、弋阳腔的长处，形成委婉细腻、流丽悠长的"水磨调"风格，昆曲至此基本成型。梁辰鱼将传奇《浣纱记》以昆曲形式搬上舞台。万历年间（1573—1620），昆曲从江浙一带逐渐流播到全国各地。明天启初年到清康熙末年的一百多年是昆曲蓬勃兴盛的时期。

昆曲是一种高度文人化的艺术，明清许多从事昆曲剧目创作的剧作家，取得了很高的文学成就。《琵琶记》《牡丹亭》《长生殿》《鸣凤记》《玉簪记》《红梨记》《水浒记》《烂柯山》《十五贯》等都是昆曲的代表性剧目，其中前三种有全谱或接近全本的工尺谱留存。清代中期以后，昆曲主要以折子戏形式演出，至今保留下来的昆曲折子戏有400多出。昆曲新编剧目有《南唐遗事》《偶人记》《司马相如》《班昭》等。

经过长期的舞台实践，昆曲在表演艺术上达到了很高的成就，歌、舞、介、白等表演手段高度综合。随着表演艺术的全面发展，昆曲角色行当分工越来越细，主要角色包括老生、小生、旦、贴、老旦、外、末、净、付、丑等。各行角色在表演中形成一定的程序和技巧，对京剧及其他地方剧种的形成发展产生了重要影响。昆曲音乐具有"婉丽妩媚，一唱三叹"的艺术效果。

清末，昆曲逐渐没落。中华人民共和国成立后，曾得到一度的振兴。近年来，随着传统戏曲演出在城市中的衰微，昆曲正面临着生存的困境，演员和观众队伍不断缩减。因此，昆曲要生存发展，仍有许多迫在眉睫的问题亟待解决。昆曲的代表性传承人有张继青和王芳等人。

2001年，昆曲入选人类非物质文化遗产代表作名录。

2006年5月，江苏省等联合申报的昆曲被列入第一批国家级非物质文化遗产代表性项目名录，项目编号为Ⅳ-1。

2007年3月，江苏省文化厅①申报的昆曲被列入第一批江苏省非物质文化遗产代表性项目名录，项目编号为JSⅣ-1。

2. 京剧

京剧是中华民族文化艺术的瑰宝。京剧曾称"平剧"，亦称"乱弹""国剧"，被

---

① 现为江苏省文化和旅游厅。下同。

视为中国国粹,位列中国戏曲三鼎甲"榜首"。

(1) 江苏省京剧院京剧

2001年,江苏省京剧院等6个省属文艺团体组建成立了江苏省演艺集团。2005年被文化部评为"国家级重点京剧院团"。半个世纪以来,剧院拥有程派传承人新艳秋,谭派传承人王琴生,麒派传承人赵云鹤,武生名家梁惠超、周云亮、王正坤,武旦周云霞以及其他数十位艺术家,他们为江苏省京剧院的创建与发展作出了重要的贡献。目前剧院有演职员120余人,阵容整齐,流派纷呈,拥有国家一级演员李洁、徐全心、周丽霞等一批享誉国内外的艺术中坚力量。

剧院成立至今,在继承传统的基础上,始终将剧目创作作为剧院发展的立身之本。从20世纪50年代至今,创作了《骆驼祥子》《飘逸的红纱巾》等数十部优秀剧目。

(2) 淮安京剧

淮安是江苏乃至全国京剧的一个重镇,出现过京剧史上的"淮安三杰":王瑶卿、周信芳和宋长荣。王瑶卿祖籍淮安,号称京剧界的"通天教主",四大名旦均出自其门下。周信芳生于淮安,艺名"麒麟童",称雄上海梨园数十年,与马连良并称"南麒北马"。淮安还是荀派艺术的重要传承地。荀派在京剧的四大名旦之中独树一帜,宋长荣是正式拜荀慧生先生为师的荀派传人,唯一的乾旦代表,有"活红娘"之美誉。他在舞台上塑造的花旦形态,最具有荀派所特有的妩媚柔美的特质。

2010年,京剧被列入人类非物质文化遗产代表作名录。

2011年5月,江苏省演艺集团、淮安市申报的京剧被列入国家级扩展名录[①],项目编号为Ⅳ-28。

2009年6月,江苏省演艺集团、淮安市申报的京剧被列入第二批江苏省非物质文化遗产代表性项目名录,项目编号为JSⅣ-12;2011年9月,江苏省戏剧学校申报的京剧被列入省级扩展名录。

[①] 2006年5月,中国京剧院、北京市、天津市、辽宁省、山东省、上海市联合申报的京剧被列入第一批国家级非物质文化遗产代表性项目名录,项目编号为Ⅳ-28。

3. 苏剧

苏剧由花鼓滩簧与南词、昆曲合流而成,流行于苏南浙北城乡。其前身苏滩原名"对白南词",俗称"打山头",是一种围坐清唱的曲艺形式。1912年"对白南词"有了简单的化装表演形式,1941年朱国梁在上海创建国风新型苏剧团,尝试将"对白南词"发展为独立的戏曲声腔剧种——苏剧,让苏剧和昆曲在一起混合演出。中华人民共和国成立后,苏剧健康成长起来。

苏剧的音乐唱腔主要有三个来源,一是昆曲曲牌,二是南词,三是滩簧曲调。因深受昆曲的影响,所以苏剧的音乐风格婉转清丽,细腻动人,同时保留苏滩通俗流畅的风韵。其伴奏以二胡为主,兼用江南丝竹。常用的传统曲调有【太平调】【弦索调】【费家调】【柴调】【迷魂调】【银绞丝】【流水板】等数十种,另外还有源自昆曲的【一江风】【点绛唇】【锁南枝】【羽调排歌】等和苏州一带流传的民歌小曲如【春调】【劈破玉】【大九连环】【小九连环】等,又有慢板、快板、散板等各种板式。

苏剧的角色行当与昆曲基本相同,苏剧的表演亦充分借鉴了昆曲的经验,婉丽多姿,细致传神。

苏剧的传统剧目和化装与苏滩一致,分为前滩和后滩两大类。绝大部分前滩剧目源于昆曲,《西厢记》《牡丹亭》《红梨记》《烂柯山》《玉簪记》《绣襦记》《西楼记》《占花魁》《渔家乐》等为其代表性剧目,演出时以折子戏为主,其情节和对白与昆曲基本相同,唱词则由长短句改为通俗易懂的七字句。为适应苏剧演员不善舞蹈的特点,有时也会适度改动情节。后滩剧目有从昆曲等剧种和曲艺中改编移植过来的内容,也有由丑角独唱的时调小曲和时事段子等,《教歌》《张三借靴》《嵩寿》《探亲相骂》《卖草囤》《打斋饭》《游观十八景》等皆为后滩的代表剧目。

近年来,流行文化和现代艺术对苏剧冲击很大,观众锐减,剧团生存艰难,抢救、保护这一重要的地方剧种迫在眉睫。苏剧的代表性传承人有蒋玉芳和尹斯明等人。

2006年5月,江苏省苏州市申报的苏剧被列入第一批国家级非物质文化遗产代表性项目名录,项目编号为Ⅳ-55。

2007年3月,苏州市申报的苏剧被列入第一批江苏省非物质文化遗产代表性项目名录,项目编号为JSⅣ-2。

4. 扬剧

扬剧原名"维扬戏",俗称"扬州戏",流行于江苏的扬州、镇江、南京地区和安徽部分地区及上海一带。扬剧音乐主要由花鼓戏音乐,香火戏音乐和扬州清曲、小唱三部分组成。

(1) 扬州扬剧

扬州是扬剧的发源地。扬剧以扬州民间歌舞小戏花鼓戏和苏北民间酬神赛会时由男巫扮演的香火戏为基础,吸收扬州清曲、地方民歌小调而最终成型。1911年,苏北香火戏由扬州进入上海,改称"维扬大班"。1920年,扬州花鼓戏进入上海,改称"维扬文戏"。20世纪30年代初,两种戏合并形成"维扬戏",后简称"扬剧"。扬剧各行当的表演多从昆剧、京剧借鉴吸收而来,但始终保持着花鼓戏朴素、活泼的特点,生活气息浓重。扬剧重视丑行和旦行的表演,一丑一旦的传统剧目很多,由此形成了扬剧特有的喜剧风格。

扬州扬剧以华派艺术为代表。华素琴从京昆中移植了一批武戏,创演了扬剧武戏剧目,从而逐渐改变扬剧舞台不演武戏的现象。她塑造的"刀马旦"文武兼备,声腔清新俏丽、抒情华彩。

(2) 镇江扬剧

镇江对扬剧贡献最大的是开创"金派艺术"。金运贵在扬剧原曲调格式的基础上进行创新,打破传统格局,巧妙地运用堆字延长方法,"像说话一样唱戏",尤重小腔运用,她所开创的"金派唱腔"(又称【金调】【自由调】),委婉动听,旋律新颖,变化多样,音域幅度小,似平非平,情感容量丰富。

金先生的嫡传弟子姚恭林汲取了金派唱腔艺术的精华,勤思苦学,揣摩感悟,在新的历史时期把"金派艺术"传承下来。在扬剧流行区域,镇江的姚恭林成了推崇"金派艺术"的观众心中的偶像,在扬剧界素有"十生九金(姚)"之说。

(3) 江苏省演艺集团扬剧

江苏省演艺集团扬剧团自1953年成立以来,经过60年的长足发展,已形成了具有自身特点的表演、演唱风格。扬剧团目前以高(秀英)、华(素琴)两大流派为主,高派艺术由前辈扬剧表演艺术家高秀英开创,是扬剧旦行中影响最大的流派。

高秀英嗓音高亢激昂、宽厚明亮,具有极强的穿透力,演唱吐字清晰、韵味甘醇。20世纪30年代中期,她凭借着"堆字大陆板"唱腔,奠定了扬剧第一人的地位。此外她还对扬剧一些传统声腔进行革新创造,如【西皮堆字梳妆台】【哭小郎】等,为推动扬剧声腔艺术的进一步发展作出了一定的贡献。

2006年5月,江苏省扬州市申报的扬剧被列入第一批国家级非物质文化遗产代表性项目名录,项目编号为Ⅳ-56;2008年6月,江苏省演艺集团扬剧团、镇江市申报的扬剧被列入国家级扩展名录。

2007年3月,扬州市、镇江市、江苏省演艺集团联合申报的扬剧被列入第一批江苏省非物质文化遗产代表性项目名录,项目编号为JSⅣ-3。

5. 泗州戏

泗州戏原名"拉魂腔",起源于泗洪上塘镇,经民间艺人记录、整理逐步形成拉魂腔的固定唱腔,距今已经有200多年历史。清后期,泗州戏主要流布于泗洪境内的上塘、魏营、峰山、归仁、朱湖、梅花等20个乡镇。后因黄河泛滥,泗州百姓多逃难至洪泽湖并传唱"拉魂腔"。1949年前,当地仅家庭戏班就有38个。1952年定名为"泗州戏",1953年经泗洪县人民政府批准,泗洪县泗州戏剧团正式成立。

泗州戏具有浓郁的地方特色,唱腔婉转华丽、优美动听。主要唱腔有【高腔】【射腔】【衣吆腔】【雷得调】【叶里藏花】等。尤其是女腔在每段唱腔结尾处,用小嗓翻高八度拉腔,男腔加入衬词拖后腔,具有动人魂魄的魅力。泗州戏的特点是似唱非唱,似说非说,白口、唱腔、表演风格与当地的生活语言、风土人情紧密相连。伴奏以弹拨乐为主,过去用两根弦的大琵琶,现在用四根弦的柳琴伴奏,其以弹拨乐做戏曲主弦的特色,在全国的戏曲中少见。板式常用的有【慢板】【二行板】【数板】【垛板】【紧板】【连板】【死板】等。道白使用苏北方言,角色行当主要有大生、老生、二头、小头、丑等。

泗州戏传统大戏分为三类：一是本剧种的传统大戏，有《大观书》《四告》等多部；二是吸收移植的大戏，有《双玉蝉》《十二寡妇征西》等多部；三是利用幕表制说戏方法，由艺人即兴编出来的连台大戏。

泗州戏是特色鲜明的戏曲种类，由于吸收了大量民间的"压花场""花灯""旱船""跑驴"等舞蹈表演形式，因而其表演热情、明快、朴实，贴近生活，乡土情趣浓烈。特别是泗州戏诞生于南北文化交汇处，受苏皖地区、长江北部和黄淮文化的熏陶滋养，形成了独特的剧种风格，其剧本、唱腔、表演都给人带来特殊的审美享受。当前由于老艺人逐步退出舞台，年轻演员跟不上，后继乏人，传统技艺面临失传，急需加以保护。

2011年5月，江苏省泗洪县申报的泗州戏被列入国家级扩展名录①，项目编号为Ⅳ-62。

2009年6月，泗洪县申报的泗州戏被列入第二批江苏省非物质文化遗产代表性项目名录，项目编号为JSⅣ-14。

6. 柳琴戏

柳琴戏俗称"拉魂腔"，又有"拉呼腔""拉后腔"等名称，1953年正式定名为"柳琴戏"。它形成于清代中叶以后，吸收了民间小调、农民号子、民间曲艺及歌舞等多种元素，主要流布在江苏、山东、安徽、河南四省交接地区。其来源有两种说法，一说是以鲁南民间小调为基础，受当地柳子戏的影响发展而成；一说是由江苏海州传播而来。

柳琴戏唱腔音乐以徵调式与宫调式为主，徵调式温和缠绵，宫调式明快刚劲。其曲调包括【起板】【导板】【拉腔】【射腔】【叶里藏花】【回龙调】【四六长腔】【男女拉拉腔】【叠断桥】【打牙牌】【千金小姐进花园调】等多种，板式大致可分为【慢板】【二行板】【数板】【紧板】【五字紧板】等。演唱时以柳叶琴、笛子、坠琴、二胡、板胡、唢呐、笙及板鼓、大锣等乐器伴奏。

---

① 2006年5月，安徽省宿州市、蚌埠市联合申报的泗州戏被列入第一批国家级非物质文化遗产代表性项目名录，项目编号为Ⅳ-62。

柳琴戏有自己的角色行当,如大生、小生、小头、二脚梁子、老头、老拐、勾脚等。这些行当的划分都是前辈艺人根据剧目的要求,不断从世间男女老少行为百态中提炼出来的。柳琴戏还从生活中提炼出来一整套身段、步法及舞台调度方式与格局。

柳琴戏的表演粗犷朴实,节奏明快,乡土气息浓厚,演员的身段、步法明显带有民间歌舞的特点。柳琴戏的传统剧目异常丰富,山东省戏研室抄录的就有近200种。江苏柳琴戏有大小剧目300余种,多系从民间故事、章回小说改编而来,《四平山》《八盘山》《鲜花记》《鱼篮记》《断双钉》《小鳌山》《雁门关》《白罗衫》《喝面叶》《小书房》等是其中代表性的剧目。

柳琴戏作为徐州地区的代表性剧种,以农民的审美视角观照生活,形成浓郁的地方特色,有着较高的观赏性、丰富的思想内涵和特定区域的审美观念,深受群众喜爱。

宿迁宿豫区皂河镇龙王庙行宫柳琴戏团是柳琴戏的代表性团体,它的成立使该地柳琴戏的发展走上了规范化发展的道路,其表演屡屡在省、市级会演中获奖。

2008年6月,江苏省徐州市等申报的柳琴戏被列入国家级扩展名录①,项目编号为Ⅳ-63。

2007年3月,徐州市、宿迁市宿豫区、泗洪县联合申报的江苏柳琴戏被列入第一批江苏省非物质文化遗产代表性项目名录,项目编号为JSⅣ-6;2011年9月,新沂市申报的柳琴戏被列入省级扩展名录。

7. 杖头木偶戏

杖头木偶戏是流传于扬州、泰州、南通及其周边地区的木偶戏的一种。

杖头木偶戏俗称"三根棒",主要使用木偶及操纵木偶的相关器具如"命棍"、手扦等进行表演。演出时需用围帐遮挡表演者,"人偶同台"演出则例外。常用乐器配置有二胡、中胡、琵琶、笙、箫、唢呐等,还有一些特色乐器如碰铃、击碟、木鱼、磬等。传统的杖头木偶表演通常模仿真人的动作与生活细节,如跳跃、翻身、转身等,并用特技木偶来完成腾空、翻越、打斗等特殊动作。

---

① 2006年5月,山东省枣庄市申报的柳琴戏被列入第一批国家级非物质文化遗产代表性项目名录,项目编号为Ⅳ-63。

(1) 江苏省演艺集团木偶剧团

江苏省演艺集团木偶剧团,移植、改编、创作了一批以木偶绝活为龙头的精品力作,形成了"形神兼备、潇洒俊逸"的艺术风格。在秉承传统举功、捻功、走功、头功的基础上,还创新发展了木偶作画的绝技,在长期的国内外演出中,得到中外各界的一致好评和高度赞扬,为传承、保护和发展传统文化作出了突出贡献。杖头木偶戏夸张而富有美感,生动活泼,于方寸之地,演绎万千气象,给观众拓展出无限思维空间。

近年来,受时尚文化冲击和娱乐多元化的影响,青年观众对传统文化日趋淡薄,木偶戏市场萧条,资金严重短缺,陷入后继乏人、举步维艰的困境,急需抢救保护。

(2) 扬州杖头木偶戏

扬州是中国木偶戏的发祥地之一,宋代扬州木偶声名远扬,无论是乡村场头、庙宇路旁还是宫廷内宅,到处都有扬州木偶戏的演出。入清以后,扬州木偶戏先后吸收昆、徽、京等戏曲剧种之长,经过几代艺人的革新创造,最终形成了杖头木偶操纵表演的独特风格。

杖头木偶的表演要求演员练好托举木偶的"托举功"、操纵木偶的"扦子功"及体现人物步伐特征的"台步功"这三大基本功,把握好"稳、正、直、平"四大要素,演出中做到动作纯熟,运用自如。杖头木偶刻绘细致精到,表演生动传神,深受广大观众的欢迎。

杖头木偶戏的传统演出剧目多移植自昆、徽、京等剧种,现代新编剧目在题材内容和表现形式上都出现了新的追求,音乐配置往往视剧目和表现形式而定。如今的扬州木偶剧团涌现出了许多优秀的新编剧目,如《徐策跑城》《嫦娥奔月》《琼花仙子》《三个和尚新传》《白雪公主》等。古老的扬州杖头木偶戏艺术已形成了"刚柔相济,细腻传神"的艺术风格,成为区别于兄弟剧团的显著标志。

(3) 泰兴杖头木偶戏

泰兴杖头木偶戏是中国木偶戏戏剧表演形式中独具个性和魅力的艺术种类之一。表演时,一根棒支撑木偶头部,另外两根棒操控其双手。木偶全长0.36—1.2米,部分木偶面部眼、耳、鼻、口可动,两手能持兵器、桨板、手帕、扇子等道具,操纵灵活自如,表演夸张而富有美感。

泰兴杖头木偶戏表演最讲究的是"三功",即"举功""捻功""步功"。"举功"即举木偶的功夫,讲究稳、平、正;"捻功"在木偶做出摇头点头、招手摆手等细微动作时使用,讲究准确、细腻、传神;"步功"在木偶做出进退、骑马、冲锋等大幅度运动时使用,讲究迅捷有序、夸张洒脱。此外,表演中还注重借鉴戏曲演员的水袖、碎步、亮相、鹞子翻身等表演程序。

泰兴杖头木偶戏初始唱腔为徽调,后改为京剧。演出剧目丰富。在保留剧目中,既有古典传统剧目、神话剧目,也有少量现代戏。深受群众喜爱的剧目有《穆桂英挂帅》《杨六郎点兵》《辕门斩子》《徐策跑城》等。泰兴杖头木偶戏传承悠久,最真实保留了"杖头木偶"这一融雕刻艺术和表演艺术于一体的综合艺术特性。

(4) 如皋杖头木偶戏

如皋是杖头木偶戏主要的流行地区之一。相传如皋杖头木偶来自皇宫。说是清代中期从皇宫里逃出一个姓黄的木偶艺人,改姓邝,隐居如皋,传授宫中杖头木偶制作和操作技艺。杖头木偶戏在如皋的流传可追溯到元末明初,清代至民国繁盛,此时如皋的戏班已发展到100多个,有着十分深厚的群众基础。

如皋杖头木偶的基本结构可以分四个部分:头部、身躯、举杆(俗称命杆)、签子。如皋杖头木偶戏演出传统戏曲,唱做念打均采用戏曲程式,角色行当、文武场人员基本齐备,演现代剧目时引进灯光布景等现代表现手段,充分运用木偶表现技巧,乃至人偶同台演出,极大提高了艺术表现力。除以杖头木偶表演为主外,还常以皮影、布袋和提线木偶配合表演,表演形式丰富多彩,形成了别具一格的艺术风格,是江苏乃至全国木偶艺术中最具地方特色的种类之一。

(5) 卸甲肩担木偶戏

卸甲肩担木偶戏,因兴盛于高邮卸甲镇而得名。历史最早可追溯到清乾隆时期(1736—1795),在民国初期及20世纪30—50年代最为兴盛。木偶艺人在农闲时划着小木船,挑着木偶戏担子巡回演出,在高邮城的泰山庙、临泽的安乐寺、三垛的光福寺、界首的城隍庙等地都有表演。当时还成立了"老郎神会",他们每逢农历九月初五烧香祭祖,同时切磋肩担木偶戏技艺,商谈演出事宜。后来,卸甲肩担木偶戏群体还沿着运河线,在邗江、扬州、江都、上海等地演出,尤其是在上海落脚曹家渡,一连演出多日,一时传为佳话。肩担木偶戏在江南一带产生了巨大的影响。

木偶艺人用不易破裂的棠梨木雕刻木偶,行头包括锣鼓、木偶、支架、围布及"口嗓子"(一种特别的哨子)等,艺人一肩挑即可行走四处卖艺。表演时,艺人身穿黄色戏袍,头扎黄色头巾,脚踩用木架支好的锣鼓,用手操纵木偶,嘴里含着"口嗓子",不时发出吱吱叫声,辅以少量念白,表演很是滑稽搞笑。

卸甲肩担木偶戏表演剧目有《猪八戒招亲》《杨宗宝招亲》《辕门斩子》《穆桂英挂帅》《武松杀嫂》《水漫金山》等 10 多个剧目,还有《小二黑结婚》《新四军打鬼子》等现代小剧目。

(6) 七都提线木偶

七都洪福木偶昆剧团源于苏州七都镇吴越村姚家创建的公记保和堂戏班,始建于清道光年间(1821—1850),是全国唯一的一家木偶昆曲的祖传戏班。1955 年在文艺团体登记时,被正式更名为"吴江县①洪福木偶昆剧团",活跃于江浙沪地区。

木偶昆曲采用人偶同台的形式,表演时,演员一面手提 10 多根线操纵手中的木偶(木偶约 60 厘米高,重 3—4 千克),一面配唱昆曲。表演者既要能唱又要会操作木偶。操作时,要以线传情,以木偶的动作神态来展现人物性格,表现人物情感,将动作表情融为一体,达到木偶演戏胜似人演的目的。可谓"双手提活生旦净丑千般态,一口唱妙喜怒哀乐百样声"。

木偶昆曲已有 300 年历史。它融合了昆曲的华丽典雅、婉转细腻风格,结合自身木偶杂技的草根元素,更容易被普通百姓所接受。硕果仅存的七都提线木偶既充满了木偶戏的逗趣,又容纳了昆曲的高雅,相交相融,具有较高的文艺价值。

2008 年 6 月,江苏省扬州市等申报的木偶戏(杖头木偶戏)被列入国家级扩展名录②,项目编号为Ⅳ-92;2011 年 5 月,江苏省演艺集团等申报的木偶戏(杖头木

---

① 现为江苏省苏州市吴江区。
② 2006 年 5 月,福建省泉州市、晋江市、漳州市,辽宁省锦州市,湖南省邵阳县,广东省高州市、潮州市,海南省临高县,四川省,贵州省石阡县,陕西省,浙江省泰顺县申报的木偶戏(泉州提线木偶戏、晋江布袋木偶戏、漳州布袋木偶戏、辽西木偶戏、邵阳布袋戏、高州木偶戏、潮州铁枝木偶戏、临高人偶戏、川北大木偶戏、石阡木偶戏、邵阳提线木偶戏、泰顺药发木偶戏)被列入第一批国家级非物质文化遗产代表性项目名录,项目编号为Ⅳ-92。

偶戏)被列入国家级扩展名录。

2007年3月,扬州市、泰兴市、如皋市联合申报的杖头木偶戏被列入第一批江苏省非物质文化遗产代表性项目名录,项目编号为JSⅣ-11;2009年6月,江苏省演艺集团申报的杖头木偶戏被列入省级扩展名录。2011年9月,高邮市申报的肩担木偶戏被列入第三批江苏省非物质文化遗产代表性项目名录,项目编号为JSⅣ-16。2016年1月,苏州市吴江区申报的木偶戏(七都提线木偶)被列入第四批江苏省非物质文化遗产代表性项目名录,项目编号为JSⅣ-22。

8. 淮剧

淮剧原名"江淮戏",起源于苏北盐城及宝应一带,流行于上海、南京、苏州、无锡、常州以及安徽、浙江部分地区。民国时期上海建立起第一个淮剧戏院,中华人民共和国成立之后始称"淮剧"。淮剧的总体风格是既有北方剧种的高亢豪放,又有南方剧种的温柔委婉。

(1) 盐城淮剧

淮剧基于"门叹词"(又称"门谈词"或"门弹词")这一曾流行于苏北城乡沿门卖唱的民间曲艺而形成发展。初为一人击板而歌,继而为二人对唱,后与香火戏合并而组成"三伙子"(清代名"火班",又叫"呵大咳"),后又吸收了淮安流行的"秧田工鼓调",逐渐成为"江北小戏",演出一些对子戏、三小戏。在与徽班合演时,又吸取了徽剧中剧本、器乐曲牌、唱腔、表演等发展成熟,行当齐全,文武兼备,被称为"江北大戏"。

淮剧由方言念唱,音乐豪放高亢,铿锵遒劲,主要曲调有【淮调】【拉调】【自由调】,经过历代艺人的改革、创造与发展,积累了深厚的艺术底蕴,形成了鲜明的地方特色。淮剧不仅积累了大量的优秀传统剧目,还编演了大量的新剧目,取得了令人瞩目的成绩,许多优秀中青年淮剧演员都因参与现代戏的创作演出,获得了戏曲演员最高奖"梅花奖"。

(2) 淮安淮剧

淮剧有北派(西路、东路)和南派(苏沪)之分,淮安市淮剧团是西路淮剧的代表剧团。

淮剧的表演与傩巫演化而来的江淮香火戏一脉相承,对研究中国地方戏曲的起源和发展具有典型意义。淮剧的基本唱腔【淮调】以锣鼓衬腔伴奏,形成起、承、转、合的系统架构和规范,是西路淮剧的一大特色,也是淮剧有别于其他剧种的一大特色。淮剧的语言属北方语系,但仍留有北方语系中已没有的入声韵类,对研究中国汉语言的分布和衍变有着特殊价值。淮剧的重点唱段中,在基本的七字、十字句后运用多个四字连环句,配以垛板向快板推进,表现情绪逐渐激动,再推向高潮,有较强烈的情感表现效果。常演传统剧目有《白虎堂》《十一郎》《武松》等。

(3) 泰州淮剧

泰州是淮剧的重要发祥地。清末民初,泰州地区已有江淮戏班演出,20世纪50年代,泰州淮剧团正式成立,承担淮剧的传承与发展任务。泰州淮剧团创作的剧目多次在中央电视台播映,保留剧目《板桥应试》《祥林嫂》《信访局长》等受到专家及观众的好评。

2003年,《祥林嫂》剧组进京演出,著名淮剧青年演员陈澄获第二十一届中国戏剧"梅花奖",陈德林、黄素萍先后获得上海"白玉兰"优秀主角奖。由韦锡峰主演、江苏电视台拍摄的古装戏《双玉蝉》荣获第七届全国大众电视金鹰奖二等奖。剧团参加第六届中国艺术节、第五届中国上海国际艺术节、江苏省第一至五届淮剧节,屡获大奖,成为与上海淮剧团、江苏省淮剧团并称淮坛"三足鼎立、各有千秋"的淮剧劲旅。

(4) 宝应淮剧

宝应素有淮剧之乡的美誉。淮剧中有两大流派,即所谓东路艺术和西路艺术,其西路艺术就源于宝应。20世纪80年代以来,淮剧在宝应城乡拥有相当多的观众。曹甸、西安丰、下舍、射阳湖、水泗一带,几乎人人都能哼上几句淮剧。有的村庄还有业余淮剧团,每逢农闲,自己就能搭台唱戏。人们把这些乡镇称作"戏窝"。

淮剧体现了里下河地区贫苦农民对神的乞求、对人的求助以及对大自然的抗争和改造,声腔中包含苦味。

2008年8月,江苏省盐城市与上海淮剧团联合申报的淮剧被列入第二批国家级非物质文化遗产代表性项目名录,项目编号为Ⅳ-102;2011年5月,江苏省淮安市、泰州市联合申报的淮剧被列入国家级扩展名录。

2007年3月,盐城市申报的淮剧被列入第一批江苏省非物质文化遗产代表性项目名录,项目编号为JSⅣ-5;2009年6月,淮安市、泰州市联合申报的淮剧被列入省级扩展名录;2011年9月,宝应县申报的淮剧被列入省级扩展名录;2016年1月,涟水县、兴化市联合申报的淮剧被列入省级扩展名录。

9. 锡剧

锡剧旧称"滩簧",是江苏省主要的戏曲剧种之一。其发源地一说在无锡东北乡,一说在常州德安桥地区,因而有"锡滩""常滩"之称。清代乾隆至嘉庆(1736—1820)以来,吴语滩簧盛行,至道光年间(1821—1850)出现了职业或半职业的滩簧艺人。在长期实践的基础上,这一民间说唱艺术逐渐发展演变为一个独立的戏曲声腔剧种。

锡剧唱腔音乐以"簧调"为基本曲调,同时兼有【大陆板】【铃铃调】等数十种曲调。在多年的演出过程中,锡剧形成了姚(澄)派、王(兰英)派、沈(佩华)派、王(彬彬)派、梅(兰珍)派、王(汉清)派、吴(雅童)派等多种富有艺术个性的唱腔流派,积极推动了剧种的发展。锡剧表演行当以花旦、小生为主,代表剧目《双推磨》《庵堂相会》《庵堂认母》《双珠凤》等都曾拍摄成戏曲电影艺术片。除传统剧目外,锡剧还有一批优秀现代戏,其中以《红色的种子》最为人所称道。近年来,新一代锡剧表演艺术家重新打造的传统剧目《珍珠塔》获文化部新剧目奖,标志着锡剧在新时期进一步的发展。

锡剧曲调优雅抒情,生活气息浓厚,别具江南水乡风韵,是吴文化宝库中的珍贵财富。它与同属滩簧系统的沪剧、甬剧、苏剧共同构成了江南戏曲艺术中一道亮丽的风景线,为江南地方文化的研究提供了丰富的资源。

(1)江苏省锡剧团锡剧

江苏省锡剧团是锡剧剧种的代表性剧团。1953年3月,江苏省文化事业管理局宣布江苏省锡剧团在南京建立,程茹辛任团长,成员除原苏南文联实验常锡剧团的人员以外,又增加了一部分原苏南文工团的团员,1954年7月,原无锡县锡剧团40余人编入该团。

省锡剧团承袭了锡剧前辈卓越的艺术成就,著名编剧俞介君早在1921年就由美国胜利唱机公司灌制了第一张锡剧唱片,许多优秀演员都从该团成名,至今已有五代演员的传承关系。省锡剧团在作品建设上也成就斐然。整理挖掘的传统戏、新编新创古装、现代剧共计有大小剧目100多出,如摄制成戏曲艺术片的《双推磨》《庵堂相会》《庵堂认母》《双珠凤》等影响深远,《走上新路》《红楼梦》《红色的种子》《救风尘》《拔兰花》及近来新创的新版《珍珠塔》《红色恋人》《七月雨》等剧广受欢迎并多次获奖。该团既多次为中央领导演出,又为工人、农民、普通市民、知识分子、机关干部和部队官兵演出,足迹遍及全国。这些都为锡剧的普及与发展作出了贡献。历年来,江苏省演艺集团艺档室已投入大量人力物力,收集整理了锡剧资料达250卷,挖掘、整理、修改了大批濒临失传的剧目,并已完成了复排,使其重现舞台。

(2) 无锡锡剧

无锡是锡剧的发祥地之一。无锡东北乡流行的吴歌,称"东乡调",其自娱自乐的故事说唱,与苏南民间舞蹈采茶灯相结合,演变为滩簧戏。清末民国,滩簧故事在上海等城市上演并录制唱片,锡剧艺术更加成熟。1953年以后,无锡锡剧废除了"幕表制",实行了"剧本制",整理和创作了一批优秀剧目,同时改进和提高了音乐唱腔与舞台呈现。无锡锡剧表演艺术家王彬彬的"彬彬腔"和梅兰珍的"梅派花腔",是锡剧界公认的两大流派唱腔,二人曾共同赴日演出并拍摄电影。

无锡锡剧拥有《双推磨》《庵堂相会》《拔兰花》《珍珠塔》《孟丽君》《双珠凤》等优秀传统剧目,又有《红花曲》《当家人》《瞎子阿炳》《青蛇传》《爱河滔滔》《阿二接妻》等优秀创作剧目。从2007年起,无锡市在无锡文化艺校开设了锡剧班,由政府出资扶持传承锡剧艺术,建成并开放了无锡市锡剧博物院,为收藏、展示、交流、观赏锡剧艺术奠定了良好基础。

江阴、宜兴都是锡剧的主要发源地之一。江阴锡剧团的专业团体传承和市内众多民间演出团队传承、江阴票友协会的协会传承、华西村艺术团的"窗口"传承等方式让更多人欣赏、了解、参与江阴锡剧。

宜兴市锡剧团送戏下乡,服务市民的演出多达 200 余场。对锡剧和锡剧艺术的保护、传承、传播,发挥了重要作用。

(3) 常州锡剧

常州也是锡剧的主要诞生地之一,作为锡剧初始阶段的常州滩簧,是在常州山歌小调、宣卷、唱春等基础上,吸收苏南采茶灯舞和凤阳花鼓部分表演元素发展完善起来的。

锡剧曾是常州民众主要的文化娱乐,其领军人物王嘉大在经典剧目的形成和培养传人等方面都作出了卓著的贡献,当代著名锡剧表演艺术家王兰英、王彬彬、梅兰珍、吴雅童、杨企雯、王汉清、沈素珍等,皆师出其门。

常州锡剧在剧目创作上取得了非常丰硕的成果,中华人民共和国成立后常州市锡剧团曾进京演出,周恩来总理、朱德元帅观看演出并与演职员合影留念。《红楼夜审》和《烟村三月》等被拍成戏曲电影,在戏剧赛事中,常州锡剧剧目也屡屡获奖。《烟村三月》入选省舞台艺术精品工程,《少年华罗庚》连演 1000 多场,广受赞誉。

(4) 苏州锡剧

苏州地区的常熟是锡剧起源和发展、观演的重镇,更是锡剧盛行之地。

锡剧在形成过程中大量吸收了苏州滩簧的曲调。就其声腔而言,它和苏州地方戏苏剧可以称为姐妹剧种。因此,它流行于苏州地区,被称为"苏锡文戏"。"苏锡文戏"甚至可以用苏州方言念唱。当代锡剧唱腔中仍旧保留了许多苏州滩簧的曲调、曲牌,如【弦索调】【太平调】【迷魂调】【陈调】【柴调】等。锡剧在声腔中揉入苏州地方元素后,唱腔更加柔媚糯软,用腔和韵脚更为考究,更为清晰动听。

苏州各地还十分重视锡剧的原创。常熟先后创编了《红色小战士》《柳如是》《龙凤合同》《常青藤》《叫化鸡传奇》《阴阳灯》《多情的芦荡》《谢方正进京》《杨乃武出狱》《常德盛》等剧目。张家港则先后创编有《要塞新雷》《双桥联姻》《星河情》等十几个剧目,同时移植改编演出了《天雨花》《梁山伯与祝英台》《珍珠塔》等一大批优秀传统剧目。为了传承锡剧与推动艺术革新,苏州市相关部门采取了举办讲习班等措施。

锡剧在张家港境内有着深厚的群众基础。张家港市艺术中心（原张家港市锡剧团）是戏剧表演的专业团体、锡剧艺术传承及普及单位，年均演出场次在200场以上，每年都到全市的各行政村演出锡剧。张家港市艺术中心还常年把锡剧艺术送进校园，通过"戏曲校园基地"普及锡剧艺术。

2008年6月，江苏省演艺集团锡剧团、无锡市、常州市联合申报的锡剧被列入第二批国家级非物质文化遗产代表性项目名录，项目编号为Ⅳ-103。

2007年3月，江苏省演艺集团、无锡市、常州市联合申报的锡剧被列入第一批江苏省非物质文化遗产代表性项目名录，项目编号为JSⅣ-4；2011年9月，苏州市申报的锡剧被列入省级扩展名录；2016年1月，江阴市、宜兴市、张家港市联合申报的锡剧被列入省级扩展名录。

10. 淮海戏

淮海戏源于"拉魂腔"，是江苏地方戏曲声腔。因以三弦伴奏，又称"三括调"。此戏清代发端于连云港和沭阳吴集一带，源自艺人讨取食物时演唱的"打门头词"，清中后期进一步发展，出现戏班并分角色演出，抗战期间基本形成并起到重要的宣传作用，中华人民共和国成立后正式得名"淮海戏"并兴盛一时，现流布于苏北宿迁、淮安、连云港、徐州、盐城部分地区及安徽的皖东北一带。

淮海戏传统剧目号称有"三十二大本，六十四单出"。传统剧目的题材侧重于历史事件和民间故事，此外还有《柴米河畔》《三星路》《反内战》等配合党的抗日宣传工作而编写的现代剧。淮海戏用地方方言演唱，语言朴实，表演灵活，生动有趣，具有浓郁的乡土味，不但能适应舞台演出，亦能"摆地摊"，在街头、乡村演出。

淮海戏使用乐器以三弦为主，辅以高胡、琵琶等。淮海戏唱腔属"板腔体"，男女角唱腔同位而不同腔。女主角唱腔最初为【二泛子】，后为【好风光】。男唱腔最初为【金凤调】，后吸收京剧【西皮】特点形成【东方调】。

2008年6月，江苏省淮安市、连云港市联合申报的淮海戏被列入第二批国家级非物质文化遗产代表性项目名录，项目编号为Ⅳ-104。

2007年3月,淮安市、连云港市、沭阳县联合申报的淮海戏被列入第一批江苏省非物质文化遗产代表性项目名录,项目编号为JSⅣ-8;2011年9月,泗阳县申报的淮海戏被列入省级扩展名录;2016年1月,灌云县申报的淮海戏被列入省级扩展名录。

11. 童子戏

童子戏起源于唐代,由古老的汉族祭祀舞蹈演变而来,以"开坛驱鬼"的形式流传到民间,是中国傩文化的重要分支,在江苏境内,目前流传于连云港和南通通州区等地。

(1) 通州童子戏

通州童子戏现今主要分布在南通部分地区,包括通州区中西部及周边的如东、如皋等。民国年间,通州童子戏已由单纯的家庭祭祀、祈福消灾向民间戏剧活动发展,代表人物有戴等姑娘与朱莲子等。通州童子戏与南通当地的方言、文化、风俗、民情相交融,逐渐形成了鲜明的地方特色。通州童子戏的传承主要有师徒相授及家族传承两种。

通州童子戏唱的是俚曲小调,唱腔高亢清亮,如泣如诉,主要有【铃板腔】【点鼓腔】【圣腔】【书腔】【喜腔】。唱词句式多为老百姓熟悉喜爱的七字句、十字句。乐队清一色使用打击乐,有大鼓、锣、闹钵、手鼓等,无丝弦乐器伴奏。

童子可分文童子、武童子两种,文童子以念唱为主,武童子的表演形式融杂技、气功为一体,惊险刺激。

(2) 海州童子戏

海州童子戏流传于连云港地区,与古代傩舞颇有渊源,清代渐渐演变为具有戏曲形态的海州童子戏。

海州童子戏的演出,至今仍保留了充满神秘色彩的傩祭仪式。如"烧猪""牛栏会"等,都有一系列的"设坛""请亡""踩门八字""安坐""过桥""升文""送圣"等关目。

童子戏在乡间被视为正宗的"大戏",无论角色行当,还是服饰道具,一应俱全。传统剧目有近百个,一类源于当地的民间传说,如《李迎春出家》《洪山捉妖》等;另一类多从徽剧、京剧中移植演变而来,如《举狮观画》《吴汉三杀》等。它的演出形式别具一格,每到演出场地,都将许多牛车轮子竖起,排列成方形,上面盖土垫平,观众三面看戏,艺人称之为"车台"。海州童子戏的演出,还保留了"含铲""砍刀""咬鸡""口吐白丈"等特技。

海州童子戏属"曲牌体"的"高腔系统",它的唱腔有"九腔十八调"之称。代表性传承人曹秀芝尚能背诵数十出"童子戏"传统剧目,还能表演"砍刀""咬鸡"等童子戏特技。

(3) 沭阳童子戏

沭阳,古属楚地。春秋时期的楚地盛行古老的巫文化,童子戏是沭阳民众在宗教祭祀活动中驱逐疫鬼的一种形式,它地域性强,其祭祀驱逐疫鬼的色彩浓重,并洋溢着浓郁的远古气息。

童子戏在沭阳有水童子、旱童子两个支派。水童子流行于湖东、西圩、高墟一带。旱童子流行于东南部的胡集、钱集、张圩、塘沟等地。两者根据童子戏艺人的交通工具与舞台而区分。

沭阳童子戏唱腔独特,丰富多彩。它含有牛歌、夯歌成分,乡土气息浓厚。高亢激昂,口语化强。童子戏的曲目大都教人行善,哪怕是开坛驱鬼的戏,也宣传为人要积善行德的思想。

童子戏至今尚未形成一个完整系统的地方剧种。民国初,童子戏随着时代变革濒临绝境,艺人纷纷改行。抗日战争时期,因为民众朝不保夕,童子戏随之获得发展契机。中华人民共和国成立后又陷入低谷。童子戏剧团在原有的专用腔基础上加入丝弦乐伴奏,改变了仅靠打击乐伴奏的单一的局面,又吸收高跷和兄弟剧种的表演形式,丰富了自己的表现形式。

2008年6月,江苏省通州市申报的童子戏被列入第二批国家级非物质文化遗产代表性项目名录,项目编号为Ⅳ-105。

2007年3月,通州市、连云港市新浦区联合申报的童子戏被列入第一批江苏省非物质文化遗产代表性项目名录,项目编号为JSⅣ-9;2016年1月,沭阳县申报的童子戏被列入省级扩展名录。

12. 徐州梆子戏

徐州梆子戏又称"大戏",流行于徐州及周边地区,因以枣木梆子配合板鼓指挥全剧曲调节奏而得名。徐州梆子戏源于山西梆子、陕西梆子,明初传入徐州,与本土民歌、曲艺、方言、风俗等相结合,经梆子艺人加工而形成。

徐州梆子戏以梆子击拍,节奏鲜明,清脆悦耳,唱功多,道白少,唱腔高亢,曲调优美抒情且具有乡土气息和地方特色。其唱腔结构属于"板腔体",有慢板、流水板、二八板、快板、非板。乐队编制为"一鼓(板鼓)、二锣(大锣、小锣)、三弦手(大弦、二弦、三弦),梆子铙钹共八口"。梆子为击节乐器,由硬度较强的枣木所制,是伴奏乐器中最具代表性的打击乐器,主要用于唱腔伴奏之中。大弦为主奏乐器,二弦、三弦为助奏乐器,20世纪后大弦被板胡取代,并逐渐增加了二胡、唢呐、笛子、笙等乐器。文场主奏乐器改为板胡,武场为板鼓、梆子、锣、钹等。

徐州梆子戏通过唱腔、道白、表演动作及人物的个性化妆展现人物、剧情及主题,在调式、旋律节奏、语言音韵及演唱风格上,将徐州方言融于中州语系与吴语系之间,既厚重又轻柔。徐州梆子戏上演剧目题材广泛,内容丰富,有200余部。其中有反映帝王将相、才子佳人的传统剧目,有在各个时代以弘扬社会正能量为主而创作的现代戏,也有移植剧目。徐州梆子戏通过艺人口传心授,师徒相袭传承,并不断发展提高。

2008年6月,江苏省徐州市申报的徐州梆子被列入第二批国家级非物质文化遗产代表性项目名录,项目编号为Ⅳ-121。

2007年3月,徐州市申报的徐州梆子戏被列入第一批江苏省非物质文化遗产代表性项目名录,项目编号为JSⅣ-7。

13. 滑稽戏

滑稽戏发源于上海,其前身是清末民初的文明新戏。滑稽戏吸收了话剧、戏曲、曲艺、通俗歌曲等多种艺术样式的表演手段,又从市井生活中掘取可笑因素作为表现题材,喻辛辣的讽刺于笑料中,在情感上与市民产生强烈共鸣。

（1）苏州滑稽戏

苏州滑稽戏发源于苏州地区，是滑稽戏的重要分支。苏州滑稽戏是以苏州方言为舞台语音的滑稽戏剧，综合了苏州地区的独角戏、滩簧、双簧、隔壁戏、小热昏、民间小调等多种民间说唱艺术发展而成，近代又吸收了文明戏的某些结构方式。苏州滑稽戏具有悠久的历史渊源，明代时滑稽就在昆剧中演化为净、丑角色的插科打诨。

20世纪初，苏州籍作家徐半梅先生于上海首创了"趣剧"，有"东方卓别林"之誉。同时，苏州曲艺家王无能也于上海创造了独角戏，大大丰富了趣剧的滑稽表演手段，致使独幕的滑稽小戏迅速发展成为多幕的中型或大型滑稽戏剧。因而，滑稽戏中存在着强烈的苏州基因。同时，苏州滑稽戏又独立发展，具有自身特色。

苏州滑稽戏的表现方法主要是说、噱、做、唱。"说"，作为叙述故事、推进情节、揭示心理的主要手段，同时又用以铺设和释放"包袱"引爆笑场。"噱"，是逗笑的代称，是滑稽的主要方法；"噱"以"包袱"方式预设在滑稽戏的结构之中，通过艺人的释解（"抖包袱"）而触发笑点，高质量的噱头也能用于塑造人物性格。"做"，是表演的总称。滑稽戏表演的特殊性在于它既不是话剧式的生活仿真，又不是戏曲式的写意，必要时常常借助于形体，即通过肢体动作的夸张与变形传递人物的喜怒哀乐。"唱"，同样尽可能以引爆笑场为指向，是"说"与"做"之外的一种艺术手段。

中华人民共和国成立前后，张幻尔、张冶儿、方笑笑等分别将滑稽戏发扬光大，形成了苏州滑稽戏的支流，并于20世纪50年代合并入苏州市滑稽剧团，至今他们各自的传人分别继承了师门的流派风格，通力合作，在20世纪80—90年代，创造了《一二三起步走》《快活的黄帽子》《小小得月楼》等一系列优秀剧目，在中国第六届艺术节和全国各届戏剧会演中多次荣获大奖，使苏州滑稽戏成了滑稽戏剧种的著名品牌。

（2）常州滑稽戏

常州滑稽戏源起于20世纪初，由文明戏中的趣剧、滑稽剧和江南说唱形式的独角戏派生、进化，同时继承了中国各代古典喜剧的传统，吸收了民族话剧、戏曲、曲艺、魔术、歌舞以及西方喜剧艺术的养料。所以,它又被称为"滑稽话剧""什锦歌剧"和"什锦戏"等。

常州滑稽戏具有鲜明的艺术风格和影响力,以说、噱、做、唱、舞五位一体。一般来说,常州滑稽戏表现人物喜悦心情时,会唱【春调】【金陵塔】【苏赋】【梨膏糖调】;表演愤怒情绪的会唱【探亲相骂】【汪汪调】【夜夜游】【吴江调】等;表现悲哀的会唱【哭小郎】【太子哭坟】【哭妙根笃爷】【小孤孀】;表示快乐情绪的会唱【快调】【马灯调】【莲花落】【节节高】等。

2011年5月,江苏省苏州市等申报的滑稽戏被列入第三批国家级非物质文化遗产代表性项目名录,项目编号为Ⅳ-156。

2009年6月,苏州市申报的滑稽戏(苏州滑稽戏)被列入第二批江苏省非物质文化遗产代表性项目名录,项目编号为JSⅣ-13;2016年1月,常州市申报的常州滑稽戏被列入省级扩展名录。

14. 阳腔目连戏

阳腔目连戏是南京高淳地区的古老剧种,又叫"太平戏",由做法事发展成舞台演出,相传起源于元代,明代出现剧本《目连救母劝善戏文》,与高淳地方习俗、方言、风情融合而形成,盛行于清代,出现抄本《阳腔目连戏》。高淳还有木偶演出的目连戏,称为"小目连",其剧本声腔与真人演的相同。

阳腔目连戏的行当为生、旦、净、丑、末、外。此外,尚有"武行",专演"武场"。武场吸收了民间武术杂技,难度很大。阳腔目连戏属【东路腔】①,它的最大特点是"一唱众和,锣鼓击节,不被管弦"。阳腔目连戏在演出过程中与地方习俗相结合,掺杂各种祭祀仪式。在唱腔上,结合高淳【高腔】,并吸收【道士腔】和宋元杂剧中的戏曲声腔,形成自成体系的【阳腔】,曲牌有140多种。在音乐上,吸收了大量高淳民歌,采用高淳方言,并运用帮腔形式,具有浓郁的地方特色。高淳阳腔目连戏在宋元杂剧的基础上,汲取道佛音乐和地方民歌而发展起来,既体现了文人创作,也反映了民间的智慧,其中的【高腔】和【高拨子】分别被徽剧、京剧所吸收。

---

① 按唱腔划分,目连戏有【东路腔】【西路腔】之分。【西路腔】又名【南陵腔】,【东路腔】又名【水阳腔】,简称【阳腔】。

阳腔目连戏反映了江南地区的社会风尚、生活习俗、宗教信仰和道德伦理,保存和传承阳腔目连戏对研究中国民间风俗、文化艺术、传统道德、宗教信仰和社会制度具有重要价值。

2007年3月,高淳县申报的阳腔目连戏被列入第一批江苏省非物质文化遗产代表性项目名录,项目编号为JSⅣ-10。

15. 丰县四平调

丰县四平调是由古老的丰县花鼓演化而成的地方剧种。丰县花鼓源自宫廷,后又流入民间,集戏曲、曲艺、舞蹈于一身,以戏曲形式登台演出,时称"干砸梆",1935年始称"四平调",经不断进化发展最终发展成熟为地方剧种,广泛流行于苏北、鲁南、皖北、豫东等地区。

丰县四平调具有鲜明的艺术特色和强烈的艺术表现力。其声腔之女声质朴而不失委婉与俏丽,男声高亢豪放而又兼具柔和;表演本色而细腻,充满生活气息;程序规范严谨,擅长以大段唱腔来塑造人物,把剧情推向高潮;行当分工精细,生、旦、净、丑特色鲜明;剧目题材丰富,既有传统的代表性剧目,又有新创的现代戏,剧目内容反映社会各个层面。

丰县四平调总体上体现了强烈的大众化特征,具有广泛的群众基础。徐州四平调历史悠久,曾涌现出一批优秀演员和获奖的优秀剧目,充满艺术生命力。但受诸多因素的影响和制约,丰县四平调已后继乏人;大量具有代表性的剧目及表演艺术面临人去艺绝的濒危状态,现状堪忧,亟待抢救与保护。

2009年6月,丰县申报的丰县四平调被列入第二批江苏省非物质文化遗产代表性项目名录,项目编号为JSⅣ-15。

16. 香火戏(金湖香火戏)

香火戏流布甚广,金湖香火戏又称"香火会",也叫"香火神会",渊源是古代的"乡人傩"。

香火戏是集祭祀、信仰、娱乐、教化为一体的初始性戏剧形式,从业人员称"香火"或"童子"。香火、童子常主持民间的社会和庙会并进行"香火戏"表演。金湖的香火神会名目繁多,大致可分为村落举办的神会、行业举办的神会、家庭举办的神会、"香火""童子"自行举办的神会等等。村落举办的香火神会有"青苗会",也叫"土地会",还有"圩神会"。各个行业也会举办香火神会,如渔民秋捕之前要做"大王会",瓦木匠要做"鲁班会",商人小业主要做"血财会",养牛户春上要做"牛栏会",医生要做"药王会"等。家族做香火神会一般在秋后或冬闲之时,如"家谱会""安宅会"。"香火""童子"自办的神会叫作"升纲神会"。

金湖香火戏是民间祭祀和民间戏剧综合体,它结合了说唱、舞蹈、戏弄杂耍等表演艺术,以及剪纸、绘画、民间工艺等造型艺术,是一种不可多得的"活在民间"的俗文化。金湖香火戏现存有唱词手抄本以及《三曹对案》等"参军戏"蓝本。香火戏中的说唱韵文为研究明清小说如《西游记》《封神传》等提供了资料,对民俗研究也有着重要价值。其中的一些关目,如《消灾》《转竹招魂》等,对楚辞的研究,特别是对《天问》《大招》《招魂》的研究具有极其重要的价值。

2009年6月,金湖县申报的香火戏(金湖香火戏)被列入第二批江苏省非物质文化遗产代表性项目名录,项目编号为JSⅣ-16[①]。

17. 吕剧

吕剧是连云港地方戏曲剧种之一,东海县吕剧团是江苏省唯一的一个吕剧演出团体。

吕剧是生根于齐鲁大地上的一朵奇葩,因东海县西北部与山东接壤,且1952年12月以前属山东临沂地委管辖,故吕剧深深影响着东海。旧时东海县茶棚牛屋、田间垄上,均能听到侉味十足、朴实平易的吕剧调。早在革命战争年代,老区李埝、南辰、白塔人就组建吕剧戏班,唱着吕剧调,打着莲湘,跳着马灯舞,激励人民送子上前线,抗日守家园。1960年,东海当地创作和排演了传统及现代剧目《姊妹易嫁》《墙头记》《李二嫂改嫁》《红丝带》《春打六九头》等。东海吕剧由早年的肩挑驴驮发展到今天的大流动舞台车,唱遍大江南北,足迹遍苏鲁豫皖,先后滋润培

---

① 该项目编号与肩担木偶戏相同,似为谬误。

养了四代观众。

2011年9月,东海县申报的吕剧被列入第三批江苏省非物质文化遗产代表性项目名录,项目编号为JSⅣ-17。

18. 淮红戏

淮红戏原名"清音",俗称"旱船调",产生于清代中后期,发源于宿迁宿豫、宿城,流布于沭阳、泗阳、泗洪及其周边的睢宁、淮安、涟水、灌南等地。因其主调为"满江红"而得名"淮红",汇集了近百种明清以来苏北、苏南、皖北一带的民歌小调,故又有"百曲"之称。

淮红戏是江苏特有的地方戏曲剧种,它剧目丰富,唱腔柔润优美,曲调清丽委婉,曾同丹阳的丹剧、海门的山歌剧一起被誉为江苏戏曲"三枝花",并被载入《中国戏曲大辞典》。近年来,宿豫区政府本着"保护为主、抢救第一、合理利用、传承发展"的保护方针,在多所学校建立了淮红戏传承基地,使淮红戏得到新的传承和发展。

2016年1月,宿迁市宿豫区申报的淮红戏被列入第四批江苏省非物质文化遗产代表性项目名录,项目编号为JSⅣ-18。

19. 越剧(竺派艺术)

越剧是中国重要的地方剧种。越剧竺派艺术则是已故著名越剧表演艺术家、"越剧十姐妹"之一的竺水招先生所创立。越剧竺派艺术的形成期和高峰期被公认为是20世纪40年代,五六十年代是传承和发展的时期。

南京市越剧团在传承和发展越剧竺派艺术中,充分发挥了独特的作用。历年来,排演了以竺派嫡传弟子竺小招为领衔主演的数十台具有竺派艺术风格和特色的剧目。尤其是1983年竺小招拍摄的戏曲电影《莫愁女》以及2003年重排的《柳毅传书》经典优秀保留剧目,更是脍炙人口,久演不衰,是竺派表演艺术的明珠。剧团还多次成功举办越剧竺派艺术研讨会、越剧竺派演唱会,出版越剧竺派个人专辑来丰富和提升越剧竺派表演艺术。

2016年1月,南京市申报的越剧(竺派艺术)被列入第四批江苏省非物质文化遗产代表性项目名录,项目编号为JSⅣ-19。

20. 黄梅戏

中国五大戏曲剧种之一的黄梅戏,是18世纪后期在皖、鄂、赣三省毗邻地区形成的一种民间小戏,经过不断发展,黄梅戏成为全国知名的剧种。黄梅戏韵味丰富,唱腔纯朴清新,细腻动人,以明快抒情见长,具有丰富的表现力,且通俗易懂,易于普及,深受各地群众的喜爱。

盱眙曾隶属于安徽省,清代末年,黄梅戏由安徽安庆、怀宁等地区流传到盱眙,逐渐成为盱眙的地方主要剧种。盱眙县黄梅戏剧团始建于1959年,常年在江浙沪皖等地区演出,曾荣获全国黄梅戏大奖。目前,黄梅戏在盱眙呈现出专业与业余相得益彰的局面。

2016年1月,盱眙县申报的黄梅戏被列入第四批江苏省非物质文化遗产代表性项目名录,项目编号为JSⅣ-20。

21. 皮影戏

皮影戏,又称"影子戏"或"灯影戏",起源于汉代,成熟于唐宋,繁盛于明清,复兴于当代,是中国最古老的剧种之一。它既有故事性,又有音乐性,是集绘画、雕刻、文学、音乐、表演为一体的综合性民间艺术。

早在明清时期,南京夫子庙一带就有皮影戏的表演。1955年,南京市文化部门邀请山东济南皮影社来夫子庙人民游乐场进行皮影戏表演,引起了极大的轰动。1957年,南京创办了南京向群皮影剧社,并开始招收皮影戏学员,这批学员后来成为南京市木偶皮影戏剧团的主要演员。由此,皮影戏在南京地区生根发芽。经过半个多世纪的发展,南京皮影戏在继承传统的基础上不断创新,并逐步形成了自己的艺术风格。

2016年1月,南京市秦淮区申报的皮影戏被列入第四批江苏省非物质文化遗产代表性项目名录,项目编号为JSⅣ-21。

第五章 曲 艺

曲艺是以第三人称的语式为主、第一人称的语式为辅来"说唱"故事的艺术表演形式。它的表演形式丰富多样,题材贴近日常生活,为群众所喜闻乐见。江苏曲艺融入了地方文化元素和语言特征,有着鲜明的地域性。苏南地区多流行弹词类曲艺,柔美、秀丽、婉转,北方方言区的曲艺质朴、刚劲、粗犷,江淮方言区则兼具南北所长。江苏曲艺大多历史悠久,在各个不同的历史阶段出现了许多典型的作品和代表性艺人,十分丰富地反映了江苏各地民众的生活和时代的印迹,具有不可替代的人文价值和艺术价值。

近年来,江苏各级政府加大了对曲艺项目保护与发展的力度,为江苏曲艺的振兴提供了难得的机遇。一方面,四级非物质文化遗产代表性项目名录的建立及保护措施的不断强化,使江苏曲艺项目的保护工作有了抓手,得到了保障。另一方面,中国曲艺"牡丹奖"评比落户江苏,江苏省委宣传部又专门批准设立了与之相对应的江苏曲艺最高奖"芦花奖",每两年评选一次。种种有效措施使江苏曲艺的保护与发展呈现出崭新的面貌。

1. 苏州评弹

苏州评弹是"苏州评话"和"苏州弹词"的合称,俗称"苏州说书",即运用苏州方言进行的说唱表演艺术。它发源于苏州,流传于苏州、上海、南京、无锡、常州、杭州、嘉兴、宁波、湖州、绍兴等地区。苏州评弹的历史可追溯到唐宋时代,清中期趋于成熟,清后期发展至顶峰。

苏州评话只说不唱,俗称"大书",有"表""白""赋赞""挂""韵白"几种形式。①通常为一人表演,注重说、噱、口技和起角色,还借助醒木、折扇和手帕等道具来制造气氛或塑造形象,表演时讲究"精、气、神"。苏州评话书目丰富,内容多以演义、公案、武侠等为主。

苏州弹词既说又唱,俗称"小书"。通常为二人双档,亦有单档或三人档,操三弦、琵琶自弹自唱。苏州弹词以说表为主,讲究语音、语气和语调的变化运用,注重用词精确生动,结合书目,形成不同的流派说功,有 24 种流派唱腔。唱词是诗赞体,七字句居多,其格律直接继承七言诗,讲究精练、形象和抒情。内容大多以爱情故事及一般社会人事为主。

苏州评弹确立了以说、噱、弹、唱、演为主要手段的表演体系,运用说白、做功、口技和弹唱等手段来交代情节、塑造人物,时空转换方便,大到千军万马、前朝后代,小到复杂心理、一闪之念。苏州评弹注重理(贯通)、味(耐思)、趣(解颐)、细(典雅)和技(功夫),还强调"关子",制造悬念。

2006 年 5 月,江苏省苏州市申报的苏州评弹(苏州评话、苏州弹词)被列入第一批国家级非物质文化遗产代表性项目名录,项目编号为Ⅴ-1;2011 年 5 月,江苏省演艺集团申报的苏州评弹(苏州评话、苏州弹词)被列入国家级扩展名录。

2007 年 3 月,苏州市申报的苏州评弹(苏州评话、苏州弹词)被列入第一批江苏省非物质文化遗产代表性项目名录,项目编号为 JSⅤ-1;2009 年 6 月,江苏省演艺集团申报的苏州评弹(苏州评话、苏州弹词)被列入省级扩展名录;2016 年 1 月,无锡市申报的苏州评弹被列入省级扩展名录。

2. 评话

评话是以当地方言徒口讲说表演的曲艺说书形式,不同地区有不同的评话。其中,江苏具有丰富而多样的评话传统,是江南民俗的重要组成部分,对其他地区也产生了较大的影响。

---

① "表"即第一人称表述,"白"即第三人称表述,"赋赞"即场景的描述和烘托人物心理及性格特征,"挂"即书中人物出场时的自我介绍,"韵白"是情节铺叙或承上启下的衔接。

(1) 扬州评话

扬州评话流行于苏中、苏北和南京、镇江、上海等地,是用扬州方言讲评故事的曲艺。它兴起于明末清初,清乾隆年间(1736—1795)达到顶峰,民国后逐渐萧条,中华人民共和国成立后重新得到发展。

扬州评话的传统节目分为三类,其中包括讲史演义类的《东汉》《西汉》《三国》《隋唐》《水浒》《岳传》等,公案侠义类的《绿牡丹》《八窍珠》《九莲灯》《清风闸》等,神话灵怪类的《封神榜》《西游记》《济公传》等。扬州评话的表演多为一人,坐说不唱,偶有二人对白或说中夹唱者,以发挥语言功能。常用一人、一桌、一扇、一醒木的方式,及"口、手、身、步、神"等技巧进行表演,把复杂的人物故事加以艺术渲染。语体分"官白""私白",又称"说""表"两类。官白用于区别和表现角色,模拟不同地区不同人物的语言;私白使用扬州方言,夹评夹议,用于叙事,表达人物的内心活动。传统表演动作多虚拟,幅度小,一般身子不偏出书台桌角,两足不露出书台桌围。

扬州评话以说表细腻、动作传神、着意刻画人物为特色,特别适于塑造生动鲜明的艺术形象。有的书目为集中刻画主要人物,在原著的基础上用"以人串书,一线到底"的结构,扩展情节,增添细节,精心刻画主要人物。同时运用各种演示动作和技巧,以眼神的运用为重,强调寓神于情,以此形成本曲种特有的艺术表现手法。扬州评话的表演还包括特技的运用,书中主要人物的形体、声腔等都按照他们的身份、个性给予夸张和渲染,非常讲究语言技巧和"码头话"(即"倒口")口技的运用。

扬州评话现在面临前所未有的困境,演出队伍萎缩,听众老化,书场陈旧,后继乏人,生存与发展受到严峻挑战,亟待有效保护。代表性传承人有王丽堂和李信堂等。

(2) 常州评话

常州评话自诞生起就与常州及周边地区的文化习惯、风俗人情密不可分,带有浓郁的江南风情和鲜明的吴文化思维特征,是具有鲜明地域特征的地方曲种。常州评话以书目篇幅长、容量大见长,多为长篇大书,一部书往往需要连演数十天至数月,更有甚者一部书能说一年,所谓"从盘古开天辟地说到天安门上升国旗"。

常州评话以叙事为主,讲究语言的生动、风趣,具有浓郁的时代色彩。常州评话传统书目保存了大量历史文化信息,记录了古代、近代江南地区的民俗风情和社会时尚变迁,对于研究了解常州乃至吴文化区域的人文历史、地域文化、民俗风情、社会伦理等有着重要价值,是传统曲艺遗留下来的宝贵财产。

(3) 南京评话

南京评话与扬州评话、苏州评话并称为江苏民间传统说书艺术三大流派。明代南京就有艺人进行说书活动,清乾隆时期(1736—1795)形成行会组织"三皇会"并延续到20世纪中叶。

南京评话包括"说"与"评"两个基本方面,内容涉及面广,包括神话传说、民间故事、历史事件、轶闻趣事和现实生活等。它通常讲究事理的逻辑性、哲理性,力求以通俗易懂的语言真实生动地再现典型环境中的典型人物与典型情节。其基本形式为单人表演(行话称为"单档"),通常只说不唱,靠说表、噱头、手面、眼神等表演功夫折服听众,演出道具仅有一把折扇、一方醒木、一块方帕。艺人借用折扇等来模拟各种物件,起到辅助表演的作用,并根据故事情节发展需要,以不同的方式敲击醒木产生不同声音,以吸引听众。叙述通常采用南京方言或南京官话,并穿插赞美自然、慨叹历史的诗词歌赋等,以求"活灵活现"。此外,评话艺人还善于运用模仿各种各样响声的"口技"。通过以上方式和技巧,南京评话艺人的表演具有"全凭一张嘴,满台风雷吼"的艺术魅力。

南京评话传统曲目中保留了大量的历史典故、风俗民情和方言俚语,对南京及其他相关地区的历史文化、人文景观以及民风民俗等,具有十分重要的研究价值。

2006年5月,江苏省扬州市申报的扬州评话被列入第一批国家级非物质文化遗产代表性项目名录,项目编号为Ⅴ-2;2011年5月,江苏省演艺集团申报的扬州评话被列入国家级扩展名录。

2007年3月,扬州市申报的扬州评话被列入第一批江苏省非物质文化遗产代表性项目名录,项目编号为JSⅤ-2;2009年6月,江苏省演艺集团、镇江市联合申报的扬州评话被列入省级扩展名录;2016年1月,常州市申报的常州评话被列入省级扩展名录;2009年6月,南京市秦淮区申报的南京评话被列入第二批江苏省非物质文化遗产代表性项目名录,项目编号为JSV-9。

3. 扬州清曲

扬州清曲又称"小曲""小调",主要流行于扬州地区及江淮流域,还流布于淞沪、湖广、云川等地。其渊源可上溯到唐宋年间古老的民歌,承接了元明以来的俗曲,兼容了优秀曲牌,逐步形成了具有鲜明地方特色的民间曲艺。近200年间,扬州清曲出现了黎派、钟派、周派、王派、马派、陈派等,可谓名家辈出,流派纷呈。

扬州清曲系坐唱类曲艺,演出样式轻便、简洁、朴实,演出时不化妆,亦无表演动作。多数曲目只唱不说,部分曲目有唱有说或说多唱少,有代言,有旁叙。演唱者一二人至七八人不等,以四胡、二胡、琵琶和檀板等乐器伴奏,也有辅以碟盘、酒杯击节。演唱人数不论多寡,必须每人操一种乐器伴奏,这种"手口相应"的表现技巧,呈现出中国曲艺独有的外部艺术特征。清曲为曲牌体,曲牌据统计有140多种,代表性曲牌有【软平】【叠调】【黎调】【南调】【波扬】【鲜花调】【梳妆台】【剪靛花】等,单曲与联曲(套曲)并存,既能抒情又能叙述长篇故事,个性丰富,联套技巧高超。全曲只用一支曲牌的为单支曲,俗称"单片子",用多支曲牌连缀而成的称联曲,亦称套曲,代表作有《三国》《水浒》《红楼》系列等。其调式有宫、商、徵、羽等,板式有一板三眼、一板四眼、一板七眼,另有少数曲牌无板无眼。

扬州清曲曲目丰富,约有600个,曲词内容包含社会生活、男女爱情、历史故事、寓言神话、风景事物等方面,唱词的句式多为七字句或十字句,字数可增减,句数随曲牌增减,少则两句,多则十几句,遣词造句富有文采,多借鉴传统诗词或引入古代佳句。一韵到底或偶句押韵。

清曲的唱奏组织方式颇具特色,一般由爱好者集结,随时随地自娱自唱,幽默风趣。扬州清曲反映了社会底层民众的生活,具有强烈的民间性、群众性和地域性特征,也对国内其他曲种、剧种产生了影响。扬州清曲多由艺人口传心授、口耳相传,亟需保护弘扬。

2006年5月,江苏省扬州市申报的扬州清曲被列入第一批国家级非物质文化遗产代表性项目名录,项目编号为Ⅴ-25。

2007年3月,扬州市申报的扬州清曲被列入第一批江苏省非物质文化遗产代表性项目名录,项目编号为JSⅤ-4;2009年6月,镇江市申报的扬州清曲被列入省级扩展名录。

4. 扬州弹词

扬州弹词相传形成于明代,至清道光至咸丰年间(1821—1861),表演形式更加丰富。其中,明末清初著名说书家柳敬亭被尊奉为扬州弹词的鼻祖与先驱。

扬州弹词的表演以说表为主,弹唱为辅,细腻传神。其艺术特色可以概括为"表""肖""巧""裊"四个字。其书目内容以武侠历史故事和爱情故事为主,又称"大书"和"小书"。在表演上,"大书"注重艺术形象的塑造,节奏稍快;"小书"工于对人物心理的刻画,情节较缓,更加讲究字正腔圆、语调韵味,演示动作幅度更小,注重面部表情。

扬州弹词初为单档一人表演,唱时自弹三弦伴奏,亦称"弦词"。后发展为二人对口双档并加琵琶伴奏,又称"对白弦词"。双档表演时,演员分坐书台左、右,相互配合,以表现不同角色,上手演员侧重叙述,下手演员则唱曲。说表多用扬州方言,起角色时也用外地"码头话",以区别和刻画人物。表演者登台校准弦音后,常先弹奏一曲或弹唱"开篇"一首,然后再进入正书。

在音乐方面,扬州弹词常用曲牌有【三七梨花】【锁南枝】【沉水】【海曲】【道情】等,以羽调和商调居多,曲调朴实典雅,古色古香,多年来少有变化。伴奏时上、下协调默契,三弦弹骨架音,疏放雅朴,琵琶则润密多变,跌宕绮丽。唱词有代言体和叙事体,一般为三字句或七字句,可适当增减字,多为偶句押韵,经常上演的传统书目有《玉蜻蜓》《珍珠塔》《双金锭》《落金扇》《刁刘氏》《双珠凤》《双剪发》《白蛇传》等,另有《黄金印》《金瓶梅》《二度梅》《倭袍记》《大红袍》《天宝图》《麒麟豹》等内容失传的书目。

2008年6月,江苏省扬州市申报的扬州弹词被列入第二批国家级非物质文化遗产代表性项目名录,项目编号为Ⅴ-50。

2007年3月,扬州市申报的扬州弹词被列入第一批江苏省非物质文化遗产代表性项目名录,项目编号为JSⅤ-3。

5. 无锡评曲

无锡评曲原称"说因果",是形成于无锡地区的传统说唱艺术,盛行于清乾隆年间(1736—1795)。有单档演出,也有双档合演。单档一般是用三块竹板(或硬木板)做成的三巧板(三跳)为乐器,双档分上、下手,用鼓板和三巧板击节,一唱一和,讲唱内容大多是宣扬因果报应、劝人为善的故事。

说因果最初仅在无锡一带演唱,因通俗易懂,乡土气浓,受到当地民众欢迎,以后逐渐发展到常州、宜兴、江阴、常熟、上海、杭州等地。无锡评曲除保留原有【锡调】【哭调】外,还吸收常熟、上海等地的地方小调【东乡调】【海调】为基本曲调,兼收一些传统民歌小曲和其他曲、剧种的优秀唱腔,采用拖腔、帮腔、滚句、抢字、后翻高等手法,丰富了曲调的表现力。在常州的说因果,叫"唱道情",艺人组织称"新裕社",在上海有"宽裕社"。自苏州弹词盛行于江南,成为江南曲艺之冠以后,说因果逐渐衰落。中华人民共和国成立后,说因果改名"无锡评曲"。

2011年9月,无锡市滨湖区申报的无锡评曲被列入第三批江苏省非物质文化遗产代表性项目名录,项目编号为JSV-14。

6. 琴书

琴书因演唱时用扬琴伴奏而得名。伴奏乐器除扬琴之外,也兼用三弦、二胡、筝、坠胡等。琴书可分一人立唱、两人或多人坐唱或走唱,也有分角色拆唱。有说有唱,一般以唱为主,以说为辅。

(1) 徐州琴书

徐州琴书又名"苏北琴书",旧称"丝弦""唱扬琴"等,主要流行于以徐州为中心的苏、鲁、豫、皖四省接壤地区。它源于明代小曲,清代后期发展成形,至今已有近200年的历史。1957年正式得名"徐州琴书"。

徐州琴书以徐州方言演唱,乡土气息浓郁,既有南方曲艺的婉转灵秀,又有北方曲艺的粗犷激昂。它唱腔优美,曲调丰富,音乐结构一般包括"起板""慢四板"

"大八板"或"花四板""过板"几个部分,入活儿时唱【凤阳歌】【垛子板】或念说白,最后以"煞板"结束。除【凤阳歌】和【垛子板】外,其唱腔曲牌还有【莲花落】【摩诃萨】【银纽丝】【刮地风】等。徐州琴书有单档、双档、表演唱等多种演出形式,单档又分用单脚梆伴奏和用单琴板伴奏演唱两种形式;双档也称"对口",演唱者执檀板兼敲扬琴,伴奏者操笙琴,演出时既可独唱,也可对唱,还可帮腔或合唱;表演唱是演员边唱边展示表演动作,另有小型乐队在旁伴奏、帮腔。在漫长的发展过程中,徐州琴书艺人创作、改编了大量的演出曲目和唱段,通过这些作品惩恶扬善,宣扬社会伦理,表达民众意愿。《王天宝下苏州》《张廷秀赶考》《吕洞宾戏牡丹》《水漫金山》等是其中较有代表性的曲目。

近年来,徐州琴书演出机会减少,老艺人年事已高,无法继续从艺,中年演员迫于生计,纷纷改行,导致这一曲艺样式后继乏人,濒临灭绝,对它进行抢救保护已成为一项迫在眉睫的任务。

(2) 苏北琴书

苏北琴书又名"淮海琴书",民间俗称"打扬琴"或"打蛮琴",是以宿迁方言说唱的地方曲种,流布于宿迁、淮安、徐州、连云港、南京及皖东北、鲁东南等地区。据《中国曲艺志》记载,苏北琴书源自明末清初的民间小调,清道光初年形成于宿迁地区。

苏北琴书的演出形式分一人、二人及多人表演,一人称"单脚梆",二人称"鸳鸯档",三人以上称"群口琴书",以二人表演最为普遍。伴奏乐器有坠胡、扬琴和木板,有时配醒木为辅助道具。音乐结构属板腔体,主要唱腔调式有【四句牌】、【二板】(慢流水)、【垛子口】(快流水)、【悲调】(俗称"哀怜口")等。苏北琴书的唱词严谨规范,平仄分明,唱词结构分十字句、七字句、五字句、三字句,其中十字句、七字句称"牌",五字句称"锦",三字句为"赞"。苏北琴书的书目极其丰富,据统计宿迁地区琴书艺人演唱的长篇传统书目有100多部,反映近现代历史社会的短篇书目和一些传统经典的唱段有100多个。

苏北琴书采用口耳相传的方式传承,多为师传,少数家传。

(3) 淮海琴书

淮海琴书在淮阴有上百年的历史,源于明末清初的苏北地区民间小调,清同治年间(1862—1874)形成。相传清乾隆年间(1736—1795),江南人罗三元运漕米进京,回来时路过山东临清,拐骗当地妇女,途经宿迁境内时,事情败露,当地群众砸船救人。说书人把这个事情编成说唱"打蛮船",它利用河南坠子,采用柳琴戏唱腔,最后逐渐演变成今天的淮海琴书。

淮海琴书集多种戏曲、民间小调为一体,其风格鲜明,乡土气息浓郁。一般是"双档"演唱,多是一男一女,一人拉坠子,另一人敲琴打板,大有戏曲演唱的风味。

淮海琴书扎根于淮海大地,对淮海戏、淮剧等有一定的影响,在苏北文化中占有独特的位置。

2008年6月,江苏省徐州市申报的徐州琴书被列入第二批国家级非物质文化遗产代表性项目名录,项目编号为Ⅴ-73。

2007年3月,徐州市申报的徐州琴书被列入第一批江苏省非物质文化遗产代表性项目名录,项目编号为JSⅤ-6;2009年6月,宿迁市宿城区、涟水县联合申报的徐州琴书被列入省级扩展名录;2011年9月,泗阳县、泗洪县申报的苏北琴书被列入省级扩展名录;2016年1月,沭阳县申报的苏北琴书被列入省级扩展名录;2016年1月,淮安市淮阴区申报的淮海琴书被列入第四批江苏省非物质文化遗产代表性项目名录,项目编号为JSⅤ-18。

7. 南京白局

南京白局可追溯到明代金陵城里织锦工人劳作时自唱的小曲,清代晚期盛行。"白局"意为"受请不受物",白唱不卖钱。

南京白局曲牌以明清俗曲、民歌小调为基本来源,曲调来源广泛,丰富多彩,从六朝的吴歌【西曲】到明清的民间俗曲,从南京本土的【南京调】【鲜花调】到淮北的【泗州调】、太湖之畔的【夸夸调】(无锡景),不一而足,兼收并蓄。演出有单口、对口、群口、彩唱等多种形式,多以坐唱为主,演唱语言采用南京方言;伴奏采用简单的乐器,如二胡、琵琶、月琴、笛子、箫、笙、板鼓、云板、筷碟、酒盅等;道具简便且不受场地限制,室内、室外、田间、地头都可摆局演唱。

除传统的曲目外,也常常吸收新闻、趣事作为演唱内容,代表曲目有《打议员》《机房苦》《王老头配茶壶盖》等。南京白局历史悠久,保留着明清两代大江南北、秦淮两岸民间俗曲的古朴色彩,为研究明清俗曲和说唱音乐形式的发展提供了可靠资料。南京白局传统曲目中还保留了大量的方言俚语与风俗民情,内容与大众生活联系紧密,对研究南京地区的历史文化、人文景观以及民风民俗等,都具有十分重要的参考价值。

南京白局主要依靠艺人世代口口相传而得以保存,近年来,南京市有关部门出版了相关书籍,建立完善了相应的信息资料库,并成立了南京白局新传人传习基地,培养了一批年轻的白局传人。

2008年6月,江苏省南京市秦淮区申报的南京白局被列入第二批国家级非物质文化遗产代表性项目名录,项目编号为Ⅴ-81。

2007年3月,南京市秦淮区申报的南京白局被列入第一批江苏省非物质文化遗产代表性项目名录,项目编号为JSⅤ-5。

8. 小热昏

小热昏是广泛流行于江浙沪一带的曲艺谐谑形式,又名"小锣书",俗称"卖梨膏糖的"。它源于清末杭州街头的"说朝报",即卖报人为了招徕顾客,就一面敲小锣,一面念出报上的主要新闻。后来,这一艺术形式被卖梨膏糖的商贩用来表演招徕顾客。因为表演往往辛辣尖锐,讽刺当局,故称为"小热昏",表示是演员自己发昏说的胡话。表演形式定型为一人自敲小锣说唱,以唱为主,以说为辅。

(1) 常州小热昏①

常州小热昏是在广泛流行于江浙一带的同名曲艺形式的基础上,依托常州地方语音和民间曲调进行说唱表演的独特曲艺形式。迄今已有150多年的历史。

常州小热昏的表演形式以唱为主,兼有说白。节目内容生动风趣,说白滑稽幽默,唱词通俗易懂。唱腔多化用当地百姓熟悉的民歌小调,如【梨膏糖调】【青年曲】【柳青娘调】【宣卷调】【小放牛】【花鼓调】等,也有借用常州滩簧等的唱腔曲调配词演唱的情形。伴奏乐器为小锣和竹板。因其形成源于售卖梨膏糖时的叫卖

---

① 参见"第七章 传统技艺"中的"常州梨膏糖制作技艺"。

招徕,故旧时的艺人们行艺时,都兼售梨膏糖,边售卖梨膏糖边表演。因而一般的演出程序为:开场、卖口、唱曲、卖糖、唱篇、送客。后来出现了高台表演,也多以卖梨膏糖的工具作为演出道具。

常州小热昏不仅自身具有独特的艺术价值,也是苏南滑稽戏、常州道情和独角戏等艺术形式的重要孕育母体。但其在现代的发展遇到了极大困难,艺人急剧减少,演出市场萎缩,传统节目流失,急需抢救和保护。常州小热昏生成和传承的代表性人物包括"小名利"吴金寿和"小得利"包云飞等,现今的重要传人有范兆余、叶莉莉、洪平等。

(2) 无锡小热昏

无锡小热昏经过几代人的传承,曲目内容丰富多彩,演唱曲调优雅动人,言语发噱,唱句通俗,很受百姓喜欢。为了丰富其曲种的唱腔,小热昏大量吸收了民歌小调、民间曲牌,包括各种地方戏曲、曲艺的唱腔,演化成常用的演唱曲调曲牌,极大丰富了艺术的表现力,是一种不可多得的表演形式。无锡的尤茂盛、周仁娣夫妇是整个江浙沪现存年纪最大的小热昏传承人。周仁娣即江阴籍上海小热昏名家周福林之女。20世纪20年代,周福林离沪后在苏南发展,苏锡常一带所唱小热昏者,均为其弟子,故无锡乃至苏南小热昏实属上海一派,演唱表演时都用上海话。唱小热昏者,凡嫡传的,均要摆一张长凳,还要站在长凳上唱。现今,周仁娣夫妇已90岁,仍活跃在传承小热昏的一线。

2011年5月,江苏省常州市申报的小热昏被列入国家级扩展名录[①],项目编号为V-38。

2009年6月,常州市申报的小热昏被列入第二批江苏省非物质文化遗产代表性项目名录,项目编号为JSV-13;2016年1月,无锡市梁溪区、宜兴市联合申报的小热昏被列入省级扩展名录。

[①] 2006年5月,浙江省杭州市申报的小热昏被列入第一批国家级非物质文化遗产代表性项目名录,项目编号为V-38。

9. 工鼓锣

工鼓锣又名"公鼓锣",源自苏北淮海地区,又称"淮海鼓锣",分布于沭阳、灌南、灌云、涟水、泗阳、东海、连云港、淮安、响水等地。明末清初基本形成,清嘉庆年间(1796—1820)得到快速发展,并形成了东汪门、西汪门、郯门和方门四大门派。

工鼓锣表演方便、形式独特、唱腔优美、说表自如,乐器为一鼓一锣,左手敲锣,右手敲鼓,有开场锣、唱腔锣、收场锣之规。唱腔与道白采用沭阳方言,将京剧、淮海戏、地方小调等曲调融入鼓锣唱腔之中;说唱讲究唇齿音分明,语言易懂;唱调分【浮调】和【老工调】;唱词讲究押韵,句式分四种,三字为"赞",五字为"垛",七字为"韵",十字为"清"。

工鼓锣演出剧目大多来自淮海地区的民间传说和故事,包括《封神演义》《东周列国》《西汉》《东汉》《说唐演义》等100多部。旧时艺人多为男性,唱词多口传,后出现了少数工鼓锣女艺人,进一步增强了工鼓锣的表现力和娱乐性。

工鼓锣贴近实际生活,深受当地群众欢迎,又承载着淮海地区从古至今多方面的历史、文化信息,具有艺术价值。此外,有些曲目保留了五个入声韵类,对研究汉语言的分布和演变具有重要价值。

2007年3月,涟水县、沭阳县、灌云县联合申报的工鼓锣被列入第一批江苏省非物质文化遗产代表性项目名录,项目编号为JSV-7;2011年9月,泗阳县、响水县申报的工鼓锣被列入省级扩展名录。

10. 大鼓

大鼓是一种采用方言说唱表演的曲艺鼓书暨鼓曲形式,深受苏北人民的喜爱。

(1) 苏北大鼓

苏北大鼓于清中叶形成于宿迁和睢宁一带,同治年间(1862—1874)广为流行,现流布于宿迁、徐州、淮安、连云港和皖东北、鲁东南的广大地区,流传方式多以师承和家传为主。

苏北大鼓俗称"唱大书",是以宿迁地区方言为基础的鼓书曲艺形式,一人表演,配以一面大鼓、两块铜或钢制月牙板,有说有唱。说白讲究喝、顿、缓、急,上下句对称。唱腔浑厚,有【回龙调】【慢赶牛】【快流水】等调式。唱词严谨,有十字句、七字句、五字句、三字句,十字和七字称"牌",五字称"锦",三字称"赞"。苏北大鼓讲究悬念的设置,行话叫"抓扣夺帽快",常采用"空枪头""无影鞭""系马桩"和"飞扣"等表现手法,以使情节大扣套小扣,使听众始终置身于悬念之中。苏北大鼓书目丰富,以长篇为主,多为艺人口头创作,在演唱过程中锤炼而成。其代表书目有《高怀德兵下河东》《五梅七枪反唐传》《无艳春秋》等。

(2) 邳州大鼓

邳州大鼓又称"淮海大鼓",用邳州方言演唱。自清宣统二年(1910)大鼓艺人李恒春在邳州开班收徒,距今已100多年历史。明清的传奇、征战、公案之类的小说问世,给大鼓提供了书目脚本,促使大鼓有了长足发展。中华人民共和国成立以后,大鼓步入黄金发展时期。20世纪50年代有演员40多人,20世纪80年代增加到120多人,演唱传统书目72部、新编历史书目13部、现代新书5部。

邳州大鼓经历"木板大鼓""镲铧大鼓""鸳鸯大鼓"三个发展演变阶段,在长期的演唱实践中形成了以曹光举为首的"壮派"、以冯保光为首的"柔派"和以李保全为首的"金腔派"等风格。冯玉坤的大架式表演"三变脸"也被载入《中国曲艺志》。

2007年3月,宿迁市宿城区申报的苏北大鼓被列入第一批江苏省非物质文化遗产代表性项目名录,项目编号为JSV-8;2009年6月,赣榆县、睢宁县申报的苏北大鼓被列入省级扩展名录;2016年1月,邳州市申报的邳州大鼓被列入省级扩展名录。

11. 扬州道情

道情源于道教的仙歌道曲,后演化为民间曲艺的一个种类。明代,"道曲""道歌"传入扬州,清代与扬州方言结合,成为独立的地方曲种。

扬州道情是南方诗赞体道情的一个分支,继承了道教音乐的诗乐特征,又吸收了苏北地区民歌小调,委婉而活泼。常用曲牌有20多支,其中【耍孩儿】【浪淘沙】【步步高】等曲牌与扬州清曲曲牌同名,曲调也大体相似。

扬州道情演唱多为一人,多表演于商铺、轮渡或街市空地,俗称"踩街"或"地摊"。流动演出以短篇为重,曲目唱词多由艺人根据季节或节日等情况选唱,曲目以劝世、祝福、祝寿居多,也有唱神仙、才子佳人、英雄好汉的。书场演出道情的艺人多说唱中、长篇,主要书目有《珍珠塔》《白蛇传》《青蛇传》《白牡丹》《白鹤传》《落金扇》《二度梅》《封神榜》等,多数改编自弹词,内容大致相似。表演以唱为主,以说为辅,说唱并重,也有只唱不说的情况。演唱时通常戴道冠、穿道服。表演时使用的乐器仅有两种,一为渔鼓,系在约0.67米长的竹筒上面蒙上鼓皮制成,亦称道筒;一为简板,由两片1—1.33米长的竹片制成,也称拍板。以渔鼓和简板击打的节奏作为唱句过门,通常是简板打板,渔鼓打眼,有一板三眼、一板两眼、一板一眼等各种打法,节奏快慢变化多端,不用其他乐器伴奏。

扬州道情具有很高的艺术价值,它与扬州清曲、扬州评话、扬州弹词统称为扬州曲苑"四株奇葩",彰显出鲜明的地域文化特色。目前扬州道情的保护与传承、传播主要由扬州市扬剧研究所负责。

2009年6月,扬州市申报的扬州道情被列入第二批江苏省非物质文化遗产代表性项目名录,项目编号为JSV-10。

12. 丹阳啷当

啷当,全称"瞽目啷当",俗称"啷当说唱"。它分布于丹阳、金坛、丹徒及武进部分地区。它起源于清嘉庆年间(1796—1820),流行于光绪年间(1875—1908),清末时"啷当"演唱在丹阳农村已成习俗。

丹阳啷当演唱者多为年轻盲女,怀抱"书弦"或"皮琴"(类似六弦琴),持鼓沿途演奏至门前。开头先说几句吉利话,接着便唱【啷当调】,内容皆为奉承讨好之词。

丹阳啷当的特点是说唱结合,以唱为主,有单口、对口、群口、走唱、坐唱,又以单口坐唱为主。唱腔统称【啷当调】,板式组成有【吟板】【正板】【行板】【数板】【急板】【凳板】【叫板】等唱腔系列。每种板式有固定的竹板竹鼓敲击"板头"导入唱腔。演唱者按曲目内容和表演需要确定板式，曲目内容大都是说唱戏曲故事和民间传奇。伴奏乐器沿用竹鼓，艺人称其为"的笃"。演奏技艺分"的笃滚弹"诸法，运用形式有全击、间击、点击、抽击等数种。语言为丹阳乡音，允许模仿各地方言。

丹阳啷当作为丹阳地方曲种，承载着丹阳地区从古至今多方面的历史文化信息，演绎着流传于民间的历史文化和社会的传奇故事，对古丹阳的民间音乐、民间语言、民间生活习俗具有不可替代的研究价值。

2009年6月，丹阳市申报的丹阳啷当被列入第二批江苏省非物质文化遗产代表性项目名录，项目编号为JSⅤ-11。

13. 徐州坠子

徐州坠子又名"东乡坠子书"，指产生并流传于徐州东部乡镇的说唱艺术，起初源自清初盲人的卖艺演唱活动，在东乡人民中十分普及，并在流传中吸收民风、民俗、民歌，逐渐形成固定模式。

坠子又称"唱丝弦"，在古朴的凤阳歌（四句腔）的基础上，揉进了一些当地民歌、劳动号子、妇女哀叹甚至啼哭的声腔成分，十分贴近群众，具有乡土气息。徐州坠子说唱时，以一把丝弦和一套脚踩梆（由铁锤、木杆、梆子、引绳、踩板组成）进行伴奏。这种盲艺人单人独骤、独往独来外出卖艺的方式，被称作"单托膀儿干活"。除卖艺外，每逢庙会，坠子艺人都要前往表演，先演奏一段拿手的闹台曲，招揽听众并显示其艺术水平，待听众数量达到一定规模后，再选定书目开唱，其中最受群众欢迎的书目包括《打蛮船》等。

徐州坠子的传承以艺人口口相传为主。如今，徐州坠子面临濒危状态，特别是演唱"坠子书"的绝活，因无传人，已成绝响。

2009年6月，丰县申报的徐州坠子被列入第二批江苏省非物质文化遗产代表性项目名录，项目编号为JSⅤ-12。

14. 唱春（常州唱春）

唱春是常州地区流传较广、影响较大的民间文艺活动之一，其曲调旧称"常州调",它是从山歌和小调发展起来的一种民间曲艺。它起源于明正德年间(1506—1521),至清代,风行于世。如今,唱春依然活跃于民间。它不仅流传在现在的常州辖域内,而且在旧时的常州府辖区如无锡、宜兴、江阴等地都有流行。

唱春,顾名思义,即在新春时节进行的演唱,后来,民间逢庙会节场、婚姻嫁娶、造屋上梁、生日祝寿、营业庆典等喜庆场合都有唱春活动。常州唱春擅与民间故事相结合,以传说故事为内容。特别是当它与孟姜女故事相结合以后,它哀婉动人的曲调传遍了江南,也流传于全国各地。常州唱春的表演形式有单档(一个人)和双档(两个人)之分。单档艺人一手提黄铜春锣,一手持红木春板,沿村挨门挨户地演唱。每到人家门口,先敲响春锣,再开始唱曲。双档艺人以轻锣小鼓伴唱,唱的曲调为一迭四句,每句七字。

2011年9月,常州市新北区申报的唱春(常州唱春)被列入第三批江苏省非物质文化遗产代表性项目名录,项目编号为JSV-15。

15. 肘鼓子

肘鼓子也称"肘股子",是一种古老的曲艺演唱形式,因演员在演唱时用肘部击打太平鼓而得名。明末赣榆境内开始出现艺人演唱肘股子,历史上赣榆门河镇纪瓦沟的"封锅班"、大岭乡的"帮友社"、马站乡的"仲家班"等都曾名噪一时。

肘股子艺人们保留着原始的演唱形态,唱念全用赣榆方言。主要唱腔为【大花腔】【小花腔】【四平调】【阴阳腔】等多种,唱腔粗犷而豪放,富于乡土气息。肘股子流传曲目非常丰富,其中不少演变为传统戏曲剧目,是拉魂腔戏曲剧种的早期形态,对柳琴戏、淮海戏、泗州戏等地方剧种的形成都产生过巨大的影响。

2016年1月,连云港市赣榆区申报的肘鼓子被列入第四批江苏省非物质文化遗产代表性项目名录,项目编号为JSV-16。

16. 洋钎说书

说书艺术在中国源远流长,清光绪早期,启东黄海滩涂不断延伸,大批垦牧人来此开荒种地,也包括和尚,他们将"唱导"与启东的渔歌、垦牧号子、山歌相合,其简洁的节奏、深刻的佛理与现实社会相融合,逐渐嬗变成启东当地的说唱艺术——洋钎说书。

洋钎说书在启东地方特色的基础上加以创新,经过长时间发展,最终定型,长期在启东、崇明、海门、南通、如东、大丰等地区流传。洋钎说书风格粗犷,情节直,关子紧,节奏快,趣味性强,说表完全采用启海方言、顺口溜、即兴编唱、质朴自然、生动多趣,富有浓郁的乡土气息和生活韵味,深受当地老百姓的喜欢。

2016年1月,启东市申报的洋钎说书被列入第四批江苏省非物质文化遗产代表性项目名录,项目编号为JSⅤ-17。

17. 兴化锣鼓书

兴化锣鼓书历史悠久,源于明初,是在民歌、民间故事的基础上,从鼓词中演变、发展而形成的说唱艺术。兴化锣鼓书道具较为简单,除了以小鼓打节奏外,还增加一面大锣。艺人在演唱间隙用锣鼓敲打铿锵的锣鼓点子,用以烘托气氛。

兴化锣鼓书艺人用兴化方言演唱。目前,兴化锣鼓书尚有传承。一支为昌荣镇蒋氏第11代传人蒋宗源,至今传承着锣鼓书这种表演艺术形式;一支是以中堡镇锣鼓书艺人陆焕章、程永贵师徒为中坚的表演艺术队伍,一直传承着兴化锣鼓书,保存了兴化锣鼓书原有的形式、内容韵味,活跃在城乡各地。

2016年1月,兴化市申报的兴化锣鼓书被列入第四批江苏省非物质文化遗产代表性项目名录,项目编号为JSⅤ-20。

18. 莲花落

莲花落亦名"荷叶落子""莲花乐",因原曲衬词"落莲花,莲花落"而得名。它是一种民间说唱类曲艺,其形成与流传时间据考证为明末清初。旧时多为贫苦百姓于节日期间沿街演唱吉利词语以博得赏赐的一种街行文艺。

(1) 沛县荷叶落子

清光绪三十一年(1905),著名落子艺人李贵福从河南永城来沛县,之后师徒相承,流传至今,形成了沛县一带广大群众喜闻乐见的曲艺形式——沛县荷叶落子。

沛县荷叶落子采用沛县方言,唱腔受苏北梆子戏影响,旋律为宫徵交替调式,板式结构为整散结合,托腔自由,口语化。曲调高亢激越、跌宕起伏,说唱结合,很有地方特色。近年来,荷叶落子演出市场萎缩,荷叶落子艺人或因年事已高退出演出舞台,或因生活问题改行,目前沛县荷叶落子老艺人仅有徐知任1人还能带徒传唱。荷叶落子这一独特的曲种已处濒危境地,亟待抢救。

(2) 海安莲花落

莲花落的源头应追及苏北里下河水乡深处的高邮、宝应、兴化等地。因为过去当地多为"沤水田",水稻一年一熟,在大秧落地之后,穷苦农民便用"土脊"封门,举家流向里下河南缘及官河(通扬河)的两岸靠卖唱谋生,莲花落是其卖唱谋生的演唱形式之一,并有着即兴编词演唱的技巧特色。如今莲花落在海安县的里下河地区以及通扬河两岸已经流传多年。莲花落的道具是三块竹片,其中两块的顶端装有两根各为2厘米左右的竹柱,竹柱上安有一朵莲花和两枚可以上下跳动的铜线;另一块竹片两侧均为锯齿状。

2016年1月,沛县申报的沛县荷叶落子被列入第四批江苏省非物质文化遗产代表性项目名录,项目编号为JSⅤ-21。

2016年1月,海安县申报的莲花落被列入第四批江苏省非物质文化遗产代表性项目名录,项目编号为JSⅤ-22。

第六章 传统美术

传统美术是民众在农耕社会、手工业时代创造,以欣赏、装饰、点缀生活环境为主,并世代流传的各种视觉造型艺术。传统美术主要由民间美术、文人美术、宫廷美术和宗教美术构成,大体上可以分为绘画、雕塑、工艺、建筑等四大类。传统美术是历史条件下人们追求物质和精神享受的产物,既具有造型艺术的一般特质,又体现了实用和审美的统一。

江苏传统美术历史悠久,并在发展过程中形成了自身的特点:一是门类齐全,品种繁多,涵盖了书画、篆刻、雕塑、刺绣、染织、编织、陶艺、家具、工艺玻璃、金银细工以及建筑等11大类、60多个品种;二是因地而异,特色鲜明,艺术取材当地,也体现着地方特色;三是工艺精湛,价值突出,能够反映江苏经济、社会、文化等方面的发展状况;四是阶层清晰,层次分明,皇家、文人、宗教、民间所流传的不同美术作品无不反映着其阶层特点。

江苏传统美术植根于民众的生活中,渗透在衣食住行等各个方面,运用最通俗的艺术语言和最大众化的色彩、造型、图案、形象,表达理想、愿望与信仰,具有醇厚、质朴、积极乐观的感情色彩,散发着浓郁的乡土气息,是民族和区域传统文化的精华。因此,应采取措施保护这类有文化、历史、艺术等价值的非物质文化遗产。

1. 木版年画

木版年画是中国历史悠久的传统民间艺术形式,有着一千多年的历史。到了清代中晚期,民间年画的发展达到了鼎盛阶段。

(1) 桃花坞木版年画

桃花坞木版年画，又称"姑苏版"，旧时在苏州城北桃花坞一带生产。它源于明代，盛于清康熙至乾隆年间(1662—1795)，鸦片战争后，因受西方"石印"年画影响，日渐萧条。后来的发展虽几经波折，但一直得以保护与延续。

桃花坞木版年画工艺源于宋代的雕版印刷，其刻版技术和套色印刷工艺，继承了明代一版一色的套印方法。一幅年画作品，从构思创稿到完成，需经过画稿、刻版和套印三道主要工序，有的还需人工着色、敷粉、扫金、扫银和装裱等，有些精致的年画作品一天只能套印二三十幅。

桃花坞木版年画的内容包括神像年画、故事戏文年画、农事年画、节令风俗年画、风景年画、花卉装饰年画、飞禽走兽年画、时事新闻年画、喜庆吉利年画、娃娃年画，以及装饰年画。其尺幅规格多样，有全张（整张）、对开、三开、四开、八开和十二开不等。另有中堂、屏条和斗方之类，其式样有横式、竖式。除门画成对及戏文故事分上下两幅外，一般均为单幅。

桃花坞木版年画构图丰满，色彩鲜艳明快，有江南民间艺术特色。中华人民共和国成立后，设计人员融进了时代气息和艺术个性，创作出内容、形式和技法皆有新意的年画，在国际上有广泛影响。为保护和传承这一传统技艺，苏州市文广新局于2006年组建苏州桃花坞木刻年画博物馆。

(2) 南通木版年画

南通木版年画顺应年节供奉、祭祀习俗应运而生，主要制作生产区域集中在通州区兴仁镇。南通的木版年画工艺精良，制作精细，一般为三道工序，即绘、刻、印。先由画师设计出黑白稿，并画成效果图，以弯凿、扁凿、韭菜边、针凿、修根凿、扦凿、水钵、铁尺、小棕帚等工具刻版，最后看版、冲色配胶、选纸上料、模版、扦纸、印刷、夹水。其题材广泛，内容丰富，品类繁多。

南通木版年画的制作过程具有江海平原自身的地域特色，简练明快，古朴雅拙。其代表作是门神画和单张神佛画像，人物造型多为身首不成比例的"五短体型"，画面人物面目狰狞、眼露凶光、严肃有加、亲和难觅，充分体现了南通木版年画融通性和多样性的地域特色。

2006年5月,江苏省苏州市申报的桃花坞木版年画被列入第一批国家级非物质文化遗产代表性项目名录,项目编号为Ⅶ-3。

2007年3月,苏州市申报的桃花坞木版年画被列入第一批江苏省非物质文化遗产代表性项目名录,项目编号为JSⅥ-1;2016年1月,南通市申报的年画(南通木版年画)被列入省级扩展名录。

2. 剪纸

剪纸是用剪刀或刻刀在纸上剪刻花纹,用于装点生活或配合其他民俗活动的一种民间艺术,其传承赓续的视觉形象和造型格式,蕴含了丰富的文化历史信息,表达了广大民众的社会认识、道德观念、实践经验、生活理想和审美情趣,具有认知、教化、表意、抒情、娱乐、交往等多重社会价值。

(1) 扬州剪纸

扬州是中国剪纸流行最早的地区之一,扬州剪纸主要分布在扬州市广陵区、邗江区、江都区,流布于周边仪征、高邮、宝应等区域。

扬州剪纸可追溯到唐宋时期,当时有"剪纸报春"的习俗。扬州人在立春之日剪纸为花,做成春蝶、春线、春胜等样式,"或悬于佳人之首,或缀于花下",观以为乐。另外还剪制纸钱、纸马等,专门用于祭奠。明清时结合绘画与扬州刺绣,形成"扬州花样",流传至今,经久不衰。扬州的剪纸艺人还根据需要创作绣品底样,大至门帘帐沿、被服枕套,小至镜服香囊、绢帕笔袋,有绣花必有纸样。

扬州剪纸线条清秀流畅,构图精巧雅致,形象夸张简洁,技法变中求新,形成了特有的"剪味纸感"和艺术魅力,是中国南方民间剪纸艺术的代表之一。其用纸以安徽手抄宣为主,厚薄适中,无色染,质地平整。到目前为止,扬州剪纸技艺后继无人的趋势已越来越明显,这一古老的民间艺术正处于濒危状态,亟待保护和扶持。

(2) 南京剪纸

南京剪纸历史至迟可以追溯到明代,民国时期盛行,当时夫子庙的"上海"和

"皇后"花样花线店、鱼市街的"腾厚记"香烛纸马店等,都是南京较为有名的制作、销售剪刻纸的店铺。20世纪50年代,南京民间剪纸生产合作社和民间工艺厂先后成立,制作剪纸并出口外销。

南京剪纸融北方剪纸的粗放和南方剪纸的细腻为一体,花中有花,题中有题,粗中有细,拙中见灵,艺术形式优美异常。南京剪纸的传统品种主要有喜花、斗香花、门笺和包括鞋花在内的刺绣花样等,其中的斗香花刻纸在全国独一无二,一种花纹一次刻成,但可以逗拼而呈现出七种不同色彩,充分体现出南京剪纸的独特风格。

在南京剪纸发展的过程中,产生了中国近现代剪纸史上两位杰出的艺术家:一位是张吉根,人称"神剪张",是南京剪纸艺术的集大成者,身怀绝技又善于创新;另一位是胡家芝,年过百岁时仍能操剪创作。这两位剪纸老艺人不用画稿,全凭心中构思,运剪又运纸,线条流畅,连绵不断,还创造了"花中套花"的构图方式,并以"题中有题"象征隐喻的手法表现主题,极大提高了民间剪纸的美学价值。当代则以马连喜、张方林、张林娣等为南京剪纸代表性的传承人,目前仍在从事南京剪纸的传承与发展。

(3) 金坛刻纸

金坛刻纸源于传统剪纸,是以纸张为材料、刻刀为主要工具的一种镂空的平面造型艺术。起初为带有镂空图纹或象形字纹的纸质贴挂物,多为门笺、喜笺、花笺,贴挂在门楣、梁沿、篷架、神龛和船头仓尾等处,以驱鬼祛邪,祈福迎祥。

与传统剪纸相比,金坛刻纸具有手法创新、构图繁茂、幅式灵活的特点,常采用填彩、点彩、衬彩等综合手法,表现细腻丰富;首倡叠层表现手法,利用宣纸半透的效果映衬人物体形线条,层次对比效果好;构图既简洁,也讲究丰富和繁茂,作品具有更强的整体感和大气势;传统剪纸因受剪制工具的局限,作品以小幅居多,而金坛刻纸中大幅、巨幅者尽可以根据题材内容的需要自由选定。

金坛刻纸题材内容广泛,能够多侧面、多角度生动展现江南社会生活和民间风俗。金坛刻纸至今已有600多个品种、数以万计的作品在国内外报刊上发表或参加江苏省、国家级展览,各类艺术大赛比赛中入选、获奖的作品逾千件,还有50多件作品被国内外美术馆收藏。金坛也先后于1993年和2008年,两度被文化部命名为"中国民间艺术（刻纸）之乡"。

（4）宜兴刻纸

宜兴刻纸发源于宜兴西部的水西村，相传历史可以追溯到唐代，明清时期兴盛，成为"青稻灯"上的一种装饰品，民国时期依然繁荣，并从灯笼蔓延到鞋花、窗花、喜娃、寿星、八仙、钟馗和花鸟虫鱼等，后来发展到用作镜框挂屏和装裱条幅。

宜兴刻纸具有刻中有画、线线相连、注重写实，尤其擅长人物肖像等特点。起刻前先画好黑白底稿，运用阴刻阳雕的手法形成点线面的组合，线条流畅多变，纤细秀丽，每根线条都互相联系但又自为一体，产生万刻不断的线条结构。作品善于运用"锦堂"（围绕边框和中心景物的线条）和"花框"（装饰作品的四边图案），每一幅作品都是根据刻画内容单独设计，有瑰丽多彩的纹样装饰。宜兴刻纸的艺术特征为"清、透、明"，"清"就是作品题材清新活泼，富有生活气息；"透"是强调技术的娴熟、老练；"明"指图案所反映的思想内涵明白浅显，表现了当地的社会习俗、文化特色、人文风情。

（5）徐州剪纸

徐州市区云龙区、泉山区以及邳州大部分乡镇、新沂合沟镇、沛县敬安镇民间都有剪纸的传统。

徐州剪纸表现内容有历史人物、神话传说、戏剧人物、动植物、花鸟鱼虫、生活场景、田园风光等；表现形式有鞋面花、窗花、顶棚花、盆花、枕花、帐花、灯花等，以及套色刻纸，主要作品为门吊子，又称"门笺"。徐州剪纸的技法主要有"锯齿型"和"月牙型"两种。"锯齿型"利用锯齿的长短、疏密、曲直、刚柔、钝锐的变化，结合不同物象特征，表现其质感、量感、结构等。如剪植物时，柔和锯齿纹可表现它的花果，坚硬的锯齿纹可表现树叶和茎的针刺、毛绒；剪动物时，细密锯齿纹可表现绒毛，刚健锯齿纹可表现鬃毛，圆实半弧形锯齿纹可表现禽鸟、鱼虫的羽毛和鳞；剪人物时，跳动的锯齿纹可表现眉毛、胡子、头发，修长丰润的锯齿纹可表现小孩的肌肤。"月牙型"刀法是以阴剪为主，表现人物的衣纹，根据不同物象特征，可长可短，可宽可窄，可曲可直，能剪出各种不同的类型。"锯齿型"和"月牙型"两种刀法也常在同一张剪纸中交错运用，以使层次更加分明和富有变化。此外，技法还有诸如花朵、涡纹、云纹和水纹等。

徐州剪纸兼具北方剪纸粗犷、质朴、雄壮、豪迈大气的特点和南方剪纸圆润秀丽、纤巧精细的风格。它反映了地域特有的人文品格,有艺术、人文和历史价值,是研究徐州艺术史、民俗史的史料。

(6) 溱湖刻纸

溱湖刻纸流传于东台市溱东镇一带,相传起源于南宋时期追念抗金名将岳飞的"拜香亭"习俗,历经元、明、清、民国并流传至今。

溱湖刻纸色彩艳丽堂皇,采用多色逗景,略加彩绘,经深色托工制作而成。传统制作工艺有26道正纹、72道斜纹,变化多样,大方美观。多种色纸套刻、拼贴描绘等技法的运用,形成了内容丰富、画面生动的独特风格,具有生活气息和艺术观赏性。在数百年的流传中,经历代民间艺人不断传承、发展,逐渐成为溱湖水乡的民间工艺瑰宝。因刻纸在"拜香亭"焚化时被烧毁,也被称为"焚化艺术",以致作品难以留存。近年来,在当地政府的重视和支持下,溱湖刻纸艺人通过不断创新,开发刻纸内容、雕刻技法和特色装裱,作品的艺术价值日益凸显,产生了社会效益和经济价值。

(7) 金湖剪纸

相传北宋年间,金湖地区就已有剪纸花、卖花样的民间艺人。金湖剪纸形式多样,品种繁多,主要有五大用途:刺绣花,即粘贴在鞋头、衣帽、肚兜等服饰上,为刺绣所用的剪纸图案,又称"花样子";喜庆花,即婚嫁时粘贴或装饰在门窗、墙壁、器物上的剪纸图案,又称"嫁妆花";礼仪花,是过去每逢寿诞、生子、乔迁、开市、亲友馈赠礼物时粘贴在礼品上的剪纸图案;门彩花,系春节时贴、挂在门楣、窗户、梁头、神龛、灯笼上的刻纸图案;祭祀花,是老人归天做斋或寺庙举行法会时,用于丧葬、祭祀、宗教仪式中的剪纸图案等。

金湖剪纸造型简洁、夸张,繁简疏密恰当,装饰质朴、合理、连接巧妙、美观,集写实与变形和谐统一,是人们在认识自然的基础上融入主观情感,以心造型、以理造型、以趣造型而演化成的一种审美艺术,集装饰性、观赏性、知识性于一体,具有较高的审美情趣和艺术价值,符合人们装点和美化生活的实际需求。目前,金湖县政府对金湖剪纸十分重视,将其作为地方文化品牌加以保护,以保证金湖剪纸传承和发展。

2009年,剪纸被列入人类非物质文化遗产代表作名录。2006年5月,江苏省扬州市申报的剪纸(扬州剪纸)被列入第一批国家级非物质文化遗产代表性项目名录,项目编号为Ⅶ-16;2008年6月,江苏省南京市、徐州市、金坛市申报的剪纸(南京剪纸、徐州剪纸、金坛刻纸)被列入国家级扩展名录。

2007年3月,扬州市、南京市、金坛市、宜兴市、徐州市申报的剪纸(扬州剪纸、南京剪纸、金坛刻纸、宜兴刻纸、徐州剪纸)被列入第一批江苏省非物质文化遗产代表性项目名录,项目编号为JSⅥ-5;2011年9月,东台市、金湖县申报的剪纸(溱湖刻纸、金湖剪纸)被列入省级扩展名录。

3. 苏绣

苏绣为中国四大名绣之一,其流传以苏州为中心,遍及江苏全境。现"苏绣"泛指江苏地区的刺绣,包括东台发绣、南通彩锦绣、无锡精微绣、南通仿真绣、扬州刺绣、乱针绣等。

(1)(苏州)苏绣

苏州刺绣的历史可追溯到春秋战国时期,宋代时集聚式发展,元代成为贡品,明清时期商品化,辉煌一时。后虽几经波折,仍经久不衰。

苏绣分为闺阁绣和商品绣两类。闺阁绣以国画为绣稿,精工细绣,要求既有熟练的绣技,又要善于绘画书法。商品绣是较为大众化的产品,绣稿出于民间工匠之手,用于普通装饰和日用品。

如今的苏绣按生产手段分有手绣、缝纫机绣、电脑绣等;按针法分有齐针绣、套针绣、乱针绣、双面绣、双面异色绣、彩锦绣等,以"平、光、齐、匀、和、顺、细、密"为特点;按刺绣材料分有丝线绣、绒线绣、发绣等。

手工刺绣工艺程序依次为选择绣稿、定料开料、上绷、勾绷(将花样复制描绘在绷上)、配线、刺绣、落绷、揭渍(去污渍)、装裱。20世纪70年代后,苏绣精品畅销海外,技艺也有了新突破,针法从10多种发展到40多种,其中"双面异色绣""双面异色异样异针（双面三异）绣"，成为苏绣史上新的里程碑。至20世纪末，镇湖绣品街崛起，镇湖也因此成为全国著名的"中国民间艺术之乡"，苏绣进入了新的发展时期。苏绣的代表性传承人为李娥瑛和顾文霞等。

（2）无锡精微绣

无锡精微绣，旧称"锡绣"，作为"女红"流布于无锡境内，明清时期锡绣针法被推向市场，名闻天下，民国后，绣品走向海外，进入全盛时期。

无锡精微绣以折枝花果、吉祥图案为主要题材，有戳纱绣（回文彩锦绣）、挑花绣、堆纱绣、列针绣等刺绣针法。它是以精湛的绣工在小面积面料上绣出的绣品，主要采用双面绣法，尽管寸人豆马，但形神毕肖。清末，李佩黻、李韵和妯娌创办"锡山绣工传习会"，李氏妯娌的丈夫华文川、华文汇兄弟，主张以画入绣，创"填色稀铺法""轮廓切马鬃法"，使中国传统绘画中的大面积烘染和远景在绣品上再现。民国时期锡绣代表人物华璂的风景绣以西洋绘画为稿本，运用独特的列针法、锁和针法，绣线用多色绞合，通过数百种色线呈现明暗层次和天地万物中的自然光彩，是为"乱针绣"之先导。她强调"新绣法通于画理"，提出"其要在合光线"，准确把握透视。1959年，无锡市工艺美术研究所锡绣研究组系统整理了锡绣的百余种传统针法，并于1981年创制"精微绣"，迎来了锡绣艺术史上的第二个鼎盛期。精微绣的艺术特色主要表现在卷幅微小、构思巧妙、绣技精湛。代表作品《丝绸之路》，其精微处已无画稿，纯属艺人"心手合一"的绝技，令人叹为观止。

（3）南通仿真绣

南通仿真绣由清末沈寿首创，又称"沈绣"。因其在传统苏绣基础上，融汇西洋油画、摄影的光影技法，故而又有"美术绣"之称。

南通仿真绣首创旋针、虚实针表现物体的肌理，用丰富多彩的丝线调和色彩，使作品的色调柔和自然。它取材于西洋油画的人物肖像、风景等，尤以人物绣为著，其针法变化多端，尤其是五官刺绣极为传神，也最能体现仿真绣的风格特征和高超技艺。

仿真绣的出现，是以中国书画为绣稿的传统刺绣的创新，为传统刺绣的发展开辟了一条新路。沈寿著述《雪宧绣谱》，将其创制"仿真绣"及其刺绣艺术从实践经验提升到理性认识高度,系统、完整地阐述了刺绣艺术理论,也为"仿真绣"得以继承、发展、创新奠定了理论基础。受其"以新意运旧法"艺术思想的影响和启发,她的弟子又创制了"双面绣""双面异色绣""双面异色异形绣""彩锦绣"等新的绣种,将传统平绣推向了现代平绣。仿真绣也因此得以在 1949 年后得到继承和发扬,并成为具有南通地方特色的刺绣艺术,进而成为中国刺绣艺术的重要组成部分。

(4) 扬州刺绣

扬州刺绣是苏绣的一个重要流派,源于汉代,兴于唐宋,盛于明清。

扬绣擅长水墨写意绣,多采用名家字画为底本,运用各种针法技巧,将画理与绣理融于一体,使所绣作品呈现出俊逸的笔墨神韵,绣画难分。扬绣体现刺绣针法美与丝线美的质感与特性,彰显刺绣艺术的独特性,使作品具有不同于绘画艺术的独特魅力。

扬绣包括设计绣稿、上绷配线、刺绣、装裱等工序;针法有齐针、平套针、散套针、旋针、接针、滚针等。针法的选择也多有讲究,起针落针"平、匀、齐、密";线条排列疏密得当;皮皮相迭,针针相嵌;镶色和顺,丝理自然。扬绣劈丝精细、针法缜密,名人名作、画面清雅、色泽调和、浓淡相宜,丝缕和顺、转折自然,皮头均匀、疏密得当,技法灵活、针法活泼,虚实结合、空灵透晰,绣面光洁、服帖如画,从而形成了扬派刺绣的独特风格。

(5) 东台发绣

东台发绣源于唐代以来女子用发丝在丝绢上绣佛像以膜拜神佛或绣成信物赠送情人的行为,南宋时进入宫廷,元末明初出现动物、山水等表现题材。

东台发绣多用本地少女 30 厘米以上长度的头发作为原料,要求光亮、柔软、耐折、伸张力强。发绣艺人们在继承传统针法的基础上,拓展成滚、旋、缠、套、施、乱、虚、实等 30 多种针法,灵活表现作品的浓淡、干湿、远近、深浅等笔意。近年来,发绣艺人们又在"双勾"工艺的基础上,发展了"晕色"手法,用国画色彩衬底,然后进行彩发刺绣,不仅增强了作品感染力,也达到"色中有墨、墨中有色"之效果,给人以稳健、秀丽、雅洁、苍润的艺术情趣。

东台发绣经不断传承和开拓创新,已由当初的墨绣发展为润色绣、双面绣和双面异色绣,手法及表现力更加丰富,其中发绣名人绣、胎毛绣、夫妻结发绣等个性化的定制作品,深受人们喜爱。东台发绣具有"平、齐、细、密、匀、顺、和、光"八大特点,加上用材之奇、耐腐防蛀、永不褪色等优点,畅销国内外。发绣长卷《姑苏繁华图》是目前全国最长、面积最大的发绣精品,该长卷有人物 4600 余人,房屋建筑 2140 余栋,桥梁 40 余座,客货船号、竹筏 300 余只,商号招牌 300 余块,堪称"中华传统文化艺术一绝"。

(6) 南通彩锦绣

20 世纪 60 年代初,南通刺绣艺人将"点彩""纳锦"这两种古老针法相结合,研制成"彩锦绣"。

彩锦绣是在"纳绣"基础上发展起来的刺绣新样式,即在方格纱底料上,根据表现内容,灵活运用"点彩""纳锦"绣法,以及染、衬、钉、盘等多种工艺手段,使其与传统平绣在视觉上有着明显的区别,具有造型简练、针法丰富、色彩明快、装饰性浓郁等艺术特点。其中"点彩"是依据底料罗眼网格整齐排列绣成的"以点成线、以线成面"的针法。"纳锦"又叫"戳纱",是绣制时有条理的反复跨格运针产生的针法纹样。一般来说,以罗纱材料为底,穿针引线,按其风格有规律施针,斜格向上一格成点彩,横跨数格成纳锦。"点彩""纳锦"的针法在南通民间广为流行,多见于衣裙的花边、饰带,以及荷包、香囊、扇袋、围兜、鞋垫等饰品上。彩锦绣将这两种针法从传统附属的装饰发展成现代具有观赏性的刺绣新品种,被专家誉为"传统与现代的成功结合"。2007 年,在由国家发改委主编的《中国传统工艺美术的保护与发展》一书中,彩锦绣被明确为江苏刺绣的品种类别。

(7) 苏州发绣

宋代,苏州出现了佛教徒用自己的头发绣佛像、佛经,以表示虔诚恭敬之心的做法。苏州发绣强调诗、书、画、印的统一,绣制时用针要依据书画笔法,提按顿挫之笔意与浓淡枯湿之墨韵皆需得以完美再现。在通过刺绣手法再现绘画笔墨意趣的同时,又基于材质和针法所形成的质感、色调、肌理之美,形成一种笔墨丹青所不能达到的魅力,充分显示了发绣艺术所独具的精致、雅洁、柔丽的美学品格。

作品具有用材奇妙、清秀高雅、永不褪色、耐腐防蛀、利于收藏等特点。

(8) 乱针绣

乱针绣,又称"正则绣""常州乱针绣",流布于江苏及全国各地。它源于苏绣,由刺绣大师杨守玉创制于20世纪30年代,被誉为当今中国第五大名绣。

乱针绣的创作步骤为:设计构图,多使用专门的画稿或名家的国画、油画、摄影作品;选用底料,主要有毛料、丝绸、纱、尼龙绡、细竹廉等;稀针铺底,即按轮廓与色块绣一层底色;密针做细,以突出主体部位的轮廓与明暗过渡;加色造型,即分层加色,疏密堆砌,多层次精细加工。基本针法有大乱针和小乱针,可细分为竖形交叉针、横形交叉针、树梢针、十字针、拉毛针、绒线针、松叠针、飘长针、结子针、滚针等数十种针法。劈丝工艺为乱针绣中最独特的工艺之一,与传统刺绣的区别在于粗线打底后,层层叠加的丝线一层比一层细,最细时达到四十八分之一。

乱针绣突破了传统刺绣的"密接其针、排比其线"的绣法,把油画的色彩和素描的衬影法运用于绣面,将画理与绣理有机结合,以针代笔,以线代色,采用纵横交叉、疏密重叠、分层加色等灵活多变的技法,表达艺人的思想感情和艺术个性,展示作品的线条美和画面的质感美。绣面远看似画非画,明暗相衬,层次分明。乱针绣创新针法、色彩和劈丝等独特工艺,有创新价值。同时又将画理与绣理有机相结合,体现作品的光色透视效果。

2006年5月,江苏省苏州市申报的苏绣被列入第一批国家级非物质文化遗产代表性项目名录,项目编号为Ⅶ-18;2008年6月,江苏省无锡市和南通市申报的苏绣(无锡精微绣、南通仿真绣)被列入国家级扩展名录;2014年11月,江苏省扬州市申报的苏绣(扬州刺绣)被列入国家级扩展名录。

2007年3月,苏州市申报的苏绣被列入第一批江苏省非物质文化遗产代表性项目名录,项目编号为JSⅥ-7;2009年6月,东台市申报的苏绣(东台发绣)被列入省级扩展名录;2011年9月,南通市申报的苏绣(南通彩锦绣)被列入省级扩展名录;2016年1月,苏州市姑苏区申报的苏绣(苏州发绣)被列入省级扩展名录;2007年3月,无锡市、扬州市、南通市崇川区申报的平绣(无锡刺绣、扬州刺绣、南通仿真绣)被列入第一批江苏省非物质文化遗产代表性项目名录,项目编号为JSⅥ-8;2007年3月,常州市钟楼区与丹阳市联合申报的乱针绣被列入第一批江苏省非物质文化遗产代表性项目名录,项目编号为JSⅥ-9。

4. 徐州香包

徐州香包是集吉祥题材、如意造型、精配中药、手工缝制于一体的传统手工艺品。香包的起源可以追溯到汉代,现在成为未成年男女的佩戴物、爱情信物、流行饰品、端午节赠品等。

徐州香包纯手工制作,制作流程主要有配制中草药(18种中草药研磨混合而成)、刺绣图案、下板型、添加中草药与棉心、手工缝制、缝锁边缘、添加饰品、包装等。表现内容以喜庆吉祥题材为主,包括十二生肖、吉鸟祥兽、佳卉奇果、百子仙童、爱情寿翁、龙凤呈祥、鸳鸯戏水、松鹤延年、喜鹊闹梅,现又产生了结合时代特征的卡通娃娃等图案,刺绣图案均由民间艺人手工绣制而成。其造型多样,有心形、圆形、菱形、元宝形、蝴蝶形、花瓶形、水滴形、长方形、人物娃娃等,形状敦实淳朴,色彩对比强烈,造型立体,栩栩如生。

香包寄托着人们祈求祥瑞、辟邪纳福、丰衣足食的愿望,又因能驱蚊防潮、净化空气、预防疾病、装饰房间等而具有实用价值。近年来,徐州市采取了征集艺人的代表性作品、收集整理并保存香包原始资料、建立工作室、出版系列丛书、设立香包展厅、举办香包艺人培训班、组织艺人参会展示等一系列措施,推动了徐州香包的保护、传承和发展。

2008年6月,江苏省徐州市申报的香包(徐州香包)被列入国家级扩展名录[1],项目编号为Ⅶ-26。

2007年3月,徐州市申报的徐州香包工艺被列入第一批江苏省非物质文化遗产代表性项目名录,项目编号为JSⅥ-11。

5. 象牙雕刻

象牙雕刻是指以象牙为材料的雕刻工艺及其成品。象牙雕刻因牙材自身的

---

[1] 2006年5月,甘肃省庆阳市申报的庆阳香包绣制被列入第一批国家级非物质文化遗产代表性项目名录,项目编号为Ⅶ-26。

品质而具有高洁的美感,成为中国特种工艺美术的一部分。

(1) 常州象牙浅刻

常州象牙浅刻始于明代,繁盛于清代,曾被招为宫廷"牙作",为"江南派"之代表,晚清时出现一批名家。

为保护大象,象牙自20世纪80年代起就成为国际禁止贸易品。常州作为当今国内三大牙雕中心之一,国家林业部特为武进区牛塘镇江南工艺厂和牛塘特种工艺厂颁发了"象牙生产经营许可证"。但因库存象牙有限,已经灭绝的西伯利亚猛犸象牙成为最常见的替代性原材料。

象牙浅刻工艺制作需经选料、开料、平整、打磨、抛光、定型等多道工序,然后绘画创作并垫墨上色。技艺主要体现在牙雕浅刻刀法的运用上,运刀讲究转折顿挫、轻重缓急。

常州象牙浅刻明清时期的传世作品很少,现存象牙浅刻的优秀代表作有杨雪芳的《文姬归汉》《鼻烟壶》等,萧剑波的《回眸》《三国演义》等,陈桂方的《水浒人物一百零八将》《玉楼醉春图》《清明上河图》等,以及徐荣中的《江山万里图》。

(2) 南京仿古牙雕

明代南京已出现牙雕。南京仿古牙雕,是南京工艺美术三宝之一,也是全国四大著名牙雕之一。它诞生于20世纪30年代,1957年,牙雕艺人孙遇祥、沈正明等成立南京象牙雕刻社(后改名为"南京工艺雕刻试验工厂")。1959年,研究复制出古代象牙雕刻,从此形成以仿古做旧为主要特色的南京牙雕风格。

南京牙雕技艺融南北两派风格为一体,早先以深雕见长,雕工纤细精巧,玲珑剔透。之后以圆雕为主,同时采用透雕、高浮雕、浅浮雕和线刻等多种混合的技法,先设计纸稿,然后再以泥塑成型,经反复推敲,修改决定后,才按泥塑的定型稿在象牙上进行雕刻。作品讲求艺术构思,讲求情和景、形和神的统一,工序为构图—选料—开料—出坯(打出毛坯造型)—深雕至透雕或圆雕—细花(细节处理,如花纹、衣褶、刮光等)—打磨—抛光。

仿古牙雕摆件分大件、中件和小件三类。大件和中件牙雕作品,多以历史故事和民间传说为题材,由人物、走兽、山石、树木组成;小件牙雕有仿古人物、瑞兽、花果和仿古炉鼎熏等,尤以仿唐马最为突出。

仿古做旧是南京仿古牙雕区别于其他三大牙雕的最独特之处。它是以明代传世象牙艺术精品的色泽、包浆与裂纹等为依据,采取独特工艺,加工成仿古的淡黄色和龟裂纹。

(3) 扬州牙刻

扬州牙刻是以刻刀为主要工具,采用浅刻、微刻技法将书画镌刻于象牙之上的一种传统技艺,可追溯到清嘉庆年间(1796—1820),发展于咸丰至同治年间(1851—1874),开创了中国象牙浅刻艺术之先河。光绪年间(1875—1908),于啸轩创造了微刻技艺,能于方寸牙板之内刻数千字。牙刻传人黄汉侯开创扬州浅刻缩临技艺,现代传人陈苏平在象牙上微刻 55 万字的《三国演义》。

扬州牙刻以刀痕再现笔墨意趣,神韵超出方寸之外。牙刻艺人在象牙上书画,横竖点捺、皴擦烘染、干湿肥瘦、意随刀至,一刻而就,落墨而毕,以细微见功力,笔法有致,刀到之处浓淡粗细、阴阳向背均有体有势。由于象牙微刻字迹很小,刀尖的转动不能笔笔窥见,施艺者常以腕力把握为主,目力为次,以自身扎实的书法、绘画功底,用铁笔再现书画水墨韵味。牙刻的刀具式样各异,并随雕刻艺人的艺术创造而不断发展:刻字时用四棱刀,刻小字用圆口刀,刻画线条用圆柱刀、斜口刀,刻远山、云雾用鱼脊背刀、括刀等。同时用刀似笔,有临、回、拉、挑、提等六刀法,微刻小字用揉刀等法。

2014 年 11 月,江苏省常州市武进区申报的象牙雕刻(常州象牙浅刻)被列入国家级非物质文化遗产代表性项目扩展名录,项目编号为Ⅶ-27。

2009 年 6 月,南京市、扬州市、常州市武进区申报的象牙雕刻(南京仿古牙雕、扬州牙刻、常州象牙浅刻)被列入第二批江苏省非物质文化遗产代表性项目名录,项目编号为 JSⅥ-31;2016 年 1 月,南京市秦淮区、江宁区申报的象牙雕刻(仿古牙雕、仿古牙雕)被列入省级扩展名录。

6. 竹刻

竹雕也称竹刻,是在竹制的器物上雕刻多种装饰图案和文字,或用竹根雕刻成各种陈设摆件的艺术。竹雕自六朝始,直至唐代才逐渐为人们所识,并受到喜爱。中国是世界上最早使用竹制品的国家,所以竹雕在中国也由来已久。

(1) 无锡竹刻

无锡竹刻是由实用竹制品脱胎而来,以文人雅士、书画艺术家为主要受众,刻于镇纸、臂搁、扇骨、挂屏、台屏、笔筒、香筒、抱对等表面。民国时期,张瑞芝、张契之父女以金石文字、泉币瓦当、铜镜鼎彝为题材,刻制扇骨、臂搁等,将金石的残缺锈蚀之状表现得惟妙惟肖。

无锡竹刻的主要技法有阴文浅刻、毛雕、留青浅刻、薄地阳文、浅浮雕、高浮雕、透雕和圆雕等,其设计和制作理念是主张以画法刻竹,挂屏、臂搁可看作中国书画中的立轴;扇骨、镇纸可看作屏条;而笔筒图样展开来,则可看作手卷或通景屏一类。以刀代笔,似在绢帛宣纸上挥毫,纵横自如,融书画、诗文、印章于一体,充溢着中国传统艺术所追求的书卷气和金石味。

(2) 常州留青竹刻

清末时期,常州留青竹刻即在国内稳占鳌头,独负盛名。近现代以来,常州留青竹刻形成了以徐素白、白士风为代表的两大流派。徐素白在吸收前辈竹刻艺术的基础上,用刻刀再现沪上书画家的名作,将留青竹刻艺术提升到了一个崭新的高度。白士风作品刀法流利,刻工精细,风格古朴淡雅,韵味十足。

常州留青竹刻产品有工艺台屏、工艺挂屏、工艺笔筒和臂搁等多种类型,其制作过程主要包括整形、描图、切边、铲底四个步骤。要完成一件精品常需费数月之功。将竹材制成长方形的臂搁、挂屏及笔筒等各种物件,然后打磨光滑,谓之"整形";将书画稿描印或自画在竹面上,谓之"描图";以垂直、倾斜、弧形等不同角度切割竹材边缘,谓之"切边";铲刮竹青,谓之"铲底"。书法作品的铲底是在同一层面进行铲刮,要求笔画边缘流畅,底面留青均匀平滑,竹筋通直;绘画作品的铲底则需根据笔墨的浓淡、深浅、虚实决定竹青是全留、多留、少留还是不留。

常州留青竹刻的制作工具包括四棱尖刀、单坡斜口刀、单坡平口刀、圆口刀、大弧度圆口刀及劈刀、木锉、圆凿、平凿、铲刀、刮刀等不同规格的刻刀以及砂纸等。画具主要有不同规格的炭笔、铁笔、毛笔、铅笔、圆珠笔等。作品题材有山水画、花鸟画、人物画、书法等。其制作过程有整形、构思画稿或选择画稿、描图、修改、切边、铲底等步骤。表现形式主要有工艺台屏、工艺挂屏、工艺笔筒和臂搁、摆件、壁挂、插屏等。

常州留青竹刻一般采用生长3年左右的"阴山竹",且以严冬时节的为佳,竹材需粗大、厚实。竹刻艺人通过浅刻、浮雕等技法,利用薄薄的竹青和衬托竹青的红色竹肌,巧施全留、多留、少留、不留的刀下技艺,使作品呈现层次分明、浓淡得宜且具立体感的艺术效果。常州留青竹刻的大家是明末常州府江阴人张希黄,还有清代周之礼和清末徐孝穆。及至近现代,人称"延陵派"的常州留青竹刻艺术依然人才辈出。

(3) 金陵竹刻

金陵竹刻是南京著名的传统工艺美术品种之一。它起源于明代中期,其时与嘉定竹刻并列为中国竹刻艺坛两大流派。明代,李耀和濮仲谦是金陵竹刻的代表人物。李耀是金陵竹刻先驱,濮仲谦在吸收李耀扇骨雕刻特征的基础上,创立以简、浅为特色的金陵竹刻流派。

金陵竹刻以"留青"为特色,即用竹材表面的一层青筠雕刻花纹,然后铲除图纹以外的竹青,露出下层的竹肌作底。因留下表皮一层,故又称"皮雕"。竹材需用深山陈年老竹,并要经防霉防蛀工艺处理。雕成后,底面光润,竹筠洁如玉,竹肌有丝纹。又因竹筠色浅,年久呈微黄;竹肌年愈久,色愈深,故金陵竹刻充分利用这种质地和色泽变化上的差异,分出层次,使花纹达到从深至浅、自然退晕的艺术效果。此外,金陵竹刻因形取势,擅竹刻书法,增添了文人气息。金陵竹刻具有独特的"留青"浅刻工艺特色,与嘉定等地的"高、深、透"竹刻及其他地区的翻簧竹刻等风格迥异。

(4) 扬州竹刻

扬州竹刻清代受金陵派影响,以浅刻为特色。其技艺分雕、刻两种,雕有皮雕、根雕,刻有浅刻、深刻之分。扬州竹刻以平面阴文雕刻为主,在竹面上,以自选三棱刀或四棱刀单刀直入,以腕、指配合的轻重缓急体现笔划的粗细,刀锋中正,刀力匀称,刻画线条流畅有力,刀刀连绵,一刀到底,落墨而毕,使雕刻作品呈现书画艺术之美。

作为用竹材创作的雕刻艺术作品,扬州竹刻所追求的创作意境和所具有的文化内涵,以及散发出的艺术魅力,是若干代人的辛勤劳动和智慧结晶,是扬州传统文化的重要组成部分。

2008年6月,江苏省无锡市、常州市申报的竹刻(无锡留青竹刻、常州留青竹刻)被列入国家级扩展名录[①],项目编号为Ⅶ-46。

2007年3月,无锡市、常州市天宁区申报的竹刻(无锡竹刻、常州竹刻)被列入第一批江苏省非物质文化遗产代表性项目名录,项目编号为JSⅥ-18;2009年6月,南京市、扬州市申报的竹刻(金陵竹刻、扬州竹刻)被列入省级扩展名录;2016年1月,南京市玄武区申报的竹刻(金陵竹刻)被列入省级扩展名录。

7. 泥塑

泥塑是一种古老常见的民间传统艺术,是用黏土塑制成各种形象的一种民间手工艺。制作方法是在黏土里掺入少许棉花纤维,捣匀后,捏制成各种人物的泥坯,经阴干,涂上底粉,再施彩绘。它以泥土为原料,以手工捏制成形,或素或彩,以人物、动物为主。

(1) 惠山泥人

惠山泥人的历史可追溯到南北朝时期,兴盛于明清至近代。20世纪初,惠山古镇已有百余家泥人店,四五十家泥人作坊。中华人民共和国成立后又先后成立了无锡市惠山泥人厂和无锡市泥人研究所。

惠山泥人有粗货和细货两大类。粗货,又称"耍货",类似于儿童玩具,用模具压制,以喜庆吉祥孝为题材,造型简洁,但大胆夸张、圆浑拙朴,代表作品有《大阿福》《寿星》《蚕猫》《和合》《泥春牛》等。细货,又称"手捏泥人",完全靠手捏,以戏曲题材为主,故又称"手捏戏文",使用惠山脚下水稻田3尺深处的黑泥制作而成,是名副其实的"惠山泥人"。其制作工艺复杂,有搓、揉、挑、捏、印、拍、剪、色、压、

---

① 2006年5月,上海市嘉定区和湖南省邵阳市申报的竹刻(嘉定竹刻、宝庆竹刻)被列入第一批国家级非物质文化遗产代表性项目名录,项目编号为Ⅶ-46。

贴、镶、划、扳、插、推、揩、糊、装等"手捏十八法",能将戏曲人物和情节最生动传神的瞬间动态凝固定格,主题鲜明突出,使人一看便能联想到剧情。代表作品有《蟠桃大会》《凤仪亭》《霸王别姬》《盗仙草》《貂蝉拜月》等。

惠山泥人讲究彩绘,有"三分塑七分彩"之说,色彩强烈显眼。现代惠山泥人作品又加入了京剧脸谱、人物及动物、实用玩具(带温度计或者卷笔刀之类)等几类,这些作品小巧玲珑,是访亲问友的最好礼品。惠山泥人以独特的艺术造型、丰富的题材、鲜明的民族民间色彩和浓郁的江南乡土风俗气息,称誉海内外。历来著名艺人辈出,传世精品已作为文物被收入博物馆。

(2) 苏州泥塑

苏州泥塑的历史可追溯至唐代,辉煌于宋至明清时代,清末逐渐衰落,20世纪70年代后期得以复活。

泥材取于虎丘周边的黏土,叫"滋泥"。这种泥土黑、细、黏,适宜捏泥塑小品。苏州泥塑可分两大类:一类为庙宇寺观的大型佛像,如四大金刚佛像、天尊仙等;另一类为虎丘泥人,如泥婴、泥美人、不倒翁、戏文、花果、鱼虫和兽禽等。二者在制作工艺上有所不同,泥塑神佛像的制作工艺流程为钉骨架、配泥、上泥、装金,以其图案丰富、高雅细腻而著称,尤其是彩绘泥塑特点鲜明:一是运用国画与书法的线条作为造型手段,富有抽象性和概括性;二是表现技法多样,有圆雕、浮雕、悬雕、线刻、彩绘、贴金等;三是色彩明亮。虎丘泥人的制作工艺流程为备料、捏头像、配做身子、捏手足、合身子、干燥、彩绘或配衣饰等,俗称"苏捏"。"苏捏"分"耍货"和"捏相"。"耍货"为孩童玩物,取材源于宋代的民间雕塑小品。"捏相"亦称"塑真",其法创于唐时杨惠之。捏相者面对求像者,照其面色取一丸泥,手弄之,谈笑间,即捏成像,后来发展为泥捏戏剧人物和剧情。至清末,"捏相"技艺失传。1958年,苏州市工艺美术局寻访民间泥塑老艺人,恢复泥捏戏文。但因无人传承,"苏捏"几度面临消亡。直到20世纪70年代后期,苏州泥塑"捏相"绝技才复活,如今分布于苏州古城虎丘、山塘、甪直一带。

(3) 沛县泥模

沛县泥模流传于鲁南苏北的微山湖一带,历史可追溯到明末清初,经民间艺人们世代相传至今。

沛县泥模造型主要分为人物和动物两大类,其中人物多取自传统戏曲、神话传说。泥模的制作分为几个步骤:首先是取泥,泥是地下深层次的粘泥,沛县人称"胶泥";其次是刻制"模仁",又叫"托子",即取一小块胶泥,捏制成所要制作内容的基本形状,放通风阴凉处,等到坯子半干不湿的时候,或依照纸上图像,或依据心里的图像,用刀、锥等小工具,由粗到细,由大到小慢慢雕刻,使泥坯渐渐成为艺人心中的人物、动物或者其他内容的半浮雕作品;其三是待模仁定型后,放到风凉处,待其从外到里干透后,把模仁放到土窑里或锅底下、煤炉里烧制成陶器作品,这时模仁做成;其四,有了模仁,再取胶泥,依照模仁大小,拍捏成相应的泥片,贴包到泥模上,按严贴实后,用小弓弦刮去毛边,慢慢取下泥片,这时泥片成为半成品泥模,再把泥模放到风凉处,也待其从外到里干透后,放到小土窑或锅底、煤炉中去烧,等达到一定温度后,再让其慢慢冷却,这时泥模的烧制工艺全部完成。当然,也可把模仁、泥模放在一起烧制。

沛县泥模有历史、文化、经济和收藏价值,但该艺术面临老艺人年事已高,后继乏人的状况,泥模工艺的历史资料和作品亟待整理抢救。

(4) 徐州泥塑

徐州泥塑历史悠久,源远流长,包括泥玩具、陶俑等。

徐州的泥玩具制作从汉代开始。明清时期,徐州市面上出现了泥猴、刀马人、泥牛角哨等泥玩具,其中以泥模最为普及,而泥模又以沛县泥模为代表。泥塑是儿童的玩具之一,故又称"孩模"。徐州市鼓楼区琵琶、八里、下淀一带有捏塑"孩模"的传统,历史可追溯到明代。

徐州泥塑以泥土为原料,以手工捏制成人物、动物形象,或素或彩。作品朴实、直观、真实,贴近人们的生活,适宜长时间收藏和把玩。色彩鲜艳明亮,以传统的民间色彩为基色,观赏性强、知识性强,能使人赏心悦目,陶冶情操,深受广大群众的喜爱。

(5) 孤山泥狗子

孤山泥狗子选用靖江当地孤山东山脚的泥土,捏制成具有发音功能的 20 多种动物形态的工艺品的总称,作为趋吉避凶、带来好运的民间手工艺制品,已有200多年的历史。

孤山泥狗子选取的泥土无杂质、黏性高,干而不裂,弯而不断。经过揉捏、晒干、敲细、筛漏、塑型、打响、烧制、彩绘等11道工序完成。泥狗子腹部有孔,可吹出蛐蛐之声,清亮悠扬,美妙动听。作品表现题材十分广泛,天上的飞禽、地上的走兽无所不有,造型虚幻、神秘,有九头鸟、人头狗、独角兽、人面猴、草帽虎、双头狗等近百种。其内涵丰富,多彩多趣,以劝善的道德教化为核心内容,教人敬天地、礼神明、尚礼仪、扶贫济困、惩恶扬善等。每年"三月三"孤山庙会,泥狗子是香客和游人的必购之物。

(6) 邳州泥玩具

邳州泥玩具俗称"泥娃娃""泥玩艺",是一种集雕塑、绘画、装饰于一体的综合彩塑艺术。其制作历史悠久,秦汉时邳州的泥玩具制品已臻完美,明清至民国,邳州民间泥塑玩具艺人众多,作坊近百家。

邳州泥玩具材料取自当地特有河滩的黏性红泥,以模具塑型为主,附以手制手绘,半塑半画,造型古朴、粗犷。题材内容广泛,品种繁多,有泥娃娃、泥响瓶、泥鸡、泥叫虎、泥叫狮、泥观音、泥关公和戏剧人物等。邳州泥玩具制作工艺十分讲究,从泥土选择、和泥、拉坯、塑模、翻模、成型、晾晒、上色等,每道工序都精益求精。制作的泥玩具不变形、不开裂,色彩牢度强。

(7) 南京泥人

南京泥人最早见诸明代南京及周边地区寺庙内佛像的制作,清代末年,南京有民间艺人用朝天宫冶山的泥土捏制泥人工艺品摆摊售卖。民国时期,江宁民间艺人曾为南京及江宁、六合等地庙宇彩塑佛像。

南京泥人品种主要有彩塑小品、戏曲人物和民俗生活场景等。它既吸取了无锡泥人的一些特长,又结合南京地域特色,以塑为基础,重在彩绘,用色明快、鲜艳,对比强烈;造型小巧、洗练而夸张,追求幽默、诙谐、传神的情趣,不刻意强调外形的相似,而重在意境的表现,装饰趣味浓厚,艺人将它的特点归纳为"三分塑像,七分彩绘"。

(8) 太平泥叫叫

太平泥叫叫是镇江华山村当地一种钻腔孔发音的传统民间泥塑儿童玩具,因其轻吹可发出哨音,又称作"太平泥哨"。

太平泥叫叫的起源和流传与当地张王(张渤,祠山大帝)舍身治水救民的传说有关。取当地黏土,以土塑形,信手捏塑出各类飞禽走兽、花鸟鱼虫,钻上哨孔,吹之以招张王之魂并保佑其祖祖辈辈太平、安康,"太平"二字便由此而来。当地老百姓有通过庙会来祭祀张王大帝的习俗,太平泥叫叫也由华山庙会[①]而兴盛。

民间艺人多在农闲时制作太平泥叫叫,并将长期积累的制作经验通过口传心授的模式,一代代传承发展开来。太平泥叫叫需经过制泥、捏塑、发音、烧制、彩绘等10余道流程的制作,其工具全部来源于生活的实用器物,艺术形式有飞禽走兽、花鸟鱼虫、瓜果蔬菜等。

2006年5月,江苏省无锡市申报的泥塑(惠山泥人)被列入第一批国家级非物质文化遗产代表性项目名录,项目编号为Ⅶ-47;2008年6月,江苏省苏州市申报的泥塑(苏州泥塑)被列入国家级扩展名录。

2007年3月,无锡市、苏州市、沛县申报的泥塑(惠山泥人、苏州泥塑、沛县泥模)被列入第一批江苏省非物质文化遗产代表性项目名录,项目编号为JSⅥ-20;2009年6月,徐州市申报的泥塑(徐州泥塑)被列入省级扩展名录;2016年1月,靖江市、邳州市、南京市玄武区、镇江市京口区申报的泥塑(孤山泥狗子、邳州泥玩具、南京泥人、太平泥叫叫)被列入省级扩展名录。

8. 灯彩

灯彩,也称"花灯",与元宵节赏灯习俗密切相连。据考证,元宵赏灯始于西汉,盛于隋唐,明清尤为风行。各地灯彩种类多样、构思独特、灯面精美、制作考究,在造型、制作、风格上均有独到之处。

---

① 参见"第十章 民俗"中的"华山庙会"。

(1) 苏州灯彩

苏州灯彩史称"苏灯",可追溯至南北朝时期,盛于唐宋,明清更加丰富,后曲折流传至今。1956年开始,"苏州灯展"被多次举办,"苏灯"名扬国内外。20世纪80年代以来,苏州灯彩将影视和舞台艺术、光、电、声等融入灯彩制作。进入21世纪后,以苏州灯彩技艺制作的"水上游船",被称为"流动灯彩"。

苏州灯彩以丝绸、纸张、竹木和铅丝等为主要材料,制作包括"扎、糊、剪、绘"等工艺,融扎糊、剪纸、绘画和装饰等多种艺术为一体,以亭、台、楼、阁为主要造型,结合中国山水画、花鸟画和人物画,加上五彩缤纷的套色剪纸。制成品有挂灯、座灯、壁灯、大型艺术灯彩和人物灯彩组景五大类120多种。其中最具巧思的属"走马灯",它将动与静、亮与美和谐地融于一体,且造型优美、结构巧妙、色彩鲜艳、装饰华美,以"精、细、美、雅"享誉中外。苏州灯彩融合了历代灯彩的造型、美术和色彩等多种工艺,成为具有鲜明"吴文化"地方特色的艺术品,具有很高的文化、艺术和实用价值。

(2) 扬州灯彩

扬州灯彩的历史可以追溯到汉代,繁盛于明清时期。扬州灯彩式样繁多,具有"灵巧、秀美、活泼"的艺术特征,工艺上除彩扎、剪纸、裱糊、刺绣外,还很注重书画、诗文的配制,具有浓厚的人文气息。

扬州灯彩以小巧玲珑见长,色彩艳而不俗,主要有玩灯和彩灯两大类。玩灯是孩童手中娱玩的花灯,大致有三种:一是提在手上玩的提灯,有西瓜灯、莲藕灯、荷花灯、小红灯等;二是举着玩的挑灯,有龙灯、蛤蟆灯、蝴蝶灯及西游记人物灯、八仙人物灯等;三是拖着玩的拉灯,有兔子灯、麒麟灯、马灯及船灯等。彩灯以牛、羊角加工制成的角明灯(琉璃灯)为代表。此外,以竹簧为架,裱糊各式纱、绢的宫灯、走马灯等均为扬州灯彩技艺的经典。

(3) 秦淮灯彩

秦淮灯彩主要分布于秦淮河流域的秦淮、江宁、句容等地。历史可追溯至南朝宫廷,隋唐时在民间广为流传,明代发展到高潮,一直影响至今。

秦淮灯彩的制作材料主要有竹篾、纸、布、颜料及蜡烛。制作工具为劈竹裁纸的刀具和制作纸花的模具。制作程序为：先将竹子劈开，加工成长扁形篾丝，以篾丝编扎灯架，再以纸线、麻线或铁丝将其固定，然后将裁剪好的红、黄、蓝各色纸和布粘贴在灯架上，最后加以描绘点缀，插上蜡烛。

花灯一般为悬挂或手提式，也有底座上配有砖头或木头，可在地上拖行的。灯彩外形仿照动物、花卉及吉祥物等形状制作，如兔子灯、金鱼灯、狮子灯、蛤蟆灯、荷花灯、元宝灯等。现在花灯制作方法在传统技艺的基础上有所改变，所用的材料更宽泛，技术更现代，灯的外形式样更丰富、更富于想象力。

(4) 徐州花灯

徐州花灯的制作有扎、糊、画、亮四道程序。做花灯的工具有十几种，包括剪刀、美工刀、钳子、酒精等。徐州鼓楼区丰财一带的花灯制作至今仍保留着地方特色，采用当地产的芦苇或竹子来扎制各种花灯的骨架，再用糨糊贴上纸，然后用颜料彩绘，最后用彩色剪纸装饰其上。

徐州花灯主要以家庭方式传承，当今花灯艺人曹开君，就是经家族传承而习得技艺。曹开君在继承花灯传统扎制方式的基础上，不断探索、研究，多次去苏州、北京、天津等地观摩学习，大胆创新，形成了独特的曹氏花灯扎制风格。他最早将汉画像融入花灯艺术，汲取秦淮花灯和自贡花灯之精华，结合铁艺技术制造出独具特色且具欣赏、收藏价值的花灯。

(5) 南通灯彩

南通灯彩可追溯到明清时期，当时以古通州（现南通地区）的包家灯最负盛名。其种类丰富，工艺高超，具有浓郁的江海文化特色。

南通灯彩主要是造型灯，其次是宫灯，其作品内涵丰富，寓意吉祥，造型有数百种之多，造型灯中以鸟儿灯为其代表作。其主要制作工序包括设计图稿、制作骨架、裱糊灯身、绘画灯饰、装置光源5个基本步骤，集扎、糊、绘、染、剪、贴6种技艺于一体，手法灵活多变，工艺性强。

南通灯彩具有独、融、精、准、活等主要特征。"独"是指不同于其他地区灯彩艺术，以小巧精致、仿生拟形而见长；"融"是指融合纸扎、绘画、剪纸、雕刻等艺术之长;"精"在于做工精细,选材讲究,小巧玲珑;"准"要求作品形象精准,骨架制作立体、拟型、稳固、强韧;"活"是指作品神态逼真,造型优美,具有浓厚的民间艺术色彩。

2008年6月,江苏省句容市、苏州市申报的灯彩(秦淮灯彩、苏州灯彩)被列入国家级扩展名录①,项目编号为Ⅶ-50。

2007年3月,苏州市、扬州市、南京市秦淮区、句容市申报的灯彩(苏州灯彩、扬州灯彩、秦淮灯彩)被列入第一批江苏省非物质文化遗产代表性项目名录,项目编号为JSⅥ-22;2009年6月,徐州市鼓楼区申报的灯彩(徐州花灯)被列入省级扩展名录;2016年1月,南通市申报的灯彩(南通灯彩)被列入省级扩展名录。

9. 玉雕

玉石经加工雕琢成为精美的工艺品,称为玉雕。工艺师在制作过程中,根据不同玉料的天然颜色和自然形状,经过精心设计、反复琢磨,才能把玉石雕制成精美的工艺品。玉雕有人物、器具、鸟兽、花卉等大件作品,也有别针、戒指、印章、饰物等小件作品。

(1) 扬州玉雕

扬州玉雕发展经历了汉、唐、清三个繁荣时期,清乾隆时期(1736—1795)达到鼎盛。清代扬州设有玉局,大量承办宫廷玉器,后经历起伏传承至今。

扬州玉雕产品有人物、花卉、炉瓶、山子雕、饰品等五大类共300多个品种。扬州玉雕重雕工,擅长将阴线刻、深浮雕、浅浮雕、立体圆雕、镂空雕等多种雕刻手法融于一体,"山子雕"和"练子活"技法更是独具一格。扬州玉雕讲究外部雕刻,造型庄重,线条清劲,花纹纤细雅朴。大型产品往往是"浓中见清",小型产品则是"纤中见厚",充分体现了扬州琢玉"大件细出、小件大做、挺中见秀、浓中见清"的传统手法。工艺讲求胎薄体平,玉碗、玉杯等雕成后,可浮在水上,人称"水上漂",

---

① 2006年5月,浙江省仙居县、海宁市,福建省泉州市,广东省东莞市,青海省湟源县申报的灯彩(仙居花灯、硖石灯彩、泉州花灯、东莞千角灯、湟源排灯)被列入第一批国家级非物质文化遗产代表性项目名录,项目编号为Ⅶ-50。

甚至有的作品在阳光下可隔层见人。此外,扬州玉雕艺人还创作出一种"不规则薄胎玉器",能将质地较次的玉料加以利用。扬州玉雕的代表性传承人为江春源、顾永骏等。

(2) 苏州玉雕

旧时,苏州玉雕作坊分布在苏州阊门内的专诸巷、天库前、周王庙弄、宝林寺、王枢密巷、石塔头、回龙阁、梵门桥弄、学士街、剪金桥巷等地。苏州玉雕历史可以追溯到新石器时代,春秋时期玉雕技艺已经得到发展,宋明时期形成行业,至清代发展到顶峰,中华人民共和国建立后,苏州玉雕再次繁荣。

苏州玉雕以"苏作"著称,所用玉石种类繁多,有白玉、黄玉、碧玉、翡翠、玛瑙、绿松石及芙蓉石等。主要工艺流程有选料、开料、设计、雕刻、抛光等。技法有浮雕、圆雕、镂雕、阴阳细刻等。制作多随形设计,即不同类别的玉雕作品运用不同的雕刻技法。作品以中小件为主,主要有炉瓶、人物、花鸟走兽、山子雕、挂饰件等,选材名贵,雕刻精细,造型隽秀,寓意深邃,具有"空、飘、细、巧"的特点。

20世纪80年代以来,光福地区的玉器生产得到较大发展,产品数量成倍增长。苏州在成为全国玉雕从业人员聚集之地、精品佳作不断出现的同时,也涌现出了一批国家级、省级、市级工艺美术大师、传承人,他们引领和推动了苏州玉雕的传承与发展。

(3) 徐州玉雕

徐州玉雕采用传统师带徒的作坊式手工加工生产方式,南北兼容,硬柔相并,承袭汉文化艺术元素的风格,体现了徐州汉文化的历史渊源和文化内涵。

徐州玉雕主攻博古、汉风等写意类题材,形成了自己雄浑、豪放、挺拔、凝重的独特风格。作品以圆雕、浮雕、镂空雕为主。雕刻多以兽(动物)、蝉及人物等为主要图案,以写实的方法刻画出动物的生命力和神态,逼真写实,纹饰以龙纹、涡纹、兽面纹、游丝纹、乳钉纹等为主。徐州玉雕技艺用刀狠、硬、实,刀法苍劲有力,粗犷流畅,转折有序。

(4) 邳州玉雕

清光绪十八年(1892),河南南阳刘氏玉雕艺人来邳州开办了玉雕作坊并带徒授艺,至民国已发展有20余家作坊。中华人民共和国成立后,县政府开办玉雕厂,现有作坊近千家,从业人员有8000余人。

邳州玉雕品种丰富,有山水件、人物件、花鸟动物件、器皿件、小挂件、仿古件、山子雕件和杂件等八类,题材寓意吉祥。小件仿古,充分利用玉石形体和皮色,巧妙构思,惟妙惟肖;大件作品可重达数十吨。其中,山水人物精细逼真,摆件以貔貅、观音最为著名,享有"天下貔貅出邳州"的美誉。雕刻技法有线雕、浮雕、油丝雕、圆雕、阴刻、镂空等。

2006年5月,江苏省扬州市申报的扬州玉雕被列入第一批国家级非物质文化遗产代表性项目名录,项目编号为Ⅶ-28;2008年6月,江苏省苏州市申报的玉雕(苏州玉雕)被列入第二批国家级非物质文化遗产代表性项目名录,项目编号为Ⅶ-57。

2007年3月,扬州市申报的扬州玉雕被列入第一批江苏省非物质文化遗产代表性项目名录,项目编号为JSⅥ-14;2016年1月,苏州市吴中区、徐州市鼓楼区、邳州市申报的玉雕(苏州玉雕、徐州玉雕、邳州玉雕)被列入省级扩展名录。

2007年3月,苏州市申报的苏州玉雕被列入第一批江苏省非物质文化遗产代表性项目名录,项目编号为JSⅥ-15。

10. 核雕

核雕是在核桃壳及各式果核上进行雕镂的一种传统民间工艺。从明末魏学《核舟记》中描绘的情况来看,核雕技艺在明代已达到很高的水平。核雕以核桃壳、桃核、橄榄核、杏核、樱桃核及其他一些质地致密的果核为原材料,利用核桃壳或果核的天然形态和起伏变化,采用雕、镂、镌、锉、凿、钻等技法在其上雕刻各色人物、花鸟、兽虫、山水、舟船、楼阁等形象和文字内容。

(1) 光福核雕

光福核雕主要分布于苏州吴中区光福镇、香山村、舟山村,其历史可追溯到明代。1930年前后,光福核雕艺人殷根福于上海老城隍庙开设"永兴斋",开始用橄榄核雕罗汉头像,逐渐形成了殷氏核雕技艺。

光福核雕以广东乌坑橄榄核为材料,以浅刻、浮雕、圆雕、透雕等技法为主,造型活泼、题材丰富、形象生动,以"精、细、奇、巧"的"苏派"风格闻名全国,并在全国核雕界处于领先的地位。其品种繁多,按形式可分为珠串式(即把多个核雕穿成一串)、坠件式(即以单粒核雕为主),以及摆件式三个系列;题材内容则可分为吉祥如意、神仙人物、民间民俗故事、山水园林四个系列。目前,在苏州香山街道的舟山村及其周边村镇,几乎家家户户制作核雕,从业人数已有近万人,吸引了来自北京、天津等全国多地的客户纷至沓来购买核雕,呈现出良好的发展趋势;同时也涌现了一批国家级、省级、市级传承人以及工艺美术大师、名人、民间工艺家和高中级工艺美术师,形成了系统的生产、销售体系和一定的市场规模。

(2) 云渡桃雕

云渡桃雕是以桃核为原料雕刻各种工艺美术品的传统技艺,流传于泗阳临河镇云渡村及其周边地区。桃雕技艺可追溯到明代,泗阳大规模种植桃树,当地人把桃核雕刻成各种动物(十二生肖),经世代相传,雕刻种类不断增多,雕刻技法也日臻精湛,形成了如今的"云渡桃雕"。

云渡桃雕的雕刻技法有"浮雕"和"镂雕"两种,形式有粗雕、中雕和精雕三大类。粗雕只具大致轮廓即可,作品则多为十二生肖、桃篮、桃锁等小挂件;中雕作品线条分明,局部镂空,作品多为十八罗汉、十二生肖手串等;精雕则玲珑剔透,花鸟、人物等形象逼真,作品多为单粒摆件,如核舟、八仙过海、玉川品茶、司马光砸缸等。因桃在当地具有"避邪纳福"的文化内涵,故云渡桃雕除具有较高的观赏、收藏价值外,还广泛地应用于婴儿配饰、男女手串、家庭装饰等方面。云渡桃雕艺人在雕刻技艺上也精益求精,涌现出一大批工艺名匠和名人,如云守阳、云明先、杨思宜、王增久、王富久等,他们的作品曾多次参加各类艺术展览并获奖。临河镇也因此先后3次被文化部命名为"中国民间(桃雕)艺术之乡"。

2008年6月,江苏省苏州市申报的核雕(光福核雕)被列入第二批国家级非物质文化遗产代表性项目名录,项目编号为Ⅶ-59。

2007年3月,苏州市吴中区申报的光福核雕被列入第一批江苏省非物质文化遗产代表性项目名录,项目编号为JSⅥ-17;2009年6月,泗阳县申报的核雕(云渡桃雕)被列入省级扩展名录。

11. 邳州纸塑狮子头

邳州纸塑狮子头流行于邳州及周边接壤的鲁、豫、皖地区,历史可以追溯到明清时期。纸塑狮子头是集雕塑、裱糊、扎制、绘画于一体的彩扎。它主要用于民间舞狮表演,与邳州民间泥塑、绘画、舞蹈等根脉相连,共生共荣。为适应舞蹈套路、动作编排的要求,狮子头面具又有大、中、小各种型号。

邳州纸塑狮子头造型夸张,形象活泼,色彩鲜艳,对比强烈,用色借鉴了传统木版年画,图案仿拟了戏剧花脸脸谱。不同于南方狮头面具所具有的文秀、细腻风格,邳州纸塑狮子头带有苏北塑艺的粗犷、豪放的特色,兼具诙谐幽默。

近年来,邳州纸塑狮子头的传承与发展受到当地相关部门的关注支持,采取了一系列保护措施,深入探究邳州纸塑狮子头的文化内涵,积极组织参加各种民间艺术展览、展示,扩大其应用范围。

2008年6月,江苏省邳州市申报的彩扎(邳州纸塑狮子头)被列入第二批国家级非物质文化遗产代表性项目名录,项目编号为Ⅶ-66。

2007年3月24日,邳州市申报的邳州纸塑狮子头被列入第一批江苏省非物质文化遗产代表性项目名录,项目编号为JSⅥ-23。

12. 常州梳篦

常州梳篦起源于东晋,成熟于唐宋,兴盛于明清并成为宫廷御用品,故称"宫梳名篦"。常州梳篦制品包括梳篦和木梳两个品种,制篦原料主要是"阴山竹"、牛骨和生漆等,木梳用料则以黄杨、枣木、石楠为主。梳篦制作需经过28—70道工序,包括选料、拉舵、打屯头、拆板、煮坯、码板档、翻板档、推头、推板、齐口、划样、开齿、撞梳、刹面过口、剔齿割尖、倒叉、方梳、砂梳、刷灰、锯背、刨背、绞背、刮光、钩线、扦节、磨梳、烫梳、光梳等。制作篦、梳的工具各有30多种,制作精品工艺梳和精品篦箕,需制作者手工在梳背和篦梁上完成"雕花、描花、刻花、烫花、嵌式"五种工艺。

常州梳篦具有篦齿纯熟、疏密合度,梁子胶合、永不脱落,式样玲珑、花纹雅致三大优点。具体品种包括柄梳、月亮梳、圆背梳、鱼背梳、鱼梳、蝴蝶梳、竹节梳等实用梳系列;四大美女梳(描花、烫花、黄杨)、红楼十二钗梳、五代仕女梳、双龙戏珠梳、蝴蝶梳、龙凤梳、京剧脸谱梳、十二生肖梳等工艺梳系列;相拼梳系列与实用梳系列重合(包括嵌式的长寿梳),以及各式精品篦箕。这些梳篦集雕刻、彩绘、烫制工艺和戏曲人物形象、民间传说、自然生态画面等于一身,兼具实用性、欣赏性和保健功能,深受中外人士的喜爱。如今常州梳篦制作和销售主要集中在常州西门、南门一带。

2008年6月,江苏省常州市申报的常州梳篦被列入第二批国家级非物质文化遗产代表性项目名录,项目编号为Ⅶ-68。

2007年3月,常州市申报的常州梳篦被列入第一批江苏省非物质文化遗产代表性项目名录,项目编号为JSⅥ-19。

13. 丰县糖人贡

丰县糖人贡是以优质白糖为原料,用模具注塑的糖塑艺术品,在丰县俗称"贡品"。糖人贡早期用于宫廷祭祀,后流入民间,清代中期传入丰县,一般用在丧葬祭祀中,目前在以丰县为中心的苏、鲁、豫、皖交界处部分农村还有流传。

糖人贡为纯手工制作,需2人以上协作配合。糖人贡制作的主要工序有浸泡模具、化浆、注模、脱模、绘彩等;糖人贡制作的主要工具和原料为大铁锅、煤炉、水缸、木案、束子、铜锅、木铲、毛笔、木质模具、白糖、食用色素等。

在长期的发展过程中,丰县糖人贡已形成独特的个性风格,有着鲜明的地方特色。糖人贡题材广泛,内容丰富,涉及社会生活、民间故事、神话传说等诸多方面,带有浓郁的宗教特色。造型包括仙佛诸神、动物、果品、古代建筑、祭祀器具。主要作品有《老寿星》《王母娘娘》《天宫》《公鸡》《寿桃》《宝塔》等。这些作品可分别组成32件套、24件套、6大件等,按照亲疏远近使用在殡葬祭祀活动中。因其原料为食用白糖,故可食用。

2008年6月,江苏省丰县申报的糖塑(丰县糖人贡)被列入第二批国家级非物质文化遗产代表性项目名录,项目编号为Ⅶ-88。

2007年3月,丰县申报的丰县糖人贡被列入第一批江苏省非物质文化遗产代表性项目名录,项目编号为JSⅥ-21。

14. 盆景技艺①

盆景技艺是一种传统的人工置景手段,它将植物、奇石等种植和布置于盆内,经过艺术加工使之成为浓缩自然美景的一种陈设品。盆景起源于观赏植物,早在商周时代便有了观赏名木、花卉的习俗。汉代已出现"构石为山"的盆景。魏晋以来,盆景制作取得了较大发展。至唐代,盆景成为富贵家庭的陈设品,入清以后,传统的盆景艺术得到长足发展,进入了兴盛时期。

(1) 扬派盆景技艺

扬派盆景是中国盆景"五大流派"之一,融"诗、书、画、技"为一体。其历史可追溯至六朝时期,成熟于清代,享誉于当代。扬派盆景得益于扬州文化,又将自身融入扬州文化之中,成为一门独特的高雅艺术。

扬派盆景以树木为主要素材,树种选择要具备叶片细小、抗逆性强、萌发力强、寿命长等条件,突出粗干、曲枝、露根特色,并自幼培养、攀扎。其主要棕法有杨棕、底棕、逼棕、挥棕、拌棕、平棕、套棕、吊棕、下棕等九种,此外还有三种扎片法,即实技法、大披毛、小披毛。制作中使用的主要工具为剪刀、木锯、棕梳、撬棍、棕绳、棕线等。

扬派盆景的传统造型主要有提根式、疙瘩式、过桥式、垂崖式。其中关键的造型技巧为"巧云式",把树桩看成山,将小枝条、叶片剪扎成一个个"云片",每个"云片"仅一层叶片的厚度,使整盆盆景有云绕山峰之美感。

扬派盆景是艺术与技术、技艺与文化的结合,具有"层次分明、严整平稳"的风格和"一寸三弯"的剪扎技艺,既端庄大气,又工笔细描,飘逸、清秀、古雅、写意,装饰性强,意境深远。它通过艺术处理和精心培育,能在盆钵之中塑造出源于自然的形象美和高于自然的意境美,寄托了作者的审美情趣和人生感悟,记录了一定时期的社会风貌。此外,扬派盆景是"活"的文物。

当代扬派盆景在继承传统的基础上,呈现多元化的发展态势,众多代表作品

---

① 该项目在省级名录中属于"传统技艺",从国家级分类,归入"传统美术"。

都曾在国内、国际顶级展览和比赛中获得大奖,在中国乃至世界盆景界独树一帜。

(2) 苏派盆景技艺

苏派盆景可追溯至明代,清代走向产业化,近代在艺术上更加专业化、理论化,现已建立专门的盆景园予以收藏展示。

苏派盆景是中国盆景五大流派之一,以树桩盆景为主,依其表现形式又可分为单干式、双干式、丛林式、悬崖式、卧干式、斜干式等,依其栽培形式又可分为合栽盆景、独本盆景、树石盆景。树桩盆景以树木为主要素材,常见的树木品种有松柏类、雀梅、榆树、黄杨、三角枫、檵木、紫薇、石榴、银杏等。其制作过程包括选桩、挖掘、整形、养坯、栽盆、选芽、养护、攀扎、修剪、养片、翻盆等。不同树种需使用不同的攀扎技艺和修剪方法:以幼苗加工培养的盆景,其主干和枝条都要攀扎,称为"全扎法";以古桩培育的盆景,只需将枝条略加绑扎,称为"半扎法"。树桩盆景的传统造型多为规则型的"六台三托一顶"式,培育方法自幼苗开始,但成型速度较慢,且易产生雷同现象,现代则以自然为美,吸取明清苏州盆景的精华,注重师法自然而又高于自然,讲究诗情画意,逐步形成"粗扎细剪,剪扎并用"和"以剪为主,以扎为辅"的技法和清秀古雅的艺术特色。此外,苏派盆景还包括水石盆景,其石种有斧劈石、黄石、英石、钟乳石、砂积石、千层石、龟纹石等。苏派盆景技艺深受吴门画派影响。文人意识与园艺家的创作思路结合,将盆景技艺与地域审美有机统一,使苏州的盆景在国内外独树一帜。

(3) 如皋盆景技艺

如皋盆景以本土所生小叶罗汉松为最佳材料,经过上盆、蟠扎、排片等工序,再经过长时间的"技压"和"养护",形成"S"状的造型艺术品,俗称"两弯半",主杆左边三片,右边三片,背面三片,互生有致。其造型特点主要表现在巧"拙根"、蟠"骨架"、绣"云片"。如皋盆景的陈设方式也很独特,常见者互成一对,或以3、5、7、9等不同奇数组合。

如皋盆景代表作有古柏盆景"蛟龙穿云"、两弯半罗汉松"高龙腾飞"及大型五针松"仓复南山"等。近年来,如皋每年都有近10万盆盆景销往荷兰、法国等10多个国家和地区,已成为华东地区最大的花木盆景出口基地。

(4) 孟河斧劈石盆景技艺

常州孟河镇境内小黄山山石,经过千万年江风吹袭、江水冲击,山石风化如鬼斧神工所劈,人称"斧劈石"。早在宋代,孟河人就用斧劈石精制盆景,作为贡品。

孟河斧劈石盆景制作大体要经选料、布局、粘叠、点缀及养护等环节,其作品多彩多姿,给人一种意在景中的自然情境,或山岳俊秀、连绵起伏,或湖光山色、曲折迂回,或雪霁丘壑、冰河初封。艺人经过独具匠心的构思,运用缩龙成寸的手法,将山川奇峰、秀岩胜迹作典型化加工,使其成为"集千里之峻,于咫尺盆盈"的唯美艺术作品。

(5) 常熟苏派盆景技艺

常熟苏派盆景技艺历史悠久,发轫于元末明初,受元四家之首黄公望影响,明清时已具有"云林山树画意"的造诣,其传统规则式"六台三托一结顶"盆景被誉为苏派盆景的代表作。

常熟苏派盆景以树桩为主,选用的树种主要为常熟当地树种,以松、柏、榆、杨较为常用,造型技法采用"粗扎细剪",传统攀扎树桩枝片分台、托、顶三种。其代表作的造型特征主要体现为"六台三托一结顶"。另外,修剪叶片时需保持形态美观、自然的原则,使叶片状若层云、重叠碧翠、疏繁不乱。

常熟苏派盆景无论从山石的选择,还是对树木的姿态、丛林的布局,都刻意求工,师法自然而高于自然、工于创作而不失其真,造型端正,古趣横生,充分体现了苏派盆景典雅、古朴的艺术风格。

2008年6月,江苏省扬州市、泰州市联合申报的盆景技艺(扬派盆景技艺)被列入第二批国家级非物质文化遗产代表性项目名录,项目编号为Ⅶ-94;2011年5月,江苏省苏州市申报的盆景技艺(苏派盆景技艺)被列入国家级扩展名录;2014年11月,江苏省如皋市申报的盆景技艺(如皋盆景)被列入国家级扩展名录。

2007年3月,扬州市、泰州市申报的扬派盆景技艺被列入第一批江苏省非物质文化遗产代表性项目名录,项目编号为JSⅦ-25;2009年6月,苏州市、如皋市申报的盆景技艺(苏派盆景技艺、如皋盆景技艺)被列入省级扩展名录;2016年1月,常州市新北区、常熟市申报的盆景技艺(孟河斧劈石盆景、苏派盆景)被列入第四批江苏省非物质文化遗产代表性项目名录,项目编号为JSⅥ-44。

15. 玻璃雕绘画

镇江的玻璃雕绘画即在玻璃上用油彩、水粉、国画颜料等绘制图画,利用玻璃的透明性,在着色的另一面观赏。

玻璃雕绘画以玻璃为原料,运用手工砂雕玻璃技术和手工喷绘技术,使雕出的线条流利舒畅、刚柔自如,雕出的块面层次分明且具立体感,使花、鸟、虫、鱼等传统绘画的艺术效果在玻璃上呈现。

工艺流程主要包括裁划、贴膜、描绘、刻制、喷砂雕刻、清洗、贴膜刻画、调配颜料以及喷绘着色等,操作时把即时贴覆盖在玻璃上,在描绘画稿后,用美工刀将即时贴按图刻画,并开始高速喷雕,经清洗画面后,再以即时贴覆之,然后用美工刀依雕刻纹样刻出,经喷涂色彩后完成。作画颜料为专用玻璃涂料,具有良好的透明性、流平性,色彩鲜艳,表现力强,具晶莹剔透之效果。设色则完全用喷枪经手工喷染完成,技术和艺术密切结合,作品不但形似绘画原作,且呈现出纸(绢)上的传统绘画所达不到的艺术效果,匀净细腻,绚丽多彩。

玻璃雕绘画大多用于民间建筑的室内装饰,如门饰、窗帘、隔断、壁画、屏风等,如遇婚寿喜庆、商店开张等喜事,人们常以"玻璃画"为贺礼。

2007年3月,镇江市申报的玻璃雕绘画被列入第一批江苏省非物质文化遗产代表性项目名录,项目编号为JSⅥ-2。

16. 邳州年画

邳州年画随京杭大运河沿线流传至官湖、邳城、四户、港上、窑湾、土山等古镇,乃至苏、鲁、豫、皖等地。它源于邳州民间绘画、雕刻画,兴于唐代,成熟于宋代,明清时迅速发展,清中后期达到鼎盛。

邳州年画的绘画形式和技法多种多样,有手绘、半印半绘、木版手工印刷、机器印刷、刻纸彩绘等;绘制材料有纸张、板、墙、家具、器物等;题材内容涉猎广泛,早期作品以神、佛像居多,如门神、佛道神仙、家堂祖谱、春牛图、春贴、咒符等,主要用于民俗年节、吉祥纳福、祭祀神灵、镇邪驱疫、宗教信仰、娱乐游戏等。近现代的邳州年画,题材不断扩展,表现民风民俗、劳动生活场景的内容不断增多,更贴近现实,反映了人们对美好生活的向往。"诗画结合"是邳州年画的表现特色之一,它在传承与发展的过程中不断提高,画风自成一体,具有淳朴厚重、生动泼辣、简练夸张、色彩鲜艳浓烈、反差大、视觉冲击力强、造型粗犷、用笔狂放、不拘小节等特征,充满乡土气息和时代感,在中国美术史、民俗史上均占有重要地位。

2007年3月,邳州市申报的邳州年画被列入第一批江苏省非物质文化遗产代表性项目名录,项目编号为JSⅥ-3。

17. 江都漆画

江都漆画是传统绘画艺术和古老髹漆技艺完美结合而形成的民间工艺美术。江都漆画以画为主,漆艺为辅,体现了"绘""做"结合的特征。手工艺人既要运用各种彩漆描绘图画,又要用髹漆技艺使画面具有独特意境。

江都漆画继承了古代彩绘漆画的各种传统技法,包括彩绘、雕漆、刻漆、百宝镶嵌、金银平脱、平磨螺钿、彩勾刀、描金贴箔、髹漆、磨漆等,同时巧妙应用了工笔画、水墨画、油画、水粉画等多种绘画技法。江都漆画有五种制作技艺。一是镶嵌漆画技艺,即应用百宝镶嵌、金银镶嵌、螺钿镶嵌、骨石镶嵌、蛋壳镶嵌、珐琅镶嵌等多种镶嵌艺术,配合描金彩绘手法,制作有镶嵌特色的漆画。二是雕填漆画技艺,即应用传统雕漆工艺,制作各种色调的漆画,主要有剔红、剔黑、剔蓝、剔绿和剔彩等。三是刻漆漆画技艺,即运用传统刻漆技法,在漆地上刻出精致的线条,铲去不必要的部分,着上色彩,贴上金箔。四是螺钿漆画技艺,即应用镶嵌螺钿的技法制作纹质齐平的漆画,统称"平磨螺钿漆画"。螺钿有软硬之分,硬螺钿黑白分明,富于装饰性;软螺钿(亦称"薄螺钿")色泽丰富,或红,或绿,或黄,或蓝,人称"活动的色彩"。五是彩绘漆画技艺,即应用传统国画(水墨画)手法,结合运用髹漆、描金彩绘等艺术,制作具有国画风格的磨漆画。此外,江都漆画的制作采用了两种独特技法:一是"铺砂法",即在镶嵌、堆漆之后将清洗过筛后的细砂在空白处或所需处,根据细密分布的不同要求进行铺洒,然后贴上金箔,再根据作画的艺术要求进行反复渲染,待干后进行镶嵌、髹漆、研磨、罩漆、推光;二是"冲染法",是江都漆画艺人为了适应各种流派画法的表现而摸索出的,可以绘制出流动而虚幻、朦胧、抽象的色彩,使漆画虚实相间、生动有致,厚重中透着灵气。

2007年3月,江都市申报的江都漆画被列入第一批江苏省非物质文化遗产代表性项目名录,项目编号为JSⅥ-4。

18. 无锡纸马

无锡纸马的生产主要在江阴华士镇巷路里村,其历史可追溯至宋代,是江南民间祭祀活动的产物。

纸马是用木版雕刻印制而成的版画。它以道佛之神和民间俗神为对象,先在纸上画出图像,印在光滑平整的木板上,然后按图像线条进行雕刻,再在木版上刷上油墨,或加手绘工艺,在白纸上印出纸马。印好的纸马普遍用于民间信仰活动和礼俗庆典。江阴的祭祀文化、道教文化和佛教文化非常发达,为纸马提供了生存空间和发展土壤。明清时期,华士镇符家道士制作的纸马就比较有名,华士人称之为"烧芦头"。华士镇的西街巷路里是江阴一带比较有名的"纸马部落",当地称之为"赵氏纸马",赵家人代代传承纸马技艺,手艺精湛,独具特色。

作为宗教祭祀品,纸马充满了迷信色彩;作为民俗的风物,它是民众的心灵寄托和夙愿祈求的载体。目前,最具代表性的纸马传承人是"赵氏纸马"第三代传人赵仁献,他擅长用阳刻线条来勾勒神佛图像,已创作100多个品种,包括"镇宅""待宴""念佛""到场"四类,主要作品有《十殿阎罗》《接引菩萨》《观音菩萨》《姜太公》《关公》《灶神》等。

2007年3月,无锡市申报的无锡纸马被列入第一批江苏省非物质文化遗产代表性项目名录,项目编号为JSⅥ-6。

19. 上党挑花

挑花,是刺绣的一种,又称"十字针""十字花",即在平布上依纱眼用绣花针挑上"十字形",以此为骨架,填置上多种花纹。上党挑花集中流行于镇江丹徒南乡,已流传一二百年。挑花是丹徒南乡农村妇女日常习作的内容,其优劣是评价妇女才干的标准之一。

挑花的图案布局严谨,在对称中求变化,有菱形、对角形、正梯形,一般在白布或浅蓝布上,挑上各种立体感强的图案,其色彩一般以大红、桃红、淡黄等为主色调。作品绝大部分为生活用品,如帐帘、枕套、床单、围腰、鞋垫、荷包等,图案大多具有吉祥福瑞的象征含义,如蝙蝠(福)、桃(寿)、桂花(贵)、芙蓉(富)、莲子(连)、鱼(余)等。从业者大多为农村妇女,手艺代代相传,她们将挑花作为感受周围事物、追求美好生活的一种表达方式。故上党挑花中的各种图案也记录了水乡妇女的传统礼俗和祈盼,寄托了"真"与"美"的情思,对研究江南妇女服饰具有重要价值。目前上党挑花传承人以王月兰为代表,其挑花作品多次获奖并应邀参展。

2007年3月,镇江市丹徒区申报的上党挑花被列入第一批江苏省非物质文化遗产代表性项目名录,项目编号为JSⅥ-10。

20. 民间绣活

民间绣活又名"针绣""扎花""绣花",由于多系妇女所为,又习称"女红"。它是一种传统的民间工艺,运作时以针穿引彩线在织物上刺缀,使绣迹形成特定的纹样或文字。

(1) 盐城老虎鞋

盐城老虎鞋是一种虎形童鞋,广泛流传于盐城市区和周边盐都、东台、大丰、射阳、建湖、亭湖、兴化及宝应等地,盛行于明清民国时期。

盐城老虎鞋均由手工缝制,小巧玲珑、细腻精美、结实耐用。"老虎"的胡须一般用红色或黄色丝线,采取夸张和抽象的手法,胡须短而密集,色彩浓烈,迎合人们企求喜庆、祥和的愿望;"老虎"的眼睛过去由手工缝制,后改用塑料纽扣或塑料小圆球配件,使之更加有立体感;"老虎"耳朵上的布料多采用对比色,使之呈现农民画风味;"虎头"的绒毛多为黄色或白色;绒毛虎尾则正好充当鞋拔,小巧有力。如此,老虎的眼睛、耳朵、胡须、尾巴浑然一体,搭配巧妙,栩栩如生。鞋面布料色彩偏黄或偏红,花纹选择不拘一格,但求神似,不求形似。鞋口有圆形,也有葫芦形,虎头配以两侧花纹鞋帮,鞋帮上绣龙凤呈祥或八卦太极等图案,象征婴幼儿一生"万事如意""吉庆平安"。鞋底镶有五层骨布,上绣有"卐"字等图案,均由手工彩线钉纳。

盐城老虎鞋可以搭配虎帽、虎袖、虎枕等穿戴使用,具有较高的实用价值、观赏价值、美学价值、民俗价值和收藏价值。

(2) 邳州绣花鞋

邳州绣花鞋流传于邳州及周边地区,唐宋以来,造型及缝制工艺越发精巧,明清时发展达到鼎盛。20世纪90年代起,绣花鞋成为艺术收藏品、高档穿着用品。

绣花鞋是集艺术欣赏和实用为一体的民间工艺品,邳州艺人将南北方绣艺针法与本地民间绘画、剪纸等造型艺术结合,创造了独具地方特色的邳州绣花鞋。邳州绣花鞋由艺人将自纺桑蚕丝染色成各色花线,用绣针把象征吉祥祝福的图案纹样缝绣在棉布、绸缎鞋面上。纹样有独绣鞋头花布局,也有两片鞋帮对称和不对称的刺绣花纹布局,使用最多的是鞋头花与两侧鞋帮花组合刺绣的纹样结构。针法包括针绣(纳绣)、直针绣、绢绣、辫绣、补绣、挑花绣和扣针绣等,花纹造型简练、古朴大方、色彩强烈。鞋底用千层布以麻线纳成。

鞋款有船形、蚌壳形、平口、圆口、搭扣、休闲拖鞋等。按年龄分为童鞋、姑娘鞋、出嫁鞋、中年妇女鞋、老年寿鞋、送老鞋等,根据谐音寓意,不同年龄段采用不同花纹图案,如童鞋多用虎头、狮子、狗头、猪头等威猛辟邪纹样;姑娘鞋多选用花、草、鱼、鸟等欢快吉祥的单一纹样;出嫁鞋多采用鸳鸯荷花、凤凰牡丹、石榴开花组合纹样;中年妇女鞋采用龙凤呈祥、喜鹊闹梅、茶花蜡梅组合纹样;老年鞋采用吉祥祝福的八仙祝寿、福、禄、寿、喜等组合纹样;送老鞋则采用崇敬祈祷的仙桥荷花、过奈河等纹样。

2007年3月,盐城市盐都区申报的盐城老虎鞋被列入第一批江苏省非物质文化遗产代表性项目名录,项目编号为JSⅥ-12;2009年6月,邳州市申报的民间绣活(邳州绣花鞋)被列入省级扩展名录。

21. 南京十竹斋饾彩拱花技艺

南京十竹斋饾彩拱花技艺由明末书画家、刻书家胡正言在南京创造而成。它是在继承传统套印技术"彩色印刷"的基础上发展起来的。

"饾版"①"拱花"②印刷技法,雕版刻制精良,印刷"穷工极变",对表现原稿的正侧顺逆的用笔、表现对象的结构特征等尤其得心应手,丰富了水印木刻以骨或以骨块相结合的表现手法,对印纸的湿度和上色上水的适度,以及刷印的轻重缓急等方面的把握更加成熟可控,画面的表现力由此大幅提升。这不仅是版画艺术表现手法的大突破,也是印刷技术的重大发明。尤其"拱花"艺术完全脱离了对传统绘画复制的功能,进入了创作版画的新境界,成为中国传统雕版水印复制技艺的杰出代表。

1987年,南京文物公司成立"十竹斋研究部",组织海内外十竹斋研究专家50多人召开专题研讨会,同时还举办十竹斋水印木版及年画、书画展,以尽力抢救、保护和传承这一传统技艺。近年来,南京文物公司还设立了十竹斋非遗传习所,致力于饾彩拱花技艺的传承、展示。

2007年3月,南京市申报的南京十竹斋饾彩拱花技艺被列入第一批江苏省非物质文化遗产代表性项目名录,项目编号为JSⅥ-13。

22. 石雕

石雕亦称"石刻",是以石材为原料的一种传统手工雕刻技艺。石雕创作一般在大理石、花岗岩、青石、砂石等天然石质材料上进行,在此过程中需运用圆雕、浮雕、透雕和线刻等一系列纯熟的民间雕刻技法。石雕制品主要可分为三类:一是建筑构件和装饰品,如台基、牌坊、石狮等;二是神佛像,如山西云冈石窟、河南龙门石窟的造像等;三是既可欣赏又具实用性的生活用品,如案头摆件、砚台等。

(1) 金山石雕

金山石雕以苏州金山花岗石为原材料,历史可追溯到晋代,元代出现了做细加工工艺,明清时期金山石雕成为独立行业,中华人民共和国成立后成立了苏州

---

① 根据各种印色的需要,每种颜色刻一块小木版,印刷时依次套印上去,有如拼凑饾钉,即为"饾版"。
② 所谓"拱花",就是在"饾版"套色以后,在平面印刷基础上,在柔软的宣纸表面压印出凸起的暗纹,让画面产生浅浮雕效果。

石料公司,生产至今。

金山石雕题材有佛像、历史名人、飞禽走兽等几大类数十个品种,尤以雕刻百兽之王狮子出名。作品以桥梁、陵墓工程及建筑装饰雕刻为主,如建于唐代的宝带桥,清代盘门的吴门桥,民国时期的横塘彩云桥、南京中山陵,中华人民共和国成立后的人民英雄纪念碑、人民大会堂、南京邓寅达墓、五台山体育馆、上海中苏友好大厦等都有金山石雕的身影。20世纪80年代后,金山石雕艺术品逐步增多,代表作品有石狮、石马、石灯、观音等,深受海内外人士的青睐。

金山石雕主要工序有选料、出坯、粗做、定型、做细(錾细、做线条)、磨光等。其绝技有六:一是劈石,即在巨石上选择一个平面,作几个"库子",放上"胀鐥",一锤下去,即可一断为二;二是左右开弓,民国时期金山石匠盛水大,能左右手分别握锤,右手雕凿雄狮,左手雕凿雌狮,达到雌雄狮一模一样的效果;三是"冰梅纹"石墙砌筑,不留拼接加工痕迹;四是"断柱接柱";五是石拱桥建筑,不用任何支架,拱形石材拼接严合;六是摩崖石刻和碑刻,以钢凿代笔,接刀处不留斧凿痕。

(2) 藏书澄泥石雕

藏书澄泥石雕起初为采用苏州灵岩山太湖水域澄泥页岩制作的砚瓦和砚台,称"山蒉村砚",亦称"灵岩石砚"。其历史可追溯到三国,衰落于近代,复兴于20世纪70年代中期。

藏书澄泥石雕的品种有砚台、石雕茶壶、动物、植物及各类石雕屏风等。石砚采用天然岩石中的鳝鱼黄、蟹壳青、虾头红等石料,这类石质细腻,坚而不脆,润而不滑,具有发墨快、贮水数日不干等特点。其制作有"出糙坯"和"做熟货"两大工序。"出糙坯"包括锯坯前准备、锯坯、劈坯、凿坯和铲坯五个步骤;"做熟货"有划轮廓、制砚池、制砚堂、雕花式、磨滑五个步骤。制成的砚台造型古朴、图案简雅、线条挺括、精工考究,无论是古朴的九棱砚、古瓶砚、长方回纹砚、香瓜含露砚,还是仿真的古钱砚、蘑菇砚、竹节砚、树桩砚、九龟荷叶砚、兰亭砚、蟹砚、牧牛砚等,均体现了文化内涵深厚、技艺精工细作的"苏作"特色。

(3) 铜山石刻

徐州市铜山石刻历史悠久,可追溯至汉代。其时,铜山区汉王镇储藏着大理石等20多种优质石材,为铜山石刻艺术发展提供了有利条件。

铜山石刻主要包括碑文和石刻制作。碑文制作流程为采石、楔石下料、装线、磨石、刷石、复字、刻字;石刻制作流程为采石、楔石下料、整石、绘图、雕刻。主要题材分为大小两方面,大的方面有大型碑材、大型雕塑、大型壁刻等;小的方面则有建石头房、刻石头用具、砌石头门楼、修石桥、刻石碑、雕石头艺术品等。

铜山石刻惯以洗练、古朴的艺术手法来表现作品,具有形式多样、题材广泛、构图饱满、造型夸张、线条简练、质朴生动的艺术特征。从"汉代三绝"(即徐州的汉墓、汉兵马俑、汉画像)到各个历史时期的公民用建筑,再到今天的人民大会堂、人民英雄纪念碑、淮海人民英雄纪念塔等,都有铜山石刻的身影。

2007年3月,苏州市吴中区申报的苏州石雕(金山石雕、藏书澄泥石刻)被列入第一批江苏省非物质文化遗产代表性项目名录,项目编号为JSⅥ-16;2009年6月,徐州市铜山区申报的石雕(铜山石刻)被列入省级扩展名录。

23. 竹编

竹编一般指的是用山上毛竹剖劈成篾片或篾丝,从而编织成各种用具和工艺品的一种手工艺。竹编行业历史上以作坊形式为主,通过口传身教传承技艺。

(1) 扬中竹编

扬中竹编原系民间实用器物,民国初年逐渐转向艺术化发展并蜚声国际。

竹编工艺有一套严密精细的流程,包括选材、断料、剖竹、抽宽、刮篾、拉丝、染色、编织、装饰九环节。首先选用三年生毛竹、淡竹、燕竹、榉竹、慈竹、黄石竹、紫竹、水竹、刚竹、畚箕竹、斑竹等,尤以四川眉县所产的慈竹为佳,再根据产品尺寸用锯子进行断料,依照产品要求确定篾的宽度和厚度再施刀剖竹,辅以抽宽、刮篾等手段控制篾子的宽度、厚度和光度,将达到要求的篾用扣刀拉成篾丝并放到染缸染上所需要的颜色,然后晾干。编织要依据产品构图,采用"蛇皮纹""蒙七"(一根间一根)的编织方法完成,并用硬纸板固定竹编背面,配上镜框作为装饰。

20世纪90年代,竹编艺人耿月新对竹编题材及技法大胆革新,以纯工艺品制作为主,开辟了扬中竹编新时代,提升了竹编的文化品位和审美价值。其竹编呈现细腻、新巧、清新、高雅等特征,将"表现"与"模仿"相结合,采用"均衡"和"对称"的形式结构,使作品自然、质朴而又精妙,契合了大众的审美需求。同时,他把艺术的视角延伸到更广泛的领域,不仅提升了竹编本身的文化品位,也在更高层次上使内容与形式达到了和谐统一。

(2) 后塍竹编

后塍竹编主要流布于今张家港的后塍地区及沿长江一带的南沙、中兴、德积、大新、晨阳、三兴、乐余、南丰、合兴等地。它起源于宋代,明清得到专业化发展,出现专业艺人"竹篾匠"及竹器作坊、门店。20世纪70年代后塍竹器厂成立,其产品跻身广交会,出口美国、日本及东南亚各国。

后塍竹编使用的工具主要有竹刀、锯子、拣刀、刮刀、砍刀、凹刀、铰刀、篾针、钻头、打板、篾扣、作凳等。竹编技艺流程多变繁杂,有选竹、断料、铰节、劈竹、劈条、劈篾、撕篾、拣篾、刮篾、蒸篾、钻孔、铰孔、穿篾、编织等工序。其中,竹编的劈篾、撕篾是高级技艺之一,即一条竹篾可劈或撕成10多条薄篾,像纸片一样薄。此外,编制技艺由基本的横、竖编制组成,再加上插编、合编等各种技艺,可编制出特色各异的工艺品。同时,篾条的着色和蒸煮不仅可以增加篾制品的美感,还可以防蛀及提高其使用寿命。其制品分为生产工具、生活用品、文房用品、工艺装饰、渔猎器具、游艺玩具等类型,用途广泛,具有实用、观赏价值。如今,后塍竹编形成了选料本地化、编制工艺化、作品实用化等特色,且作品造型、装饰和使用等都凸显出当地民间文化特色。

2007年3月,扬中市申报的扬中竹编被列入第一批江苏省非物质文化遗产代表性项目名录,项目编号为JSⅥ-24;2011年9月,张家港市申报的竹编(后塍竹编)被列入省级扩展名录。

24. 麦秆剪贴(大丰麦秆剪贴)

麦秆剪贴主要流行于盐城大丰区南阳镇、大中镇一带。它源于隋唐,流行于明清,是中国民间剪贴画的一种。

麦秆剪贴是以麦秆为原料,利用麦秆的自然色彩,以各型剪刀、刻刀、弯头镊子、烙铁、拉毛刀等工具,把麦秆刮平刻细,贴制成麦秆画。大丰麦秆剪贴画最大的特点就是运用麦秆的本色,使作品产生强烈的立体感。其工艺流程包括设计画稿、分解图纸、选择麦秆、加工染色、贴分解图、熨烫压平、剪贴组装、烙烫装裱等。剪贴题材包括天地风雨、花鸟虫鱼、人物风景、花卉动物等。作品远观近看,或古朴典雅,或高贵华丽,或栩栩如生,或意趣盎然,具有较高的历史、艺术和经济等方面价值。

近年来,大丰文广新局先后在文化馆建立"大丰麦秆剪贴"资料库,在文化馆、南阳镇文化站建立"大丰麦秆剪贴"精品陈列室;市特殊教育学校还专设"麦秆剪贴技艺"课程,以传承大丰麦秆剪贴这项非物质文化遗产。大丰麦秆剪贴画代表性传承人沈社国,经过30余年的刻苦钻研,熟练掌握大丰麦秆剪贴创作的书、画、染、贴、烤、裱等诸多技艺。

2009年6月,大丰市申报的麦秆剪贴(大丰麦秆剪贴)被列入第二批江苏省非物质文化遗产代表性项目名录,项目编号为JSⅥ-27。

25. 常州掐丝珐琅画

常州掐丝珐琅画起源于清乾隆年间(1736—1795),为常州黄氏家族始创,至清末发展到顶峰。掐丝珐琅画源于元代的掐丝珐琅工艺,是在金属胎掐丝珐琅器制作的基础上创制而成。

常州掐丝珐琅画画面清晰逼真,色彩丰富饱满,风格古朴典雅,是一种集装饰、艺术欣赏、收藏功能于一体的传统工艺美术。制作的基本材料有特制的紫铜丝、白及汁和各种珐琅彩釉料,制作器具和工具主要有镊子、煤炉、电炉、画笔、托架、砂纸、油石、砂石等。其工艺要经过图案设计、落料、成型、掐丝、焊丝、点蓝、上底色、粗磨、补色、细磨、再补色、再细磨、上光、磨光、镀金等工序。目前常州相关部门已组建了一个以培养、传承为宗旨的常州掐丝珐琅画研究所,全面启动保护工作。

2009年6月,常州市武进区申报的常州掐丝珐琅画被列入第二批江苏省非物质文化遗产代表性项目名录,项目编号为JSⅥ-28。

26. 戏剧脸谱

戏剧脸谱是一种流布于全国的传统戏剧化妆艺术,与古代图腾一脉相承,沿袭春秋的傩祭、汉唐的代面、宋元的涂面等,最终成型于明清时期。

戏剧脸谱用写实和象征相结合的艺术夸张手法,色彩变化有致,勾画精巧,鲜明点化出戏剧人物的身份面貌和个性特征,统一于舞台美术的整体之内。南京的戏剧脸谱多用勾、抹、涂、揉的手法,全靠一支生花妙笔,无论是贴金敷银,或是勾画油彩,全凭艺人对脸谱的烂熟于心、笔随心运,加上吸收了金陵古寺庙中神像雕塑的特点,更为人们所青睐。

颜少奎和程少岩为南京京剧脸谱艺术的代表人物,颜少奎由脸部化妆转向泥头脸谱绘画,进而发展到玻璃钢、宣纸等绘画。其作品继承了中国古代传统脸谱的技法,并将写实、变形、夸张等多种手法相结合,装饰与实用相结合,制作出京剧脸谱。程少岩的手工宣纸脱胎于京剧脸谱,有别于其他脸谱,在制作上采用宣纸脱胎,融汇雕塑、绘画、镂刻、彩扎、裱糊、脱胎等多种技艺,在继承传统工艺脸谱基础上又一次创新,同时把舞台专业谱式准确勾画技巧用在其中。

2009年6月,南京市白下区申报的戏剧脸谱被列入第二批江苏省非物质文化遗产代表性项目名录,项目编号为JSⅥ-29。

27. 丰县吹糖人

丰县吹糖人是一种古老的民间传统手工技艺。相传唐代以前就有吹糖人,已有1000多年历史,早期流传于中原及西北广大地区。清代,始由西北传入丰县。

丰县吹糖人以糖稀(饴糖)为主要原料。糖稀分麦芽糖稀和以大米、大麦为原料混合、发酵、过滤、熬制而成的糖稀。之后,将糖稀熬去水分,加入食用色素,冷却成糖稀块。吹糖人前,将糖稀块温火熔解,制作方法以口吹手捏为主,辅以模印,可吹制成各种人物、动物、植物果实、生活用品及少年儿童喜爱的各种玩具模型等。口吹手捏需熟练掌握糖稀温度、吹制用气及捏制手法,一般需有多年的经验积累。

吹糖人艺人多为流动制售,每年除 6 月、7 月、8 月、9 月因气温高、湿度大不宜吹制外,晚秋、冬季、早春等季节皆宜,尤以冬闲时节为最佳。艺人一般走乡串村制售吹糖人,逢节庆、庙会等群众聚集活动的场合摆摊制售,深受儿童喜爱。

2009 年 6 月,丰县申报的丰县吹糖人被列入第二批江苏省非物质文化遗产代表性项目名录,项目编号为 JSⅥ-30。

28. 虞山派篆刻艺术

常熟虞山篆刻历史悠久,与文人活动息息相关,其渊源可追溯到元代缪贞,明代以戈汕为最著。清初代表人物有沈和、林皋和王瑾,林皋为最著,开创一代印风,称为"虞山印派"。之后,虞山派又吸收浙派之长,尚古朴之气,力矫妩媚之失,这时期的代表性人物有严源、毛琛、翁苞封等。晚清时,虞山派产生了最具代表性的人物赵石及其学生邓散木。邓散木为当代印台上的大家,与齐白石齐名,有"北齐南邓"之称。此外,虞山篆刻的高手还有庞裁。中华人民共和国成立后,其子庞士龙承其业,收拾残印,辑成《兰石轩印草劫余集》两册。1987 年,其组织成立了"虞山印社"。

虞山派篆刻取材多以石材为主,还有牙、玉、竹、木之类,兼及玛瑙、水晶、铜者。其传统技法有篆法、章法、刀法、边款,常见之于治砚铭、刻碑等。其中篆法字形结构上紧下宽,如宝塔形和梯形,富有层次,又稳如泰山,字源取法石鼓文,字法以大篆为主,大小篆结合,融魏晋以前各种金石文字和秦汉印为一体。虞山印派具有苍老古朴、沉稳凝重、清新秀丽的艺术风格。其章法疏密相间、虚实相生,离合承应、节奏有度,揖让变化、盘错有致,剥触古趣、巧拙互见。边栏粗细残破以稳重取势,底边处理特别厚重,以与印文呼应,使全印更为持重、平稳;边款也形成了一套兼书法、图画、诗文之美的边款美学。

2009 年 6 月,常熟市申报的虞山派篆刻艺术被列入第二批江苏省非物质文化遗产代表性项目名录,项目编号为 JSⅥ-32。

29. 邳州喜床画

邳州喜床画是画在喜床(俗称面子床)上的一种传统民间绘画,起源于汉代,在邳州出土的汉画像石中就能看到精彩的床画造像。宋代喜床画开始在民间流行。民国时期至20世纪80年代喜床画在苏北、鲁南地区农村广泛使用。当年轻人结婚时,上辈老人给子女打制结婚用喜床,他们会请画师在喜床的面子板上绘制三幅寓意婚姻美满、心想事成、合家安康、人丁兴旺等吉祥意义的传统风俗纹样画,饱含着对子女的期望和美好祝福。

邳州喜床画秉承了楚汉文化丰富的内涵和造型技法,广泛吸取传统民间绘画、年画的构图、造型和设色技法。表现内容有人物、花鸟、瑞兽、山水等。表现手法有工笔重彩、单线平涂、刻绘等,以吉祥喜庆题材为主,以物寄意,如娃娃坐莲藕,意为"连生贵子";月季花和花瓶,意为"四季平安"。每套喜床画都有其独到之处,每幅吉祥寓意图案又都有机结合在一起,相映成趣。

2011年9月,邳州市申报的邳州喜床画被列入第三批江苏省非物质文化遗产代表性项目名录,项目编号为JSⅥ-33。

30. 木雕

木雕是雕塑的一种,可分为立体圆雕、根雕、浮雕三大类,属于"精细木工"。木雕一般选用质地细密坚韧、不易变形的树种如楠木、紫檀、樟木、柏木、银杏、沉香、红木、龙眼等。采用自然形态的树根雕刻艺术品则为"树根雕刻"。木雕有圆雕、浮雕、镂雕等技法,或几种技法并用。有的还涂色施彩用以保护木质和美化。

(1) 南京仿古木雕

在明代中后期,南京民间就有木雕行当兴起。南京木雕以仿古木雕为特色。仿古木雕就是用仿旧工艺技巧来仿制古代工艺品。清代时,苏州、南京、金华、宁波等地的仿古木雕水平非常高。

南京木雕是南京的名特产。仿古雕(包括仿古牙雕)与云锦、剪纸是南京的工艺三大宝,技艺水平高超。南京仿古木雕色泽古朴沉稳,以仿唐马见长,罗汉神像也形神兼备,别具一格。

题材内容滞后陈旧、体积太大不利于携带、盗版仿冒作品多,是南京仿古木雕濒危的三大原因。南京仿古木雕亟需抢救和保护。

(2) 扬州木雕

扬州木雕发端于汉代,发展于唐宋,明清达到巅峰,经历了由简单到复杂,由装饰性到艺术性的发展过程。扬州盐商精致的生活方式、扬州画派标新立异的创作思想、扬州园林的盛甲天下、"扬州工"的崛起和繁盛,对扬州木雕的发展都起到了至关重要的作用。因而,扬州木雕带有鲜明的地域文化特征。

扬州木雕是一种艺术和技术紧密结合的美术形式,将绘画、雕塑艺术融为一体,以刀代笔、以木为纸而绘画,或以刀为器、以木为料而雕塑。扬州木雕精选材质,极重刻工;雕镂之巧,俨若图画;刀随画意,意在刀先。雕刻的刀法主要有平雕、浮雕、镂空雕、立体圆雕等,具体运用时虚实结合、深浅有度、线条清晰、层次分明,形成了浑厚、古朴、圆润、纤巧的艺术风格,尤以楠木雕的雍容华贵、凝重大气而独树一帜。

传统的扬州木雕题材极为广泛,以吉祥如意、神话故事、花鸟鱼虫、文房四宝、历史典故等内容为主。扬州木雕作品蕴含丰富的历史文化信息,为研究不同历史时期的社会生活形态、人们审美观念、民俗习惯信仰及文化价值取向,提供了直观、鲜活的资料。

(3) 南通红木雕刻

红木雕刻是以红木为载体进行雕刻的一种造型艺术。南通红木雕刻及家具制作的历史,可以追溯到明清时期,红木雕刻随着红木家具的流行而产生、发展。红木雕刻门类齐全,大到床榻、橱柜、屏风、书桌、案几、妆台,中有衣架、钱箱、凳椅、宫灯、花几、屏台,小至算盘、棋牌、筷子、墨盒、鸟笼、雀台等,应有尽有。历史上,南通红木雕刻及家具几度兴衰,但这一行业却一直顽强生存,没有断脉。据考证,南通红木雕刻及家具制作已有600多年的历史了。

南通红木艺术雕刻是南通民间艺术中的重要组成部分,南通红木艺术雕刻品集木工、雕刻、生漆三大传统制作工艺于一体,是典型的欣赏与实用相结合的工艺品。木工继承了传统的明式工艺传统,采用标准的榫眼结构,讲究力学原理,科学合理,结构牢固,简洁大方,造型富于变化。装饰花纹则写实和变形相结合,明式和清式相结合,中西相结合,变化多端,形式极其丰富。

(4) 苏州红木雕刻

苏州红木雕刻是有着数百年传承历史、纯手工制作的技艺,自明清以来以其独特的地域特色、艺术风格和精致的雕刻技艺而闻名全国。

经过雕刻艺人的代代传承,苏州红木雕刻形成了形态优美、造型生动、打磨熟糯、磨漆光亮、雅俗共赏的艺术特色,以"简、精、雅"见长。作品从人物、山水,到佛教、动物等无所不包,题材上采用民间吉祥内容,寓意深刻。雕刻技法传承江南地区自明清以来所形成的典型风格,有圆雕、半圆雕、浮雕、深透雕、镂雕、线雕、阴雕、薄意雕、镶嵌雕等,常集多种艺术手法于一件作品上。

(5) 冲山佛像雕刻

苏州吴中区光福镇冲山村的冲山佛像雕刻久负盛名,佛雕技艺可追溯到唐代,明清时,苏州地区有许多店坊承接江南各地寺院神佛造像,生产各种小佛和菩萨像,时称"苏邦"。

冲山佛像雕刻继承和发扬唐代佛造像艺术精华,形成一整套富有特色的工艺流程。作品面容端庄典雅,身躯雄健饱满,神情庄严慈祥,既保留了传统佛雕的程式和规制,又符合现代人的审美追求,再加上制作得精细传神,受到国内外宗教界的广泛欢迎。主要工艺流程为选材、开料、划线、拼接(打箱)、凿粗胚、扦光、晾干、打磨、上漆、贴金及五彩等11道工序。

(6) 常州红木浅刻

红木浅刻,是指在红木上运用各种浅刻的刀法来表现水墨画中的不同笔意和韵味。常州武进地区红木制作工艺精湛,自清代以来,从业艺人众多,吸收书画等艺术养分,发展渐趋鼎盛。

红木浅刻以线为主,进刀不过一毫米左右,刀法单纯,以往多是刻在笔筒、砚盖等器物上,现在主要是独立摆件、挂件和挂屏,在表现形式上可以分为三类:一是写意画浅刻,重在表现景物的神态和笔墨神韵,能运用切、铲、挑、刮、刻线、排刀等多种刀法精心镌刻;二是简洁的文人画浅刻,是写意画的一种,以简练的笔墨去表达作者的内心情趣;三是精细的写实画浅刻,不仅表现笔触细腻的一面,也要表现色调变化的一面,在咫尺见方中,用刀的频度不少于数十万刀次。

(7) 泰州木雕

泰州木雕随当地南北通衢的地理位置而不断发展,明清时期,已达一定高度,形成了鲜明的艺术风格。早期木雕主要体现在建筑装饰和佛像木雕,后期木雕的造型体现了泰州地域流行的传说和世象,工艺简约而不失精微。

泰州木雕分造像塑像和装饰雕刻两类。造像塑像包括佛像、神像、人物、动物塑像等;装饰雕刻包括古典家具装饰木雕、屏风壁画、摆件用具、匾额、对联、供桌等。其题材广泛,主要以民间典故、戏曲人物、神话传说、风土民俗为表达对象。"图必有意,意必吉祥"是泰州木雕极富色彩的部分,表达人民对美好事物的向往。作品写实写意相结合,"三分选材,七分雕琢"。虚实结合,细部细雕,粗部注重线条,使用不同工具与雕法。传统技法分为圆雕、浮雕、镂空雕以及镶嵌等。

2011年9月,南京市玄武区、扬州市、南通市崇川区、如皋市申报的木雕(南京仿古木雕、扬州木雕、南通红木雕刻)被列入第三批江苏省非物质文化遗产代表性项目名录,项目编号为JSⅥ-34;2016年1月,苏州市、苏州市吴中区、常州市武进区、泰州市高港区申报的木雕(苏州红木雕刻、佛像雕刻、常州红木浅刻、泰州木雕)被列入省级扩展名录。

31. 苏州砖雕

苏州砖雕主要用来装饰建筑物的外观或内部。在厅堂前的门楼、照壁,以及墙的"墀头"与"裙肩"等部位,都有砖雕。

苏州砖雕盛行于宋代。宋代以来,苏州古典私家园林以及苏州古民居的建造几乎是"无雕不成屋,有刻斯为贵"。特别是明清以后,在青砖上雕琢各种图案已经成为苏州各类古建筑、古民居必不可少的装饰。

明代是苏州砖雕的大发展时期,苏州砖雕在明代形成了独具一格的风格,到了清代特别是康熙、乾隆时期(1662—1795)达到兴盛时期,其精细典雅的风格已渐趋完善,更加细腻繁复,注重画面构思的形象化,被誉为"南方之秀"。苏州砖雕内容多取材于戏曲故事、花鸟走兽、吉祥图案和书法等。技法应用透雕、浮雕和线刻等。

2011年9月,苏州市相城区申报的苏州砖雕被列入第三批江苏省非物质文化遗产代表性项目名录,项目编号为JSⅥ-35。

32. 泰兴麻将雕刻

泰兴麻将雕刻是20世纪30年代初期由香港、苏州几位老工艺美术雕刻师传入泰兴,在赵南林、陈金寿、袁照章等老一辈艺人手上发展成熟,现有三代传承。改革开放后,在张桥镇汤庄、西桥、岛石桥、圩阳和陈家等村,麻将雕刻已成为致富的好行当,雕刻工艺代代相传,现已发展为闻名全国的麻将雕刻之乡,生产厂家及作坊之多,品种系列之全,在全国不多见。主要有骨制品、竹骨、牛角、红木及各色进口有机玻璃制造的系列雀牌。花色最为突出的有用珍贵材料精雕细刻的《水浒传》一百零八将、《三国演义》和《红楼梦》中的人物肖像和万寿图等。当代传人又开拓、发展了清代始创的"花雀"牌及"周易"古牌两大系列产品。

2011年9月,泰兴市申报的泰兴麻将雕刻被列入第三批江苏省非物质文化遗产代表性项目名录,项目编号为JSⅥ-36。

33. 东海水晶雕刻

东海县是世界天然水晶原料集散地,有着"世界水晶之都"美誉。东海水晶以蕴藏量大、质地纯正而著称,2013年入选为20个"江苏符号"之一。东海水晶雕刻工艺品品种齐全,有人物、器皿、花卉、雀鸟、动物等多种类型。东海水晶工艺品突出了古朴、神秘、高贵、典雅的艺术效果,是宝石收藏、厅堂摆放、旅游纪念、馈赠国内外友人的艺术珍品。

通过用俏显体、破料显俏、以形制形、破体显形、以色显俏、用体显俏六种方法选择合适的水晶原石。画稿时根据表面的物质来设计,把一块原石的亮点表现出来,显示水晶的晶体和纯度,不管是人物还是杂件都要讲究对比例、强弱的把握。打坯成功的作品生动、逼真、传神,从长宽到厚薄都必须具备与实物相适当的比例,确保雕品的各个部件能符合严格的比例要求,然后再动刀雕刻出生动传神的作品。精雕分浮雕、圆雕、链雕、镂空雕四种工艺。在水晶作品的抛光过程中,要细磨让作品整体均匀,从粗到细研磨多遍,直到砂眼磨平为止。用油石(砂条)拿在手中慢慢沾水搓,让表面光滑细腻,用毛刷对水晶雕刻作品进行抛光,把牛皮纸切成小圆片粘在竹筷做的棒头上,处理两个物体中间的面,提高小面的亮度。

2011年9月,东海县申报的东海水晶雕刻被列入第三批江苏省非物质文化遗产代表性项目名录,项目编号为JSⅥ-37。

34. 连云港锻铜技艺

连云港锻铜工艺流传于连云港市及下辖赣榆、东海、灌云等地。锻铜工艺以紫铜板材和黄铜板材为原材料,使用各种金属锐器,在铜板上雕刻出凹凸起伏的各种图案,有浅浮雕、高浮雕和圆雕等多种造型技法;用铁锤、木槌或胶皮锤为工具,将加温变软的铜皮进行锻打或錾击,做成各种作品。据考古佐证,1960年在连云港市新浦区花果山乡大村出土的铜鼎,是迄今为止江苏境内所发现的最大的铜鼎,连云港锻铜工艺可追溯到2800年以前。

连云港锻铜工艺作品造型质朴,具有质地感。内容广泛,有人物、景物、器具、兵器、书法等,不仅形体生动、凹凸有致,还具有北雄南秀的特点。连云港锻铜工艺作品用途广泛,不仅可用于收藏、陈设、送礼,许多大型作品还用于城市雕像。

2011年9月,连云港市申报的连云港锻铜技艺被列入第三批江苏省非物质文化遗产代表性项目名录,项目编号为JSⅥ-38。

35. 草编(薛桥草编)

徐州市铜山区薛桥村素有"苏北第一编织村"之称。清代,多数薛桥村民土地极少,主要以给本村的几家地主打短工为生,兼做草编,贴补家用。起初编织家庭生活用具,后来为城里的酱、醋、菜等店加工锅帽、缸盖,为馒头房、饭店加工馍筐供盛馒头用。薛桥人在讲究实用的基础上又开始增添丰富多彩的装饰图案或花边。高粱秸有红、黄、白、奶白等颜色的差别,也让草编制品呈现出天然的色彩。

薛桥村的男女老幼都会草编活,主要有馍盘、草墩、笸子等。嫁出去的闺女回门时都要赠送草编,外村人也到薛桥定做或在集市购买草编送闺女。到了20世纪60年代,这门技艺由集体组织生产。改革开放后实行包产到户,到了20世纪80年代后期,薛桥草编又回归到各自生产模式。后来随着替代品层出不穷,草编用量不断减少。近年来因倡导绿色环保,薛桥草编又渐迎来新的生机。

2011年9月,徐州市铜山区申报的草编(薛桥草编)被列入第三批江苏省非物质文化遗产代表性项目名录,项目编号为JSⅦ-39。

36. 常州烙画

烙画又叫烫画,也叫火针刺绣、火笔画,在竹木或纸、布、绢等材料上用烙针、烙铁烫出图纹来。常州地区在东晋前就有烙画技艺,距今已有1500多年历史。常州烙画主题十分广泛,或龙凤花卉,或秀美山水等,均是用特制铁笔掌握一定温度烫烙出来,在使用烙笔的笔法上有刺、拉、拖、推、磨、熏六法。其线条清晰流畅,轻重相柔,层次感分明,整体画面古朴而典雅,充满协调美和韵味美,令人爱不释手。

常州烙画传承形式为家族传承与师徒传承相结合。他们的作品多次在常州、南京、深圳等地以及世博会、文博会等大型活动上展出。

2016年1月,常州市武进区申报的常州烙画被列入第四批江苏省非物质文化遗产代表性项目名录,项目编号为JSⅦ-40。

37. 农民画

农民画是农民自己制作和自我欣赏的绘画和印画,风格奇特,手法夸张,包括农民自印的纸马、门画、神像以及在炕头、灶头、房屋山墙和檐角绘制的吉祥图画。20世纪50年代以来,农民在纸面上绘制乡土气息很浓的绘画作品,以自己的方式记录着广大群众对时代的感受。

(1) 六合农民画

六合农民画主要流传于南京市六合区冶山街道四合墩社区及周边,是由当地传统民间实用美术演变发展而成的观赏性绘画,既具有传统美术元素又有现代生活内容,包括农民自印的纸马、门画、神像,画在灶头、家具、中堂以及张贴在床头、山墙上的吉祥图案等。六合民间画作者大多是农民,闲暇时创制年画、剪纸等。一般在过年或喜庆节日时张贴使用,内容以欢乐、吉祥为主,寄托了人们对于美好生活的向往。

六合农民画在创作方法和表现手法上,形成了自身特有的表现力。其采用集中概括、浪漫主义的表现手法,注重运用人物传神、象征寓意的手法,力求使画面完整、形象生动、主题突出、装饰性强,在色彩运用上不受自然光色的局限,注重色彩的对比,给人以豪放、健康、洒脱的感觉。

(2) 邳州农民画

邳州农民画历史悠久,其品种主要有手绘年画、刻版年画、喜床画[①]、糖画、漆画、玻璃画、吉祥丝印画、古建筑彩画、农民画等 9 种。邳州民间绘画早期以"门神""灶神"等祭祀画为主,单线平图,色彩单调。由于当时兴起农民用彩笔在墙上作画,时称农民壁画,内容多歌颂新人、新事,批评社会恶习,到 20 世纪 50 年代改称农民画,出现了"村村有画匠,家家画满墙"的景观,邳县[②]因此被国家命名"壁画县"。

农民画所用工具简单,用铅笔先打画稿,小毛笔沾彩勾轮廓线条,然后根据设计的各部位色彩,一次性涂彩即成。表现手法浪漫、粗犷,人和物抽象变形,情趣稚拙,画面丰满,色彩鲜亮,作品有强烈的装饰性。

(3) 射阳农民画

射阳农民画历史悠久,群众基础深厚,是国家文化部首批命名的"中国现代民间绘画之乡"。明初"洪武赶散"移民射阳的先祖们在煮盐灶台上画灶神、墙壁上绘吉祥图案,祈愿平安吉祥,向往美好生活,这是射阳农民画的雏形。

射阳农民画充满着浓郁的生活气息,其形象大胆、夸张变形,体现了自然活泼、浪漫稚拙、积极明快的风格,既有抽象画的特质,又有儿童画般天真稚拙的想

---

① 参见"第六章 传统美术"中的"邳州喜床画"。
② 现为江苏省邳州市。

象力。射阳农民画通过代代相传的艰苦实践和探索，原创精品及其衍生产品远销海内外，其作品还成功嫁接草编工艺和刺绣。

2016年1月，南京市六合区、邳州市、射阳县申报的农民画（六合农民画、邳州农民画、射阳农民画）被列入第四批江苏省非物质文化遗产代表性项目名录，项目编号为JSⅥ-41。

38. 沙地灶头画

沙地灶头画最初功能是祭祀灶神，祈求来年风调雨顺，在启东沙地农村，过去家家都建有砖灶，人们在灶山、烟囱及灶台的下沿等处画上灶花，以此寄托希望，表达对美好生活的期盼。灶头画内容上多以五谷丰登、六畜兴旺、年年有余（鱼）、牧童嬉牛为主。其相关制作技艺及实物，至今仍保存得较为完整。

早期灶头画是黑白的，所用之墨是用铁锅上的"镬锈"，后随着水彩、油画颜料的出现，题材也逐渐丰富，灶头画进入彩色时代。为确保色彩的耐久性，在灶花绘制过程中，应用了湿壁画工艺，使颜料能渗透进粉层，经烘烤和自然挥发干燥后，确保画面历久弥新，历时几十载而不褪色脱落。

2016年1月，启东市申报的沙地灶头画被列入第四批江苏省非物质文化遗产代表性项目名录，项目编号为JSⅥ-42。

39. 连云港贝雕

贝雕又名"贝雕画"，细分为贝贴画、贝雕画和螺钿丝嵌画等，是传统工艺美术中的重要种类。连云港贝雕艺术历史悠久，流布区域集中在赣榆区、连云区和东海县等地。从宋元至明清，这里的螺钿镶嵌和贝贴工艺就十分流行，在家具、家庭饰品中发挥重要作用。

连云港贝雕品种多样，其生产工艺因产品不同而各有不同。主要程序是设计图纸—选料—贴图—砂轮分割—打磨粗坯—雕刻—抛光—组装—上色—上漆等。此外螺钿丝嵌工艺，流程精致复杂，主要包括设计图纸—泥塑形体—大漆与布粘贴—打磨—镶螺钿—嵌丝—刮漆—打磨—上亮漆—抛光等。

连云港贝雕每道流程都是手工操作,核心技艺全凭口传心授。早期有高凤岩、吴汉枝、蒋祖安等人,后传承至张西月、吴龙会等,目前正在培养第五代传承人。

2016年1月,连云港市赣榆区申报的连云港贝雕被列入第四批江苏省非物质文化遗产代表性项目名录,项目编号为JSⅥ-43。

40. 面塑

面塑也叫"面花""花馍""窝窝花""糕花",是流行于北方地区的一种传统食用塑作艺术。每逢传统佳节,家家户户都会依照当地的习俗和惯例制作面塑。这些面塑制品形式多样、姿态各异,兼具供奉、观赏和食用等多种功能,也可以用作馈赠亲友的礼品,成为民间社会交往的重要媒介。

(1) 姜堰面塑

姜堰面塑起源于里下河农家蒸花馒。春节来临前,农家在蒸馒头的同时按习俗捏制小猫、小狗、鸡、鸭、石榴、茄子的面塑制品,以图万事如意、多福多子。后来还用于清明祭祀、建房上梁等。姜堰面塑分布于姜堰淤溪镇、姜堰城区以及泰州城区周边一带,其中以淤溪镇王氏一族最具代表性。面塑制作到王洪祥手上已传承近百年,经四代人摸索、钻研,形成独特的细腻、飘逸、传神风格。

姜堰面塑基本手艺为"搓、揉、捏、挑、粘、贴"等,作品讲究"精、细、活、神"。作品以小巧精致见长,人物身高10厘米左右,口、眼、耳、鼻刻画细致入微。捏塑需要经过选取制作材料、捏塑、分塑、配塑、涂胶定型等基本步骤。

如今,姜堰面塑设立了创作室、传习所,多次走进校园、走出国门。

(2) 阜宁面塑

面塑在阜宁俗称"捏面人人",清代,阜宁县公兴镇就流传着逢年过节用面粉做"饽饽""枣花""月糕""面鱼""面羊"的风俗,作为蕴含祝福意义的食品或者祭祀的供品。

阜宁面塑的制作充分利用当地丰富的资源,将糯米粉、面粉配制好,通过艺人手搓、揉、拉、捏,顷刻间便可塑出古代仕女、各类动物、奇山异景等主题。其作品形象逼真、造型优美、线条流畅,堪称一绝。制作大小、粗细是根据造型的不同而定,一般小的可以放在半个核桃当中,被称为微型面塑;大的可以做1—2米及以上的巨型作品。

2016年1月,泰州市姜堰区、阜宁县申报的面塑(姜堰面塑、阜宁面塑)被列入第四批江苏省非物质文化遗产代表性项目名录,项目编号为JSⅥ-45。

41. 瓷刻

瓷刻指的是在素色瓷器上,用钨钢刀或金刚石刀镂刻书画的一种工艺品。先用刀尖刻出点线,再涂墨上蜡,即在瓷面上描绘出山水、花鸟等画面或各种书体的字迹,既保持了传统的书画风格,又发挥了晶莹光洁的瓷面特色。

(1) 南京瓷刻

南京瓷刻出现在清代中晚期,为全国四大瓷刻艺术之一,具有独特的地域价值、极高的美学价值和精湛的工艺价值。

南京瓷刻工艺精湛,它以刀代笔,依画面运笔,趋势运刀,深浅有致,疏密得当,融刻、画于一体。画面中形象勾勒和浓淡的变化,大多用线条的粗细、深浅变化来表现。其主要艺术特征是将南北两派,即北京和景德镇的瓷刻艺术融汇为一体,形成了自己独特的艺术风格,既有南方瓷刻细腻稠密的线和点,又有北方瓷刻苍劲浑厚的块和面,可以生动表现中国画笔、墨、水相融的变化。

(2) 大丰瓷刻

大丰瓷刻是以瓷件为载体,以钢凿和铁锤为主要工具,通过凿刻瓷件,产生崩瓷效果,使艺术作品物象机理再现于瓷体表面的地方传统美术。大丰自古就有百姓逢红白大事众邻居或亲友借碗、盅给主家办事的习俗。为便于归还,各家在其碗盅底部凿刻姓氏或凿刻特殊记号。后有人在碗盅壁面凿刻花草、动物以及人像,自此大丰(小海)瓷刻萌生、流传。

大丰瓷刻技艺传承以大丰小海镇为基地,同时辐射大中、西团、南团等地。大丰瓷刻以特制的刀具、精细的凿刻,将深浅不一、疏密不同、长短不齐、有粗有细、有虚有实的刀法和技法结合,在瓷体表面再展书画笔墨之韵、再传金石雕刻之趣,风格立异,极具魅力。

2016年1月,南京市玄武区、盐城市大丰区申报的瓷刻(南京瓷刻、大丰瓷刻)被列入第四批江苏省非物质文化遗产代表性项目名录,项目编号为JSⅦ-46。

第七章　传统技艺

传统技艺是广大人民群众在长期生产劳动和生活实践中，共同创造、积累、传承的具有较高技巧性、艺术性的技术与技能，其内容丰富，种类繁多，是中国文化艺术宝库中重要的财富。

江苏各类传统技艺数量众多，都蕴含着重要的历史价值、文化价值、艺术价值、经济价值和实用价值，都曾为人们的生产生活发挥过重要作用，其中许多仍在当今的社会生产和日常生活中被广泛应用，存续状况良好。但随着当前城市化进程的加速，也有部分传统技艺不同程度地受到了冲击，如有些过分追求经济利益，致使其生存环境发生了变化，生存土壤受到了破坏；有些因行俗繁多，拘泥师传，技艺保守，劳作艰苦，而致使一些传统技艺传承后继乏人；有些处于生存困难、项目濒危、面临失传的危险。这些都亟待进一步加以切实研究和有效保护。

1. 宜兴紫砂陶制作技艺

宜兴紫砂陶制作技艺分布于"陶都"宜兴丁蜀方圆约 15 千米区域内。这一技艺形成于北宋，盛于明清，近代至今，到达鼎盛。由于特定的制陶原料与特殊的手工技艺，宜兴紫砂陶形成了独有的传统技艺，并享誉海内外。

宜兴紫砂陶制作所用的原料，产于丁蜀黄龙山及附近地区，是一种含铁量较高的黏土—石英—云母系材料，包括紫泥、团山泥（本山绿泥）、红泥（朱砂泥）三种，统称为"紫砂泥"。宜兴紫砂陶制作有成型、装饰、烧成等工序，其制作有"打身筒"①和"镶身筒"②两种方法。紫砂陶烧成温度在 1050—1200℃，流程为坯体晾

---

① "打身筒"即将泥片卷成圆形身筒后慢慢拍打，使之与设计造型吻合，待干燥到一定程度，分别装上壶把、壶嘴，配上壶盖，再光身筒（刮压修整坯体）。
② "镶身筒"即将泥片用泥浆镶接成与设计造型一致的壶身，基本成型后，再修理毛坯。

干、装入匣体、入窑、焙烧。紫砂器烧成后还需整口,有的还要抛光包铜、金银丝镶嵌等。宜兴紫砂器具推崇素面,内外不施釉,其装饰技艺主要有陶刻、镶嵌、彩釉、泥绘、绞泥、描金、浮雕、铺砂、印版等手法,其中最具代表性的是陶刻。陶刻以文字为主,也有花鸟、山水和人物刻画。表现形式有阳刻、阴刻、着色刻。

中华人民共和国成立以来,紫砂陶生产虽也曾有阶段性的起落,但总体上,名家辈出,新人涌现,行业发达,市场兴旺,呈现良好的发展态势,中国工艺美术大师即有十数位。

2006年5月,江苏省宜兴市申报的宜兴紫砂陶制作技艺被列入第一批国家级非物质文化遗产代表性项目名录,项目编号为Ⅷ-1。

2007年3月,宜兴市申报的宜兴紫砂陶制作技艺被列入第一批江苏省非物质文化遗产代表性项目名录,项目编号为JSⅧ-1。

2. 南京云锦木机妆花手工织造技艺

南京云锦木机妆花手工织造技艺渊源可追溯到东晋南朝时期,元代产生加金织锦技艺,明清时期专设织造局生产皇宫御用织品,云锦的生产规模和工艺创新达到鼎盛。

云锦为传统的"花楼机"织制,首先要根据设计的图案制作"花本",织造时将制作好的"花本"挂在木机上,一人在花楼机上专门提花,一人在花楼机下穿梭织制,两人协调配合织成。

手工织造的云锦,主要品种有"织金""库锦""库缎""妆花"四大类。前三类可用现代机器生产,唯"妆花"的"挖花盘织""逐花异色"等特有的制作工艺,至今尚不能被现代机器所替代。妆花,也称"妆花缎",是云锦织造技艺最为复杂、最为精美的品种,色彩一般分六至九色,最多可达十八色。妆花需在织造的同时进行自由配色,因此可以在锦面同一排的同一图案上织出不同的色彩,这种效果是其他任何通梭织造所无法达到的。

南京云锦工艺浓缩了中国丝织工艺的历史、文化和技艺,继承和体现了中国丝织工艺的精华,是中国织锦工艺的"活化石"。

2009年,南京云锦织造技艺被列入人类非物质文化遗产代表作名录。

2006年5月,江苏省南京市申报的南京云锦木机妆花手工织造技艺被列入第一批国家级非物质文化遗产代表性项目名录,项目编号为Ⅷ-13;2011年5月,江苏汉唐织锦科技有限公司申报的南京云锦木机妆花手工织造技艺被列入国家级扩展名录。

2007年3月,南京市申报的南京云锦木机妆花手工织造技艺被列入第一批江苏省非物质文化遗产代表性项目名录,项目编号为JSⅦ-2;2009年6月,江苏汉唐织锦科技有限公司申报的南京云锦木机妆花手工织造技艺被列入省级扩展名录。

3. 宋锦织造技艺

宋锦指的是结合秦汉与唐代织造特色,于宋代形成和发展起来的织锦,因其发源于苏州,故又称"苏州宋锦"。宋锦色彩柔和典雅、艳而不火,纹样复杂多变、繁而不乱,具沉静有序的美感,历史上与四川蜀锦、南京云锦并称为三大名锦。

宋锦传统制作工序繁多,准备工作到正式织造有20余道工序,如挑花、结本、引线、穿综、穿筘和上机织造等。织造结构上,采用经线和纬线联合显花。图案设计上,以几何形为骨架,配以各种动物、花卉纹样,形成自然的空间分割、直曲对比,再配以古朴浑厚、淡雅的色调,古色古香,风格浓郁。在织物制作上,采用彩抛换色的独特工艺。

织成的宋锦可分为重锦、细锦和匣锦几大类。重锦又称"大锦",花作退晕,金勾轮廓,是宋锦中最名贵的品种;细锦在四方连续、六方连续、八方连续骨式内添加小花,分别称"四达锦""六达锦""八达锦";匣锦最薄,颜色素净,又称"小锦"。

宋锦用途广泛,可用作服饰、被面、靠垫和锦匣装裱等。宋锦织造技艺不仅是中国丝绸传统技艺杰出的代表,更是苏州丝绸传统的凝结,其在织物结构、工艺技术、生产技艺上富于创新,具有历史价值、艺术价值与科学价值。

2009年,宋锦作为"中国蚕桑丝织技艺"的组成部分被列入人类非物质文化遗产代表作名录。

2006年5月,江苏省苏州市申报的宋锦织造技艺被列入第一批国家级非物质文化遗产代表性项目名录,项目编号为Ⅷ-14。

2007年3月,苏州市申报的宋锦织造技艺被列入第一批江苏省非物质文化遗产代表性项目名录,项目编号为JSⅦ-3。

4. 缂丝织造技艺

缂丝织造技艺主要是使用古老的木机及若干竹制的梭子和拨子,经过"通经断纬",将五彩的蚕丝线缂织成一幅色彩丰富、色阶齐备的织物。这种织物具有图案花纹不分正反面的特色。在图案轮廓、色阶变换等处,织物表面像用小刀划刻过一样,呈现出小空或断痕,"承空观之,如雕镂之象",因此得名"缂(刻)丝"。

(1) 苏州缂丝织造技艺

缂丝织造技艺流传于苏州城北的陆慕一带,尤以张花村的缂织技艺最为著名。

南宋,苏州缂丝生产已具一定规模,闻名全国。南宋缂丝题材以山水景物、花草鱼虫为多,由宫廷画匠和绘画高手提供画稿,艺人摹稿刻织追求神似,其戗法除了传统的环缂、平戗、木梳戗、单子母经外,出现了披梭等新的技法,产品画面色彩自然,几可乱真。明代苏州缂丝已自成风格,成为御用龙袍的主要材料。清代缂丝采用缂、绘相结合的方式,别具一格,成品被传至日本。

苏州缂丝工艺以真丝为原料,生丝为经,各色熟丝为纬。经丝贯通,纬丝装梭并依照图案轮廓、色阶变化穿经丝,按色价手工织就。缂丝织造要使用古老的木机,及若干装有各色纬线的竹制的梭子和拨子,有落经线、牵经线、套筘、弯结、嵌后轴经、拖经面、嵌前轴经、捎经面、挑交、打翻头、箸踏脚棒、拦经面、画样、摇线和修毛头等15个步骤,以及结、掼、勾、戗、绕、盘梭、子母经、押样梭、押帘梭、芦菲片、笃门闩、削梭、木梳戗和凤尾戗等16种技法。制成的缂丝有制作精良、浑朴高雅、艳中且秀的特点,在丝织品中被列为最高品级。同时由于禁得起摸、擦、揉、搓、洗,又获得"千年不坏艺术织品"之誉称。

苏州缂丝传世佳作尤多,朱克柔、沈子蕃、吴煦等名家辈出。如今在现代纺织织造机械化程度高、变革速度快、劳动成本低等冲击下,苏州传统手工缂丝织造因制作周期长、技艺要求高、劳动成本贵而缺乏市场竞争力,技艺濒临消亡。目前,从事这一行业的大多为中老年人,较少有青年制作技艺传人,其发展前景堪忧,为此,苏州相关部门已采取了一系列措施,加强了对缂丝技艺的保护和传承。

(2) 南通缂丝织造技艺

缂丝距今已有2500年的历史,古有"织中之圣"之美誉。南通缂丝为本缂丝,本是原本和根本的意思,也就是中国原本的缂丝形态,它贯穿了中国缂丝发展史。有的专家根据它产生的年代及形态,称之为"宋缂丝"。

百年前,张謇先生将其称为"通缂"。中华人民共和国成立后,在原女工传习所的基础上成立了南通工艺美术研究所,承担南通缂丝的研究、开发、生产工作。20世纪90年代中期,南通工艺美术研究所面临解体,王玉祥自行成立南通宣和缂丝研制所,继续研究开发生产南通缂丝(本缂丝)。

2006年5月,江苏省苏州市申报的苏州缂丝织造技艺被列入第一批国家级非物质文化遗产代表性项目名录,项目编号为Ⅷ-15。

2007年3月,苏州市申报的苏州缂丝织造技艺被列入第一批江苏省非物质文化遗产代表性项目名录,项目编号为JSⅦ-4;2016年1月,苏州市相城区与南通市申报的缂丝织造技艺(苏州缂丝织造技艺、南通缂丝织造技艺)被列入省级扩展名录。

5. 蓝印花布印染技艺

蓝印花布印染技艺是靛蓝花布的印染方法,染料从蓼蓝草中提取。防染用的豆粉、石灰混合成的糊状物俗称"灰药",此糊状物通过型版漏印到坯布上,形成花纹。待布匹浸染晾干后,去掉"灰药"的部分是白色花纹,其他就是染上去的颜色。现在的蓝印花布一般可分为蓝底白花和白底蓝花两种形式。

(1) 南通蓝印花布印染技艺

南通蓝印花布印染技艺起源于明代中后期,目前,南通市区、通州、启东还有部分家庭染制作坊,传承了蓝印花布的印染技艺。

南通蓝印花布的工艺流程包括刻花版、刮浆、染色、刮白等。首先用自褙的纸版或牛皮纸浸泡桐油,晾干后裁成所需要版面的大小,将设计草图褙在花版上或将老花版花纹替下,以刀代笔将所绘纹样刻成花版,并做准花纹的接版。再用黄豆粉、石灰粉按1∶0.7的比例加水调制成防染浆断染,调浆需厚薄(黏稠)适中,刮浆需用力均匀。接下来将刮上浆的坯布放在清水中浸泡,待浆料发软后下缸染色,20分钟后将布取出氧化,透风30分钟左右,不断转动布面使其靛蓝氧化还原均匀,并根据面料和气候调整下缸和氧化的时间,一般反复染色6—8次。待布染好晒干后,"吃"酸固色,经清洗后,把灰浆布绷在支架上,用刀倾斜45度刮去灰浆,进行二次"吃"酸固色,后清洗2—3次使之蓝白分明。

南通蓝印花布全部由手工完成,图案具有淳朴、粗犷、明快的风格,且耐磨、耐脏又透气、吸汗,主要制作被面、包袱、头巾等生活用品。1996年成立了南通蓝印花布艺术馆,2006被批准授予"中国蓝印花布艺术传承基地"的称号,用于保护、传承和发展南通蓝印花布印染技艺。

(2)邳州蓝印花布印染技艺

邳州蓝印花布主要以纯棉布为基布,取黄豆粉、石灰粉混合为防染剂,用天然植物靛蓝为染料,由手工印染,印染工艺精致细腻,染色牢度较强,具有染色不退、耐洗耐晒、耐磨耐脏、吸汗透气、纹样愈洗愈明的显著特征。同时,邳州蓝印花布纹样丰富,造型古朴豪放,色彩清新明丽,题材大多取材于传统吉庆的图案,具有浓郁的乡俗民情,较符合当地民众的审美情趣及欣赏习惯。

多姿多彩的蓝印花布,给人们增添了生活的美感和乐趣,因而深受民众喜爱。近些年来,徐州市人民政府及有关部门加强了对蓝印花布印染技艺的保护力度,命名项目的传承人,给予政策的扶持,为蓝印花布印染技艺传承注入了活力。

2006年5月,江苏省南通市申报的南通蓝印花布印染技艺被列入第一批国家级非物质文化遗产代表性项目名录,项目编号为Ⅷ-24。

2007年3月,南通市申报的南通蓝印花布印染技艺被列入第一批江苏省非物质文化遗产代表性项目名录,项目编号为JSⅦ-5;2009年6月,邳州市申报的蓝印花布印染技艺(邳州蓝印花布印染技艺)被列入省级扩展名录。

6. 传统建筑营造技艺

中国传统建筑营造技艺是工匠的"体""技""艺"的融合。但随着时代的变迁和现代建筑体系的发展,传统建筑营造技艺日渐式微,所剩不多的营造技艺传承人也面临着后继乏人的困境。

(1) 香山帮传统建筑营造技艺

"香山帮"是对以苏州吴中胥口镇香山地区为核心的中国古建筑营造工匠群体的一个特定称谓,包括木匠、泥水匠、石匠、漆匠、堆灰匠、雕塑匠、叠山匠、彩绘匠等。其营造技艺可追溯到春秋战国时期,形成于汉晋,发展于唐宋,明清时期香山帮参与建造北京紫禁城,并在苏州等地建造大量园林,标志着这一技艺达到鼎盛。

香山帮建筑布局灵变、结构紧凑、制造精巧、特色鲜明。最能体现香山帮建筑特点的首推艳丽多姿的园林建筑。园林平面布局讲究无规则的奇缺美,园径设置讲究曲折幽深,情趣盎然。风景设置讲究曲折而富有变化,建筑物与山、池、树、石组合,主体突出又灵活多变,能够让人们在狭小的天地里,寻访到大自然山水的情趣。其次是奇巧的梁架结构,明清时期的民间宅院的梁架,多系穿斗或抬梁混合硬山做法,而寺庙殿宇,多属抬梁歇山式,寺庙建筑叠山理水,兼具园林建筑风格。再次为精美灵变的腰檐转角,以及朴实典雅的房屋装饰等。

(2)(常熟)香山帮传统建筑营造技艺

常熟自宋代起,就已逐渐形成了一个集木作、泥瓦作、砖雕等多种工艺为一体的庞大群体。据史料记载,"香山帮"鼻祖蒯祥之师蔡思诚就是常熟杰出工匠的代表。明清以后,常熟古建群体沿袭香山帮传统谱系和风格,以口传身授方式进行传承,成为"香山帮传统建筑营造技艺"的重要一脉。常熟香山帮以木匠领衔,集木匠、泥水匠、石匠、漆匠、堆灰匠等古典建筑工种于一体,将建筑技术与建筑艺术融合,具有色调和谐、结构紧凑、制造精巧、布局机变等特点。

目前,(常熟)香山帮已先后对苏州网师园、山塘街玉函堂、拙政园、狮子林、耦园及怡园等古典园林建筑进行了修复,并承建了美国纽约明轩、波特兰兰苏园,加拿大温哥华逸园等古典建筑等。

(3) 扬州园林营造技艺

扬州园林营造技艺可追溯到西汉,兴盛于隋唐,成熟于宋明,鼎盛于清代。明代时第一部专著《园冶》成书。

扬州园林营造融汇南北，自成一格，雄伟中寓明秀，繁华中见雅致。其堂庑廊亭的高敞挺拔、假山奇石的沉厚苍古、花墙窗棂的玲珑透漏，综合形成了地域的建筑艺术特色。扬州筑园擅作"旱园水做"，造出山溪、瀑布、河流、海涛等形状，船舫、桥梁、水榭、池岸等临水景物，使人产生"无水似有水，水在意中"的感受。扬州园林在花木的配置上，注重品种、形姿、色彩、寓意以及与其他景观的关联，并追求精致。园林中的复道回廊，或直或曲，或高或低，或离或合，因地赋形，依物成状，形成一条串联的立体通道，游客倘佯园内可无日晒雨淋之虞，将建筑功能与魅力发挥到极致。扬州园林营造尤以叠石技艺巧夺天工。扬派叠石讲究"中空外奇"，或挑法造险，或飘法求动，洞内或置石床、石凳、石桌，或引水、布桥，造景别有洞天，可游、可观、可居，空透处深不可测，突兀处险象万千。最具代表性的当属扬州个园的"四季假山"，"春山宜游，夏山宜看，秋山宜登，冬山宜居"，更是将扬派叠石推向了新的高峰。

（4）徐州民居传统营造工艺

徐州民居传统营造工艺是以徐州刘集镇车村张氏家族、师徒为主体，经历800余年形成的富有徐州地区特色，包含古民居、古建筑的传统营造工艺。徐州民居传统营造工艺的创始人是名匠张培谏的祖辈，早在宋代定居车村，通过家族繁衍、师徒口授等方式不断传承，清至民国时期为鼎盛期，以张培谏、张培亮、张培功兄弟几人为代表的营造队伍在车村一带发展，车村几乎家家有张氏传人，户户有人从事建筑行业，能人辈出，使得车村成为建筑艺人的聚居地。他们在实践中将建筑技术、营造工艺与徐州地区地理环境、气候特点、汉文化风俗交融结合，形成了独树一帜的民居、庙宇营造流派，备受百姓、官府欢迎。具体工艺包括民居总体放线定位，清水活、浑水活，木结构梁架制作安装，油漆彩绘，脊兽及屋面挂瓦制作安装传统工艺等。

2006年5月，江苏省苏州市申报的香山帮传统建筑营造技艺被列入第一批国家级非物质文化遗产代表性项目名录，项目编号为Ⅷ-27。2014年11月，江苏省扬州市申报的传统造园技艺（扬州园林营造技艺）被列入第四批国家级非物质文化遗产代表性项目名录，项目编号为Ⅷ-238。

2007年3月,苏州市申报的香山帮传统建筑营造技艺被列入第一批江苏省非物质文化遗产代表性项目名录,项目编号为JSⅦ-6;2009年6月,扬州市申报的传统建筑营造技艺(扬州园林营造技艺)被列入省级扩展名录;2016年1月,常熟市、徐州市云龙区申报的传统建筑营造技艺(香山帮传统建筑营造技艺、徐州民居传统营造技艺)被列入省级扩展名录。

7. 砖瓦制作技艺

砖瓦是中国传统建筑中不可或缺的一部分。砖是最传统的砌体材料,俗称"砖头",是建筑用的人造小型块材。瓦片是重要的屋面防水材料。早在1000多年前,中国就有了精美的窑后砖雕①作品,并施加彩绘,艺术水平之高,令后人赞叹。宋(金)、元、明、清时期的烧结砖瓦装饰艺术从皇家宫苑惠泽民间,极大地丰富了中国古建筑文化。

(1) 苏州御窑金砖制作技艺

御窑金砖是中国传统窑砖烧制业中的珍品,明清以来受到历代帝王的青睐,成为皇宫建筑的专用产品。明初,朱棣为迁都北京大兴土木建造紫禁城。经苏州香山帮工匠的推荐,苏州城北陆墓(慕)砖窑被工部看中,决定"始砖于苏州,责其役于长洲窑户六十三家"。所谓"金砖",实际上是规格为二尺二(约73厘米)、二尺(约67厘米)、一尺七(约57厘米)见方的大方砖的雅称。现在北京故宫的太和殿、中和殿、保和殿以及十三陵之一的定陵内的地面均为御窑所产方砖铺墁。随着清王朝的灭亡,陆墓(慕)御窑村的烧窑业逐渐由正业转为副业,民国后大部分歇业。御窑旧址原在望郎君(泾)桥西塄,后移至善济桥东塄。中华人民共和国成立后成立御窑砖瓦厂,逐渐复兴,2003年天安门城楼第三次大规模修缮,15000余块大"金砖"和特制古城砖全部由陆墓(慕)御窑供货。北京颐和园、上海城隍庙、普陀山普济寺等修复工程大多采用陆墓(慕)御窑的金砖。

---

① 窑前雕指的是在面上雕成以后再放入火中煅烧,而窑后雕指的是烧成砖以后再到砖上雕刻。

御窑金砖的烧制工序多达 20 余道,环环紧扣。其主要工艺有选泥、练泥、制坯、装窑、烧窑、窨水,在生产过程中有一整套完整而严格的质量跟踪体系,以保证金砖的质量。金砖制作工序中,除打磨、切削,其余工序均沿袭数百年。一块金砖从制作到出窑需要大半年时间,产量有限。

目前,在御窑原址附近已建成御窑金砖博物馆,包括游客中心、金砖博物馆、交流中心、生产用房、附属景观工程及遗址保护构筑物,集中展示金砖的生产工具、历史上漕运过程、有记录的文献资料以及目前金砖生产和保护现状。其中生产用房展示了御窑金砖烧制、加工、检验等"活态"制作过程。

(2) 昆山传统砖瓦制作技艺

昆山锦溪镇的砖瓦生产可追溯到汉、西晋时期,那时就生产"金砖"。明清时期,锦溪砖瓦制作达到鼎盛,与苏州陆慕、徐庄二镇一起,为明清皇宫提供所用官砖。锦溪镇所产砖瓦种类繁多,砖有方砖、八结黄道砖、蝴蝶砖、花窗砖、长寿砖等;瓦有铺设在屋檐边的瓦当,有挑在屋脊的鸱吻,有筒瓦、龙凤瓦、跷节瓦等。

砖瓦生产要经过选土、风化、晾晒、泡浆、搅拌、沉淀、踩土、制坯、烧制等一系列复杂工序,生产周期一年左右。

(3) 相城传统砖瓦制作技艺

自古以来,苏州阳澄湖地区的百姓便在农耕之余利用阳澄湖畔特有的黄泥制坯烧砖瓦。"澄黄泥"是阳澄湖畔的特殊土壤,以其制作的古砖瓦,工艺独特、做工精细、质地优良,受到历代皇室的青睐。据《造砖图说》和《姑苏志·窑作》记载,"始造砖瓦于苏州,责其役于长洲窑户六十三家,其土必取城东北的阳澄湖畔所产"。

20 世纪 60 年代,苏州相城区宫辉古建砖瓦厂(原名吴县古建砖瓦厂),在政府部门的大力支持下,把原来零零落落的民间小窑进行集中化管理,使散落于民间的传统技术得到更好传承和发扬。时至今日,太平"宫辉"古砖瓦,在国内古建筑遗产修缮和园林工程建设中,得到广泛运用,获得了业界的好评。

(4) 溱潼砖瓦制作技艺

姜堰溱潼镇的砖瓦制作所用原料为溱潼地区特有的湖底黑黏土,以手工制作为主,从取泥到烧成成品,前后共有 40 多道工序,主要有取泥、制坯、烧窑三大工序。烧出的砖瓦色呈"绿豆青",敲击声如"镗锣响",可谓"瓦缶胜金玉"。

此外,砖窑制作过程中衍生的原生态民歌《窑工号子》,叙述了窑工们在劳动中的每个细节,凸显了窑工们的勤劳和智慧。

为保护这一技艺,溱潼镇设置了溱潼风情馆,陈设展示各个时期砖瓦、砖雕、泥塑、制作工具、砖瓦契约,同时对只做传统砖瓦的刘氏家窑进行生产性保护,以更好传承溱潼砖瓦制作技艺。

2006 年 5 月,江苏省苏州市申报的苏州御窑金砖制作技艺被列入第一批国家级非物质文化遗产代表性项目名录,项目编号为Ⅷ- 32 。

2007 年 3 月,苏州市申报的苏州御窑金砖制作技艺被列入第一批江苏省非物质文化遗产代表性项目名录,项目编号为JSⅦ- 7;2016 年 1 月,昆山市、苏州市相城区联合申报的传统砖瓦制作技艺被列入省级扩展名录;2009 年 6 月,姜堰市申报的溱潼砖瓦制作技艺被列入第二批江苏省非物质文化遗产代表性项目名录,项目编号为JSⅦ- 33。

8. 南京金箔锻制技艺

南京是中国金箔工艺的起源地,源于东吴,成熟于南朝。三国时道教灵宝派祖师葛玄被金箔工匠奉为行业祖师爷。清代,南京城区还有金箔、金线生产业户 30 多家。在太平天国时期,因建造天王府等工程需要大量金箔作装饰,曾专设金箔司,辖三四百工人。金箔是用黄金加工而成的薄片,在古代一般用于皇家贵族的服饰以及庙宇和佛像的贴饰,如今除继续用于佛像装饰外,还广泛用于食品行业、电子工业、医药业等。

金箔的制作工艺包括黄金配比、化金条、拍叶、做捻子、落金开子、沾金捻子、打金开子、装开子、打了细、出具、切箔等工序。其中,打金开子是难度和强度最大的工序,两人分上、下手的上万次捶打,将一块"金疙瘩"打成厚度仅为 0.1 微米左右的金箔,薄如蝉翼,软似绸缎,经科学测算,943 张金箔只有 1 毫米厚,1 万张金箔最低仅重 125 克。此外,锻制过程中包裹隔离金片的辅助工料"乌金纸"也十分关键,该纸表面极为油亮,锤打时将之夹入金片,既能抗反复锤打,又能最大限度地使黄金产生延展性。

如今南京是世界最大的金箔生产中心,金箔产业主要分布在江宁区东山街道和栖霞区龙潭街道,以南京金箔集团为代表。龙潭建有中国南京金箔博物馆,设金箔技艺厅、打箔机展示厅、乌金纸技艺厅、传统真金线技艺厅及金箔艺术品展示厅,以传统技艺的制作过程为载体讲述金箔、金线及乌金纸的历史。

2006年5月,江苏省南京市申报的南京金箔锻制技艺被列入第一批国家级非物质文化遗产代表性项目名录,项目编号为Ⅷ-36。

2007年3月,南京市申报的南京金箔锻制技艺被列入第一批江苏省非物质文化遗产代表性项目名录,项目编号为JSⅦ-8;2016年1月,南京市江宁区申报的南京金箔锻制技艺被列入省级扩展名录。

9. 家具制作技艺

我国传统家具以明式家具最为著名,它不仅在中国古代家具史上具有辉煌的成就,被视为传统家具的典范,而且在世界家具史上也占有重要的地位。明式家具在清代康熙(1662—1722)以后流传至英法等国,对欧洲18世纪的家具发展产生了很大影响。

(1) 江苏省工艺美术协会精细木作工艺

江苏的南京、南通、常州、苏州、常熟等城市及其周边的乡村,自古文人荟萃,能工巧匠辈出,其独特的人文地理环境优势,造就培育了民间木作工艺深厚扎实的传统。明代开始,硬质名贵木材(主要为红木类)大量进口,在众多江南文人积极参与和皇家的大力倡导下,江苏各地民间的木作工艺水平在得到极大提升的同时,逐渐朝着精微细致的方向发展,并形成了一种专门施行于硬木类雕塑和木器的特殊工艺,这就是传统的"精细木作工艺"。

(2) 苏州明式家具制作技艺

苏州明式家具制作技艺源自宋元家具,明万历年间(1573—1620)产业化,清代分工进一步细化,曲折流传,20世纪六七十年代后为适应新的需求进一步创新,并远销海外。

明式家具具有简约、精巧、雅致、舒适的特点。其中榉木明式家具是苏州一大地方特色,具有结构严谨、线条流畅、工艺精良、漆泽柔和的技艺特点。家具的品种主要有天然几、贡桌、八仙桌、圈椅、官帽椅、灯挂椅、靠背椅、花架、香几、博古架、书架、琴桌、书桌、画案、茶几、罗汉床、橱柜、方凳、鼓凳等。制作工艺主要有设计、木工、雕刻、漆工等工序。家具木构采用传统的、多达200多种的榫卯结构,因而具备很好的牢固度。漆工采用传统生漆工艺,表面光滑明亮,手感光润。

明式家具造型秀致、比例匀称、线条明晰,设计充分结合人体功能,将完美性、合理性、装饰性、实用性融于一体,给人以舒适、高雅之感。加之取材名贵,可长久保存,因此具有颇高的使用价值和收藏价值。目前苏州地区从事明式家具生产的企业有四五百家,主要集中在吴中区和常熟市。

(3) 常州明式家具制作技艺

清晚期,明式家具制作技艺从苏州和上海传入常州,在常州的遥观、马杭、牛塘、湖塘等地广为发展。这些地区的常州工匠用紫檀木、酸枝木、枸梓木、花梨木等材料制作带有明代风格式样的古典硬木家具,在苏州明式家具制作的基础上融入常州本土风格。家具制作的榫卯结构极为精密,构件断面小,轮廓非常简练,装饰线脚做工细致,形成了朴实高雅、秀丽端庄、韵味浓郁、刚柔相济的独特风格,较完整地保留、体现着明式家具中的常州民居内涵和常州文化遗韵。

(4) 通作家具制作技艺

从明末清初开始,沿袭至今的"通作家具",以其特殊的柞榛、榉木、柏木等材质,和带有"拐儿纹"标记的文化符号,在中国传统家具中独具一派。南通历史上交通不便,外来木材很难进得来。而地产的柞榛等材质又"十柞九空",很难取到大料。惜木如金的先辈匠师便巧妙地利用小料,用榫卯结构、割角拼接的技艺,做成了结构合理、线条流畅、内圆外方,将艺术性、实用性、观赏性融为一体的"托木",民间把这种弧形的托木叫作"拐儿",把带有拐儿纹饰的家具统称为"拐儿家具",甚至直呼其"拐儿桌子"或"拐儿床"。北方人称之为"乾隆工家具"。经不间断的代代传承,"拐儿纹"成了通作家具中不可随意减弱的特色、一目了然的鲜明标记和醒目的文化符号。

此外,南通地区还有古典家具仿旧技艺,是对制作成品的古典家具木质表面进行做旧处理的技艺。南通境内有 60 多个古典家具厂专注仿旧技艺,采用无染料变色技术调整材质的色相,为古典家具创造出自然渐变的真实色相效果。

(5) 句容精细木作技艺

句容长期以来有精细木作技艺传统。木工精雕细刻,材料大多选用材质坚硬耐久的红木等,在精制的桌椅、木橱、木床中,雕琢民间吉祥图案和乡土风情纹饰,使用繁复的榫卯结构,传承了老一辈工艺家们所流传下来的珍贵技艺。所制家具作品在国内外屡获大奖。

句容市也重视对精细木作技艺的保护和传承,设有红木艺术博物馆,收藏和展示万余件精细木作作品。它们以榫卯内蕴的阴阳制衡,表达了道家的自然和谐思想,其雕刻之精细,反映了艺术家对世俗化和生活化的独特理解,具有极高的艺术审美价值。

(6) 扬州广陵精细木作技艺

扬州精细木作历史可追溯到秦汉时期,经过唐宋元时期的演化,明清时期达到巅峰。扬州作为南来北往的交通要道,融合了南北精细木作技艺的优势,融大件与精细雕工为一体,在精巧制品上有独到之处,首饰盒、梳妆盒是其中的代表。扬州精细木作技艺的精华在梭榫、凿眼、腰尖。奇特的木纹、古朴的色彩、精湛的工艺、细腻的手感,是扬州精细木作的四大特色。扬州精细木作是一种精细技术、文化底蕴和实用欣赏兼备的传统手工技艺。

(7) 江阴精细木作技艺

江阴精细木作技艺在明代中期已有许多专业作坊,讲究"方圆六角一把抓,手弓带拉拉";在雕刻技艺上要求"胆大心细,纹样接气,层次分明,棱角要出清,底子要剔平";在制作工艺上要求"方中兼圆,圆中兼棱,四角瞑缝,线条挺括,结构坚固,上下协调,呵成一体";在髹漆工艺上要求"色泽美观,磨漆光亮,平滑细腻,木纹清晰"。

(8) 柞榛家具制作技艺

柞榛家具制作技艺是南通工匠利用当地特有树种"柞榛木"制作家具的一种技艺,发展于明清时期,鼎盛于晚清至民国初期。这一技艺主要集中在南通地区,地域性极强,其他地区少见。

柞榛木质细腻坚硬,木纹清晰雅致,并且还耐干燥、耐潮湿,不变形,是制作家具的上等材料。但柞榛材种偏小,且多弯曲,成材率较低,因而加工制作难度较大。南通的能工巧匠们巧用木料,精准设计,将家具的框架结构加工得毫厘不差,装饰图案雕刻得精准优美。工匠们还常常在同一件家具上运用阳雕、阴雕相比照,圆线、凹线相结合,浮雕、镂空相映衬的技法,充分表现对称、呼应、写实、写意的情趣。因柞榛木的自然纹理和沉稳的本色令人喜爱,所以家具一般不着色、不打底、不髹漆,充分显露木材的自然美、本色美。又因柞榛木料打磨越精致纹理越清晰,家具使用时间越长,"包浆"越温润,因而古典之感越显浓郁。此外,柞榛家具的制作沿用了明式家具的榫卯结构,榫卯之间极为精密。

目前,南通市先后成立了柞榛家具研究所、高仿基地和家具艺术馆,尽全力抢救、保护和弘扬该技艺。

2006年5月,江苏省苏州市申报的明式家具制作技艺被列入第一批国家级非物质文化遗产代表性项目名录,项目编号为Ⅷ-45;2011年5月,江苏工美红木文化艺术研究所申报的家具制作技艺(精细木作技艺)被列入国家级扩展名录。

2007年3月,苏州市申报的明式家具制作技艺被列入第一批江苏省非物质文化遗产代表性项目名录,项目编号为JSⅦ-9;2016年1月,常州市、苏州市吴中区、南通市、南通市崇川区、句容市、扬州市广陵区、江阴市申报的家具制作技艺(明式家具制作技艺、通作家具制作技艺、精细木作技艺)被列入省级扩展名录。2007年3月,江苏省工艺美术行业协会申报的精细木作工艺被列入第一批江苏省非物质文化遗产代表性项目名录,项目编号为JSⅦ-16;2011年9月,南通市申报的精细木作技艺(柞榛家具制作技艺)被列入省级扩展名录。

10. 漆器制作技艺

漆器的原料叫"生漆",来自漆树,漆器匠人称之为"大漆"。将大漆加工成漆液后,涂在各种器物的表面即可制成日常器具及工艺品、美术品等。用大漆做涂料,有耐潮、耐高温、耐腐蚀等特殊功能,又可以配制出不同色的漆,光彩照人。

(1) 扬州漆器髹饰技艺

扬州漆器髹饰技艺发端于战国时期,两汉时期应用广泛,至唐代,夹苎脱胎干漆造像、金银平脱、螺钿镶嵌等各类工艺已相当成熟,漆器被当时朝廷列为扬州24种贡品之一,明清两代发展鼎盛,扬州成为全国漆器制作中心并延续至今。

扬州漆器制作主要有九大门类:点螺工艺、雕漆嵌玉工艺、平磨螺钿工艺、楠木雕漆砂砚工艺、雕漆工艺、刻漆工艺、彩绘工艺、骨石镶嵌工艺、磨漆画工艺,前四者为扬州髹漆技艺的经典。点螺工艺为国家重点保护的高档工艺,"点"是技法,"螺"为材料。该工艺选用自然色彩的夜光螺等材料,精制成薄如蝉翼、细若秋毫的螺片,再经髹漆工艺,使点螺漆器具有图案精致、色彩绮丽的艺术风格。雕漆嵌玉为扬州独有的名贵漆器品种,先在器物上髹涂百层及几百层大漆,再按设计好的画稿在器物平面上雕刻,最后镶嵌上雕刻好的各种题材的玉石,作品具有纹样精美、立体感强等艺术特点。平磨螺钿工艺选用优质的珍珠贝等材料,裁成片状,按设计好的图案,平整地镶嵌于漆器表面,后打磨而成,作品光亮如镜、高雅素洁。楠木雕漆砂砚选上好楠木雕成砚体,用金刚砂等材料布填砚池,以点螺漆器制作等方式制成砚盒,兼具实用和欣赏功能。

扬州漆器髹饰技艺与扬州古城的文化积淀、历史渊源、人文风貌等都有着密切的关联,具有突出的历史价值、文化价值、经济价值。

(2) 苏州漆器制作技艺

苏州漆器制作技艺已有2500多年的历史,以精致著称,苏州博物馆所藏春秋吴王"寿梦"棺椁的彩绘漆片可以证明,早期的苏州漆器彩绘已经非常成熟。

苏州漆器发展在明清时期达到高峰,髹饰工艺与建筑、家具、陈设相结合,髹饰的匾额、楹联、屏风、漆画成为苏州各大园林的画龙点睛之笔。斑斓、复饰、填嵌、刻漆、彩绘、戗金等技法成为当时基本工艺特征。乾隆皇帝曾写诗称赞苏州漆工"吴下髹工巧",今天北京故宫收藏的漆器还有很多是"苏作"。

2006年5月,江苏省扬州市申报的扬州漆器髹饰技艺被列入第一批国家级非物质文化遗产代表性项目名录,项目编号为Ⅷ-52。

2007年3月,扬州市申报的扬州漆器髹饰技艺被列入第一批江苏省非物质文化遗产代表性项目名录,项目编号为JSⅦ-10;2016年1月,苏州市申报的苏州漆器制作技艺被列入省级扩展名录。

11. 醋酿技艺

醋是中国最为常见的调味品之一。古代以酒作为发酵剂来发酵酿制食醋,历史至少在3000年以上。"醋"古称"酢""醯""苦酒"等。镇江是中国最为著名的陈醋产地之一。

(1) 恒顺香醋酿制技艺

镇江恒顺香醋酿制技艺始于清道光年间(1821—1850),由镇江丹徒人朱兆怀创制。1840年,朱兆怀在镇江创建了"朱恒顺糟淋坊",先酿造销售百花酒,并在生产色酒的过程中逐步摸索出了独特的固态分层发酵工艺,用之酿醋。1893年,朱恒顺糟淋坊改名为"朱恒顺酱醋糟坊"。

镇江恒顺香醋酿制对原料的选求极其讲究,需选用江浙优质糯米,加入自制麦曲糖化发酵成米酒后,采用固态分层发酵工艺酿制,即在酒液中加入麸皮、稻糠拌成固态并接种,每天分层翻动一次,进行降温、透氧醋化发酵。经20多天醋醅成熟后,加米色进行淋醋。生醋煎煮后在陶罐中经长时间露天存放,最后酿成酸而不涩、香而微甜、色浓味鲜、愈存愈醇的恒顺香醋。

恒顺香醋采用的固态分层发酵工艺是鲜有的沿用至今的传统酿造工艺,在中国酿醋行业里独树一帜。恒顺集团是目前世界规模最大的食醋生产企业,并建有中国醋文化博物馆,用于更好保护、传承和发展手工做醋的传统酿醋生产技艺。

(2) 汪恕有滴醋酿制技艺

汪恕有滴醋酿制技艺在清康熙十四年(1675)由汪一愉始创,其名"汪恕有"取自宋代苏轼为汪氏宗谱所题"恕心能及物,有道自生财"一联的首字,与姓氏相结合而成。滴醋厂今位于连云港板浦镇,现以第十一代传人汪宗遂为厂长。

汪氏酿醋时,采用大缸发酵,醋从缸壁的底部孔中滴出,且该醋味浓,酸度亦高。汪恕有滴醋以优质高粱为主料,以麸皮、小麦、豌豆等为辅料,采用固态发酵方法,人工翻醅、淋醋。成醋装入陶罐露天存放半年以上方才出厂。每道工序的火候、存放时间都凭手试、眼观、鼻闻。其技艺全凭口传心授。烹饪时,特别是拌凉菜时,只需数滴,便能使菜肴酸中透出绵甜香郁,所以称为"滴醋",在醋品中独树一帜。淮海地区民间在谈到做菜作料时,"香滴醋"已成俗语。清代学者袁枚在《随园食单》中也盛赞"板浦醋为第一"。

(3) 恒升香醋酿制技艺

清嘉庆年间(1796—1820),丹阳恒升坊初创,初为酿酒糟坊。同治十一年(1872),作坊增加了香醋、酱油、酱菜等产品。三年后恒升坊由两浙江南盐运使司颁发"丹阳县访仙桥铺户江沛恒升号官酱园"匾牌。

恒升香醋采用固态分层发酵技艺,通过蒸饭、制酒、制醅、淋醋、煎醋、储存六大过程,40多道工序,历经200余天,酿制出"醋香浓郁、酯香突出、酸味柔和、香而微甜"的香醋,具有美味、养生、安全等优良品质,产品在江南一带享有盛誉。

恒升香醋酿造技艺传承的不仅是酿制技艺,同时还承载了百姓市井、人文风俗、经济发展等多种社会风貌,具有很高的历史、文化、科学研究和保护价值。

2006年5月,江苏省镇江市申报的镇江恒顺香醋酿制技艺被列入第一批国家级非物质文化遗产代表性项目名录,项目编号为Ⅷ-62。

2007年3月,镇江市申报的镇江恒顺香醋酿制技艺被列入第一批江苏省非物质文化遗产代表性项目名录,项目编号为JSⅦ-27;2009年6月,连云港市申报的酿醋技艺(汪恕有滴醋酿制技艺)被列入省级扩展名录;2016年1月,丹阳市申报的酿醋技艺(恒升香醋酿制技艺)被列入省级扩展名录。

12. 雕版印刷技艺

雕版印刷是运用刀具在木板上雕刻文字或图案,再用墨、纸、绢等材料刷印,装订成册页或书籍的一种技艺,是中国古代印刷术的主流技术。扬州雕版印刷技艺始于隋唐,发展于宋元时期,兴盛于清代。唐代的扬州是东南第一大都会,为雕版印刷的产生发展提供了较好的物质基础,当时主要是印制佛经。清代扬州雕版印刷空前发展,刻印之书不可胜计。

雕版印刷技艺共有30余道工序,至少需6—7人合作完成。雕版所用的材料多为梨木、枣木等,需纤维匀细、耐印度高、易于奏刀、释墨均匀,版片要锯成约2厘米厚,经浸泡、干燥、刨面、打磨等处理,制成表面平滑的版材。写样需先用毛笔在极薄的"花格纸"上按设计的版式书文绘图,再将定样的字迹图画清晰地雕刻在版上,工匠右手运刀、左手拢刀,先"发刀"刻墨线,再贴墨线"挑刀"刻出"V"型凹槽,最后辅以"打空""拉线"等操作,剔除墨迹外的空白部分,形成凸起的图文。再将校定的版片固定于印台,用棕刷蘸专用松烟墨、国画颜料等涂于版面,再铺纸其上,左手控纸、右手持刷擦匀拭纸背,将版片上的文图刷印于纸面。装订采用"粘""编""折"等技巧,将印好的印张按卷轴装、旋风装、经折装、蝴蝶装、包背装和线装等不同装帧方式装订成册。

扬州雕版印刷技艺的传承可分为官刻、坊刻和家刻。清末以后,这些传承方式走向了衰败,扬州南郊杭集镇的"杭集扬帮"成为扬州雕版印刷技艺传承的主力军。中华人民共和国成立后,扬州为雕版印刷技艺的传承与保护做了大量的工作。1960年春,扬州广陵古籍刻印社成立,召集雕版印刷艺人60余人,从事古版修版及刷印工作。2005年,新建扬州中国雕版印刷博物馆,全面展示中国雕版印刷的历史渊源、工艺流程和杰出成果。

2009年,雕版印刷被列入人类非物质文化遗产代表性项目名录。

2006年5月,江苏省扬州市申报的雕版印刷技艺被列入第一批国家级非物质文化遗产代表性项目名录,项目编号为Ⅷ-78。

2007年3月,扬州市申报的雕版印刷技艺被列入第一批江苏省非物质文化遗产代表性项目名录,项目编号为JSⅦ-11。

13. 金陵刻经印刷技艺

金陵刻经印刷技艺可追溯到清同治五年(1866),著名佛学家杨仁山居士等在南京创办金陵刻经处,后发展成为中国著名的佛教文化学术研究、印刷、出版发行综合机构。其刻经印刷选本精严、内容纯正、校勘严谨、版式疏朗、字大悦目、刻印考究、纸墨精良,成品经本称"金陵本",清末以来在国内经书出版界中占有重要地位。

金陵刻经印刷技艺保持了古代传统的"木刻水印技艺",有刻版、印刷及装订三个环节,包括写样、上样、雕刻、放板、上墨、复纸、擦压、揭纸、分页、折页、撮齐、捆扎压实、数书、齐栏、串纸捻、贴封面封底、切书、打眼、订书、贴书签条、贴函套签条等20余道工序,每道工序均留有传统口诀。

目前金陵刻经处已被列为第七批全国重点文物保护单位,不仅完整保存了中国古老的木刻水印技艺之精髓,还收藏了12万块珍贵的佛经版,继续为佛教界和知识界提供木刻版佛经,是汉文木刻佛经出版中心。

2006年5月,江苏省南京市申报的金陵刻经印刷技艺被列入第一批国家级非物质文化遗产代表性项目名录,项目编号为Ⅷ-79。

2007年3月,南京市申报的金陵刻经印刷技艺被列入第一批江苏省非物质文化遗产代表性项目名录,项目编号为JSⅦ-12。

14. 制扇技艺

我国制扇的历史悠久,商代即已出现以长尾雉鸡羽毛制成的羽毛扇。汉代,宫廷流行绢扇,又称"宫扇"。东晋时期,葵扇开始流行。南宋时期,都城杭州成为折扇中心。明代永乐年间(1403—1424),苏州成为折扇中心,出现了李昭、马勋等闻名海内的制扇名家。

(1) 苏州制扇技艺

苏州制扇技艺可追溯至南宋,明代兴盛,后经曲折流传,中华人民共和国成立后通过设厂再度兴盛,产品远销海内外。

苏州制扇主要有折扇、檀香扇和绢宫扇三大类,统称"苏扇"。折扇由竹骨和扇面配套而成,以安徽、浙江两地产的毛竹为原料,经开片、煮、劈、刮、拖、倒、烘、打磨、雕刻或髹漆等58道工艺制成,扇面大多以棉料、宣纸裱成。檀香扇以名贵的檀香木材为原料,制作技艺独特,尤其以制扇的"四花"工艺著称,即拉花、烫花(又称烙画)、画花、雕花。绢宫扇以丝绸为绢面,竹、象牙、玳瑁等配套而成,造型除圆形外,还有六角、八角、鸡心、宫灯、金钟、海棠、燕尾和凤尾等多种造型,品种分高、中、低三档,高档的选料精良,制作尤为精致。

苏州制扇技艺精良、品种繁多,经过历代能工巧匠的辛勤耕耘,已形成了自身特有的地方风格,把扇骨的造型艺术、扇面的制作绝技,以及扇面绘画、镂雕等技巧融为一体,而且与文学、戏曲、文化、舞蹈和园林等艺术内容紧密结合,成为人们喜爱的杯袖雅物和收藏珍品。近年来,苏州有关部门加大了对制扇技艺的保护力度,采取多种方式给予支持与扶持,以促进技艺的传承发展。

(2) 金陵折扇制作技艺

金陵折扇的制作共分制扇骨、做扇面、穿扇面三大工序。制扇骨是其中最重要的一环,包括选料、断料、劈料、浸泡、磨制、"拿火"等43道工序。首先,挑选朝阳生长且生长期在6—8年的竹子,煮出含蛋白与糖分浆水以防虫,煮好后长时间静置,再进行"刀边",即削出所需造型的扇边。为使扇子口紧,能够固定,还要经过"拿火"工序,即将扇边烤轧成弧形,直至两头小、中间鼓,经过打磨提光,再雕刻图案,最终制成扇骨,在制扇鼎盛时期也曾使用象牙、玳瑁、鸡翅木、紫檀木等材料制作扇骨。扇面制作则需经过选料、开料、裱面、沿边、收褶等多道工序,一般采用花纹清晰的绵料宣纸,上胶矾裱制而成,扇面讲究厚薄均匀,平正牢韧,久用不裂。制好的扇面需加上字画,高档的还配贴观赏性高的云母片和金箔等,极具艺术魅力。穿扇面则是将扇骨与扇面相结合的最后一道工序。

金陵折扇在明代最为兴盛,当时南京文人雅士汇集,促进了制扇业的发展。如今随着扇子的实用功能弱化,市场逐渐萎缩,金陵折扇传统制作技艺在栖霞一带还有流布,保护与传承的任务仍然艰巨。

(3) 高淳羽毛扇制作技艺

高淳羽毛扇制作技艺主要流传于南京高淳区,历史悠久,羽毛扇在明代曾被列为贡品。

羽毛扇制作主要原料是动物的羽毛。羽毛又分野禽毛和家禽毛,野禽毛有雕毛、鹰毛、天鹅毛、鹭鸶毛、仙鹤毛、雁毛等,其中雕鹰类羽毛最为贵重,因这类鸟羽不仅色泽艳丽,而且毛质坚硬,经久耐用,过去制作贡扇一般都采用此类羽毛,家禽毛主要是鹅毛。取各类动物羽毛后,经配料、洗刷、修剪、戳扣、装柄、缝线等几道主要工序,再辅以钉菊花柄、裁绒毛、画花等必要的装饰,最终制作而成。制成的扇子花式繁多。圆形羽毛扇包括用鹅毛制作的"汉光月""圆光月"等,也有用雁毛制作的"黑雁圆""雁小圆"等;长形羽毛扇包括用雕毛制作的"雕宝剑""雕平月"等,也有用雁毛制作的"雁平月"等。此外,同是用鹅毛制作的半圆形羽毛扇,因为所用毛料的生长部位不同,品种也不同,例如用梢翅做的有"梢平月""梢中汉月",用刀翎做的有"刀平月""刀汉月"等。

羽毛扇因其原料独特、制作精良、造型优美广受喜爱,它既是夏令解暑驱蚊的佳品,又可供装饰之用,兼具实用性和观赏性。近年来,高淳相关部门已对羽毛扇进行普查,收集整理了民间资料,寻访民间艺人。高淳老街等地开设了专门的高淳羽毛扇制作与销售柜台,供游客欣赏和购买。

2006年5月,江苏省苏州市申报的制扇技艺被列入第一批国家级非物质文化遗产代表性项目名录,项目编号为Ⅷ-81。

2007年3月,苏州市申报的制扇技艺被列入第一批江苏省非物质文化遗产代表性项目名录,项目编号为JSⅦ-13;2009年6月,南京市栖霞区、高淳县申报的制扇技艺(金陵折扇制作技艺、高淳羽毛扇制作技艺)被列入省级扩展名录。

15. 风筝制作技艺

风筝制作可以追溯到春秋战国时期。墨子和鲁班以木材制成鸟禽状器械,放之能飞,称为"木鸢"。汉代开始以竹篾扎成鸟禽状骨架,上糊以纸,称为"纸鸢"。后来又在纸鸢上附加竹哨、弓弦,放飞时因风吹而引起哨响弦鸣,声音悦耳,如同鸣筝,故称"风筝"。风筝分为硬翅和软翅两种。除此之外,还有宫灯、花篮等立体状的风筝。

(1) 南通板鹞风筝制作技艺

南通板鹞风筝历史可追溯到北宋,因造型如同一块平板而得名,"大者丈余,小者尺盈"。其形状分为正方形、长方形、六角形和八角形,以一个长方形和一个正方形组合而成的六角板鹞为多,也有多个图形组成的"七联星""九联星""十九联星"等。手绘图案多为工笔重彩,内容有"八仙""凤戏牡丹"等戏曲故事。南通板鹞风筝独具魅力之处在其"哨口",多者达数千,"得风则鸣,其声随风抑扬",有"空中交响乐"之美誉。"哨口"的制作材料以葫芦和竹子为多,也有用果壳、蛋壳、蚕茧和鹅毛管等材料制成。

南通板鹞风筝是南通地区最具代表性的民间工艺品之一,在国内外享有较高声誉。南通的李港乡被文化部命名为"全国风筝之乡"。目前,南通建立了板鹞风筝博物馆、板鹞风筝艺术馆,成立了南通市风筝协会,拥有 10 余支风筝放飞队,在许多学校开设了风筝制作课,并组织市民们在广场、田间开展放飞活动。

(2) 徐州风筝制作技艺

徐州风筝制作技艺可追溯到汉代,制作考究,选料精细,工艺精湛细腻,造型生动形象,又能与传统的绘画密切结合,注重工艺技巧和审美趣味。在继承传统技艺的同时,徐州风筝更吸收了外来风筝技艺的精华,兼备南北两大流派的风格和特点。在造型上主要有人物、动物、植物、器物以及几何形体等。在构造上有硬翅式、软翅式、长串式多种,如硬翅风筝为两翼用两根竹子架构并与下半部相连,最为常见;软翅风筝的翅膀只有上面一根竹子架构,下沿由面料构成,可随风摇曳,动物造型的风筝多为软翅式;长串风筝由许多叶片连缀而成,凌空飞舞时气势壮观。图案大多表现喜庆吉祥的题材。近年来,由于城市空间日渐紧缩,徐州风筝也出现适合城市广场放飞的微型风筝,最小的可放入火柴盒里保存,其制作工艺更为精细,非常适宜儿童放飞取乐。

(3) 沙洲风筝制作技艺

沙洲是张家港旧称,其风筝制作技艺可追溯到清代。沙洲风筝主要为哨口板式类,根据造型的不同分为九串菱、七星、八角、六角等。风筝的制作包括面身制作、哨口制作和拼装合成三个环节。面身制作,即为风筝的骨架扎制与筝面的裱糊、彩绘,骨架扎制所用材料多为毛竹、纱线、铁丝等,筝面的裱糊所用材料多为纸张、棉布、丝绸等,彩绘多用颜料绘画具有吉祥寓意的故事图案等;哨口制作是根据材质不同,制作成蚕茧哨口、桂圆哨口、竹筒哨口、核桃哨口、葫芦哨口等,各种哨口因音色、音阶的不同分别为排箫哨口、哒子哨口、嗡声哨口;拼装合成是把裱制好的风筝面身与制作好的哨子,按设计进行组合。

沙州风筝制作集木匠、篾匠、雕匠、漆匠、裁缝工的技艺于一体,集传统手工技艺与美术绘画、乐器声乐的现代艺术于一身,是综合艺术的结晶。沙洲哨口板式风筝体形大、分量重,放飞时声音洪亮,气势磅礴,飞升上百米高空而不坠落。近年来,人们在风筝的制作上越来越讲究时尚性、艺术性和趣味性。据统计,目前沙洲哨口板式风筝有1000多种,每年的春季和秋季,各式的风筝都纷纷升空亮相。

(4) 如皋风筝制作技艺

如皋风筝俗称"鹞子",以绢、布、棉纸、竹篾、丝线、棉线、铜丝、颜料、糨糊、牛皮胶、葫芦、瓠子、银杏果、蚕茧和毛竹等为原材料,经过出样、扎骨、剪裁、糊裱、彩绘、试线等10多道工序精制而成,结构巧妙、大小参差、花色缤纷、风韵神似。

如皋风筝大致可以分为造型风筝和音响风筝两大类,折叠风筝和组合音响风筝是全国首创。造型风筝中,一类是"活鹞"造型风筝,其篾细骨轻、造型简练、形体秀美、灵巧多姿,在骨架造型上吸取了民间灯彩的扎制造型技艺,放飞求"活"求"像",风筝整体彩绘精工,色彩艳丽。此类风筝以小著称,其代表作品为燕、雁、蝴蝶、金鱼及美人等。此外还有凤凰、孔雀、白鹤、绶带、燕雁、儿童、蜻蜓、蜈蚣等软翅风筝,皆以竹篾为骨架,糊以色绢或银皮纸,绘上彩色。鸟翅上部有竹骨,下部羽毛则不用竹骨,结构精巧,造型逼真。另一类为"板鹞"式风筝,分六角、七连星、九连星、十九连星等,结构简单,南部多为六角、七连星,用细笔竹扎制,鹞身挺拔坚硬,北部多为九连星,用细竹篾扎制,骨架软,数米高的鹞子都可以像凉席一样卷起来。如皋板鹞最具特色的是哨口音响装置,每只板鹞按大小顺序成排、成行,装有不同的哨口,数量从几十个到几百个,最多达千只,俗称"千口风筝"。

2006年5月,江苏省南通市申报的风筝制作技艺(南通板鹞风筝)被列入第一批国家级非物质文化遗产代表性项目名录,项目编号为Ⅷ-88。

2007年3月,南通市申报的风筝制作技艺(南通板鹞风筝)被列入第一批江苏省非物质文化遗产代表性项目名录,项目编号为JSⅦ-15;2009年6月,徐州市与张家港市申报的风筝制作技艺(徐州风筝、沙洲风筝)被列入省级扩展名录;2011年9月,如皋县①申报的风筝制作技艺(如皋风筝制作技艺)被列入省级扩展名录。

16. 剧装戏具制作技艺

苏州自古戏剧繁荣,也带动了剧装戏具制作行业的发展,过去这一行业主要分布在苏州阊门内西中市及专诸巷、吴趋坊等地。相传唐代时,苏州剧装戏具的制作和品类就已日渐完备,南宋时期,南北戏曲的交流推动了行业发展,明代随昆曲的发展进一步兴盛,苏州成为当时全国剧装戏具制作中心。

剧装戏具品种繁多,有戏衣、戏帽(包括软巾、硬盔)、口面(含胡须、头套、头饰)、刀枪和靴鞋等类,全部品种有1000多种,其中戏衣378种、戏帽276种、戏靴41种、髯口24种、头面55种、刀枪276种、头饰光片类产品23种。

戏衣制作分开料、绘画设计、配色、刺绣和合成5道工序,现又增加手绘、烫金和珠绣等工艺。戏帽分为硬盔与巾帽,硬盔制作有剪样、做坯、沥粉、贴金、点翠、装配和绒球等工序,巾帽制作有开料、绘画、配色、刺绣和合成等多道工序。戏靴制作包括剪样、贴坯、制底、扎底、做帮、绱靴、排楦和刷粉等工序。刀枪制作有开料、制坯、雕花、车木、装配、贴箔和上漆等工序。口面包括制作髯口、网巾、云帚和马鞭等工序。

目前,苏州剧装戏具合作公司除生产传统戏衣外,还制作影视剧、歌舞剧服饰和历代仿古服饰,传承与发展状况良好。

2006年5月,江苏省苏州市申报的剧装戏具制作技艺被列入第一批国家级非物质文化遗产代表性项目名录,项目编号为Ⅷ-82。

2007年3月,苏州市申报的剧装戏具制作技艺被列入第一批江苏省非物质文化遗产代表性项目名录,项目编号为JSⅦ-14。

---

① 现为江苏省如皋市。下同。

17. 陶器烧制技艺

我国陶器的发明和应用,已有1万年的历史,在新时期时代就已出现粗糙简单的陶器。6000年前仰韶文化时期,黄河流域出现"彩陶"。距今4000年时黑陶出现。唐代的"唐三彩"釉色艳丽,以黄、绿、蓝等色彩为主,风格独特。宋代,南方出现了紫砂陶器,有紫黑色、红褐色、淡黄色几种。江苏省宜兴市是中国的"陶都",生产的紫砂壶最为有名。

(1) 宜兴均陶制作技艺

宜兴均陶是指宜兴均山一带生产的带釉陶器,以其特有的"红若胭脂、青若葱翠、紫若墨黑"的均陶釉色和全手工"堆花"工艺著称于世。宋代丁蜀镇西南的均山一带就有烧制釉陶的窑群。至明代,烧造均陶成功的是欧子明的欧窑。清雍正年间(1723—1735)宜均进入皇宫,成为御用器物。乾嘉时期(1736—1820)丁山窑户葛明祥、葛源祥兄弟继承欧窑传统特色,不断创新,所制产品配以堆花图案和均釉装饰,有着"夕阳紫翠忽成岚"的雅韵。清末民初,均陶深受日本和东南亚地区的欢迎,并被转销至秘鲁、智利、墨西哥和欧洲各地。

均陶胎有紫泥、白泥两种,釉料包含窑汗、泥浆等,釉色有蓝均、红均、铜均、白均等数十种,又以蓝均秋最为珍。制作工艺流程包括原料(泥料和釉料)加工、成型、装饰及烧成等。第一步是泥料经摊晒、粉碎、搅拌、沉淀等工序练成熟泥,釉料经粉碎、淘漂、研磨后按一定比例配制。成型在宋代使用"泥条盘筑法",民国时期开始应用"泥片镶接法"。施釉工艺有浇釉、荡釉、涂釉等方法。堆花工艺是均陶独特的装饰手段,以陶坯作纸,以泥代墨,以大拇指为笔,堆贴出浅浮雕图案。最后在龙窑中经高温氧化焰一次烧成。

均陶产品以大件实用陈设为主,各式陶台、陶凳、花盆、花瓶、水盆、旱盆、花缸、金鱼缸等,大之数尺,小之盈寸,历经风吹雨打越发光亮,是赏用兼优的艺术陶瓷。

(2) 宜兴彩陶装饰技艺

宜兴彩陶装饰技艺历史渊源久远,东汉时期,宜兴馒头窑烧制的捐枷瓮(泡菜坛)开始以黄绿釉附型。唐代生产的盖罐已内外施釉,采用点彩装饰。明清时期,宜兴窑场坛罐生产技法有刻花、划花、镂雕、塑贴等,题材有人物、走兽或草木花鸟,施嫩红、铜绿或金黄等釉,使塑贴和釉色浑然一体。到民国时期,釉陶坛罐已有捐枷瓮、高中坛、龙罐、花小坛等10多个品种。

中华人民共和国成立后,彩陶手工装饰技艺得到了高度重视,使古老的传统手工装饰技艺焕发了生机,无论在釉色还是在彩绘等装饰工艺上,都有新的创意,并逐渐从瓶、坛、盆、罐等日用陶品种延伸到雕塑、陈设器、现代陶的艺术创作中。

(3) 黑陶制作技艺

黑陶制作工艺是中国陶器制作中一种特殊的传统技艺,在连云港赣榆区、海州区等地至今还有流传,有着悠久的历史。

黑陶制作有严密的技艺流程,首先它对土质的选用要求非常高,是海水把大海中的黏土席卷到岸边,被巨石拦截下来,年深月久而形成的一种特殊黏土。它的制坯、成胎、平雕、浮雕、压光、模光等工艺全凭手工操作,而且都有严格的技术要求。它的烧窑工艺,不但要有识火候的熟练技术控制温度和熏闷,烧窑的木材也要选用山南向阳的含盐性较高的松木,燃烧后经烟熏才能使黑陶制品达到黑如墨、亮如漆、硬如瓷的境地。黑陶制品多是陶瓶、陶盆、日用器皿、笔筒,不仅具有观赏性,还具有实用性。

2014年11月,江苏省宜兴市申报的陶器烧制技艺(宜兴均陶制作技艺)被列入国家级扩展名录[①],项目编号为Ⅷ-98。

2011年9月,宜兴市、连云港市申报的制陶技艺(宜兴均陶制作技艺、宜兴彩陶装饰技艺、黑陶制作技艺)被列入第三批江苏省非物质文化遗产代表性项目名录,项目编号为JSⅦ-80。

[①] 2008年6月,广西壮族自治区钦州市、四川省稻城县、云南省迪庆藏族自治州、青海省囊谦县、贵州省平塘县、云南省建水县、四川省荥经县申报的陶器烧制技艺(钦州坭兴陶烧制技艺、藏族黑陶烧制技艺、牙舟陶器烧制技艺、建水紫陶烧制技艺、荥经砂器烧制技艺)被列入第二批国家级非物质文化遗产代表性项目名录,项目编号为Ⅷ-98。

18. 传统棉纺织技艺

我国传统纺织技艺历史悠久,自 7 世纪棉花从印度传入后,中国纺织业即由麻纺转为棉纺。元代,在黄道婆纺织技术改革的影响下,各地的纺织业逐步发展兴盛起来,用土布裁制的衣被成为人们生活的必需品。

(1) 南通色织土布技艺

明清以来,南通一直是重点棉区,农家最善织布。清中叶以后,南通土布以其精湛的手工织造、独特的工艺印染以及粗厚坚牢、经洗耐着的特性畅销全国各地,远至日本、南洋,年销量高达 1700 万匹以上。20 世纪初,张謇在苏北沿海倡导棉垦事业,30 万海门移民北上拓植。南农北移促进了棉纺织技术的空前发展。鼎盛时,南通农村专业土布织户达 10 余万户,从业人员逾百万。20 世纪三四十年代南通土布产销急剧衰落;六七十年代的特殊岁月里一度悄然复热,但仅限于自纺自织、自备所需;进入八十年代基本歇业。其工艺传承也一度呈现断裂。

南通色织土布的色彩多样,多以蓝、白或蓝、白、黑为基础色。除基础色外,还使用以红、绿为主的高纯度、高彩饰色纱,在使用 5 种及 5 种以上色彩来织造土布时,织造方法使用提花织锦。南通土布的图案纹样丰富,大体可分为芦纹系列、条纹系列、格子系列和提花织锦系列。

南通色织土布织造主要有轧花、弹花、搓条、纺纱、㡐纱、染纱、浆洗、络筒、整经、上机、织造等工序。各工序又细分为若干流程,比如整经工序包括排桩、套筒、牵经、捉高(起绞打丝)、挽经、印筘、落轴等;上机工序包括穿综、嵌筘、挂综、调机等。这些工序一直保留了较原始的方法,是传承中国古代手工织造技艺的宝贵历史遗存。

(2) 沛县色织土布技艺

沛县色织土布技艺主要流布在微山湖一带的沛县龙固、五段、杨屯、魏庙、胡寨等地。

沛县色织土布技艺主要原料有麻、苘纤维、蚕丝和棉花纺线。织造工序有纺线、染线、倒线、牵纱、装扣、上机扎综、试织与挑织。织造采用通经断纬的方法,以手工挑换纬纱和以木棱、竹扣打织而成,即纺织中的"挖棱"工艺。经线在布面上贯通而不间断,各色纬线仅仅于图案花纹需要处与经线交织,每一纬向的粗色纬挑挖完成后即错综过纬、打纬,如此循环完成织造。

沛县色织土布常用于制作床上用品、盖裙、披肩以及衣服等,纹样地域特色浓厚,是沛县沿湖地区民众审美情趣的载体。

(3) 雷沟大布制作技艺

雷沟大布制作技艺已有500多年的传承历史,流传于古雷沟地区(今张家港南沙、后塍地区)。

雷沟大布以手工制作为主,有一套从棉花到纺纱织布的传统工艺。从种棉花、收棉花、去棉籽、弹絮棉、卷棉条、纺纱锭、戽纱成"纪",到浆洗、染色、晾晒、经纱、做筒管、穿棕、织布。雷沟大布的制作初始为手穿,后改为手拉,经"杜经杜纬",织成"杜布"。原生态自然染色工艺更是独具特色,从天然植物中提取精华进行染色,染织技艺精湛,绿色环保无污染。雷沟大布柔软厚实,坚致细密,吸汗性强,又极具保暖性,堪称冬暖夏凉,且用途广泛,深受百姓喜爱。

(4) 丰县棉纺织技艺

丰县棉纺织技艺在女性群体中代代相传。清代《丰县志》记载:"民俗多种棉,工纺绩,以产布名于四方。"20世纪80年代之前,县内有技艺之长者众多。

妇女们纺织的布称为家织布,亦称粗布、土布,可制作服装及床上用品。工艺流程有轧花、弹花、搓棉捻子、纺线、拐线、染线、浆线、拖线、络线、经线、穿杼、刷线、挽缯、上机、打芦符子、执梭织布、下布。家织布品种分为白布和花布,花布又分为条格花布、方块花布,色彩有六七种之多。

丰县棉纺织技艺既表现了纺织者的手脚功夫,又展示了灵敏的思维,故县内有"插花描云不算巧,纺线织布学到老"之说。

2011年5月,江苏省南通市申报的传统棉纺织技艺(南通色织土布技艺)被列入国家级扩展名录①,项目编号为Ⅷ-100。

---

① 2008年6月,河北省魏县、肥乡县(现肥乡区)、新疆维吾尔自治区伽师县联合申报的传统棉纺织技艺被列入第二批国家级非物质文化遗产代表性项目名录,项目编号为Ⅷ-100。

2009年6月,南通市和沛县申报的色织土布技艺(南通色织土布技艺、沛县色织土布技艺)被列入第二批江苏省非物质文化遗产代表性项目名录,项目编号为JSⅧ-35;2011年9月,启东县①申报的色织土布技艺(南通色织土布技艺)被列入省级扩展名录;2016年1月,张家港市、丰县申报的传统棉纺织技艺(雷沟大布制作技艺、丰县棉纺织技艺)被列入省级扩展名录。

19. 金银细工制作技艺

金银细工制作技艺是一门制作金银器物的传统工艺,所制的金银器物主要用于室内陈设欣赏,亦兼有实用功能。金银细工制作技艺源远流长,最早可上溯至商周时代,至今已有3000多年的历史。东汉时期已形成完整的金银制作手工艺,至明清时期,珐琅、景泰蓝工艺的运用促进了金银制作的发展,使得造出的金银器物更加晶莹剔透,流光溢彩。

(1) 南京金银细工制作技艺

南京宝庆银楼始建于清嘉庆年间(1796—1820),光绪十二年(1886)从宁波迁址至南京驴子市(今建康路),艺匠来自江浙沪一带,大多身怀绝技。清末经典摆件《八仙过海》《十八罗汉》《唐僧取经》等作品,形神兼备,捶、抬、敲、扳、镂、焊、锉、錾、雕、镶、压等工艺环节尽在其中,充分展现了宝庆银楼金银摆件工艺的成就和特征。民国时期,宝庆技艺居南京众银楼之首。中华人民共和国成立后,宝庆银楼迁址至太平南路,一批当年宝庆艺匠保留下来的传统工艺在人脉、艺脉、技脉和文脉上得到传承。

宝庆银楼手工金银摆件,所用主料为纯金、纯银、K金、K银、金焊料、银焊料,辅料为汽油、锡合金、松香、化合粉、胶、硼砂、明矾、皂角水等。雕刻工具有泥料、红土、石膏、木槌、铲刀、錾刀、刮刀等;制模工具有坩埚、吹灯、长柄钳子、镊子、黄纸板、铁丝等;拼装工具有剪刀、锉刀、方锉、锉板等;焊接工具有油灯、焊枪、风箱、皮老虎、油壶、沙盘、镊子等;雕錾工具有各种绘图笔、夹具、锤子、各种錾子等;表

---

① 现为江苏省启东市。下同。

面处理工具有砂纸、铜丝刷、布轮、刮刀、砑子等;印记工具有"二龙戏珠"商标印记、"宝庆"中文印记、成色印记、二号印记等。

宝庆银楼手工金银摆件继承了南派摧、抬、扳、焊、锉、錾、雕、镶、压等技艺,技法纯正,技艺高超。风格上糅合了北派技艺特色,将掐丝、累丝、填丝、盘丝等工艺运用于摆件制作中,是江南实镶錾花工艺传承完整、脉络有序的典型代表。宝庆银楼手工金银摆件制品题材广泛,有鼎盾瓶炉、人物神像、飞禽走兽、车船箱盒、实用器皿、花鸟鱼虫等;有寿星、财神、关公、仕女等;还有狮、豹、虎、马、象等。历代代表精品有《十八罗汉》《八仙过海》《唐僧取经》《金龙腾飞》《万象更新》《三马拉车》等。

(2) 江都金银细工制作技艺

江都金银细工制作技艺可追溯至两汉,兴盛于唐宋,辉煌于明清,发展于20世纪70年代。以黄金、白银、铂金和多种玉石、珍珠、珊瑚等为原材料,采用雕錾、镶嵌、掐丝、烧兰、镀金、砑光等多种独特技法,设计制作首饰、配饰、摆件和器皿。

江都金银细工制作技艺工艺精湛、工序复杂。金银熔炼均采用古熔炼技法,工匠们通过肉眼观看掌握火候,适时添加硼砂调节熔炼氧化的程度,以做到炼匀炼透,保证金银材料制成片材和拉成细丝后,不出现砂眼、跷皮、断裂和起泡等状况。制作流程为绘图、雕塑、翻模、拼装、焊接、灌胶、绘錾、表面处理、景泰蓝、镶嵌、装配等。使用工具分为雕塑工具、制模工具两大类。錾花技艺最为独特,即采用雕錾工具,结合高超的技艺,雕錾出精美的纹饰。此外还继承了唐代扬州制作铜镜所采用的独特的砑光工艺,令作品的表面光亮,无细痕。

2008年6月,江苏省南京市、江都市等联合申报的金银细工制作技艺被列入第二批国家级非物质文化遗产代表性项目名录,项目编号为Ⅷ-117。

2007年3月,南京市和江都市联合申报的传统金银饰品工艺被列入第一批江苏省非物质文化遗产代表性项目名录,项目编号为JSⅦ-17。

20. 民族乐器制作技艺

中国民族乐器历史悠久,造型简练优美,结构合理,做工精巧,音色纯净。古往今来,凡民间逢年过节、婚丧喜庆、迎神赛会,或宫廷、官府举行重大的政治、军事和宗教活动,都要演奏民族乐器。民族乐器制作技艺已成为我国一项重要的传统手工技艺,流传至今,影响深远,且品种繁多,技艺精湛,蜚声中外。

(1) 苏州民族乐器制作技艺

苏州民族乐器制作技艺可追溯到春秋时期,明清时期兴盛并流传至今。制作的民族乐器可分为四大类:拉弦乐器、弹拨乐器、吹管乐器和打击乐器。拉弦乐器如二胡、板胡、京胡等,弹拨乐器如琵琶、三弦、古琴等,吹管乐器如笛、箫、唢呐等,打击乐器如鼓、锣、钹等,品类齐全。这些乐器制作精良,全部为手工制作,制作工序繁多,一般都经开料、配料、木工、雕刻、漆工、镶嵌、校音等多道程序,其中,响铜乐器①还需经选料、熔炼、制片、成型、拷音、车刮和定音等多道程序的配合。传统鼓乐器的鼓身多用椿木、杨木或柳木,经车旋制作而成,鼓皮采用"水牛皮"制作,且必需是牛的脊背皮。

苏州制造的民族乐器以其优美的造型、精良的工艺、甜润的音色,长期受到全国专业乐团、音乐学院、广大音乐爱好者的青睐,特别是其代表作品二胡、阮、古筝、琵琶与恢复失传的箜篌、编钟等。此外,冠以"苏"字的"苏笛""苏箫""苏锣""苏鼓"等也闻名遐迩。近年来,苏州市政府加强了对传统工艺的保护与扶持力度,积极采取对策,帮助进行宣传与推介,推动了民族乐器制作技艺的传承与发展。

(2) 扬中箫笛制作技艺

扬中为江中小岛,盛产芦柳竹,可用于箫笛制作。扬中箫笛负有盛名。

扬中箫笛制作工艺繁复,用料讲究,使用的本地竹子必须存放 3—5 年,可根据不同的曲目特点选材制作。扬中箫笛制作严格遵循 7 道工序,成品不仅是精良的民族乐器也是工艺精巧的高雅艺术品,堪称一绝。长鸣乐器厂创办于 1989 年,技术成熟、工艺先进、资金稳定,生产制作的箫笛畅销全国各地,并远销海内外。陆春玲、赵松庭、冯子存等笛界宗师都长期使用该公司的箫笛进行演奏。

---

① 响铜乐器指的是铜、铅、锡按一定的比例混合成的铜制乐器,声音洪亮清脆。

(3) 赵氏二胡制作技艺

明万历年间(1573—1620),赵氏祖先在丹阳古城内开设"赵氏琴坊",主要制作古琴和胡琴(二胡),因战乱和时代变迁,古琴制作在清中期失传,此后赵氏则专攻二胡制作。历经13代家族式传承,其制作的二胡音色优美动人,雕刻技艺寓意丰富,尽显儒风雅韵。

赵氏二胡胡琴种类有民曲演奏二胡、二泉二胡、锡胡、越胡、高胡、中胡、京二胡等7个品系;在造型上有前八角后圆形、前六角后六角形、扁筒形、圆筒形等。其制作流程大致分为琴杆、琴筒、琴托、琴轸、琴轸与琴杆的安装、琴杆与琴筒的安装、蒙皮、音窗制作和整琴组合九大程序。各个程序紧密相连,缺一不可。

(4) 柳琴制作技艺

柳琴是长期流传在江苏、山东和安徽一带,用于伴奏柳琴戏的主要乐器。因柳琴使用柳木制作,外形也类似柳叶的形状,故名"柳叶琴",别名"柳月琴"。柳琴制作技艺真正在徐州扎根是在清末民初。据说,当时由滕县东郭镇苏楼村苏家戏班的苏友刚传入。

柳琴制作工艺从琴胚选取,到成型、油漆、装配,要经过十几道工序,目前除割锯原木成胚料外,其他工艺尚不能用机器取代,都需手工完成。20世纪50年代至今是柳琴发展的辉煌时期。1958年底,中国著名民族音乐家、柳琴演奏家王惠然和徐州乐器厂的师傅们一起对传统柳琴工艺进行研究和改良,柳琴也由原始二弦七品柳琴,发展到现在的三弦二十四品柳琴、四弦二十九品柳琴,其中四弦二十九品柳琴为现代使用最为广泛的柳琴。四弦高音柳琴的改良成功,结束了200多年来柳琴仅用于戏曲伴奏的历史,使其登上了独奏、协奏舞台。

2008年6月,江苏省苏州市申报的民族乐器制作技艺(苏州民族乐器制作技艺)被列入第二批国家级非物质文化遗产代表性项目名录,项目编号为Ⅷ-124。

2007年3月,苏州市申报的苏州民族乐器制作技艺被列入第一批江苏省非物质文化遗产代表性项目名录,项目编号为JSⅦ-18;2016年1月,扬中市、丹阳市、徐州市申报的民族乐器制作技艺(扬中箫笛制作技艺、赵氏二胡制作技艺、柳琴制作技艺)被列入省级扩展名录。

21. 装裱修复技艺

装裱是我国的一项传统技艺,据文献记载至少已有1700多年的历史。其中苏派(吴装)清新典雅,扬派(扬州派)华丽稳重,京派端庄堂皇,各有特色。

(1) 苏州书画装裱修复技艺

苏派装裱技艺又称"吴装",可追溯到宋元,兴盛于明嘉靖至万历年间(1522—1620),流传至今。南京博物院裱画室群体是苏派技法的杰出代表。

装裱可以分为原裱和重新装裱。原裱是把新画好的画按装裱的程序进行装裱。重新装裱则是对那些原裱不佳或是由于管理收藏保管不善,发生空壳脱落、受潮发霉、糟朽断裂、虫蛀鼠咬的传世书画及出土书画进行装裱。苏派装裱对于装裱糨糊的制作、防腐,装裱用纸的选择,以及古画的除污、修补、染黄等都有独到之处。在长期的发展过程中,苏裱形成了"选料精良、配色素雅、装砑熨帖、裱工精佳"的特点。

(2) 扬州装裱技艺

明末清初,扬州装裱逐步形成自己独特的风格,尤以"善仿古装池,擅长揭裱古画"闻名于世。扬派装裱选料考究、配色古朴、裱工精细、款式高雅、整洁秀丽,尤其善于裱旧、做旧。扬派裱画师能区分出自唐以来不同历史时期、不同画家、不同风格和流派,甚至特定时期和某个名家的习惯用纸、用墨以及旧有的装裱方式,通过特殊的做旧手法,仿造得与真品无二。

扬派装裱形成了较为完整的理论体系。万历年间(1573—1620),装裱工艺家周嘉胄所著的《装潢志》,是我国第一部全面、系统地总结书画装裱工艺的书籍,不仅在当时的装裱业产生重大影响,而且对以后的书画装裱仍有重要的借鉴价值和指导意义。

2011年5月,江苏省苏州市申报的装裱修复技艺(苏州书画装裱修复技艺)被列入国家级扩展名录[①],项目编号为Ⅷ-136。

---

① 2008年6月,北京市荣宝斋、故宫博物院、国家图书馆、中国书店申报的装裱修复技艺(古字画装裱修复技艺、古籍修复技艺)被列入第二批国家级非物质文化遗产代表性项目名录,项目编号为Ⅷ-136。

2009年6月,苏州市和扬州市申报的装裱技艺(苏州装裱技艺、扬州装裱技艺)被列入第二批江苏省非物质文化遗产代表性项目名录,项目编号为JSⅦ-41;2011年9月,南京博物院申报的装裱技艺(苏派装裱技艺)被列入省级扩展名录。

22. 传统木船制造技艺

木船是古代水乡人民生活、出行和劳作的重要工具,在长期的实践过程中,形成了独特的木船制造技艺。这一技艺内容复杂、工序繁多,造出的木船古朴大方、轻盈灵巧、坚固耐用。

(1) 兴化木船制造工艺

兴化木船制造工艺是兴化竹泓镇的地方传统手工技艺。竹泓曾名"竹横港",历史上曾是出海口,河湖港汊众多,无船难行。清末,竹泓木船制造已成气候,全镇以周、郑、陈、王、冯、崔、李等几大姓为主,生产农用、渔用、商用木船,并延至现今。

兴化木船主要选用老龄杉木,材质结实、有韧性,所造之船吃水浅、浮力大、能载重,轻巧灵敏而且坚固耐用。制作工艺共有选料、备料、断料、配料、破板、分板、拼板、投船、打麻、油船10道工序,均为手工操作。首先,圆木木料备好后,依船体结构、尺寸进行断料和配料,船体一般由船底、船帮和横梁组合成船头、中舱和船艄三段体,依船的大小断料。随后进行破板,先用墨斗和划齿按需要的厚度划线、弹线,后架码拉锯破板。破板后,再用粗刨、细刨将锯面刨光,并按需要的长、宽、厚、角度做成板材进行拼板。拼板时,需先用人工打好钉眼,再用掺钉拼接成船帮、船底和隔舱板,船体整合之后方可投船。投船一般是先将中舱底板与前后隔舱板连接,然后用麻绳、扒箍、拉夹、盘头、走趋、尖头刹等工具将船头和船艄拉紧,与前后挡浪板连接,间用"爬头钉""扁头钉"等咬紧木头,并用各种锔加固结合部位,然后打麻、填灰,该工序又分为碾灰、填灰、捻灰、打麻、封口等五步。最后用桐油对船体进行油漆,以上底油、罩面油、打晒油进行油船防腐,保证船体经久耐用。新船油漆待桐油完全干透后就可以下水,下水时船工颈头披红挂绿、插金花,挡浪板上还要刻福字、雕龙眼,点香纸蜡烛、焚香放鞭炮以敬菩萨。

目前,竹泓木船广泛应用于农业生产、渔业生产、交通运输、城市景区观光旅游等方面,远销全国10多个省市,并出口到日本、荷兰、德国等国家。全镇现有专业木船制作手艺人80余人,年产各类小木船近4000条。

(2) 洪泽湖木船制造技艺

洪泽湖木船制造技艺工序复杂,首先需选油性耐腐的柏木、沙木、松木等作船板材料,以及结实耐用的桑、槐、榆树等杂木作船梁材料,钉在船底,上前、中、后3道船梁,再经上站和大拉、上骨口和压板、上前后挡浪板、上杆堂和大川、上船铺头、铺尾板和锁附板、上附件、捻船、油船等工序制成。其中上附件有造巴(桨桩插座)、造头(桨桩)、船舵、帆座。捻船是用油泥堵塞船缝,以防渗水。油船是整体保护船体,避免受湖水侵蚀。

通常在船制成后,会有一个下水仪式,即挂红(在船头钉红布)并互致喜庆吉祥之语。洪泽湖木船制造过程中反映的禁忌、信仰等,是兼具南北特征的洪泽湖文化的重要组成部分。

(3) 连云港木质渔船制作技艺

连云港赣榆区一带有木质渔船制作技艺流传,以红松木、槐木、桐油、麻絮、石灰等为原料,有起图、出大样、选木料、铺石墩、铺大龙骨、上勒骨、上大拉、上板、上杆、穿口、隔板船舱、起楼子、上舱盖、捻缝等工序。其中,捻船技艺有"不外传""传男不传女"的习俗。画图一般由经验丰富的老船工设计,然后再按照一定的比例制作大样、样板,并据此选择制作场地及浮船场所。在每月上潮时用泥土把制作场地四边围好,运进材料,并用石块铺垫若干个硬墩,用于放置船体"主龙骨",再用薄木条制成船的各个部位的肋骨模型,按模型尺寸制作船体的肋骨和站柱。接着将红松木板浸泡2—3天,并用火烤出一定的弯曲度,用螺丝固定成型。每一条船在整体组装结构完成后,捻工要把船上的每条缝、每一个钉眼(包括内外)都捻上用桐油浸泡过的麻丝,再用桐油与石灰制成的油灰封牢,晾晒5—6天后,再用桐油涂刷2—3遍,最后在船面上竖起桅杆,用白布涂上桐油做桅篷,这样一条船就全部制作完成,待涨大潮时把泥围挖开,使船只出海。

连云港木质渔船制造技艺,对研究古代造船历史与技术的发展,以及地方政治、经济、文化与生活习俗的发展和变化,都有着重要意义。当前,这一古老的木质船的制作技艺仅在沿海部分村镇流传,现还有木质渔船制造(修理)厂 3 家。

(4)七桅古船制作技艺

太湖雄,雄在渔船。在众多太湖渔船中,最多的是三桅船,而最古老、最有历史价值的则是七桅船。七桅古船有"活化石"的美称,也是太湖的标志物。因船上竖桅杆七根,挂篷帆七扇,渔民俗称"七扇子"。在历史的长河中,该船充当过战船、渔船、游船等不同角色,在卫疆争霸、渔业生产、人民生活中立下了汗马功劳。

七桅古船的制作技艺一直从古延续至今,苏州光福镇太湖渔港村有为数不多的几个制作和修缮七桅古船的行家师傅,他们制造的七桅古船既有别于南方船的尖头翘艄,又不同于北方船的平头短身,而是船长舱浅,蕴含着江南水乡的玲珑秀气,生产操作方便,生活居住舒适。建国初期,木船手工制造业十分兴旺,除了分散在各村组修造船只,人民公社组织 60 多名技术顶尖的船匠建成集体船厂,通过他们传承了一大批徒弟,其中像徐建英、张全林、何正雄、陆达龙等,就是现在苏明船厂的技术人员。

(5)常熟古船制作技艺

常熟濒临长江和东海,南宋时常熟浒浦港置武尉水军,历经元明清,浒浦港成为出江入海的重要枢纽,推动了当地造船、修船业的兴旺发达,直至今日。

出生于航海世家的浒浦人韦文喜,12 岁跟韦寿山学习造船技艺,16 岁随船出海。在航海过程中,寓目船林,认真揣摩船只造型、结构等,久之烂熟于心,积累了丰厚的船只知识。韦文喜广泛参阅历代文献资料和古船残骸,获得精确的技术参数,运用锯、凿、刨等工具和传统工艺生产制作出各类古船作品。

韦文喜及其古船厂通过各种途径查找资料(包括历史文献、古船残骸等),进行系统、深入的研究,钩沉、索隐、复原古船原貌,让古船千年的迷踪,逐一显出本真,其制作技艺彰显杰出的历史文化价值。

2008 年 6 月,江苏省兴化市申报的传统木船制造技艺被列入第二批国家级非物质文化遗产代表性项目名录,项目编号为Ⅷ-137。

2007年3月,兴化市申报的兴化木船制造工艺被列入第一批江苏省非物质文化遗产代表性项目名录,项目编号为JSⅦ-23;2009年6月,洪泽县申报的传统木船制造技艺(洪泽湖木船制造技艺)被列入省级扩展名录;2011年9月,赣榆县申报的传统木船制作技艺(连云港木质渔船制作技艺)被列入省级扩展名录;2016年1月,苏州市吴中区、常熟市联合申报的传统木船制作技艺(七桅古船制作技艺、古船制作技艺)被列入省级扩展名录。

23. 酿造酒传统酿造技艺

酿造酒俗称"黄酒",系以稻米、黍米、玉米等为原料,淘洗、蒸熟、淋净后以白曲和酒母为糖化发酵剂,加入江曲、优质水,发酵后酿成熟醪(浊酒),再经压榨、泼清、沉滤等工序而最终制成。酿造酒色黄,清亮透明,香气浓郁,入味醇和。酿造酒营养成分丰富,具有通血脉、暖肠胃、润皮肤、散湿气、滋补强身等功效,尤为江南人民所喜爱。

(1) 金坛封缸酒酿造技艺

黄酒是中国最古老的酒种,金坛封缸酒是黄酒的高档品种。该酒酿造技艺复杂,技术要求高,酿制过程中需长期封缸陈酿,故得此名。酿成后酒色棕红,呈琥珀光泽,香气馥郁,滋味醇厚,鲜甜爽口,有"味轻花上露,色似洞中春"之美誉。

鱼米之乡金坛所产糯米粒大而均匀、味香性黏、洁白如玉,历代都是进献皇家的贡品,优良糯米和当地的茅山泉水为封缸酒的酿造创造了得天独厚的条件。清光绪年间(1875—1908),金坛城北白塔万德隆万家油坊兼营酿造封缸酒。民国年间,金坛城内开设的酱醋作坊和糟坊都兼营酿酒,其中尤以位于司马坊的信孚糟坊和开设在北门的怡盛糟坊最为有名。中华人民共和国成立后公私合营,金坛酿酒厂成立,开始酿制封缸酒。20世纪90年代后,金坛封缸酒产量和市场占有率急剧萎缩,其酿制技艺也渐趋冷落。加之缺乏合理的扶持,酿造骨干人才大量流失,传统酿制技艺濒临失传。2000年开始,金坛酿酒总厂改制为金坛酿酒有限公司,开始对封缸酒原有的技术进行改良,一系列的努力,终于使沉寂的封缸酒重现生机,不但销售量逐年提升,技艺也得到合理传承。

(2) 丹阳封缸酒酿造技艺

丹阳封缸酒酿造的具体工艺流程包括糯米过筛、泡米、搭米、冲洗、蒸饭、淋饭、入缸、加药拌饭、搭窝、来酿、加米白酒、开耙、养醅、榨酒、淀清、封陈等。以当地所产的粒大、均匀、洁白、性黏、味香的优质糯米为原料,再取水质清甜、含多种无机盐类矿物质的玉乳泉水,配以特制酒药,用麦曲作糖化发酵剂,经低温糖化发酵。酿造中,当糖分达到高峰时,兑加50度以上的小曲米酒,然后立即严密封闭缸口。养醅一定时间后,抽出60%的精液,再进行压榨,二者按比例勾配定量灌坛,再严密封口贮存2—3年即成。

丹阳封缸酒酒色棕红、明亮,香气浓郁,口味香鲜,酒精浓度40度,含糖分28%以上,总酸0.3%,为黄酒中的上品。目前,江苏省丹阳酒厂保留了传统酿造技艺,其产品荣获国家质量奖、瑞士国际评酒会银奖等诸多荣誉,被评为"中国历史文化名酒""长三角名优食品"等。

(3) 玉祁双套酒酿造技艺

无锡的玉祁双套酒酿造技艺由清嘉庆年间(1796—1820)新桥人刘浯丰首创。他创制了复式酿酒法,用陈年黄酒代替醅水,不加生水,以酒酿酒,故称"双套"。相传"双套酒"原是曹操府中的宴会用酒,与"杜康酒"齐名。曹操写了"何以解忧,唯有杜康"以后,"双套酒"的酿造者自惭形秽,逃出相府,隐居民间。

这种老法手工技艺酿造十分讲究,选用太湖地区优质糯米为原料,从浸米、蒸饭、开耙,到露天堆醅发酵、落缸、榨酒、煎酒,每道工序都精益求精。麦曲头道工艺不粉碎,米饭要酥而不烂,米浆水要采用上等精白糯米浸泡20余天再煮沸撇沫提炼,制成培养基,再接入采集并经试验的野生酵母,从小陶土缸盆到中盆再到大盆,分级培养成"大酵头",投入大缸发酵。露天存放发酵60天,再经压榨煎酒后入库储存3年以上。发酵工序中必要的器皿是七石缸,在玉祁收藏着3口大龙凤缸,缸身上刻着龙凤图案,由于经常使用,缸身釉面还很光亮,据说是从清代流传至今的。

(4) 铜罗黄酒酿造技艺

苏州吴江区桃源镇素有"天下黄酒第一镇"之美誉,其地所产铜罗黄酒,是苏派黄酒技艺的代表,成品"酒色橙黄、清澈透明、醇香浓郁、味正纯和"。

铜罗黄酒主要原料有糯米和水,辅助原料有制曲用的小麦、麸皮等。传统酿造器具有淘米箩、木弯子、木担桶、木勺子、木饭桶、大陶缸、陶酒坛、草缸衣、草缸盖、煎酒锡壶、滤酒袋、竹缸盖、压石、蒸饭锅、发酵池、酒坛、老虎灶、压榨床等。铜罗黄酒主要采用糖化发酵剂、麦曲等进行双边发酵,并适应在冬季低温条件下发酵,使杂菌难以生长繁殖,以保证黄酒的色、香、味、体等。由于采用双边发酵,糖分不会过高积累,因而有利于发酵生成酒精,酒精总含量在16%—22%。

(5) 后塍黄酒酿造技艺

张家港的后塍黄酒(沙洲优黄)酿造技艺是半甜型黄酒酿造技艺的代表,可追溯到明清时期。

后塍黄酒选用优质粳米或糯米,经过筛、浸渍、摊冷、落缸、发酵、压榨、澄清、煎酒到调酒师调成优质黄酒后投入市场,整个过程烦琐且要求严格。后塍黄酒酿造遵循季节性,如农历七月制酒药,九月制麦曲,小雪时节淋饭(制酵母),大雪时节摊饭(投料发酵),前后发酵100天,都需要根据季节和气温的变化来安排不同的工序。至翌年立春时节榨酒,再将酒煮到100℃沸点,然后灌入陶质酒坛,坛口用清香的荷叶裹紧,再用和了猪血或糯米的黏黄土封坛口,送入酒窖储藏。

酿制成功的后塍黄酒酒色橙红、清亮透明、醇厚爽口、芳香浓郁、甜而不腻、口感舒适,是一种兼饮料、食疗及佐料等多种功能为一体的特色酒种。张家港酿酒有限公司作为后塍黄酒酿造技艺项目的保护单位,成立了黄酒研究所,并且建立了后塍黄酒博物馆,进一步弘扬、保护、传承后塍黄酒的传统工艺。

(6) 海门颐生酒酿造技艺

海门颐生酒酿造技艺始于清光绪二十年(1894),由清末著名实业家张謇先生创制,酒厂位于海门常乐镇。

海门颐生酒酿造技艺吸取苏酒、川酒工艺之精华,以高粱、大米、小麦、糯米、玉米为原料,辅以中高温大曲,采用多种酿酒工艺,经长期发酵,自然老熟3年而成。采用分渣摘酒法,即按醇酒、窖底香、芳香3种典型体分别贮存,以提升产品质量。同时,运用颐生中药配方,萃取藏红花、茵陈、薄荷、佛手、玉竹、通心草等诸药之精华,进行酿造和调配,酒体醇厚细腻,回味悠长。

(7) 王四桂花酒酿造技艺

王四桂花酒酿造技艺,由常熟王四酒家创始人王祖康于清光绪年间(1875—1908)创制。

王四桂花酒酿造工艺独特、制法科学、用料精细。以常熟当地上等新糯米和优质泉水为原料,辅以鲜桂花提炼成的香料。鲜桂花是来自虞山北麓山民种的"青花",该花香气浓郁雅致,提炼成桂花原露后芬芳扑鼻,为上等的酒香料。所用之水取自虞山杨树涧、舜过泉的优质山泉水。从浸米、蒸饭、拌药、兑水、压榨、蒸鬈、煎酒、灌鬈到封泥自成一体,所酿之酒,一般要保存3年以上才上堂供饮。

王四桂花酒作为常熟古城最具有特色的土特产品,不仅具备了质量优、酒度低、色泽美而透明、酒味香而甜醇、一年四季可饮、男女老少皆宜的特点,还因其文化价值和经济价值成为常熟的城市名片。

(8) 樱桃酒酿造技艺

樱桃酒酿造技艺历史悠久。野樱桃在先秦时期的云台山较为常见,"泽如楔荆,实如楔荆"。连云港市云台山地区是最早酿造樱桃酒的地区。而樱桃酒的最早酿造方法是将我国原生的樱桃与稻米、蜂蜜、其他水果酿制在一起,并添加树脂和香草,具有养生健体的功效。

樱桃酒酿造技艺的代表性传承人为连云港邱家后人。清光绪十三年(1887),26岁的邱如年艺成出师,开始酿造樱桃酒,经过邱家五代传承,邱家樱桃酒酿造规模越来越大,已有"红香溢"这一品牌。

(9) 糯米陈酒酿制技艺

清道光十年(1830),无锡高东渡商人蒋文枢来海安开创蒋鼎兴酱园,经多年摸索、创新,研制出绵甜爽口的糯米陈酒。糯米陈酒是以海安本地优质糯米为原料,通过泡米、蒸煮、发酵等传统工艺流程配以特制秘方精心酿制、长期陈化而成的海安本地特色酒。中华人民共和国成立后,海安酒厂酿酒师傅继承传统工艺,泡米看天时,蒸煮控气温,发酵选优曲,陈酿用陶缸,长期陈化酿成三塘牌糯米陈酒,酒质清澈明亮、绵甜爽口、酒味醇和、营养丰富,深受百姓喜爱。

(10) 黑杜酒酿造技艺

江阴黑杜酒是以优质糯米为原料,加入麦曲、酒母,采用传统生产工艺,经发酵糖化生产出的一种酿制米酒,为江阴土特产"三绝"之首。黑杜酒相传由酒圣杜康始酿。在江阴有这样两个传说:第一个传说是"八仙有心戏酒圣,杜康无意酿黑酒";第二个传说是"杜康制酒醉刘伶"。江阴城内有杜康桥、杜康园、杜康墓,又有刘伶巷、刘伶宅等遗迹。

现在生产黑杜酒的工艺在传统酿制工艺基础上进行了适当的改进,将香菇、红枣、枸杞采用现代方法提取汁液,让这三种食品中的多糖肽溶入酒中,使黑杜酒在不失传统风味的基础上更具强身、健身、养生的作用。

2008年6月,江苏省丹阳市、金坛市联合申报的酿造酒传统酿造技艺(封缸酒酿造技艺)被列入第二批国家级非物质文化遗产代表性项目名录,项目编号为Ⅷ-145。

2007年3月,丹阳市、金坛市联合申报的封缸酒酿造技艺被列入第一批江苏省非物质文化遗产代表性项目名录,项目编号为JSⅦ-28;2009年6月,无锡市申报的酿造酒传统酿造技艺(玉祁双套酒酿造技艺)被列入省级扩展名录;2011年9月,苏州市吴江区、张家港市、海门市、常熟市申报的酿造酒传统酿造技艺(铜罗黄酒酿造技艺、后塍黄酒酿造技艺、海门颐生酒酿造技艺、王四桂花酒酿造技艺)被列入省级扩展名录;2016年1月,连云港市、海安县、江阴市申报的酿造酒酿造技艺(樱桃酒酿造技艺、糯米陈酒酿制技艺、黑杜酒酿造技艺)被列入省级扩展名录。

24. 绿茶制作技艺

我国茶叶制作技艺有着悠久的历史。3000多年前,西周祭祀的仪礼上已出现了用来佐饮的茶。绿茶是以高温杀青而未经氧化、发酵的茶种,又称"不发酵茶"。

其制作流程主要包括采摘鲜叶、杀青、揉捻、干燥等步骤。

(1) 苏州洞庭碧螺春制作技艺

碧螺春的历史至迟可追溯到清代,也称"碧萝春",俗名"佛动心",因茶叶色泽嫩绿,似碧玉,芽叶卷曲,状如螺而得名。

碧螺春产于太湖洞庭东、西两山,集形美、色艳、香浓和味醇于一身,被誉为"四绝"盖世的"天下第一茶"。碧螺春茶在采摘时间、天气、地点上均要求严格,需每年春分前后至谷雨前后采摘,一般是在凌晨五点到早上九点采摘,下午三点之前需拣剔完毕,并于当天晚上炒制完成。炒制包括杀青、揉捻、搓团显毫、烘干4道工序,在一锅内完成,全程约40分钟。春分至清明前采制的碧螺春,称为"明前茶",质量最为名贵,为茶中极品;一芽一叶初展,芽长不到2厘米,叶形卷如雀舌者,称之"雀舌";而清明后谷雨前采制的称为"雨前茶",茶滋味鲜浓且耐泡,为茶中上品。

苏州洞庭碧螺春制作技艺通常以茶农家庭传承为主,部分以师授徒的形式传承。目前,苏州洞庭碧螺春茶保持着较好的经济效益与社会效益。

(2) 连云港云雾茶制作技艺

连云港云雾茶制作技艺起源于连云港北宿城乡大竹园村,主要流布于宿城乡各村及南云台山和中云台山等地。山上土壤酸性,常年在云雾笼罩之下润泽温和,非常适宜茶叶生长。

云雾茶制作技艺精湛。焙炒时要节制锅温,抓、焙、搓、翻,全凭手上功夫。制成的茶叶大小匀整、锋毫无损、色泽绿润。云雾茶的品尝方法也有讲究。沏茶时,先倒半杯开水,水温在80—90℃,放置茶叶,茶叶霎时舒展,翠似新叶。须臾,加二遍水。品茶,滋味醇厚,沁人心脾。每次续水,以杯中尚有四分之一剩水时为佳。虽多次冲泡,仍醇香绵绵。

(3) 南京雨花茶制作技艺

南京雨花茶制作技艺主要分布于南京江宁区和玄武区紫金山一带。南京雨花茶是中国十大名茶之一,历史可追溯到唐代,开创了中国炒青型针形类绿茶制作技艺之先河。

雨花茶制作技艺流程复杂,采制过程全部手工完成,包括采摘、萎凋、杀青、揉捻、整形干燥、精制(筛分)、烘焙等7道工序。其中,整形干燥是形成其独特外形最为关键的工序,制成的茶形似松针、条索紧细圆直、锋苗挺秀、色泽润绿、白毫隐露,经沸水冲泡后,芽叶直立、上下沉浮、香气浓郁、汤色清亮、滋味鲜醇。

2011年5月,江苏省苏州市吴中区申报的绿茶制作技艺(碧螺春制作技艺)被列入国家级扩展名录①,项目编号为Ⅷ-148。

2009年6月,苏州市吴中区、连云港连云区、南京市江宁区申报的绿茶制作技艺(苏州洞庭碧螺春制作技艺、连云港云雾茶制作技艺、南京雨花茶制作技艺)被列入第二批江苏省非物质文化遗产代表性项目名录,项目编号为JSⅦ-48;2016年1月,南京市玄武区申报的绿茶制作技艺(雨花茶制作技艺)被列入省级扩展名录。

25. 晒盐技艺

海盐晒制技艺以海水为基本原料,利用海边滩涂及其咸泥(或人工制作掺杂的灰土),结合日光和风力蒸发,通过淋、泼等手工劳作制成盐卤,再通过火煎或日晒、风吹等方法,使盐卤自然结晶成原盐。整个晒制过程有十几道工序,纯以手工操作,其中包含了丰富的生产技术经验。

(1) 淮盐制作技艺

淮盐因淮河横贯江苏盐场而得名,江苏海岸带有全国最广阔的沿海滩涂、四季分明的气候条件,适宜于海盐生产,淮盐产区是中国四大海盐产区之一。早在春秋时期吴王阖闾时代,江苏沿海就开始煮海为盐。唐代开始设立专场产盐。宋代,煮海为盐的工艺已很成熟,分为碎场、晒灰、淋卤、试莲、煎盐、采花等6道工序。元代江苏盐业已发展到30个盐场,煮海规模居全国首位。明代,江苏盐业由煎盐发展到晒盐。在整个封建时代,淮盐课税是朝廷的重要财政来源。

---

① 2008年6月,浙江省杭州市、金华市,安徽省黄山市徽州区、黄山区、六安市裕安区申报的绿茶制作技艺(西湖龙井、婺州举岩、黄山毛峰、太平猴魁、六安瓜片)被列入第二批国家级非物质文化遗产代表性项目名录,项目编号为Ⅷ-148。

晒盐工艺以海水作为基本原料,并利用海边滩涂及其咸泥(或人工制作掺杂的灰土),结合日光和风力蒸发,通过淋、泼等手工制成盐卤,再通过火煎或日晒、风能等自然结晶成原盐。整个工序有10余道,均为纯手工操作,数百年来,随着滩地形式不断发生变化,淮盐晒制技艺也发展有怀中抱子式盐田、盘香转式盐田、珍珠卷帘式盐田、双电灯式盐田、八卦式盐田、沙帽翅式盐田、大浦新式盐田等多种,但晒制技艺主要集中在修滩、制卤、结晶、收盐四大工序,特别是制卤技艺中的走水、看卤花等环节,全凭领滩手的经验,是现代科技无法替代的。

(2) 盐城海盐晒制技艺

盐城产盐始于战国或者更早时期,至今已有2000多年的历史。盐城最初是煮海为盐。明末,淮北盐区开始出现滩晒法。至此,两淮盐区的制作技艺出现分化,淮南之盐"煎",淮北之盐"晒"。中华人民共和国成立后,盐城全区才全部使用滩晒技艺。

滩晒成盐是指直接纳取海水,通过沟道、井格和池格的有机组合和各级池格间闸门及时启闭的方法,使海水逐步蒸发,由淡到浓并最终结晶成盐。而现代晒盐则是引进和使用现代化先进的机械和设备,利用海水,经吸扬到专用盐田内,进行蒸发浓缩,达到氯化钠饱和析出时,再集中到结晶池内进行结晶,一般生产周期为一年。

2014年11月,江苏省连云港市申报的晒盐技艺(淮盐制作技艺)被列入国家级扩展名录[1],项目编号为Ⅷ-153。

2009年6月,盐城市和连云港市申报的晒盐技艺(盐城海盐晒制技艺、连云港淮盐晒制技艺)被列入第二批江苏省非物质文化遗产代表性项目名录,项目编号为JSⅧ-46。

26. 扬州富春茶点制作技艺

富春茶社是扬州百年老店,始创于清光绪十一年(1885),经过数代人的不懈

---

[1] 2008年6月,浙江省象山县、海南省儋州市、西藏自治区芒康县申报的晒盐技艺(海盐晒制技艺、井盐晒制技艺)被列入第二批国家级非物质文化遗产代表性项目名录,项目编号为Ⅷ-153。

努力和经营,逐步形成了花、茶、点、菜结合,色、香、味、形俱佳,闲、静、雅、适取胜的特色,被公认为淮扬菜点的正宗代表。

富春茶点制作技艺,分为富春魁龙珠茶制作技艺和富春点心制作技艺。魁龙珠茶制作技艺是一种具有独创性、"三茶合一"的传统技艺。该茶取安徽魁针之色、富春花园培育的珠兰之香和浙江龙井之味,按特定比例窨制而成,色泽清澈、清香四溢、味醇绵和、经久耐泡、解渴去腻,堪称"茶中珍品"。富春点心制作技艺是以发酵法为主,兼用水调、油酥、米粉以及其他面团,结合各种馅心,经"搓、包、提、捏、卷"等手法成形,制作各式点心的技艺。富春点心工艺精湛、造型雅致、味不雷同,馅心品种随季节变更,清鲜与甘甜相配,荤腥与蔬素组合,蓬松与柔韧相辅,酥脆与绵软兼具,营养全面,口感美好,富有回味。常年供应的点心品种有青菜包、鲜肉包、洗沙包、干菜包、三丁包、千层油糕、翡翠烧卖、糯米烧卖、笋肉蒸饺等。筵席点心有双麻酥饼、萱花酥、动物船点、瓜果粉点、各式糕团等。

目前富春茶点制作技艺项目存续状况良好,兼具经济效益和社会效益,传承、传播和发扬均稳定而有序。

2008年6月,江苏省扬州市申报的茶点制作技艺(富春茶点制作技艺)被列入第二批国家级非物质文化遗产代表性项目名录,项目编号为Ⅷ-161。

2007年3月,扬州市申报的富春茶点制作技艺被列入第一批江苏省非物质文化遗产代表性项目名录,项目编号为JSⅦ-26。

27. 姜思序堂国画颜料制作技艺

姜思序堂国画颜料制作技艺于清乾隆年间(1736—1795)由苏州颜料店铺姜思序堂创制,具有色彩鲜明、纯泽光润、细芳轻尘、入水即化、与墨相融、着纸能和、装裱不脱、经久不褪的特点,是中国传统国画颜料中的杰出代表。

姜思序堂国画颜料制作原料包括矿物性原料、植物性原料、动物性原料及含金银在内的贵金属矿物几大类。制作技艺精良,其中膏状颜料需通过选料、粉碎、研磨、下膏、革脚、煎色、晾干、成型、干燥、称量、包装和盖章等工序,粉状颜料需通过进料、粉碎、研磨、下胶、沉淀漂洗、干燥、称量、包装和盖章等工序,传统书画印泥需经炼油、漂油、选料、配料、搅拌、研磨、捶打、称量和光平等工序。制成的国画颜料品种繁多,膏状类颜料有特级花青膏、轻胶花青膏、轻膏、赭石膏、牡丹红膏和胭脂膏,粉状类颜料有特级头青、二青、三青、四青、头绿、二绿、三绿和四绿、漂净铅粉、漂兆蛤粉、特级朱砂粉和顶上朱砂粉等,书画印泥有珍珠印泥、八宝印泥、朱膘印泥、丹朱印泥、芷兰印泥、象牙黑印泥和古色印泥等。

中华人民共和国成立后,姜思序堂先为合作社,后为姜思序堂国画颜料厂,研制出不少新品种。在世纪之交,姜思序堂经营陷入困境。直到2012年3月18日,有300多年历史的中华老字号苏州姜思序堂,在改制后再次复出。

2011年5月,江苏省苏州市申报的国画颜料制作技艺(姜思序堂国画颜料制作技艺)被列入第三批国家级非物质文化遗产代表性项目名录,项目编号为Ⅷ-198。

2009年6月,苏州市申报的姜思序堂国画颜料制作技艺被列入第二批江苏省非物质文化遗产代表性项目名录,项目编号为JSⅧ-40。

28. 毛笔制作技艺

毛笔制作技艺是我国优秀的传统手工技艺,制笔用的兽毛常用的有山羊毛、黄鼠狼尾、山兔毛、淮兔毛等。制笔时,选毫要求很严,素有"千万毛中选一毫"之说。

(1) 扬州毛笔制作技艺

扬州毛笔制作技艺历史悠久,以其麻胎作衬而独树一帜。

扬州毛笔全凭手感、舌感和目测制作,以狼毫、兔尖(兔背之毫)为主料,地产孔麻为辅料。使用的笔杆材质有竹、楠木、海梅、牛角、玉、象牙、瓷、雕漆、景泰蓝等,辅助用料有松香、米土、明矾、硫黄、蚕丝线、带顶石、洋铅漆、修笔胶等。制作大体分为水盆、装套、旱作三个环节,包括选料、嘶毛、梳毛、腌毛、上毛、齐毫、压毫、拈毫、整毫、制麻衬、贴衬、拈衬、圆笔、盖毛、扎笔、选笔杆、平头、铰孔、置头、修笔、刻字等120多道工序。成品笔具有"尖、齐、圆、健"四大特点。其品种繁多,包括国画笔、书法笔及高中低档等五大类1600多个品种。

扬州毛笔中的麻胎制作是区别于其他流派毛笔的最显著特征,也是最繁难之处,需经过选、绕、煮、洗、断、刷、切、梳、分、夹、煎、对、圆、扎、下线、涂底等10余道工序,方能达到熟、匀、通、透的效果。贴衬和拈衬时又需根据笔的种类、规格、档次不同而灵活掌握,特殊技艺乃工匠长期积累的经验。制作麻胎水笔强调"大煎大圆""麻轻功重",若"捏手"功夫深浅不同,效果则天壤之别。

江都国画厂作为唯一保存着扬州毛笔完整制作技艺的单位,近年来多次为党和国家领导人精制专用笔,"龙川"牌毛笔多次荣获国家金奖和国际金奖,成为亚洲重要的生产基地。

(2) 徐氏毛笔制作技艺

南京浦口区徐氏毛笔制作技艺一直沿用祖上赣笔的传统制作方法,充分吸取了湖笔的"坡叠法",从选毫到刻字六大程序历经洗、浸、拨、梳、连等80余道工序,每一个流程都有工艺标准,尤以水盆工艺为最,其中书画笔的制作技法上分"健腰法""顶齐法"和"尾锋法",在制笔业中独树一帜。

徐氏毛笔以狼毫水笔为主打产品,以前店后厂形式经营,生产工序采用赣浙两地兼容的形式。徐氏毛笔还推出量身定制服务。制笔前根据购买者的写字作画习惯制作出适合的毛笔,使毛笔性能与书画风格紧密衔接而形成自己的特色。

2011年5月,江苏省江都市申报的毛笔制作技艺(扬州毛笔制作技艺)被列入第三批国家级非物质文化遗产代表性项目名录,项目编号为Ⅷ-200。

2009年6月,江都市申报的扬州毛笔制作技艺被列入第二批江苏省非物质文化遗产代表性项目名录,项目编号为JSⅦ-39;2016年1月,南京市浦口区申报的毛笔制作技艺(徐氏毛笔制作技艺)被列入省级扩展名录。

29. 苏州碑刻技艺

苏州历史上人文荟萃,碑刻历史悠久。尤其宋代开始,经济繁荣,文化发达,苏州碑刻由实用性向艺术性方向转化,今见于著录的苏州宋代碑刻有570余件,其中《平江图》《天文图》《地理图》《帝王绍运图》均是宋代碑刻的杰出代表。明清时期,苏州碑刻达到鼎盛,门类齐全,题材广泛,形成了苏州独有的行业碑刻文化,有工商经济碑刻、名贤士像碑刻、书法碑刻、农业碑刻、梨园碑刻、医药碑刻、官署公文碑刻等,其中书法碑刻制作是苏州碑刻制作技艺最突出的代表,在中国碑帖刻石史上占有重要地位。

苏州碑刻技艺的首要特点是书法精湛,一般出于名家手笔,形制多样,内容涵盖中国历代名家书法,正草隶篆书体齐全。碑刻工艺包括 7 道工序,即确定书迹、选配石材、油纸双钩、书丹上石、刻石、拓碑、细心收拾。其中碑拓技艺主要有擦墨拓、扑墨拓两大类,并恢复了几近失传的"蝉翼拓"法。

为保护传承苏州碑刻技艺,2009 年在苏州西郊的天平山脚下,苏州碑刻博物馆设立了碑刻技艺保护传承基地,配有一支纯手工作业的刻碑队伍。

2007 年 3 月,苏州市申报的苏州碑刻技艺被列入第一批江苏省非物质文化遗产代表性项目名录,项目编号为 JSⅦ-19。

30. 绒花制作技艺

绒花是中国的传统手工艺品,用天然蚕丝制作,以头花、胸花、帽花、摆件的样式出现,被用于礼仪事项、民俗节事以及日常生活中,距今已有 1000 多年的历史。

(1) 南京绒花制作技艺

南京绒花的历史十分悠久。绒花谐音"荣华",相传早在唐代武则天时便被列为皇室贡品。明清时代更具规格,清康熙至乾隆年间(1662—1795)南京的三山街至长乐路一带,曾是热闹非凡的花市大街,经营绒花的店铺盛极一时。20 世纪 30—40 年代,南京绒花的制作以家庭作坊为主,分布于城南门东、门西地区,以马巷、铜作坊、上浮桥等地段为多,柯恒泰、张义泰、马荣兴三家是其中翘楚。

绒花产品主要有胸花类、头饰类(包括发髻、饰品、戏剧头饰等)、动物类(如熊猫、丹顶鹤、猴子、小鸡等)、发冠类、装饰类等。绒花制作工艺复杂,耗时长,需经染色、软化黄铜丝、勾条、打尖、传花等近 10 道工序。制作一朵直径约 10 厘米的绒花,至少得花两三天,还不包括选购蚕丝等前期准备工作。红、粉、黄、绿等色的蚕丝绒,在绒花艺人的钳子下被穿上钢丝,弯成花朵、柿子、元宝、如意、凤冠、龙船、丹顶鹤、万年青等各种形状的绒花制品,色彩明快,栩栩如生。

20世纪90年代,南京市绒花厂倒闭。目前仅有位于南京民俗博物馆的赵树宪绒花工作室具有全套绒花工艺操作和设计能力。

(2) 扬州绒花制作技艺

扬州绒花渊源可追溯到唐代,明清兴盛,民国时期进一步创新。扬州绒花多以优质蚕丝为原料,经染色加工,使用简易工具,运用捻丝、脱脂、染色、钩条、传粘等工艺,铺于细细铜丝之间,搓成粗细不等的绒条,然后对各色绒条进行连接、造型、围卷、装配、修剪等一系列繁杂的加工。其工艺发展共经历三个阶段,即"绕绒花""刮绒花"和"滚绒花",且技艺越来越精湛。造型艺术是扬州绒花的核心技艺,艺人以概括和夸张的手法,集中而简练地刻画各种花卉、禽鸟的主要特征,赋形传神,可谓以简胜繁、以少胜多、以小胜大。所制绒花艳而不俗,美而不骄,当前成为充满时代气息的高档艺术品,观赏性强。

2007年3月,南京市、扬州市联合申报的绒花制作技艺被列入第一批江苏省非物质文化遗产代表性项目名录,项目编号为JSⅦ-20。

31. 漳缎织造技艺

漳缎被誉为"丝绸上的浮雕",是古代绒类织物的代表,源于福建漳州的漳绒。明末清初,漳绒的织造技艺传入江浙地区的官办织造局,工匠将漳绒的织造方法和苏缎技术相结合,又融入了云锦的大提花图案风格,应用束综提花织机的提花技术,创新出一种以缎纹为地,绒经起花的全真丝色织提花绒织物——漳缎。它质地挺括,绒花饱满缜密,立体感极强,做成服饰华贵而不张扬。

(1) 天鹅绒织造技艺

天鹅绒也即"漳绒",明代由福建漳州传至江苏并形成独特工艺,明清两代最为鼎盛,主要流布于南京、丹阳、苏州等地区。清末,江苏天鹅绒生产走向衰落。中华人民共和国成立前,天鹅绒雕花的名手仅剩20多人。1957年丹阳布厂开始织造漳绒,从此,漳绒在丹阳得到蓬勃发展。

天鹅绒分为花天鹅绒和素天鹅绒两个品种,花天鹅绒是指将部分绒圈按花纹割断成绒毛,使之与未断的线圈联同构成纹样;而素天鹅绒表面全为绒圈。一般天鹅绒用蚕丝作原料或作经线,以棉纱作纬线,再以桑蚕丝(或人造丝)起绒圈。每织四根绒线便织入一根起绒杆(即细铁丝),再用割刀沿铁丝剖割,即成毛绒。织造时,最初均采用木机,将地经和绒经分张于织机上,一人在花架上提花,另一人在机坑内脚踩综框,一手掷梭,一手握住筘帽,叩击纬线,两人配合织造;最后在织成的十几厘米的坯布上,用特制的割绒刀,将蒙于起绒杆上的绒圈割断,使绒毛挺立。现今的织造工具改用花机笼头代替人工提花,用刀片笼头代替脚踩综框,用丝织机代替投梭和打纬,但仍保留了传统织造工艺。制成的天鹅绒因采用蚕丝为原料,缎面光泽、艳丽、柔和、绒毛挺立、丰满且富有弹性,久压不倒,且层次分明,立体感强。

(2) 苏州漳缎织造技艺

漳缎从福建传入苏州后最初由苏州织造署织造,清道光年间(1821—1850)是漳缎生产的全盛时期。

漳缎面料缎地紧密肥亮,绒花饱满缜密,质地挺括厚实,花纹立体感强。漳缎纹样是根据织物起绒花的特点来确定的,图案简洁大方,花纹轮廓清晰,线条流畅,以大小块面和较粗犷的线条相结合,满地排列。纹样的题材大多为团花、团龙、团凤、几何、龟背、八仙、八宝、八吉及清地散花等。

1959年,北京迎宾馆及民族宫两大建筑的装饰用绸及沙发桌椅、会椅等套垫,都采用苏州漳缎。2008年6月,苏州丝绸博物馆成为苏州漳缎织造技艺的保护传承单位。

2007年3月,南京市、丹阳市联合申报的天鹅绒织造技艺被列入第一批江苏省非物质文化遗产代表性项目名录,项目编号为JSⅧ-21;2011年9月,苏州市申报的苏州漳缎织造技艺被列入省级扩展名录。

32. 常熟花边制作技艺

花边原是欧洲的一种手工艺,19世纪传入中国沿海地区。1917年,常熟浒浦农妇季根仙向上海天主教堂的修女学习花边技艺,并传授给家乡妇女进行生产,遂形成独具特色的常熟花边。

常熟花边可分为四类:雕绣类、影绣类、贴布类、手编品与绣花混合类。雕绣类是先在底料上绣出各式各样的图案,然后将底料需镂空的部位剪去,虚实对比,使图案具有立体感。影绣类是在半透明的薄型底料上绣制各种图案,结合包针、掺针、切针或贴花等各种工艺,形成的花纹细腻雅致,隐约含蓄。贴布类是先用色布或薄纱按图案剪成各种形状贴在底料上,然后用相应针法绣制。手编品与绣花混合类中手编制品有万缕丝、勾针和菲力等,万缕丝俗称"纸头上花边",绣工精美细巧,大多用于绣花产品上的点缀或圈子形镶边大套。

常熟花边为"手捏雕绣",以"雕"见长,通过"雕扣"产生艺术效果,用"抽丝"针法丰富镂空层次,通过"包针""游茎""打子"等针法描绘花卉纹样,具有浮雕效果。构图一般采用左右对称或四面对称形式。目前,常熟花边制作针法已有60多种,花边图案8000多个,构图造型追求"淡雅高洁"的风格。其中,以实用为主的花边产品桌布、窗帘、沙发巾、服饰和床上用品等,均体现了实用与艺术的完美结合。

现在,政府及相关部门正逐渐采取相应措施保护和传承制作技艺,使常熟花边制作技艺能够健康传承下去。

2007年3月,常熟市申报的常熟花边制作技艺被列入第一批江苏省非物质文化遗产代表性项目名录,项目编号为JSⅧ-22。

33. 扬州通草花制作技艺

通草花是以中药材通草为原料制作而成的装饰品,扬州通草花制作技艺可追溯到清初,20世纪80年代通过开办扬州制花厂达到全盛。

通草花制作技艺大致有切片、裱草、剪花、捏花瓣、粘瓣、塑型、着色等工序。首先,将通草的内茎取出,截成段并理直晒干,再切成犹如纸片状的大片并裱平。再根据大小需要用剪刀将通草片剪成花瓣的形状,每片花瓣用球棒以不同的用力轻重压出各种瓣型,所有花卉的叶片也均由通草剪切捏压而成。然后将大小花瓣叶子粘贴在由纸浆包裹塑造的植物枝干上,以写实雕塑方法模仿出真花的形态并染色,染色后的通草花几可乱真。通草花的品种有牡丹、杜鹃、春桃、菊花、蜡梅、月季等几十种。

由于制作难度大、价格高等,加之受现代鲜花、假花产业的冲击,通草花面临失去市场的危机。

2007年3月,扬州市申报的扬州通草花制作技艺被列入第一批江苏省非物质文化遗产代表性项目名录,项目编号为JSⅦ-24。

34. 蒸馏酒酿造技艺

蒸馏酒古称"烧酒""醇酒",由低酒精度的米酒演变而来,约成形于宋代,至今已有800多年的历史。蒸馏酒酿造是先将谷物、薯类等富含淀粉或糖质的原料制成酒醅(没有过滤的酒)或发酵制成酒醪(浊酒),而后再蒸馏成酒。蒸馏酒也即"白酒",气味芳香纯正,入口绵甜爽净,酒精含量较高,属烈性酒。

(1) 汤沟酒酿造技艺

灌南县汤沟古镇的汤沟酒酿造技艺可追溯至北宋,盛于明末清初至当代。清初戏剧家洪升曾写下"南国汤沟酒,开坛十里香"之名句,其后孔尚任更题词赞叹:"汤沟传奇水土,美酒绝世风华。"

汤沟酒以汤沟一带所产优质糯高粱为主料,由酿酒大师撷取古镇香泉之水,依托始建于明代的黄泥老窖(江苏省文物保护单位),采用代代相传的独特工艺,结合现代科技,经陶坛窖藏5年老熟而成。汤沟酒香气幽雅、醇厚谐调、绵甜爽净,饮后令人回味悠长。

(2) 洋河酒酿造技艺

宿迁市洋河镇的洋河酒酿造技艺可追溯到唐代,发展于明清时期,至今天发展成江苏代表性的名酒。

洋河酒酿造技艺独特,在继承和发展中不断完善,以高粱为主要原料,稻壳为辅料,中高温曲为糖化发酵剂和生香剂,通过老窖固态发酵、低温入池、缓慢发酵、续叉配料、清蒸混吊、分层蒸馏、量质接酒、分等贮存、陶坛长期陈化老熟、精心勾调等传统工艺,并结合现代科技精制而成。其中制曲工艺以小麦、大麦、豌豆为原料,按 7∶2∶1 比例,由人工踩制,曲房内自然接种,发酵顶火温度为 60—63℃,并经约 60 天的发酵和 4—6 个月的长期储存,方能制成。

1915 年,洋河大曲获巴拿马万国博览会金牌奖章。1979 年,洋河大曲在全国第三届评酒会上跻身中国八大名酒行列,并三次蝉联"国家名酒"称号。洋河大曲的甜、绵、软、净、香五大特色独领浓香型白酒先河,成为"江淮派"中国浓香型白酒的正宗代表。

(3) 双沟大曲酒酿造技艺

宿迁市双沟镇的双沟大曲酒酿造技艺可追溯到隋唐时期,盛于明清至当代。

双沟大曲酒传统酿造技艺有 200 多道工序,以优质小麦、大麦、豌豆为制曲原料,人工踩曲,形状如砖,重于曲坯排列,工艺严谨;以优质红高粱为酿酒原料,高温大曲为糖化发酵剂,地穴式泥筑老窖池为发酵容器,采用传统"老五甑"①工艺,即固态低温缓慢长期发酵、续渣配料、混蒸混烧、缓气蒸馏、量质分段摘酒等方式发酵,遵循稳、准、细、净、均、透、适、勤、低、严十项标准操作酿得原酒,再经分级贮存老熟、精心勾兑、包装、检验合格即可上市。

双沟大曲酒具有色清透明、窖香浓郁幽雅、口味醇甜绵软、酒体丰满协调、回味爽净悠长的特色,被认定为"黄淮流派"之典范,成为浓香型蒸馏酒典型代表之一。双沟大曲酒酿制过程以手工技艺为主,经师傅口传心授而代代相传,对研究民间蒸馏酒发展史具有重要意义。如今,双沟大曲酒酿造技艺得到了较好的保护、传承与发展。

(4) 高沟酒酿造技艺

涟水县高沟镇的高沟酒酿造技艺可追溯到西汉,兴盛于明清至当代。

高沟酒以高粱、豌豆、大麦、小麦、稻壳为原料,采用传统的"老五甑"蒸馏酒酿法酿制而成。高沟酒在原料、制曲、酿造等方面,都有着严格的规定和要求。选用高粱时,要求颗粒饱满,粒状均匀,无虫蛀霉变,杂质含量在 0.5% 以下,酿酒用水选用地下水。高粱磨碎后,要求夏季呈 4—6 瓣,其他季节呈 6—8 瓣,粉面不超过

---

① 即将窑中发酵完毕的酒醅分成五次蒸酒和配醅的传统酿酒方法。

20%,表面皮膜破裂,淀粉颗粒暴露。配料后,经过蒸煮,淀粉粒急剧吸水膨胀,体积迅速增大,淀粉链松弛展开,并有相当一部分淀粉变成糊精和糖,有利于蒸煮糊化。大麦、小麦、豌豆是酿制高沟酒所用的重要原料,恰当配比,使酒黏度适中,营养丰富,又有麦类和豌豆的香味。经过高温蒸煮的稻壳,是酿酒的辅料,主要起到疏松酒醅、利于蒸馏的作用。高沟酒酿造技艺所用高温曲,需在夏季由人工踩制,以供一年使用。制曲一般经粉碎、配料、踩制、培养、入库等工序,其中培养要经上霉、潮火、大火、后火、出房等阶段,高温曲需温度60℃,培养周期45天。酿酒时将曲块、原料粉碎与发酵池内挖出的酒醅按比例配成两个"大楂"、一个"小楂",计三楂"粮楂",加一甑"回楂",一甑"扔糟",共"五甑"。

高沟酒具有续楂配料、低温慢发酵、酒质好、产量高等特色,口感清冽,入喉醇香,回味久长。1995年,高沟特曲酒被认定为"国家浓香型白酒实物标准"。

(5) 泰州白酒酿造技艺

泰州白酒酿造技艺传承久远,以高粱、糯米、小麦为原料,利用得天独厚的自然环境和独特的地下深泉水,采用考究而又科学的"三斛麦曲"制曲、发酵、蒸馏,使用石窖泥底、麻坛贮酒等器物设施,精心酿制,其程序严格、细节准确,一窖一坛都有讲究,每步每式皆有定规,形成了系统科学的泰州白酒酿造工艺操作规程,延续至今。

泰州白酒酿造技艺,不仅完善了中国传统酿制技艺的工艺体系和分布体系,而且开创了中国芝麻香型白酒之先河,写入了中国白酒教科书。

(6) 丰县泥池酒酿制技艺

丰县泥池酒酿制技艺传承历史悠久。清同治十二年(1873),丰邑人袁肇星取白醪酒之名创建"白醪坊",形成了以"小麦为引、五粮入池、双月发酵"为突出特征的丰县泥池酒酿制技艺。

泥池酒以入口绵甜、清冽甘爽、醇香浓郁、回味悠长而深受消费者青睐。泥池酒酿制技艺复杂,技术规范严谨,贯穿于生产的全过程,融入选料、制曲、建池、配料、发酵、蒸馏等多道生产工序之中,是一综合性的技艺体系。丰县泥池酒酿制技艺历代传承,至今仍为徐州丰泉酒业有限公司所采用,"白醪坊"匾额亦悬挂于作坊内。

(7) 沛县酿酒技艺

沛县酿酒技艺又称"沛公酒酿造技艺",源于汉朝,因汉高祖刘邦而得名,迄今已有2000多年的历史。因"千古绝唱大风歌,一代佳酿沛公酒"被称为"汉家第一酒",千载以来脍炙人口。

沛公酒酿造技艺独特,主要采取高温堆积、酒糟配料、老窖发酵、混蒸续糟、缓慢蒸馏、贮存勾兑等工艺。传统工艺和现代酿造技术相结合,选用上等高粱、大米、糯米、玉米、小麦五粮为主要原料,双轮发酵,久蓄陈酿,配以天然优质微山湖水,精心调制而成,窖香浓郁,清亮透明,口感柔和,绵甜净爽,堪称酒中上品。

2007年3月,灌南县申报的汤沟酒酿造技艺被列入第一批江苏省非物质文化遗产代表性项目名录,项目编号为JSⅧ-29;2009年6月,宿迁市、涟水县申报的蒸馏酒酿造技艺(洋河酒酿造技艺、双沟大曲酒酿造技艺、高沟酒酿造技艺)被列入省级扩展名录;2016年1月,泰州市高港区、丰县、沛县申报的蒸馏酒酿造技艺(泰州白酒酿造技艺、丰县泥池酒酿制技艺、沛县酿酒技艺)被列入省级扩展名录。

35. 南京板鸭、盐水鸭制作技艺

南京板鸭、盐水鸭制作技艺可追溯到明代,发源于南京江宁区湖熟镇。南京板鸭、盐水鸭历史上又称"官礼贡鸭",制作工艺独特,板鸭、盐水鸭皮白肉红,吃起来鲜、香、嫩、滑、爽,回味无穷,久食不厌。清宣统二年(1910),韩复兴板鸭在南洋劝业会上获得金奖,闻名遐迩。

板鸭,顾名思义是压成平板状的鸭子。在冬季时,把生鸭压扁,用炒盐和小茴香粉抹满全身腌制,再用预先煮好的卤水浸泡,最后风干。这种做法便于保存,节省空间。制作板鸭要求"鸭要肥,喂稻谷,炒盐腌,清卤复,烘得干,焙得足,皮白、肉红、骨头酥"。所用之鸭,体长身宽,胸部、两腿肌肉饱满,两腋有核桃肉,宰杀前用稻谷催肥。腌制用炒盐加速鸭肉脱脂氧化,以复卤强化鸭肉滋味的形成,以低温煮制增强鲜味,同时要控制腌制、复卤、煮制的温度和时间以及卤水的波美度、清浊度等。加工过程中只添加生姜、八角、葱、天然香辛料。这样制成的板鸭食起来鲜、香、嫩、滑、爽,回味无穷,久食不厌。

盐水鸭是板鸭衍生出来的品种。明代有民谣:"古书院,琉璃截,玄色缎子,盐水鸭。"南京盐水鸭与云锦、大报恩寺塔、江南贡院齐名。盐水鸭通过低温煮熟,鸭肉鲜美多汁,保存时间较短,食用新鲜。这也是盐水鸭与板鸭的主要区别。盐水鸭随制随食,八月桂花飘香时候盐水鸭最为著名,被称为"桂花鸭"。清末张通之《白门食谱》就记载:"金陵八月时节,盐水鸭最为著名。"

2007年3月,南京市江宁区申报的南京板鸭、盐水鸭制作技艺被列入第一批江苏省非物质文化遗产代表性项目名录,项目编号为JSⅧ-30;2016年1月,南京市申报的南京板鸭、盐水鸭制作技艺被列入省级扩展名录。

36. 三凤桥酱排骨烹制技艺

三凤桥酱排骨烹制技艺,相传清代由无锡三凤桥肉庄的前身后慎余肉庄创制。采用优质猪肋排、草排,在依次经剁切、腌制、焯水3道工序后,配以代代相传的老汁、香料包等调料,运用独特的烧制方法,在锅内置笼圈用旺(武)火、微(文)火焖煮。烧制出的排骨色泽酱红、油而不腻、骨酥肉烂、香气浓郁、滋味醇真、甜咸适中,成为无锡饮食的代表之一。

如今,三凤桥肉庄十分注重对三凤桥酱排骨烹制技艺的传承、保护和发展,包括完善企业标准、协助制定行业标准、对商标进行立体式保护、加大市场的监管等。同时,不断改进烹制技艺,确保质量和口味,将传统配方与现代生产工艺完美结合,建立现代化工厂,发展机械化流水线生产,目前酱排骨年产量达3800余吨,远销海外。

2007年3月,无锡市申报的三凤桥酱排骨烹制技艺被列入第一批江苏省非物质文化遗产代表性项目名录,项目编号为JSⅧ-31。

37. 宜兴陶堆花技艺

宜兴均陶的发展带来了装饰水平的提高,宜兴陶堆花技艺就是装饰均陶制品的特殊工艺。工匠以手指为工具,在陶器坯体表面用黏土堆贴,形成既有黏土意味又有浮雕效果的艺术品。这种陶器上的堆贴工艺技巧性很高,是继承了传统的陶塑、印纹、贴花等工艺,经历代艺人的不断完善、综合发展,而形成的有着自己独特艺术语言的装饰技艺。陶堆花装饰施釉烧成后,画面清晰、层次分明,呈半浮雕状态。装饰风格讲究,构图繁密不乱、疏简有致,风格豪放而潇洒。

2009年6月,宜兴市申报的宜兴陶堆花技艺被列入江苏省第二批非物质文化遗产代表性项目名录,项目编号为JSⅦ-32。

38. 真金线制作技艺

南京真金线制作技艺可追溯到元代,随着明清时期云锦织造的需求而规模日渐扩大。目前,国内仅南京金线金箔厂保留着传统真金线制作技艺,产品主要用于云锦、缂丝的织金,以及民族服饰、戏剧服装上的刺绣。

真金线制作技艺复杂,要经过打纸、做粉、背金、担金、熏金、砑金、切金、检验包装、做芯线、搓线、摇线等十几道工序。产品分为真金和纯银两种材质,用真金材料制线又分为片金和捻金两种方法。片金也叫扁金或缕金,即把真金制成的金箔粘托在薄纸上,然后切成极细的细条成线,多用于织金锦。捻金也叫圆金,即先将金箔粘托在纸上,再切成极窄的长条,然后和丝线或棉纱线捻合绞结在一起而成线,多用于缂丝、刺绣,也可用于织金锦。由于黄金比较昂贵,故也有用纯银替代真金制作金线,以纯银锻制成银箔,然后经过适当的烟熏,使银箔产生金黄的、如真金箔的色质,再以上述真金线制作之同样方式,加工制成金线,行内俗称"淡金线",或"黄银金线"。

2009年6月,南京市申报的真金线制作技艺被列入第二批江苏省非物质文化遗产代表性项目名录,项目编号为JSⅦ-34。

39. 八桅立式大风车制作技艺

八桅立式大风车又称"翻水车",是一种由风力驱动的灌溉机械,过去主要流布于盐城一带。

八桅立式大风车的构造原理复杂,由木制的车网、车轴、齿轮、槽桶、桅子等

108个部件组成。整个车身高度8米左右,外围周长45米左右,内围桅子周长33米左右,车网周长10米左右。风车由风力带动平风帆、立轴和齿轮等进行回转运动,旋转的轮轴带动磨或水车,从而达到磨麦或取水灌溉的功用。风车各个部件之间连接紧密,稍有偏差就难以转动风车。

现盐城民俗动态博物馆内保存的八桅大风车,是较为完整的一部风车,也是世上仅存的一部。因此,盐城相关部门对该技艺进行挖掘研究、记录整理、立档造册、资料保存,以防止技艺失传。

2009年6月,盐城市盐都区申报的八桅立式大风车制作技艺被列入第二批江苏省非物质文化遗产代表性项目名录,项目编号为JSⅦ-36。

40. 蔡集手抄草纸制作技艺

宿迁蔡集镇手抄草纸制作技艺相传始创于清代,是以树皮、麻头、破布、麦草、蒲花为主要原料,分别制成皮料浆、草浆,混合成不同的比例,抄成不同纸张的制作工艺。共包括16个环节、102道工序。首先制作树皮,包括砍条剥皮、浸泡、腌沤、踩洗、碱蒸、洗涤、切碎、捣浆成纤维料浆等工序。草料制作过程包括选草、砍草、捣草、浸泡、堆积、洗涤、日晒成草坯及蒸煮漂白制成草纤维浆料等工序。再将草纤维和树皮纤维根据纸张需求按一定的比例混合、打匀、制浆,将混合浆加入一定的水配合制纸,再经竹帘抄纸、晾纸、揭纸等步骤制成成品。该技艺主要靠口传心授流传,产品无毒、无污染,被广泛用于书写、果品包装、鞭炮用纸以及民间节庆、婚丧嫁娶、祭祀等。20世纪90年代后期,受现代造纸业冲击,手抄草纸从业人员与产量逐年减少。

2009年6月,宿迁市宿豫区申报的蔡集手抄草纸制作技艺被列入第二批江苏省非物质文化遗产代表性项目名录,项目编号为JSⅦ-37。

41. 常州龙泉印泥制作技艺

常州龙泉印泥制作技艺可追溯到清康熙年间(1662—1722),与杭州西泠印泥、福建漳州八宝印泥并称为"中国三大印泥瑰宝",享誉华夏书画界。

龙泉印泥制作技艺主要有选料、调制原料、轧印浆、调制印泥、静伏和分装等流程。对原料的品种、产地都有明确的规定，如需广东佛山的朱砂、福建闽东山区的艾草、山东的蓖麻油。同时，对原料的细微度、添加的时间及比例也有要求。调制原料包括抽捡、捶打、捣揉等多道工序，将朱砂、朱磦、犀黄、珍珠等矿料和原料在碾槽、石钵里研磨成符合印浆要求的粉末，再用滤网分筛后加印油融合调制印浆，再将膏状的印浆着力反复搅拌，并按量添加艾绒纤维，使其充分吸收印浆，均匀调制成印泥。将调成的印泥静伏、分装，按相应容量把印泥分装在瓷缸或玉盆内，置于荫凉处，再按不同规格将成品印泥装入瓷盒内。

龙泉印泥制作工艺精细，如熬制三油既要掌握比例含量，又要把握火候和熬制时间；在艾绒放入膏状印浆时，既要持续搅拌，又要把握方向，防止逆向搅拌。制成的印泥色泽朱红、鲜亮夺目，遇冬不凝固、逢夏不渗油、芳香四溢、永不褪色，盖在书画作品上渗透性、黏着性皆佳，置于水中三日捞起使用依然丹红如新。

2009年6月，常州市申报的常州龙泉印泥制作技艺被列入第二批江苏省非物质文化遗产代表性项目名录，项目编号为JSⅦ-38。

42. 陆慕蟋蟀盆制作技艺

蟋蟀盆的起源可追溯至唐代，南宋时期，苏州陆墓（慕）所产蟋蟀盆被列为贡品，明宣德时期（1426—1435）得益于斗蟋蟀的风气而达到鼎盛，清代此技艺进一步发展，陆墓（慕）余窑、御窑和庙前窑等地的烧制技艺一直延续至今。

陆慕蟋蟀盆制作从选泥料到制成品需要108道工序，主要的工序有选泥取泥、浸泡除杂、搅拌筛滤、采浆储存、练泥锻锭、搓泥压模、修刮打光、压章粘底、锯槽配盖、刻纹印花、做光烘干、装窑焙烧、出窑浸水、研磨雕刻，最后上色、抛光，才为成品。陆慕蟋蟀盆具有做工精细、造型美观、线条圆润、刻画相宜、色泽和谐和包浆丰富的特点，以密封、温润、透气、吸水性良好著称，是蟋蟀盆的"南盆"的代表。品种有八角盆、竹节盆、十二生肖盆、天落提盖盆、直口双底双盖盆、腰鼓槽扣盆等。

"文革"期间，因蟋蟀盆为"玩物丧志"之物，技艺日渐式微。20世纪70年代末，御窑村和南窑村有一批农户抽空烧制蟋蟀盆，拿到苏州玄妙观出售。到了21

世纪初,御窑村、南窑村有150多户烧制蟋蟀盆,产品供不应求,销往全国各地。

2009年6月,苏州市相城区申报的陆慕蟋蟀盆制作技艺被列入第二批江苏省非物质文化遗产代表性项目名录,项目编号为JSⅦ-42。

43. 朴席制作技艺

仪征市朴席镇以朴席得名,可见其朴席制作技艺历史悠久,产业繁荣。朴席起源于唐代之前,发展于元明时期,兴盛于清末民国时期。明清时期朴席与苏席、宁席一道成为长江中下游地区三大名席。

朴席成品以密实、精致、质朴、舒适、耐用著称,制作原料主要是当地特有的席草,此外还包括黄草、苏草、金丝草、蒲草、龙须草、马蔺草、蒯草、荞草、竹壳、箬壳、稻草等。这些草茎光滑、节少、质细、柔韧,有较强的拉力和耐折性,适于编织。在编织过程中麻筋结实、织工考究、编排紧密。朴席的每道工序都很讲究"均匀"二字。选草粗细均匀,摇筋条干均匀,扣筋松紧均匀,掌扣疏密均匀,烘排推排均匀等。朴席的最大特色是其烘排技艺,烘排技艺的熟练程度决定席子质量的高低。

近年来,因为市场小,绝大部分织席户放弃了原来劳动强度大、耗费时间长、利润微薄的手工织席。朴席传统手工制作技艺正面临后继无人、失传消亡的危险。

2009年6月,扬州市经济开发区、仪征市联合申报的朴席制作技艺被列入第二批江苏省非物质文化遗产代表性项目名录,项目编号为JSⅦ-43。

44. 柳编技艺

柳编是中国民间传统手工艺品之一,利用天然柳条柔软易弯、粗细匀称、色泽文雅的特点,编织成各种朴实自然、造型美观、轻便耐用的实用器物。在古代人们只是作为普通的日常实用品,直到20世纪后期逐渐成为现代生活中深受城市人喜爱、兼具审美与实用功能的工艺品,成为中国部分地区出口创汇的项目。

(1) 赣榆柳编

赣榆柳编主要流布于赣榆塔山镇、青口镇等区域。柳编使用赣榆特产的杞柳制作,生产过程大体分为选料、上色、浸泡、编织、熏蒸、晾晒、刷漆等7个环节,全部手工完成。柳编工艺的主要技法有平编、纹编、勒编、砌编、缠编5种。染色有红、橙、黄、绿、青、蓝、紫七大色系30多个色种。柳编制品的种类繁多,在内销方面有席、筐、篓、簸箕、笆斗、柳条箱、笸箩、花篮、笊篱、食盘等多个品种;外销方面,有洗衣筐、花盆套、野餐食具筐、吊篮、灯罩、狗窝、猫窝、鸟巢等多个品种。

赣榆柳编制作技艺精湛、品类众多、造型美观,以显工显艺为基本特征,曾先后开发了彩色柳编、贝雕柳编、腻雕柳编以及柳板结合、柳木结合、柳与金属结合等一系列新的制品,满足了市场的不同需求。尤其是柳制品的染色工艺,使柳编由原来的单一本色发展成为多个色系。

赣榆柳编技艺在长期的传承中,保持了地方传统和特色,注重利用韧性植物的特点,追求色泽、肌理的天然,体现出淳朴、憨厚、真诚的品性,形成了自己的文化风格。目前,该项目传承与发展状况良好。

(2) 草桥柳编

新沂草桥镇的柳编制作可追溯到清康熙年间(1662—1722),王氏先祖将技艺从山西省洪洞县带入草桥镇陈圩村。

草桥柳编根据作品形状采取不同的编织手法。如编织笆斗、簸箕等,需经扎量上条、打底、削茬、整圆、上圈、上梁等多种工序;而编织花篮等,则主要分有平编、纹编、勒编、砌编、缠编等多种工艺。草桥柳编经过工匠们独具匠心的设计,充分体现出造型美观、装饰性较强的特点;同时轻便耐用、价廉物美,有较高的艺术价值和实用价值。

20世纪60年代至今是草桥柳编的鼎盛时期。陈圩村312户人家都从事柳编工艺,而全镇则有近万人从事柳编工艺,产品行销全国各地,外销至日韩等国,吸引了山东、安徽、宿迁等周边省市地区的艺人前来学习柳编技艺。

(3) 盐都柳编

盐城盐都区龙冈镇储巷一带早在明初就有用柳条编织农副产品的传统。相传明洪武年间(1368—1398),苏州表兄弟二人带着篾匠工具来到龙冈储巷,看到此地柳条长势旺盛,就利用柳条编制生活用具出售。而后,柳编的手艺渐渐流传开来,以龙冈镇储巷为中心,辐射到苏北地区。

柳编的原材料为杞柳树割下来的柳条,经过发泡、剥皮、晾晒、消毒、漂白、染色、选料、劈柳、拉皮等几道工序后储存,柳条修长、粗细匀称,柔软光滑。洁白无节的柳条是编织的上好材料。用加工后的杞柳条编织出的民间艺术作品其特点是轻巧、玲珑、美观、大方、无菌、无毒、无污染,是回归自然的绿色产品。

盐都龙冈柳编合作社从1982年创办以来,全镇已有千余人加入柳编行业。精美的柳编艺术品不仅被国人喜爱,也很受西方人欣赏,出口逐年递增。

2009年6月,赣榆县申报的柳编技艺被列入第二批江苏省非物质文化遗产代表性项目名录,项目编号为JSⅦ-44;2011年9月,新沂市申报的柳编技艺(草桥柳编)被列入省级扩展名录;2016年1月,盐城市盐都区申报的柳编(盐都柳编)被列入省级扩展名录。

45. 渔具制作技艺

渔具制作技艺是渔民用以谋生的重要技能。渔民日出而作,日落而息。在长久的生产过程中,渔民们积累了制作渔具的丰富经验。

(1) 洪泽湖渔具制作技艺

渔具制作技艺是洪泽湖渔民文化的重要组成部分。

洪泽湖渔民所制渔具种类繁多,包括船、网、钩、簖箔、笼篮、揣把、投刺等各类渔具,据统计现有80种以上。其中网类渔具包括拖网类10种、围网类2种、刺网类5种、敷网类4种、掩网类4种、抄网类3种、张网类1种、地拉网类3种;钩类渔具包括空钩类3种、钩类6种、卡钩类3种;其他各种渔具,包括簖箔类7种、笼篮类7种、揣把类4种、投刺类4种、杂项类4种、船具类10种等。

洪泽湖渔具制作要遵循不捕鱼苗的基本原则,体现了合理利用与保护自然资源和谐统一的理念。受渔业生产现代化的影响,洪泽湖传统渔具制作技艺传承后继乏人,亟待采取措施对该技艺加以适当的保护。

（2）兴化渔具制作技艺

兴化先民根据渔获物个体大小，创造了各种不同的渔具、渔法。目前初步统计有大网帮、摇网帮、卡帮、捣网帮等 10 余个帮别，而每个帮别均有自身特色的手工工艺渔具和渔法。

兴化渔具按结构特点和作业原理分为 4 种类型，即网具类、钓具类、耙刺类、笼壶类。据调查统计有 60 多种制作技艺，制成品包括敝网、大网、撒网、泥网、小卡、大卡、丝网、大钩、绷钩、挂钩、曳钩、大罶、小罶、亚子、虾笼、捣网、蔽箅、豪、大罾、小罾、板罾、提罾、筇、扒钩、大龙罩、小龙罩、花篮等。

兴化渔具制作技艺在江苏乃至全国水产生产中有一定的影响力，保护和传承兴化渔具制作技艺，具有现实意义和实用价值。

2009 年 6 月，洪泽县申报的洪泽湖渔具制作技艺被列入第二批江苏省非物质文化遗产代表性项目名录，项目编号为 JSⅦ-45；2011 年 9 月，兴化市申报的渔具制作技艺（兴化渔具制作技艺）被列入省级扩展名录。

46. 配制酒酿造技艺

配制酒又称调制酒，是混合的酒品。配制酒的诞生晚于其他单一酒品，但发展很快。配制酒主要有两种配制工艺，一种是在酒和酒之间进行勾兑配制，另一种是以酒与非酒精物质（包括液体、固体和气体）进行勾调配制。

（1）东台陈皮酒酿造技艺

东台陈皮酒酿造技艺可追溯到清代，沿承传统米酒酿造工艺，辅以多类中草药浸制而成滋补型黄酒，成品色泽橙黄、绵润甜爽、香味独特。

陈皮酒以东台产优质麻筋糯米及当地特有的天水、河水、井水（按一定的比例兑成）为主料，辅以陈皮、黄芪、党参、当归、肉桂、丹参、红花、木瓜等 16 种滋补药物。制作采用"淋饭法"[①]，经浸渍、蒸饭、淋饭落缸、拌曲搭窝等 14 道工序。在制

[①] 淋饭法，指蒸熟的米饭用冷水淋凉，然后拌入酒药粉末，搭窝，糖化，最后加水发酵成酒的制酒方法。淋饭酒口味较为淡薄。有时作为酒母。

酒过程中,根据不同的气候条件,操作者需及时判断并执行相应的程序,如糖化、加粮酒、发酵、开耙几道工序的时长,均需经验丰富的酿酒人来决定。加药浸泡是生产中最关键的环节,需要在压榨、杀菌后,加入事先按一定比例配置好的中药袋,封缸贮存,陈酿一年即为成品。

如今,东台市天成酒业有限公司仍沿用传统工艺生产陈皮酒,从原料加工到成品出厂所有工序均由手工完成,保证了陈皮酒生产工艺的完整性及产品的质感。

(2) 窑湾绿豆烧酿造技艺

窑湾绿豆烧原名"绿酒",因其酒色与绿豆汤颜色相仿,故名"绿豆烧"。清康熙年间(1662—1722)窑湾赵信隆酒坊始制作绿豆烧酒。

窑湾绿豆烧在配方和制作技术上都有自己独到之处,以骆马湖水及当地优质高粱、小麦、玉米、大米、香糯米和豌豆为原料,采用传统作坊酿造成大曲酒,配以红参、当归、砂仁、栀子、藏红花等48味名贵中草药,辅以冰糖,经过入缸静止沉淀,让酒、药、糖自然融合为一体,2—3个月后,即成绿豆烧酒。

民国年间,赵信隆酒坊得到爱国将领张华棠将军扶持,更名为华棠酒坊,延续至今。目前,窑湾绿豆烧的生产厂家有窑湾华棠、万茂等三家,其中华棠酒业建立了窑湾绿豆烧传习所、展示厅,使窑湾绿豆烧得到了较好的传承与发展。

2009年6月,东台市申报的配制酒酿造技艺(东台陈皮酒酿造技艺)被列入第二批江苏省非物质文化遗产代表性项目名录,项目编号为JSⅧ-47;2016年1月,新沂市申报的配制酒酿造技艺(窑湾绿豆烧酿造技艺)被列入省级扩展名录。

47. 糕团制作技艺(黄天源苏式糕团制作技艺)

黄天源苏式糕团制作技艺始创于清道光元年(1821),现店位于苏州市中心观前街,是江浙沪一带糕团品种最多、生产规模最大、驰名中外的百年老字号糕团名店。

黄天源苏式糕团在配方、用料和工艺上都十分讲究,包括配粉、拌粉、掺水、静置、夹粉、蒸制、揉制、拍糕、成形等十几道工序。糕团制作有两种方法:一是先熟后成形,即制作时先用细粳、糯粉配镶,蒸熟后经过揉搋,使蒸熟的糕粉黏合在一起,这样制成的糕点韧性大、入口软糯,如桂花糖年糕、马蹄糕、卷心糕、花糕、百果蜜糕等;二是先成形后成熟,即制作前将粉放入特制的模具内成形,蒸熟后无须揉搋,这类糕大都以粗粳、糯粉配镶,具有韧性小、松软、遇水易溶、易消化等特征,常被人们以"松糕"相称,如五色小圆松、松子黄千糕、黄松糕、白松糕、定胜糕等。

黄天源苏式糕团以香、甜、细、腻著称,其中桂花糖年糕、五色小圆子、猪油年糕、八宝饭,被誉为"四大名旦"。近年来,黄天源适应苏州人讲究时令的传统,一年四季都有适时花色品种推出,如营养滋补的螺旋藻夹糕、紫苏蜜糕、珍拉糕、草莓拉糕、杞子拉糕、茯苓糕、银耳糕、芡实糕等,品种达200多种,且每天有60余款品种应市。

2009年6月,苏州市申报的糕团制作技艺(黄天源苏式糕团制作技艺)被列入第二批江苏省非物质文化遗产代表性项目名录,项目编号为JSⅦ-49。

48. 糕点制作技艺

中式糕点源远流长。汉代《说文解字》就有"糕"字。唐时人们就把早晨吃的小吃称为"点心"。糕点是馒头、包子、面条、烙饼等主食的重要补充,既可作为方便的充饥食品,也可作为零食。

(1) 稻香村苏式月饼制作技艺

苏州稻香村于清乾隆三十八年(1773)创立于苏州,以中式糕点、青盐蜜饯、糖果炒货为主要经营产品。

稻香村苏式月饼是在继承传统苏式月饼制作技艺的基础上,综合考虑用料、时间、温度、气候等条件,经制酥皮、包馅、成型和焙烤等工序加工而成的。品种有甜、咸或烤、烙类,有"酥油皮、重糖重油重馅、奶白(羽白)色"三大特点。甜月饼馅料多用玫瑰花、桂花、核桃仁、瓜子仁、松子仁、芝麻仁等配制,咸月饼馅料多用火腿、猪腿肉、虾仁、猪油、青葱等配制。包馅时,收口要收紧,边转边收,俗称"虎口"。包馅要紧而圆,重量准确,皮子要厚薄均匀,大小适中。皮酥以小麦粉、绵白糖、饴糖、油脂调制而成,并用当地盛产的玫瑰花、桂花着色调香,要先做面皮,再做酥,然后将酥包入面皮中,称为"包酥"。包酥讲究快、匀、薄。月饼的传统烘烤有两种方法:一种是使用庙炉,需使用炭基火;另一种是使用吊炉,其原理和现在的新式电烤炉类似。真正传统的苏式月饼制作,还是要用吊炉。

1999年,苏州稻香村食品厂被评为中华老字号;2006年,又被商务部审定为筛选后的首批中华老字号。目前,苏州稻香村食品有限公司在苏州工业园区新建了一座管理先进、设施一流的现代化、开放式的食品工厂,使苏州稻香村苏式月饼进入一个新的发展时期。

(2) 叶受和苏式糕点制作技艺

苏州百年老店叶受和原名"叶受和茶食糖果号",由浙江慈溪富绅叶鸿年于清朝光绪年间创立,取名"叶受和",意在"和气生财"。

叶受和苏式糕点有炉货、水锅、油锅、片糕、油面、糖货、印板等七大类几十个品种,以"精细优质、清香爽口"著称。其中别具一格的苏式月饼,融入宁波风格,品种有甜、咸、宫月三大类,其制作工艺严谨、选料讲究,呈天然色香,如咸月饼有火腿猪油、葱猪油、鲜肉月饼等,多现烤现卖,新鲜、肥嫩、松酥。宫饼以叠饼形式出现,单只的叫宫月,有5只、7只、9只、10只为一幢的,整幢叫幢月。此外,叶受和的松子枣泥麻饼中的枣泥细腻,松仁肥嫩,散发着玫瑰的芬芳;巧果色泽金黄,黑麻镶嵌,薄似布帛,肥松香脆,甜中带咸,食而不厌;生糕具有消食、开胃、健脾、保健等功能,属苏式糕点印板类产品,造型小巧,花纹美观,香甜清雅;椒盐桃片,甜咸适中,松脆可口。叶受和还先后研发出嵌入彩色福、禄、寿三星与《西游记》《空城计》等戏文图案的特制云片糕,首创了虾子鲞鱼和开口笑等品种,设计了精制玫瑰酒、玫瑰酱、虾子酱油、醒酒梅等各色佐品。其独特的茶食风味,浸润着姑苏城的往日情怀,见证着苏州饮食文化发展的历史,具有重要的历史文化价值,对研究苏州饮食民俗文化具有重要意义。

(3) 西亭脆饼制作技艺

南通市通州区西亭镇的脆饼制作技艺,始于清光绪六年(1880),由镇江人冷纯溪首创。

西亭脆饼选料考究、手工制作,以精白面粉、优质白砂糖、纯质棉清油、纯白脱皮芝麻为主要原料,以水、油、面调制的嫩酵,包以干油糖酥,开坯撒制成型后洒上芝麻,用传统的小明炉微火烤黄,精工制成,从原料到成品共有28道工艺。脆饼约15×4厘米大,有18层之多,酥而不焦、香甜可口。

西亭脆饼是一种传统食品,扎根于江海饮食文化的土壤,对其传承和保护,既有历史意义,也有现实意义。现已从最初的小作坊生产发展到企业化生产,最先建立的南通西亭脆饼厂已改制为南通西亭脆饼有限公司。西亭脆饼在保持百年传统的基础上,近年来结合现代消费群体的个性化需求,还研发了奶油、橘子、椒盐、桂花、葱油等10多种风味各异的产品,成为南通的传统名特优产品。

(4) 乾生元枣泥麻饼制作技艺

乾生元枣泥麻饼于清乾隆四十六年(1781)由苏州木渎镇西街的费萃泰香脆饼店始创,以"双面沾铺芝麻的香脆饼"而享有盛誉。

乾生元枣泥麻饼至今沿袭传统手工制作工艺,选料讲究,操作精细。麻饼具有"皮薄不裂、馅多不滥、甜而不腻、形如满月、色似象牙"的特点,使用多种自然花果、禽蛋、糖类、面粉等原料,经10多道工序精制而成。主要工序有制饼皮、制馅、制饼等。制饼皮,俗称"拌粉",一般都是用饴糖、鸡蛋、生油、糖粉、面粉等加碱水拌和成团作为饼皮。制馅时,主要馅料为猪板油、黑枣子,并加以赤豆、桂花、白糖、核桃仁、瓜子仁、松子仁等多种辅料。制饼就是将包好馅的"团子"在作台板上边滚边用手掀扁成圆形,不仅要圆整,皮薄如纸不露馅,还要使饼没有边,饼边的皮厚度要与饼面、饼背一样薄。其余工序的操作要掌握饼皮软硬、内馅分量、上麻密度、进炉干湿、烘烤火功五大要求。制成的饼出炉喷香,不留焦斑,不翘不缩,表面平整,软硬适当,口感味美。

麻饼在民间被视为吉祥之物,其形似满月象征"阖家团圆、美满和谐";而芝麻喻为"节节高、事事兴、办事成圆"。因此,乾生元枣泥麻饼成为苏州人走亲访友的极佳礼品。

(5) 常州大麻糕制作技艺

常州大麻糕制作技艺,始创于清咸丰年间(1851—1861),由当时常州仁育桥畔的长乐茶点心师傅王长山首制。

常州大麻糕制作原料考究,需选用上等猪板油、上等白面粉、优质脱壳白芝麻、白糖等,使用面缸、擀面杖、馅操、刷子、撩里(铅丝网扎制)、桶炉、铲子等工具制作。制作工序包括和面、醒面、搅拌、揉搓、包馅、成型、烘烤等。和面时,待老面发酵后,按一定比例加入碱水,和匀,等待醒面。制作油酥和馅心时,将一定量的面粉放入面缸,倒入熟猪油,揉成油酥,再将面粉和酵种放入面缸,加入适量热水,和成面团,待发酵后,掺入一定量的热碱水,揉成发面团。包油酥和馅心时,要将和好的面均分成小面团,揿扁,包入油酥,用擀面杖推匀成皮子状。若要成坯、蘸芝麻,则用热水把饴糖调成液体,分别滴刷在麻糕坯表面,逐块蘸满脱壳的白芝麻,再翻转麻糕坯使芝麻面朝下,最后将麻糕坯贴入烧热的桶炉中,用小火适时烘烤即成。

常州大麻糕具有色泽金黄、香脆松软、皮薄酥重、甜馅醇厚、咸馅味鲜、葱香扑鼻、肥而不腻、层次分明等特点。因其营养丰富,老少皆宜,成为常州百姓最为青睐的早餐和馈赠亲朋的名点佳品。

(6) 常州芝麻糖制作技艺

常州特产芝麻糖又称"铳管糖",由纯白芝麻、白砂糖、绵白糖、麦芽糖、面粉、桂花、橘皮等原料精制而成。常州芝麻糖制作技艺精细讲究,包括备料、浸泡、发芽、洗米、蒸米、搅拌、发酵、过滤、熬煮、冷却、拉白、成型等10余道工序,所需工具包括大麦清洗缸、熬糖锅、发酵缸、冷却台、筛子、匾、拉糖木架、手摇鼓风机、切糖刀、木制台板等。首先将筛选过的大麦倒入缸内,在常温水中浸泡4—6小时,捞在竹筛内,放在比较温暖的室内制备大麦芽。每天用30℃的水洗一次,经过3—4天后大麦开始发芽。发芽后需用麻袋盖好,每天浇凉水一次,待麦芽长到3厘米时,取出备用。将大米浸泡3小时后蒸熟,放入清洗干净的大麦芽并搅拌均匀。将搅拌好的米麦混合物放入缸中发酵8小时后,冲入开水,大约半小时后待糖分完全溶解,再将糖水经滤网倒入熬煮锅内,加入等量的白砂糖一起熬煮,加热至150℃左右,使水分充分挥发。待糖浆冷却至80℃成型后,将糖块放入拉白架上进行拉白并剥皮包入馅,馅由金橘饼、糖面粉、芝麻、花生等制成,包好后用手工搓捏成条形,再用刀切割成型,最后拌上芝麻即可。精制成的芝麻糖粗细均匀,长短一致,芝麻在表面粘满将皮遮住,两端封口不露馅,色泽乳白或乳黄,酥松易溶,脆而不粘,口味甜香松脆。

(7) 阜宁大糕制作技艺

阜宁大糕又名"玉带糕",以"白如雪、甜如蜜、薄如纸、软如棉"的特色享誉国内外。盐阜一带群众过春节时家家必备阜宁大糕,大年初一早上醒来必先吃阜宁大糕,叫"开口糕",寓意步步登高。

阜宁的糕点制作历史悠久,相传在明代中叶,阜宁地方民间糕点师傅总结了众多做糕点的经验,选用优质糯米、精细白糖、提炼后的猪油和上等的蜜饯,通过对糯米浸泡、粉碎、筛选,再按比例拌对、打模、成型、蒸熟、刀切等工序制成,保存时间较长,即使夏天也不容易发霉、变质。

(8) 惠山油酥制作技艺

惠山油酥是唯一冠名"惠山"的无锡特产糕点,制作技艺已传承300余年。相传惠山油酥原系明代宫廷点心"重油烧饼",由明末皇室后裔南渡定居惠山后制作流传。清代,因其形若佛庙四大金刚塑像的肚脐,被惠性法师喻称为"金刚肚脐",遂流行为民间俗称。清末民初,金刚肚脐成为无锡著名土特产之一。

惠山油酥形似象棋子,用精面粉和芝麻作皮,以桃肉、青梅子、糖瓜条、橘皮、糖、素油等10多种原料作馅。制作时,选用上等白面粉加豆油搅拌,再酿进椒盐馅心,撒上芝麻制成,特点是素、香、肥、酥、甜,味感适中。

2009年6月,苏州市、通州市申报的糕点制作技艺(稻香村苏式月饼制作技艺、叶受和苏式糕点制作技艺、西亭脆饼制作技艺)被列入第二批江苏省非物质文化遗产代表性项目名录,项目编号为JSⅧ-50;2011年9月,苏州市吴中区、常州市武进区、常州市钟楼区申报的糕点制作技艺(乾生元枣泥麻饼制作技艺、常州大麻糕制作技艺、常州芝麻糖制作技艺)被列入省级扩展名录;2016年1月,阜宁县、无锡市梁溪区申报的糕点制作技艺(阜宁大糕制作技艺、惠山油酥制作技艺)被列入省级扩展名录。

49. 黄桥烧饼制作技艺

黄桥烧饼声名远扬得益于发生在1940年10月的著名战役"黄桥决战",黄桥当地百姓冒着敌人的炮火把烧饼送到新四军前线阵地,谱写了一曲壮丽凯歌。黄桥古镇烧饼历史悠久,清末已经在江淮间小有名气,制作好的烧饼色泽金黄、外观美观、香酥可口、不油不腻。

黄桥烧饼的主要原料是面粉、猪油、花生油、芝麻。面粉需选用中筋,芝麻去皮的同时需保留色泽与形状。主要制作流程包括发酵、擦酥、包馅、压制、撒芝麻、烘烤等。揣酵(和面)要根据温度采取不同方法,兑碱也要因时而定。馅和酥分别用猪油和花生油拌面粉擦酥,最后贴在特制的桶炉中烤熟。如今,黄桥烧饼在制作上依然保持了香甜两面黄、外撒芝麻内擦酥的传统特色,并在花色品种上不断改进,从一般的擦酥烧饼、麻饼、包脆等品种扩展到葱油、肉松、鸡丁、香肠、白糖、橘饼、桂花、细沙、枣泥、虾仁等 20 多个不同馅的品种。黄桥烧饼已传入中国大部分城市,并成为黄桥古镇支柱性的第三产业。

2009 年 6 月,泰兴市申报的黄桥烧饼制作技艺被列入第二批江苏省非物质文化遗产代表性项目名录,项目编号为 JSⅧ-51。

50. 常州梨膏糖制作技艺①

常州梨膏糖制作技艺可追溯到唐代,相传是魏徵为哄不爱吃药的母亲所创。其盛于明初,流传于常州及周边杭州、上海、苏州等地。

常州梨膏糖制作选料讲究、工艺精细,以冰糖、梨汁为主要原料,配以甘草、麦芽、桔梗等 20 余种中草药,经武火熬制、文火熬膏、打冷饭、浇模等工序制成。先把水、糖、梨与碾成粉的几十种中药搅成一团,用武火熬十来分钟,再用文火熬约五分钟,熬时需瞅准火候,边搅拌边投下不禁熬的中药品种和蜂蜜。待钢锅内滚烫的药膏从大泡到小泡,继而再起大泡至更稠更韧时熄火,让梨膏在锅里自然冷却一二分钟,再用尺把长的青竹片搅拌,看准锅里梨膏糖颜色的变化,待由浅黄变为红褐色时浇模,即把打好冷板的梨膏糖从高处向下浇,待冷却成型后,用方尺划出一个个长方形。

作为精工细作的产物,梨膏糖制作技艺科学而严谨,是历代老艺人与制作者

---

① 参见"第八章 传统医药"中的"梨膏糖制作技艺"。

集体智慧和创造力的结晶。制成的常州梨膏糖既是有病治病、无病保健的药物食品,又为一种休闲、消食的高档滋补品。目前,常州梨膏糖制作技艺得到较好保护与传承。

2009年6月,常州市申报的常州梨膏糖制作技艺被列入第二批江苏省非物质文化遗产代表性项目名录,项目编号为JSⅦ-52。

51. 采芝斋苏式糖果制作技艺

采芝斋是中国老字号糖果店,全称为苏州采芝斋糖果店,位于苏州观前街,在上海等地设有分店。采芝斋于清同治九年(1870)由河南人金荫芝始创,所制苏式糖果因独特的口感与功用而声名远扬。

采芝斋苏式糖果有四大系列120多个品种。脆性糖类的制作,需选用特级白砂糖、淀粉糖浆和优质果仁。松仁要选用东北兴安岭和长白山林区的松子,先敲击剥壳,后加温烘烤、脱衣,再逐粒摘帽、剔次。软性糖类的制作,需选用玫瑰、桂花作为辅料,选用特级白砂糖、优质葡萄糖浆、绿豆淀粉、果料等,还可根据品种的滋味和色彩需要,配制鲜山楂肉、黑枣肉、桂圆肉等。砂性糖类的制作,需白砂糖加水熬煮,再经拌糖返砂反复操作。特性糖类的制作,则选用肉厚个大的黑枣,去皮去壳,隔水反复蒸制,枣肉内嵌入优质松仁。

如今,采芝斋的苏式糖果在江、浙、沪、京等地广受欢迎,并远销日本和东南亚各国及香港、澳门等地区,被誉为"中国糖",对弘扬中国优秀传统文化也有一定意义。

2009年6月,苏州市申报的采芝斋苏式糖果制作技艺被列入第二批江苏省非物质文化遗产代表性项目名录,项目编号为JSⅦ-53。

52. 宝应捶藕和鹅毛雪片制作技艺

宝应捶藕和鹅毛雪片制作技艺是淮扬菜厨师的撑门招牌,世代相传。宝应是"中国荷藕之乡",捶藕技艺可追溯至唐代,明代宝应捶藕成为御膳;鹅毛雪片则是宝应藕粉的专称,清代为皇室贡品,是大运河沿岸"三元及第"之一,闻名天下。

宝应捶藕制作技艺包括煮、浸、炸、蒸、勾芡等多种烹饪手法。其中煮藕时间、切片大小、油炸火候、勾芡运用等都有严格的要求。特别是藕片的捶拍既要粉入藕骨，又要不失藕形，以使松脆的藕质既酥软又有韧性。

鹅毛雪片的制作需"捣藕于石臼中，以布滤其汁，及其澄清，取下淀之粉晒干之"，技巧极难掌握，尤其是刀削藕粉，既要薄如蝉翼，粉片齐整，又要保证全部工序在当日完成。

宝应捶藕和鹅毛雪片是宝应藕乡文化的重要载体，融入了民风民俗，当地政府以此为平台，每年举办"中国宝应荷藕节"。

2009年6月，宝应县申报的宝应捶藕和鹅毛雪片制作技艺被列入第二批江苏省非物质文化遗产代表性项目名录，项目编号为JSⅧ-54。

53. 董糖制作技艺

董糖又叫酥糖，是元旦、春节等节日馈赠佳友的首选礼品，但该产品有一定的季节性，不适合在气温高的地区或季节储运。

（1）如皋董糖制作技艺

如皋董糖相传由明清之际"秦淮八艳"中的董小宛始创，董小宛是如皋名士冒辟疆的爱妾。

如皋董糖以精白面、饴糖、芝麻粉、大麦焦屑为主要原料，辅以桂花、西瓜膏等，经选料、熬糖、制糖芯、制糖骨、成型等工序而成。先将饴糖加热熬制成膏，俗称"糖骨"。待糖骨冷却后，用响子碾压成纸状薄片，将焦屑、芝麻粉均匀洒之，再卷压成形，用刀切成寸许方块，最后外用红、绿彩纸包裹。制成的如皋董糖，一寸见方，色白微黄，层次分明，剖面可见旋状纹理，中心呈丹凤眼状，食之酥软甜香，回味无穷。

（2）秦邮董糖制作技艺

秦邮董糖又叫"酥糖"，在高邮当地，相传是明初高邮籍进士董璘为孝敬母亲而创。清代秦邮董糖被列为贡品，声名远扬，成为广受运河沿线民众喜爱的食物。

秦邮董糖每块长约 3 厘米,宽、厚约 1.5 厘米,用糯米粉、芝麻、白糖、麦芽等原料手工精制而成。每块有 48 层软片组成,厚薄均匀、层次分明、口味纯正、入口酥软、味美香甜、老少皆宜。

2009 年 6 月,如皋市、高邮市申报的董糖制作技艺(如皋董糖制作技艺、秦邮董糖制作技艺)被列入第二批江苏省非物质文化遗产代表性项目名录,项目编号为 JSⅦ-55。

54. 素食烹制技艺

素食传统源于梁武帝萧衍,他曾颁布《断酒肉文》。北魏贾思勰的《齐民要术》中,也出现了素菜的制作方法。唐代已有花样素食。北宋都市中出现了市肆素食,有专营食素菜的店铺。明清时,素食的发展生机勃勃,尤其到了清代,终于形成宫廷素食、寺院素食和民间素食三大支系,如今也被人们简称为宫素、佛素和民素。

(1) 绿柳居素食烹制技艺

南京绿柳居菜馆始建于清末,是一家有百年历史的中华老字号名店。

绿柳居的素菜、素点上承六朝余绪,下应时令风尚,吸纳宫廷、民间和寺院素食的技艺精华,以用料广泛、选料精细、做工考究、花色繁多、烹调方法多样、形态逼真而著称,注重"以素托荤",口味独特,具有鲜、嫩、烫、脆、香之特色,更有"水八仙""旱八仙"等南京的时尚野蔬。其代表为绿柳素菜包。包子皮系用精制面粉经酵母发酵,馅系用江南特有的矮脚黄青菜、香菇、笋、豆腐干、芝麻、金针菇等几十种材料精制而成。包子外皮如凝脂,松软有劲,馅心碧绿,略香微甜。此外,象形菜的制作,尤其是由绿柳居传人研制的全素宴会是其重要特色,用豆腐皮、面筋、腐竹及中药调料制作的鸡、鸭状品,从形象到质地都非常逼真。

目前,南京市成立了绿柳居非物质文化遗产工作小组,建立了绿柳居素食菜肴批发中心,并投入巨资在汤山基地建立绿柳食品配送加工厂,采取有力措施促使绿柳居素食烹制技艺不断传承和发展。

(2) 鸡鸣寺素食制作技艺

南京鸡鸣寺是汉传佛教素食制度的起源地之一,可追溯至南朝梁武帝时期(502—549),素食文化及其制作技艺经久不衰。

鸡鸣寺素食吸收了传统寺院素食、宫廷素食、民间素食的精华,在口味上除注重寺院素食的清淡爽口,还融合了其他菜系的口味,使得素食口味更加丰富。同时,鸡鸣寺素食采用绿色无公害原料,采用较为健康的烹饪方式,保持素菜的原汁原味,符合人们对健康的追求。

2009年6月,南京市申报的绿柳居素食烹制技艺被列入第二批江苏省非物质文化遗产代表性项目名录,项目编号为JSⅦ-56;2016年1月,南京市玄武区申报的素食制作技艺(鸡鸣寺素食制作技艺)被列入省级扩展名录。

55. 清真菜烹制技艺(马祥兴清真菜烹制技艺)

马祥兴清真菜馆相传清道光年间(1821—1850)由回民马思发创立,现已是中华老字号。

马祥兴清真菜巧妙地将江南丰富的鸡、鸭、鱼、虾等地产资源开发利用,创造性地将北方回食与江南民情相融合,在保留清真本色的同时,使色、香、味、形地域化,形成具有南京特色的回民清真菜系。马祥兴清真菜选料严谨、工艺精巧、形态逼真、火候精到、口味独特、器皿恰当,凝结着历代厨师的心血和智慧。其中,第三代传人马德铭创制的美人肝、松鼠鱼、凤尾虾、蛋烧卖四大名菜,以及红烧牛筋、锅贴干贝、凤尾鸭舌、锅贴牛肉、煨鸭掌等几十道新菜久负盛名,初步形成了马祥兴清真系列菜谱。

2009年6月,南京市鼓楼区申报的马祥兴清真菜烹制技艺被列入第二批江苏省非物质文化遗产代表性项目名录,项目编号为JSⅦ-57。

56. 陆稿荐苏式卤菜制作技艺

陆稿荐卤菜于清康熙二年(1663)由陆稿荐初创,起初是一家普通的肉铺。店主将店设在苏州东中市崇真宫桥堍,专营生、熟肉。陆稿荐发展至今,招牌卤菜包括五香酱肉、秘制酱鸭、酒焖汁肉和进呈糖蹄等。五香酱肉又称"苏州酱肉",相传自"东坡肉"演变而来,以咸甜相宜、软糯鲜香而著称。制作时以太湖产的生猪为原料,烹制后皮薄金黄、膘白肉红、咸淡适中、鲜美宜人,食之可谓满口生香。秘制酱鸭呈琥珀色,甜中带咸,味鲜肉嫩,是苏州人酒桌上常见的佐酒佳肴。制作时以肥嫩皮白、重 4—5 斤的苏州娄门大鸭和太湖鸭为原料,烹制后皮红香甜、肥嫩而味美,食之齿颊留香。酒焖汁肉即酱汁肉,系用红曲米着色,具有"色泽桃红、甜而不腻、酥而不烂、入口而化"的特点。进呈糖蹄是陆稿荐卤菜中的一绝,传说是为乾隆下江南时特别精心烹制而得名。制作时要经腌制、沸水氽及旺火、中火等多个步骤。

陆稿荐苏式卤菜继承了苏式卤菜独特的香、糯、酥、甜风味,色、香、味、形俱佳,被誉为"苏帮卤菜第一灶",且四季时令,各有特色,成为吴地美食文化中的亮点。

2009 年 6 月,苏州市申报的陆稿荐苏式卤菜制作技艺被列入第二批江苏省非物质文化遗产代表性项目名录,项目编号为 JSⅦ-58。

57. 豆腐制品制作技艺

豆腐传统制作技艺是指豆腐的各种加工制作方法,豆腐经煎炒炖煮,制成各种制品。豆腐制品营养丰富,味美可口,经济实惠,可以作为小菜、零食。

(1) 苏式卤汁豆腐干制作技艺

卤汁豆腐干是苏州著名的传统小吃,已有 90 年的历史,由原籍仪征的祝季中创制,现在由苏州食品厂生产。苏州食品厂前身为"老津津牛肉工场","津津牌"卤汁豆腐干由此得名。

苏式卤汁豆腐干使用传统技法精心制作而成,卤汁丰富。精选的黄豆经清洗、浸泡、制浆、煮浆、凝固成型、压榨、切片、油炸、卤制、包装、杀菌、冷却等多道环节,最终包装而成型。其中,油炸和卤制是关键环节,直接影响着成品的口味。加工时,不仅要求白胚含水量适度,还要保证油片的氽发,白胚厚薄要均匀,经过划小后的块形需整齐。配方和烧煮也十分讲究，烧煮过程中要不停翻拌，使油片吃卤均匀，出锅冷却时也要不停翻拌，使所有卤汁全部吃进成品中，以形成吃口透味、外表光亮的效果。苏式卤汁豆腐干兼具苏州卤菜和蜜饯两大风味特色，既可作为茶食、休闲小吃，又可作为餐桌上的冷盘，是苏州传统茶食小吃中的佳品。

(2) 界首茶干制作技艺

高邮界首陈西楼的五香茶干，久负盛誉。相传乾隆皇帝下江南，路经界首，闻岸上香味扑鼻，叫差役查询，原来是煮五香茶干的香味。乾隆帝品尝后大为赞赏。从此，界首茶干便被列为贡品，名扬四方。1927年，界首茶干荣获西湖博览会金奖。

五香茶干以黄豆为主要原料，辅以大茴、小茴、花椒、莳萝、丁香、山柰、桂皮、香叶、酱油、白糖、食盐等。首先浸泡黄豆，并经过去杂清洗、磨浆、滤浆、复滤、烧浆、点浆、脱水、灌包、轻压、紧包、压干、剥干、漂白、浇清油、分筛晾干、余油上色等多道工序制成茶干，再经质检分级、真空包装、消毒灭菌等工序后包装入库。其中最关键的程序是灌包，即用专制的铜勺在大缸里舀出"豆腐脑"填入小蒲包，旋紧蒲包后放在木板上，一块木板上大概可以放80个小蒲包，每10板为一叠，加力压制，将豆腐脑中的水分挤出，茶干初步成型后将蒲包剥去，再进行提白去味、熬煮入味。界首茶干成品呈扁圆形，色泽酱红，肉细嫩黄，颇似鸡肉，清香可口。

(3) 横山桥百叶制作技艺

百叶亦称千浆皮子、豆腐皮、千张等，是一种传统豆制品。常州武进地区的横山桥百叶制作技艺可追溯到清乾隆年间(1736—1795)。目前，横山百叶已成为常州代表性的豆制品。

制作百叶所需工具包括石磨、百叶盒子、淘箩、压杠、土灶、白坯布、布筛、石膏、水桶、水缸等。原料需选用蛋白质含量高、出浆率高的优质黄豆，用干净的河水浸泡以增加韧性，继而进行磨浆、沥浆、煮浆等工序，再经核心工序点花，最后经手工浇铸和压榨，一张厚薄适度、清香四溢的百叶便制作而成。每道工序均要掌控好用时长短，用料、数量、火候等要素也直接决定着百叶的口感质量。

(4) 白蒲茶干制作技艺

如皋白蒲茶干制作技艺可追溯到清康熙年间(1662—1722),以黄豆为主要材料,配以卤水、食盐、三伏酱油以及名贵香料 20 余种,经浸泡脱皮、点浆预制和煮制等 13 道工序制成。先将精选过的黄豆用清水浸泡脱皮,随季节气温变化进行调整,然后将浸泡过的黄豆碾皮、去皮、磨浆、扯浆、点浆预制,使之结晶成豆腐坯并上榨机压榨。煮制则分两次,先将成型后的白坯茶干煮制,去掉泔水后,加入三伏酱油和 20 余种名贵香料等配料,进行第二次煮制,使之达到色、香、味俱全,再用关丝草扎成双十字,每扎重 75 克,这样制成的白蒲茶干呈淡咖啡色、色泽鲜美、味正香醇、细腻筋韧、久食不厌,既可冷食凉拌,也可荤烩素炒,是人们馈赠亲友的礼品和外出旅行携带的方便食品。

2009 年 6 月,苏州市、高邮市、常州市武进区申报的豆腐制品制作技艺(苏式卤汁豆腐干制作技艺、界首茶干制作技艺、横山桥百叶制作技艺)被列入第二批江苏省非物质文化遗产代表性项目名录,项目编号为 JSⅧ-59;2011 年 9 月,如皋市申报的豆腐制品制作技艺(白蒲茶干制作技艺)被列入省级扩展名录。

58. 酱菜制作技艺

酱菜制作技艺是把新鲜蔬菜用食盐腌渍成咸菜坯,再压榨或用清水浸泡以降低咸度,将多余盐水(盐分)拔出,盐度降低后,再用不同的酱(黄酱、甜面酱等)或酱油进行酱制,使酱中的糖分、氨基酸、芳香气等渗入到咸菜坯中,使之成为味道鲜美、营养丰富、开胃增食、容易保存的酱菜。

(1) 三和四美酱菜制作技艺

扬州三和四美酱菜有限公司是由原扬州三和酱菜总公司和扬州四美酱品厂两个老字号合并组建的中华老字号企业。公司主要生产酱菜、腐乳、酱油、花色酱等系列调味品,历史上三和四美酱菜曾获巴拿马博览会、西湖博览会、南洋物产交流会金奖。中华人民共和国成立后又获国家产品质量银质奖,并多次获得部优、省优产品称号。

三和四美牌乳黄瓜、什锦菜、宝塔菜、香菜心等系列酱菜,具有鲜、甜、脆、嫩四大特色。制作极其讲究材料的收购季节和品种规格,如采乳黄瓜必须是在清晨,瓜上带花,每斤需在25条以上。酱菜制作工艺十分复杂,主要有制曲、选料、腌制、切制、拔水、酱制、配卤等工序。其中腌制时每隔12小时翻缸一次;在酱制的10多天中,每天翻缸捺袋,使菜坯充分吸收酱中的营养及风味。制成的酱菜既保持瓜果蔬菜的清香味,又有浓郁的酱香味,甜咸适中、色泽明亮、外形美观。

目前,三和四美酱菜畅销国内各地,还远销日本、美国、菲律宾、新加坡、马来西亚等国家和港澳地区。

(2) 常州萝卜干腌制技艺

常州萝卜干是常州代表性土特产之一,其历史可追溯至宋代,明清时期被列为贡品。

常州萝卜干选用常州地产红萝卜,配以小茴香、甘草、桂皮、丁香、甜蜜素、精制海盐和50度以上高粱酒,经洗净、开片、腌制、曝晒、装坛、翻身、装坛封口等工序而成。腌制成的萝卜干外形瓢状、色泽金黄、细嚼无渣、纤细脆嫩、咸甜适口,不仅是人们佐餐的小菜,还是馈赠佳品。

目前,常州玉蝶特产食品厂生产的玉蝶牌五香萝卜干、常州市钟新生态农业有限公司生产的新闸牌萝卜干和铁驼酱品厂的铁驼牌萝卜干等都保留了该技艺特色。

(3) 甪直萝卜制作技艺

苏州的甪直萝卜原名"源丰萝卜",制作技艺始创于清道光年间(1821—1850)。

甪直萝卜选料考究,工艺繁复,周期需整整一年。成品无渣无丝、酥而不烂、脆而不硬、久藏不坏。在制作过程中必须坚持三要素:一是腌制要用酱黄糕,发酵后能吊鲜;二是萝卜腌制必须经过"三套三晒",使咸甜适宜的酱汁浸润其中;三是起缸时还要有几个好日头,萝卜经过日晒产生微妙的生化反应后,味道会更香,口感会更脆。

2009年6月,扬州市、常州市钟楼区申报的酱菜制作技艺(三和四美酱菜制作技艺、常州萝卜干腌制技艺)被列入第二批江苏省非物质文化遗产代表性项目名录,项目编号为JSⅦ-60;2016年1月,苏州市吴中区申报的酱菜制作技艺(甪直萝卜制作技艺)被列入省级扩展名录。

59. 淮安茶馓制作技艺

茶馓是江淮地区的传统点心,以淮安茶馓最负盛名,1997年被认定为首批中华名小吃。淮安茶馓创于清代后期,因为当时茶馓做得最好的人姓岳,故又名"岳家茶馓",又因为岳氏的家宅靠近淮安城鼓楼,所以也有人称其为"鼓楼茶馓"。

茶馓是用红糖、蜂蜜、花椒、红葱皮等原料熬成的汁液和适量的鸡蛋、清油和面,然后反复揉压,捻成面团,搓成粗细匀称、盘连有序的环状物放入油锅炸至棕黄色即成,成品色泽嫩黄、造型秀丽、松酥香脆。

在淮安当地,岳家茶馓、淮安食品厂等仍坚持该项技艺的保护和传承。而在江淮地区许多饭店和早点铺,馓子也已成为常见食品,随时可以买到。茶馓既可干吃,也可用水泡着吃。干吃时大多作佐酒小菜,而用水泡着吃时,只需用开水冲泡数分钟,待其全部泡开以后,便可食用。

2009年6月,淮安市申报的淮安茶馓制作技艺被列入第二批江苏省非物质文化遗产代表性项目名录,项目编号为JSⅦ-61。

60. 靖江肉脯制作技艺

猪肉脯源于新加坡,1928年传入广东,1936年广东汕头商人沿长江西上,了解到靖江猪源丰富,便落户靖江创办了食品厂。经过80多年的不断发展,靖江猪肉脯国内市场占有率达60%,并远销海外。

靖江肉脯以新鲜猪后腿纯瘦肉为原料,剔去筋绊,切成薄片(一斤约12条),放在酒、醋、盐、香料溶液中拌腌一夜。待入味后,锅上旺火,放入腌肉及其调味汁,加清水少许烧沸,小火煨烂,再用大火收汤。待酒尽醋干,用绳子穿起来挂在通风阴凉处晾干收贮供食。制成的肉脯形方正、色棕红,透明莹亮、流辉溢彩,口味甜中带咸、咸而发鲜,兼有鱼、肉两者之味美。

2009年6月,靖江市申报的靖江肉脯制作技艺被列入第二批江苏省非物质文化遗产代表性项目名录,项目编号为JSⅦ-62。

61. 常熟叫化鸡制作技艺

常熟叫化鸡制作技艺以常熟王四酒家为代表,其叫化鸡制作技艺又名"王四酒家叫化鸡制作技艺",由王四酒家创始人王祖康(王四)首创。

常熟叫化鸡选用的是放养的草鸡,鸡身外贴网络油,内料用上等火腿、松蕈、虾仁等物,配以丁香等香料,采用泥烤法煨制。其制作流程为:将鸡活杀去毛,翅下开一小洞去除肚杂,倒挂吹干,沥净水分,用菜油、料酒、精盐、葱姜腌渍,再将香菇、火腿、鲜肉和干贝、开洋、冬笋丁等均匀地从鸡翅下开的小洞填入鸡肚内,用鸡头把小洞堵住。将丁香等天然香料粉铺在荷叶上做底,放上高温纸,再摊开新鲜的小荷叶,放姜片、葱段,将鸡置于其上,紧包鸡身,用细草绳捆扎呈枕形,然后用泥糊作茧状,再用松木煨烘,控制炉温与湿度。因为在烹调过程中密封性好,传热慢,所以成品鸡原形完整。

食用时敲开泥壳,荷叶随壳脱落。松枝、丁香和荷叶飘散出诱人的清香。趁热在色泽棕红、油润光亮的叫化鸡上淋入香麻油,配以葱白,佐以秘制蘸酱,入口酥烂肥嫩、风味独特。

2009年6月,常熟市申报的常熟叫化鸡制作技艺被列入第二批江苏省非物质文化遗产代表性项目名录,项目编号为JSⅦ-63。

62. 沛县鼋汁狗肉烹制技艺

沛县鼋汁狗肉烹制技艺可追溯到秦末,相传由樊哙发明。

烹制技艺有三大环节:一是屠狗,即采用活狗现杀方式,保持狗肉的鲜美;二是采用传统的秘方进行烧制;三是与河中老鼋同锅秘制。成品鼋汁狗肉呈酱红色,色泽鲜亮、味美醇香,肉质韧而不挺、烂而不腻,可谓色、香、味俱佳。沛县因此而成了古今闻名的"狗肉之乡"。沛县狗肉以凉食为主,食时用手撕肉不用刀切,其味尤佳。

近年来,为更好保护和传承这一技艺,沛县成立肉制品公司,采用现代化与传统技艺相结合的生产工艺,进行规模生产,不仅满足了人们的平常食用,也被频频端上高档宴席。2010年3月,农业部正式批准对沛县狗肉实施农产品地理标志登记保护。

2009年6月,沛县申报的沛县鼋汁狗肉烹制技艺被列入第二批江苏省非物质文化遗产代表性项目名录,项目编号为JSⅧ-64。

63. 镇江肴肉制作技艺

肴肉,又名水晶肴蹄,是镇江的传统名菜,淮扬菜中的代表冷盘,流传于江淮一带。肴肉与锅盖面、香醋被并列为"镇江三怪"。

肴肉制作流程十分讲究,有选料、洗蹄、去毛、剔骨、洒硝水、腌制、浸泡、换水、去涩味、加香料和煮沸等工序。选料严格,需选用1.5—2千克的新鲜猪前蹄,因猪前蹄脂肪少、瘦肉多、韧性足。将鲜猪蹄破开,去毛除骨,洗刷干净,用铁杆戳松,再于皮面和肉面擦上一遍细盐,放入缸内腌制。通常春、秋两季腌3天,夏季腌1天,冬天腌7天,腌好后起缸,先用冷水洗泡,再加少许明矾水洗刷干净,使肉质洁白鲜嫩,便可下锅烧煮。先用旺火烧开,翻身一次,改用文火继续烧煮,使锅内水卤保持在95℃左右,焖煮2—3个小时,最后取出装入盒内,撇去锅中油层,将酱汁浇在蹄上。将猪蹄2只一对叠起,压20分钟,翻换一下位置,再压1小时左右,经冷却后即成水晶肴肉。

肴肉虽是凉菜,但非同于一般熏腊之类。它精肉绯红,虽凉但酥嫩易化,食不塞牙;肥肉去脂,食之不腻;胶冻透明晶亮,柔韧不拗口,不肥不腻。既可以是宴席上的冷盘,也是江淮一带早茶必点的佐餐,配上姜丝,略加香醋,更有一番滋味。

2009年6月,镇江市申报的镇江肴肉制作技艺被列入第二批江苏省非物质文化遗产代表性项目名录,项目编号为JSⅧ-65。

64. 刘长兴面点制作技艺

刘长兴是南京的老字号小吃,以经营各式特色包子面条为主,始建于清末。1997年获中国烹饪协会"中华名小吃"认定,2000年获"中华名点"的称号。

刘长兴面点制作技艺包括制面、制馅、擀皮包制、制面卤、制面浇、制汤、制油酥等工序。面点主要有薄皮小笼包子、蟹黄小笼包、五仁馒头、大肉面、鳝鱼面和熏鱼面等。其中最著名的是薄皮小笼包子,一改一般酵面制皮易捅破的缺点,在缩小包子体积的同时保留了多汁的口感。面条质白光滑紧密,入锅经煮不烂,出锅爽滑筋道,加入自调面卤,味浓鲜香,色、香、味俱全,营养丰富。

2009年6月,南京市申报的刘长兴面点制作技艺被列入第二批江苏省非物质文化遗产代表性项目名录,项目编号为JSⅧ-66。

65. 汤面制作技艺

汤面指加调料、菜肴、面条煮熟的汤品,主要是以汤为主的面食。一般认为,北方以面食为主,而南方则以米饭为主。然而随着经济重心的南移和士人南渡,江苏各地均有制汤面、食汤面的习惯。

(1) 昆山奥灶面制作技艺

昆山奥灶馆是中华老字号,奥灶面是苏州代表面食之一。关于"奥灶"二字,历来众说纷纭,比较可信的说法是颜复兴面馆又又旧,黑咕隆咚,店主陈秀英年纪大后手脚慢,眼睛不仔细,因此被老吃客戏称为"鏖糟面"。鏖糟是昆山土语,就是不太干净的意思。根据"奥妙在灶头上"的意思和谐音,后来正式定名为"奥灶馆"。

奥灶面的制作注重"五热一体,小料冲汤",讲究"原汁原味香头浓"。"五热"是指面热、汤热、油热、浇头热、碗热。奥灶面的老汤以红油和鸡骨架、虾皮、鳝骨、螺蛳、青鱼鳞片等配以佐料熬制而成,配方独特。熬制好的老汤浓而不腻,淡而不薄,味道鲜美异常,可循环使用。加料前,要煮沸面碗,以确保上桌时面的温度,接着按顺序进行加料,并采用小汤冲的办法,以保持原汁原味。红油是氽过爆鱼的菜油,又称"老油",奥灶面的红油呈咖啡色,酱香扑鼻,久食不厌。爆鱼浇头用青鱼制作而成,需盛放在瓷盘里,卤鸭浇头则要用昆山大麻鸭做老汤烹煮,食之肥而不腻。所用的工具如灶头、灶具要兼备下面、温浇头、烫碗、加红油等多种功能。龙须面用上好的精白面和水加工而成,下锅时要紧下快捞,使之软硬适度,细腻柔顺,吃口滑爽。

(2) 镇江锅盖面制作技艺

镇江三怪是指"香醋摆不坏、肴肉不当菜、面锅里面煮锅盖",其中第三怪就是镇江锅盖面,也称镇江小刀面。

锅盖面风味独特,经跳面、下面、拌头等工序制作而成。其中跳面技艺十分独特,即用手工揉面成团,放置在案板上,用一竹杠,一端固定于案板,人坐在竹杠另一端,上下颠跳,将面团打压成极薄的面皮,切成面条。下面,则是在面条入大锅后,用一只小白木锅盖压在面汤上,即所谓"面锅里煮锅盖"。这样使面条透气,易于清除浮沫,保持面汤不浑浊,不黏结,不散乱,不会煮烂。拌头,即与下好的锅盖面搅拌一起的食料,如肴肉、猪肝、牛肉、长鱼、鸡蛋、鲜笋、青椒、川芎、小青菜等。最后,用一种特别熬制的调料加入汤头中,以使面条口味鲜美。

整个制作过程较为原始、粗犷、简单,但具有很强的观赏性,可以让人们了解到传统工艺制作的整个过程。锅盖面价格低廉、营养丰富,现做现吃,已成为镇江乃至周边民众饮食中不可缺少的一部分,并成为镇江城市名片之一。

(3) 东台鱼汤面制作技艺

东台鱼汤面与其他种类面条的差别在于汤。外地的面汤一般是清汤、鸡汤、虾米汤、骨头汤等,而东台鱼汤面制汤的主要原料是鳝鱼骨和鲫鱼。将鳝鱼骨洗干净后入锅,用少量猪油煸透,再将炸酥了的鲫鱼与鳝鱼骨一同入锅煮沸。待热汤滚沸后,再改以小火慢慢熬煮成汤,汤白汁浓,滴点成珠,清爽可口。

东台鱼汤面不仅味道鲜美,还具有较好的养生作用,当地百姓常说"吃一碗,想三年","吃碗鱼汤面,赛过老寿星"。

2009年6月,昆山市、镇江市申报的汤面制作技艺(昆山奥灶面制作技艺、镇江锅盖面制作技艺)被列入第二批江苏省非物质文化遗产代表性项目名录,项目编号为JSⅧ-67;2016年1月,东台市申报的汤面制作技艺(东台鱼汤面制作技艺)被列入省级扩展名录。

66. 汤包制作技艺

汤包也叫灌汤包,是馅中含有汤水的包子,是一种著名的汉族特色小吃。制作原料主要有面粉、温水、猪五花肉等。汤包早在北宋市场上已有售卖,当时称灌浆馒头或灌汤包子。

(1) 楚州文楼汤包制作技艺

楚州文楼汤包制作技艺相传清嘉庆年间(1796—1820)由淮安文楼饭店创制。

楚州文楼汤包制作号称有"三绝":一是面皮薄如纸,透亮明澈;二是馅料丰富,由蟹黄、老母鸡汤、鸡丁、肉皮、肉块、虾米、香料、绍酒拌制而成;三是馅汁鲜美,将制成的汤馅冷却凝固,再将凝固的汤馅捏入包内,入笼中蒸后即成馅汁。制作面皮时,在白面中加入适量食碱与水,经反复推叠,待面有劲后搓成条子,摘成小剂子,用小面杖擀成极薄的直径约5寸的圆面皮。接着在面皮内包入馅芯,左手夹住,右手推揉,使馅子紧密,摘去剂头,包成腰圆形,包子口则捏成菊花形,留有缝隙,露出馅芯。最后将汤包放入笼内,在沸水锅上蒸熟,火候需恰到好处。待汤包出笼时,用右手五指分开,卡住汤包四周,用左手端碟,右手将包子轻轻拎起,左手随即用碟子托住,手指动作需快而协调。最后,将汤包入碟,加辅料香醋、香菜、姜丝,吸而食之,鲜美可口,别有风味。

文楼蟹黄汤包颇具地域特色,对淮扬菜系的发展和饮食文化的研究具有一定的参考价值。但因其技艺独特,一直以来靠家族式和师徒传承式延续。现该技艺仅有数十人掌握,亟需采取相关措施加以解决。

(2) 靖江蟹黄汤包制作技艺

靖江蟹黄汤包制作工艺繁复,要求皮薄如纸、汤足如泉、形如玉菊、味道鲜美、不溢不破。其主要原料有高筋面粉、野生老母鸡、猪皮、猪膀骨、猪腿肉、野生河蟹等。制作工序有30多道,主要的熬汤、制馅、擀皮、包馅等技艺都需专业汤包师才能完成。工序全程需环环扣紧。一个汤包店每天供应数百近千笼汤包,要求更加严格,口味需纯正如一。蒸熟的汤包雪白晶莹,汁多味美。

1949年前,靖江较有名气的蟹黄汤包有双妹汤包、白娘娘汤包、民众茶社汤包、吴永兴汤包、姚老王汤包与公正和汤包等。中华人民共和国成立后特别是改革开放以来,靖江蟹黄汤包先后在江苏省乃至国家级食品展销会上获得金奖和最佳传统名点称号,还常被用来招待国家元首及重要来宾,为越来越多的人所知晓。其中鸿运酒楼陈士荣汤包和靖江南园宾馆南之缘汤包为最佳。

2009年6月,淮安市楚州区、靖江市申报的汤包制作技艺(楚州文楼汤包制作技艺、靖江蟹黄汤包制作技艺)被列入第二批江苏省非物质文化遗产代表性项目名录,项目编号为JSⅦ-68。

67. 扬州炒饭制作技艺

扬州炒饭渊源可追溯到隋代民间的"碎金饭"①,清嘉庆年间(1796—1820),扬州太守伊秉绶和其麦姓家厨借鉴扬州面有浇头的做法,对"碎金饭"加以改进,形成了扬州炒饭并流传至今。

扬州炒饭制作工艺复杂,包括煮饭、配制、炒制等。煮饭要求"颗粒分明、入口软糯",需做到"四要",即米好、善淘、善用火工、相水。配制用料极为讲究,鸡肉选取鸡腿,火腿用南腿,虾仁用湖虾,笋用鲜笋的笋尖,鸡蛋用草鸡蛋,青豆选色泽翠绿的鲜青豆。入葱先后要三次,使饭香、蛋香、配菜香。炒制时需急炒与翻炒结合,动作敏捷娴熟,才能使炒出的饭既烫又不焦黄。

扬州炒饭色、香、味、形俱佳,诸味融和,精炼光润,鲜香爽口,成为中国美食之代表,并享誉世界。目前,扬州炒饭正成为一种产业,不仅成为各大饭店和炒饭专业店的主要主食品种,还成为广受欢迎的速冻食品。

2009年6月,扬州市申报的扬州炒饭制作技艺被列入第二批江苏省非物质文化遗产代表性项目名录,项目编号为JSⅦ-69。

68. 平桥豆腐制作技艺

平桥豆腐制作技艺主要流传于淮安平桥镇,相传起源于清初并存续至今。在淮扬菜中,平桥豆腐是不可或缺的一部分。平桥豆腐的用料与制作讲究,所用原料包括嫩豆腐、水发海参、虾米、熟鸡脯肉、蘑菇、干贝、鸡汤、葱、姜、绍酒、盐、淀粉、麻油、青蒜和高汤等。豆腐必须为盐卤点浆而成,且要求质地细嫩,若用石膏所点豆腐则无平桥豆腐之风味。先将整块豆腐放入冷水锅中煮至微沸,去除豆腥黄浆水并捞出后片成雀舌形,放入热鸡汤中,反复套过两次。再将鸡脯肉、蘑菇、

---

① "碎金饭",也就是蛋炒饭,把饭炒得颗粒分明,皆包蛋黄,色似炸金,油光闪烁。相传发明人为隋朝越国公杨素。

海参均切成豆腐大小的片。虾米洗净,用温水泡透,干贝洗净,去除老筋,入碗内,加葱姜、绍酒、水,上笼蒸透取出。将炒锅烧热,放油,投入配料、高汤、干贝汁,烧沸后将豆腐捞入锅中,加精盐、绍酒、味精,沸后用淀粉勾芡,淋入麻油,豆腐出锅盛入碗中,撒上青蒜末即成。豆腐制成后,其白如纯玉,细如凝脂,质地柔嫩。一碗上好的平桥豆腐做成后,不见热气,但十分烫嘴,其形、色、味皆与众不同,食而不腻,回味无穷。

2009年6月,淮安市楚州区申报的平桥豆腐制作技艺被列入第二批江苏省非物质文化遗产代表性项目名录,项目编号为JSⅦ-70。

69. 如皋丝毯织造技艺

丝毯传承2000多年。如皋丝毯具有地方独特风格,主要分布在如皋市如城镇,曾一度扩展至如皋市建设、大明、磨头、场南、高井、江安、丁堰等乡镇。

如皋丝毯以优质野生榨绢丝为原料,以独特的手工打结方法达到画面分色、套色、韵色、跳色等效果,最后成品具有真丝光泽,色彩凝练艳丽,毯面平整光洁的特点。它是目前全国唯一以丝毯工艺制作的挂毯艺术品。

1973年如皋市在南方首创丝毯业务,形成了有别于北派丝毯的南派丝毯风格。1981年,如皋市博艺丝毯有限公司与中央工艺美术学院(现清华大学美术学院)合作开发现代艺术挂毯。2002年如皋丝毯艺术博物馆建立。

2011年9月,如皋市申报的如皋丝毯织造技艺被列入第三批江苏省非物质文化遗产代表性项目名录,项目编号为JSⅦ-71。

70. 南通扎染技艺

南通扎染起步于20世纪70年代,是日本扎染技术回流到中国的结果。扎染古称扎缬、绞缬、夹缬或染缬,是古代中国民间传统染色工艺,但扎染技术在中国渐渐失传。20世纪70年代,以焦宝林为代表的匠人在南通实现了扎染工艺的复兴。

扎染工艺分为扎结和染色两部分,通过纱、线、绳等工具,对织物进行扎、缝、缚、缀、夹等多种形式组合后进行染色。其工艺特点是用线在被印染的织物打绞成结后,再进行印染,然后把打绞成结的线拆除。扎染有100多种变化技法,各有特色。如其中的"卷上绞",晕色丰富,变化自然,趣味无穷。更使人惊奇的是扎结每种花,即使有成千上万朵,染出后却不会相同。

南通扎染技艺不仅是对传统技法的继承,而且还有了长足的进步。在扎法上,南通扎染匠人通过学习各个国家的先进扎法,相继演变出"折缝""小帽子""饼儿花"等技法,丰富了扎染艺术表现力。在染色技艺上,又通过多次染、泼染、点染、浇染、晕染、手绘等染色方法的变化,极大丰富了色彩效果。南通扎染技艺还加入绘画技巧,成为绘画作品的承载品。

2011年9月,海安县申报的南通扎染技艺被列入第三批江苏省非物质文化遗产代表性项目名录,项目编号为JSⅦ-72。

71. 南通勾针技艺

勾针技艺是指以勾针为工具,以棉线、毛线、丝线等为原料,编织而成的民间实用工艺品。南通勾针技艺历经了一个从发髻网、发罩(又称压发帽),到桌布、沙发套花边,再到粉扑、水烟台套、童鞋、服饰制品的发展创新过程。尤其勾针衣融勾、绣、镶、嵌、补、缀等各种技法于一体,人物、山水、花卉、翎毛,各种花纹图饰均可勾结。花型清秀,立体感强,既有传统工艺的庄重和典雅,又有现代艺术的华丽和飘逸。

近年来,随着人们生活水平的提高和传统文化的复苏,勾针衣深受消费者青睐。海安城东镇石庄村抓住这一商机,通过"公司＋农户"的形式建立起勾针衣加工产业链,产品畅销海内外,成为农民致富新亮点。

2011年9月,海安县申报的南通勾针技艺被列入第三批江苏省非物质文化遗产代表性项目名录,项目编号为JSⅦ-73。

72. 青铜器修复与仿古技艺

青铜器修复与仿古技艺上承南宋时期杭州的姜娘子、平江的王吉等人,经过多年发展,现流传于江苏苏锡常及宁镇一带,以南京博物院青铜修复室群体为杰出代表。

青铜器修复与仿古技艺主要用于修复残破、变形、残缺的青铜器,同时为满足展览、收藏和文化产业的需要仿制古代青铜器。其中,仿古技艺包括四个方面。一是在青铜上錾饕餮纹饰,在石膏上刻饕餮、夔纹等纹饰;二是打洋膏制膜,制石膏哈夫模和石膏活模;三是翻砂浇铸铅锡合金、失蜡浇铸青铜器;四是使用漆片和传统的植物酸仿古青铜中水银沁、西瓜绿、枣皮红、生坑、熟坑等古青铜的颜色。

几十年以来,南京博物院运用传统的青铜修复与仿古技能,不仅为本单位、本省,而且为浙江、江西、湖北、河南、广东、安徽等省的兄弟博物馆修复了出土的残破青铜器1000多件,仿古青铜器2000多件,为保护和发扬历史文化遗产起到了积极的作用。

2011年9月,南京博物院申报的青铜器修复与仿古技艺被列入第三批江苏省非物质文化遗产代表性项目名录,项目编号为JSⅧ-74。

73. 南通铜香炉浇铸技艺

南通铜香炉浇铸技艺指的是仿制明代宣德炉的技艺。宣德炉是明宣宗朱瞻基时期使用暹罗国进献风磨铜开炉铸造的宗庙祭祀所用鼎彝和内府日常炉具。其冶炼方法十分讲究,铜香炉质地晶莹、分量沉重、制作精细、造型古朴,可谓前无所师法,后无能为继。南通民间工艺家经过多年摸索和千百次的失败,终于掌握了失蜡法的工艺技术,破解、复活了一项传统的手工技艺。

南通铜香炉浇铸技艺包括制图、雕蜡模、装浇口、上料、煮蜡、烘烤模、浇铸打磨和做旧等10多道工序,全手工制作,做一只香炉要耗时1个月左右,其间不能有丝毫疏漏。所谓失蜡法,即先用蜡制成模,再外敷焙烧材料,做成整体铸型,然后通过加热将蜡化去,形成空腔铸范,再浇入铜等液态金属,冷却后将多余的部分锯掉,经打磨处理,得到成型铸件。

2011年9月,南通市崇川区申报的南通铜香炉浇铸技艺被列入第三批江苏省非物质文化遗产代表性项目名录,项目编号为JSⅧ-75。

74. 谢馥春"香、粉、油"制作技艺

中华老字号扬州谢馥春香粉铺是中国第一家民族化妆品企业,其历史可追溯

到清道光十年(1830)。创始人谢宏业取"谢馥春"为店名,谢为姓,汉语中有凋零衰败之意,故加馥春二字,寓意回春。清末,原扬州香粉名店戴春林、薛天锡两家因后继无人相继倒闭,谢馥春一枝独秀,并聘请了原戴春林的技术工人,集众家之长,对传统工艺不断创新和开发。香、粉、油产品广为畅销,谢馥春也成了扬州城里城外家喻户晓的金字招牌。至1956年公私合营,谢馥春经历了谢氏家族五代人的苦心经营。

谢馥春的传统产品香件、香粉、冰麝头油,通称谢馥春"三绝"。谢馥春香粉以形似鸭蛋而闻名于世,精选米粉、豆粉,采取"鲜花熏染、冰麝定香"工艺精制而成,具有轻、红、白、香之特点,在清代为皇室贡粉,百姓冠称"宫粉"。

2011年9月,扬州市申报的谢馥春"香、粉、油"制作技艺被列入第三批江苏省非物质文化遗产代表性项目名录,项目编号为JSⅦ-76。

75. 建湖花炮制作技艺

花炮是建湖传统的特色产业,明末清初,建湖李家庄李逸仙善于制作鞭炮、焰火。此后代代相传,成为远近闻名的花炮世家。

李家花炮的品种有高空焰花、手持焰花、地面焰花和鞭炮四大类。特色花炮有天女散花、彩蝶飞舞、九条龙等。点燃后如流星飞箭,腾空时喷射九道彩光,犹如九龙抢珠,深受欢迎,远销全国各地。

从民国年间几百农户家庭作坊到中华人民共和国成立后合作化时期的鞭炮业生产合作社,再到工厂化花炮企业集群,目前建湖全县拥有花炮生产企业18家,年产量110多万箱,产品内销北京、上海等地,外销世界五大洲30多个国家,出口产品总量位居国内同行业第三,产品质量连续15年名列国内同行业第一,深受消费者的青睐。

2011年9月,建湖县申报的建湖花炮制作技艺被列入第三批江苏省非物质文化遗产代表性项目名录,项目编号为JSⅦ-77。

76. 兴化水车制作技艺

兴化地处里下河低洼地区,避旱涝之灾是农业生产的重中之重,兴化农民在长期农业生产实践中创造了兴化水车,作为引水御水的主要农具。

兴化水车以人力和风力为动力,据此可分为脚车、泼车(手摇、手杆车)、风车、洋车等。按材质则可分为木车和铁车。兴化原始的水车由车身、地轴(俗称跨轴或滚轴)和车架等部分组成,又发展出手推式、手摇式、脚踏式、自然风式等水车。

随着生产力的发展,水车逐渐退出农耕舞台。今天的兴化水车经过挖掘研究,传承和保留了古代兴化水车的传统制作工艺,并赋以新的价值内涵,成为人们观赏和锻炼的新型游乐水车。

2011年9月,兴化市申报的兴化水车制作技艺被列入第三批江苏省非物质文化遗产代表性项目名录,项目编号为JSⅧ-78。

77. 宜兴青瓷制作技艺

宜兴青瓷以瓷质细腻、线条流畅、造型端庄、色泽纯净著称于世。据已有考古发现和研究,宜兴青瓷诞生于东汉晚期,是中国最早的瓷器之一,并在南北朝时期达到了极高水平,青瓷窑口在南宋初期停烧。1961年,江苏省相关部门立项复烧宜兴青瓷,并于1964年复烧成功。在20世纪70—80年代,宜兴青瓷与浙江龙泉青瓷并驾齐驱,是国内顶尖的两大青瓷品类,并多次承担了国礼任务。20世纪90年代,宜兴青瓷逐步衰落。

21世纪初开始,一批宜兴青瓷的原工艺人员开始重新恢复青瓷生产制作。经过十几年努力,现在宜兴青瓷已经重新成为一种珍贵瓷器。在历史上经历过两次断代和艰难复兴,宜兴青瓷生命力愈发弥坚。

2011年9月,宜兴市申报的宜兴青瓷制作技艺被列入第三批江苏省非物质文化遗产代表性项目名录,项目编号为JSⅧ-79。

78. 拓印技艺

拓片是用纸从碑刻墓志、画像砖石及青铜器、陶器、玉器等器物上拓印下来的书法美术作品。拓印技艺指的是拓制拓片的方法技巧,至今已有1000多年的历史。江苏省内以苏南拓印技艺为代表。

苏南拓印技艺在全面继承传统拓印技法的基础上,开创出了一套适合苏南地区特殊的人文环境和气候因素的拓印技法,对纸张的湿度、朴子的材质、填拓的分寸、拓片的色泽、拓片的揭取,皆有独到的选择与处理。这种技艺不仅能拓印苏南地区室外石刻、碑刻、摩崖等大型文物,而且对典藏文物,尤其是精致的小件文物更是得心应手。拓片品位高雅,备受藏家青睐。

2011年9月,南京博物院申报的拓印技艺被列入第三批江苏省非物质文化遗产代表性项目名录,项目编号为JSⅦ-81。

79. 太仓糟油制作技艺

太仓糟油始创于清乾嘉年间(1736—1820),一位开酱园和酒坊的商人李梧江偶发奇想在米酒中加入辛香料及佐料,封缸一年制成糟油。袁牧《随园食谱》记载:"糟油出太仓,愈陈愈佳。"《太仓州志》说:"色味俱胜,他邑所无。"

糟油作为一种调味品,可以提鲜、开胃,用以拌食禽肉和鱼虾,如糟油凤爪、糟油鱼片、糟油虾等。糟油的制作工序为选料、蒸、淋、发酵和封缸。选用无杂质、无黄粒糯米置于浸米池中浸泡,待米浸透后用清水冲洗干净,倒入蒸桶蒸,后将蒸好的米饭抬上温水池,两次淋饭。米饭淋后沥干,按配方加入汤药,搅拌均匀,挖好圆窝,然后盖上缸盖,在室温20—25℃条件下,发酵7—10天。再按配方加入清水发酵7天左右后,捞出米糟,压榨。最后将各种天然香料粉碎后和盐、焦糖等加入蜜糖中搅拌均匀,注入缸中,封缸储存,时间在一年以上。

糟油1915年在巴拿马国际博览会上获得金奖。中华人民共和国成立后,国营太仓酱厂以生产酱油为主,生产糟油为辅,糟油年生产量在50吨左右。2001年,国营太仓酱厂更名为太仓糟油食品有限公司,年生产糟油在300吨左右,"香玉"牌糟油被评为中华老字号。

2011年9月,太仓市申报的太仓糟油制作技艺被列入第三批江苏省非物质文化遗产代表性项目名录,项目编号为JSⅦ-82。

80. 太仓肉松制作技艺

太仓肉松选用新鲜猪后腿精肉,配以酱油、冰糖、鲜姜、大茴、黄酒等佐料加工而成,纤维细长、滋味鲜美,特别适合产妇、幼儿及病人食用。

清光绪十二年(1886),邑人倪德在太仓昭忠祠旁开设了倪鸿顺肉松店。《光绪太仓州志》中明确记载:"肉松制法创于倪德,以猪、鸡、鱼、虾肉为之。德死,其妻继之,味绝佳,可久贮,远近争购,他人效之弗及也。"清末民国时期,太仓肉松借太仓人文荟萃、商贾云集、民生富庶之优势,成为礼尚往来广为传颂的佳品,尤其在1915年巴拿马国际博览会获得金奖,更使太仓肉松声名鹊起,享誉海内外。倪鸿顺肉松店铺前店后坊、现炒现卖经营,1956年公私合营,1958年并入太仓食品加工厂成立肉松车间,1980年成立太仓县①食品公司肉松厂,1983年成立国营太仓肉松厂,2000年转制为太仓肉松食品有限公司。太仓肉松虽经历了经营载体变更及传承人属性改变,但太仓肉松制作技艺从古至今一脉相承并被发扬光大。

2011年9月,太仓市申报的太仓肉松制作技艺被列入第三批江苏省非物质文化遗产代表性项目名录,项目编号为JSⅧ-83。

81. 钦工肉圆制作技艺

钦工肉圆是淮安传统名小吃,相传为清康熙年间(1662—1722)督工治水的钦差大臣所创,曾经是朝廷贡品,闻名遐迩。

钦工肉圆独特的制作技艺在于肉糜的制作,不用刀斩,而用重达2千克的铁棒反复捶打,捶打的过程中要加数次水,动作要迅速,不然营养会流失。制作时,先将猪后腿精瘦肉冷水洗净,切成小块,然后用铁棍拍打成糊状。拍打时,要用力适当均匀,一气呵成。然后拌以适量肥肉和粗精盐、鸡汁、蛋清、碱粉、纯豆粉、姜葱等佐料,搅拌均匀后,再发酵4—5小时方可下锅,或氽汤或油炸,皆成美味。

淮安有民谣赞曰:"钦工肉圆摺过墙,拾起还是圆又光;掉在地上跳几跳,吃到嘴里嫩又香。"

2011年9月,淮安市楚州区申报的钦工肉圆制作技艺被列入第三批江苏省非物质文化遗产代表性项目名录,项目编号为JSⅧ-84。

---

① 现为江苏省太仓市。

82. 石港腐乳酿制技艺

因得沿海产盐之利,自明清时起,南通石港古镇就酱园繁多,从事菽乳(即乳腐)和酱腌制品生产的业者众多。清末,石港老字号酱园"裕昌祥""裕福昌""聚昌祥"吸收民间制作腐乳的特色,以传统工艺生产"红方""糟方"腐乳。南通石港古镇腐乳传承悠久,选料考究,经浸泡、蒸煮、制坯、前发酵、装灌、后发酵、整理等近20套生产工艺和4—6个月发酵周期酿制而成。

1952年,以"裕昌祥"为主的12家酱园作坊合建为"振中合营处",研制生产了麻油红方、桂花、辣方、菜包、鸡肉、牛肉等10多个品种的腐乳,其中糟方、红方腐乳尤为出色。糟方腐乳糟香浓郁、口感酥糯、乳汁清醇,麻油红方香气宜人、色泽鲜亮、风味纯正。1956年公私合营正式建厂为南通县[①]新中酱醋厂,以生产腐乳、酱油、食醋、酱菜为主。"新中"字号享誉大江南北,赢得广大消费者的青睐,2010年被认定为中华老字号。

2011年9月,南通市通州区申报的石港腐乳酿制技艺被列入第三批江苏省非物质文化遗产代表性项目名录,项目编号为JSⅧ-85。

83. 合成昌醉螺制作技艺

盐城伍佑醉螺明代就有制作,《续修盐城县志》记载"而本城之秋,伍佑之醉螺、醉蟹、虾油……尤远近所称焉"。中华人民共和国成立前,伍佑有多家老字号生产醉螺,合成昌最有名气。合成昌创立于清光绪十二年(1886),潘姓几代人在合成昌做掌作师傅,生产的醉螺、酱菜、时鲜名扬大江南北。

每年夏季,合成昌制螺师傅选取产自沿海滩涂的个大、肉厚、不淀沙的鲜泥螺,经清水浸泡后,加入曲酒、赤砂糖等拌和,每天搅动,持续7天方可食用。成品醉螺酒香浓郁、咸甜适宜、清脆爽口、细嫩鲜美,尤其是醉螺饱含的一粒乳白色油状蛋白更是鲜美无比、食之难忘,是佐餐下酒的佳肴、宾朋馈赠的礼品。

1956年合成昌的人员入股公私合营伍佑酱园,后又成为伍佑食品厂的一部

---

① 现为江苏省南通市。

分,今天改制为盐城市合成昌食品有限公司。

2011年9月,盐城市亭湖区申报的合成昌醉螺制作技艺被列入第三批江苏省非物质文化遗产代表性项目名录,项目编号为JSⅧ-86。

84. 木渎石家鲃肺汤制作技艺

"鲃肺汤"原名"斑肺汤"。斑鱼生长在太湖木渎一带,以鱼肝肥嫩、鱼肉细腻著称。"斑肺汤"采用斑鱼之肝,辅以火腿、香菇、笋片等,用鸡清汤烧制而成,风味独特,汤清味鲜。

用斑鱼肺制作各种菜肴,早在清代苏州地区就很盛行。袁枚《随园食单》记载:"斑鱼最嫩。剥皮去秽,分肝肉二种,以鸡汤煨之,下酒三份、水二份、秋油一份。起锅时加姜汁一大碗、葱数茎以去腥气。"但那时此菜并不出名,只是将其作为一种时令菜来品尝。后来,石家饭店的创始人石和尚,利用自己多年素斋经验,结合了斑鱼的美味和素斋的清淡,创制了斑肝汤,才令这道汤声名远扬。其美味受到国民党元老于右任的喜爱,又因为他误把"斑肺汤"写成"鲃肺汤",将错就错,"鲃肺汤"的名称就流传了下来。

2011年9月,苏州市吴中区申报的木渎石家鲃肺汤制作技艺被列入第三批江苏省非物质文化遗产代表性项目名录,项目编号为JSⅧ-87。

85. 徐州饸汤工艺

饸汤流传于徐州一带,以马市街的饸汤为代表。"饸"为一个生造字,音与"啥"同。据说与乾隆皇帝有关,因他问"这是啥汤",回话的厨师(或知府)不知如何回答,便把该汤命名为"饸(啥)汤"。

饸汤以母鸡、猪肘子、麦仁、猪大骨、清水为主料,配以面粉、葱、姜、八椒、花椒、盐、味精、鸡精、胡椒、中草药(大茴、小茴、丁香、陈皮、桂皮、豆蔻、白芷等)等辅料,经过数十道工序,10多个小时熬制而成。

饸汤配方独特、选料精细、营养丰富、老少皆宜,是徐州地区民众常年食用的早点之一。

2011年9月,徐州市申报的徐州饣它汤工艺被列入第三批江苏省非物质文化遗产代表性项目名录,项目编号为JSⅦ-88。

86. 秦淮(夫子庙)传统风味小吃制作技艺

南京夫子庙从六朝至今,一直是人文荟萃之地,十里秦淮的繁华景象被历代文人所讴歌,因此也就孕育了品种繁多、风格独特的秦淮小吃。

秦淮小吃品种多达上百个,有所谓"秦淮八绝"之说,包括永和园的黄桥烧饼和开洋干丝、蒋有记的牛肉汤和牛肉锅贴、六凤居的豆腐涝和葱油饼、奇芳阁的鸭油酥烧饼和什锦菜包、奇芳阁的麻油素干丝和鸡丝浇面、莲湖糕团店的桂花夹心小元宵和五色小糕、瞻园面馆熏鱼银丝面和薄皮包饺、魁光阁的五香豆和五香蛋,近年来还新增了小烧卖、小茶馓、回卤干、鸭血汤、汽锅乌鸡、油炸臭干、梅花蒸儿糕、雨花石汤圆等。这些小吃选料考究、有荤有素、甜咸俱有、形态各异、手工精细。

2011年9月,南京市秦淮区申报的秦淮(夫子庙)传统风味小吃制作技艺被列入第三批江苏省非物质文化遗产代表性项目名录,项目编号为JSⅦ-89。

87. 苏州织造官府菜制作技艺

苏州织造官府菜是苏帮菜的重要组成部分。清代康熙、乾隆两帝频频南巡,苏州织造府多次作为驻跸之地,筵宴规模和烹饪技术水平之高,把苏帮菜的制作技艺推向了顶峰。

苏州织造官府菜集苏州民间佳肴、汇缙绅之家独门制作技艺而成,具有选料讲究、刀工精细、注重火功、追求精美、食用有方等特点,有完整的系列,包括汤羹、冷菜、炒菜和热菜。选料时讲究产地、品种、节令、鲜活、大小、部位等。植物菜要新鲜,动物菜要生猛。蟹必选阳澄湖大闸蟹,银鱼必选太湖所产,鸭子以娄江麻鸭为上,白菜以胶东白菜为好,"南荡鸡头北荡藕",吴门桥虾为最上。

苏帮菜还是吴文化的重要组成部分,其精细雅致的菜肴、高雅洁净的器皿、精彩纷呈的色彩,是美食,更是艺术。

2011年9月,苏州市平江区申报的苏州织造官府菜制作技艺被列入第三批江苏省非物质文化遗产代表性项目名录,项目编号为JSⅧ-90。

88. 传统绳带编制技艺

清代中晚期,泰州高港田河已有机匠运用织造土布的技艺,专门织造绳带。20世纪60年代,田河乡张马村人聘请第三代传人赵大旺用木架织带机编织"卷烟带",并扩展到"晒图机带""梭边带"。70年代,化纤原料取代棉线,产品又扩大到"磨床带""糖果输送带"。80年代,又大批生产"安全网""安全带"等。

如今,高港是全国最大的绳索吊具生产基地,传统绳带产业分布于口岸街道田河社区、徐庄社区、戴集社区、朱营社区、张马社区和大石、徐桥、吴楼、郎庄、雅儒等村组。每个村都有技艺娴熟的师傅,称为机匠,不少家庭以此作为副业。高港还有现代化绳带企业30多家,采用新型高强化纤原料,研发出多型号高强精密吊绳,可用于吊装飞机部件、雷达乃至导弹、卫星,为航天航空、机电冶金、船舶等大型企业提供配套产品。

2016年1月,泰州市高港区申报的传统绳带编制技艺被列入第四批江苏省非物质文化遗产代表性项目名录,项目编号为JSⅧ-91。

89. 吴罗织造技艺

吴罗即吴地所产的罗,吴罗织造技艺起源于战国时期的四经绞罗技艺,以轻软著称。罗的工艺比绫、绸、缎复杂,它通过绞纱与平纹交替,经线和纬线互相纠结,纹饰十分清晰娟秀,结构复杂多变。

(1) 四经绞罗织造技艺

绫罗绸缎中的罗,相比绫、绸、缎来说更为轻薄透气,更为复杂,也是更为历史悠久的丝织物。苏州是罗的故乡,织罗技艺高超,素有"吴罗"之称。中国古代织罗技术是以二经相绞的素罗为主,战国时期出现四经绞罗,马王堆汉墓出土的丝织品中就有四经绞罗。吴罗是四经绞罗技艺,面料表面呈现出若隐若现的浮雕效果,与皮肤的摩擦小,便于散热。在古代,四经绞罗是最好的夏季服装面料。

四经绞罗织造技艺独特,有别于常规的丝绸织造技术。其无筘织造技术,通过绞综将经线绞缠,纬线穿插织造,使经线相互呈铰链状固定,以四根经线为一组,两根绞经,两根地经,四根纬纱为一循环。

近代以来,因为工艺复杂,吴罗已经濒临失传。1986年,苏州丝绸博物馆几经研究,试图恢复四经绞罗的织造技艺,但最终仅成功恢复了素罗。20世纪90年代开始,周家明、李海龙等人经多年摸索,成功恢复了吴罗织造技艺。目前,四经绞罗主要用于文物的修复与复制。

(2) 纱罗织造技艺

吴中区纺制纱罗的历史悠久。纱罗是以蚕丝为原料,全部或部分采用条形绞经罗组织织成的织物,古时多为皇家贵族所用。目前,苏州的纱罗织造技艺传人掌握着素罗、横罗、直罗、四经链式罗、二经至八经绞花罗、芝麻花罗、实地花罗、亮地花罗、妆花罗、绣花罗、挖花罗、漆纱罗、镂金罗等品种。多种罗纹在纱罗上产生色彩,织出亮花、暗花等精美图案,不仅可制作精美服饰、帘幕罗帐等日用品,还能将古今中外字画精品再现在纱罗上。与其他工艺相结合而形成的漆雕罗、镂金罗、绣花罗等还能制成艺术精品,极具审美价值。

2016年1月,苏州市工业园区、吴中区申报的吴罗织造技艺(四经绞罗织造技艺、纱罗织造技艺)被列入第四批江苏省非物质文化遗产代表性项目名录,项目编号为JSⅧ-92。

90. 传统鸟笼制作技艺

鸟笼始于唐朝,传统鸟笼制作技艺在清乾隆年间(1736—1795)已经成熟,清宫造办处组织全国能工巧匠专门为宫中制作鸟笼,其艺术品位和价值都达到了巅峰。传统鸟笼的制作根据地域和特色衍生出几大派系,包括北笼、南笼、广笼、川笼。

(1) 扬派雀笼传统制作技艺

扬州教场有雀笼巷,是古代扬州雀笼制作行业繁盛的见证。清代李斗《扬画舫录》说:"笼之价值,贵者如金戗盆,中铺沙矶石,令雀于其上鼓翅,谓之'打蓬'。若画舫中,每悬之于船楣,以此为戏。"雀笼制作技艺随笼养之风而不断发展,在扬州形成了雅俗共赏的雀笼制作格局,使扬派雀笼具有观赏性、实用性、收藏性相结合的特点。扬派雀笼的品类,以绣眼鸟笼和画眉鸟笼为主,秉承宫廷鸟笼的风格,取材讲究,做工精细,多用象牙、金银及各种珍贵木料如紫檀、红木、黄杨、酸枝等制作。同时也用竹木等普通材质制作雀笼。明清至近代,扬派雀笼的销路与影响,远及江南、上海、北京乃至海外。近半个世纪以来,因为各种条件的影响,扬州雀笼制作技艺濒于危亡境地,只有一二人尚坚守此项绝技,亟待抢救。

(2) 苏派鸟笼制作技艺

鸟笼制作从形式上主要分南北两流派。南方鸟笼以苏州为中心,遍及江浙皖一带,以方形和方形的变体"官印形"为基本造型。北方鸟笼以京、津为中心,以圆形为特征。在选料上,苏式鸟笼以楠竹为主,兼以其他木、牙等材料。北方鸟笼以坚固实用为宗旨,在选料上以藤、木为主,兼以竹、牙等材料。

苏派鸟笼制作选用7年以上的粗毛竹,运输时尽量减少竹皮损伤,再锯断后劈成各种粗料放入大锅进行脱脂处理,然后放在无直射光线的干燥房间里,干一年以上方可。做竹笼时要把粗料放入中药配制的开水中煎到表里一致,风干后再精心加工制造。整个选料、开料、拉丝、雕刻、钻孔、扎线、"虎"字拉花、煎制、穿丝、镶嵌等过程全部由手工完成,其中冰梅顶制作工艺更是苏派鸟笼制作的核心技艺。

2016年1月,扬州市与苏州市姑苏区申报的传统鸟笼制作技艺(扬派雀笼传统制作技艺、苏派鸟笼制作技艺)被列入第四批江苏省非物质文化遗产代表性项目名录,项目编号为JSⅧ-93。

91. 古籍修复技艺

古籍修复技艺历史悠久,是传统古籍保护的手段之一。古籍破损的常见形式有虫蛀(在古代文献中最为突出)、霉烂(在古代文献和近现代文献中均有出现)、老化变脆(最为可怕,并有扩大范围的可能,以近代民国文献最为突出,但在古代文献和近现代文献中也时常出现)等。

古籍修复需要心灵手巧,修复过程不仅需要高超的修复技术,还集版本学知识、图书保护知识、历史知识、艺术审美能力等为一体,是爱心和耐心的融合。修复过程中不能有一点差错,否则可能会造成无法弥补的损失。

随着近代图书馆事业的兴起,存世古籍大部分逐渐归藏至各大图书馆,图书馆因此成为古籍收藏与保护的主要单位,也就相应地承担起古籍修复的重任。南京大学图书馆历来就重视古籍修复,在传承和发展古籍修复技艺方面一直走在全国图书馆的前列。古籍修复技艺在南京大学图书馆得到了良好的传承和发展,由南京大学图书馆古籍修复实训基地培养出的人才形成传承梯队遍布全国。

2016年1月,南京大学图书馆申报的古籍修复技艺被列入第四批江苏省非物质文化遗产代表性项目名录,项目编号为JSⅧ-94。

92. 高港宫灯制作技艺

清末,泰州高港区刁铺镇北太平庄的雕花木匠张德隆自扬州江都承袭宫灯的制作技艺,为高港宫灯创始人。

高港宫灯以优质木料制作骨架,镶以绘有各种彩色图案的磨砂玻璃,具有雍容华贵的宫廷气派。高港宫灯制作工艺包括选择木料、设计图纸、制作框架、雕刻装饰花板、雕刻龙头凤首、打磨油漆、切割玻璃、描绘图案、绕制流苏(灯须)、配金属挂钩、组装等,各道工序全靠手工作业。经过四代家族传承,宫灯制作技艺已十分精湛。第五代传人芮春生,出生于木工之家,创办小型宫灯厂,开始规模化生产手工宫灯,其所制宫灯精致华美,深受欢迎。

2016年1月,泰州市高港区申报的高港宫灯制作技艺被列入第四批江苏省非物质文化遗产代表性项目名录,项目编号为JSⅧ-95。

93. 皮毛制作技艺

明代初年,朱元璋"集天下工匠于京师",而江南一带"硝皮工匠多为江宁人",江宁禄口是当时毛皮加工制作水平最高的地方,清末达到极盛水平。随后数十年间,即晚清至民国初中期,禄口皮毛制作技艺已蜚声海内外。

生皮加工到成衣要历经20多道工序,全由手工完成,并依靠师徒传承得以延续。生皮加工时去脂保毛,通过晾晒、阴干、燃烤等方法自然成就,无量化指标。硝制配料要求严格,注重不留污染。选料过程全凭手摸、口吹、眼观等,以鉴别毛质、皮质。而经典工艺串刀技术,需依据服装曲度不同,裁切成形态各异的皮条,是机械生产无法代替的工艺。最后成衣毛质光滑柔顺,皮质柔软韧性好,外观流畅自然,丝毫不见拼接痕迹。

2016年1月,南京市江宁区申报的皮毛制作技艺被列入第四批江苏省非物质文化遗产代表性项目名录,项目编号为JSⅧ-96。

94. 宜兴龙窑烧制技艺

宜兴是闻名中外的"中国陶都",制陶历史可以上溯至7000年前,在此过程中,孕育出独具特色的宜兴龙窑烧制技艺。宜兴龙窑至少从西汉时代就开始出现,历六朝、唐宋直至今天,延续时间之长为全国罕见,历代龙窑主要分布于丁蜀镇及周边地区。

宜兴龙窑烧制技艺包括制坯晾坯、祭祀、掭窑、装窑、预热、烧窑、冷窑、开窑8道工序。燃料主要为煤、松、竹枝等。现产品主要为盆、瓮、罐、壶等日用粗陶,兼烧紫砂、均釉陶等。

宜兴龙窑烧制技艺经过2000多年的历史演变,工艺体系成熟,迄今依然保存完好,对于见证和维系中国传统龙窑烧制技艺具有特殊的价值,是研究中国陶瓷生产史的活标本。

2016年1月,宜兴市申报的宜兴龙窑烧制技艺被列入第四批江苏省非物质文化遗产代表性项目名录,项目编号为JSⅧ-97。

95. 宜兴陶传统仓储技艺

自古以来,宜兴因盛产日用陶而闻名天下,所以有"中国陶都"的美名。在取泥制作、烧制成型后,需要对成品进行短拨、运输和仓储。久而久之,逐渐形成了一套颇具特色的宜兴陶传统仓储技艺,在丁蜀镇地区广泛使用,世代相传。

宜兴陶传统仓储技艺主要包括滚缸、堆垛、点数、包装、装舱和修缸。该技艺伴随着陶瓷生产的兴起而形成。

自20世纪50—90年代末,宜兴各陶瓷企业生产的日用陶产品,由江苏省供销社所属的江苏省宜兴陶瓷采购供应站统一采购批发、向外运销,使该项技艺进一步完善和逐渐形成规范,并成为宜兴陶瓷文化中不可或缺的一部分。

2016年1月,宜兴市申报的宜兴陶传统仓储技艺被列入第四批江苏省非物质文化遗产代表性项目名录,项目编号为JSⅦ-98。

96. 青铜失蜡铸造技艺

"苏州片"失蜡铸造技艺作为中国传统失蜡铸造的代表,在晚清至民国期间形成了一整套规范成熟的技术流程,其关键是木模版的刻制和使用。用这种工艺制作的仿古铜器,不仅"精绝""乱真",被业界称为"苏州片",而且因为模版的使用无需雕塑蜡模,既便捷又较易成批生产。

苏州工艺美术职业技术学院历时5年,挖掘、整理并复原了"苏州片"失蜡铸造8项核心技艺,复原了9道关键工艺流程和相关的古法器具,总结出各环节63个技术要点和相应的制作要诀158句,为"苏州片"失蜡铸造技艺的保护与传承打下坚实的基础。

2016年1月,苏州市相城区、姑苏区,苏州工艺美术职业技术学院联合申报的青铜失蜡铸造技艺被列入第四批江苏省非物质文化遗产代表性项目名录,项目编号为JSⅦ-99。

97. 草编

草编是以草本植物为主要原材料的一种传统编结手工艺。工匠因地制宜,因材施艺,充分利用草本植物柔韧的秆、皮、芯、叶、根,创造和总结出编、结、辫、扣、扎、绞、缠、网、串、盘等丰富的编结技法。草编制品以草席、草帘、草垫、草篮、草扇、草帽、草鞋等实用品为主,也有一些用作陈设的观赏品。

(1) 下邳蒲扇编织技艺

下邳历来就是一块湿地,沂水、武水、泗水在这里交汇,河流纵横成网,到处都是长满蒲芦的湖荡和沼泽。自古至今,下邳人把编织蒲扇作为一项重要的副业。

睢宁下邳蒲扇是选用当地浅滩或靠近水边旱地里生长的香蒲做成的扇子。下邳蒲扇分粗扇、细扇、精品扇三种,造型古朴美观大方,花色品种形状多样,是集编织、书画、火烙、熏染于一体的手工编织艺术形式,具有浓郁的地方特色和乡土气息。下邳蒲扇通常采用平纹编、斜纹编、花纹编、宽窄菱等编法,编织时充分运用疏密对比、宽窄变化、经纬交叉起伏等技巧。众多蒲扇编织家庭手工作坊不断提高工艺,创造出各式新产品。

(2) 新沂蓑衣编织技艺

新沂蓑衣编织的历史可追溯至清咸丰年间(1851—1861)。蓑衣使用当地盛产的官草编织而成,制作过程中,每个环节都是手工操作,不仅耗时较长,且需要娴熟的编织技巧。

官草采集时间一般在夏季,先把收割来的官草晒干整理好,放于室外经露水一夜。再把整理好的官草用手搓,时间越长越好。用麻绳制作领口,后制作后片,以领口为主架,四面分开,编织时根部朝里,梢部朝外,一层接一层地往下编织,编织至大约26行即可,最后用粗线对容易受损处进行锁边、打领口。新沂传统成品蓑衣一般重2千克左右,状如披风,短至腰部,造型美观、绿色环保、经久耐用。

在古代农耕生产生活中用作遮雨保暖用具,如今则成为一种工艺品。

(3) 射阳草编技艺

射阳东部有亚洲最大的海涂型湿地,盛产芦苇、蒲草、三角草等,为草编行业提供了十分丰富的原、辅材料。

射阳草编技艺运用石磙、竹夹、刀剪等简单工具,采苇、蒲、草、麻等原生态材料,制作成多种生产、生活用品。射阳草编技艺主要有割、抽、剥、切、劈、碾、压、划、撕、捻、结、蒸、晒、织等加工工序,采用挑压法、编辫法、缠绕法、绞编法、穿纹法、盘花法、编结法、生头法、收边法、勾图法等手法,编织成各种纯天然的草编产品,从最初的篮、席、摺、篓、蓑衣、摇篮、饭焐等生活日用品,发展到草编文化墙纸、窗帘、屏风、地毯等八大系列近千个品种。

2016年1月,睢宁县、新沂市、射阳县申报的草编(下邳蒲扇编织技艺、新沂蓑衣编织技艺、射阳草编技艺)被列入第四批江苏省非物质文化遗产代表性项目名录,项目编号为JSⅦ-100。

98. 锡帮菜烹制技艺

清同治六年(1867),无锡最早的菜馆聚丰园在北门外城脚开张。聚丰园的营业是无锡近代锡帮菜历史上的拐点。它起到了承前启后的作用,对锡帮菜做了整理、传承、创新和推广。聚丰园的炝虾、全家福、炒鳝片(现称响油鳝糊)等都是招牌。光绪三十二年(1906),聚丰园吸取苏州焖肉的某些烧法创制的腐乳汁肉,风味独特,流传至今,已成为锡帮菜的经典。聚丰园的后门是环城运河,河对岸是诞生无锡船菜的游山船浜。运河两岸的菜肴互相交流,丰富和发展了锡帮菜。

锡帮菜是江苏主要的地方风味菜之一,花色精细,口味偏甜偏清淡,有"甜出头,咸收口,浓油赤酱"之说。无锡厨师擅长各类水产,传统菜点有梁溪脆鳝、无锡酱排骨、腐乳汁肉、笋菇烧面筋、镜箱豆腐、油豆腐干、太湖白虾、脆皮银鱼、三鲜馄饨、小笼馒头、桂花糖粥、挂粉汤圆、银丝面等。

2016年1月,无锡市申报的锡帮菜烹制技艺被列入第四批江苏省非物质文化遗产代表性项目名录,项目编号为JSⅦ-101。

99. 苏帮菜烹制技艺

苏帮菜顾名思义就是苏州本帮菜,历史可以追溯到春秋时期的太湖炙鱼。苏州自古"擅三江五湖之利",太湖和其他大小湖泊港汊为苏州先民提供了极其丰富的美食资源,尤其是鱼资源。在历史发展中,苏帮菜集民、商、官、船、寺诸菜之大成,并不断创新,日臻完美,饮誉中外。乾隆皇帝南巡的时候,曾经到苏州的得月楼做客,尝到江南美味后,非常高兴,赐名苏州为天下第一食府。清中叶苏州虎丘三山馆饭店能供应140多种菜肴和近30种点心。同时在北京也有苏帮菜馆,如玉山馆。

苏帮菜用料上乘、鲜甜可口、讲究火候、浓油赤酱,属于"南甜"风味,烹调技艺以炖、焖、煨著称,重视调汤,保持原汁。苏帮菜特色小吃包括枣泥拉糕、小方糕、三鲜馄饨、酒酿圆子、豆腐花、船点、青团子、八宝饭等,名菜有碧螺虾仁、蜜汁火方、樱桃肉、母油船鸭、烂糊、黄焖栗子鸡、莼菜银鱼汤、万三蹄、响油鳝糊、金香饼、三套鸭、苏式酱肉和酱鸭等。

苏帮菜是吴文化的重要组成部分,具有不可替代的作用,因此,保护苏帮菜对保护吴文化具有极其重要的价值。

2016年1月,苏州市申报的苏帮菜烹制技艺被列入第四批江苏省非物质文化遗产代表性项目名录,项目编号为JSⅦ-102。

100. 淮帮菜烹制技艺

淮帮菜烹制技艺秉持药食同源的思想,在中国饮食文化中具有鲜明的特色。淮安作为"中国淮扬菜之乡"及"山阳医派"①的发源地,不乏精于美食养生的中医世家。清光绪年间(1875—1908)名医高月攀的后代,因与名厨孙友梅的特殊机缘,掌握了一些经典肴馔的烹饪绝技,并与私家养生菜点珠联璧合,形成了闻名遐迩的淮帮菜"高家宴"。

淮帮菜"高家宴"传人以代代相传的"适生为宝,适体为贵,适口为珍,适时为佳,适量为宜,适意为快"饮食箴言为圭臬,制作出特色肴点128道,按不同的季节、依据人体在不同季节养生的需要组成筵席,每席不超过30道,然道道皆是追求尽善尽美的精品。

2016年1月,淮安市申报的淮帮菜烹制技艺被列入第四批江苏省非物质文化遗产代表性项目名录,项目编号为JSⅦ-103。

---

① 山阳医派与孟河医派齐名。历史上,山阳县城(即淮安城)是交通咽喉,各路医家汇聚于此,山阳医派由此形成,以吴鞠通创立的"三焦为纲,深究辨证论治"思想为代表。

101. 京苏大菜①烹制技艺

创建于清光绪年间(1875—1908)的六华春菜馆是京苏大菜的发源地。20世纪初,为了更好传承和复兴京苏大菜,六华春名厨与位于夫子庙状元境口的邵复兴饺面店合股开店,取名"义记复兴菜馆",以优质正宗的京苏肴馔面世,在酒肆林立的夫子庙脱颖而出,老南京人来此宴客成为一种时尚和地位的象征。1973年,复兴菜馆更名为"江苏酒家",店内京苏名厨云集,酒席业务占全市酒席总和的三分之一;酒家还是南京酒店业厨师的摇篮,金陵饭店、玄武饭店开办之初的主厨、厨师长大都来自于此。

近年来,江苏酒家秉承传承与创新并举的原则,一改大油、大色、大芡的坊间工艺,提出了色彩调和、原汁原味、清鲜和醇、咸淡适宜的京苏菜原则,贡淡炖海参、酒凝金腿、鸭包鱼翅、扁大枯酥等四大名菜享誉海内外。

2016年1月,南京市鼓楼区申报的京苏大菜烹制技艺被列入第四批江苏省非物质文化遗产代表性项目名录,项目编号为JSⅧ-104。

102. 淮安全鳝席烹制技艺

淮安全鳝席有300多年的历史,《清稗类钞》共列举了中国五种全席,淮安全鳝席就名列其中。1949年9月30日开国大典前的国宴中,淮安全鳝席的代表作"软兜长鱼"有幸率先上桌,被誉为"共和国第一菜"。

全鳝席以黄鳝为主食材,用烧、炒、烩、煨、炖、煮、氽等各种方法烹制而成。全鳝席菜肴的烹饪,选料讲究季候时鲜,性味讲究相制、相顺,刀工讲究细腻多样,火候讲究运用恰当,调味讲究丰富多变。故成菜具有肥而不腻、甘而不鲔、酸而不酷、辛而不烈、咸而不过的特点,清鲜与醇浓并兼,口味平和而南北称道。

近年来,淮安市淮扬菜美食文化研究会开始抢救挖掘全鳝席108道菜点的烹制技艺。在传统淮安全鳝席的仅存传人田德俊老先生的指导下,其学生王斌、张

---

① 所谓"京",是指南京乃六朝和明初的京都,"苏"是指清代南京乃江苏省会之意。"大菜"是形容南京菜的名贵、典雅、华美、大方。

爱萍两位淮扬菜大师经过艰苦努力,终于完成全鳝席 108 道菜点的挖掘整理工作。

2016 年 1 月,淮安市申报的淮安全鳝席烹制技艺被列入第四批江苏省非物质文化遗产代表性项目名录,项目编号为 JSⅦ-105。

103. 太湖船菜烹制技艺

旧时游人泛舟游太湖,船家都备有精美的湖肴供应,由于它与饭馆里的菜做法截然不同,渐渐形成了太湖船菜。清末民初有四只大型画舫的船菜最为著名,分别由姓王、杨、谢、蒋的四个老板经营,并各有自己的名菜,如王家的八宝鸭、杨家的西瓜鸡、蒋家的蟹粉鱼翅、谢家的荷叶粉蒸肉,都是为食客所乐道的佳肴。

太湖船菜以太湖中盛产的白鱼、白虾、银鱼、蟹、鳖等为主料,配以相应的副食、佐料,用炒、煎、焖、蒸、汆、炸等方式加工制作而成。太湖船菜讲究味真,每一道菜都是原汁原味,鱼虾都是刚刚出水。主菜之后,几道素菜特别时鲜嫩爽。另一特色是季节性,春天,原盅甲鱼、掌上明珠、银鱼炒蛋、清蒸太湖刀鱼、翁公鱼炖蛋;夏天,酒醉呛虾、糖醋鳜鱼、奶白鲫鱼汤;秋天,梁溪脆鳝、炒蟹粉、田螺酿肉、雪花斗蟹、太湖白虾、糟油白鱼;冬令,三丝银鱼羹、清炒虾仁、翡翠大王、太湖云吞、鸡汤湖鲜……四时不同,八节各异。

太湖船菜千年绵延,被公认为中国船菜的鼻祖,在饮食烹饪和吴地文化中都占有重要地位。目前,每年有数十万游客乘船游览太湖,品尝船菜。

2016 年 1 月,无锡市申报的太湖船菜被列入第四批江苏省非物质文化遗产代表性项目名录,项目编号为 JSⅦ-106。

104. 太湖船点烹制技艺

太湖船点起源不迟于明代,因作为太湖游船上的点心而得名。

船点的原料以米粉、面粉为主,面粉又分酵面、呆面、酥面三种。制作时,根据需要加天然色素,以动物或江南风物造型,包馅心蒸煮而成,馅心以玫瑰、夹沙、薄荷为最多。

太湖船点既可观赏又可食用,其制作大多当众表演,具有表演性、观赏性、食用性、趣味性。多年来有上百万宾客赏尝太湖船点,精美而有文化品位的船点与太湖美景相互映衬,声名远播海内外。

2016年1月,无锡市梁溪区申报的太湖船点被列入第四批江苏省非物质文化遗产代表性项目名录,项目编号为JSⅦ-107。

105. 清水油面筋制作技艺

清水油面筋是无锡三大特产之一,创始于清乾隆年间(1736—1795)。

清水油面筋制作利用无锡优越的地理条件和水资源,对选用面粉、打筋、洗筋和油炸时各时段的温度等都有较高的技术要求。成品色泽黄亮、皮薄松脆,入口柔软肥香,烧汤久烧不糊,酿肉米烧煮不破不脱,用于佐饭、做菜、烧汤均宜。每逢节日,合家团聚,无锡人的饭桌上少不了一碗肉酿油面筋,以示团团圆圆,增加快乐气氛。

2016年1月,无锡市新吴区申报的清水油面筋被列入第四批江苏省非物质文化遗产代表性项目名录,项目编号为JSⅦ-108。

106. 何首乌粉制作技艺

滨海县素有"首乌之乡"美称,种植、加工何首乌的历史悠久。清嘉庆年间(1796—1820),滨海白首乌即被选为朝廷贡品,其原植物为萝藦科鹅绒藤属的耳叶牛皮消,逐步被驯化为滨海当地特有的栽培种。全国白首乌的90%出自该县。

白首乌味甘、苦,性微温,历史上用作补益性中药,古代医家视为养生防老的珍品,有养血益肝等功效。

何首乌粉制作技艺选用与小麦、油菜轮种的首乌为原料,经刮、洗、切、磨、晃、淀、吊、晾八道工序,制成首乌粉等成品,最大程度保留和提取首乌的药用和营养价值。

2016年1月,滨海县申报的何首乌粉制作技艺被列入第四批江苏省非物质文化遗产代表性项目名录,项目编号为JSⅦ-109。

107. 高邮咸鸭蛋制作技艺

"未识高邮人,先知高邮蛋",里下河地区的高邮境内湖荡连片,沟河纵横,水生动植物资源丰富,为高邮麻鸭的繁衍和生息提供了理想的场所。高邮麻鸭个头大、毛皮紧、潜水深、觅食力强、多食鱼虾,保证了高邮鸭蛋的品质。

高邮咸鸭蛋传统腌制工艺包括原料处理、照蛋敲蛋、配料、提浆滚灰、缸桶腌制、成熟包装等流程,其中配制泥基(或料液)是重点。滚灰时,一手抓3只蛋放入料泥朵,一手抓2只泥蛋放入灰匾。搓灰要用两只手,手中带灰,轻轻搓动,灰须搓得均匀紧密,不串级。温差决定腌制期限。冬季80—90天成熟,春季65—75天成熟,初夏、秋天45—55天成熟。咸鸭蛋成品蛋白清薄透明,蛋黄凝重厚实,具有鲜、细、嫩、红、沙、油风味,其中双黄最为独特,蛋黄色泽红润,油脂亦多。

2018年,高邮有鸭蛋生产企业100多家,其中年产量500万枚以上的规模企业30多家。

2016年1月,高邮市申报的高邮咸鸭蛋制作技艺被列入第四批江苏省非物质文化遗产代表性项目名录,项目编号为JSⅧ-110。

108. 羊肉烹制技艺

中国烹制羊肉的历史久远,最早可以追溯到1100年前。羊肉最初是古代帝王祭祀社稷时的太牢之一,羊肉也是专属贵族的美食。魏晋之后,大量胡人定居华北地区,民间食用羊肉的风俗渐起。唐宋以后,民间食羊之风渐盛。羊肉最适宜于冬季食用,能御风寒,又可补身体,故被称为冬令补品,深受人们欢迎。涮羊肉、烤羊肉、炖羊肉等都是老百姓喜爱的美味佳肴。

(1) 藏书羊肉制作技艺

藏书地处苏州城西、太湖东岸,藏书羊肉源于南宋,盛于明清,初始以担卖、摊卖为主,清末俗称"羊作",遍布苏沪一带。白烧羊肉、白烧羊汤、藏书羊糕、红烧羊肉是藏书羊肉经典菜肴,选用山羊为料,故肉脆易熟、汤香浓郁、质嫩滑爽。

今天的藏书羊肉不仅保持了传统的一只木桶烧煮白汤羊肉的烹制方法,又兼收并蓄,运用烧、煮、焖、炖、焐、炒、滑等多种苏帮菜的烹饪方法,已形成200多道羊肉菜肴体系。

据不完全统计,仅开设在苏州城内的大小羊肉店就有600多家,包括江苏、上海、浙江等邻近省市在内,已有藏书羊肉店1600多家,"羊汤勿鲜勿要铜钿"成为众人赞语。

(2) 码头汤羊肉烹饪技艺

明末,码头汤羊肉烹饪技艺随河南回民迁居淮阴码头镇而传入。码头汤羊肉是淮安码头古镇的传统名菜,经过特殊的烹调加工,装上碗,一半汤,一半肉,汤肉并美。汤,看上去稀,舀起来稠,喝进嘴黏,咽下肚滑,独具鲜、美、香、爽口味;肉,酥而不散,进嘴则骨离筋化,回味无穷。

码头汤羊肉所用羊肉必须为当地散养且阉过的隔年公山羊,宰杀由清真寺阿訇负责,具有汤肉并美、汤稠肉酥、口味鲜香、回味无穷等特点。在码头古镇流传着"吃肉少花钱,喝汤双倍钱"的俗语。

2016年1月,苏州市吴中区、淮安市淮阴区申报的羊肉烹制技艺(藏书羊肉制作技艺、码头汤羊肉烹饪技艺)被列入第四批江苏省非物质文化遗产代表性项目名录,项目编号为JSⅦ-111。

109. 酱油酿造技艺

酱油酿造技艺指的是用豆、麦、麸皮酿造液体调味品的技术。酱油色泽呈红褐色,有独特酱香,滋味鲜美,有助于促进食欲。酱油由酱演变而来,早在3000多年前,周朝就有制酱的记载。

(1) 浦楼白汤酱油酿造技艺

淮安浦楼白汤酱油酿造技艺可追溯至清道光年间(1821—1850),以家族方式传承。

浦楼白汤酱油以优质纯小麦粉为原料,经原料蒸熟、上黄制曲、加卤落缸、天然晒制、人工浇抽、起油、沉淀、配制等多道工序精制而成,历经春、夏、秋三季,即春落曲、夏晒油、秋起抽。

浦楼白汤酱油号称"色如油、甜又香、挂碗边",是淮扬菜必不可少的调味料,也是百姓餐桌必备。浦楼白汤酱油酿造技艺是对以黄豆为主的传统酱作业的补充和发扬,对于淮安的历史兴衰和运河发展史具有一定的见证意义。

(2) 华士冰油酿造技艺

江阴华士冰油素负盛名。相传宋代华墅酱油的质量就甚佳,苏东坡结庐华墅东陶家桥一带,用华墅酱油烹制红烧肉,口味甚优。清咸丰十年(1860),常州人胡元隆在此开设元隆酱园;同治十年(1871),江阴人程翰庭在此开设鼎元酱园。鼎元酱园从创办初期,把作师傅就悉心探索,不断精进酿造技术,经过四代把作师傅的共同努力,从酿制普通酱油至双套油、三套油、四套油。1947年,六套油也即冰油酿制成功,标志着华士酱油的酿造水平达到了巅峰。华士酱油曾一度与镇江醋齐名,民间素有"华士酱油镇江醋"之说。

冰油算是传统酱油中的老酱油,制作周期较长,"春准备,夏造酱,秋露晒,冬成酱",同时,冰油在酱醅成熟之后,还要经过长达2年的晒制过程。因为水分不断蒸发,所以盐晶会源源不断析出来,酱油的比重较大,就会浮在酱缸表层。看起来和冰一样。夏天时,水分蒸发越快,冰面越厚。这就是冰油名称的由来。

2016年1月,淮安市清浦区、江阴市申报的酱油酿造技艺(浦楼白汤酱油酿造技艺、华士冰油酿造技艺)被列入第四批江苏省非物质文化遗产代表性项目名录,项目编号为JSⅧ-112。

110. 永和园面点制作技艺

中华老字号永和园酒楼素有"秦淮第一楼"美称,诞生于清末,是秦淮风味小吃的著名代表。永和园秦淮风味小吃的主要特点是咸甜相宜、诸味结合、荤素适宜、干稀搭配、老少皆宜、应时更新。

永和园的烫干丝和酥烧饼最为著名,夫子庙一般茶社经营的干丝都是从扬州传来的煮干丝,而永和园的烫干丝,不仅切得细如棉线能穿针,而且用滚沸的开水浸烫数次，无一点豆腥味，口感更绵软柔韧。永和园的酥烧饼更具特色，一般店家的烧饼油酥与油面二八开，永和园的酥烧饼则是"三七油面，四门包酥"，色泽金黄，被誉为"蟹壳黄"。永和园的面条品种随着季节的变化而更新，如鳝鱼面、刀鱼面、熏鱼面、肉丝面等，琳琅满目。

2016年1月，南京市秦淮区申报的永和园面点制作技艺被列入第四批江苏省非物质文化遗产代表性项目名录，项目编号为JSⅦ-113。

111. 安乐园清真小吃制作技艺

清真安乐园菜馆始建于1920年，是南京颇负盛名的五大清真老字号之一。南京朝天宫、七家湾一带是回民聚居之处，蔡继恒在此办起了清真安乐居菜馆，将清真饮食习惯与南京本地小吃相结合。

安乐园始终坚持"以我为主，博采众长，融合提炼，自成一家"的经营风格，名点牛肉汤包、鸭肫烧卖、六色套点荣获中华名小吃和江苏名菜名点称号，所研制创新的清真名菜汁烹牛筋、响油牛柳、回味第一碗等深受回民朋友的喜爱。其中著名的清真名菜汁烹牛筋，被省贸易厅、省烹饪协会评为江苏名菜名点名小吃。由其独创的焖钵牛肉元（圆）用料考究，制作精细，口味咸鲜香醇、嫩糯兼顾，外形圆实饱满、盈红美观，获得第二届中华名小吃称号。

安乐园推出细沙豆沙包、什锦素菜包等一系列清真面点小吃，很快声名鹊起。在蔡继恒之后，安乐园的历代掌门人传承了精益求精的烹制技艺，并不断创新发展，从而使安乐园的小吃、菜肴名品代有精进，牛肉汤包、鸭肫烧卖、六色套点、盐水鸭、干切牛肉、卤面筋、熏鱼、三鲜烩鱼肚、香酥牛肉等一批清真小吃和菜肴成为安乐园的招牌。

2016年1月，南京市秦淮区申报的安乐园清真小吃制作技艺被列入第四批江苏省非物质文化遗产代表性项目名录，项目编号为JSⅦ-114。

112. 王兴记小吃制作技艺

无锡王兴记小吃主要以王兴记馄饨和小笼包子为代表，闻名全国，誉满海外。

王兴记馄饨、小笼包子创始于1913年,经过历代厨师的不断研究改进,技术越来越成熟,风味更加突出,闻名江浙沪一带以及香港、东南亚地区。

王兴记馄饨以选料讲究著称,选用新鲜猪腿肉、新鲜的蔬菜、现剥的河虾仁做成馅子,使馄饨荤素搭配、色泽鲜嫩、味道鲜美。王兴记小笼包子色白有光泽,拿放不脱底,捏有20个左右褶,上口一吮满口卤汁、甜咸结合、相得益彰、味道浓醇。

2016年1月,无锡市梁溪区申报的王兴记小吃被列入第四批江苏省非物质文化遗产代表性项目名录,项目编号为JSⅧ-115。

113. 共和春小吃制作技艺

中华老字号共和春始创于1933年,老板王学成在大儒坊创立"共和春饺面馆"。共和春有三层含义:一是"驱除鞑虏,实现共和";二是"公共和顺,春色满园";三是"面饺和谐,顺心如意"。当时以经营虾籽饺面、虾籽馄饨、虾籽单面、鲜肉锅贴为主。名声可与富春茶社相媲美。

虾籽饺面独具风味,是共和春的招牌。虾籽饺面由单饺和面条组成。所谓单饺,也即馄饨,馅心非常讲究,专门用新鲜的猪臀部肉按照肥瘦的比例加各种调料精制而成。馄饨皮薄如纸,肉馅鲜美饱满,面条筋道爽滑。以虾籽熬汤,再撒上蒜茸,香气扑鼻。此外,共和春的主要小吃品种还有炒面、鲜肉锅贴、韭芽春卷等。

2016年1月,扬州市广陵区申报的共和春小吃制作技艺被列入第四批江苏省非物质文化遗产代表性项目名录,项目编号为JSⅧ-116。

第八章 传统医药

传统医药是相对于现代医学而言的,它出现在现代医学之前,是与古代社会文化密切相关的医学实践,且因不同国家的传统文化继承性的差别而显示出多样性。江苏传统医药项目较多,主要内容有各种中医生命与疾病认知方法、中医诊法、中医传统制剂方法、中药炮制技术、针灸、中医正骨疗法等,涉及内科、外科、妇科、儿科等多个传统医学领域。其中以各种中医传统制剂方法、中药炮制技术最多,如被列入国家级非物质文化遗产代表性项目名录的雷允上六神丸制作技艺等。

传统医药是人类文明智慧的结晶,为人类的生存、繁衍做出了不可磨灭的贡献,具有非常重要的科学价值、文化价值、历史价值和实用价值。近年来,江苏省为传统医药的保护与传承做了很多努力,如做好传统医药项目的各级申报工作、设立中医中药展览馆、鼓励各地整理编撰中医药书籍、做好传承人的保护工作等,确保了江苏省大部分传统医药项目得到很好的保护、传承与发展。

1. 丁氏痔科医术

丁氏痔科始创于清康熙三十九年(1700),肇源于江都嘶马镇。历经十代传承,至今已有300余年历史。丁氏祖传的枯痔疗法比国外类似的硫酸亚铁疗法早了800年,并一直沿用至今。

(1) 南京丁氏痔科医术

丁氏痔科医术的代表性人物是第八代传人、中医肛肠学界泰斗丁泽民。丁泽民擅长应用中医内服、外用等传统技艺,治疗痔、瘘、肛裂、直肠脱垂等常见肛肠疾病。他勤求古训,翻阅了大量文献资料,改进了枯痔疗法,在国内首先改含砒枯痔散为无砒枯痔液。这一创举具有极大的意义,减少了药物的毒性,减轻了医疗的后遗症。丁泽民还擅长运用中医药疗法,如枯痔、结扎、挂线等方法,治疗晚期混合痔、复杂性肛瘘、慢性结肠炎等疑难杂症。

在以丁泽明为代表的丁氏传人的努力下,南京丁氏痔科对肛肠疾病的诊疗范围逐步扩大,诊疗病种已有60余种,疗效不断提高,对痔疮、复杂性肛瘘、便秘的中西医结合治疗居于国内领先水平和国际先进水平。1956年,为了发展中医药事业,丁泽民把丁氏祖传中医秘方、药物、器械及医技无偿捐献给南京市中医院,创立肛肠科,担任肛肠科主任医师。

(2) 无锡丁氏痔科疗法

无锡丁氏痔科疗法距今已有200余年悠久历史,以其中药熏洗、外敷等特色疗法,痔科止血合剂等中药制剂口服,痔科生肌散、消肿止痛膏等中药制剂外用为三大特色疗法,形成了一整套独特的诊治方法。在丁氏痔科"内痔结扎、外痔剥切"疗法基础上,采用"分段结扎皮瓣间断保留缝合术治疗环状混合痔",该疗法在传统结扎疗法基础上,结合西医的缝合疗法,减少了术后并发症,缩短了疗程,减轻了患者的痛苦。

丁福华是丁氏痔科第八代传人,是无锡丁氏痔科的代表性人物。丁福华早年在扬州随祖父丁山竹(丁氏痔科第六代传人)学习中医痔瘘专科技术。抗战胜利后,丁福华率次子丁义德在无锡开设福华诊所,济世行医,无锡丁氏痔科由此诞生。无锡丁氏痔科造福惠泽了无数患者,品牌影响力及专科声誉益隆。

2014年11月,江苏省南京市秦淮区申报的中医诊疗法(丁氏痔科医学)被列入国家级非物质文化遗产代表性项目扩展名录[1],项目编号为Ⅸ-2。

2011年9月,南京市秦淮区申报的丁氏痔科医术被列入第三批江苏省非物质文化遗产代表性项目名录,项目编号为JSⅧ-7;2016年1月,无锡市申报的丁氏痔科医术(无锡丁氏痔科疗法)被列入省级扩展名录。

---

[1] 2006年5月,中国中医科学院申报的中医诊法被列入第一批国家级非物质文化遗产代表性项目名录,项目编号为Ⅸ-2。

2. 苏州雷允上六神丸制药技艺

苏州雷允上六神丸制药技艺起源于清代,并发展至今。雷允上(1696—1779)是一代名医,他开设的诵芬堂药铺,因为售卖的丸丹膏散疗效灵验而获得巨大声誉。

清同治年间(1862—1874),雷允上后裔雷滋蕃研发出新药六神丸。该药是治疗温病的良药,既可内服,又可外治。六神丸状如芥子,圆整光亮。丸药粒径2—4毫米,包衣前潮丸每850粒重1钱,包衣后干丸每1000粒重1钱(十六两制),丸重差异在±7%之内。此外,打光工艺独特,表面色黑光亮,经久如新,全部经手工成形。六神丸配方选用了多种动物性、矿物性药材,包含多种有毒性中药,但配方独特降低了对人体的毒副作用,是中医药利用毒性药物、提高临床治疗效果的代表性品种。

六神丸的配方及制作技艺仅在家族内世代相传,1949年后,雷氏后人将六神丸秘方捐献给国家,六神丸制作技艺转变成师承相传,沿袭至今。由于材料的缺乏与西药的冲击等,六神丸制作技艺目前正面临着生存危机,亟需采取有效措施加以保护和传承。

2008年6月,江苏省苏州市等申报的中医传统制剂方法(雷允上六神丸制药技艺)被列入国家级非物质文化遗产代表性项目扩展名录①,项目编号为Ⅸ-4。

2007年3月,苏州市申报的苏州雷允上六神丸制药技艺被列入第一批江苏省非物质文化遗产代表性项目名录,项目编号为JSⅧ-1。

3. 内服膏剂

内服膏剂,又称为"膏方",是具有高级营养滋补和治疗预防综合作用的成药,是医者在大型复方汤剂的基础上根据人的不同体质、不同临床表现而确立不同处方,经浓煎后掺入辅料而制成的稠厚状半流质或冻状剂型药物。

---

① 2006年5月,中国中医科学院、中国中药协会联合申报的中医传统制剂方法被列入第一批国家级非物质文化遗产代表性项目名录,项目编号为Ⅸ-4。

(1) 致和堂膏滋药制作技艺

致和堂膏滋药制作技艺始于清代,光绪十六年(1890),江阴名医柳宝诒开设致和堂药店,制作膏滋药来调理虚劳病及温热病后阴伤或营阴不复者。

致和堂膏滋药在传承和发展过程中形成了独有的特色:一是膏方因人而异,品种多样;二是选用古代经典方、陈方,特别是柳宝诒的经典处方,适当加以调整充实;三是绝大多数为当代名中医经过诊断开出的处方,膏方的配药、用量,严格按照进补者的实际情况,结合进补者所在地区、年龄、体质及病情等不同情况合理配制。处方严谨而不拘泥,制膏药材讲究,注重药物炮制,用药精准。

致和堂自开设至今,从未间断应用传统制作工艺制作膏滋药。1956年,公私合营致和堂改名为红旗门市部,1980年恢复致和堂原名。多年来,经过师徒相传,涌现出了一批全面掌握膏滋药熬制工艺的高手,江苏大众医药连锁有限公司有50多家药店始终保持着传统工艺制作膏滋药的特色。

(2) 雷允上膏方制作技艺

传统中医膏方制作技艺(雷允上膏方制作技艺)在雷允上诵芬堂已有近300年的传承。

雷允上膏方包括两类,一是选用古代经典处方、陈方,适当加以调整充实,如清膏、十全大补膏等,这类膏方适用人群广泛,符合大众对养生的需求。二是名医专诊拟方,辨证施治,一人一方,一方一锅,这类膏方具有补虚和治病的两大特点。雷允上膏方制作技艺,经过药料浸泡、煎煮、沉淀、过滤、浓缩、收膏、凉膏、质检等十道特定的程序和严格的规范操作,历经数代传承涌现出了一批全面熟练掌握膏方熬制工艺的传承人。其膏达到"其黑如漆、其亮如镜、入口即化",膏方以补益为主,既讲补虚,又兼疗疾;既体现医学辨证论治的特点,又按传统经验特制,尤其适合冬令进补,为苏州及周边城市市民所津津乐道。

雷允上膏方重在名医诊断、贵在道地药材、妙在传统炮制,历史渊源悠久,区域优势明显,是中医中药学,尤其是吴门医派理论的特色体现,蕴含了丰富的社会文化价值、临床应用价值、科学工艺价值。

2011年5月23日,江苏省江阴市申报的中医传统制剂方法(致和堂膏滋药制作技艺)被列入国家级非物质文化遗产代表性项目扩展名录,项目编号为Ⅸ-4;2009年6月,江阴市申报的致和堂膏滋药制作技艺被列入第二批江苏省非物质文化遗产代表性项目名录,项目编号为JSⅧ-3;2016年1月,苏州市申报的传统中医膏方制作技艺(雷允上膏方制作技艺)被列入第四批江苏省非物质文化遗产代表性项目名录,项目编号为JSⅧ-34。

4. 季德胜蛇药制作技艺

南通季德胜蛇药制作技艺自清康熙年间(1662—1722)流传至今。它是由季德胜在继承季家六代祖传秘方,即医治蛇毒技术的基础上,结合自身实践经验研制而成的著名蛇药。1954年,季德胜将蛇药秘方献给政府,之后该药成为国家拥有的秘制蛇药。

该药原为不规则的手工药品,由于带有较重的腥味,口服较为麻烦,后在季德胜和医药科技人员的摸索下,通过改进工艺,药被制成蛇药片剂。药片不仅在医治毒蛇、毒虫叮咬等方面具有疗效,而且具备抗病毒、镇痛及有关医疗保健方面的功效。

在药片工业化生产以前,该药的销售仅遍布中国南方城乡,直到工业化生产后,蛇药才逐步进入海外市场,尤其在热带丛林遍布,毒蛇、毒虫出没无常的东南亚诸国深受欢迎。"文革"后,解放军将季德胜蛇药片作为战争备用药储备,该药在部队中的使用量也随之增大。2007年7月,解放军总后卫生部正式将季德胜蛇药片定为军队特需药品。

季德胜蛇药片的生产经营单位为南通制药厂,成立于1957年。药片投产后,尽管药厂几经更名,其生产经营从未中断。2002年9月,南通中药厂与南通制药总厂制剂部分变更成立南通精华制药(股份)有限公司,新企业花巨资建设符合国家GMP规范、自动化程度更高的中药制剂生产线,使得季德胜蛇药制作技艺得到了更好的传承与发展,该蛇药产销量连年放大,成为扬名中外的独家中药古方名品。

2011年5月,江苏省南通市申报的中医传统制剂方法(季德胜蛇药制作技艺)被列入国家级非物质文化遗产代表性项目扩展名录,项目编号为Ⅸ-4。

2009年6月,南通市申报的季德胜蛇药制作技艺被列入第二批江苏省非物质文化遗产代表性项目名录,项目编号为JSⅧ-4。

5. 外敷膏剂(膏药制作技艺)

膏药是中医四大型剂之一,是一种具有高级营养滋补功能和治疗预防综合作用的成药。膏药古称"薄贴",用植物油或动物油加药熬成胶状物质,涂在布、纸或皮的一面,可以较长时间地贴在患处,主要用来治疗疮疖、消肿痛等。

(1) 唐老一正斋膏药制作技艺

唐老一正斋膏药制作技艺首创于清康熙(1662—1722)初年,相传当时河道总督陈鹏年用一正斋膏治好了河工们的跌打损伤、筋骨疼痛、关节炎等症,故民间兴起"嫁闺女,以一正膏(俗称镇江膏药)作陪嫁"之风俗。鸦片战争后,英国人将其大量销往香港、东南亚等地区,镇江生产的小小膏药因而闻名海内外。

唐老一正斋膏系祖传手工秘制,亦称"万应灵膏",由麝香、血竭、乳香等80余种中药精制而成,具有祛风止痛、化痞除瘀、舒筋活血、消散顺气等功效。药膏为黑色光亮之膏剂,香气宜人,久存疗效不减,常温下呈固体,35℃以上呈绵软体,有黏性,紧贴病患处即可发挥显著疗效,且不会脱落。

历代名人(清康熙河道总督陈鹏年、乾隆探花王文治、道光状元李承霖、同治江南大主考王纹绾、同治臬台勒方奇等)都曾给"唐老一正斋"赐匾,以表彰其治病救人的高尚药德。此外,自清康熙至同治年间(1662—1874),历经七代人的打假诉讼,在同治八年(1869)节奉督、抚、臬、道、府、县立《奉宪勒石永禁》碑——即中华禁假第一碑,保护了"一正膏"的专利。

(2) 蒋氏骨伤膏药制作技艺

蒋氏骨伤膏药制作技艺存世已有100多年,其配方独特,经过历代传人的刻苦钻研,不断改良,其疗效更加显著,现由蒋氏第四代传人蒋鹤轩及其子蒋冠华主持生产,在涟水具有很高的知名度。

蒋氏骨伤膏药是外用敷贴传统黑膏药,由马钱子、血竭、广丹等20多种中药材制成,按照选料、炸药、熬炼、下丹、收膏、浸泡、摊涂等多个步骤进行,工艺繁杂、技术精湛。有活血通络、消肿止痛、去瘀生新等功效。

100多年来,蒋氏骨伤膏药制作技艺代代相传,从未间断,其价值和影响不断扩大,历代传承的家族技艺孕育了难能可贵的传统医药文化。

(3) 邱氏烫伤膏制作技艺

邱氏烫伤膏是兴化知名的膏药,其制作技艺自邱氏先祖以来传承300余年。

邱氏烫伤膏主治水、火、电、油、苯、硫酸、石灰水等导致的烧烫伤。此药膏是纯中药制剂,含有多种微量元素,能迅速祛腐生新,生肌长皮。换药时,敷料不黏皮肤,无痛苦、无任何毒副反应。治愈后Ⅰ、Ⅱ度烫伤无疤痕,深Ⅲ度烫伤或溃疡也无疤痕或少量疤痕。对平民百姓而言,邱氏烫伤药膏还有治疗费用较低、疗效较好的优点。

当前传承人邱敬良先生在先祖研究实践的基础上刻苦钻研,反复实践,于2004年成功研制出一种中药外用烫伤膏并向国家申报专利权,最终被认定为中国优秀专利技术成果,成为全国重点专利项目。

(4) 徐州祛腐生肌膏制作技艺

徐州祛腐生肌膏属于生肌拔毒、长肉类传统中药软膏剂。

徐州祛腐生肌膏的历史,相传可追溯到东汉末年名医华佗遗留在徐州民间的验方。后由徐州市中医院的名老中医在博采众方基础上研制出祛腐生肌膏,并逐步运用于临床。徐州祛腐生肌膏选用紫草、当归、生龟板、生地等中药,采用现代制剂工艺并遵循古法炮制而成,对于治疗感染创面、开放性骨折、溃疡后期等都有一定功效,深受病患欢迎。而且价格低廉、敷用方便。

(5) 吴氏膏药制作技艺

吴氏膏药传承于清代膏药师祖吴师机,起源于苏北里下河地区,距今已有160余年历史。吴氏膏药以其独特配方、制作工艺和疗效,在众多膏药中独树一帜,现主要传承地为盐城亭湖区。

吴氏膏药选用麝香、血竭、地鳖虫、三七等中药材,采用浸泡、提料、升华、炼油、下丹、去火毒、去燥邪、启封、摊涂等步骤,用传统工艺熬制成黑膏药。药物直接施于病者外表穴位或患处,借助经络的通路挥发药物,达到行滞去瘀、开窍透骨、舒筋活血、消肿化瘀的效果。吴氏药膏对治疗骨质增生、颈腰椎病、肩周炎等疾病具有疗效。

传承人吴登清在前人配方的基础上,对吴氏膏药的配方进行了糅合创新,膏药的疗效也显著提高,应用范围更加广泛。

(6) 戴晓觉膏药制作技艺

戴晓觉膏药在连云港及周边城市影响广泛,享有盛名。明末清初,戴士柱在海州经营药店,拜丁奎儒为师后,学得黑膏药制作技艺及诊治秘方,凭借着自己平时自学中医的理论基础和多年搜集的各类民间偏方,潜心钻研膏药制作技艺,创立了戴氏膏药制作技艺。民国初,戴士柱在海州当地开办戴晓觉膏药店。

戴晓觉膏药对诊治疑难杂症和常见皮肤疾患疗效较好。因为戴晓觉膏药治疗大鼓腮、疔、疖、痈、丹毒、老鼠疮、对口疮、瘩背疮、无名肿毒等皮肤类疾患时,具有简便、经济、见效快、无副作用等优点,既不影响人们劳作,也省去了炮制汤药等环节。当地百姓凡是有了此类症状,首先想到的就是戴晓觉膏药。当地的人一提到戴晓觉膏药无一不晓,无不夸口称赞。

百年来戴晓觉膏药不断改进,不断创新,凝聚了戴家四代人的心血,治疗了无数的疑难杂症。戴氏传人遵行父辈"待人接物德为先,要行医先做人"的医训,积德行善,对贫苦人关怀备至。目前,戴学光中医诊所正在传承着这一技艺,传承方式多为家传。

(7) 阙氏膏药制作技艺

阙氏膏药在古楚淮安相传七代,200多年来家喻户晓,有口皆碑。它源于清兵八旗子弟搏击时治疗跌打损伤的秘方,第二代传人阙广庭常年行医跋涉于江苏、安徽、山东、上海等地,以其精湛的医技将阙氏膏药发扬光大。

阙占奇是阙氏膏药制作技艺的代表性人物。作为第七代传人,他医术精湛,积极吸取西医知识,研发了广庭接骨膏,对于老年股骨、颈骨折等常见病症和骨不连、骨坏死这些公认的疑难症都有着较好的效果,能积极促进骨折愈合。他研制的抗湿止痛药止痛效果上佳,对癌症患者缓解疼痛也有良好的效果。

2007年3月,镇江市申报的唐老一正斋膏药制作技艺被列入第一批江苏省非物质文化遗产代表性项目名录,项目编号为JSⅧ-2;2016年1月,涟水县、兴化市、徐州市、盐城市亭湖区申报的膏药制作技艺(蒋氏骨伤膏药制作技艺、邱氏烫伤膏制作技艺、徐州祛腐生肌膏制作技艺、吴氏膏药制作技艺)被列入省级扩展名录。

2011年9月,连云港市新浦区申报的戴晓觉膏药制作技艺被列入第三批江苏省非物质文化遗产代表性项目名录,项目编号为JSⅧ-17。

2011年9月,淮安市楚州区申报的阙氏膏药制作技艺被列入第三批江苏省非物质文化遗产代表性项目名录,项目编号为JSⅧ-18。

6. 王氏保赤丸制作技艺

王氏保赤丸原名"王氏万应保赤丸",是清道光年间(1821—1850)王胪卿为治疗小儿腹疾、喘症等常见小儿病症,根据祖上九世秘传配方配制而成的小儿良药。其后人开办中药铺,此丸作为药品面世。1957年,王氏传人王绵之将祖传秘方献给国家,自此王氏保赤丸成为国家秘药。

王氏保赤丸针对小儿特点,加工成微丸制剂,细如菜籽,便于婴幼儿服用。此药主要成分有巴豆霜、川贝母、川黄连、制南星等多种中药材,色泽呈金黄或朱红。王氏保赤丸对小儿胃肠疾病及呼吸道炎症疗效显著,具有消热化痰、抗菌消炎、补脾益胃的功效,性质平和。小儿常服之可起到助消化、祛除惊风、促进发育的作用。

王氏保赤丸被指定由南通制药厂投入生产,作为国内独家产品,王氏保赤丸也成为该企业建厂初期的起家产品和重点经营品种,对推动企业的成长和发展壮大作出了重大贡献。药片投产后,尽管药厂几经更名,其生产经营从未中断。在确保质量、改进工艺的同时,产品畅销全国,取得了良好的经济效益和社会效益。2002年9月,南通中药厂与南通制药总厂制剂部分重组而成的南通精华制药集团股份有限公司投资建立了具备现代化功能的中药制剂生产线,使王氏保赤丸作为传统国优名品中药的发展前景得到了显著拓展,产销率逐年上升。

2009年6月,南通市申报的王氏保赤丸制作技艺被列入第二批江苏省非物质文化遗产代表性项目名录,项目编号为JSⅧ-5。

7. 五妙水仙膏制作技艺

五妙水仙膏由灌南周赵勤首创,最早流布于灌南新安镇,后逐渐在整个县城乃至于全国各地流传开来,现已流传到海外。

五妙水仙膏为治疗皮肤病的特效药。清代张山人将医术传给女婿周金和,周家因而成为医学世家。周家后人周赵勤善于治疗皮肤病,创制了治疗皮肤病的古方。周赵勤之孙周达春发现治疗皮肤病的古方存在不足,对古方成分进行调整改进,完成五妙水仙膏的研制。此药由5种中药配制,主治5种皮肤病。1980年10月,该药通过江苏省鉴定,正式定名为五妙水仙膏。该药对血管瘤、毛囊炎、寻常疣、结节性痒疹、神经性皮炎、带状疱疹、皮肤黏膜溃疡等皮肤病均有疗效。此外,五妙水仙膏还具有杀菌、消炎、止血、止痒、镇痛等作用。

周达春对此药严格保密,只传给了3个儿子。1997年该药被载入《中国药典》,2001年获国家专利。此药现由灌南县周达春制药厂生产。

2009年6月,由灌南县申报的五妙水仙膏制作技艺被列入第二批江苏省非物质文化遗产代表性项目名录,项目编号为JSⅧ-6。

8. 喉科疗法

中医喉科是中医的一个特色分科,其起源较早,在《黄帝内经》中就已有对于咽喉疾病的介绍。咽喉疾病包括喉痹、乳蛾、喉痈、喉瘖、急喉风、鼻咽癌等。在长期的医学实践中,中医形成了一套行之有效的喉科疗法。

(1) 雅妙河戴氏中医喉科疗法

雅妙河戴氏中医喉科疗法以戴作善为代表。他是泰州口岸周边地区享有较高声誉的喉科名医。戴作善之父戴泽臣是戴氏中医喉科第三代传人,也在当地享有盛誉,有"要看喉科病,快去雅妙河"的说法。戴作善继承父亲的医术,以善学、善德、善医之品德,成为戴氏中医喉科第四代传人。

戴作善在继承祖传医术的同时,不断钻研创新,形成了独具特色的戴氏喉科医术。他在数十年的行医过程中,总结出了如下经验:一是独创戴氏生肌散外用于口腔、咽喉部位,对炎症、溃疡有奇效;二是面对疑难杂症,善闯禁区,胆大心细,用中西结合疗法治疗新生儿与成人破伤风,治愈达90%左右;三是创用手术剪除长蒂丁;四是自创组方"消瘰汤"治疗瘰疬、"引声汤"治慢胚、"肉桂果仁汤"治虚火口疮等。

(2) 黄氏喉科疗法

无锡黄氏喉科的历史可追溯到清代,由黄文炳于清雍正年间(1723—1735)在无锡八士斗山创立。

黄氏喉科疗法的治疗思路,是从整体出发,更注重局部处理,辨证施治,内外治并重。其中黄氏系列吹药在治疗咽喉、口腔急慢性炎症及出血溃烂等方面具有良好效果,弥补了内治法的不足。另有祖传系列秘方黄氏消肿散治疗喉痹、喉瘖、乳蛾、喉痈等;黄氏生肌散治疗口疮等;黄氏祛腐散治疗口糜、手足口病、口腔霉菌等。

1954年,黄冕群及黄氏传人共同创立了无锡市中医院喉科,以独特的黄氏吹药系列,治疗咽喉科疾病,药到病除,疗效显著。1956年江苏省政府调黄冕群入宁,执教于南京中医学院,并筹建江苏省中医院喉科。至此,黄氏喉科进入了由家传到高校教学的演变,影响力也从无锡走向全省。

1959年黄氏喉科的养阴生肌散在全国中医中药经验交流大会展出,并获卫生部奖状,黄氏喉科疗法治疗走马牙疳被录入高等院校教材,951例走马牙疳的治验报告在全国中西医结合经验交流大会上交流,并获省、市奖状。

2011年9月,泰州市申报的雅妙河戴氏中医喉科疗法被列入第三批江苏省非物质文化遗产代表性项目名录,项目编号为JSⅧ-8;2016年1月,无锡市申报的黄氏喉科疗法被列入省级扩展名录。

9. 闵氏伤科疗法

吴中闵氏伤科发祥于昆山西乡之白塔港,从清嘉庆年间(1796—1820)起,历经五世,约有近200年历史。闵氏伤科起源起于昆山,兴盛于吴中,名播于苏沪浙一带。

闵氏伤科主要以祖传治伤绝技和秘方伤膏药医治跌打损伤、骨断脱臼、扭腰曲筋等症状,在吴门医派伤科专业中,有重要的一席之地。

闵氏伤科不但注重手法及外治,还注重中药内治,因此,既有家传秘方传承,又有相关针对伤科各种病症的中医经验方。在外治时,主张以硬纸板代替杉木树皮夹板,尤其简便、舒适,并发症少,在颈椎病、腰椎间盘突出方面有自己的独特疗程,因此沿用至今。

2011年9月,苏州市和昆山市联合申报的闵氏伤科疗法被列入第三批江苏省非物质文化遗产代表性项目名录,项目编号为JSⅧ-9。

10. 妇科疗法

中医妇科疗法是运用中医学理论研究妇女生理病理特点和防治妇女特有疾病的临床疗法,包括月经不调、崩漏、带下、生产、乳疾、症瘕、前阴诸疾及杂病等项。

(1) 郑氏妇科疗法

宋元时期,吴中地区的妇产科就很发达。南宋末昆山名医薛将仕是郑氏妇科的始祖,因无子嗣,便传医术予女婿钱氏,钱氏复传医术于女婿郑公显,郑氏遂世代业女科,至今已达29代。薛将仕的医学经验,经郑氏后裔整理成著名医著《女科万金方》和《薛医产女科真传要旨》,是中医治疗妇产科疾病极为重要的医典。

郑氏女科在昆山乃至周边地区很有影响,曾出现过周庄支、县城乐输桥支和菉葭韩泾滩支等分支。目前,后世主要传人有郑绍先和郑天如医师。郑氏妇科善用经方、古方,灵活运用,神奇莫测,出奇制胜,其学术思想、经验与成就是多方面的,对于月经病、妊娠出血、妊娠水肿、产后三大病等治疗都有独到之处。目前传承郑氏妇科的后人在昆山市中医医院用其医理继续施以良术,每日受益之妇科病人在100人以上。

(2) 周氏妇科疗法

周氏妇科起源于清咸丰年间(1851—1861),创始人周学诗声名远播,享誉沪苏锡常一带,是"江阴三大名医"之一。

周氏妇科在学术上注重实效,不尚空谈,虚怀善补,刻意提高临床疗效;在妇女生理上强调"女子胞""胞宫"的作用;在病因上提出"湿热致病说";在"气火致病说"上亦多新义,认为肝气郁结生火,常称肝气、肝火;在治疗产后病方面,质疑前人的"产后多虚"说,认为"产后多实",指出现代条件对妇科疾病的影响;在治疗崩漏大症方面,也素负盛名。

多年来,周氏妇科通过家传、师带徒以及融入现代的院校教育等方式,在中医妇科领域不断探索、开拓,形成了独特的诊疗理论和方法,培养出了一批优秀中医妇科人才。

(3) 金坛儒林树德堂妇科疗法

金坛儒林树德堂妇科疗法始于清乾隆年间(1736—1795),距今已有300多年的历史。相传八仙之一"铁拐李"路过儒林,见当地名医储知善医德高尚,即送一块青布小包和一件破蓑衣,每逢疑难杂症,储知善只要放一片破蓑衣丝草于中药内,便可药到病除。从此树德堂名扬四方,各地病妇纷纷慕名前来求医。

创始人储知善以善用中草药医治妇科见长,为解除民间不孕不育等诸多妇科疑难杂症之痛苦,以中草药为本,潜心钻研,反复试验,积累成偏方,惠民不计其数。其医德和医治疗法由此代代相传。儒林树德堂妇科医治疗法主治男女不孕、子宫肌瘤、卵巢囊肿、少女经闭、痛经、周身关节疼痛、盆腔炎症、崩漏等疑难病症。

2011年9月,昆山市申报的郑氏妇科疗法被列入第三批江苏省非物质文化遗产代表性项目名录,项目编号为JSⅧ-10;2016年1月,江阴市申报的周氏妇科疗法被列入省级扩展名录;2011年9月,金坛市申报的金坛儒林树德堂妇科疗法被列入第三批江苏省非物质文化遗产代表性项目名录,项目编号为JSⅧ-11。

11. 儿科疗法

中医儿科疗法是以中医学理论体系为指导,以传统的中药、针灸、推拿等治疗方法为手段,研究自胎儿至青少年这一时期生长发育、生理病理、喂养保健,以及各类疾病预防和治疗的临床疗法。

(1) 常州钱氏中医儿科疗法

常州钱氏是江苏著名的中医儿科世家,自明末钱祥甫始,传承延续12代,至今已有300多年的历史。

常州钱氏儿科世家,揽中医之大成,博采众长,不断探索和发展,形成了一整套独特的学术思想和用药特色。在治疗方法上,钱氏中医儿科世家主张"辨证求因、审因论治"。其治法灵活多样,如独创的治热八法治疗多种发热类型,疗效极为显著。治热八法主要有:用宣清降化法治疗外感咳嗽;用泻肝清肺法治疗百日咳;用调气清化法治疗黄疸;用疏和运化法治疗脾胃病;用健脾滋肾分利法治疗肾病综合征;用玉葛宁心汤治疗心律不齐等。

(2) 塘桥陆氏中医儿科疗法

陆氏中医儿科始创于清光绪年间(1875—1908),为家族传承,至今已传5代,有近120年历史。

陆氏中医儿科的主要特征,一是在临床实践的基础上不断总结完善,独创了陆氏中医儿科诊疗法,通过望、闻、问、切等方法,辨证施治。二是自制药剂,有口疮散、咽喉散、咳喘一帖灵、腹泻一帖灵及各种中药膏丸等。三是自配中药,自设药房中专治儿科病的中药饮片有400多种。

目前陆氏中医儿科传承情况良好。第三代传承人陆义进虽年逾七旬,但精力充沛,日均门诊患儿约60人次。第四代传承人陆定宏,现为鹿苑医院院长、儿科副主任医师,日均门诊患儿也约60人次。第五代传承人之一的陆文中,在陆氏中医儿科随祖父陆义进侍诊。

(3) 谦字门儿科中医术

谦字门儿科中医术是众多中医流派中的一支,清道光年间(1821—1850),因医家陈里谦善治天花、造福乡里而得名。由此,陈里谦开创谦字门儿科中医术。后传七代,其中刘佩谦、杨佑谦、吴克谦、刘延龄、李耀谦、戴金梁、郑俊谦等传人,继承师门医术,融会新知,灵活应用,自成一家。

谦字门首重望诊,审苗窍①是医师重要的诊断手段。治法以平为贵,当病人所患为轻症或处于病后调理阶段时,医师便提倡以食疗为主,把治疗和营养有机结合起来。在立法上以"扶阳"②为第一要义,不轻易用攻伐,融会贯通脏腑辨证、六经辨证、卫气营血辨证、三焦辨证,相辅相成,以决病之所在而治之,驱邪为主,时时顾护正气。

(4) 兴化史氏中医幼科疗法

史氏中医幼科疗法自雍正八年(1730)传承至今已近300年,其影响力覆盖四省一市(江苏、山东、浙江、安徽、上海)50多个县市。

史氏中医幼科疗法根据临床表现将小儿体质分为六类型:健壮体、湿重体、气虚体、痰饮体、内热体和虚弱体。临床上史氏自创的"七者俱到"诊疗方法,秉承"遵古而不泥古,崇今而不废古"的家训,专研经典方,随症灵活运用于临床。从不墨守成规,而且善于灵变,通理明证,宜人适体,立法选方,择药定量而治,是坚持"一方多用、同病异治、异病同治"悬壶的医范。

(5) 臣字门儿科中医术

臣字门中医儿科创立于清咸丰时期(1851—1861),在仪征负有盛名。臣字门儿科中医术在治疗方法上,较多采用外治法,如点、涂、敷、洗、搐、捏、摩等,能起到应急、辅助和缩短疗程的作用,有简、便、验、廉的特点。

该派以北宋"儿科之圣"钱乙的《小儿药证直诀》为指导,从五脏补虚泻实出发,在治法上以和为贵,根据小儿"三有余,四不足","易虚易实,易寒易热"的生理病理特点,不轻易用过补、过攻之剂,对小儿轻症或病后调理,多主张以食疗为主,把治病和营养有机地结合起来,收效甚好。

2011年9月,常州市申报的常州钱氏中医儿科疗法被列入第三批江苏省非物质文化遗产代表性项目名录,项目编号为JSⅧ-12;2016年1月,张家港市、扬州市、兴化市申报的儿科疗法(塘桥陆氏中医儿科、谦字门儿科中医术、兴化史氏中

---

① 审苗窍,即审视五官。
② 扶阳,即重视阳气,以火立极,扶正护阳。

医幼科疗法)被列入省级扩展名录;2011年9月,仪征市申报的臣字门儿科中医术被列入第三批江苏省非物质文化遗产代表性项目名录,项目编号为JSⅧ-13。

12. 骨伤疗法

中医骨伤疗法是研究防治人体皮肉、筋骨、气血、脏腑经络损伤与疾患的临床疗法,历史上骨伤科有"金疡""接骨""正骨""伤科"等不同称谓。中医骨伤疗法历史悠久,是在我国各族人民与外伤疾患长期斗争中创造和发展起来的,并形成了丰富的理论体系。

(1) 金坛老人山程氏骨伤疗法

老人山程氏骨疗法始于清嘉庆年间(1796—1820),迄今已有200多年的历史,在治疗骨伤方面有独特的方法。

老人山程氏骨伤疗法属于保守疗法,一般用人工复位的方式,夹板固定后再辅以外敷中药。不用开刀,减轻痛苦,也较为经济。其外敷的秘方也颇为著名,可伤骨活血,以40多味中草药制成,是程氏先祖长期在老人山附近行医,亲自采药、制药而形成的独门药方。老人山程氏骨伤疗法对骨盆骨折、四肢骨折、脊柱骨折,陈旧性骨折、骨折延期愈合、骨不连、腰椎间盘突出、半月板损伤等方面都有独特的效果。

(2) 常州朱氏伤骨科疗法

常州朱氏伤骨科疗法自1920年起由朱普生创立,现已历经近百年,传承4代,主要分布于常武地区。

朱普生原籍江阴璜土,16岁师从伤骨名医赵和鸣,24岁开始独立行医并潜心对其疗法进行改良。传闻朱普生在出诊回家的路上,看到一条下半身不便的大蛇,吃力地游向一大束草,将其盘烂吞下后下半身即能活动。朱普生便将这种草采集回家,晒干加入伤药中,药效提高许多,这便是秘方的由来。

常州朱氏伤骨疗法的精髓,主要为接大筋(跟腱断裂)、治闪腰岔气(急重型腰腿痛)和治骨不连(骨不愈合及骨迟缓愈合)三大独门技方。除此之外,朱普生研修伤骨科的同时兼修针灸,开创了独特的针伤疗法,长于治疗跌打损伤、骨折脱位、筋伤骨痛等。其传承人将这些经验总结归纳并理论化,又结合西医与现代科技,发展出实用性较高的伤骨科技术。

(3) 刘氏骨伤疗法

刘氏骨伤疗法由无锡玉祁刘庄人刘济川于1915年创立,肇源于张祥丰号蜜饯行。

内外并重为刘氏骨伤疗法的主要基础,其特色有四:一是特色内服系列药物,如活血消肿方、理伤片(丸、汤)、复元散、舒筋片(丸)、正骨汤(丹、片)等;二是特色外治药物,如敷消肿膏、熏洗药和伤散;三是整复手法,如三指按摩法;四是特色固定器材,如外固定纸质支架夹板、整复床、多角度腰椎牵引床等。

刘氏骨伤疗法历史悠久,学术成就突出,区域优势明显,不仅有独特的医学价值,作为一种地域性医学,其又表现为一种传统医学文化资源,有较大的社会影响力。

2011年9月,金坛市申报的金坛老人山程氏骨伤疗法被列入第三批江苏省非物质文化遗产代表性项目名录,项目编号为JSⅧ-14;2016年1月,常州市天宁区、无锡市申报的骨伤疗法(常州朱氏伤骨科疗法、刘氏骨伤疗法)被列入省级扩展名录。

13. 正骨疗法

在古代农业社会,骨伤的发病率很高,是一种常见病和多发病,而当时医疗条件很差,农村边寨交通闭塞,一旦发生骨折,求治十分困难。于是实践出真知,需求出人才,一些大一点的村落和城镇,几乎都会出现一两个医治骨伤的土医生和土办法,正骨疗法成为我国分布广泛、流派纷呈的一种中医疗法。

(1) 许氏正骨疗法

泰州许氏正骨疗法起源于明嘉靖二十一年(1542),由许氏先祖许仓所创,历

14代人470余年。一代代许氏族人不断对许氏正骨疗法进行探索、创新、实践,形成了一整套的独特理论和完整的治疗方法,通过手法整复、夹板固定、膏药外敷等手段,主要治疗骨折、伤筋等当地常见的伤病。

许氏正骨疗法以四大特点著称:一是手法独特。许氏骨伤在众多的骨折治疗上有其独创方法。如桡骨远端骨折牵引旋转复位法、肱骨髁上骨折整复后的三点挤压固定法、髋关节脱位的抱膝拔伸法。二是夹板多样。利用杉木、柳条、马粪纸等材料,根据患者的骨折部位、生理特点、局部解剖,制作多种形式的小夹板,既有效固定,也不影响功能恢复。三是内外兼治。这是姜堰许氏骨科独家之长,在手法复位的基础上,敷以许氏秘制的膏药,如丁桂散等消药和伤药,配以内服药物,疗效显著。四是动静结合。在骨折的治疗上,主张能动则动,能立则立,能行则行,强调发挥患者自身养护的主观能动性。

(2) 谢氏正骨疗法

江阴谢氏正骨疗法,起源于清代末年,由谢氏骨伤祖师谢裕明创始,代代相传,至今已有8代传人。

谢氏正骨疗法有其独到之处。它秉承了中医外科"凡病处,当予局部治之,以药敷之,则血脉和,筋骨生,病祛之"的优点,灵活运用"四味散""金黄散""丁桂散"等中药制剂,以膏贴之,切实快速有效地消除骨折肿胀、疼痛;又秉承了中医骨伤科"骨折异动,以静制之"的治则,就地取材,运用江南盛产的竹板,依人体骨关节的特性进行矫形,巧妙地固定了骨折部位。

自祖师谢裕明起,谢氏独特的治疗方法便自成一家,形成了一套独特的理论体系和完整的治疗原则及方法,积累了非常丰富的经验,并在实践中不断改良,成为谢氏流派,名扬江左。

2011年9月,泰州市申报的许氏正骨疗法被列入第三批江苏省非物质文化遗产代表性项目名录,项目编号为JSⅧ-15;2016年1月,江阴市、泰州市姜堰区申报的正骨疗法(谢氏正骨疗法、许氏正骨疗法)被列入省级扩展名录。

14. 接骨术

接骨术是中医治疗骨伤的一种方式,指医者用动作使骨折、脱臼及软组织损伤复原的方法。接骨术在今天依然有重要作用,不用开刀,能够节省时间,同时降低治疗成本。

(1) 曹氏中药热敷接骨疗法

灌南曹氏中药热敷接骨疗法,是利用中医手法将错位的骨折及时、稳妥、准确、轻巧地复位,整复后用小夹板外固定,再将加热后的曹氏中药沙袋敷于伤处,这对于医治跌打损伤骨折、骨质增生、关节炎(风湿、风寒、类风湿)有较好效果。

曹氏中药沙袋原料的炮制要经过纯净处理,即通过挑、拣、簸、筛等方法,去掉灰屑、杂质和非药用部分,使药物清洁纯净。还要将草药粉碎成粉状,搅拌均匀后拌入细沙装入布袋,用缝纫机封口。制成后,放入钢锅内加热蒸馏(加热后中药沙袋温度约60℃),放置于病员患处(不烫伤皮肤),从而达到消肿止痛、活血化瘀、接骨续筋的目的。

曹氏中药热敷接骨技艺为祖传秘方,一般传男不传女,秘不示人。其中药沙袋的制作技艺为手工操作,工序繁杂,费时费力,收费低廉,所接收的病员大多为中低收入者。因此曹氏中医骨伤科门诊收入不高,生存较为困难。

(2) 张氏接骨术

南京浦口张氏中医接骨术,距今已有360余年的历史,传承8代,其精髓是家传正骨手法和祖制正骨秘方。其第六代传人张家芳在治疗各类骨伤疾病时,以不破坏骨折部位的血运为原则,倡导不开刀,不打石膏,不用金属物穿刺牵引,不伤元气,疗程短,使骨伤患者免受手术治疗痛苦。

张氏中医接骨术形成了一整套治疗方法:手摸法、提拉法、推倒法、对接法、按压法等。提出治疗骨折采用"手法接骨个性化,手法复位和中药相结合,固定与功能锻炼相结合"的诊疗理论和方法。在祖传接骨散基础上,张氏家族结合自己几代人多年的临床经验继续改进配方,研制出张氏接骨散,用于舒筋活络、续筋接骨,对促进骨折愈合、消肿止痛有良好效果。

2011年9月,灌南县申报的曹氏中药热敷接骨疗法被列入第三批江苏省非物质文化遗产代表性项目名录,项目编号为JSⅧ-16;2016年1月,南京市浦口区申报的接骨术(张氏接骨)被列入省级扩展名录。

15. 中医内科疗法

中医内科疗法是在中医理论基础上阐述内科疾病的病因病机、症候特点、辨证论治及预防、康复、调摄规律的一整套诊疗方法。不同的中医世家往往各具特色。

(1) 常州屠氏中医内科疗法

常州屠氏中医内科疗法源自清代中后期,有 150 年以上的历史。该疗法始于清代常州孟河医派①的代表人物费伯雄。费氏医学思想以"醇正""缓和"为特色,其学术源于历代各家,取各家之长补偏救弊。后屠厚之师从姻亲费伯雄,名扬常武地区。之后,医术便在屠家代代相传,形成了名闻江浙沪地区的常州屠氏中医内科世家体系,现已存续 7 代。

屠氏中医内科疗法,坚持中医理论体系,于中医"望闻问切"四诊基础上,结合自创的腹部触摸法诊断肝脾肾等脏器病变,重视病人心理,合理有效运用积极的心理暗示;在治疗上,运用健脾胃、疏肝理气、养阴益胃、滋阴益气、理气止痛等法治疗慢性脾胃病;用疏肝理气佐以清热法、健脾化湿柔肝化瘀等法治疗急慢性肝胆病;用益气补肾活血化瘀、养阴清热活血调经、温肾助阳涤痰软坚等法治疗妇科病;用培本养肺法治疗肺气肿、肺心病,用益气滋肾等法治疗糖尿病。

屠氏各代遗存和出版的医著、医案、论文等也多达 500 多件(卷)。常州屠氏中医内科疗法底蕴深厚,内涵丰富,具有珍贵的医药实践价值、医学研究价值和文化传承价值。

(2) 然字门内科中医术

扬州然字门内科中医术,是任氏家族以中医方法治疗内科疾病的传统医术。自 17 世纪中叶以来,任氏家族世代行医,延绵至今已 13 代。

然字门内科中医术包含多个经验方剂,以诊脉准、投药狠、疗效速而见长。然字门擅长脾胃病、暑温病、支扩咯血调治,对一些危重病如流性出血热、乙脑、脑溢

---

① 孟河医派可上溯至东汉三国时期,为葛洪医药余绪。孟河是江苏武进(今属常州市新北区)长江边上的一个乡村小镇。

血、重症肝炎、伤寒等疾病均有丰富的临床经验,尤其对温热病的治疗独具特色,从热、痰、虚象辨治,收效颇捷。相关治法经口笔相传,流于全国各地,被广泛学习应用,有较大的医学实用价值。

然字门内科中医术由其后世子孙总结整理,形成多部医著。然字门内科中医术以祖传医术为要旨,融会贯通,辨证施治,对内科杂症的治疗,主张多从脏腑辨证入手,成功地走出了一条既有继承又有发扬、独具一格的中医之道,有着重要的医学价值和学术价值。

(3) 春字门内科中医术

扬州春字门内科中医术,创立于清道光年间(1821—1850),自殷小四子开宗立派以来,历经6代传承,至今已有近200年的历史,声名卓著,影响广泛。

春字门对内、外、妇、儿、喉科皆有涉猎,尤擅脾胃、肝病、疑难杂病的诊治。脾胃病,治主补,少攻伐,用药宁温勿寒,宁补勿伐,宁轻勿厚,适当调血,首创"治湿五法"。肝病,则要谨守病机,辨证论治,祛邪为先,注重扶正,肝病及血,化瘀为要,疏肝健脾,久则益肾。疑难杂病,则以枯桂汤治内耳眩晕症,鹿丹汤治颈源性眩晕,足浴汤泡足治足跟痛,排毒祛痘灵治青春痘。不仅如此,春字门对"汗症""无名低热""消渴"等症也有独到的见解和疗法。

2016年1月,常州市钟楼区申报的常州屠氏中医内科疗法被列入第四批江苏省非物质文化遗产代表性项目名录,项目编号为JSⅧ-19。

2016年1月,扬州市申报的然字门内科中医术被列入第四批江苏省非物质文化遗产代表性项目名录,项目编号为JSⅧ-20。

2016年1月,扬州市申报的春字门内科中医术被列入第四批江苏省非物质文化遗产代表性项目名录,项目编号为JSⅧ-21。

16. 龙砂医学诊疗方法

龙砂医学流派是发源于江阴的龙山、砂山地区,上溯至宋代,由宋末元初著名学者陆文圭奠定文化基础,隆盛于清乾嘉时期(1736—1820),再兴于清末民国至今的医学流派。龙砂医学流派是无锡地区的中医本宗,在全国具有较大学术影响。

龙砂医学诊疗方法,是指龙砂医学流派历代医家在诊疗疾病过程中运用的三大特色技术方法,即"运用五运六气理论开展诊疗""运用经方技术诊治疾病""膏方养生治未病"。这三大技术,对中医临床诊疗、"治未病"养生保健和疾病康复具有很强的指导意义。

历代龙砂医家留下了多部医术巨著,包含五运六气、经方、本草、针灸等内容,如《素问运气图说》《运气指掌》《三因司天方》《运气证治歌诀》《伤寒论纲目》《杂病源流犀烛》《妇科玉尺》《风痨臌膈四大证治》《温热逢源》《经方实验录》《伤寒论新注》《子午流注针法》《夹阴伤寒》《本草经解要》等,为中医的发展作出了巨大的贡献。龙砂医家还注重医案的撰写和整理,并以此作为传承载体。许叔微的《伤寒九十论》以及柳宝诒、王旭高、张聿青、周小农等医家的医案,都是龙砂医学的精品。深入阐发和运用《黄帝内经》的运气学说,重视《伤寒》六经经方,善用膏方养生治未病,是该流派医家的三大共同特点。

2013年无锡市龙砂医学流派研究所在无锡市中医医院挂牌成立,使龙砂医学流派成为无锡地区中医流派的标志。

2016年1月,无锡市申报的龙砂医学诊疗方法被列入第四批江苏省非物质文化遗产代表性项目名录,项目编号为JSⅧ-22。

17. 张简斋中医温病医术

南京张简斋中医温病医术是张氏医术传至张简斋一代,经他在祖辈的基础上研究、创新而形成的医药体系。张氏世居南京秦淮鞍辔坊,在当地颇有声望,在张简斋时达到了顶峰。张简斋在民国时期盛极一时,曾被尊为"当世医宗"。

张简斋祖辈为"新安医派"[①]传人,张简斋在承袭张氏医理宗学的基础上,结合吴门叶桂(天士)、"孟河医派"的学术思想,而自成一体,形成独具特色的张简斋中医温病医术。张氏中医温病医术对疫病、温病有明确的诊疗依据和治疗方法,在

---

① 新安医派以新安江上游(歙县、休宁、婺源、祁门、黟县、绩溪)为核心区域。始于宋,鼎盛于明清而流传至今。

治疗上也有创新。他先后创立温病"寒伏火"症、杂病"下虚受风"症的辨证和治疗原则,其运用方剂治病必顾护脾胃,具有独到的见解。

2016年1月,南京市秦淮区申报的张简斋中医温病医术被列入第四批江苏省非物质文化遗产代表性项目名录,项目编号为JSⅧ-23。

18. 万寿堂胃病疗法

万寿堂胃病疗法,始于清光绪十年(1884),其代表人物苗怀方,以中医内科疗法为著,精中医内科,善治胃病。历代传人通过继承祖训、博采医书和临诊实际,逐步改良并完善了一整套独特的胃病内科疗法。

万寿堂胃病疗法,坚持辨证论治,并发展辨证辨病,强调"扶正",以苗氏家族传承的胃病中医治疗方法为脉络。现代传人苗少伯,将家传万寿堂胃病疗法反复验证于临床,不断改进提高,以纯中草药为原料,研制成万寿堂胃病汤,用于治疗萎缩性胃炎,其汤剂制作成本低,制作方便,药味平和,易于接受,经济实惠,疗效好。

2016年1月,灌南县申报的万寿堂胃病疗法被列入第四批江苏省非物质文化遗产代表性项目名录,项目编号为JSⅧ-24。

19. 中医肝病疗法

中医理论中的肝,除解剖器官外,还包括在体表和身体内的附属组织,如肝开窍于目,肝主筋(肌腱、软组织),指甲也与肝的关系非常密切。中医强调归属于物质基础上的一系列的功能组合。中医肝病疗法是建立在中医理论体系上的治疗方法,有其独特的效用。

(1) 肝胆疾病中医外治法

肝胆疾病中医外治法是江阴邹氏3代延续130年传承的硕果。创始人邹仲良使用民间板方虚黄补力丸和自创外用组方治愈了黄病(又叫虚黄病、黄疸病),从而形成了治疗黄病的良方。其孙邹逸天传承祖业,勤奋好学,潜心研究,完善药方,研制出护肝拔毒软膏、黄疸药浴液、清肠排毒液,全方位提升了祖传药方品质。

尽管最早邹氏治疗的黄病与目前的肝胆病有一定的区别,但邹氏医家百年来的经验具有重要价值。肝胆疾病中医外治法突破了中药口服的传统肝病治疗方法,避免了毒副作用对患者身体造成的再次伤害,特别是对胃肠肝肾的伤害,对黄疸、肝脾肿大、癌性疼痛疗效显著,突出了中药透皮吸收与传统经穴刺激效应的优点,充分发挥了中医传统外治对经络独特的调节作用,更优于单一透皮吸收法,毒副作用最小化,安全廉价,使用便捷,开辟了肝胆疾病治疗的新途径。

(2) 汤氏肝病疗法

汤氏中医肝病疗法,是宜兴汤氏家族自清末传承至今的中医术,现已历经 7 代,传承 170 余年。汤氏医家发端于常州孟河,上承了孟河医派的余绪。

汤氏医家以中医内科为脉络,以疏肝活血、健脾和中、清热解毒为法则,创立了完整的肝病诊疗体系。汤氏中医肝病疗法,依据中医精气、阴阳五行等学说,以辨证与辨病相结合,以经方与验方相结合,以活血化瘀作为肝病治疗的宗旨,坚持采用中医传统的"望、闻、问、切"来确诊病情,用药以内服和外敷相结合,煎剂和成药并用,具有"简、便、廉、验"的特点。

2016 年 1 月,江阴市、宜兴市申报的中医肝病疗法(肝胆疾病中医外治法、汤氏肝病疗法)被列入第四批江苏省非物质文化遗产代表性项目名录,项目编号为 JSⅧ-25。

20. 朱氏诊法(咽喉诊、脐腹诊)

朱氏中医诊法以"脐腹诊法""咽喉诊法"闻名于世,世代相传。朱氏中医起源于清康熙年间(1662—1722)的江阴峭岐凤戈庄,家学渊源,历传 10 代,代代出名医。

朱氏中医诊法为治伤寒或内伤杂病创用中医特色的"脐腹诊法""咽喉诊法",在辨证、诊断上独树一帜,对治疗伤寒、湿温及调理肝胃诸症,能独辟蹊径,善用苦辛通降,以运化中焦,斡旋枢机。辨证注重体内脏气之变动,把握伤寒兼挟阴或肾虚见症,熟用桂枝、龙骨、牡蛎汤等敛阳平冲、温经撤邪以救逆。对肝经气火风阳诸症,多用镇定兼以柔静收功。

2016年1月,江阴市申报的朱氏诊法(咽喉诊、脐腹诊)被列入第四批江苏省非物质文化遗产代表性项目名录,项目编号为JSⅧ-26。

21. 金陵洪氏眼科疗法

金陵洪氏中医眼科疗法由洪立昇所创。他出生于中医世家,由于当时的眼病患者甚多,社会中医眼科甚少,时值而立之年的洪立昇先生遂立志专攻中医眼科,洪氏眼科自此而立。金陵洪氏中医眼科自民国初年起即流传于南京的秦淮河畔,影响范围达江苏全省乃至全国,一百多年来造福了无数眼疾患者,得到了广大患者的口口相传。

金陵洪氏中医眼科疗法,内眼病治疗重在补益肝肾、调理气血,外眼病的治疗强调驱逐六淫之邪。二者并以"病""证"相结合,融入中医之阴阳平衡,西医之病理、生化等改变施法。诸如"活血化瘀""软坚散结""和云通络""利水化浊""清热解毒"等突破常规的用法每获佳效。尤对疑难病如葡萄膜炎、急性视神经炎、视网膜炎、黄斑病变、角膜炎、眼底出血等内外眼病有较好疗效,深得患者与同行好评。

2016年1月,南京市秦淮区申报的金陵洪氏眼科被列入第四批江苏省非物质文化遗产代表性项目名录,项目编号为JSⅧ-27。

22. 吴氏疔科疗法

吴氏疔科疗法在清乾隆年间(1736—1795)就已在木渎出现,因治疗疔这种急性感染性皮肤病效果好而声名远扬。吴氏疔科疗法现已传承8代,有200多年的历史。吴氏疔科虽名为"吴氏",实际上却为李家传承。因为祖上嫁入李家的吴氏妇女带来治疗的手法,所以"吴氏疔科"的招牌传承至今。

疔是指发病迅速而且危险性较大的急性感染性疾病,多发生在颜面和手足等处。若处理不当,发于颜面者易引起黄危症而危及生命,发于手足者则可损筋伤骨而影响功能。吴氏疗科对于疔疮痈疽等疾病使用其祖传配方的药物以及技法，疗效十分显著，它有着疗程短、收效快、花费少的特点。现在，吴氏疗科已改良传统疗法，并把诊疗范围从疔疮扩大到其他皮肤病领域。

2016年1月，苏州市吴中区申报的吴氏疗科被列入第四批江苏省非物质文化遗产代表性项目名录，项目编号为JSⅧ-28。

23. 金陵中医推拿术（朱金山推拿疗法）

金陵中医推拿术（朱金山推拿疗法）为著名老中医朱金山所创。朱金山在14岁时随安徽著名武术、气功、推拿大师马德友先生学习，专修武术、正骨、推拿。在长年行医实践中，他总结出"朱金山四应六法推拿法"，以治疗多种疾病，进一步发展了推拿的手法。后成为第一批享受国务院政府特殊津贴的专家。

金陵中医推拿术（朱金山推拿疗法），以治疗腰腿痛、肩周炎、颈椎病、肩颈综合征、胃脘痛与月经不调、高血压、心脏病、胃肠功能紊乱及腰脊柱肥大性病变为主。对急性腰扭伤、踝、膝关节的挫伤疗效尤好，对久治不愈的肩关节脱位的治疗具有良好效果。在传统手法基础上所创立的四应六法与五步法，总结出了推拿手法的三个联系与三个特点对临床治疗取效的理论依据，并引进了红外线气功治疗与磁疗。

2016年1月，南京市秦淮区申报的金陵中医推拿术被列入第四批江苏省非物质文化遗产代表性项目名录，项目编号为JSⅧ-29。

24. 针灸

针灸是我国古代劳动人民创造的一种独特的医疗方法。几千年来，人们利用金属针具或艾柱、艾卷，在人体特定的部位进针施灸，用以治疗疾病，解除病痛，并由此创立了独具特色的人体经络腧穴理论，成为中国医学的一枝奇葩，在世界上享有盛誉。

(1) 陈氏针灸(雀啄刺法)

姜堰陈氏针灸(雀啄刺法)发源于南通,植根于姜堰,是地域文化交流的结果。姜堰陈氏针灸为陈氏先祖陈庸首创,乾隆年间(1736—1795)陈氏先祖从南通二甲镇余西聚星堂游医到姜堰,至今已历10代,有200余年历史。

姜堰陈氏针灸行针手法上有其独到之处。陈氏八世传承人陈少农总结了前人行针的左右捻转、上下提插、弹震刮搓的行针手法,创制了行针类于鸟啄的"雀啄刺法"。这种针法在治疗神经、运动以及各类系统病症时,对面瘫、中风后遗症等病症疗效颇佳。姜堰陈氏针灸具有"一针二灸三用药"独特的针灸疗法,有异于传统的家传行针手法"雀啄刺法",以及广泛的适应症三个方面的优势,因而陈氏针灸能长盛不衰200余年。

姜堰陈氏针灸,在长期的医疗实践中,积累了丰富的临床经验和理论知识,使陈氏针灸疗法的内容不断充实,理论不断完善,为针灸疗法的探索奠定了理论和实践基础。

(2) 朱氏针灸疗法

朱氏针法创立于100年前的清末,是在传统中医针灸基础上,结合前人与自身的临床经验,在进针、行气、补泻等方面具有独到之处的针刺手法。

清末游方郎中杨老先生在长期行医过程中,形成了富有特色、行之有效的针法,后传于独女朱杨氏。朱杨氏著《脉案》并传其子朱复林,遂创"朱氏针法"。朱复林之子朱新太,结合现代医学,积累经验,创新了多种独特技法,极大地丰富了朱氏针法,其中进针法,讲究持针稳、取穴准、动作轻、进针快;行气法,于得气之际使针感传导、扩散至病变部位,或经气直达病灶,或"以麻治麻,以通治痛",往往立竿见影、针到病除;补泻法,实证者应祛邪以助正,谓之泻;虚证者应扶正以祛邪,谓之补。通常多以强刺激为泻,弱刺激为补,中等刺激为平补平泻。

百余年来,朱氏针法世代相传,名家辈出,现传承机制比较完善。

(3) 宋氏耳针疗法

宋氏耳针疗法由其先人宋琴溪所创,指的是运用耳穴治疗方法,通过毫针或压丸等物,刺激耳郭穴位并辅以操作手法,以治疗全身的疾病的方法。

宋氏耳针疗法的第二代传人宋鸿琦在父亲的教导下,进一步发展耳穴治疗医术,结合自身的临床体会,对耳部选穴、配穴等具体的实践医术有了更深刻的体会和积累,并将其实践经验言传身教于独女宋玲玲医生。宋玲玲医生结合中西医术之长,创办了宋氏针灸诊所,积30余年从医经验,推广耳针医术疗法,让越来越多的病人了解并尝试耳穴治疗方法。

宋氏耳针医术以面授口述、言传身教为主,代代相传至今。

2016年1月,泰州市姜堰区、扬州市、苏州市姑苏区申报的针灸(陈氏针灸、朱氏针灸疗法、宋氏耳针)被列入第四批江苏省非物质文化遗产代表性项目名录,项目编号为JSⅧ-30。

25. 金陵杨氏中药炮制技艺

金陵杨氏中药炮制技艺源于杨氏中药世家自清代中叶即在周家楼所开设的"恒德堂中药店",其在中药材经营、加工、炮制中积累了独特经验。

金陵杨氏中药炮制技艺,师承金陵名家何氏中药材鉴别、炮制技艺,并兼承袭京派名师宋、刘二位大师以及南派吕氏大师的技艺,经多年积累、研发,逐步形成金陵杨氏特色的加工、炮制技艺。金陵杨氏中药炮制技艺的特点是净、精、细、标,炮制的丸、散、膏、丹制剂深受患者欢迎。其中川贝雪梨膏、乌梅膏、小儿八珍散、君和香囊、君和秘制固元膏等,供不应求。既制出了精致药品,又传承了传统加工、炮制技艺,可谓金陵中药界的奇葩。

金陵杨氏中药炮制技艺,其第二代传承人杨文琪曾荣获国家中医药管理局颁发的首批"老药工"荣誉证书。

2016年1月,南京市秦淮区申报的金陵杨氏中药炮制技艺被列入第四批江苏省非物质文化遗产代表性项目名录,项目编号为JSⅧ-31。

26. 骨康外敷药酒炮制技艺

骨康外敷药酒炮制技艺是清光绪年间(1875—1908)淮安籍名医韩达哉创制

的一种外敷治疗各类关节疾病的药酒炮制技艺,以家族式传承延绵百余年。淮安地区山阳医派①遗泽丰厚,为骨康药酒炮制技艺的创制和发展提供了良好的基础。

骨康外敷药酒炮制技艺是大复方药剂的代表,主要选用川乌、草乌、羌活、藏红花等48味中药材料组方,经过洗、泡、烘、炒、漂、蒸、煮等处理,然后切片,研磨成粉。取纯粮酿造白酒置陶罐密封炮制约一个月,再将静置过滤后的上清液,地养一年,药酒方成。治疗时涂抹病者患处,药酒利用渗透性和皮肤吸收功能,进入人体内,通过经络输布全身,达到温通经络、活血化瘀、消炎止痛、祛湿散寒、强筋壮骨和保元固本的功效。对治疗肩周炎、关节炎、颈椎病、腰椎间盘突出等病症都有较好效果。

2016年1月,淮安市清河区②申报的骨康外敷药酒炮制技艺被列入第四批江苏省非物质文化遗产代表性项目名录,项目编号为JSⅧ-32。

27. 黄氏玉容丸制作技艺

黄氏玉容丸始于清同治十三年(1874),经5代薪火相传,延续至今。

黄氏玉容丸主要由茯苓、枸杞、白芷、人参、珍珠、首乌等10多种中药制成。具体制作流程为将珍珠与豆腐渣混合,在铜锅内煮沸半小时,用清水淘洗滤尽渣皮,将珍珠晾干后,再用铜冲捣杵成粗粉。枸杞在铜锅内焙干,以不焦不黏易碎为佳。将上述中药混匀,在碾槽中研碾,过筛成(100目③)细末。于竹匾内洒水泛丸,隔筛制成与黄豆大小一致的丸粒,晒干后用瓷瓶分装。

黄氏玉容丸气味清,呈微黄色,无异味,其各类中药成分,综合起来具有祛斑养颜、调节内分泌的功效,能有效治疗黄褐斑、雀斑、月经不调、乳腺增生、子宫肌瘤等症,具有较高的保健治疗价值。

2016年1月,如皋市申报的黄氏玉容丸制作技艺被列入第四批江苏省非物质文化遗产代表性项目名录,项目编号为JSⅧ-33。

---

① 山阳医派与孟河医派齐名,有"南孟河、北山阳"之说。代表人物是吴鞠通。
② 现为江苏省淮安市清江浦区。下同。
③ 100目表示能漏过100的网孔,即颗粒尺寸小于网孔尺寸。

28. 益肾蠲痹法治疗风湿病技术

益肾蠲痹法治疗风湿病(中医称"痹证")技术是以"益肾壮督治其本,蠲痹通络治其标",融理、法、方、药于一体,内治、外治于一炉的独特风湿病诊疗技术,至今已有170余年历史。

益肾蠲痹法治疗风湿病技术立足于传统中医理论,以"久痛多瘀、久痛入络、久病多虚、久必及肾"理论指导应用于风湿病的治疗,使用草木药与虫类药相伍,内治与外治相结合,治疗与调护相配合,形成了集病名、病理、治则、治法、方药、调摄于一体的中医药传统诊疗技术。顽痹久治不愈者,既有正虚的一面,又有邪实的一面;且病变在骨,骨为肾所主,督脉统督一身之脉,故确立"益肾壮督治其本,蠲痹通络治其标"的治则。用药特色为"虫类药与草木药相伍"。虫类药乃血肉有情之品,性喜攻逐走窜,通经达络,搜剔疏利,无处不至,又和人类体质比较接近,容易吸收和利用,故其功效佳良而可靠,能起挽澜之功,是草木、矿石类药物所不能比拟的。

2016年1月,南通市开发区申报的益肾蠲痹法治疗风湿病技术被列入第四批江苏省非物质文化遗产代表性项目名录,项目编号为JSⅧ-35。

29. 梨膏糖制作技艺

梨膏糖是根据古代中医药食同源的理论,精心选择具有护肝养肾、润肺补气功能的食物制成的具有药效的食品。

梁溪的梨膏糖以小福林为代表,主要传统产品有止咳梨膏糖和开胃梨膏糖两种。止咳梨膏糖选用川贝、杏仁、前胡、半夏等18味中草药配制而成,对热咳不爽、夜咳气急等咳疾有化痰、止咳等作用。开胃梨膏糖用砂仁、甘草、豆蔻、木香等配制而成,对食欲不振有很好的功效。开胃梨膏糖美味可口,主要是作为零食品尝。小福林有20个多品种,包括玫瑰、香兰、虾米、豆沙、白果、火腿等多种口味。

2016年1月,无锡市梁溪区申报的梨膏糖制作技艺被列入第四批江苏省非物质文化遗产代表性项目名录,项目编号为JSⅧ-36。

第九章 传统体育、游艺与杂技

传统体育是指经过世代传承,反映特定群体文化和社会属性,以身体活动为媒介,以强身健体、娱乐身心为目的,有一定规则并带有竞技性的社会文化活动。游艺主要表现为民间的传统自娱游戏。杂技是一种技艺表演,主要体现为一定难度和超常体能的肢体活动。传统体育、游艺与杂技都源自人们的劳动创造,具有自身的游戏规则和艺术特点,带有鲜明的地域色彩,因地域的差异而又有不同的规则。

江苏的传统体育、游艺与杂技历史悠久,涵盖了赛力竞技、技巧竞赛、室内游戏、庭院游戏、智能游戏、助兴游戏、博弈游戏和杂耍(艺)竞技等,并在流传与发展过程中形成了自身特点:一是具有浓厚的生产、生活气息,江苏的各种游戏文化脱胎于生产活动,并丰富了人民群众的日常生活;二是体现了江苏人民的聪明睿智,传统体育、游艺与杂技中包含了许多智力游艺与竞技项目,其设计蕴含了丰富的科学道理;三是具有娱乐性,传统体育、游艺与杂技项目着重于人的身心需要和情感愿望的满足,以自娱自乐、消遣和游戏的活动方式出现;四是具有很好的健身性,对改善百姓体质,提高人民的身体健康水平起着积极的作用。

江苏省的传统体育、游艺与杂技项目与家庭、社会生活、生产劳动紧密结合,文化表现形式丰富新颖,既丰富了人民群众的日常生活,又对强身健体、愉悦身心有很大裨益。因此,相关部门采取了措施对其进行保护和传承。

1. 沛县武术

沛县武术主要分布在沛县并在整个苏北地区流传。它源于秦汉,明末至民国最为兴盛。

清末民初时,沛县武术初步形成了梅花拳李振亭、大洪拳张福顺、二洪拳田培祥、少林拳徐兴武、西阳掌丁修国等不同流派。为显示武艺,各派曾在县城多次举行比赛,每次都有邻近省县的武林高手参加,场面甚为热闹,影响颇大。其中最壮观的一次是1923年举办的比武大会,历时7天,观众达15万人次。几百名拳师表演的石担、拿字石、耍样刀均受到观众赞赏。1937年全面抗日战争爆发后,为挽救民族危亡,许多武林志士纷纷走上抗日战场,奋勇杀敌。1943年,心意六合拳的拳师李克俭,在日伪政府组织的比武大会上,与日本著名柔道师交手,打败了日本大力士,大灭日本人的威风,长了中国人民的志气,赢得了家乡人民的称赞。更有一些武林豪杰,如黄克敬、黄克俭,在抗日战场上壮烈牺牲,为沛县武术史写下了可歌可泣的篇章。

2007年3月,沛县申报的沛县武术被列入第一批江苏省非物质文化遗产代表性项目名录,项目编号为JSⅨ-2。

2. 建湖"十八团"杂技

"十八团"是指18个杂技团体所聚居的18个自然村落,这片村落以建湖庆丰镇为轴心,面积约90平方千米。"十八团"是中国杂技的三大发祥地之一,起源可溯至汉晋的"百戏"。明初,朱元璋实行移民垦殖,苏州有一部分杂技艺人被迁至"十八团",加上原在京受排挤的杂技艺人陆续回故乡安居,"十八团"便成为杂技家族聚居之地,计有200多户,其中高、吴、周、徐、陆、万、夏、董、廖、张十大姓,人丁兴盛,身手不凡,当时被称为"杂技十大家"。

建湖"十八团"杂技节目内容和表演形式丰富精湛。其节目共有10类,分别是:集体育、体操、武术、舞蹈、杂技于一体的"形体表演类",以扎实的基本功完成高难度技巧的"平衡技巧类",最原始、最古老的"杂耍表演类",利用力学表演高、难、奇、险动作的"高空表演类",用诙谐、幽默手法表演的"滑稽表演类",用口、舌等身体部位或借助道具拟声的"仿声技巧类",变幻莫测的"魔术表演类",充分体现人的刚毅和健美的"气功表演类",人与马达到艺术上高度统一的"马术表演类"以及栩栩如生的"模拟动物类"。

建湖县政府十分重视"十八团"杂技的保护工作,如建设建湖杂技艺术中心,完善江苏省杂技培训中心的教学设施,筹划全国杂技博物馆、杂技大世界、杂技文化产业园区的建设等。

2008年6月,江苏省建湖县申报的建湖杂技被列入第二批国家级非物质文化遗产代表性项目名录,项目编号为Ⅵ-48;2007年3月,建湖县申报的建湖"十八团"杂技被列入第一批江苏省非物质文化遗产代表性项目名录,项目编号为JSⅨ-3。

3. 练石锁

相传石锁起源于唐代军营,将士们通过练石锁进行握力、腕力、臂力及腰、腿部力量的训练。

(1) 殷巷石锁赛力

殷巷石锁赛力主要分布在南京江宁殷巷地区,可追溯到唐代,盛行于清末至民国初年并延续至今。石锁是民间一种传统的习武健身器械。相传,楚霸王项羽和唐太宗李世民就经常练习石锁、石担子来强身健体。宋朝岳飞也用石锁、石担子来训练士兵。

殷巷石锁既保留了以大石锁练力量的玩法,又保留了小石锁的花色动作。盛行时,殷巷石锁有"霸王举鼎""观音托掌""二郎担山""猴儿戴帽""仙人背纤""怀中抱月""大开四门"等几十种套路,目前仅存10余种。现存的石锁有多种,重量、大小均不一,从40多斤到120多斤。玩石的关键是掌握其中的技巧要领,将力量和技巧巧妙结合,这样玩起来才有收放自如、一气呵成之感。殷巷石锁简单易学,植根于民间,深受群众喜爱。

在南京市江宁区政府的支持下,以老艺人王道泉为首的石锁艺人成立了殷巷石锁协会。后江宁区东善桥、龙都等地也相继成立石锁协会,并与上海、苏州等多个地区的石锁协会、石锁爱好者展开交流,以提高技艺,进而更好地保护和弘扬石锁文化。

(2) 无锡花样石锁

无锡民间一直有掷石锁的锻炼习惯,而且形成了以"飘逸灵活、技巧见长"为特色的无锡花样石锁。

无锡花样石锁可一人单练,也可双人对练,多人组合。运动时,沉重的石锁缠绕身体上下翻飞,惊险巧妙,令人叫绝,讲究高、飘、稳、活、巧。演练石锁,一是看石锁本身的翻转运动,二是看演练者的身形、步伐及腾挪、躲闪、抛接的技巧,三是看多人演练时的配合默契度。长期习练可健身、益智,培养毅力胆识,增强肢体协调性,从而达到增强武术功力的功效。

(3) 海陵摞石锁

摞石锁起源于军营,士兵常用石锁、石担子等锻炼身体,后流传于民间,演变为一项集力量、技巧、健身于一体的传统竞技项目。海陵摞石锁把石头凿成形似古铜锁的运动器具进行锻炼,方法有举、掷、接等,花色绝活繁多。

石锁举法主要有抓举和摆举,有用正掷、反掷、跨掷、背掷等掷法和手接、指接、肘接、肩接、头接等接法组成的各种各样的花色动作。小石锁以花色动作为主,男女老幼皆可练习,花色石锁表演时,石锁在满身上下飞舞,刚柔结合。20千克以上的大石锁则以练力量为主。

(4) 姜堰摞石锁

姜堰位于苏中平原,独特的地理、自然环境造就了当地人"平时为民、战时为兵"的特性,传统体育运动姜堰摞石锁就是与这种尚武氛围相伴相生的。

石锁运动主要锻炼人的臂力、腕力、握力、抓力、指力、眼力以及腰部和腿部的力量。玩石锁分玩重和玩花两种,20千克以上的大石锁以练力量为主,20千克以下的小石锁则以花色动作为主。石锁分为锁身和锁柱两部分,锁柱为手握处。因为石头的密度大、体积小、原料廉价,用石头制作而成的石锁有利于练功和推广。摞石锁的技法神奇绝妙、变化无穷、轻飘巧美,动作舒缓得当、动静结合、套路流畅,是技艺和力量的完美体现。

2009年6月,南京市江宁区申报的殷巷石锁赛力被列入第二批江苏省非物质文化遗产代表性项目名录,项目编号为JSⅨ-4;2016年1月,无锡市新吴区、泰州市海陵区、泰州市姜堰区申报的掼石锁(无锡花样石锁、海陵掼石锁、姜堰掼石锁)被列入省级扩展名录。

4. 阳湖拳

阳湖拳原名"常州南拳",起源于道家武术,始于清初并流传至今,流布至江苏与全国部分地区,并外传至日本。

阳湖拳集"南拳北腿"之长,独创了"南北兼收、拳腿并重、原地旋翻、幅度颇小、快速勇猛、精悍灵巧、近身短打、进多退少"的武术风格,共计500多种套路、36种器械,并以地域区分为阳湖派、横山派、紫阳派、西山派、茅山派等五大流派。与其他拳种比较,阳湖拳的特点明显:一是幅度很小,二是拳架低矮,三是快速勇猛,四是边练边唱,五是拳路短套,六是手步迥异。阳湖拳有复合单练、复合群打、连打行打、功夫绝技等套路特点。此外,还有用于不同场合的套路,如对练、对打套路、群战套路等。

原有500多个套路的阳湖拳,现仅存近100个套路,分别由茅山派拳械套路、横山派拳械套路、阳山派拳械套路掌握。其传承方式基本为家传、师传、个别传授、集体传授、学校式传授等。1984年,常州市成立民间传统武术挖掘整理小组调查有关阳湖拳的溯源和现状。为避免与广东、福建的"南拳"产生歧义,挖掘整理小组将"常州南拳"正式命名为"阳湖拳",定为江苏省重点拳种。1991年,常州市阳湖拳研究会成立。

2009年6月,常州市武进区申报的阳湖拳被列入第二批江苏省非物质文化遗产代表性项目名录,项目编号为JSⅨ-5。

5. 彭祖导引养生术

彭祖导引养生术现主要分布于以徐州为中心的苏、鲁、豫、皖接壤地区及浙、闽、赣、川、台湾以及东南亚等地。相传由黄帝时的彭祖始创。

彭祖导引养生术形式丰富、风格独特,是一种以吐纳导引为主的仿生运动,内容包括导引养生十二桩、导引养生拳、导引养生剑、徒手对搏、器械对搏、彭祖逍遥杖、彭祖方竹竿、彭祖大彭鞭等。其主要特点是将动作趟子与拳术器械相结合,形成导引悟拳、拳示导引等,简易精美,以动制静。其中,导引养生桩最为精湛,练时可随心而动。

彭祖导引养生术传承谱系分为彭氏族人和历代对彭祖导引养生学有贡献的大家。彭祖养生术是集体育医疗、保健、养生于一身的一种方法,是中华养生文化的重要组成部分。近年来,为使彭祖导引养生术这一具有历史、文化、科学价值的非物质文化遗产得到有效保护,徐州市相关部门先后采取了系列措施。

2009年6月,徐州市申报的彭祖导引养生术被列入第二批江苏省非物质文化遗产代表性项目名录,项目编号为JSⅨ-6。

6. 铜山北派少林拳

铜山北派少林拳历史悠久,起源于清代。乾隆二十五年(1760),河北沧州徐太清带艺皈依嵩山少林寺,师从寺僧痛禅上人,精修少林拳7年。他为人正直,为民除害打死了沧州恶霸"罗阎王",为避难全家出走,于乾隆三十六年(1771)开始隐居于徐州西南15千米的焦山,开荒辟地,以务农、习武为生,至六世祖徐兴武时独支迁居铜山汉王镇班井村。此拳原传内不传外,在徐家连续相传五世,至徐兴武始传外,流传至今,门生众多,故称"徐式北派少林拳"。

徐式北派少林拳内容丰富,既有拳术套路,又有长、短、软器械套路;既有徒手对练,又有器械对搏;既有硬气功,又有养生功;既有点穴、擒拿,又有对抗散打。拳术有少林八卦拳、少林短打拳、少林头、五花锤、跑长拳、老潭腿、长拳上下七路、地躺拳、八仙醉酒拳;器械有夜行刀、滚堂刀、双刀、春秋大刀、锁喉枪、点穴枪、子龙枪、少林连环枪、少林棍、八仙棍、七星剑、八仙剑、双剑、护手双钩、月牙铲、少林单绳镖、双绳镖、三节棍、乌龙鞭、乌龙双鞭、鞭加刀等;徒手对练有二人徒手、三人以上徒手;空手入白刃有白手夺刀、白手夺枪、白手夺匕首;器械对练有对劈刀、对大棍、对刺剑、对扎枪、单刀破枪、双铜擒枪、大刀进枪、三节棍进枪、四节铛合枪;三人以上器械对练有盾牌刀破双枪、三节棍战双枪、大刀破双刀、双刀战双枪、双枪进大刀等,内容非常丰富。

2011年9月,徐州市铜山区申报的铜山北派少林拳被列入第三批江苏省非物质文化遗产代表性项目名录,项目编号为JSIX-7。

7. 太极拳(孙氏太极拳)

孙氏太极拳是一代武学宗师孙禄堂先生对形意拳、八卦拳、太极拳三派拳术进行匠心独运的重构。

孙氏太极拳的运动形式是以修身为基础,将此贯穿于站桩、盘架、推手、大捋、散手等过程中,是一种内外兼修的运动。该拳无论是立论基础还是行拳方式,都与中华民族的朴素哲学思想和生活方式有着深刻的渊源,其动作表现形式与民俗、戏剧、杂技相融合,是中华民族宝贵的文化遗产。

孙氏太极拳创拳已逾百年,创拳人孙禄堂先生率领子孙存周、女孙剑云在镇江面向民众,公开传授孙氏太极拳。此后,孙剑云大师多次亲临镇江传授武艺,两代人的传承对江苏孙氏太极拳的发展起到积极推动作用。通过镇江民众世代研习、传承,孙氏太极拳已成为江苏地域特色文化的一部分,江苏由此而成为孙氏太极拳的重要传承地。

2016年1月,镇江市申报的太极拳(孙氏太极拳)被列入第四批江苏省非物质文化遗产代表性项目名录,项目编号为JSIX-8。

8. 史式八卦掌

史式八卦掌是流传于苏南一带的传统武术。史计栋师承八卦掌创始人董海川,又在传承练习中融入自身特点,逐渐形成八卦掌中的独特流派。史式八卦掌现已有100多年历史。

史式八卦掌的特点是:以八字为法,讲究八字八法;以五形为势,讲究五形五势。八法为推、托、带、领、搬、拦、扣、截(或搬、扣、刁、钻、搬、扣、劈、进,二代以后各人所传有所不同),五势为龙、虎、猴、蛇、燕。史式八卦掌作为传统武术,是攻防兼备的招式,长期习练能使动作轻灵、敏捷,周身通气、通血、通筋络,增强体质,减少疾病。而且史式八卦掌动作优美飘逸、刚柔相济,刚如猛虎,快如雁,柔似蛇行,起伏似游龙,慢缩身似龟,极具观赏性。

2016年1月,溧阳市申报的史式八卦掌被列入第四批江苏省非物质文化遗产代表性项目名录,项目编号为JSⅨ-9。

9. 刘氏自然拳

刘氏自然拳由刘培绍所创。1908年,他将自然门①拳法与少林罗汉拳法相结合,并在山东日照传承自然拳。

刘氏自然拳融健身、竞技于一体。入门之初,以舒筋法练习腰腿的柔韧性及关节的灵活性;以内圈手练习手眼身法步,然后再加入踢法练习,以沙包练抓扣劲;以捏纠木棒练虎口劲;以三角桩练蹬踢法等。刘氏自然拳有20字口诀:"有意无意,无意有意,随心所意(欲)。打就是防,防就是打。"

刘氏自然拳打法分十九字,有歌云"生、擒、捉、拿、闪、躲、圆、滑、吞、吐、浮、沉、绵、软、巧、脆、化、妙、神字至上陈",还可以借助器械将威力发挥到极致。

2016年1月,连云港市连云区申报的刘氏自然拳被列入第四批江苏省非物质文化遗产代表性项目名录,项目编号为JSⅨ-10。

10. 形意拳

形意拳又称"心意六合拳",是中国三大内家拳(形意拳、太极拳、八卦拳)之一,位列中国四大名拳,迄今已有800多年历史。据谱书记载及历代口传,其为南宋抗金名将岳飞所创,完善于元明,流行于河北、河南、山西等地。

20世纪初,灌云大伊山人马继福在河北拜名拳师李存义为师学习形意拳,并将其带回灌云。形意拳由河北传入灌云县至今有100多年,已有了第五代传人。形意拳拳法以劈、崩、钻、炮、横五拳为主,以浑元桩、三体桩为基础桩法,外形模拟龙、虎、猴、马、鸡、鹞、燕、蛇、鼍、骀、鹰、熊等12种飞禽走兽的动作形象。形意拳动作简单,易学易练,单个传授、集体习练皆可,易于传授,

---

① 自然门为晚清时期徐矮师所创的武术流派。

适合健身。

2016年1月,灌云县申报的形意拳被列入第四批江苏省非物质文化遗产代表性项目名录,项目编号为JSⅨ-11。

11. 江南船拳

船拳,就是在船头方寸之地上打拳,其运动形式有徒手和器械之分。太湖是江南船拳的发源地,苏州的越溪、沙家浜、北桥地区则是其传承流布地。先秦吴越争霸时期形成的吴地习武传统、苏州古代最早的水军活动,以及造船业的发达,成为苏州江南船拳走向兴盛的基础保障和主要内容。

船拳的动作与套路充分展示了江南船夫与渔民豪爽、耿直、热情、好客的性格。它有着鲜明的地域性,依水而生,并将江南特有的地域特色与各类拳种相结合,形成了技击、艺术表演与民俗生活三合一的特征。苏州的江南船拳不仅是一种强身健体的体育活动,还是一种联系苏州人际关系的重要民俗文化,更是吴文化的重要组成部分。

2016年1月,苏州市申报的江南船拳被列入第四批江苏省非物质文化遗产代表性项目名录,项目编号为JSⅨ-12。

12. 六步架大洪拳

六步架大洪拳起源于唐宋时期民间的汉源拳。明初,丰县籍武术家赵元信将太祖长拳与丰县汉源拳二者技法融为一体,创编成一种独具特色的拳法套路,因练法分为六步功夫,又适值明洪武年间(1368—1398),故定名为"六步架大洪拳"。

六步架大洪拳的套路特征主要表现为朴实浑厚、大开大合、拳势威猛、刚劲稳健。散手技法讲究手眼身法步协调一致,意气形神配合整体发力;攻防一体,即御即打;推拨挤靠,巧中用力;随机变化,刚柔并施,具有较强的实战性。

2016年1月,丰县申报的六步架大洪拳被列入第四批江苏省非物质文化遗产代表性项目名录,项目编号为JSⅨ-13。

13. 十五巧板

十五巧板益智拼图诞生在清同治年间(1862—1874)江南省崇明县①,为崇明人童叶庚发明,并有光绪戊寅(1878)开雕的石印本《益智图》和陆续开雕的石印本《益智续图》及《益智燕几图》《益智燕几图副本》等问世。

十五巧板是在一块正方形内切割成包括两块全等的小等腰直角三角形、两块全等的大等腰直角三角形、两块全等的带直角拐角的六边形、两块全等的直角梯形、一块平行四边形、四块全等的带内弧的直角五边形和两块全等的半圆形,总共七种几何形状、十五块图板,用来进行不同的组合,拼制古器物、花卉、蔬果、字、动物和宽袍大袖的古代人物以及现代人物等,供人们动手动脑,开展益智游艺活动。

2016年1月,扬州市邗江区申报的十五巧板被列入第四批江苏省非物质文化遗产代表性项目名录,项目编号为JSⅨ-14。

14. 抖空竹②

抖空竹在我国具有悠久的历史,流行于全国多个地区。它原是庭院游戏,后经加工提高,有了竞技性质,并成为传统的杂技项目。空竹,又名"空钟""空筝""嗡子",由陀螺发展演变而来,在空中抖动发出嗡嗡作响的声音。

抖空竹在南京十分常见,每逢春节在夫子庙都有抖空竹的艺人,也有空竹出售。平时,常有三五健身的中老年人抖空竹切磋技艺。在空中旋转的空竹其形制可分为单轴和双轴两种。轴内是空的,每个轴上有四五个孔,孔内木片作笛以力发声,连着轴有一个圆柱形的把,把的中段稍细。玩法是把空竹悬系在两根小棍顶端的细绳上,玩者两手各持一棍来回拉动,便可产生旋转,并随速度加快发出"嗡嗡"的响声。当它转到一定速度时,玩者还可将它抛向空中,做出种种花样动

---

① 现为上海市崇明区。
② 该项目在申报省级非物质文化遗产代表性项目时,被列入"民俗"类。现根据国家通行标准,列入"传统体育、游艺与杂技"类。

作,然后再将它接住。其花样技巧包括"鹞子翻身""飞燕入云""响鸽铃""攀十字架""扔高""张飞骟马""猴爬竿"等。其中"扔高"一技,有的竟能将空竹抛向空中数十丈高,待其下落再以抖线承接,准确无误,堪称一绝。

2011年9月,南京市秦淮区申报的抖空竹被列入第三批江苏省非物质文化遗产代表性项目名录,项目编号为JSⅩ-13。

第十章 民　俗

民俗是民间习俗文化的简称,是指一个民族或一个社会群体在长期的生产实践和社会生活中逐渐形成并世代相传、较为稳定的文化事项,包括民间流行的风尚、习俗,包括岁时节令、民俗信仰、人生礼俗等。

江苏的民俗历史悠久,内涵丰富,具有地域性、多样性、包容性三大特征。首先,江苏的民俗事项源自江苏与众不同的自然环境,以及独特自然环境所造就的社会环境,这使得江苏的民俗文化具有鲜明的地域性特征。第二,江苏省内地域特征复杂,产业门类、生活方式丰富多样,包含"吴文化""金陵文化"等大量不同的文化区域,这使得江苏省内的民俗事项数量多、差别大,呈现出多样性的特点。第三,一方面,省内各地区尽管有着种种差异,但长期处于同一行政区域当中,地理位置接近,民俗之间也普遍出现了互相传播、互相吸收的情形;另一方面,江苏位于南北交界的重要地带,省内民俗也常与齐鲁民俗、徽州民俗交流影响;因此,江苏的民俗呈现出兼收并蓄的包容性特征。

江苏民俗在数千年的历史中,不断演变与发展,具有深刻的历史文化、社会价值。民俗文化是中华民族维系的纽带,发掘与弘扬民俗文化,对增强文化认同感有着重要意义。因此,江苏各级政府制定相应的保护规划与措施,力求保护好、传承好江苏的民俗类非物质文化遗产。

1. 抬阁[①]

抬阁,又称"台阁"。庙会时,成人把戏台抬在肩上巡游,孩童则在上面扮演民

[①] 抬阁在申报省级非物质文化遗产代表性项目时,被评入"传统体育、游艺与杂技"类,现参考国家分类标准,归入"民俗"类。

间喜闻乐见的戏剧人物造型。

(1) 金坛抬阁

金坛抬阁主要流传于常州金坛区金城镇及周边地区。它兴起于明代,相传起源于庆祝戚继光抗倭胜利,后历经民初、抗战时期和中华人民共和国成立前后三个发展阶段。

"阁"以木桩和插销为"骨",以"桩"载人,分层连体固定,由高至下分5层为顶桩、二桩、三桩、四桩和末桩,上下高达两丈五尺(约8.33米)。"阁"为六尺(2米)长、五尺(约1.67米)宽的长方形座架,有4条腿的长方底座,以木杆为支架,装饰有假山、曲桥、栏杆、花卉、绿荫和亭台,造型典雅。其间,由5—7名10岁以下的童男童女装扮成古装戏剧人物,悬立在若干层四方形阁架上,在庙会出会时,由16人抬着并配吹打器乐出行。兴盛时,金坛曾有城隍庙、忠佑祠庙、河西庙、李王庙、八蜡庙、殿值祠、河东庙的7支抬阁同时出行。

金坛抬阁是一种融戏剧造型和杂技娱乐表演为一体的大型民俗活动,其仪俗、内容、造型和规模以及使用的吹打器乐,都具有江南地域特征。金坛相关部门已采取多种手段,于2007年成功复活金坛抬阁并对其进行保护传承。

(2) 东山台阁

东山台阁是两宋之交中原人南渡期间带到苏州吴中的民间艺术,清代融入地方特色并盛行。

吴中地区每到清明前后,全镇72个自然村都会出一次台阁,俗称"三月会",创作的台阁有100多种。东山台阁所需的道具、轿座、服装均由当地工匠裁缝制成,孩童演员与抬台阁的人员也是本地村民,演出舞台是古镇的大街小巷,村民为主要观众。表演的内容大多是民间广泛流传的传统戏剧故事。一般每支台阁上有2名4—8岁的孩童演出,分置两层,男在下,女在上。在下者立在1米见方的中空木质座子上,按剧情手持相应道具;在上者则一脚踏在道具上。2名演员都身穿彩色戏装,表演兼具戏剧与杂技特色,观赏性强。4名壮汉抬着台阁缓步行走,台阁前面由无情叉和锣鼓开道;台阁旁边有2人手执鸳鸯叉,时时维护台阁上小演员的安全。此外,东山台阁的装法直接关系到演出的成败。民间艺人根据剧情以其变幻无穷的道具贯穿于台阁的安装和表演之中,凭借台阁的道具、行装和小演员的表演技巧与其他台阁竞争。

2002年来,东山镇人民政府积极制订发展规划,实施相关措施保护传承东山台阁。

2008年6月,江苏省金坛市等申报的抬阁被列入第二批国家级非物质文化遗产代表性项目名录,项目编号为Ⅹ-87;2007年3月,金坛市申报的金坛抬阁被列入第一批江苏省非物质文化遗产代表性项目名录,项目编号为JSⅨ-1;2009年6月,苏州市吴中区申报的抬阁(东山台阁)被列入省级扩展名录。

2. 清明节

清明节是我国重要的传统节日之一,清明节习俗指的是在清明节前后进行扫墓祭祖和踏青郊游的风俗习惯。它不仅是人们祭奠祖先、缅怀先烈的节日,也是中华民族认祖归宗的纽带。

(1) 溱潼会船

溱潼会船是特大型水上民俗活动,主要分布于泰州姜堰区溱潼镇及周边村庄,始于宋代,发展于明清时期,兴盛于民国至中华人民共和国成立后,沉寂于"文革"时期,改革开放后得以恢复,1990年后发扬光大,传承至今。

相传溱潼会船是为祭祀南宋名将岳飞及溱湖当地阵亡的义民张荣[①]、贾虎,内容包括选船、试水、铺船、祭祀、赴会竞赛、水上文艺表演、送头篙、酒会和唱夜戏等活动。会船前需选船、试水、铺船等,到了清明当天或前一天,各户祭祀自己的祖宗,清明第二天祭祀阵亡将士和无名坟墓。祭祀后,会船一路扬锣赶赴溱潼,途中与其他会船相遇时要争赛或互放爆竹以示友谊。赛船是船会的高潮,数船对齐后开始鸣锣,水手划竹篙进行行船比赛,如有胜者,就扬锣三声停篙住桨。赛船结束后,有送头篙、办酒会、演戏等活动。

溱潼会船反映了稻作文化区域的典型民俗,从1991年起至今,姜堰连年举办

---

① 张荣原为梁山泊(今山东梁山南)渔民,后成为著名抗金英雄。

溱潼会船节。1998年,溱潼会船节被国家旅游局[1]列入中国十大传统民俗风情旅游节。

(2) 茅山会船

茅山会船相传始于南宋,主要流传于兴化茅山镇及周边乡镇、村庄,与邻近的溱潼会船同宗同源。

茅山会船内容包括撑船前往旧墓丛,在古战场洒麦饭、奠酒浆进行民间祭祀等,祭祀的主要对象为南宋张荣义军,元代张士诚,明代"神童关之役"以及近代抗日战争、解放战争中于此阵亡的无主亡灵。清明节前10天,以茅山为中心的200多个村庄的村民自发组织购篙备船,经抱(购)篙、铺船、张旗、彩化(即纳福)后下船试水。各村庄主路口搭建彩门,空场地搭戏台彩棚,各户人家采购祭祀用品,准备宴会和祭祀。清明三更出船,五更祭祀。各船篙子手在锣声指挥下统一行进。先驶往唐港河高地(古称奠祭口)以及各庄乱坟岗、险水湾,一路号声不绝,如同古代出征。到达目的地后,人们持篙登岸,一人敲锣,领队者手捧三牲祭品(猪头、雄鸡和花鱼),填土焚香,烧纸放鞭炮,酹洒酒浆,抛洒麦饭(现为抛洒水泡米饭)。天明后,各船驶进茅山西大河,相互问讯赴会,提篙撑船,以展示昔年水战情景。至中午时分,各户门庭齐插杨柳菜花,门前设户祭香案,宴请宾朋。当晚,各村于空旷处设僧道坛口超度亡灵,并于此集体跪焚纸钱。茅山及较大村庄会在当晚开锣唱戏,以侑神人亡灵。

2008年6月,江苏省姜堰市申报的清明节(溱潼会船)被列入国家级非物质文化遗产代表性项目扩展名录[2],项目编号为X-2;2014年11月,江苏省兴化市申报的清明节(茅山会船)被列入国家级非物质文化遗产代表性项目扩展名录。

2007年3月,姜堰市申报的溱潼会船被列入第一批江苏省非物质文化遗产代表性项目名录,项目编号为JSX-6;2011年9月,兴化市申报的清明节(茅山会船)被列入省级扩展名录。

---

[1] 现为中华人民共和国文化和旅游部。
[2] 2006年5月,文化部申报的清明节被列入第一批国家级非物质文化遗产代表性项目名录,项目编号为IX-2(后为X-2)。

3. 端午节(苏州端午习俗)

苏州端午习俗与春秋吴国名将伍子胥有关,甚至可上溯至古代的龙图腾崇拜,主要流传于以苏州为中心的太湖流域吴越故地。

龙舟竞渡是苏州端午节主要的民俗事项,胥江、葑门觅渡桥以及常熟尚湖等地区至今仍保留了该项目。吃粽子则是苏州端午习俗中的重要内容。此外,祛毒也是苏州端午节习俗中的内容之一。端午节当日,"截蒲为剑,割蓬作鞭,副以桃梗、蒜头,悬于床户,皆以祛鬼"。妇女用菖蒲、艾草浸水洗脸、洗发或烧汤沐浴,以期辟邪驱鬼;孩子们穿戴虎头帽、虎衣、虎头鞋,额上顶着一个用雄黄酒写成的"王"字;屋内厅堂中会挂钟馗像,用苍术、白芷等烟熏厅室;妇女和姑娘们制香包分发家人挂于身上等。这些传统习惯,说明了自古以来人们就重视在端午节时除害灭病,祈求平安健康。苏州端午习俗历史悠久、全民参与、久盛不衰,内容极为丰富,集中展示了苏州地区非常有特色的民俗传统和历史文化传承。

近年来,苏州市政府制定了相应保护规划,以更好地推动端午习俗的保护和传承。

2009 年,端午节被列入人类非物质文化遗产代表作名录。

2006 年 5 月,江苏省苏州市申报的端午节(苏州端午习俗)被列入第一批国家级非物质文化遗产代表性项目名录,项目编号为Ⅸ-3。

2007 年 3 月,苏州市申报的端午节(苏州端午习俗)被列入第一批江苏省非物质文化遗产代表性项目名录,项目编号为JSⅩ-1。

4. 元宵灯会

灯会是一种古老的民俗文化,一般指春节前后至元宵节时,由官方或民间举办的大型灯饰展览活动,并常附带有一些民俗活动,极具传统性和地方特色。

(1) 秦淮灯会

秦淮灯会主要分布在南京城内秦淮河流域,近年来主要集中在夫子庙地区,并逐步向东水关及中华门瓮城两个方向扩展。秦淮灯会可以追溯至南朝时期,明代即有"秦淮灯火(彩)甲天下"的美誉。因政治、经济等的影响,其发展几经起伏。

秦淮灯会上灯景、灯市相互融合。每年花灯销售达50万盏以上,加上新开辟的2.5千米秦淮河水上游览线,两岸几十座大型灯组,再现了万盏花灯映秦淮的盛景,成为南京民间文化和民俗活动的重要品牌。灯会期间,海内外游人如织,31届灯会累计人数超1.2亿人次(截至2018年)。人们通过扎灯、张灯、赏灯、玩灯、闹灯等形式,营造出"万星烂天衢,广庭翻人潮""天人合一,人神同乐"的美好意境,表达出对美好生活的愿望与追求,亦有相声、魔术、皮影戏、民间艺术现场制作等表演活动。

秦淮灯会是研究南京地区历史人文发展的重要素材,具有重要的文化、社会和经济效益,自恢复举办以来就得到了政府的大力支持,已成为南京城市的一大文化名片。

(2) 古胥门元宵灯会

古胥门元宵灯会主要分布于苏州沧浪区。宋代,苏州灯会就闻名全国,至明清时,规模空前。

古胥门元宵灯会是苏州传统灯会的典型代表,含有灯彩制作、猜灯谜、放焰火、舞龙灯、走马锣鼓、吃元宵和"走三桥"等民俗活动。苏州灯彩制作工艺繁复。按形制,可分为提灯、挂灯和摆灯;按质料,可分为无骨灯、珠子灯、罗帛灯、栅子灯和夹纱灯等;按造型,有亭台、鸟兽和瓜果等之分。灯身集剪纸、绘画及排须、流苏等多种工艺于一体。苏州灯彩之妙在于其造型优美、灯饰华丽、色彩鲜艳、花样奇特,极具创意。舞龙灯又称"龙舞",苏州传统的龙灯有7、9、11和13节之分,巨口大眼,形神兼备。舞动时,头逐珠转,身随势旋,撼人心弦。

古胥门元宵灯会保持较好的原真性,具有较高的历史文化价值,对苏州工艺美术史、谜学史等的研究也有重要价值。但古胥门元宵灯会正面临渐趋弱化的困境。为此,苏州相关部门制定了相应的保护规划,努力保护和传承好这一非物质文化遗产项目。

(3) 新安灯会

灌南新安灯会已延续 400 多年,历史悠久,源远流长。新安灯会属于民众自娱自乐的民俗活动。元宵时节,新安当地的家家户户都要扎花灯,群众性特别强。灯会按照街道、牌坊划分。灯的花样也是千奇百怪,绚丽多彩,各有特色,并伴有美食、戏剧、书场、锣鼓、龙狮表演等。新安镇元宵灯会有验灯、试灯、玩灯三个环节,即第一晚验灯,第二晚试灯,第三晚玩灯,连续三晚,从验灯和试灯中找出不足,不断改进,完善后在第三晚晚上玩灯。

每逢元宵佳节,新安镇万人空巷,热闹非凡。灯区人山人海,以数十万计。灯会规模遍布全城,东西长 5 千米,南北长 2.5 千米,伴有焰火和孔明灯,整个城区灯火通明,映着圆月,难辨人间天上,吸引了众多周边市县群众前来观赏。

(4) 马庄灯俗

马庄灯俗是流传于徐州贾汪区马庄一带的特色民俗文化活动,距今已有 200 余年历史。最初的马庄灯俗比较简单,人们在元宵节的晚上在房前屋后、牛栏鸡舍等处点燃面灯,令里里外外都亮亮堂堂。后来,每到这天晚上大人孩子都会打着自制的面灯、纸灯或萝卜灯到马庄观音庙拜佛祈福,久而久之元宵灯会便成了马庄人的传统,并逐渐发展壮大。

如今的马庄灯俗既有传统面灯、扎纸灯、走马灯等传统项目,也有运用声、光、电等高科技手段制作的现代大型科幻灯饰。灯会期间同时举办耍狮、舞龙、踩高跷、划旱船、跑驴、琴书、威风锣鼓、神农祭祀仪式等民俗表演以及捏泥人、吹糖球、铁板画、香包、书画、剪纸、玉雕等民间手工艺品展销活动,吸引周边地区 10 余万群众前来观赏。马庄制作的灯具也多次受邀参加徐州、枣庄、济宁、商丘等周边地区灯展活动。

(5) 方巷走北习俗

方巷走北习俗源于南京六合区长芦街道陆营社区方巷村方氏家族。每年农历正月十五,春节刚过,人们迎来的第一个节日就是传统的元宵节。方巷村方姓家族全体族人,包括与其有姻缘关系的人家在这一天有个独特的习俗:以其掌门人为首,不分男女老幼聚集一道,举着灯笼,打着彩旗,手持烟花爆竹边走边放,鼓乐跟随其后,向北方游走,并伴有花船、秧歌、花担等,方氏家族称之为"走北"。

方巷走北习俗已延续了 500 多年历史。"方巷人走北"这一活动如今除有祭祀怀祖、祛病、散百病、祛病除灾之意外,还有祈求祖上保佑平安、来年获得好收成、方氏家族百业兴旺、家家过上好日子、生活越来越富裕、增进亲戚之间和睦友好等诸多含义。这一节日习俗充分体现了中华民族的亲情、乡情、友情。

(6) 沙沟游走灯会

兴化沙沟游走灯会彩灯上的人物是由真人化妆扮演的,每组彩灯随着演员在大街小巷上走动而移动。举办灯会时,远看像有一条长龙在街道上缓慢游行,故称之为"沙沟游走灯会"。每年的农历正月十五元宵节,当地就会举行游走演出。出灯时,便会出现"观灯人如潮,花灯不夜天"的壮观场面。

沙沟游走灯会因其独特的形式堪称"华夏一绝"。其有五大特点:一是灯中有戏,戏内有灯,把舞台上的戏剧和彩灯巧妙地融合为一体;二是灯技高超,内设各种机关不漏彩,使人耳目一新,观赏性强;三是真人妆彩,边走边唱,人在灯中行,灯随人走动,人与灯结合得完美无缺;四是具有水乡特色,把水乡的风土人情融进灯会;五是节目紧跟形势,不断创新。经过一代代能工巧匠的不断创新、不断提升,沙沟彩灯一步步趋向完善,它是里下河地区珍贵的非物质文化遗产,也是古镇沙沟对外展示的一张名片。

2006 年 5 月,江苏省南京市申报的秦淮灯会被列入第一批国家级非物质文化遗产代表性项目名录,项目编号为Ⅸ-50。

2007 年 3 月,南京市申报的秦淮灯会被列入第一批江苏省非物质文化遗产代表性项目名录,项目编号为 JSⅩ-2;2009 年 6 月,苏州市沧浪区申报的灯会(古胥门元宵灯会)被列入省级扩展名录;2016 年 1 月,灌南县、徐州市贾汪区、南京市六合区、兴化市申报的元宵节(新安灯会、马庄灯俗、方巷走北习俗、沙沟游走灯会)被列入省级扩展名录。

5. 水乡妇女服饰

水乡妇女服饰以苏州甪直和胜浦最具特色。服装以三角包头、大襟纽襻拼接衣裤,配以绣裥裙、束腰带、绣花鞋、胸兜、卷膀。其制作采用拼接、绲边、纽襻、带饰、刺绣等多种技艺,原料、色彩、式样、制作工艺以及穿戴方式都很罕见,是吴地传统服饰文化风格的体现。

(1) 苏州甪直水乡妇女服饰

甪直水乡妇女服饰主要流布于以苏州吴中区甪直镇为中心的区域,包括周边的胜浦、唯亭、斜塘、车坊,还有昆山周庄、锦溪等地区。

甪直水乡妇女服饰随季节、年龄和礼仪需要的不同而变化显著。服饰体系包括髯髯头、包头、大襟衣、裤子、卷膀、肚兜、襡裙、襡腰、鞋履等。妇女均梳盘头并戴深浅双色三角包头巾,穿宽腰、宽袖口袖底的长上衣。其中,青年妇女的上衣多用花布,中年的多用深浅士林布,一般用两色花布拼接的接衫。裤子裆部宽大,裤裆用蓝或黑色士林布拼接直到裤脚,脚管较小,里面用花布或浅色布贴边。腰部服饰由裙、腰头和穿腰组成。裙束在上衫外面,一般是两幅布前后叠压做成,两侧多折裥,用丝线绣裥。裙周用浅色布或花布在正面绲边,背面贴边,可以两面穿着。系裙的腰带很长,在腰间绕一周后,至腰部挽结。腰头是束在裙外面的围裙,用两种颜色的布分三块拼成,两边用纽扣与穿腰相连接。穿腰是与腰头相连的腰带,上绣各种图案花纹。小腿上裹一块梯形的包布,称为卷膀。妇女们劳动时穿草鞋,平时穿"扳趾头"或"猪拱头"绣花鞋。

如今,传统水乡妇女服饰濒临消失,有些绝活难以得到传承。2005年起,甪直镇制定一系列措施并设立文化实验基地进行保护与传承水乡妇女服饰。

(2) 胜浦水乡妇女服饰

胜浦较为偏僻,一直处于较封闭的农耕社会,因而胜浦地区妇女服饰得以较少受外界影响,相沿成习、相承流传。

胜浦水乡妇女服饰主要包括头梳髯髯头,扎包头,上身穿大襟衣、拼接衫,下身穿拼接中长裤,腰束襡裙、襡腰,腿裹卷膀,脚穿船形绣花鞋。髯髯头即头髻,位于脑后,呈椭圆形。包头则是扎在头上,其形状呈梯形,底角为30度,用黑色直贡尼(也有黑绸纱)做主体,两端用月白、浅蓝、湖蓝等颜色的两块三角形布拼接,边缘用对比性强的异色布绲边,俗称"滚线香"。包头扎(俗称"戴"或"包"),扎在头上用来拢发、遮阳、避露、挡虫、御寒、保洁。大襟衣有布衫、加衫之分。布衫贴身穿,加衫穿在外面。有的在加衫上再穿一件大襟马夹。青年妇女一般用碎花形布制成布衫和加衫,即将大襟左半幅至肚脐、肩膀至肘部和袖口等部位用一块异色布,大襟右半幅至下半部、肘部至袖口等部位用一块本色布,两者拼接而成的衣衫便称为"拼接衫"。拼接衫破了可以局部更换布料,既实用又美观。裤子则为宽腰拼接,一般用蓝底印花土布和上青色布做本身和腿幅、全黑布作裤裆、10厘米宽的白布作裤腰拼接而成。两侧制上两条20—23厘米长的裤带。裤腰宽大,裤脚管短而肥,孕妇也可穿着。卷膀类似绑腿,因裤子较短,裸露的小臂处用花布或色布缝成的两块几乎是正方形的布片裹住、扎紧。肚兜是用一块3.33厘米见方的花布或色布制成,即将上端一角剪成弧形,沿弧形缉上一块6.67厘米宽的单色布作外贴边,贴边四周绣上花纹;弧形的两端制上一条红头绳,形成环形(讲究的用银链条)套在头颈上;中间两角再缝制两条带,在背腰部系住,使肚兜呈菱形状,紧贴在胸前。褡裙束在腰部,类似现代的短裙,具有增加腰部力度、御寒、遮盖等作用。褡腰,也称褡腰头,束在褡裙外面,具有护腰、保洁和装饰作用,仅33.33厘米左右,两边用异色布拼接,另接6.67厘米宽的腰,腰的两边接上20厘米长、6.67厘米宽,绣有精致艳丽图案花纹的宽带(俗称"穿腰")。鞋履为妇女常穿的绣花鞋,有"扳趾头"和"猪拱头"之分,"扳趾头"鞋鞋底前端尖而上翘,而"猪拱头"鞋鞋底前端不翘,鞋头外拱;鞋帮由两爿合成,布料为青蓝土布,头部结合处用五彩丝线缉成花纹,俗称"锁梁";鞋跟装有"鞋叶拔",头部鞋面用五彩绢丝线对称绣着各种图案花样。绣花鞋造型别致、色彩鲜艳、针工细腻、花样古朴,1949年后,绣花鞋逐渐消失。

2006年5月,江苏省苏州市申报的苏州甪直水乡妇女服饰被列入第一批国家级非物质文化遗产代表性项目名录,项目编号为Ⅸ-63。

2007年3月,苏州市申报的苏州甪直水乡妇女服饰被列入第一批江苏省非物质文化遗产代表性项目名录,项目编号均为JSⅩ-3;2009年6月,苏州市工业园区申报的水乡妇女服饰(胜浦水乡妇女服饰)被列入省级扩展名录。

6. 庙会

庙会是民间宗教节日及岁时举行的祭神、娱乐和购物等系列活动的总称。

(1)（下关）妈祖庙会

南京妈祖庙会流传于南京下关地区,自明初流传至今。每年农历三月廿三妈祖诞生日前后,民众齐集于下关静海寺、天妃宫祭祀妈祖,主要内容包括谒祖进香、祈福三献礼①大典、行迎神礼、行初献礼、行亚献礼、行送神礼等。此外还有高跷、大幡、中幡、宝辇、捉灯捉炉、接香会、大殿会、单双伞秧歌、飞叉、十不闲、清驾会、五虎打箱、庄寿八仙、鹤龄跷、宝鼎会、莲花落、太狮会、门幡、什锦杂耍、杂技争雄、百花斗艳、爬杆等民间艺术表演,剪纸、空竹、绳结、雕刻等手工艺品以及农副产品、常用农具、日用杂品的买卖交易活动。

妈祖庙会表达了对妈祖精神的诠释和礼赞,彰显了民间文化的亲和性及包容性,对于弘扬妈祖民俗文化、丰富南京的文化内涵、加强海内外特别是海峡两岸交流产生了积极影响。它对研究江南地区的妈祖信仰习俗具有较高的史料价值,还具有较高的艺术审美价值。

(2) 苏州轧神仙庙会

"轧神仙"是在农历四月十四吕洞宾生日前后,以苏州阊门神仙庙为中心进行的民俗活动。"轧"有挤来挤去之意。传说吕洞宾会在当日用化身进入凡间点化世人,神仙庙里外遇到的每一个人都可能是吕仙的化身,人们在进香的人群里挤来挤去,以求"轧"到神仙沾上仙气。当天上午,神仙庙大殿上要举行打神醮活动。苏州中医将吕洞宾视为祖师,故穷人或患有顽疾的病人可在庙会期间前往神仙庙内仙方店寻签问病。庙会也是苏州每年一度的花会,仙诞前夕,当地人剪万年青扔弃门口,供人践踏,以带走霉运。或买新植,意取"旧运不去,新运不来"。庙会上出售的商品都冠以"神仙"二字,如神仙茶、神仙花等。

轧神仙庙会体现了民众的审美理想和民俗心理,具有地方特色及文化、艺术价值,是研究当时社会状态、民间生活和手工业、商业发展状况以及江南地区道教文化发展不可多得的材料。

---

① 三献礼是汉人历来有的一种祭祀祖先的礼节。古代郊祭时,陈列好供品之后要行三次献酒,即初献爵、亚献爵、终献爵,此即是三献礼的由来。

(3) 泰伯庙会

相传泰伯是句吴古国的创始人和吴文化的奠基人,因此每年正月初九泰伯生日时,当地百姓及其后裔宗亲十二姓氏(吴、周、蔡、江、汪、柯、辛、翁、曹、洪、方、龚)会前往泰伯庙祭泰伯,包括献袍、呈上香烛、鲜花等供品,进行舞狮、舞龙表演等。百姓们以此缅怀泰伯开发江南的丰功伟绩。泰伯庙会是无锡当地一年中的第一个庙会,人们祈求得到泰伯的庇护,乡间还流传有"正月初九拜泰伯,稻谷多收一二百"的民谣。

(4) 惠山庙会

惠山庙会属于民间的老爷信仰,其举办地在无锡城西的锡惠山麓。相传,农历三月廿八为东岳大帝黄飞虎生日,当日,人们会将无锡城区东西南北四个方向共八座神庙里供奉的"老爷"神像抬往惠山东岳行庙,俗称"出老爷大会",出会的仪程包括会首、冲锋、手旗、伞、行牌、戏文、锣鼓、文武官员、神轿等。巡游过程中,队伍会表演荡湖船、打莲湘、八宝箱、拖竹片、大头娃娃、高跷杂技、龙灯狮舞、轮车抬阁、肉身灯、吐火焰等节目。到达目的地后,当地人便将神像按名望依次排列在东岳老爷神像前,并表演固定的仪程和节目,称"八庙朝东岳",以庆贺东岳大帝神诞。1994年恢复举办时,无锡市锡惠公园管理处曾对惠山庙会进行改良,使其更符合当代审美,庙会期间表演队伍超过千人,观看群众达30万人次,盛况空前。

(5) 皂河龙王庙会

皂河龙王庙会流传于宿迁宿豫区皂河镇,起源于明代,在清代名声大振。庙会地点是皂河镇南端供奉水神的"草堂庙",人们届时参加祭祀活动,称为"赶会"。活动包括祭祀水神、文化展示、商品贸易。庙会为期3天,包括初八焰火日、初九正祭日、初十朝山日。焰火日晚人们在龙王庙西侧龙潭广场燃放烟花爆竹作为庙会的开始,次日在龙王殿的月台广场设祭台,放置香烛、供果,演奏祭祀曲并上台叩头祭拜。随后进行"四山盛会"半朝銮驾仪仗队的游庙活动,这也是庙会最主要的环节。朝山日举行"五会朝山"文艺表演,将庙会推向高潮。庙会期间,民间艺人和南北商贩集聚皂河,艺人展演各类文艺节目,商贩售卖日杂百货。

龙王庙会集祭祀、文化展示、商品贸易为一体,具有强大的感召力,是当地民俗文化的一大盛会。

(6) 子房山庙会

子房山庙会会址为徐州子房山,流传于徐州乃至豫东、皖北、鲁南等,是为纪念张良而举行的庙会,可追溯至明代,发展和兴盛于清代与民国年间。

子房山庙会历时3天,以农历五月十九为正会。内容和形式多样,包括子房老爷出巡、赶集逛会、入市交易、朝山烧香、磕头、拜佛、观文艺表演、集市商贸活动、卜卦占算运筹占验祈丰年等。其中"子房老爷出巡"是最为隆重的仪式。子房老爷被抬上官轿,在高举旗幡、手捧花篮的人群的簇拥中,伴随着乐器的吹奏、锣鼓的敲打、旱船的摇摆,按照既定路线进行出巡。

子房山庙会在徐州历史上为八大庙会之首,也是徐州历史上最为悠久的庙会。子房山庙会习俗融儒家思想、宗教文化、民俗文化、民间曲艺为一体,具有重要的民俗文化研究价值。每年参与人数近百万,受到广大民众喜爱。

(7) 华山庙会

华山庙会起源于镇江华山村,是为了纪念治水英雄张渤(即祠山大帝)而举行的庙会,明清时随集镇的出现而兴起并流传至今。

华山村共有5场庙会,分别是正月十五开门集、二月初八香会、三月十五农具集、七月十七农具集、十月十五关门集。正月十五开门集,又逢元宵节,当日庙会活动包括烧香拜佛、商品买卖以及摆酒席招待亲朋好友等。关门集在当地也叫"嫁妆集",嫁女儿的人家都会在这天到华山庙会上买嫁妆。在5场庙会中,开门集、农具集和关门集规模较大,人流量都在2万—3万人以上,而另外2场规模较小,人流量为万人之余。随着时代的发展,庙会交易常引起严重的交通拥堵,故2006年底,政府决定取消二月初八香会和三月十五农具集,仅保留正月十五、七月十七和十月十五的3场庙会以传承民俗文化。

华山庙会融宗教、经济、文化为一体,广具群众基础。

(8) 九里季子庙会

九里季子庙会起源并流传于丹阳延陵镇,始于汉,盛于唐、宋,延于明、清,民国时期正式将农历三月初六定为九里季子庙会。九里季子庙会是为纪念吴季子祭日而设的祭祀活动。春秋时期,吴国公子季札因为三让王位而被誉为"至德第三人"。

每年正月十五元宵节当天 12 时半,随着三声铳响,12 位青壮年抬着吴季札嘉贤大帝(季子)和杨、李两位守殿将军的神位开始巡街,神桌前摆放着宰杀的整猪、整羊和鲜果等供品,神桌后是用红绸披顶的红木神牌,上书"延陵君子吴季子之神位",其后是一面 5 米见方的杏黄旗,用黑绸绣有"钦赐嘉贤大帝昭德侯"字样,随后是红色大宝盖伞、龙凤大旗及色彩鲜艳的大小彩旗,最后有响声激烈的锣鼓队殿后。巡游约持续 3 小时,巡游结束后农副产品交易活动开始。

九里季子庙会祭祀活动正规,范围广,规模大,堪称江南庙会之首。九里庙会与茅山道观共同组成了"上茅山、回九里"的传统习俗,表达了"上茅山求功,回九里修德"的功德圆满之意。目前,九里季子庙成为丹阳市爱国主义教育基地,九里村被评为江苏省历史文化名村。

(9) 薛城花台会

薛城花台会始兴于清康熙年间(1662—1722),是南京高淳区薛城村的节日民俗。

相传,康熙皇帝曾将金銮殿的模型赐予山东聊城一邢姓官员的母亲,该官员在薛城的族属便在薛城村仿造金銮殿搭建花台,并于农历三月十八邀班唱戏庆贺,此为花台会的由来。花台会为期 3—5 天,首先要用木料搭建临时花台,占地约 210 平方米,台面宽 13 米,进深 16 米。台沿口围有半米多高的栏杆,悬挂戏剧人物彩图,中间塑福、禄、寿三星泥像。台中所立四柱均有浮雕金花盘绕,台顶是一幅幅彩画排吊,台口上方用纸扎镂空彩屏拼联,绘有双龙戏珠、十二月花神等图案,称五彩架。在花台会期间,村民聘请剧团唱戏,同时举办土特产物资交流会等其他民俗活动。花台会期间,当地村民还会设宴款待亲友,处处充满节庆氛围。

(10) 南京祠山庙会

南京祠山庙会主要流传于南京高淳、溧水一带,其中以溧水蒲塘桥和高淳桠溪镇两地的祠山庙会最具代表性。庙会起始于西汉,鼎盛于明代,此后规模进一步扩大并为庙会建立了专门的祠山庙。

祠山庙会是为祭祀治水英雄祠山大帝张渤设立的,一般自农历三月廿五开始,廿七结束。参加活动者分为五队:第一队开道,扮小丑,挥舞扇子,耍火流星;第二队由若干盛妆少女挑花篮表演;第三队由24个小伙子抛叉,有"传叉""拜四门""高空抛接"等传统套路表演,惊险刺激;第四队为高跷表演,表演者以传统人物造型亮相,如三国时的刘备、关羽、张飞,《西游记》中的唐僧师徒四人,《八仙过海》中的八仙等,是整个活动的高潮;第五队由村民抬着祠山大帝出行,后面跟着若干组色彩不同、大小不一的花伞队伍。在出会过程中,行经之地的各家各户都要摆设香案,恭迎菩萨。晚上还要看大戏。周边村镇的人们也会选择此时走亲访友、烧香拜神,并进行种子、农具、生活资料等方面的交易活动。

庙会中拜神祈福等系列仪式,体现了人们对美好生活的希求。保护、传承南京祠山庙会对了解当地的民俗文化具有重要价值。

(11)(河口)祠山庙会

河口祠山庙会始于明嘉靖年间(1522—1566),流传于溧阳社渚镇河口九村(河西、桥东、滨溪、上河口、蒋家、王家庄、下马塘、蔡家、巷埂)。

河口祠山庙会有1场大会(总会)、8场小会(各村)。每年正月初三,8场小会轮流出会到各村消灾降福。庙会前三天,各村杀牛宰羊并搭台请祠山大帝看戏。出会于正月初三早晨二时开始,参与出会的168人需穿戴袍、黄马褂、傩面具等特殊衣物并手持祭具。主持人在神台前点燃蜡烛、香、黄裱纸,口念祈福词句,并将活公鸡的头拧断,将鲜血洒在土地上,紧接着将三荤三素、水果放在神台上祭祀。随后各负责人燃香祈福,鸣锣鼓10分钟,主持人持令旗、燃黄裱纸并示意起轿后,由8人抬出祠山大轿,五猖、判官、土地、和尚、道士等尾随祠山出会,前往各村巡游,表演驱邪祈福的各项仪式。出会队伍两侧由帅锣开道,16面龙旗招扬,并以《十面埋伏》《雨夹雪》等锣鼓音乐伴奏,意在祈求风调雨顺。庙会中还包括挑花篮、抬阁、龙吟车、打叉、跳五猖、打莲湘、草台戏等民俗活动。

祠山庙会传承弘扬了张渤的治水精神,激励了人们热爱家乡、改天换地的斗志,为民俗文化研究提供了良好的素材,也为周边地区的物资交流提供了平台,促进了地方经济发展及社会和谐。

(12) 金村庙会

金村庙会始于宋代,历经演变,明清时期达到鼎盛,在张家港塘桥镇金村一带及其周边 40 余平方千米内广为盛行。

金村庙会又名"永昌庙会",源于农历四月初八的佛祖生日,也是当地抗倭英雄金七遇难的忌日。庙会时间为农历四月初七至初九。初八是庙会正日,上午在庙堂里有浴佛仪式和龙腾狮跃等表演。下午则是出会活动,最主要的内容为金七亮相,即模拟当年金七率众抗倭前举行誓师大会的场面。此外,庙会期间还会进行赛马、做堂事、挑花篮、抬花轿、踩高跷、戏曲评弹、杠头表演、放礼花、上灯会等活动。

金村庙会极具地方特色,它从一般的宗教活动发展成为一个以祭祀纪念抗倭英雄为主要内容的大型民俗活动,是民间信仰活动与儒道释相结合的典型。这既表现了人们崇德向善的朴素宗教思想,又体现出人们对于英雄人物的崇敬与精忠报国的情怀,具有积极向上的意义,对民俗学、宗教学、文艺学等研究亦有很高的价值。

(11) (太仓)妈祖祭

太仓天妃宫始建于元至元二十三年(1286),郑和下西洋必先于此处进香祈求海神娘娘保佑。妈祖祭每年举行两次,分别为妈祖的生日(农历三月廿三)和"得道日"(农历九月初九)。祭奠时间通常为上午吉时开始,下午申时结束。祭奠在鸣钟、奏乐中开始,主祭、与祭各就各位,虔诚地上香,行三跪九叩之礼,诵读赞美妈祖高尚品格之祝文,然后敬献花果,焚化祝文,在香烟缭绕、钟鼓齐鸣中行鞠躬礼。整个祭奠过程雍容肃穆,瑞气氤氲,参加祭奠的信徒达数千人。来自本地、周边地区以及台湾的客商等都虔诚地上香、膜拜、祈福,人头攒动。参拜完毕,通常要举行庙会,人数达数千。

历代以来,妈祖都是沿海的船工、海员、旅客、商人和渔民们共同信奉的神祇,妈祖祭祀是民间信俗,1000 多年来,代代相传,生生不息,现在拥有 2 亿多信众和 5000 多座妈祖庙,可见对民众的影响之深。百姓将母亲的大爱集于妈祖身上,亲切称她为娘妈、姑妈、妈祖。妈祖信仰已与百姓日常生活水乳交融,世代相传。历代延续下来的盛大庙会、生活习俗和民间传说,都是对妈祖精神的景仰和礼赞,是对人类美好理想的不懈追求。

(12) 杨桥庙会

常州武进杨桥庙会是一种集民俗、宗教、传统艺术、社会文化于一体的大型系列性、综合性的文化活动。杨桥庙会举办程序分为议会、开集、开光、助愿、走会、歇会六大部分。二月初八早上,太平庵举行开光仪式,下午举行走会活动。走会是庙会活动的高潮和重头戏。队伍阵容集仪仗、传统音乐、舞蹈、体育、游艺、杂技于一体,是武进地区传统艺术和民俗活动的大展示、大检阅。

杨桥庙会为民间艺人提供了大显身手的舞台,濒临失传的传统艺术得到了展示,如捐轮车、踩高跷、调犟牛、调三十六行等非遗项目,经老艺人鼎力复原,在庙会中得到了演绎和传承。杨桥庙会历史之悠久、阵容规模之壮观、内容形式之丰富是常州乃至苏南地区所鲜见的。

(13) 圣堂庙会

圣堂庙会又称"春会",源自明嘉靖(1522—1566)初期,是流传于阳澄湖地区的民俗文化活动。在每年农历三月廿六至廿八,为期3天,相城阳澄湖镇及周围的沺泾、太平、渭塘,常熟横泾、辛庄,昆山巴城甚至连无锡等地民众都会自发组织队伍,先祭祀一番当地土地神后,用八抬大轿抬出陆云、猛将等各路大小庙神,前导是"起马牌"(即庙衔行牌)马夫和两面大锣(对锣)鸣锣开道,紧跟着一对对"十禁牌""肃静""回避""万民伞""銮驾""执事""旗伞""灯幡"等,接着由丝竹音乐班边走边吹奏《行街》《梅花三弄》《中花六板》《柳春阳》等古乐曲,后面即是各种会班、民间文艺队伍,有舞龙、打莲湘、臂锣、托香、小拜香、挑花担、荡湖船、台阁小轿,还有一色黑衣密扣、手执红棍的"武松班",脚踩木棍的"高跷班",手擎铁索、拶指(夹指刑具)的"阴皂隶班"等,在吹打弦乐声中缓缓而行,边走边演,经过之处各家各户、大小店面都要放鞭炮、燃香烛,沿路两旁观众成千上万。

圣堂庙会弘扬了道教文化,是历代阳澄湖区域民众延续民间信仰和传承优秀民俗文化的一项重要地方特色活动。

第十章 民 俗

(14) 茅山东岳庙会

茅山东岳庙会始于明初,兴盛于乾隆年间(1736—1795)和民国期间,中华人民共和国成立后传承至今。现今茅山东岳庙会有三大看点:一看庙会主体程序,二看水上会船盛会,三看镇北农贸集市场面。庙会是亲朋好友聚会的大好机会。茅山东岳庙会主体程序为:三月十七小迎会,三月十八大迎会,三月十九到农贸集市购物。三月十八这一天,需要完成祭祀、朝山、游行、舞龙、唱戏等程序。

祭祀从凌晨一点开始,东岳庙内香火缭绕,灯火辉煌,无数善男信女带贡品和香匍匐院前,虔诚地参加祭祀仪式,敬奉东岳大帝和三茅真君。敬头香就是第一个在东岳大帝神像前献上贡品,点燃第一炷香,恭敬叩拜,祈求平安和风调雨顺。

茅山东岳庙会,其人员之多,形式之美,内容之精彩,市场之繁荣,影响之深远,在里下河地区实属罕见。

(15) 彭祖庙会

彭祖庙会是为了纪念彭祖而兴起的一种传统民俗活动。相传彭祖为尧舜时人,他被分封到大彭国,也即今日的徐州。彭祖是中国历史上第一位卓越的养生大家和长寿代表人,彭祖留下的导引养生术、烹饪养生术、房中养生术等,对中国文化作出了极大贡献。徐州人为了纪念他,先后修建彭祖庙、彭祖井、大彭阁等,并形成了长盛不衰的彭祖庙会习俗。彭祖庙会是每年的农历三月初一到初三,为期3天,初三为正会。主要有祭祖活动、美食活动、祈福求寿活动、物资交流活动等。

彭祖庙会已成为彭氏后裔及百姓拜祭彭祖、交流物资、开展民俗活动的重要集会。彭祖庙会的影响范围主要在徐州地区,并扩展到安徽、河南北部地区的广大农村地区,是苏、鲁、豫、皖接壤地区比较大型的有影响力的庙会。

(16) 泰山庙会

泰山庙会是以徐州泰山庙为中心,祭祀泰山奶奶以祈求子孙、驱邪延年的延续300余年的民俗盛会。

泰山庙会的时间为每年农历四月十五前后3天,敬香者纷纷来到泰山庙,朝拜泰山奶奶,以求多子多福。敬香者不仅来自徐州所属县区,而且还有鲁南、豫东、皖北一带的善男信女,反映了人民群众对平安幸福生活的向往和渴求。

泰山庙会场面很大,涉及山上山下、庙内庙外,方圆数千米。主要内容除烧香拜佛求子外,也是物资交流、民间工艺美术展示、戏剧曲艺演出、地方小吃荟萃的大会。泰山庙会是集商贸、旅游、信仰、娱乐、民间文化艺术于一体的盛大民俗活动,已成为淮海经济区规模最大的民俗盛会之一。

2009年,妈祖信俗被列入人类非物质文化遗产代表性名录。

2014年11月,江苏省无锡市、苏州市姑苏区、张家港市申报的庙会(泰伯庙会、苏州轧神仙庙会、金村庙会)被列入国家级扩展名录①,项目编号为Ⅹ-84。

2007年3月,南京市下关区申报的妈祖庙会被列入第一批江苏省非物质文化遗产代表性项目名录,项目编号为JSⅩ-4;2009年6月,苏州市金阊区、无锡市、宿迁市宿豫区、徐州市云龙区、镇江市新区、丹阳市、高淳县、溧水县申报的庙会(苏州轧神仙庙会、泰伯庙会、惠山庙会、皂河龙王庙会、子房山庙会、华山庙会、九里季子庙会、薛城花台会、南京祠山庙会)被列入省级扩展名录;2011年9月,常州溧阳市与苏州张家港市申报的庙会(祠山庙会、金村庙会)被列入省级扩展名录;2016年1月,太仓市、常州市武进区、苏州市相城区、兴化市、徐州市铜山区、徐州市泉山区申报的庙会(妈祖祭、杨桥庙会、圣堂庙会、茅山东岳庙会、彭祖庙会、泰山庙会)被列入省级扩展名录。

7. 金山寺水陆法会

金山寺水陆法会起始于宋代,兴盛于元明时期,衰落于清晚期。它以镇江金山江天禅寺为核心区域,向邻近的南京、苏州、无锡和上海、浙江、安徽、湖南、河北等地辐射,现活动范围已扩大到港澳台及东南亚地区。

水陆法会是一种佛教经忏法事。金山寺水陆法会长则49天,短则7天,参加的

---

① 2008年6月,北京市门头沟区、朝阳区,山西省太原市晋源区,上海市徐汇区,浙江省磐安县,山东省泰安市,湖北省十堰市,湖南省长沙市,广东省佛山市,陕西省铜川市申报的庙会(妙峰山庙会、东岳庙会、晋祠庙会、上海龙华庙会、赶茶场、泰山东岳庙会、武当山庙会、火宫殿庙会、佛山祖庙会、药王山庙会)被列入第二批国家级非物质文化遗产代表性项目名录,项目编号为Ⅹ-84。

僧人最多可多达1000人,同时有很多参加的信徒和观礼群众。法会一般要请法师讲经说法,运用书腔、道腔、梵腔,有诵、有阅、有唱、有直白。仪式音乐是法会仪式重要组成部分,多为吟唱,兼有器乐。吟唱又分为唱给佛听的法事音乐和唱给人听的民间佛曲。赞、偈等法事音乐曲调古朴、庄严舒缓,旋律多以级进,无大起伏。民间佛曲则用于弘法、劝善、度亡,曲牌的音乐色彩、风格、情趣以及唱颂的形式多样。音乐风格上,有些与民间戏曲音乐相似,形式上有独唱、齐唱、轮唱,还有领唱和齐唱结合。

法会仪式音乐融合了南北朝以后各代的音乐成分,具有宗教价值以及音乐、绘画、语言、仪式等艺术价值,吸引了各地游客。

2007年3月,镇江市申报的金山寺水陆法会被列入第一批江苏省非物质文化遗产代表性项目名录,项目编号为JSⅩ-5。

8. 扬州"三把刀"

起源流传于扬州地区的"三把刀"技术可追溯到春秋,兴盛于汉唐至明清,是以厨刀、修脚刀和剃头刀为代表的扬州饮食、沐浴、美发三个行业的总称。

"三把刀"是扬州特有的地域文化。扬州菜名厨辈出,名菜迭现,名宴荟萃;扬州沐浴"汤饱气圆";扬州修脚、擦背由技而医,由医而艺,盛名远扬;[①]扬州美发技艺精湛,以精修细剪、操作细腻、刀法轻柔而著称。

"三把刀"技艺诞生于民众的生活需求,融入了民风习俗并随社会进步而升华创新,是民俗文化与地域文化的代表,体现了扬州人对唯美、唯精、唯真、唯雅生活境界的追求,具有文化渗透力和艺术感染力。扬州"三把刀"见证了扬州历史,具备民众性、民族性、地域性、时代性等特征,有重要的历史、人文和社会价值。"三把刀"技艺至今保持着可持续发展的强劲态势,是古城的支柱产业,有经济、科学等现实价值。

2007年3月,扬州市申报的扬州"三把刀"被列入第一批江苏省非物质文化遗产代表性项目名录,项目编号为JSⅩ-7。

---

① "扬州传统修脚术"在国家级名录中属"传统医药"类,项目编号为Ⅸ-2,不另行介绍。

9. 七夕节(太仓七夕习俗)

太仓七夕习俗,主要分布在太仓城厢镇一带。太仓七夕习俗可追溯到南宋时期。

七夕节在每年的农历七月初七,它源于牛郎织女的爱情传说。女子期望从织女处乞得智慧和纺织巧艺,故七夕节又称"乞巧节"。太仓七夕节的主要活动是乞巧会(青苗会)。人们在织女庙举行祭祀仪式,包括吹打、斋筵、祭祀、念经、解粮。每三年还要开一次光,年轻女子在当天要前往庙中乞巧,或祈祷能配得佳偶,此外还有拜双星、观星斗、看巧云、笃(丢)巧以及吃巧果、吃兰花豆、用凤仙花染指甲、用槿树叶洗头等民间习俗。当日,商人在庙场上出售小吃、衣服、玩具及祭祀用品等,此外还有艺人进行各类杂耍表演活动。

太仓七夕习俗是一项群体性传承活动,讴歌了辛勤的劳动和纯洁的爱情,颂扬了妇女的聪明才智,也是村民休闲娱乐的节日。太仓市人民政府制定了一系列规划对其进行保护。

2009年6月,太仓市申报的七夕节(太仓七夕习俗)被列入第二批江苏省非物质文化遗产代表性项目名录,项目编号为JSⅩ-8。

10. 柚山放灯节

柚山放灯节流传于常州金坛区长荡湖地区,以儒林镇柚山村最具代表性。它始于明末清初,源于对火的崇拜。

柚山放灯节有超度逝去亲友与孤魂野鬼、保佑太平之意。放灯节分"放河灯"和"放旱灯"两类,一般3年轮换一类以示诚意。河灯较简易轻便,有荷花状、小船状、飞禽走兽状,通常以竹篾扎骨蒙透光纸,配上硬纸板、木片或泡沫为底座,内点半截蜡烛。放灯的地点在河畔。放灯过程大约3个小时,由一条船头悬"怪头王"灯的龙船在前,船上鸣锣鼓,其余灯船跟随其后,于柚山河至长荡湖东侧自西向东行驶,妇女们许愿并将点上蜡烛的灯放入河中。当放灯船到达终点"山下桥"时,就要将大船头的"怪头王"灯烧掉,守在岸边的村民便敲锣打鼓,燃放烟花爆竹迎接。旱灯做法讲究,品种较多,有瓜灯、方灯、龙灯、猴灯、兔灯、牛灯、鱼灯等,用竹篾扎骨蒙透光纸，或用铁皮铁丝成框，插上挡风玻璃，再安上手柄或支杆，内点蜡烛或灯泡，一般做成后可反复使用，各家基本按照男性的人口数备灯。放旱灯时，通常由家中男性携灯围绕全村田野转一遍，男人不在家的或男孩年龄太小，则由他人代劳。

2009年6月，金坛市申报的柚山放灯节被列入第二批江苏省非物质文化遗产代表性项目名录，项目编号为JSX-9。

11. 宜兴观蝶节

观蝶节发源于宜兴，可追溯到唐代以前，源于梁祝传说。观蝶节又叫"蝴蝶节""双蝶节"，宜兴祝英台墓周围乡民自古即有于农历三月廿八自发到祝英台读书处——碧鲜庵祭祀之习俗，后演变成一年一度的"观蝶节"。当日，人们穿上节日盛装，在鼓乐声中排队前往碧鲜庵。队伍分成八小队：第一队为领会，由手擎蝴蝶旗的旗手开路，两边各有八旗手护卫；第二队为蝶仙，由男女装扮成蝶仙边舞边进；第三队为神队；第四队是三十六行；第五队是武术队；第六队为城隍；第七队为十殿；第八队为许愿队。当天，还有众多善男信女前去烧香许愿。观蝶节寄寓了人们对自由与爱情的向往。

宜兴观蝶节不仅具有民俗价值，还被广泛记载在涉及宜兴历史文化的古籍等史志中，具有历史价值。此外，与观蝶节相关的诗词使得观蝶节具备了文学价值。因此，政府也采取了措施对其进行保护推广。

2009年6月，宜兴市申报的宜兴观蝶节被列入第二批江苏省非物质文化遗产代表性项目名录，项目编号为JSX-10。

12. 海州湾渔俗

海州湾渔俗流布在连云港及周边沿海地区，源于渔民的生产、生活、社会习俗和习惯。连云港近海区域为海州湾渔场，因此这些习惯、习俗统称为"海州湾渔俗"。

海州湾的地理位置和海上生产的特殊性造就了这里以海上生产、生活为主，渔民风俗习惯融合了上古渔民风俗与后世新风俗，个性鲜明，海洋文化浓郁。海州湾渔俗大致可分为生产习俗、社会习俗、生活习俗和信仰习俗四大类。在生产实践中,渔民形成了顺从性强、实用性强、避驱忌讳多、吉利彩话多、信仰崇拜多等特征。渔民认为不吉祥的话和事,绝对不说不做。开口讲究"彩字",如取鱼叫"取彩",馈赠叫"彩头",船上作业叫"唱号子"等。海上劳动时,为了自娱自乐,提高劳动情绪,起篷、起锚、拔缆、点水、抛锚、打桩、张网、拿鱼等,都要喊号子,并形成摇缆号子、开网号子、打桩号子、拔锚号子、推关号子、起锚号子、拔篷号子、撑船号子等,多为一人领唱,众人和唱。

海州湾渔俗具有整个海州湾及南至东海、北达渤海的渔家风俗共性,为研究沿海渔民生产、生活情况提供了重要依据。当地政府采取了相关措施对该习俗加以保护,如赣榆设立渔民文化展馆、拍摄海州湾渔民风俗纪录片、进行非物质文化遗产申报等。

2009年6月,连云港市申报的海州湾渔俗被列入第二批江苏省非物质文化遗产代表性项目名录,项目编号为JSX-11。

13. 洪泽湖渔家婚嫁礼俗

洪泽湖渔家婚嫁礼俗流传于洪泽湖周边地区,习俗可追溯至清乾隆年间(1736—1795),源于渔民们部落式的渔帮生活。

渔帮多内部通婚。在渔家婚俗中,订婚时使用的媒人帖子称"三界合同书",即写有男女生辰、双方家长与媒人姓名的大红喜帖,也用作订婚的凭证;聘礼称"水礼",包括首饰、衣服、食品三大类;"轿船"相当于陆上的迎亲花轿,一般选用小篷船或小筏子,船前扎彩门,船帮、舵把上装饰红布和彩球。婚礼当日卯时(早上5点至7点)迎新娘"过船"(上轿船),旭日初升时,新郎新娘入洞房。洞房结束后进行"回船"礼俗,相当于回门,新婚夫妇偕娘家作陪的全福奶奶回家探望父母亲友并在娘家吃早中饭,随后在正午时赶到婆家,以期今后生活"如日中天"。结婚当天晚宴上还有"双打鱼"的习俗,相当于婚后会亲。新郎将新娘的父母和主要亲属请回家,设酒席招待。席间双方亲家要同时动手分别将一对大鲤鱼的划水(鳍)上最大的刺剔出来。酒席上宾客多以喜酒令助兴,包括手巾令、跑堂令、篙(筷)子令、调羹(汤勺)令、酒壶令、茶令、行酒令、吃鱼令、谢厨令、敬客令等。宾客多夫妻结对赴宴,并携带菜肴以示祝福。

洪泽湖渔民婚嫁礼俗见证了渔民生产、生活的发展历史,也为研究淮河流域和洪泽湖地区婚嫁礼俗文化、近现代民俗现象提供了重要材料。

2009年6月,洪泽县申报的洪泽湖渔家婚嫁礼俗被列入第二批江苏省非物质文化遗产代表性项目名录,项目编号为JSⅩ-12。

14. 苏南水乡婚俗

苏南水乡婚俗与传统婚俗相比,除了坚持传统古礼的"六礼"(即纳采、问名、纳吉、纳征、请期、迎娶)外,别具水乡特色,以流布于常熟沙家浜镇周边地区的婚俗较为典型。

结婚仪式的当天为"正日",正日前三天为"前三朝",正日后三天为"后三朝"。前三朝主要是做准备工作,为正日的婚礼做准备。迎亲除用花轿外,还要使用迎亲船。新郎要坐上比一般迎亲船还快的快船,来到新娘家。而新娘则要开面①后戴上凤冠霞帔,再由兄长背上轿。花轿上船后放于船头,随行还跟有嫁妆船,嫁妆包括被褥、盆桶、箱柜、铜锡器等。马桶里面要放红蛋、枣子,寓传宗接代、五子登科之意。途中还有拦船的习俗,新郎要发放喜糖和香烟。

苏南水乡婚俗的程序与礼仪烦琐而严格,婚俗中所使用的食品、礼物、器具均有浓郁的水乡特色,并形成了喜娘、司仪等操办婚礼的职业人员群体,婚礼的仪式、器物等多采用谐音的习俗,体现了祈福求祥、百年好合的愿望。目前传统水乡婚俗在许多地方已成为历史的记忆。近年来,常熟沙家浜镇与昆山周庄采取了一定的措施挖掘恢复本地的水乡婚俗。

2011年9月,常熟市申报的苏南水乡婚俗被列入第三批江苏省非物质文化遗产代表性项目名录,项目编号为JSⅩ-14。

---

① 旧时妇女婚前不可以剃掉脸上汗毛。开面即是由一位有经验的妇女,用两股坚韧细线将新娘脸上茸毛绞尽。

15. 湖甸龙舟会

划龙舟习俗在荆楚是为祭祀屈原,在吴越是为祭祀伍子胥,而在常熟则是为祭祀李王。李王即宋代的李禄,他在生前为民驱瘟免灾,救民于倒悬,死后传说其化为水神(海神),卫海漕,息灾厉,为老百姓所尊敬。《常昭合志》记载:"邑中到处有李王庙,而湖甸地区尤盛。"

常熟湖甸位于虞山南麓、尚湖之东。湖甸人家傍水而居,日常出没在风波里,在水中讨生活,他们向传说中的水神李王祈福,于每年农历的春秋两季进行湖甸龙舟会。常熟湖甸龙舟会的独特处除祭祀李王外,还在于一年两度——第一次是"划青苗",第二次是"秋报"。形式上的不同还表现在龙船由老爷船、铛船、划船组成。

李王神像供奉于常熟虞山南麓致道观。据唐《艺文类聚》载,致道观初名"招真治",由张道裕建于梁天监二年(503),梁简文帝亲撰《招真治碑记》。湖甸龙舟会的一系列仪式,如祭拜、开路、护佑、服饰、供品等,都是道教法事活动所做"斋醮""道场"等的套路。

湖甸龙舟会从宋元始,经历明、清、民国,到中华人民共和国成立初期,一直兴盛不衰。后因"文革"而中断。《常昭合志》《常熟市志》《虞山镇志》《虞山林场志》等地方志中对此都有详述。近几年,当地做了大量恢复工作,努力使湖甸龙舟会这一传统文化的载体得于延续。湖甸龙舟会的程式规范,令湖甸周边乡镇纷纷效仿。甚至苏州一带的龙舟赛事都以租用常熟湖甸的赛舟和邀请到常熟湖甸的划手为荣。

2011年9月,常熟市申报的湖甸龙舟会被列入第三批江苏省非物质文化遗产代表性项目名录,项目编号为JSⅩ-15。

16. 中秋节(扬州中秋拜月)

旧时中秋节(扬州中秋拜月)有两种基本形式。一为公众集体拜月活动,由地方官员,或当地具有影响力的文人学士主持,仪程包括"三上香"、"三敬酒"、诵读祝文、焚烧祝文和月宫纸、集体拜月、依次拜月、礼成。然后,主拜将象征和谐团圆的月饼分切开来,送给在场的每一位宾客。二为家庭拜月形式,每逢中秋之夜家家拜月,都要设香案,摆上莲藕、菱角、芋苗子、石榴、毛豆角、月饼、团圆饼(芝麻糖烧饼)、子孙饼(糯米饼)、凉开水等供品,对着月亮的方向,红烛高燃,全家人依次拜祭月亮,然后由当家主妇将月饼分切,每人一角,共同分享,象征团圆吉祥。

扬州中秋拜月活动的延续和传承,表达了扬州人民的思想倾向和审美情趣,并深深地打上了扬州人民的思想烙印。在诸多传统文化活动中,显现出独特的扬州文化符号。

2016年1月,扬州市申报的中秋节(扬州中秋拜月)被列入第四批江苏省非物质文化遗产代表性项目名录,项目编号为JSⅩ-16。

17. 虞山三月三报娘恩

虞山三月三报娘恩俗称"三月三拜香",在常熟流传已久,是常熟特有的一种民间文化习俗。每年三月初三,常熟各镇的善男信女及游春之众纷纷倾城而出,香客如云,游客如织。邻近无锡、苏州、江阴、昆山、太仓等地的香客这天也专程前来进香。

虞山三月三进香活动有多种形式,一般以街坊、村为单位,香社设有香头。进香队伍大多为来自农村的男性,少则七八人,多则二十几人。进香过程十分讲究。一般分为准备、请佛、起香、进香、送佛五个阶段。"三月三,上祖师山",已成儿歌,代代传唱。

2016年1月,常熟市申报的虞山三月三报娘恩被列入第四批江苏省非物质文化遗产代表性项目名录,项目编号为JSⅩ-17。

18. 邓尉探梅

邓尉探梅的习俗主要分布在光福邓尉山地区,具体为光福镇香雪村吾家山(马驾山)东麓香雪海景区及延伸至光福邓尉诸山,并以其为中心影响到苏州及周围城市,包括无锡、上海、浙江等靠近苏州的区域。

初春探梅是江南的一个习俗,也成了吴地春游的一项重要内容。梅花在邓尉山一带,弥漫15千米左右,一眼望去,如海荡漾,若雪满地。一年一度的邓尉梅花,招邀无数游客,久而久之,邓尉探梅成为岁时风俗,每至花时,访寻春者络绎不绝。

2016年1月,苏州市吴中区申报的邓尉探梅被列入第四批江苏省非物质文化遗产代表性项目名录,项目编号为JSⅩ-18。

19. 吴桥社火

吴桥社火表演内容极其丰富,它们不受时空的限制,内容涵盖上古的三皇五帝神话传说、历史故事、轶闻野史、传奇英雄等。表演场地一般为家庭院落、街道、打麦场等。表演形式有荡湖船、走马灯、女子舞龙等,在强烈节奏的锣鼓音乐伴奏下,行进队列或进行场地定点表演。

吴桥社火将说唱、对唱和舞蹈相糅合,乐器以二胡、竹笛、锣鼓为主,曲调有【四季歌】【无锡景】【杨柳青】【八段锦】【拔根芦柴花】等,节奏欢快流畅,音乐风格鲜明,唱词大多应时应景。吴桥社火表演中的脸谱,从绘画、设色、章法、布局都有一定的格式,自成体系,形成鲜明的艺术特色。吴桥社火脸谱中主要有红脸、花脸、净脸、文旦、武旦、丑脸、白脸等。为了让人一目了然,更为了强调人物的主要特征,脸谱一般是专人专脸。在整个社火的表演程序中,化妆是神圣而关键的一步。

吴桥社火是一种原生态的乡土文化,凸显出鲜明的地域文化特征。它源于民间,世代相承,内涵丰富,影响深远,既保存了一份鲜活的历史文化记忆,又体现出普通民众对美好生活的执着向往和追求。

2016年1月,扬州市江都区申报的吴桥社火被列入第四批江苏省非物质文化遗产代表性项目名录,项目编号为JSⅩ-19。

20. 渔沟花鼓会

渔沟花鼓会是一种在淮阴当地极富区域特色的民俗歌舞形式。从秦代开始,每逢重大节日,尤其是春节、庙会或婚庆、治丧期间,渔沟人都会组织表演花鼓戏。渔沟的花鼓会就像一台晚会,用各个不同的小故事互相串联又独立。原来的题材多为道教故事,后来才演变为以民间故事为题材的曲艺。

花鼓演唱以唱为主,用渔鼓(腰鼓)和竹板及其他民族乐器伴奏。由乐队和表演者两部分组成,主要表演者分头棒、二棒、三棒等,一对一对上场,最少一般不低于 8 对,最多可达 16 对。会中人物有渔夫、樵夫、农夫、书生、和尚等,表演有说有唱有舞,说唱的主要内容是劳动人民在生产、生活中发生的各种民间故事,舞蹈主要是模仿生产劳动中的动作。

渔沟花鼓会是典型的劳动人民生产、生活的写照。它反映农耕生产,模仿劳动场景,如捕鱼、砍柴、耕地等;反映社会生活,再现过去各种社会层次人们的生活情况,如少女扑蝶、书生读书、和尚念经等。它是过去农耕时代生产方式、工具、技能和生活情景等的再现和传承,是千百年劳动人民生产生活智慧的结晶和总结,它还充分反映了劳动人民在长期生产生活中的团结协作精神。渔沟花鼓会是淮阴民间具有一定影响的艺术形式,其传承历史悠久,对研究淮阴历史文化和风土民情有着重要史料价值。

2016 年 1 月,淮安市淮阴区申报的渔沟花鼓会被列入第四批江苏省非物质文化遗产代表性项目录,项目编号为 JSⅩ-20。

21. 上鹞灯

上鹞灯主要流传于常熟碧溪沿江一带,是当地老百姓过元宵节的一种民间习俗。

制扎鹞子一般分为定样、选料、下料、绑扎、贴糊、构图绘画、拴角线、试飞八道工序。鹞灯是将鹞线压下来后,一盏一盏挂上去的,因此,挂的盏数越多,难度越大。

上鹞灯从制作到放飞,充分展示了当地百姓对大自然的热爱和百姓的聪明才智、勤奋刚强、乐观向上的人生姿态,体现了传统中国"天人合一"的哲学基本精神和人们对和谐生活环境的美好向往,具有较高的艺术价值。作为地方特色文化,上鹞灯又具有极大的群众基础以及较高的文化观赏和交流的价值。

2016 年 1 月,常熟市申报的上鹞灯被列入第四批江苏省非物质文化遗产代表性项目名录,项目编号为 JSⅩ-21。

22. 雨花石鉴赏习俗

雨花石鉴赏习俗作为南京地区盛行的一种风俗与风尚,古往今来数千年,具有历史性、唯一性、广泛性、审美性、人文性等基本特征。雨花石古代称为"花石子""螺子石"等,明代末期定名"雨花石"。雨花石玉质天章、色彩绚丽、纹理奇妙,自然呈现锦绣河山、奇花异草、人文典故;作为南京标志性物产之一,其鉴赏习俗历史悠久、世代相传、影响深远。雨花石正以其深厚的文化价值、稀缺的经济价值、精致的审美价值,被誉为天赐国宝、中华一绝、厚德载物的观赏石,已成为人们心目中"最南京文化符号"。

雨花石鉴赏者们,逐步积累了一些经验,以"十字经"作为鉴赏雨花石之心得,即"质、色、纹、形、巧、美、奇、润、象、境"。质为石之本,纹为石之魂,形为石之体,色为石之神。鉴赏雨花石的方法很多,可以自我品赏自得其乐;可以聚友同赏相互唱和;可以组合观赏配成组石;可以举办展览、艺术节等各类雨花石文化活动。

自改革开放以来,雨花石鉴赏习俗得到了更加广泛的传承与发扬,南京雨花石协会秉承求真、求美、求新的赏石理念,传承保护着鉴赏习俗健康发展。

2016年1月,南京市与南京市六合区联合申报的雨花石鉴赏习俗被列入第四批江苏省非物质文化遗产代表性项目名录,项目编号为JSX-22。

23. 淮北盐民习俗

淮北盐民习俗主要有生产风俗、社会风俗、生活风俗和信仰风俗。盐民的生产方式由古代的煮海为盐到明代以后的日光晒盐,他们掌握了独特的生产工艺,形成了"八卦滩""结晶池"及"早观风向、午观晴雨""一年捆两季、六月晒龙盐"等生产习俗。盐工被称为"灶民",吃的是"灶粮";大盐商被称为"垣商";生产基地称"圩子";管理者称"帮瘿",有着自己一套完整的社会习俗。盐民生活缺少淡水,形成了夏"接天水"、冬"储爽冻"等诸多生活习俗。盐民有祭龙王、拜盐婆婆及三月三祭典娘娘庙等信仰习俗。

淮盐生产影响深远,多年以来,淮北盐民习俗基本保持完整,对了解盐业生产和研究江苏沿海经济、文化和社会形态均有重要的价值和意义。

2016年1月,连云港市申报的淮北盐民习俗被列入第四批江苏省非物质文化遗产代表性项目名录,项目编号为JSⅩ-23。

24. 江苏省菱塘回回习俗

菱塘地处扬州北郊,三面环湖,位置偏僻,早在元代,高邮菱塘就有"回回湾"地名。宋元战争时期,元朝军队中的中亚穆斯林屯驻在扬州、高邮沿湖一带地沃滩阔处,"下马为垦"。后来,这些回军屯区变成了回民聚居村落,菱塘因而就成了回回湾。

菱塘回民在回回湾生活了700多年,他们坚持着自己的民族习俗,如信仰伊斯兰教、戴无檐白帽、不吃猪肉、土葬而不用棺木等。菱塘回族一年要过3个伊斯兰教节日,并举行会礼,分别为开斋节、古尔邦节和圣纪节。当地有清真寺,是菱塘集镇的标志性建筑,占地面积8000多平方米,共有瓦房41间,建筑面积2600平方米;前后四进,两厢四院,整体布局对称严谨,具有鲜明的清代建筑风格。目前寺内有专职阿訇四人,是江苏农村第一大清真古寺。

2016年1月,高邮市申报的江苏省菱塘回回习俗被列入第四批江苏省非物质文化遗产代表性项目名录,项目编号为JSⅩ-24。

25. 扬中河豚食俗

扬中河豚食俗,以食河豚为中心,延伸至河豚捕捞、宰杀、烹煮,以至社交往来、民间信仰、民间文艺。扬中河豚食俗,是特定地域产生的食俗,具有地域性特点。扬中河豚食俗内涵丰富,涉及水产捕捞、烹饪餐饮、社交礼仪、宗教信仰、民间文艺等,具有综合性特点。像扬中这样"家家烧河豚,村村有高手",并将食河豚提升到精神层面的地方,几乎是绝无仅有,具有独特性。

扬中河豚食俗,记录了扬中人生存发展的历史,具有历史文化价值;它对饮食史、移民史、民俗学、民间文艺等研究,以及拓展人类食材、食源也具有科学价值;河豚食俗中所体现出来的敢于冒险的开拓精神、不断探索的科学精神、各负其责的担当精神和生死相托的信用精神,则成了扬中重要的精神财富,具有精神价值。

2016年1月,扬中市申报的扬中河豚食俗被列入第四批江苏省非物质文化遗产代表性项目名录,项目编号为JSⅩ-25。

26. 徐州伏羊食俗

徐州伏羊习俗是徐州这一地区特有的民俗,有着博大精深的饮食文化传统。最早吃伏羊叫"尝新节",又叫"姑姑节"。每年逢阴历六月六,家家都要接女儿女婿回家,蒸新麦面馍,煮羊肉热情款待,故有"六月六,接姑姑,新麦馍馍熬羊肉","六月六,接姑姑,女婿外孙一大屋"的民谣。因为伏羊能补阳、助阴,徐州人千年来吃伏羊的习俗延续至今,徐州俗谚"彭城伏羊一碗汤,不用神医开药方"说明了吃伏羊的功能和目的。

徐州伏羊习俗主要分布于徐州五县(市)五区以及周边地区,具有历史悠久、季节性强、普及面广、食法独特、有益养生、影响范围广泛的特点,也具有一定的历史价值、社会价值、品牌价值。经过数代人的传承和发展,徐州伏羊习俗也得到了普及发展。

2016年1月,徐州市申报的徐州伏羊食俗被列入第四批江苏省非物质文化遗产代表性项目名录,项目编号为JSⅩ-26。

27. 沛县汉宴十大碗食俗

沛县汉宴十大碗习俗是独具沛县特色的农村大席菜,是东汉初年汉光武帝刘秀来沛县祭祀高祖刘邦创立的流水席。相传十大碗的内容以"酥菜"为主,因季节食材而变,丰俭由人,主要特色菜有签子、焖子、全碗、羹汤等。

十大碗不仅是沛县的特色食谱、传统厨艺的象征,更重要的是已发展成为沛县特有的传统习俗,是凝结沛人情感的纽带,带着浓厚的乡风民俗。人们吃十大碗主要在农村红、白事摆大席上,亲朋相聚,共叙友情,增进友谊,睦邻友好,那种"一家有事众人帮、一家有难众人忧"的传统民俗,让人回味怀念。

2016年1月,沛县申报的沛县汉宴十大碗食俗被列入第四批江苏省非物质文化遗产代表性项目名录,项目编号为JSⅩ-27。

附录一　非物质文化遗产代表性项目名录

中国入选人类非物质文化遗产代表作名录

年份	非遗项目
2001年	昆曲
2003年	古琴艺术
2005年	蒙古族长调民歌（中国、蒙古跨国项目）
2005年	新疆维吾尔木卡姆艺术
2009年	中国蚕桑丝织技艺
2009年	南音
2009年	南京云锦
2009年	安徽宣纸
2009年	贵州侗族大歌
2009年	广东粤剧
2009年	《格萨尔》史诗
2009年	浙江龙泉青瓷
2009年	青海热贡艺术
2009年	藏戏
2009年	新疆《玛纳斯》
2009年	蒙古族呼麦
2009年	甘肃花儿
2009年	西安鼓乐
2009年	朝鲜族农乐舞
2009年	书法

续表

年份	非遗项目
2009年	篆刻
2009年	剪纸
2009年	雕版印刷
2009年	传统木结构营造技艺
2009年	端午节
2009年	妈祖信俗
2010年	京剧
2010年	中医针灸
2011年	皮影戏
2013年	珠算
2016年	二十四节气
2018年	藏医药浴法

国家级非物质文化遗产代表性项目名录(江苏部分)

第一批国家级非物质文化遗产代表性项目名录(2006年5月20日公布)

(共计37项)

一、民间文学（共计4项）

序号	编号	项目名称	申报地区或单位
1	Ⅰ-6	白蛇传传说	江苏省镇江市 (浙江省杭州市)
2	Ⅰ-7	梁祝传说	江苏省宜兴市 (浙江省宁波市、杭州市、上虞市,山东省济宁市,河南省汝南县)
3	Ⅰ-9	董永传说	江苏省东台市 (山西省万荣县,河南省武陟县,湖北省孝感市)
4	Ⅰ-22	吴歌	江苏省苏州市

二、民间音乐(共计3项)

序号	编号	项目名称	申报地区或单位
5	Ⅱ-40	江南丝竹	江苏省太仓市 (上海市)
6	Ⅱ-41	海州五大宫调	江苏省连云港市
7	Ⅱ-68	苏州玄妙观道教音乐	江苏省苏州市

三、民间舞蹈(共计0项)

四、传统戏剧(共计3项)

序号	编号	项目名称	申报地区或单位
8	Ⅳ-1	昆曲	江苏省 (中国艺术研究院,浙江省,上海市,北京市,湖南省)
9	Ⅳ-55	苏剧	江苏省苏州市
10	Ⅳ-56	扬剧	江苏省扬州市

五、曲艺(共计3项)

序号	编号	项目名称	申报地区或单位
11	Ⅴ-1	苏州评弹 (苏州评话、苏州弹词)	江苏省苏州市
12	Ⅴ-2	扬州评话	江苏省扬州市
13	Ⅴ-25	扬州清曲	江苏省扬州市

六、杂技与竞技(共计0项)

七、民间美术(共计5项)

序号	编号	项目名称	申报地区或单位
14	Ⅶ-3	桃花坞木版年画	江苏省苏州市
15	Ⅶ-16	剪纸(蔚县剪纸、丰宁满族剪纸、中阳剪纸、医巫闾山满族剪纸、扬州剪纸、乐清细纹刻纸、广东剪纸、傣族剪纸、安塞剪纸)	江苏省扬州市 (山西省中阳县,辽宁省锦州市,浙江省乐清市,广东省佛山市、汕头市、潮州市,云南省潞西市①,陕西省安塞县②)

---

① 指芒市。
② 现为陕西省延安市安塞区。

续表

序号	编号	项目名称	申报地区或单位
16	Ⅶ-18	苏绣	江苏省苏州市
17	Ⅶ-28	扬州玉雕	江苏省扬州市
18	Ⅶ-47	泥塑(天津泥人张、惠山泥人、凤翔泥塑、浚县泥咕咕)	江苏省无锡市(天津市,陕西省凤翔县,河南省浚县)

八、传统手工技艺(共计 16 项)

序号	编号	项目名称	申报地区或单位
19	Ⅷ-1	宜兴紫砂陶制作技艺	江苏省宜兴市
20	Ⅷ-13	南京云锦木机妆花手工织造技艺	江苏省南京市
21	Ⅷ-14	宋锦织造技艺	江苏省苏州市
22	Ⅷ-15	苏州缂丝织造技艺	江苏省苏州市
23	Ⅷ-24	南通蓝印花布印染技艺	江苏省南通市
24	Ⅷ-27	香山帮传统建筑营造技艺	江苏省苏州市
25	Ⅷ-32	苏州御窑金砖制作技艺	江苏省苏州市
26	Ⅷ-36	南京金箔锻制技艺	江苏省南京市
27	Ⅷ-45	明式家具制作技艺	江苏省苏州市
28	Ⅷ-52	扬州漆器髹饰技艺	江苏省扬州市
29	Ⅷ-62	镇江恒顺香醋酿制技艺	江苏省镇江市
30	Ⅷ-78	雕版印刷技艺	江苏省扬州市
31	Ⅷ-79	金陵刻经印刷技艺	江苏省南京市
32	Ⅷ-81	制扇技艺	江苏省苏州市
33	Ⅷ-82	剧装戏具制作技艺	江苏省苏州市
34	Ⅷ-88	风筝制作技艺(潍坊风筝、南通板鹞风筝、拉萨风筝)	江苏省南通市(山东省潍坊市,西藏自治区拉萨市)

九、传统医药(共计0项)
十、民俗(共计3项)

序号	编号	项目名称	申报地区或单位
35	Ⅸ-3	端午节(屈原故里端午习俗、西塞神舟会、汨罗江畔端午习俗、苏州端午习俗)	江苏省苏州市 (湖北省宜昌市、秭归县、黄石市,湖南省汨罗市)
36	Ⅸ-50	秦淮灯会	江苏省南京市
37	Ⅸ-63	苏州甪直水乡妇女服饰	江苏省苏州市

第二批国家级非物质文化遗产代表性项目名录(2008年6月7日公布)

(共计27项)

一、民间文学(共计0项)
二、传统音乐(民间音乐,共计5项)

序号	编号	项目名称	申报地区或单位
1	Ⅱ-75	高邮民歌	江苏省高邮市
2	Ⅱ-94	海门山歌	江苏省海门市
3	Ⅱ-137	吟诵调(常州吟诵)	江苏省常州市
4	Ⅱ-138	佛教音乐(天宁寺梵呗唱诵、鱼山梵呗、大相国寺梵乐、直孔噶举派音乐、拉卜楞寺佛殿音乐道得尔、青海藏族唱经调、北武当庙寺庙音乐)	江苏省常州市 (山东省东阿县,河南省开封市,西藏自治区墨竹工卡县,甘肃省夏河县,青海省兴海县,宁夏回族自治区平罗县)
5	Ⅱ-139	道教音乐(广宗太平道乐、恒山道乐、上海道教音乐、无锡道教音乐、齐云山道场音乐、崂山道教音乐、泰山道教音乐、胶东全真道教音乐、腊山道教音乐、海南斋醮科仪音乐、成都道教音乐、白云山道教音乐、清水道教音乐)	江苏省无锡市 (河北省广宗县、山西省阳高县,上海市道教协会,安徽省休宁县,山东省青岛市崂山区、泰安市、烟台市、东平县,海南省定安县,四川省成都市,陕西省佳县,甘肃省清水县)

三、传统舞蹈(民间舞蹈,共计 1 项)

序号	编号	项目名称	申报地区或单位
6	Ⅲ-44	东坝大马灯	江苏省高淳县
7		邳州跑竹马	江苏省邳州市

四、传统戏剧(共计 5 项)

序号	编号	项目名称	申报地区或单位
8	Ⅳ-102	淮剧	江苏省盐城市 (上海淮剧团)
9	Ⅳ-103	锡剧	江苏省演艺集团锡剧团、无锡市、常州市
10	Ⅳ-104	淮海戏	江苏省淮安市、连云港市
11	Ⅳ-105	童子戏	江苏省通州市
12	Ⅳ-121	徐州梆子	江苏省徐州市

五、曲艺(共计 3 项)

序号	编号	项目名称	申报地区或单位
13	Ⅴ-50	扬州弹词	江苏省扬州市
14	Ⅴ-73	徐州琴书	江苏省徐州市
15	Ⅴ-81	南京白局	江苏省南京市秦淮区

六、传统体育、游艺与杂技(杂技与竞技,共计 1 项)

序号	编号	项目名称	申报地区或单位
16	Ⅵ-48	建湖杂技	江苏省建湖县

七、传统美术(民间美术,共计 6 项)

序号	编号	项目名称	申报地区或单位
17	Ⅶ-57	玉雕(北京玉雕、苏州玉雕、镇平玉雕、广州玉雕、阳美翡翠玉雕)	江苏省苏州市 (北京市玉器厂,河南省镇平县,广东省广州市荔湾区、揭阳市)
18	Ⅶ-59	核雕(光福核雕、潍坊核雕、广州榄雕)	江苏省苏州市 (山东省潍坊市,广东省增城市①)

① 现为广东省广州市增城区。

续表

序号	编号	项目名称	申报地区或单位
19	Ⅶ-66	彩扎(凤凰纸扎、秸秆扎刻、彩布拧台、邳州纸塑狮子头、佛山狮头)	江苏省邳州市 (湖南省凤凰县,河北省永清县、邯郸市,广东省佛山市)
20	Ⅶ-68	常州梳篦	江苏省常州市
21	Ⅶ-88	糖塑(丰县糖人贡、天门糖塑、成都糖画)	江苏省丰县 (湖北省天门市,四川省成都市)
22	Ⅶ-94	盆景技艺(扬派盆景技艺、徽派盆景技艺、英石假山盆景技艺)	江苏省扬州市、泰州市 (安徽省歙县,广东省英德市)

八、传统技艺(传统手工技艺,共计5项)

序号	编号	项目名称	申报地区或单位
23	Ⅷ-117	金银细工制作技艺	江苏省南京市、江都市 (上海市黄浦区)
24	Ⅷ-124	民族乐器制作技艺(长子响铜乐器制作技艺、朝鲜族民族乐器制作技艺、苏州民族乐器制作技艺、漳州蔡福美传统制鼓技艺、维吾尔族乐器制作技艺)	江苏省苏州市 (山西省长子县,吉林省延边朝鲜族自治州,福建省漳州市,新疆维吾尔自治区疏附县、新和县)
25	Ⅷ-137	传统木船制造技艺	江苏省兴化市 (浙江省舟山市普陀区)
26	Ⅷ-145	酿造酒传统酿造技艺(封缸酒酿造技艺、金华酒传统酿造技艺)	江苏省丹阳市、金坛市 (浙江省金华市)
27	Ⅷ-161	茶点制作技艺(富春茶点制作技艺)	江苏省扬州市

九、传统医药(共计0项)
十、民俗(共计1项)

序号	编号	项目名称	申报地区或单位
28	X-87	抬阁(芯子、铁枝、飘色)(葛渔城重阁会、宽城背杆、隆尧县泽畔抬阁、清徐徐沟背铁棍、万荣抬阁、峨口挠阁、脑阁、金坛抬阁、浦江迎会、肘阁抬阁、大坝高装、青林口高抬戏、庄浪县高抬、湟中县千户营高台、隆德县高台、阁子里芯子、周村芯子、章丘芯子、霍童铁枝、福鼎沙埕铁枝、屏南双溪铁枝、南朗崖口飘色、台山浮石飘色、吴川飘色、河田高景)	江苏省金坛市 (河北省廊坊市、宽城满族自治县、隆尧县,山西省清徐县、万荣县、代县,内蒙古自治区土默特左旗,浙江省浦江县,安徽省寿县、临泉县,四川省兴文县、江油市,甘肃省庄浪县,青海省湟中县,宁夏回族自治区隆德县,山东省淄博市临淄区、淄博市周村区、章丘市①,福建省宁德市蕉城区、福鼎市、屏南县,广东省中山市、台山市、吴川市、陆河县)

国家级非物质文化遗产代表性项目名录扩展名录

(2008年6月7日公布)

(共计17项)

一、民间文学(共计3项)

序号	编号	项目名称	申报地区或单位
1	I-9	董永传说	江苏省金坛市 (山东省博兴县)
2	I-13	宝卷(靖江宝卷、河西宝卷)	江苏省靖江市 (甘肃省张掖市)
3	I-22	吴歌	江苏省无锡市 (上海市青浦区)

---

① 现为山东省济南市章丘区。

二、传统音乐（民间音乐，共计 2 项）

序号	编号	项目名称	申报地区或单位
4	Ⅱ-34	古琴艺术（<u>虞山琴派</u>、广陵琴派、<u>金陵琴派</u>、梅庵琴派、浙派、诸城派、岭南派）	江苏省常熟市、扬州市、南京市、南通市、镇江市 （浙江省杭州市，山东省诸城市，广东省广州市）
5			
6			
7			
8	Ⅱ-44	十番音乐（<u>楚州十番锣鼓邵伯锣鼓小牌子</u>、楼塔细十番、遂昌昆曲十番、黄石惠洋十音、佛山十番、海南八音器乐）	江苏省淮安市、江都市 （浙江省杭州市、遂昌县，福建省莆田市，广东省佛山市，海南省海口市）
9			

三、传统舞蹈（民间舞蹈，共计 1 项）

序号	编号	项目名称	申报地区或单位
10	Ⅲ-4	龙舞（易县摆字龙灯、曲周龙灯、金州龙舞、舞草龙、<u>骆山大龙</u>、兰溪断头龙、大田板灯龙、高龙、汝城香火龙、九龙舞、埔寨火龙、人龙舞、荷塘纱龙、乔林烟花火龙、醉龙、黄龙溪火龙灯舞）	江苏省溧水县 （河北省易县、曲周县，辽宁省大连市金州区，上海市松江区，浙江省兰溪市，福建省大田县，湖北省武汉市汉阳区，湖南省汝城县、平江县，广东省丰顺县、佛山市、江门市蓬江区、揭阳市、中山市，四川省双流县①）

四、传统戏剧（共计 3 项）

序号	编号	项目名称	申报地区或单位
11	Ⅳ-56	扬剧	江苏省演艺集团扬剧团、镇江市
12	Ⅳ-63	柳琴戏	江苏省徐州市 （山东省临沂市）
13	Ⅳ-92	木偶戏（孝义木偶戏、<u>杖头木偶戏</u>、平阳木偶戏、单档布袋戏、湖南杖头木偶戏、五华提线木偶、文昌公仔戏、三江公仔戏）	江苏省扬州市 （山西省孝义市，浙江省平阳县、苍南县，湖南省木偶皮影艺术剧院，广东省梅州市，海南省文昌市、海口市）

---

① 现为四川省成都市双流区。

五、曲艺(共计 0 项)

六、传统体育、游艺与杂技(杂技与竞技,共计 0 项)

七、传统美术(民间美术,共计 6 项)

序号	编号	项目名称	申报地区或单位
14	Ⅶ-16	剪纸(广灵染色剪纸、和林格尔剪纸、庄河剪纸、岫岩满族剪纸、建平剪纸、新宾满族剪纸、长白山满族剪纸、方正剪纸、上海剪纸、<u>南京剪纸、徐州剪纸、金坛刻纸</u>、浦江剪纸、阜阳剪纸、漳浦剪纸、泉州(李尧宝)刻纸、柘荣剪纸、瑞昌剪纸、莒县过门笺、滨州民间剪纸、高密剪纸、烟台剪纸、灵宝剪纸、卢氏剪纸、辉县剪纸、孝感雕花剪纸、鄂州雕花剪纸、仙桃雕花剪纸、踏虎凿花、苗族剪纸、庆阳剪纸)	江苏省南京市、徐州市、金坛市(山西省广灵县,内蒙古自治区和林格尔县,辽宁省庄河市、岫岩满族自治县、建平县、新宾满族自治县,吉林省通化市,黑龙江省方正县,上海市徐汇区,浙江省浦江县,安徽省阜阳市,福建省漳浦县、泉州市、柘荣县,江西省瑞昌市,山东省莒县、滨州市、高密市、烟台市,河南省灵宝市、卢氏县、辉县市,湖北省孝感市孝南区、鄂州市、仙桃市,湖南省泸溪县,贵州省剑河县,甘肃省镇原县)
15			
16			
17	Ⅶ-18	苏绣(无锡精微绣、南通仿真绣)	江苏省无锡市、南通市
18			
19	Ⅶ-26	香包(徐州香包)	江苏省徐州市
20	Ⅶ-46	竹刻(<u>无锡留青竹刻、常州留青竹刻</u>、黄岩翻簧竹雕、江安竹簧)	江苏省无锡市、常州市(浙江省台州市黄岩区,四川省江安县)
21			
22	Ⅶ-47	泥塑(玉田泥塑、<u>苏州泥塑</u>、聂家庄泥塑、大吴泥塑、徐氏泥彩塑、苗族泥哨、杨氏家庭泥塑)	江苏省苏州市(河北省玉田县,山东省高密市,广东省潮安县,四川省大英县,贵州省黄平县,宁夏回族自治区隆德县)
23	Ⅶ-50	灯彩(北京灯彩、上海灯彩、<u>秦淮灯彩、苏州灯彩</u>、佛山彩灯、潮州花灯、洛阳宫灯、汴京灯笼张)	江苏省句容市、苏州市(北京市崇文区①、朝阳区,上海市卢湾区,广东省佛山市、潮州市湘桥区,河南省洛阳市、开封市)
24			

---

① 现为北京市东城区。

八、传统技艺(传统手工技艺,共计 0 项)

九、传统医药(共计 1 项)

序号	编号	项目名称	申报地区或单位
25	Ⅸ-4	中医传统制剂方法(龟龄集传统制作技艺、雷允上六神丸制作技艺、东阿阿胶制作技艺、廖氏化风丹制作技艺)	江苏省苏州市(山西省太谷县,山东省东阿县、平阴县,贵州省遵义市红花岗区、汇川区)

十、民俗(共计 1 项)

序号	编号	项目名称	申报地区或单位
26	Ⅹ-2	清明节(溱潼会船)	江苏省姜堰市

第三批国家级非物质文化遗产代表性项目名录(2011 年 5 月 23 日)

(总计 5 项)

一、民间文学(共计 0 项)

二、传统音乐(共计 1 项)

序号	编号	项目名称	申报地区或单位
1	Ⅱ-150	茅山号子	江苏省兴化市

三、传统舞蹈(共计 1 项)

序号	编号	项目名称	申报地区或单位
2	Ⅲ-97	跳马伕	江苏省如东县

四、传统戏剧(共计 1 项)

序号	编号	项目名称	申报地区或单位
3	Ⅳ-156	滑稽戏	江苏省苏州市(上海滑稽剧团)

五、曲艺(共计 0 项)

六、传统体育、游艺与杂技(共计 0 项)

七、传统美术(共计 0 项)

八、传统技艺(共计 2 项)

序号	编号	项目名称	申报地区或单位
4	Ⅷ-198	国画颜料制作技艺(姜思序堂国画颜料制作技艺)	江苏省苏州市
5	Ⅷ-200	毛笔制作技艺(周虎臣毛笔制作技艺、扬州毛笔制作技艺)	江苏省江都市 (上海市黄浦区)

九、传统医药(共计 0 项)

十、民俗(共计 0 项)

国家级非物质文化遗产代表性项目名录扩展名录

(2011 年 5 月 23 日)

(共计 19 项)

一、民间文学(共计 2 项)

序号	编号	项目名称	申报地区或单位
1	Ⅰ-9	董永传说	江苏省丹阳市
2	Ⅰ-41	徐福传说	江苏省赣榆县 (山东省胶南市①、青岛市黄岛区)

二、传统音乐(共计 1 项)

序号	编号	项目名称	申报地区或单位
3	Ⅱ-37	唢呐艺术(徐州鼓吹乐、砀山唢呐、长汀公嬷吹)	江苏省徐州市 (安徽省宿州市,福建省长汀县)

---

① 现为山东省青岛市黄岛区。

三、传统舞蹈(共计 2 项)

序号	编号	项目名称	申报地区或单位
4	Ⅲ-4	龙舞(浦东绕龙灯、直溪巨龙、碇步龙、开化香火草龙、坎门花龙、龙灯扛阁、火龙舞、三节龙、地龙灯、芷江孽龙、城步吊龙、香火龙、六坊云龙舞)	江苏省金坛市(上海市浦东新区,浙江省泰顺县、开化县,河南省孟州市,湖北省云梦县、来凤县,湖南省芷江侗族自治县、城步苗族自治县,广东省南雄市、中山市)
5	Ⅲ-44	竹马(蒋塘马灯舞)	江苏省溧阳市

四、传统戏剧(共计 4 项)

序号	编号	项目名称	申报地区或单位
6	Ⅳ-28	京剧	江苏省演艺集团、江苏省淮安市
7	Ⅳ-62	泗州戏	江苏省泗洪县
8	Ⅳ-92	木偶戏(海派木偶戏、杖头木偶戏、泰顺提线木偶戏、廿八都木偶戏、广东木偶戏、揭阳铁枝木偶戏)	江苏省演艺集团(上海木偶剧团、浙江省泰顺县、江山市,广东省木偶艺术剧院有限公司、揭阳市)
9	Ⅳ-102	淮剧	江苏省淮安市、泰州市

五、曲艺(共计 3 项)

序号	编号	项目名称	申报地区或单位
10	Ⅴ-1	苏州评弹(苏州评话、苏州弹词)	江苏省演艺集团(浙江曲艺杂技总团)
11	Ⅴ-2	扬州评话	江苏省演艺集团
12	Ⅴ-38	小热昏	江苏省常州市

六、传统体育、游艺与杂技(共计 0 项)

七、传统美术(共计 1 项)

序号	编号	项目名称	申报地区或单位
13	Ⅶ-94	盆景技艺(苏派盆景技艺、川派盆景技艺)	江苏省苏州市(四川省盆景艺术家协会)

八、传统技艺(共计5项)

序号	编号	项目名称	申报地区或单位
14	Ⅷ-13	南京云锦木机妆花手工织造技艺	江苏汉唐织锦科技有限公司
15	Ⅷ-45	家具制作技艺(晋作家具制作技艺、精细木作技艺)	江苏工美红木文化艺术研究所(山西省临汾市)
16	Ⅷ-100	传统棉纺织技艺(南通色织土布技艺、余姚土布制作技艺、维吾尔族帕拉孜纺织技艺)	江苏省南通市(浙江省余姚市,新疆维吾尔自治区拜城县)
17	Ⅷ-136	装裱修复技艺(苏州书画装裱修复技艺)	江苏省苏州市
18	Ⅷ-148	绿茶制作技艺(碧螺春制作技艺、紫笋茶制作技艺、安吉白茶制作技艺)	江苏省苏州市吴中区(浙江省长兴县、安吉县)

九、传统医药(共计1项)

序号	编号	项目名称	申报地区或单位
19	Ⅸ-4	中医传统制剂方法(达仁堂清宫寿桃丸传统制作技艺、定坤丹制作技艺、六神丸制作技艺、致和堂膏滋药制作技艺、季德胜蛇药制作技艺、朱养心传统膏药制作技艺、漳州片仔癀制作技艺、夏氏丹药制作技艺、马应龙眼药制作技艺、罗浮山百草油制作技艺、保滋堂保婴丹制作技艺、桐君阁传统丸剂制作技艺)	江苏省江阴市、南通市(天津中新药业集团股份有限公司达仁堂制药厂,山西省太谷县,上海市黄浦区,浙江省杭州市,福建省漳州市,湖北省京山县、武汉市武昌区,广东省博罗县、医药行业协会,重庆市南岸区)

十、民俗(共计0项)

第四批国家级非物质文化遗产代表性项目名录(2014年11月11日)

(总计3项)

一、民间文学(共计1项)

序号	编号	项目名称	申报地区或单位
1	Ⅰ-128	东海孝妇传说	江苏省连云港市

二、传统音乐(共计0项)

三、传统舞蹈(共计1项)

序号	编号	项目名称	申报地区或单位
2	Ⅲ-115	洪泽湖渔鼓	江苏省洪泽县、泗洪县

四、传统戏剧(共计0项)

五、曲艺(共计0项)

六、传统体育、游艺与杂技(共计0项)

七、传统美术(共计0项)

八、传统技艺(共计1项)

序号	编号	项目名称	申报地区或单位
3	Ⅷ-238	传统造园技艺(扬州园林营造技艺)	江苏省扬州市

九、传统医药(共计0项)

十、民俗(共计0项)

国家级非物质文化遗产代表性项目名录扩展名录

(2014年11月11日)

(共计12项)

一、民间文学(共计1项)

序号	编号	项目名称	申报地区或单位
1	Ⅰ-13	宝卷(吴地宝卷)	江苏省苏州市

二、传统音乐(共计 3 项)

序号	编号	项目名称	申报地区或单位
2	Ⅱ-27	薅草锣鼓(金湖秧歌)	江苏省金湖县
3	Ⅱ-138	佛教音乐(金山寺水陆法会仪式音乐、雄色寺绝鲁)	江苏省镇江市(西藏自治区曲水县)
4	Ⅱ-139	道教音乐(花张蒙道教音乐、茅山道教音乐、苍南正一派科仪音乐、龙虎山正一天师道道教音乐、全真道堂科仪音乐)	江苏省句容市(河北省定州市,浙江省苍南县,江西省鹰潭市,香港特别行政区)

三、传统舞蹈(共计 0 项)

四、传统戏剧(共计 0 项)

五、曲艺(共计 0 项)

六、传统体育、游艺与杂技(共计 0 项)

七、传统美术(共计 3 项)

序号	编号	项目名称	申报地区或单位
5	Ⅶ-18	苏绣(扬州刺绣)	江苏省扬州市
6	Ⅶ-27	象牙雕刻(常州象牙浅刻)	江苏省常州市武进区
7	Ⅶ-94	盆景技艺(如皋盆景)	江苏省如皋市

八、传统技艺(共计 2 项)

序号	编号	项目名称	申报地区或单位
8	Ⅷ-98	陶器烧制技艺(平定砂器制作技艺、平定黑釉刻花陶瓷制作技艺、宜兴均陶制作技艺、德州黑陶烧制技艺、枫溪手拉朱泥壶制作技艺)	江苏省宜兴市(山西省平定县、山东省德州市、广东省潮州市)
9	Ⅷ-153	晒盐技艺(淮盐制作技艺、卤水制盐技艺)	江苏省连云港市(山东省寿光市)

九、传统医药(共计 1 项)

序号	编号	项目名称	申报地区或单位
10	Ⅸ-2	中医诊疗法(清华池传统修脚术、中医络病诊疗方法、脏腑推拿疗法、顾氏外科疗法、古本易筋经十二势导引法、丁氏痔科医术、扬州传统修脚术、董氏儿科医术、西园喉科医术、买氏中医外治法、毛氏济世堂脱骨疽疗法、镇氏风湿病马钱子疗法、一指禅推拿、贾氏点穴疗法)	江苏省南京市秦淮区、扬州市(北京市西城区,河北省石家庄市、保定市,上海市,浙江省宁波市海曙区,安徽省歙县,河南省周口市川汇区、新蔡县,湖北省咸宁市咸安区,广东省珠海市、深圳市)

十、民俗(共计 2 项)

序号	编号	项目名称	申报地区或单位
11	Ⅹ-2	清明节(茅山会船)	江苏省兴化市
12	Ⅹ-84	庙会(蒲县朝山会、泰伯庙会、苏州轧神仙庙会、金村庙会、浚县正月古庙会、宝顶架香庙会、丰都庙会)	江苏省无锡市、苏州市姑苏区、张家港市(山西省蒲县,河南省浚县,重庆市大足区、丰都县)

江苏省非物质文化遗产代表性项目名录

第一批江苏省非物质文化遗产代表性项目名录(2007年3月24日公布)

（共计123项）

一、民间文学(共计7项)

序号	编号	项目名称	申报地区或单位
1	JSⅠ-1	白蛇传传说	镇江市
2	JSⅠ-2	梁祝传说	宜兴市
3	JSⅠ-3	董永传说	东台市,镇江市丹徒区、丹阳市,金坛市
4	JSⅠ-4	《华山畿》和华山畿传说	镇江市新区
5	JSⅠ-5	韩信传说	淮安市淮阴区
6	JSⅠ-6	吴歌	苏州市,无锡市锡山区、惠山区
7	JSⅠ-7	靖江讲经宝卷	靖江市

二、民间音乐(共计16项)

序号	编号	项目名称	申报地区或单位
8	JSⅡ-1	常州吟诵	常州市
9	JSⅡ-2	南乡田歌	镇江市丹徒区
10	JSⅡ-3	海门山歌	海门市
11	JSⅡ-4	高邮民歌	高邮市
12	JSⅡ-5	金湖秧歌	金湖县
13	JSⅡ-6	邵伯秧号子	江都市
14	JSⅡ-7	吕四渔民号子	启东市
15	JSⅡ-8	古琴艺术(虞山琴派)	常熟市
		古琴艺术(广陵琴派)	扬州市
		古琴艺术(金陵琴派)	南京市秦淮区
		古琴艺术(梅庵琴派)	南通市崇川区,镇江市

续表

序号	编号	项目名称	申报地区或单位
16	JSⅡ-9	江南丝竹	太仓市
17	JSⅡ-10	海州五大宫调	连云港市
18	JSⅡ-11	苏州玄妙观道教音乐	苏州市
19	JSⅡ-12	无锡道教音乐	无锡市
20	JSⅡ-13	天宁寺梵呗唱诵	常州市
21	JSⅡ-14	楚州十番锣鼓	淮安市楚州区
22	JSⅡ-15	留左吹打乐	南京市六合区
23	JSⅡ-16	邵伯锣鼓小牌子	江都市

三、民间舞蹈(共计14项)

序号	编号	项目名称	申报地区或单位
24	JSⅢ-1	睢宁落子舞	睢宁县
25	JSⅢ-2	男欢女喜	宜兴市
26	JSⅢ-3	钟馗戏蝠	如东县
27	JSⅢ-4	傩舞(跳幡神)	溧阳市
		傩舞(跳娘娘)	扬州市邗江区
		傩舞(跳马伕)	如东县
28	JSⅢ-5	麻雀蹦	南京市江宁区
29	JSⅢ-6	东坝大马灯	高淳县
30	JSⅢ-7	邳州跑竹马	邳州市
31	JSⅢ-8	骆山大龙	溧水县
32	JSⅢ-9	二龙戏珠	句容市
33	JSⅢ-10	凤羽龙	无锡市惠山区
34	JSⅢ-11	江浦手狮	南京市浦口区
35	JSⅢ-12	滚灯	太仓市
36	JSⅢ-13	谈庄秧歌灯	金坛市
37	JSⅢ-14	花鼓(海安花鼓)	海安县
		花鼓(浒澪花鼓)	如东县

四、传统戏剧(共计11项)

序号	编号	项目名称	申报地区或单位
38	JSIV-1	昆曲	江苏省文化厅
39	JSIV-2	苏剧	苏州市
40	JSIV-3	扬剧	扬州市,镇江市,江苏省演艺集团
41	JSIV-4	锡剧	无锡市,常州市,江苏省演艺集团
42	JSIV-5	淮剧	盐城市
43	JSIV-6	江苏柳琴戏	徐州市,宿迁市宿豫区、泗洪县
44	JSIV-7	徐州梆子戏	徐州市
45	JSIV-8	淮海戏	淮安市,连云港市,沭阳县
46	JSIV-9	童子戏	通州市,连云港市新浦区
47	JSIV-10	阳腔目连戏	高淳县
48	JSIV-11	杖头木偶戏	扬州市,泰兴市,如皋市

五、曲艺(共计8项)

序号	编号	项目名称	申报地区或单位
49	JSV-1	苏州评弹(苏州评话、苏州弹词)	苏州市
50	JSV-2	扬州评话	扬州市
51	JSV-3	扬州弹词	扬州市
52	JSV-4	扬州清曲	扬州市
53	JSV-5	南京白局	南京市秦淮区
54	JSV-6	徐州琴书	徐州市
55	JSV-7	工鼓锣	涟水县,沭阳县,灌云县
56	JSV-8	苏北大鼓	宿迁市宿城区

六、民间美术(共计24项)

序号	编号	项目名称	申报地区或单位
57	JSVI-1	桃花坞木版年画	苏州市
58	JSVI-2	玻璃雕绘画	镇江市
59	JSVI-3	邳州年画	邳州市
60	JSVI-4	江都漆画	江都市

续表

序号	编号	项目名称	申报地区或单位
61	JSⅥ-5	剪纸（扬州剪纸）	扬州市
		剪纸（南京剪纸）	南京市
		剪纸（金坛刻纸）	金坛市
		剪纸（宜兴刻纸）	宜兴市
		剪纸（徐州剪纸）	徐州市
62	JSⅥ-6	无锡纸马	无锡市
63	JSⅥ-7	苏绣	苏州市
64	JSⅥ-8	平绣（无锡刺绣）	无锡市
		平绣（扬州刺绣）	扬州市
		平绣（南通仿真绣）	南通市崇川区
65	JSⅥ-9	乱针绣	常州市钟楼区，丹阳市
66	JSⅥ-10	上党挑花	镇江市丹徒区
67	JSⅥ-11	徐州香包工艺	徐州市
68	JSⅥ-12	盐城老虎鞋	盐城市盐都区
69	JSⅥ-13	南京十竹斋饾彩拱花技艺	南京市
70	JSⅥ-14	扬州玉雕	扬州市
71	JSⅥ-15	苏州玉雕	苏州市
72	JSⅥ-16	苏州石雕（金山石雕、藏书澄泥石刻）	苏州市吴中区
73	JSⅥ-17	光福核雕	苏州市吴中区
74	JSⅥ-18	竹刻（无锡竹刻）	无锡市
		竹刻（常州竹刻）	常州市天宁区
75	JSⅥ-19	常州梳篦	常州市
76	JSⅥ-20	泥塑（惠山泥人）	无锡市
		泥塑（苏州泥塑）	苏州市
		泥塑（沛县泥模）	沛县
77	JSⅥ-21	丰县糖人贡	丰县

续表

序号	编号	项目名称	申报地区或单位
78	JSⅥ-22	灯彩(苏州灯彩)	苏州市
		灯彩(扬州灯彩)	扬州市
		灯彩(秦淮灯彩)	南京市秦淮区,句容市
79	JSⅥ-23	邳州纸塑狮子头	邳州市
80	JSⅥ-24	扬中竹编	扬中市

七、传统手工技艺(共计31项)

序号	编号	项目名称	申报地区或单位
81	JSⅦ-1	宜兴紫砂陶制作技艺	宜兴市
82	JSⅦ-2	南京云锦木机妆花手工织造技艺	南京市
83	JSⅦ-3	宋锦织造技艺	苏州市
84	JSⅦ-4	苏州缂丝织造技艺	苏州市
85	JSⅦ-5	南通蓝印花布印染技艺	南通市
86	JSⅦ-6	香山帮传统建筑营造技艺	苏州市
87	JSⅦ-7	苏州御窑金砖制作技艺	苏州市
88	JSⅦ-8	南京金箔锻制技艺	南京市
89	JSⅦ-9	明式家具制作技艺	苏州市
90	JSⅦ-10	扬州漆器髹饰技艺	扬州市
91	JSⅦ-11	雕版印刷技艺	扬州市
92	JSⅦ-12	金陵刻经印刷技艺	南京市
93	JSⅦ-13	制扇技艺	苏州市
94	JSⅦ-14	剧装戏具制作技艺	苏州市
95	JSⅦ-15	风筝制作技艺(南通板鹞风筝)	南通市
96	JSⅦ-16	精细木作工艺	江苏省工艺美术行业协会
97	JSⅦ-17	传统金银饰品工艺	南京市,江都市
98	JSⅦ-18	苏州民族乐器制作技艺	苏州市
99	JSⅦ-19	苏州碑刻技艺	苏州市
100	JSⅦ-20	绒花制作技艺	南京市,扬州市

续表

序号	编号	项目名称	申报地区或单位
101	JSⅦ-21	天鹅绒织造技艺	南京市,丹阳市
102	JSⅦ-22	常熟花边制作技艺	常熟市
103	JSⅦ-23	兴化木船制造工艺	兴化市
104	JSⅦ-24	扬州通草花制作技艺	扬州市
105	JSⅦ-25	扬派盆景技艺	扬州市,泰州市
106	JSⅦ-26	扬州富春茶点制作技艺	扬州市
107	JSⅦ-27	镇江恒顺香醋酿制技艺	镇江市
108	JSⅦ-28	封缸酒酿造技艺	丹阳市,金坛市
109	JSⅦ-29	汤沟酒酿造技艺	灌南县
110	JSⅦ-30	南京板鸭、盐水鸭制作技艺	南京市江宁区
111	JSⅦ-31	三凤桥酱排骨烹制技艺	无锡市

八、传统医药(共计2项)

序号	编号	项目名称	申报地区或单位
112	JSⅧ-1	苏州雷允上六神丸制药技艺	苏州市
113	JSⅧ-2	唐老一正斋膏药制作技艺	镇江市

九、杂技与竞技(共计3项)

序号	编号	项目名称	申报地区或单位
114	JSⅨ-1	金坛抬阁	金坛市
115	JSⅨ-2	沛县武术	沛县
116	JSⅨ-3	建湖"十八团"杂技	建湖县

十、民俗(共计7项)

序号	编号	项目名称	申报地区或单位
117	JSⅩ-1	端午节(苏州端午习俗)	苏州市
118	JSⅩ-2	秦淮灯会	南京市
119	JSⅩ-3	苏州甪直水乡妇女服饰	苏州市
120	JSⅩ-4	妈祖庙会	南京市下关区

续表

序号	编号	项目名称	申报地区或单位
121	JSⅩ-5	金山寺水陆法会	镇江市
122	JSⅩ-6	溱潼会船	姜堰市
123	JSⅩ-7	扬州"三把刀"	扬州市

第二批江苏省非物质文化遗产代表性项目名录(2009年6月20日公布)

(共计112项目)

一、民间文学(共计21项)

序号	编号	项目名称	申报地区或单位
124	JSⅠ-8	寒山拾得传说	苏州市
125	JSⅠ-9	花果山传说	连云港市
126	JSⅠ-10	九里山古战场传说	徐州市九里区
127	JSⅠ-11	巫支祁传说	洪泽县
128	JSⅠ-12	水漫泗州城传说	洪泽县,盱眙县
129	JSⅠ-13	隋炀帝传说	扬州市邗江区
130	JSⅠ-14	彭祖传说	徐州市
131	JSⅠ-15	徐福传说	赣榆县
132	JSⅠ-16	张道陵传说	丰县
133	JSⅠ-17	施耐庵与《水浒》传说	兴化市,盐城市大丰区
134	JSⅠ-18	达摩传说	南京市六合区
135	JSⅠ-19	刘邦传说	丰县,沛县
136	JSⅠ-20	卞和献玉传说	高淳县
137	JSⅠ-21	东海孝妇传说	连云港市
138	JSⅠ-22	露筋娘娘传说	江都市
139	JSⅠ-23	沈拱山传说	盐城市盐都区
140	JSⅠ-24	伍子胥故事	高淳县
141	JSⅠ-25	项羽故事	南京市浦口区

续表

序号	编号	项目名称	申报地区或单位
142	JSⅠ-26	崔致远与双女坟的故事	高淳县
143	JSⅠ-27	姐儿溜(歌谣)	东海县
144	JSⅠ-28	谜语(竹西谜语)	扬州市
		谜语(海虞谜语)	常熟市

二、传统音乐(民间音乐)(共计 6 项)

序号	编号	项目名称	申报地区或单位
145	JSⅡ-18	高淳民歌	高淳县
146	JSⅡ-19	南闸民歌	淮安市楚州区
147	JSⅡ-20	茅山号子	兴化市
148	JSⅡ-21	泓口丝弦	溧阳市
149	JSⅡ-22	鼓吹乐(徐州鼓吹乐)	徐州市
		鼓吹乐(海州鼓吹乐)	连云港市
150	JSⅡ-23	锣鼓乐(陆家锣鼓)	南通市港闸区
		锣鼓乐(戴埠太平锣鼓)	溧阳市
		锣鼓乐(天岗锣鼓)	泗洪县

三、传统舞蹈(民间舞蹈)(共计 17 项)

序号	编号	项目名称	申报地区或单位
151	JSⅢ-16	睢宁龙虎斗	睢宁县
152	JSⅢ-17	花船舞(大兴旱船)	宿迁市宿豫区
		花船舞(灌云花船)	灌云县
153	JSⅢ-18	莲湘(姜堰滚莲湘)	姜堰市
		莲湘(如皋莲湘)	如皋市
		莲湘(洪武花棍舞)	泗洪县
154	JSⅢ-19	高跷(沛桥高跷)	高淳县
155	JSⅢ-20	宝堰双推车	镇江市丹徒区
156	JSⅢ-21	龙吟车	高淳县

续表

序号	编号	项目名称	申报地区或单位
157	JSⅢ-22	柘塘打社火	溧水县
158	JSⅢ-23	跳当当	溧水县
159	JSⅢ-24	茶花担舞	江阴市
160	JSⅢ-25	睢宁云牌舞	睢宁县
161	JSⅢ-26	灯舞(万绥猴灯)	常州市新北区
161	JSⅢ-26	灯舞(指前鱼灯)	金坛市
161	JSⅢ-26	灯舞(新沂七巧灯)	新沂市
162	JSⅢ-27	千灯跳板茶	昆山市
163	JSⅢ-28	鱼篮虾鼓舞	江阴市
164	JSⅢ-29	洪泽湖渔鼓	泗洪县,洪泽县
165	JSⅢ-30	荷花盘子舞	通州市
166	JSⅢ-31	抬判	通州市
167	JSⅢ-32	倒花篮	如皋市

四、传统戏剧(共计5项)

序号	编号	项目名称	申报地区或单位
168	JSⅣ-12	京剧	江苏省演艺集团,淮安市
169	JSⅣ-13	滑稽戏(苏州滑稽戏)	苏州市
170	JSⅣ-16	香火戏(金湖香火戏)	金湖县
171	JSⅣ-14	泗州戏	泗洪县
172	JSⅣ-15	丰县四平调	丰县

五、曲艺(共计5项)

序号	编号	项目名称	申报地区或单位
173	JSⅤ-9	南京评话	南京市秦淮区
174	JSⅤ-10	扬州道情	扬州市
175	JSⅤ-11	丹阳啷当	丹阳市
176	JSⅤ-12	徐州坠子	丰县
177	JSⅤ-13	小热昏	常州市

六、传统美术(民间美术)(共计 6 项)

序号	编号	项目名称	申报地区或单位
178	JSⅥ-27	麦秆剪贴(大丰麦秆剪贴)	大丰市
179	JSⅥ-28	常州掐丝珐琅画	常州市武进区
180	JSⅥ-29	戏剧脸谱	南京市白下区
181	JSⅥ-30	丰县吹糖人	丰县
182	JSⅥ-31	象牙雕刻(南京仿古牙雕)	南京市
182	JSⅥ-31	象牙雕刻(扬州牙刻)	扬州市
182	JSⅥ-31	象牙雕刻(常州象牙浅刻)	常州市武进区
183	JSⅥ-32	虞山派篆刻艺术	常熟市

七、传统技艺(传统手工技艺)(共计 39 项)

序号	编号	项目名称	申报地区或单位
184	JSⅦ-32	宜兴陶堆花技艺	宜兴市
185	JSⅦ-33	溱潼砖瓦制作技艺	姜堰市
186	JSⅦ-34	真金线制作技艺	南京市
187	JSⅦ-35	色织土布技艺(南通色织土布技艺)	南通市
187	JSⅦ-35	色织土布技艺(沛县色织土布技艺)	沛县
188	JSⅦ-36	八桅立式大风车制作技艺	盐城市盐都区
189	JSⅦ-37	蔡集手抄草纸制作技艺	宿迁市宿豫区
190	JSⅦ-38	常州龙泉印泥制作技艺	常州市
191	JSⅦ-39	扬州毛笔制作技艺	江都市
192	JSⅦ-40	姜思序堂国画颜料制作技艺	苏州市
193	JSⅦ-41	装裱技艺(苏州装裱技艺)	苏州市
193	JSⅦ-41	装裱技艺(扬州装裱技艺)	扬州市
194	JSⅦ-42	陆慕蟋蟀盆制作技艺	苏州市相城区
195	JSⅦ-43	朴席制作技艺	扬州市经济开发区,仪征市
196	JSⅦ-44	柳编技艺	赣榆县
197	JSⅦ-45	洪泽湖渔具制作技艺	洪泽县

续表

序号	编号	项目名称	申报地区或单位
198	JSⅦ-46	晒盐技艺(盐城海盐晒制技艺)	盐城市
		晒盐技艺(连云港淮盐晒制技艺)	连云港市
199	JSⅦ-47	配制酒酿造技艺(东台陈皮酒酿造技艺)	东台市
200	JSⅦ-48	绿茶制作技艺(苏州洞庭碧螺春制作技艺)	苏州市吴中区
		绿茶制作技艺(连云港云雾茶制作技艺)	连云港连云区
		绿茶制作技艺(南京雨花茶制作技艺)	南京市江宁区
201	JSⅦ-49	糕团制作技艺(黄天源苏式糕团制作技艺)	苏州市
202	JSⅦ-50	糕点制作技艺(稻香村苏式月饼制作技艺、叶受和苏式糕点制作技艺)	苏州市
		糕点制作技艺(西亭脆饼制作技艺)	通州市
203	JSⅦ-51	黄桥烧饼制作技艺	泰兴市
204	JSⅦ-52	常州梨膏糖制作技艺	常州市
205	JSⅦ-53	采芝斋苏式糖果制作技艺	苏州市
206	JSⅦ-54	宝应捶藕和鹅毛雪片制作技艺	宝应县
207	JSⅦ-55	董糖制作技艺(如皋董糖制作技艺)	如皋市
		董糖制作技艺(秦邮董糖制作技艺)	高邮市
208	JSⅦ-56	素食烹制技艺(绿柳居素食烹制技艺)	南京市
209	JSⅦ-57	清真菜烹制技艺(马祥兴清真菜烹制技艺)	南京市鼓楼区
210	JSⅦ-58	陆稿荐苏式卤菜制作技艺	苏州市
211	JSⅦ-59	豆腐制品制作技艺(苏式卤汁豆腐干制作技艺)	苏州市
		豆腐制品制作技艺(界首茶干制作技艺)	高邮市
		豆腐制品制作技艺(横山桥百叶制作技艺)	常州市武进区
212	JSⅦ-60	酱菜制作技艺(三和四美酱菜制作技艺)	扬州市
		酱菜制作技艺(常州萝卜干腌制技艺)	常州市钟楼区
213	JSⅦ-61	淮安茶馓制作技艺	淮安市
214	JSⅦ-62	靖江肉脯制作技艺	靖江市
215	JSⅦ-63	常熟叫化鸡制作技艺	常熟市
216	JSⅦ-64	沛县鼋汁狗肉烹制技艺	沛县

续表

序号	编号	项目名称	申报地区或单位
217	JSⅦ-65	镇江肴肉制作技艺	镇江市
218	JSⅦ-66	刘长兴面点制作技艺	南京市
219	JSⅦ-67	汤面制作技艺(昆山奥灶面制作技艺)	昆山市
		汤面制作技艺(镇江锅盖面制作技艺)	镇江市
220	JSⅦ-68	汤包制作技艺(楚州文楼汤包制作技艺)	淮安市楚州区
		汤包制作技艺(靖江蟹黄汤包制作技艺)	靖江市
221	JSⅦ-69	扬州炒饭制作技艺	扬州市
222	JSⅦ-70	平桥豆腐制作技艺	淮安市楚州区

八、传统医药(共计4项)

序号	编号	项目名称	申报地区或单位
223	JSⅧ-3	致和堂膏滋药制作方法	江阴市
224	JSⅧ-4	季德胜蛇药制作技艺	南通市
225	JSⅧ-5	王氏保赤丸制作技艺	南通市
226	JSⅧ-6	五妙水仙膏制作技艺	灌南县

九、传统体育、游艺与杂技(杂技与竞技)(共计3项)

序号	编号	项目名称	申报地区或单位
227	JSⅨ-4	殷巷石锁赛力	南京市江宁区
228	JSⅨ-5	阳湖拳	常州市武进区
229	JSⅨ-6	彭祖导引养生术	徐州市

十、民俗(共计5项)

序号	编号	项目名称	申报地区或单位
230	JSⅩ-8	七夕节(太仓七夕习俗)	太仓市
231	JSⅩ-9	柚山放灯节	金坛市
232	JSⅩ-10	宜兴观蝶节	宜兴市
233	JSⅩ-11	海州湾渔俗	连云港市
234	JSⅩ-12	洪泽湖渔家婚嫁礼俗	洪泽县

十一、其他(共计1项)

序号	编号	项目名称	申报地区或单位
235	JSⅪ-1	南通范氏世家诗文	南通市

江苏省非物质文化遗产代表性项目名录扩展项目名录

(2009年6月20日公布)

(共计39项)

一、民间文学(共计2项)

序号	编号	项目名称	申报地区或单位
6	JSⅠ-6	吴歌(河阳山歌)	张家港市
		吴歌(白茆山歌)	常熟市
		吴歌(芦墟山歌)	吴江市
		吴歌(双凤山歌)	太仓市
		吴歌(胜浦山歌)	苏州市工业园区
7	JSⅠ-7	宝卷(同里宣卷)	吴江市
		宝卷(锦溪宣卷)	昆山市
		宝卷(河阳宝卷)	张家港市
		宝卷(胜浦宣卷)	苏州市工业园区
		宝卷(常州宣卷)	常州市天宁区

二、传统音乐(民间音乐)(共计4项)

序号	编号	项目名称	申报地区或单位
11	JSⅡ-4	扬州民歌(胥浦农歌)	扬州市,仪征市
16	JSⅡ-9	江南丝竹	江苏省演艺集团,江阴市
18	JSⅡ-11	道教音乐(泰州道教音乐)	泰州市
		道教音乐(茅山道教音乐)	句容市
		道教音乐(乾元观道教音乐)	常州市金坛市
21	JSⅡ-14	十番音乐(辛庄十番音乐)	常熟市

三、传统舞蹈(民间舞蹈)(共计 5 项)

序号	编号	项目名称	申报地区或单位
27	JSⅢ-4	傩舞(高淳跳五猖)	高淳县
29	JSⅢ-6	竹马(淮阴马头灯舞)	淮安市淮阴区
		竹马(湾北小马灯舞)	南京市六合区
		竹马(南辰跑马灯舞)	东海县
		竹马(蒋塘马灯舞)	溧阳市
31	JSⅢ-8	龙舞(栖霞龙舞)	南京市栖霞区
		龙舞(长芦抬龙)	高淳县
		龙舞(直溪巨龙)	常州市金坛市
		龙舞(段龙舞)	江阴市
		龙舞(沙沟板凳龙舞)	兴化市
		龙舞(太平龙灯)	常州市新北区
34	JSⅢ-11	狮舞(铜山高台狮子舞)	南京市江宁区
		狮舞(丹阳九狮舞)	丹阳市
37	JSⅢ-14	花鼓(浒浦花鼓)	常熟市
		花鼓(泰兴花鼓)	泰兴市

四、传统戏剧(共计 2 项)

序号	编号	项目名称	申报地区或单位
42	JSⅣ-5	淮剧	淮安市,泰州市
48	JSⅣ-11	杖头木偶戏	江苏省演艺集团

五、曲艺(共计 5 项)

序号	编号	项目名称	申报地区或单位
49	JSⅤ-1	苏州评弹(苏州评话、苏州弹词)	江苏省演艺集团
50	JSⅤ-2	扬州评话	江苏省演艺集团,镇江市
52	JSⅤ-4	扬州清曲	镇江市
54	JSⅤ-6	徐州琴书	宿迁市宿城区、涟水县
56	JSⅤ-8	苏北大鼓	赣榆县、睢宁县

六、传统美术(民间美术)(共计7项)

序号	编号	项目名称	申报地区或单位
63	JSⅥ-7	苏绣(东台发绣)	东台市
68	JSⅥ-12	民间绣活(邳州绣花鞋)	邳州市
72	JSⅥ-16	石雕(铜山石刻)	徐州市铜山区
73	JSⅥ-17	核雕(云渡桃雕)	泗阳县
74	JSⅥ-18	竹刻(金陵竹刻)	南京市
74	JSⅥ-18	竹刻(扬州竹刻)	扬州市
76	JSⅥ-20	泥塑(徐州泥塑)	徐州市
78	JSⅥ-22	灯彩(徐州花灯)	徐州市鼓楼区

七、传统技艺(传统手工技艺)(共计10项)

序号	编号	项目名称	申报地区或单位
82	JSⅦ-2	南京云锦木机妆花手工织造技艺	江苏汉唐织锦科技有限公司
85	JSⅦ-5	蓝印花布印染技艺(邳州蓝印花布印染技艺)	邳州市
86	JSⅦ-6	传统建筑营造技艺(扬州园林营造技艺)	扬州市
93	JSⅦ-13	制扇技艺(金陵折扇制作技艺)	南京市栖霞区
93	JSⅦ-13	制扇技艺(高淳羽毛扇制作技艺)	高淳县
95	JSⅦ-15	风筝制作技艺(徐州风筝)	徐州市
95	JSⅦ-15	风筝制作技艺(沙洲风筝)	张家港市
103	JSⅦ-23	传统木船制造技艺(洪泽湖木船制造技艺)	洪泽县
105	JSⅦ-25	盆景技艺(苏派盆景技艺)	苏州市
105	JSⅦ-25	盆景技艺(如皋盆景技艺)	如皋市
107	JSⅦ-27	酿醋技艺(汪恕有滴醋酿制技艺)	连云港市
108	JSⅦ-28	酿造酒酿造技艺(玉祁双套酒酿造技艺)	无锡市
109	JSⅦ-29	蒸馏酒酿造技艺(洋河酒酿造技艺)	宿迁市
109	JSⅦ-29	蒸馏酒酿造技艺(双沟大曲酒酿造技艺、高沟酒酿造技艺)	涟水县

八、传统医药(0 项)

九、传统体育、游艺与杂技(杂技与竞技)(共计 1 项)

序号	编号	项目名称	申报地区或单位
114	JSⅨ-1	抬阁(东山台阁)	苏州市吴中区

十、民俗(共计 3 项)

序号	编号	项目名称	申报地区或单位
118	JSⅩ-2	灯会(古胥门元宵灯会)	苏州市沧浪区
119	JSⅩ-3	水乡妇女服饰(胜浦水乡妇女服饰)	苏州市工业园区
120	JSⅩ-4	庙会(苏州"轧神仙"庙会)	苏州市金阊区
		庙会(泰伯庙会、惠山庙会)	无锡市
		庙会(皂河龙王庙会)	宿迁市宿豫区
		庙会(子房山庙会)	徐州市云龙区
		庙会(华山庙会)	镇江市新区
		庙会(九里季子庙会)	丹阳市
		庙会(薛城花台会)	高淳县
		庙会(南京祠山庙会)	溧水县

第三批江苏省非物质文化遗产代表性项目名录(2011 年 9 月 2 日)

(共计 63 项)

一、民间文学(共计 9 项)

序号	编号	项目名称	申报地区或单位
236	JSⅠ-29	焦尾琴传说	溧阳市
237	JSⅠ-30	虞姬传说	沭阳县
238	JSⅠ-31	汉王拔剑泉和马扒泉传说	徐州市铜山区
239	JSⅠ-32	张士诚传说	大丰市
240	JSⅠ-33	海州智慧人物传说	连云港市海州区
241	JSⅠ-34	曹瘦脸儿故事	如东县
242	JSⅠ-35	蒋乔镇的民间故事	镇江市润州区
243	JSⅠ-36	花子街	南通市港闸区
244	JSⅠ-37	二郎神传说	灌南县

二、传统音乐(共计3项)

序号	编号	项目名称	申报地区或单位
245	JSⅡ-24	通州民歌	南通市通州区
246	JSⅡ-25	二胡艺术	无锡市
247	JSⅡ-26	板桥道情	兴化市

三、传统舞蹈(共计4项)

序号	编号	项目名称	申报地区或单位
248	JSⅢ-33	打罗汉	高淳县
249	JSⅢ-34	渔舟剑桨	无锡市滨湖区
250	JSⅢ-35	睢宁鲤鱼戏花篮	睢宁县
251	JSⅢ-36	跑驴(丁嘴跑驴)	宿迁市宿豫区

四、传统戏剧(共计2项)

序号	编号	项目名称	申报地区或单位
252	JSⅣ-16	肩担木偶戏	高邮市
253	JSⅣ-17	吕剧	东海县

五、曲艺(共计2项)

序号	编号	项目名称	申报地区或单位
254	JSⅤ-14	无锡评曲	无锡市滨湖区
255	JSⅤ-15	唱春(常州唱春)	常州市新北区

六、传统美术(共计7项)

序号	编号	项目名称	申报地区或单位
256	JSⅥ-33	邳州喜床画	邳州市
257	JSⅥ-34	木雕(南京仿古木雕)	南京市玄武区
257	JSⅥ-34	木雕(扬州木雕)	扬州市
257	JSⅥ-34	木雕(南通红木雕刻)	南通市崇川区,如皋市
258	JSⅥ-35	苏州砖雕	苏州市相城区
259	JSⅥ-36	泰兴麻将雕刻	泰兴市

续表

序号	编号	项目名称	申报地区或单位
260	JSⅥ-37	东海水晶雕刻	东海县
261	JSⅥ-38	连云港锻铜技艺	连云港市
262	JSⅥ-39	草编(薛桥草编)	徐州市铜山区

七、传统技艺(共计 20 项)

序号	编号	项目名称	申报地区或单位
263	JSⅦ-71	如皋丝毯织造技艺	如皋市
264	JSⅦ-72	南通扎染技艺	海安县
265	JSⅦ-73	南通勾针技艺	海安县
266	JSⅦ-74	青铜器修复与仿古技艺	南京博物院
267	JSⅦ-75	南通铜香炉浇铸技艺	南通市崇川区
268	JSⅦ-76	谢馥春"香、粉、油"制作技艺	扬州市
269	JSⅦ-77	建湖花炮制作技艺	建湖县
270	JSⅦ-78	兴化水车制作技艺	兴化市
271	JSⅦ-79	宜兴青瓷制作技艺	宜兴市
272	JSⅦ-80	制陶技艺(宜兴均陶制作技艺、宜兴彩陶装饰技艺)	宜兴市
		制陶技艺(黑陶制作技艺)	连云港市
273	JSⅦ-81	拓印技艺	南京博物院
274	JSⅦ-82	太仓糟油制作技艺	太仓市
275	JSⅦ-83	太仓肉松制作技艺	太仓市
276	JSⅦ-84	钦工肉圆制作技艺	淮安市楚州区
277	JSⅦ-85	石港腐乳酿制技艺	南通市通州区
278	JSⅦ-86	合成昌醉螺制作技艺	盐城市亭湖区
279	JSⅦ-87	木渎石家鲃肺汤制作技艺	苏州市吴中区
280	JSⅦ-88	徐州饦汤工艺	徐州市
281	JSⅦ-89	秦淮(夫子庙)传统风味小吃制作技艺	南京市秦淮区
282	JSⅦ-90	苏州织造官府菜制作技艺	苏州市平江区

八、传统医药(共计 12 项)

序号	编号	项目名称	申报地区或单位
283	JSⅧ-7	丁氏痔科医术	南京市秦淮区
284	JSⅧ-8	雅妙河戴氏中医喉科疗法	泰州市
285	JSⅧ-9	闵氏伤科疗法	苏州市,昆山市
286	JSⅧ-10	郑氏妇科疗法	昆山市
287	JSⅧ-11	金坛儒林树德堂妇科疗法	金坛市
288	JSⅧ-12	常州钱氏中医儿科疗法	常州市
289	JSⅧ-13	臣字门儿科中医术	仪征市
290	JSⅧ-14	金坛老人山程氏骨伤疗法	金坛市
291	JSⅧ-15	许氏正骨疗法	泰州市
292	JSⅧ-16	曹氏中药热敷接骨疗法	灌南县
293	JSⅧ-17	戴晓觉膏药制作技艺	连云港市新浦区
294	JSⅧ-18	阙氏膏药制作技艺	淮安市楚州区

九、传统体育、游艺与杂技(1 项)

序号	编号	项目名称	申报地区或单位
295	JSⅨ-7	铜山北派少林拳	徐州市铜山区

十、民俗(共计 3 项)

序号	编号	项目名称	申报地区或单位
296	JSⅩ-13	抖空竹	南京市秦淮区
297	JSⅩ-14	苏南水乡婚俗	常熟市
298	JSⅩ-15	湖甸龙舟会	常熟市

江苏省非物质文化遗产代表性项目名录扩展项目名录
（2011年9月2日）
（共计32项）

一、民间文学（共计2项）

序号	编号	项目名称	申报地区或单位
128	JSⅠ-12	水漫泗州城传说	泗洪县
141	JSⅠ-25	项羽传说	宿迁市宿豫区

二、传统音乐（共计3项）

序号	编号	项目名称	申报地区或单位
14	JSⅡ-7	渔民号子（弶港渔民号子）	东台市
16	JSⅡ-9	江南丝竹	苏州市
17	JSⅡ-10	五大宫调（响水五大宫调）	响水县

三、传统舞蹈（共计4项）

序号	编号	项目名称	申报地区或单位
31	JSⅢ-8	龙舞（玉祈龙舞）	无锡市惠山区
31	JSⅢ-8	龙舞（海安苍龙舞、海安罗汉龙舞）	海安县
31	JSⅢ-8	龙舞（丁伙龙舞）	江都市
34	JSⅢ-11	狮舞（邳州舞狮）	邳州市
153	JSⅢ-18	莲湘（闵桥莲湘）	金湖县
161	JSⅢ-26	灯舞（马灯阵舞）	丹阳市

四、传统戏剧（共计5项）

序号	编号	项目名称	申报地区或单位
41	JSⅣ-4	锡剧	苏州市
42	JSⅣ-5	淮剧	宝应县
43	JSⅣ-6	柳琴戏	新沂市
45	JSⅣ-8	淮海戏	泗阳县
168	JSⅣ-12	京剧	江苏省戏剧学校

五、曲艺(共计2项)

序号	编号	项目名称	申报地区或单位
54	JSV-6	苏北琴书	泗阳县,泗洪县
55	JSV-7	工鼓锣	泗阳县,响水县

六、传统美术(共计3项)

序号	编号	项目名称	申报地区或单位
61	JSⅥ-5	剪纸(溱湖刻纸)	东台市
		剪纸(金湖剪纸)	金湖县
63	JSⅥ-7	苏绣(南通彩锦绣)	南通市
80	JSⅥ-24	竹编(后塍竹编)	张家港市

七、传统技艺(共计11项)

序号	编号	项目名称	申报地区或单位
95	JSⅦ-15	风筝制作技艺(如皋风筝制作技艺)	如皋县
96	JSⅦ-16	精细木作技艺(柞榛家具制作技艺)	南通市
101	JSⅦ-21	彰锻织造技艺(苏州彰锻织造技艺)	苏州市
103	JSⅦ-23	传统木船制作技艺(连云港木质渔船制作技艺)	赣榆县
108	JSⅦ-28	酿造酒酿造技艺(铜罗黄酒酿造技艺)	吴江市
		酿造酒酿造技艺(后塍黄酒酿造技艺)	张家港市
		酿造酒酿造技艺(海门颐生酒酿造技艺)	海门市
		酿造酒酿造技艺(王四桂花酒酿造技艺)	常熟市
187	JSⅦ-35	色织土布技艺(南通色织土布技艺)	启东县
193	JSⅦ-41	装裱技艺(苏派装裱技艺)	南京博物院
196	JSⅦ-44	柳编技艺(草桥柳编)	新沂市
197	JSⅦ-45	渔具制作技艺(兴化渔具制作技艺)	兴化市
202	JSⅦ-50	糕点制作技艺(乾生元枣泥麻饼制作技艺)	苏州市吴中区
		糕点制作技艺(常州大麻糕制作技艺)	常州市武进区
		糕点制作技艺(常州芝麻糖制作技艺)	常州市钟楼区
211	JSⅦ-59	豆腐制品制作技艺(白蒲茶干制作技艺)	如皋市

十、民俗(共计2项)

序号	编号	项目名称	申报地区或单位
120	JSⅩ-4	庙会(祠山庙会)	溧阳市
		庙会(金村庙会)	张家港市
122	JSⅩ-6	清明节(茅山会船)	兴化市

第四批江苏省非物质文化遗产代表性项目名录

(2016年1月14日)

(共计94项)

一、民间文学(共计8项)

序号	编号	项目名称	申报地区或单位
299	JSⅠ-38	苏东坡传说	常州市天宁区
300	JSⅠ-39	朱元璋传说	盱眙县
301	JSⅠ-40	镜花缘传说	连云港市
302	JSⅠ-41	丁兰刻木传说	丰县
303	JSⅠ-42	周七猴子传说	邳州市,新沂市
304	JSⅠ-43	九龙口传说	建湖县
305	JSⅠ-44	秦淮传说故事	南京市秦淮区
306	JSⅠ-45	孟郊与游子吟的故事	溧阳市

二、传统音乐(共计1项)

序号	编号	项目名称	申报地区或单位
307	JSⅡ-27	古筝艺术	扬州市

三、传统舞蹈(共计3项)

序号	编号	项目名称	申报地区或单位
308	JSⅢ-37	冻煞窠	溧阳市
309	JSⅢ-38	黄塍跑马阵	宝应县
310	JSⅢ-39	盾牌舞	宜兴市

四、传统戏剧(共计5项)

序号	编号	项目名称	申报地区或单位
311	JSⅣ-18	淮红戏	宿迁市宿豫区
312	JSⅣ-19	越剧(竺派艺术)	南京市
313	JSⅣ-20	黄梅戏	盱眙县
314	JSⅣ-21	皮影戏	南京市秦淮区
315	JSⅣ-22	木偶戏(七都提线木偶)	苏州市吴江区

五、曲艺(共计7项)

序号	编号	项目名称	申报地区或单位
316	JSⅤ-16	肘鼓子	连云港市赣榆区
317	JSⅤ-17	洋钎说书	启东市
318	JSⅤ-18	淮海琴书	淮安市淮阴区
319	JSⅤ-19	宣卷(无锡宣卷)	无锡市滨湖区
320	JSⅤ-20	兴化锣鼓书	兴化市
321	JSⅤ-21	沛县荷叶落子	沛县
322	JSⅤ-22	莲花落	海安县

六、传统美术(共计7项)

序号	编号	项目名称	申报地区或单位
323	JSⅥ-40	常州烙画	常州市武进区
324	JSⅥ-41	农民画(六合农民画)	南京市六合区
324	JSⅥ-41	农民画(邳州农民画)	邳州市
324	JSⅥ-41	农民画(射阳农民画)	射阳县
325	JSⅥ-42	沙地灶头画	启东市
326	JSⅥ-43	连云港贝雕	连云港市赣榆区
327	JSⅥ-44	盆景技艺(孟河斧劈石盆景)	常州市新北区
327	JSⅥ-44	盆景技艺(苏派盆景)	常熟市
328	JSⅥ-45	面塑(姜堰面塑)	泰州市姜堰区
328	JSⅥ-45	面塑(阜宁面塑)	阜宁县
329	JSⅥ-46	瓷刻(南京瓷刻)	南京市玄武区
329	JSⅥ-46	瓷刻(大丰瓷刻)	盐城市大丰区

七、传统技艺(共计 26 项)

序号	编号	项目名称	申报地区或单位
330	JSⅦ-91	传统绳带编制技艺	泰州市高港区
331	JSⅦ-92	吴罗织造技艺(四经绞罗织造技艺)	苏州市工业园区
		吴罗织造技艺(纱罗织造技艺)	吴中区
332	JSⅦ-93	传统鸟笼制作技艺(扬派雀笼传统制作技艺)	扬州市
		传统鸟笼制作技艺(苏派鸟笼制作技艺)	苏州市姑苏区
333	JSⅦ-94	古籍修复技艺	南京大学图书馆
334	JSⅦ-95	高港宫灯制作技艺	泰州市高港区
335	JSⅦ-96	皮毛制作技艺	南京市江宁区
336	JSⅦ-97	宜兴龙窑烧制技艺	宜兴市
337	JSⅦ-98	宜兴陶传统仓储技艺	宜兴市
338	JSⅦ-99	青铜失蜡铸造技艺	苏州市相城区、姑苏区,苏州工艺美术职业技术学院
339	JSⅦ-100	草编(下邳蒲扇编织技艺)	睢宁县
		草编(新沂蓑衣编织技艺)	新沂市
		草编(射阳草编技艺)	射阳县
340	JSⅦ-101	锡帮菜烹制技艺	无锡市
341	JSⅦ-102	苏帮菜烹制技艺	苏州市
342	JSⅦ-103	淮帮菜烹制技艺	淮安市
343	JSⅦ-104	京苏大菜烹制技艺	南京市鼓楼区
344	JSⅦ-105	淮安全鳝席烹制技艺	淮安市
345	JSⅦ-106	太湖船菜	无锡市
346	JSⅦ-107	太湖船点	无锡市梁溪区
347	JSⅦ-108	清水油面筋	无锡市新吴区
348	JSⅦ-109	何首乌粉制作技艺	滨海县
349	JSⅦ-110	高邮咸鸭蛋制作技艺	高邮市
350	JSⅦ-111	羊肉烹制技艺(藏书羊肉制作技艺)	苏州市吴中区
		羊肉烹制技艺(码头汤羊肉烹饪技艺)	淮安市淮阴区

续表

序号	编号	项目名称	申报地区或单位
351	JSⅦ-112	酱油酿造技艺(浦楼白汤酱油酿造技艺)	淮安市清浦区
		酱油酿造技艺(华士冰油酿造技艺)	江阴市
352	JSⅦ-113	永和园面点制作技艺	南京市秦淮区
353	JSⅦ-114	安乐园清真小吃制作技艺	南京市秦淮区
354	JSⅦ-115	王兴记小吃	无锡市梁溪区
355	JSⅦ-116	共和春小吃制作技艺	扬州市广陵区

八、传统医药(共计18项)

序号	编号	项目名称	申报地区或单位
356	JSⅧ-19	常州屠氏中医内科疗法	常州市钟楼区
357	JSⅧ-20	然字门内科中医术	扬州市
358	JSⅧ-21	春字门内科中医术	扬州市
359	JSⅧ-22	龙砂医学诊疗方法	无锡市
360	JSⅧ-23	张简斋中医温病医术	南京市秦淮区
361	JSⅧ-24	万寿堂胃病疗法	灌南县
362	JSⅧ-25	中医肝病疗法(肝胆疾病中医外治法)	江阴市
		中医肝病疗法(汤氏肝病疗法)	宜兴市
363	JSⅧ-26	朱氏诊法(咽喉诊、脐腹诊)	江阴市
364	JSⅧ-27	金陵洪氏眼科	南京市秦淮区
365	JSⅧ-28	吴氏疗科	苏州市吴中区
366	JSⅧ-29	金陵中医推拿术	南京市秦淮区
367	JSⅧ-30	针灸(陈氏针灸)	泰州市姜堰区
		针灸(朱氏针灸疗法)	扬州市
		针灸(宋氏耳针)	苏州市姑苏区
368	JSⅧ-31	金陵杨氏中药炮制技艺	南京市秦淮区
369	JSⅧ-32	骨康外敷药酒炮制技艺	淮安市清河区
370	JSⅧ-33	黄氏玉容丸制作技艺	如皋市
371	JSⅧ-34	传统中医膏方制作技艺(雷允上膏方制作技艺)	苏州市
372	JSⅧ-35	益肾蠲痹法治疗风湿病技术	南通市开发区
373	JSⅧ-36	梨膏糖制作技艺	无锡市梁溪区

九、传统体育、游艺与杂技(共计 7 项)

序号	编号	项目名称	申报地区或单位
374	JSⅨ-8	太极拳(孙氏太极拳)	镇江市
375	JSⅨ-9	史式八卦掌	溧阳市
376	JSⅨ-10	刘氏自然拳	连云港市连云区
377	JSⅨ-11	形意拳	灌云县
378	JSⅨ-12	江南船拳	苏州市
379	JSⅨ-13	六步架大洪拳	丰县
380	JSⅨ-14	十五巧板	扬州市邗江区

十、民俗(共计 12 项)

序号	编号	项目名称	申报地区或单位
381	JSⅩ-16	中秋节(扬州中秋拜月)	扬州市
382	JSⅩ-17	虞山三月三报娘恩	常熟市
383	JSⅩ-18	邓尉探梅	苏州市吴中区
384	JSⅩ-19	吴桥社火	扬州市江都区
385	JSⅩ-20	渔沟花鼓会	淮安市淮阴区
386	JSⅩ-21	上鹞灯	常熟市
387	JSⅩ-22	雨花石鉴赏习俗	南京市,南京市六合区
388	JSⅩ-23	淮北盐民习俗	连云港市
389	JSⅩ-24	江苏省菱塘回回习俗	高邮市
390	JSⅩ-25	扬中河豚食俗	扬中市
391	JSⅩ-26	徐州伏羊食俗	徐州市
392	JSⅩ-27	沛县汉宴十大碗食俗	沛县

江苏省非物质文化遗产代表性项目名录扩展项目名录

（2016年1月14日）

（共计67项）

一、民间文学（共计4项）

序号	编号	项目名称	申报地区或单位
2	JSⅠ-2	梁祝传说	南京市高淳区
6	JSⅠ-6	吴歌（白洋湾山歌）	苏州市姑苏区
		吴歌（阳澄渔歌）	苏州市相城区
		吴歌（昆北民歌）	昆山市
		吴歌（石湾山歌）	常熟市
7	JSⅠ-7	宝卷（吴地宝卷）	常熟市，张家港市
144	JSⅠ-28	谜语（无锡灯谜）	无锡市
		谜语（淮安灯谜）	淮安市
		谜语（平望灯谜）	苏州市吴江区
		谜语（南通灯谜）	南通市

二、传统音乐（共计6项）

序号	编号	项目名称	申报地区或单位
8	JSⅡ-1	吟诵调（苏州吟诵）	苏州市
		吟诵调（苏州吟诵）	太仓市
11	JSⅡ-4	民歌（六合民歌）	南京市六合区
		民歌（兴化民歌）	兴化市
		民歌（通东民歌）	海门市
		民歌（牛歌）	阜宁县
16	JSⅡ-9	江南丝竹	昆山市
21	JSⅡ-14	十番音乐（十番锣鼓）	宜兴市
		十番音乐（木渎十番）	苏州市吴中区
148	JSⅡ-21	宜兴丝弦	宜兴市

续表

序号	编号	项目名称	申报地区或单位
150	JSⅡ-23	锣鼓乐(东浦丝弦锣鼓)	金坛市
		锣鼓乐(洋渚圣旨锣鼓)	溧阳市
		锣鼓乐(新沂锣鼓)	新沂市

三、传统舞蹈(共计6项)

序号	编号	项目名称	申报地区或单位
31	JSⅢ-8	龙舞(陆家段龙舞)	昆山市
37	JSⅢ-14	渔篮花鼓	无锡市锡山区
152	JSⅢ-17	花船舞(三河花船)	洪泽县
153	JSⅢ-18	莲湘(甪直连厢)	苏州市吴中区
154	JSⅢ-19	高跷(竹镇高跷)	南京市六合区
		高跷(临泽高跷)	高邮市
161	JSⅢ-26	灯舞(常熟滚灯)	常熟市
		灯舞(春城马灯阵舞)	句容市
		灯舞(马灯阵舞)	镇江市润州区

四、传统戏剧(共5项)

序号	编号	项目名称	申报地区或单位
41	JSⅣ-4	锡剧	江阴市,宜兴市,张家港市
42	JSⅣ-5	淮剧	涟水县,兴化市
45	JSⅣ-8	淮海戏	灌云县
46	JSⅣ-9	童子戏	沭阳县
169	JSⅣ-13	常州滑稽戏	常州市

五、曲艺(共计5项)

序号	编号	项目名称	申报地区或单位
49	JSⅤ-1	苏州评弹	无锡市
50	JSⅤ-2	常州评话	常州市
54	JSⅤ-6	苏北琴书	沭阳县
56	JSⅤ-8	邳州大鼓	邳州市
177	JSⅤ-13	小热昏	无锡市梁溪区,宜兴市

六、传统美术(共计 8 项)

序号	编号	项目名称	申报地区或单位
57	JSⅥ-1	年画(南通木版年画)	南通市
63	JSⅥ-7	苏绣(苏州发绣)	苏州市姑苏区
70	JSⅥ-14	玉雕(苏州玉雕)	苏州市吴中区
		玉雕(徐州玉雕)	徐州市鼓楼区
		玉雕(邳州玉雕)	邳州市
74	JSⅥ-18	竹刻(金陵竹刻)	南京市玄武区
76	JSⅥ-20	泥塑(孤山泥狗子)	靖江市
		泥塑(邳州泥玩具)	邳州市
		泥塑(南京泥人)	南京市玄武区
		泥塑(太平泥叫叫)	镇江市京口区
78	JSⅥ-22	灯彩(南通灯彩)	南通市
182	JSⅥ-31	象牙雕刻(仿古牙雕)	南京市秦淮区
		象牙雕刻(仿古牙雕)	南京市江宁区
257	JSⅥ-34	木雕(苏州红木雕刻)	苏州市
		木雕(佛像雕刻)	苏州市吴中区
		木雕(常州红木浅刻)	常州市武进区
		木雕(泰州木雕)	泰州市高港区

七、传统技艺(共计 21 项)

序号	编号	项目名称	申报地区或单位
84	JSⅦ-4	缂丝织造技艺(苏州缂丝织造技艺)	苏州市相城区
		缂丝织造技艺(南通缂丝织造技艺)	南通市
86	JSⅦ-6	传统建筑营造技艺(香山帮传统建筑营造技艺)	常熟市
		传统建筑营造技艺(徐州民居传统营造技艺)	徐州市云龙区
87	JSⅦ-7	传统砖瓦制作技艺	昆山市,苏州市相城区
88	JSⅦ-8	南京金箔锻制技艺	南京市江宁区

续表

序号	编号	项目名称	申报地区或单位
89	JSⅦ-9	家具制作技艺(明式家具制作技艺)	常州市,苏州市吴中区
		家具制作技艺(通作家具制作技艺)	南通市,南通市崇川区
		家具制作技艺(精细木作技艺)	句容市,扬州市广陵区,江阴市
90	JSⅦ-10	苏州漆器制作技艺	苏州市
98	JSⅦ-18	民族乐器制作技艺(扬中箫笛制作技艺)	扬中市
		民族乐器制作技艺(赵氏二胡制作技艺)	丹阳市
		民族乐器制作技艺(柳琴制作技艺)	徐州市
103	JSⅦ-23	传统木船制作技艺(七桅古船制作技艺)	苏州市吴中区
		传统木船制作技艺(古船制作技艺)	常熟市
107	JSⅦ-27	酿醋技艺(恒升香醋酿造技艺)	丹阳市
108	JSⅦ-28	酿造酒酿造技艺(樱桃酒酿造技艺)	连云港市
		酿造酒酿造技艺(糯米陈酒酿制技艺)	海安县
		酿造酒酿造技艺(黑杜酒酿造技艺)	江阴市
109	JSⅦ-29	蒸馏酒酿造技艺(泰州白酒酿造技艺)	泰州市高港区
		蒸馏酒酿造技艺(丰县泥池酒酿制技艺)	丰县
		蒸馏酒酿造技艺(沛县酿酒技艺)	沛县
110	JSⅦ-30	南京板鸭盐水鸭制作技艺	南京市
187	JSⅦ-35	传统棉纺织技艺(雷沟大布制作技艺)	张家港市
		传统棉纺织技艺(丰县棉纺织技艺)	丰县
191	JSⅦ-39	毛笔制作技艺(徐氏毛笔制作技艺)	南京市浦口区
196	JSⅦ-44	柳编(盐都柳编)	盐城市盐都区
199	JSⅦ-47	配制酒制作技艺(窑湾绿豆烧)	新沂市
200	JSⅦ-48	绿茶制作技艺(雨花茶制作技艺)	南京市玄武区
202	JSⅦ-50	糕点制作技艺(阜宁大糕制作技艺)	阜宁县
		糕点制作技艺(惠山油酥制作技艺)	无锡市梁溪区

续表

序号	编号	项目名称	申报地区或单位
208	JSⅦ-56	素食制作技艺(鸡鸣寺素食制作技艺)	南京市玄武区
212	JSⅦ-60	酱菜制作技艺(甪直萝卜制作技艺)	苏州市吴中区
219	JSⅦ-67	汤面制作技艺(东台鱼汤面制作技艺)	东台市

八、传统医药(共计8项)

序号	编号	项目名称	申报地区或单位
113	JSⅧ-2	膏药制作技艺(蒋氏骨伤膏药制作技艺)	涟水县
		膏药制作技艺(邱氏烫伤膏制作)	兴化市
		膏药制作技艺(徐州祛腐生肌膏医药)	徐州市
		膏药制作技艺(吴氏膏药)	盐城市亭湖区
283	JSⅧ-7	丁氏痔科医术(无锡丁氏痔科疗法)	无锡市
284	JSⅧ-8	黄氏喉科疗法	无锡市
286	JSⅧ-10	周氏妇科疗法	江阴市
289	JSⅧ-12	儿科疗法(塘桥陆氏中医儿科)	张家港市
		儿科疗法(谦字门儿科中医术)	扬州市
		儿科疗法(兴化史氏中医幼科疗法)	兴化市
290	JSⅧ-14	骨伤疗法(常州朱氏伤骨科疗法)	常州市天宁区
		骨伤疗法(刘氏骨伤疗法)	无锡市
291	JSⅧ-15	正骨疗法(谢氏正骨疗法)	江阴市
		正骨疗法(许氏正骨疗法)	泰州市姜堰区
292	JSⅧ-16	接骨术(张氏接骨)	南京市浦口区

九、传统体育、游艺与杂技(共计1项)

序号	编号	项目名称	申报地区或单位
227	JSⅨ-4	掼石锁(无锡花样石锁)	无锡市新吴区
		掼石锁(海陵掼石锁)	泰州市海陵区
		掼石锁(姜堰掼石锁)	泰州市姜堰区

十、民俗(共计3项)

序号	编号	项目名称	申报地区或单位
118	JSⅩ-2	元宵节(新安灯会)	灌南县
		元宵节(马庄灯俗)	徐州市贾汪区
		元宵节(方巷走北习俗)	南京市六合区
		元宵节(沙沟游走灯会)	兴化市
120	JSⅩ-4	庙会(妈祖祭)	太仓市
		庙会(杨桥庙会)	常州市武进区
		庙会(圣堂庙会)	苏州市相城区
		庙会(茅山东岳庙会)	兴化市
		庙会(彭祖庙会)	徐州市铜山区
		庙会(泰山庙会)	徐州市泉山区
233	JSⅩ-11	海州湾渔俗	连云港市

(注:扩展项目名录的序号、编号均为第一批、第二批、第三批、第四批江苏省非物质文化遗产代表性项目名录的序号和编号)

附录二 非物质文化遗产代表性项目传承人

国家级非物质文化遗产代表性项目代表性传承人名录(江苏部分)

第一批国家级非物质文化遗产代表性项目代表性传承人(2007)

序号	姓名	性别	类别	项目编号	项目名称	申报地区或单位
01-0016	陆瑞英	女	民间文学	Ⅰ-22	吴歌	江苏省苏州市
01-0017	杨文英	女	民间文学	Ⅰ-22	吴歌	江苏省苏州市
01-0071	张秀芳	女	传统美术	Ⅶ-16	剪纸(扬州剪纸)	江苏省扬州市
01-0078	李娥瑛	女	传统美术	Ⅶ-18	苏绣	江苏省苏州市
01-0079	顾文霞	女	传统美术	Ⅶ-18	苏绣	江苏省苏州市
01-0090	江春源	男	传统美术	Ⅶ-28	扬州玉雕	江苏省扬州市
01-0091	顾永骏	男	传统美术	Ⅶ-28	扬州玉雕	江苏省扬州市
01-0108	喻湘涟	女	传统美术	Ⅶ-47	泥塑(惠山泥人)	江苏省无锡市
01-0109	王南仙	女	传统美术	Ⅶ-47	泥塑(惠山泥人)	江苏省无锡市
01-0120	汪寅仙	女	传统技艺	Ⅷ-1	宜兴紫砂陶制作技艺	江苏省宜兴市
01-0131	朱枫	男	传统技艺	Ⅷ-13	南京云锦木机妆花手工织造技艺	江苏省南京市
01-0132	钱小萍	女	传统技艺	Ⅷ-14	宋锦织造技艺	江苏省苏州市
01-0133	王金山	男	传统技艺	Ⅷ-15	苏州缂丝织造技艺	江苏省苏州市
01-0144	吴元新	男	传统技艺	Ⅷ-24	南通蓝印花布印染技艺	江苏省南通
01-0146	薛福鑫	男	传统技艺	Ⅷ-27	香山帮传统建筑营造技艺	江苏省苏州市
01-0147	陆耀祖	男	传统技艺	Ⅷ-27	香山帮传统建筑营造技艺	江苏省苏州市
01-0150	金梅泉	男	传统技艺	Ⅷ-32	苏州御窑金砖制作技艺	江苏省苏州市

续表

序号	姓名	性别	类别	项目编号	项目名称	申报地区或单位
01-0168	张宇	男	传统技艺	Ⅷ-52	扬州漆器髹饰技艺	江苏省扬州市
01-0169	赵如柏	男	传统技艺	Ⅷ-52	扬州漆器髹饰技艺	江苏省扬州市
01-0191	陈义时	男	传统技艺	Ⅷ-78	雕版印刷技艺	江苏省扬州市
01-0193	徐义林	男	传统技艺	Ⅷ-81	制扇技艺	江苏省苏州市
01-0194	李荣森	男	传统技艺	Ⅷ-82	剧装戏具制作技艺	江苏省苏州市
01-0197	郭承毅	男	传统技艺	Ⅷ-88	风筝制作技艺（南通板鹞风筝）	江苏省南通市

第二批国家级非物质文化遗产代表性项目代表性传承人（2008）

序号	姓名	性别	类别	项目编号	项目名称	申报地区或单位
02-0282	赵绍康	男	传统音乐	Ⅱ-41	海州五大宫调	江苏省连云港市
02-0283	刘长兰	女	传统音乐	Ⅱ-41	海州五大宫调	江苏省连云港市
02-0313	毛良善	男	传统音乐	Ⅱ-68	苏州玄妙观道教音乐	江苏省苏州市
02-0314	薛桂元	男	传统音乐	Ⅱ-68	苏州玄妙观道教音乐	江苏省苏州市
02-0403	张继青	女	传统戏剧	Ⅳ-1	昆曲	江苏省
02-0404	王芳	女	传统戏剧	Ⅳ-1	昆曲	江苏省
02-0576	蒋玉芳	女	传统戏剧	Ⅳ-55	苏剧	江苏省苏州市
02-0577	尹斯明	女	传统戏剧	Ⅳ-55	苏剧	江苏省苏州市
02-0578	李开敏	女	传统戏剧	Ⅳ-56	扬剧	江苏省扬州市
02-0579	汪琴	女	传统戏剧	Ⅳ-56	扬剧	江苏省扬州市
02-0707	邢晏芝	女	曲艺	Ⅴ-1	苏州评弹（苏州评话、苏州弹词）	江苏省苏州市
02-0708	金丽生	男	曲艺	Ⅴ-1	苏州评弹（苏州评话、苏州弹词）	江苏省苏州市
02-0709	王丽堂	女	曲艺	Ⅴ-2	扬州评话	江苏省
02-0710	李信堂	男	曲艺	Ⅴ-2	扬州评话	江苏省

第三批国家级非物质文化遗产代表性项目代表性传承人(2009)

序号	姓名	性别	类别	项目编号	项目名称	申报地区或单位
03-0786	张浩生	男	民间文学	Ⅰ-22	吴歌	江苏省无锡市
03-0833	刘正春	男	传统音乐	Ⅱ-34	古琴艺术(金陵琴派)	江苏省南京市
03-0834	刘善教	男	传统音乐	Ⅱ-34	古琴艺术(梅庵琴派)	江苏省镇江市
03-0862	王兰英	女	传统音乐	Ⅱ-75	高邮民歌	江苏省高邮市
03-0889	松纯	男	传统音乐	Ⅱ-138	佛教音乐(天宁寺梵呗唱诵)	江苏省常州市
03-0897	尤武忠	男	传统音乐	Ⅱ-139	道教音乐(无锡道教音乐)	江苏省无锡市
03-0903	杨书范	男	传统舞蹈	Ⅲ-4	龙舞(骆山大龙)	江苏省溧水县
03-0929	汤裕道	男	传统舞蹈	Ⅲ-44	竹马(东坝大马灯)	江苏省高淳县
03-0955	张寄蝶	男	传统戏剧	Ⅳ-1	昆曲	江苏省
03-0956	黄小午	男	传统戏剧	Ⅳ-1	昆曲	江苏省
03-0957	石小梅	女	传统戏剧	Ⅳ-1	昆曲	江苏省
03-0958	胡锦芳	女	传统戏剧	Ⅳ-1	昆曲	江苏省
03-0959	林继凡	男	传统戏剧	Ⅳ-1	昆曲	江苏省
03-0960	柳继雁	女	传统戏剧	Ⅳ-1	昆曲	江苏省
03-1045	丁杰	男	传统戏剧	Ⅳ-55	苏剧	江苏省苏州市
03-1046	蒋剑锋	男	传统戏剧	Ⅳ-56	扬剧	江苏省演艺集团扬剧团
03-1047	吴蕙明	女	传统戏剧	Ⅳ-56	扬剧	江苏省演艺集团扬剧团
03-1048	筱荣贵	女	传统戏剧	Ⅳ-56	扬剧	江苏省镇江市
03-1049	姚恭林	男	传统戏剧	Ⅳ-56	扬剧	江苏省镇江市
03-1055	朱树龙	男	传统戏剧	Ⅳ-63	柳琴戏 江苏柳琴戏	江苏省徐州市
03-1089	殷大宁	男	传统戏剧	Ⅳ-92	木偶戏(杖头木偶戏)	江苏省扬州市
03-1090	华美霞	女	传统戏剧	Ⅳ-92	木偶戏(杖头木偶戏)	江苏省扬州市
03-1104	张云良	男	传统戏剧	Ⅳ-102	淮剧	江苏省盐城市
03-1105	裔小萍	女	传统戏剧	Ⅳ-102	淮剧	江苏省盐城市

续表

序号	姓名	性别	类别	项目编号	项目名称	申报地区或单位
03-1106	倪同芳	女	传统戏剧	Ⅳ-103	锡剧	江苏省演艺集团锡剧团
03-1107	王兰英	女	传统戏剧	Ⅳ-103	锡剧	江苏省演艺集团锡剧团
03-1108	沈佩华	女	传统戏剧	Ⅳ-103	锡剧	江苏省演艺集团锡剧团
03-1109	姚澄	女	传统戏剧	Ⅳ-103	锡剧	江苏省演艺集团锡剧团
03-1110	吴雅童	男	传统戏剧	Ⅳ-103	锡剧	江苏省常州市
03-1111	杨秀英	女	传统戏剧	Ⅳ-104	淮海戏	江苏省淮安市
03-1112	胡夕平	男	传统戏剧	Ⅳ-105	童子戏	江苏省通州市
03-1138	蒋云霞	女	传统戏剧	Ⅳ-121	徐州梆子	江苏省徐州市
03-1151	王月香	女	曲艺	Ⅴ-1	苏州评弹（苏州评话、苏州弹词）	江苏省苏州市
03-1152	邢晏春	男	曲艺	Ⅴ-2	苏州评弹（苏州评话、苏州弹词）	江苏省苏州市
03-1153	张国良	男	曲艺	Ⅴ-1	苏州评弹（苏州评话、苏州弹词）	江苏省苏州市
03-1154	金声伯	男	曲艺	Ⅴ-1	苏州评弹（苏州评话、苏州弹词）	江苏省苏州市
03-1155	杨乃珍	女	曲艺	Ⅴ-1	苏州评弹（苏州评话、苏州弹词）	江苏省苏州市
03-1158	惠兆龙	男	曲艺	Ⅴ-2	扬州评话	江苏省扬州市
03-1169	李仁珍	女	曲艺	Ⅴ-50	扬州弹词	江苏省扬州市
03-1186	魏云彩	男	曲艺	Ⅴ-73	徐州琴书	江苏省徐州市
03-1221	房志达	男	传统美术	Ⅶ-3	桃花坞木版年画	江苏省苏州市
03-1225	张方林	男	传统美术	Ⅶ-16	剪纸（南京剪纸）	江苏省南京市
03-1226	王桂英	女	传统美术	Ⅶ-16	剪纸（徐州剪纸）	江苏省徐州市
03-1227	杨兆群	男	传统美术	Ⅶ-16	剪纸（金坛刻纸）	江苏省金坛市
03-1238	姚建萍	女	传统美术	Ⅶ-18	苏绣	江苏省苏州市

续表

序号	姓名	性别	类别	项目编号	项目名称	申报地区或单位
03-1239	赵红育	女	传统美术	Ⅶ-18	苏绣(无锡精微绣)	江苏省无锡市
03-1240	金蕾蕾	女	传统美术	Ⅶ-18	苏绣(南通仿真绣)	江苏省南通市
03-1248	乔锦洪	男	传统美术	Ⅶ-46	竹刻(无锡留青竹刻)	江苏省无锡市
03-1249	徐秉方	男	传统美术	Ⅶ-46	竹刻(常州留青竹刻)	江苏省常州市
03-1262	陈柏华	男	传统美术	Ⅶ-50	灯彩(秦淮灯彩)	江苏省句容市
03-1279	宋水官	男	传统美术	Ⅶ-59	核雕(光福核雕)	江苏省苏州市
03-1287	石荣圣	男	传统美术	Ⅶ-66	彩扎(邳州纸塑狮子头)	江苏省邳州市
03-1290	金松群	男	传统美术	Ⅶ-68	常州梳篦	江苏省常州市
03-1301	赵庆泉	男	传统美术	Ⅶ-94	盆景技艺(扬派盆景技艺)	江苏省扬州市
03-1307	周双喜	男	传统技艺	Ⅷ-13	南京云锦木机妆花手工织造技艺	江苏省南京市
03-1308	金文	男	传统技艺	Ⅷ-13	南京云锦木机妆花手工织造技艺	江苏省南京市
03-1314	王必生	男	传统技艺	Ⅷ-36	南京金箔锻制技艺	江苏省南京市
03-1318	许建平	男	传统技艺	Ⅷ-45	明式家具制作技艺	江苏省苏州市
03-1375	王殿祥	男	传统技艺	Ⅷ-117	金银细工制作技艺	江苏省南京市
03-1402	周永干	男	传统技艺	Ⅷ-137	传统木船制造技艺	江苏省兴化市
03-1416	许朝中	男	传统技艺	Ⅷ-145	酿造酒传统酿造技艺(封缸酒传统酿造技艺)	江苏省丹阳市
03-1426	徐永珍	女	传统技艺	Ⅷ-161	茶点制作技艺(富春茶点制作技艺)	江苏省扬州市
03-1443	李英杰	男	传统医药	Ⅸ-4	中医传统制剂方法(雷允上六神丸制作技艺)	江苏省苏州市
03-1466	陆有昌	男	民俗	Ⅹ-50	秦淮灯会	江苏省南京市
03-1467	顾业亮	男	民俗	Ⅹ-50	秦淮灯会	江苏省南京市

第四批国家级非物质文化遗产代表性项目代表性传承人(2012)

序号	姓名	性别	类别	项目编号	项目名称	申报地区或单位
04-1511	王永昌	男	传统音乐	Ⅱ-34	古琴艺术(梅庵琴派)	江苏省南通市
04-1524	王荣棠	男	传统音乐	Ⅱ-44	十番音乐(邵伯锣鼓小牌子)	江苏省江都市
04-1534	秦德祥	男	传统音乐	Ⅱ-137	吟诵调(常州吟诵)	江苏省常州市
04-1544	杨木海	男	传统舞蹈	Ⅲ-4	龙舞(骆山大龙)	江苏省溧水县
04-1623	周云亮	男	传统戏剧	Ⅳ-28	京剧	江苏省演艺集团
04-1624	沈小梅	女	传统戏剧	Ⅳ-28	京剧	江苏省演艺集团
04-1625	宋长荣	男	传统戏剧	Ⅳ-28	京剧	江苏省淮安市
04-1676	陈德林	男	传统戏剧	Ⅳ-102	淮剧	江苏省泰州市
04-1677	王根兴	男	传统戏剧	Ⅳ-103	锡剧	江苏省演艺集团锡剧团
04-1698	顾芗	女	传统戏剧	Ⅳ-156	滑稽戏	江苏省苏州市
04-1699	张克勤	男	传统戏剧	Ⅳ-156	滑稽戏	江苏省苏州市
04-1721	张巧玲	女	曲艺	Ⅴ-73	徐州琴书	江苏省徐州市
04-1741	卜树权	男	传统体育、游艺与杂技	Ⅵ-48	建湖杂技	江苏省建湖县
04-1764	余福臻	女	传统美术	Ⅶ-18	苏绣	江苏省苏州市
04-1765	张玉英	女	传统美术	Ⅶ-18	苏绣	江苏省苏州市
04-1766	蒋雪英	女	传统美术	Ⅶ-18	苏绣	江苏省苏州市
04-1767	姚惠芬	女	传统美术	Ⅶ-18	苏绣	江苏省苏州市
04-1768	张美芳	女	传统美术	Ⅶ-18	苏绣	江苏省苏州市
04-1779	薛春梅	女	传统美术	Ⅶ-28	扬州玉雕	江苏省扬州市
04-1780	高毅进	男	传统美术	Ⅶ-28	扬州玉雕	江苏省扬州市
04-1802	杨曦	男	传统美术	Ⅶ-57	玉雕(苏州玉雕)	江苏省苏州市
04-1823	徐秀棠	男	传统技艺	Ⅷ-1	宜兴紫砂陶制作技艺	江苏省宜兴市
04-1824	吕尧臣	男	传统技艺	Ⅷ-1	宜兴紫砂陶制作技艺	江苏省宜兴市
04-1839	王振兴	男	传统技艺	Ⅷ-24	南通蓝印花布印染技艺	江苏省南通市

续表

序号	姓名	性别	类别	项目编号	项目名称	申报地区或单位
04-1847	杨金荣	男	传统技艺	Ⅷ-45	家具制作技艺（精细木作技艺）	江苏工美红木文化艺术研究所
04-1863	马萌青	男	传统技艺	Ⅷ-79	金陵刻经印刷技艺	江苏省南京市
04-1864	邢伟中	男	传统技艺	Ⅷ-81	制扇技艺	江苏省苏州市
04-1888	封明君	男	传统技艺	Ⅷ-124	民族乐器制作技艺（苏州民族乐器制作技艺）	江苏省苏州市
04-1896	范广畴	男	传统技艺	Ⅷ-136	装裱修复技艺（苏州书画装裱修复技艺）	江苏省苏州市
04-1929	石庆鹏	男	传统技艺	Ⅷ-200	毛笔制作技艺（扬州毛笔制作技艺）	江苏省江都市

第五批国家级非物质文化遗产代表性项目代表性传承人（2018）

序号	姓名	性别	类别	项目编号	项目名称	申报地区或单位
05-1991	张东海	男	民间文学	Ⅰ-13	宝卷（靖江宝卷）	江苏省靖江市
05-1992	芮时龙	男	民间文学	Ⅰ-13	宝卷（吴地宝卷）	江苏省苏州市
05-2047	张中祥	男	传统音乐	Ⅱ-27	薅草锣鼓（金湖秧歌）	江苏省金湖县
05-2056	朱晞	男	传统音乐	Ⅱ-34	古琴艺术（虞山琴派）	江苏省常熟市
05-2057	马维衡	男	传统音乐	Ⅱ-34	古琴艺术（广陵琴派）	江苏省扬州市
05-2058	桂世民	男	传统音乐	Ⅱ-34	古琴艺术（金陵琴派）	江苏省南京市
05-2067	李树鹏	男	传统音乐	Ⅱ-37	唢呐艺术（徐州鼓吹乐）	江苏省徐州市
05-2104	宋卫香	女	传统音乐	Ⅱ-94	海门山歌	江苏省海门市
05-2154	何春生	男	传统音乐	Ⅱ-139	道教音乐（茅山道教音乐）	江苏省句容市
05-2167	陆爱琴	女	传统音乐	Ⅱ-150	茅山号子	江苏省兴化市
05-2187	欧阳洪福	男	传统舞蹈	Ⅲ-4	龙舞（直溪巨龙）	江苏省常州市金坛区
05-2250	屈绍金	男	传统舞蹈	Ⅲ-44	竹马（邳州跑竹马）	江苏省邳州市
05-2251	任球生	男	传统舞蹈	Ⅲ-44	竹马（蒋塘马灯舞）	江苏省溧阳市
05-2287	任乃贵	男	传统舞蹈	Ⅲ-97	跳马伕	江苏省如东县

续表

序号	姓名	性别	类别	项目编号	项目名称	申报地区或单位
05-2365	尹家琪	女	传统戏剧	Ⅳ-55	苏剧	江苏省苏州市
05-2366	徐秀芳	女	传统戏剧	Ⅳ-56	扬剧	江苏省演艺集团扬剧团
05-2373	李洪湘	女	传统戏剧	Ⅳ-62	泗州戏	江苏省泗洪县
05-2415	许虹	女	传统戏剧	Ⅳ-92	木偶戏(杖头木偶戏)	江苏省演艺集团
05-2433	荣光辉	男	传统戏剧	Ⅳ-102	淮剧	江苏省淮安市
05-2434	周东亮	男	传统戏剧	Ⅳ-103	锡剧	江苏省演艺集团锡剧团
05-2435	王建伟	男	传统戏剧	Ⅳ-103	锡剧	江苏省无锡市
05-2436	霍一君	女	传统戏剧	Ⅳ-104	淮海戏	江苏省连云港市
05-2476	杨明坤	男	曲艺	Ⅴ-2	扬州评话	江苏省扬州市
05-2494	叶莉莉	女	曲艺	Ⅴ-38	小热昏	江苏省常州市
05-2514	徐春华	女	曲艺	Ⅴ-81	南京白局	江苏省南京市秦淮区
05-2573	王祖德	男	传统美术	Ⅶ-3	桃花坞木版年画	江苏省苏州市
05-2596	吴晓平	女	传统美术	Ⅶ-18	苏绣(扬州刺绣)	江苏省扬州市
05-2623	朱文茜	女	传统美术	Ⅶ-47	泥塑(苏州泥塑)	江苏省苏州市
05-2632	汪筱文	男	传统美术	Ⅶ-50	灯彩(苏州灯彩)	江苏省苏州市
05-2671	周建明	男	传统美术	Ⅶ-59	核雕(光福核雕)	江苏省苏州市
05-2701	曹季德	男	传统美术	Ⅶ-94	盆景技艺(扬派盆景技艺)	江苏省泰州市
05-2702	朱振清	男	传统美术	Ⅶ-94	盆景技艺(苏派盆景技艺)	江苏省苏州市
05-2720	周桂珍	女	传统技艺	Ⅷ-1	宜兴紫砂陶制作技艺	江苏省宜兴市
05-2728	郭俊	男	传统技艺	Ⅷ-13	南京云锦木机妆花手工织造技艺	江苏省南京市
05-2740	薛林根	男	传统技艺	Ⅷ-27	香山帮传统建筑营造技艺	江苏省苏州市
05-2761	乔贵清	男	传统技艺	Ⅷ-62	镇江恒顺香醋酿制技艺	江苏省镇江市
05-2787	李守才	男	传统技艺	Ⅷ-98	陶器烧制技艺(宜兴均陶制作技艺)	江苏省宜兴市

续表

序号	姓名	性别	类别	项目编号	项目名称	申报地区或单位
05-2814	李建军	男	传统技艺	Ⅷ-117	金银细工制作技艺	江苏省南京市
05-2815	方学斌	男	传统技艺	Ⅷ-117	金银细工制作技艺	江苏省江都市
05-2839	王浩平	男	传统技艺	Ⅷ-145	酿造酒传统酿造技艺(封缸酒传统酿造技艺)	江苏省常州市金坛区
05-2842	施跃文	男	传统技艺	Ⅷ-148	绿茶制作技艺(碧螺春制作技艺)	江苏省苏州市吴中区
05-2883	仇庆年	男	传统技艺	Ⅷ-198	国画颜料制作技艺(姜思序堂国画颜料制作技艺)	江苏省苏州市
05-2910	吴玉林	男	传统技艺	Ⅷ-238	传统造园技艺(扬州园林营造技艺)	江苏省扬州市
05-2917	陆琴	女	传统医药	Ⅸ-2	中医诊疗法(扬州传统修脚术)	江苏省扬州市
05-2937	刘柏生	男	传统医药	Ⅸ-4	中医传统制剂方法(致和堂膏滋药制作技艺)	江苏省江阴市
05-3031	姚汝明	男	民俗	Ⅹ-87	抬阁(芯子、铁枝、飘色)(金坛抬阁)	江苏省常州市金坛区

附录三　非物质文化遗产政策

保护非物质文化遗产公约(2003)

联合国教育、科学及文化组织(以下简称教科文组织)大会于2003年9月29日至10月17日在巴黎举行的第32届会议,

参照现有的国际人权文书,尤其是1948年的《世界人权宣言》以及1966年的《经济、社会及文化权利国际公约》和《公民权利和政治权利国际公约》,

考虑到1989年的《保护民间创作建议书》、2001年的《教科文组织世界文化多样性宣言》和2002年第三次文化部长圆桌会议通过的《伊斯坦布尔宣言》强调非物质文化遗产的重要性,它是文化多样性的熔炉,又是可持续发展的保证,考虑到非物质文化遗产与物质文化遗产和自然遗产之间的内在相互依存关系,

承认全球化和社会转型进程在为各群体之间开展新的对话创造条件的同时,也与不容忍现象一样,使非物质文化遗产面临损坏、消失和破坏的严重威胁,在缺乏保护资源的情况下,这种威胁尤为严重,

意识到保护人类非物质文化遗产是普遍的意愿和共同关心的事项,

承认各社区,尤其是原住民、各群体,有时是个人,在非物质文化遗产的生产、保护、延续和再创造方面发挥着重要作用,从而为丰富文化多样性和人类的创造性做出贡献,注意到教科文组织在制定保护文化遗产的准则性文件,尤其是1972年的《保护世界文化和自然遗产公约》方面所做的具有深远意义的工作,

还注意到迄今尚无有约束力的保护非物质文化遗产的多边文件,

考虑到国际上现有的关于文化遗产和自然遗产的协定、建议书和决议需要有非物质文化遗产方面的新规定有效地予以充实和补充,

考虑到必须提高人们,尤其是年轻一代对非物质文化遗产及其保护的重要意义的认识,

考虑到国际社会应当本着互助合作的精神与本公约缔约国一起为保护此类

遗产做出贡献，

忆及教科文组织有关非物质文化遗产的各项计划，尤其是"宣布人类口头遗产和非物质遗产代表作"计划，

认为非物质文化遗产是密切人与人之间的关系以及他们之间进行交流和了解的要素，它的作用是不可估量的，

于 2003 年 10 月 17 日通过本公约。

第一章
总　则

第一条：本公约的宗旨

本公约的宗旨如下：

（一）保护非物质文化遗产；

（二）尊重有关社区、群体和个人的非物质文化遗产；

（三）在地方、国家和国际一级提高对非物质文化遗产及其相互欣赏的重要性的意识；

（四）开展国际合作及提供国际援助。

第二条：定义

在本公约中：

（一）"非物质文化遗产"，指被各社区、群体，有时是个人，视为其文化遗产组成部分的各种社会实践、观念表述、表现形式、知识、技能以及相关的工具、实物、手工艺品和文化场所。这种非物质文化遗产世代相传，在各社区和群体适应周围环境以及与自然和历史的互动中，被不断地再创造，为这些社区和群体提供认同感和持续感，从而增强对文化多样性和人类创造力的尊重。在本公约中，只考虑符合现有的国际人权文件，各社区、群体和个人之间相互尊重的需要和顺应可持续发展的非物质文化遗产。

（二）按上述第（一）项的定义，"非物质文化遗产"包括以下方面：

1. 口头传统和表现形式，包括作为非物质文化遗产媒介的语言；

2. 表演艺术；

3. 社会实践、仪式、节庆活动；

4. 有关自然界和宇宙的知识和实践；

5. 传统手工艺。

（三）"保护"指确保非物质文化遗产生命力的各种措施，包括这种遗产各个方面的确认、立档、研究、保存、保护、宣传、弘扬、传承（特别是通过正规和非正规教育）和振兴。

（四）"缔约国"指受本公约约束且本公约在它们之间也通用的国家。

（五）本公约经必要修改对根据第三十三条所述之条件成为其缔约方之领土也适用。在此意义上，"缔约国"亦指这些领土。

第三条：与其他国际文书的关系

本公约的任何条款均不得解释为：

（一）改变与任一非物质文化遗产直接相关的世界遗产根据 1972 年《保护世界文化和自然遗产公约》所享有的地位，或降低其受保护的程度；

（二）影响缔约国从其作为缔约方的任何有关知识产权或使用生物和生态资源的国际文书所获得的权利和所负有的义务。

第二章
公约的有关机关

第四条：缔约国大会

一、兹建立缔约国大会，下称"大会"。大会为本公约的最高权力机关。

二、大会每两年举行一次常会。如若它作出此类决定或政府间保护非物质文化遗产委员会或至少三分之一的缔约国提出要求，可举行特别会议。

三、大会应通过自己的议事规则。

第五条：政府间保护非物质文化遗产委员会

一、兹在教科文组织内设立政府间保护非物质文化遗产委员会，下称"委员会"。在本公约依照第三十四条的规定生效之后，委员会由参加大会之缔约国选出的 18 个缔约国的代表组成。

二、在本公约缔约国的数目达到 50 个之后，委员会委员国的数目将增至 24 个。

第六条：委员会委员国的选举和任期

一、委员会委员国的选举应符合公平的地理分配和轮换原则。

二、委员会委员国由本公约缔约国大会选出，任期四年。

三、但第一次选举当选的半数委员会委员国的任期为两年。这些国家在第一次选举后抽签指定。

四、大会每两年对半数委员会委员国进行换届。

五、大会还应选出填补空缺席位所需的委员会委员国。

六、委员会委员国不得连选连任两届。

七、委员会委员国应选派在非物质文化遗产各领域有造诣的人士为其代表。

第七条:委员会的职能

在不妨碍本公约赋予委员会的其他职权的情况下,其职能如下:

(一)宣传公约的目标,鼓励并监督其实施情况;

(二)就好的做法和保护非物质文化遗产的措施提出建议;

(三)按照第二十五条的规定,拟订利用基金资金的计划并提交大会批准;

(四)按照第二十五条的规定,努力寻求增加其资金的方式方法,并为此采取必要的措施;

(五)拟订实施公约的业务指南并提交大会批准;

(六)根据第二十九条的规定,审议缔约国的报告并将报告综述提交大会;

(七)根据委员会制定的、大会批准的客观遴选标准,审议缔约国提出的申请并就以下事项作出决定:

1. 列入第十六条、第十七条和第十八条述及的名录和提名;

2. 按照第二十二条的规定提供国际援助。

第八条:委员会的工作方法

一、委员会对大会负责。它向大会报告自己的所有活动和决定。

二、委员会以其委员的三分之二多数通过自己的议事规则。

三、委员会可设立其认为执行任务所需的临时特设咨询机构。

四、委员会可邀请在非物质文化遗产各领域确有专长的任何公营或私营机构以及任何自然人参加会议,就任何具体的问题向其请教。

第九条:咨询组织的认证

一、委员会应建议大会认证在非物质文化遗产领域确有专长的非政府组织具有向委员会提供咨询意见的能力。

二、委员会还应向大会就此认证的标准和方式提出建议。

第十条：秘书处

一、委员会由教科文组织秘书处协助。

二、秘书处起草大会和委员会文件及其会议的议程草案和确保其决定的执行。

第三章
在国家一级保护非物质文化遗产

第十一条：缔约国的作用

各缔约国应该：

（一）采取必要措施确保其领土上的非物质文化遗产受到保护；

（二）在第二条第（三）项提及的保护措施内，由各社区、群体和有关非政府组织参与，确认和确定其领土上的各种非物质文化遗产。

第十二条：清单

一、为了使其领土上的非物质文化遗产得到确认以便加以保护，各缔约国应根据自己的国情拟订一份或数份关于这类遗产的清单，并应定期加以更新。

二、各缔约国在按第二十九条的规定定期向委员会提交报告时，应提供有关这些清单的情况。

第十三条：其他保护措施

为了确保其领土上的非物质文化遗产得到保护、弘扬和展示，各缔约国应努力做到：

（一）制定一项总的政策，使非物质文化遗产在社会中发挥应有的作用，并将这种遗产的保护纳入规划工作；

（二）指定或建立一个或数个主管保护其领土上的非物质文化遗产的机构；

（三）鼓励开展有效保护非物质文化遗产，特别是濒危非物质文化遗产的科学、技术和艺术研究以及方法研究；

（四）采取适当的法律、技术、行政和财政措施，以便：

1. 促进建立或加强培训管理非物质文化遗产的机构以及通过为这种遗产提供活动和表现的场所和空间，促进这种遗产的传承；

2. 确保对非物质文化遗产的享用，同时对享用这种遗产的特殊方面的习俗做法予以尊重；

3. 建立非物质文化遗产文献机构并创造条件促进对它的利用。

第十四条:教育、宣传和能力培养

各缔约国应竭力采取种种必要的手段,以便:

(一)使非物质文化遗产在社会中得到确认、尊重和弘扬,主要通过:

1. 向公众,尤其是向青年进行宣传和传播信息的教育计划;

2. 有关社区和群体的具体的教育和培训计划;

3. 保护非物质文化遗产,尤其是管理和科研方面的能力培养活动;

4. 非正规的知识传播手段。

(二)不断向公众宣传对这种遗产造成的威胁以及根据本公约所开展的活动;

(三)促进保护表现非物质文化遗产所需的自然场所和纪念地点的教育。

第十五条:社区、群体和个人的参与

缔约国在开展保护非物质文化遗产活动时,应努力确保创造、延续和传承这种遗产的社区、群体,有时是个人的最大限度的参与,并吸收他们积极地参与有关的管理。

第四章
在国际一级保护非物质文化遗产

第十六条:人类非物质文化遗产代表作名录

一、为了扩大非物质文化遗产的影响,提高对其重要意义的认识和从尊重文化多样性的角度促进对话,委员会应该根据有关缔约国的提名编辑、更新和公布人类非物质文化遗产代表作名录。

二、委员会拟订有关编辑、更新和公布此代表作名录的标准并提交大会批准。

第十七条:急需保护的非物质文化遗产名录

一、为了采取适当的保护措施,委员会编辑、更新和公布急需保护的非物质文化遗产名录,并根据有关缔约国的要求将此类遗产列入该名录。

二、委员会拟订有关编辑、更新和公布此名录的标准并提交大会批准。

三、委员会在极其紧急的情况(其具体标准由大会根据委员会的建议加以批准)下,可与有关缔约国协商将有关的遗产列入第一款所提之名录。

第十八条:保护非物质文化遗产的计划、项目和活动

一、在缔约国提名的基础上,委员会根据其制定的、大会批准的标准,兼顾发

展中国家的特殊需要,定期遴选并宣传其认为最能体现本公约原则和目标的国家、分地区或地区保护非物质文化遗产的计划、项目和活动。

二、为此,委员会接受、审议和批准缔约国提交的关于要求国际援助拟订此类提名的申请。

三、委员会按照它确定的方式,配合这些计划、项目和活动的实施,随时推广有关经验。

第五章
国际合作与援助

第十九条:合作

一、在本公约中,国际合作主要是交流信息和经验,采取共同的行动,以及建立援助缔约国保护非物质文化遗产工作的机制。

二、在不违背国家法律规定及其习惯法和习俗的情况下,缔约国承认保护非物质文化遗产符合人类的整体利益,保证为此目的在双边、分地区、地区和国际各级开展合作。

第二十条:国际援助的目的

可为如下目的提供国际援助:

(一)保护列入《急需保护的非物质文化遗产名录》的遗产;

(二)按照第十一条和第十二条的精神编制清单;

(三)支持在国家、分地区和地区开展的保护非物质文化遗产的计划、项目和活动;

(四)委员会认为必要的其他一切目的。

第二十一条:国际援助的形式

第七条的业务指南和第二十四条所指的协定对委员会向缔约国提供援助作了规定,可采取的形式如下:

(一)对保护这种遗产的各个方面进行研究;

(二)提供专家和专业人员;

(三)培训各类所需人员;

(四)制订准则性措施或其他措施;

(五)基础设施的建立和营运;

（六）提供设备和技能；

（七）其他财政和技术援助形式,包括在必要时提供低息贷款和捐助。

第二十二条：国际援助的条件

一、委员会确定审议国际援助申请的程序和具体规定申请的内容,包括打算采取的措施、必需开展的工作及预计的费用。

二、如遇紧急情况,委员会应对有关援助申请优先审议。

三、委员会在作出决定之前,应进行其认为必要的研究和咨询。

第二十三条：国际援助的申请

一、各缔约国可向委员会递交国际援助的申请,保护在其领土上的非物质文化遗产。

二、此类申请亦可由两个或数个缔约国共同提出。

三、申请应包含第二十二条第一款规定的所有资料和所有必要的文件。

第二十四条：受援缔约国的任务

一、根据本公约的规定,国际援助应依据受援缔约国与委员会之间签署的协定来提供。

二、受援缔约国通常应在自己力所能及的范围内分担国际所援助的保护措施的费用。

三、受援缔约国应向委员会报告关于使用所提供的保护非物质文化遗产援助的情况。

第六章
非物质文化遗产基金

第二十五条：基金的性质和资金来源

一、兹建立一项"保护非物质文化遗产基金",下称"基金"。

二、根据教科文组织《财务条例》的规定,此项基金为信托基金。

三、基金的资金来源包括：

（一）缔约国的纳款；

（二）教科文组织大会为此所拨的资金；

（三）以下各方可能提供的捐款、赠款或遗赠：

1. 其他国家；

2. 联合国系统各组织和各署(特别是联合国开发计划署)以及其他国际组织;

3. 公营或私营机构和个人。

(四)基金的资金所得的利息;

(五)为本基金募集的资金和开展活动之所得;

(六)委员会制定的基金条例所许可的所有其它资金。

四、委员会对资金的使用视大会的方针来决定。

五、委员会可接受用于某些项目的一般或特定目的的捐款及其他形式的援助,只要这些项目已获委员会的批准。

六、对基金的捐款不得附带任何与本公约所追求之目标不相符的政治、经济或其他条件。

第二十六条:缔约国对基金的纳款

一、在不妨碍任何自愿补充捐款的情况下,本公约缔约国至少每两年向基金纳一次款,其金额由大会根据适用于所有国家的统一的纳款额百分比加以确定。缔约国大会关于此问题的决定由出席会议并参加表决,但未作本条第二款中所述声明的缔约国的多数通过。在任何情况下,此纳款都不得超过缔约国对教科文组织正常预算纳款的百分之一。

二、但是,本公约第三十二条或第三十三条中所指的任何国家均可在交存批准书、接受书、核准书或加入书时声明不受本条第一款规定的约束。

三、已作本条第二款所述声明的本公约缔约国应努力通知联合国教育、科学及文化组织总干事收回所作声明。但是,收回声明之举不得影响该国在紧接着的下一届大会开幕之日前应缴的纳款。

四、为使委员会能够有效地规划其工作,已作本条第二款所述声明的本公约缔约国至少应每两年定期纳一次款,纳款额应尽可能接近它们按本条第一款规定应交的数额。

五、凡拖欠当年和前一日历年的义务纳款或自愿捐款的本公约缔约国不能当选为委员会委员,但此项规定不适用于第一次选举。已当选为委员会委员的缔约国的任期应在本公约第六条规定的选举之时终止。

第二十七条:基金的自愿补充捐款

除了第二十六条所规定的纳款,希望提供自愿捐款的缔约国应及时通知委员会以使其能对相应的活动作出规划。

第二十八条：国际筹资运动

缔约国应尽力支持在教科文组织领导下为该基金发起的国际筹资运动。

第七章

报告

第二十九条：缔约国的报告

缔约国应按照委员会确定的方式和周期向其报告它们为实施本公约而通过的法律、规章条例或采取的其他措施的情况。

第三十条：委员会的报告

一、委员会应在其开展的活动和第二十九条提及的缔约国报告的基础上，向每届大会提交报告。

二、该报告应提交教科文组织大会。

第八章

过渡条款

第三十一条：与宣布人类口头和非物质遗产代表作的关系

一、委员会应把在本公约生效前宣布为"人类口头和非物质遗产代表作"的遗产纳入人类非物质文化遗产代表作名录。

二、把这些遗产纳入人类非物质文化遗产代表作名录绝不是预设按第十六条第二款将确定的今后列入遗产的标准。

三、在本公约生效后，将不再宣布其他任何人类口头和非物质遗产代表作。

第九章

最后条款

第三十二条：批准、接受或核准

一、本公约须由教科文组织会员国根据各自的宪法程序予以批准、接受或核准。

二、批准书、接受书或核准书应交存教科文组织总干事。

第三十三条：加入

一、所有非教科文组织会员国的国家，经本组织大会邀请，均可加入本公约。

二、没有完全独立，但根据联合国大会第1514(XV)号决议被联合国承认为充分享有内部自治,并且有权处理本公约范围内的事宜,包括有权就这些事宜签署协议的地区也可加入本公约。

三、加入书应交存教科文组织总干事。

第三十四条:生效

本公约在第三十份批准书、接受书、核准书或加入书交存之日起的三个月后生效,但只涉及在该日或该日之前交存批准书、接受书、核准书或加入书的国家。对其他缔约国来说,本公约则在这些国家的批准书、接受书、核准书或加入书交存之日起的三个月之后生效。

第三十五条:联邦制或非统一立宪制

对实行联邦制或非统一立宪制的缔约国实行下述规定:

(一)在联邦或中央立法机构的法律管辖下实施本公约各项条款的国家的联邦或中央政府的义务与非联邦国家的缔约国的义务相同;

(二)在构成联邦,但按照联邦立宪制无须采取立法手段的各个州、成员国、省或行政区的法律管辖下实施本公约的各项条款时,联邦政府应将这些条款连同其建议一并通知各个州、成员国、省或行政区的主管当局。

第三十六条:退出

一、各缔约国均可宣布退出本公约。

二、退约应以书面退约书的形式通知教科文组织总干事。

三、退约在接到退约书十二个月之后生效。在退约生效日之前不得影响退约国承担的财政义务。

第三十七条:保管人的职责

教科文组织总干事作为本公约的保管人,应将第三十二条和第三十三条规定交存的所有批准书、接受书、核准书或加入书和第三十六条规定的退约书的情况通告本组织各会员国、第三十三条提到的非本组织会员国的国家和联合国。

第三十八条:修订

一、任何缔约国均可书面通知总干事,对本公约提出修订建议。总干事应将此通知转发给所有缔约国。如在通知发出之日起六个月之内,至少有一半的缔约国回复赞成此要求,总干事应将此建议提交下一届大会讨论,决定是否通过。

二、对本公约的修订须经出席并参加表决的缔约国三分之二多数票通过。

三、对本公约的修订一旦通过,应提交缔约国批准、接受、核准或加入。

四、对于那些已批准、接受、核准或加入修订的缔约国来说,本公约的修订在三分之二的缔约国交存本条第三款所提及的文书之日起三个月之后生效。此后,对任何批准、接受、核准或加入修订的缔约国来说,在其交存批准书、接受书、核准书或加入书之日起三个月之后,本公约的修订即生效。

五、第三款和第四款所确定的程序对有关委员会委员国数目的第五条的修订不适用。此类修订一经通过即生效。

六、在修订依照本条第四款的规定生效之后成为本公约缔约国的国家如无表示异议,应:

(一)被视为修订的本公约的缔约方;

(二)但在与不受这些修订约束的任何缔约国的关系中,仍被视为未经修订之公约的缔约方。

第三十九条:有效文本

本公约用英文、阿拉伯文、中文、西班牙文、法文和俄文拟定,六种文本具有同等效力。

第四十条:登记

根据《联合国宪章》第一百零二条的规定,本公约应按教科文组织总干事的要求交联合国秘书处登记。

国务院办公厅关于加强我国非物质文化遗产保护工作的意见

国办发〔2005〕18号

各省、自治区、直辖市人民政府，国务院各部委、各直属机构：

我国是一个历史悠久的文明古国，不仅有大量的物质文化遗产，而且有丰富的非物质文化遗产。党和国家历来重视文化遗产保护，弘扬优秀传统文化，为此做了大量的工作并取得了显著成绩。但是，随着全球化趋势的增强，经济和社会的急剧变迁，我国非物质文化遗产的生存、保护和发展遇到很多新的情况和问题，面临着严峻形势。为贯彻落实党的十六大有关扶持对重要文化遗产和优秀民间艺术的保护工作的精神，履行我国加入联合国教科文组织《保护非物质文化遗产公约》的义务，经国务院同意，现就进一步加强我国非物质文化遗产保护工作，提出以下意见：

一、充分认识我国非物质文化遗产保护工作的重要性和紧迫性

非物质文化遗产是各族人民世代相承、与群众生活密切相关的各种传统文化表现形式和文化空间。非物质文化遗产既是历史发展的见证，又是珍贵的、具有重要价值的文化资源。我国各族人民在长期生产生活实践中创造的丰富多彩的非物质文化遗产，是中华民族智慧与文明的结晶，是连结民族情感的纽带和维系国家统一的基础。保护和利用好我国非物质文化遗产，对落实科学发展观，实现经济社会的全面、协调、可持续发展具有重要意义。

非物质文化遗产与物质文化遗产共同承载着人类社会的文明，是世界文化多样性的体现。我国非物质文化遗产所蕴含的中华民族特有的精神价值、思维方式、想象力和文化意识，是维护我国文化身份和文化主权的基本依据。加强非物质文化遗产保护，不仅是国家和民族发展的需要，也是国际社会文明对话和人类社会可持续发展的必然要求。

随着全球化趋势的加强和现代化进程的加快，我国的文化生态发生了巨大变化，非物质文化遗产受到越来越大的冲击。一些依靠口授和行为传承的文化遗产

正在不断消失,许多传统技艺濒临消亡,大量有历史、文化价值的珍贵实物与资料遭到毁弃或流失境外,随意滥用、过度开发非物质文化遗产的现象时有发生。加强我国非物质文化遗产的保护已经刻不容缓。

二、非物质文化遗产保护工作的目标和方针

工作目标:通过全社会的努力,逐步建立起比较完备的、有中国特色的非物质文化遗产保护制度,使我国珍贵、濒危并具有历史、文化和科学价值的非物质文化遗产得到有效保护,并得以传承和发扬。

工作指导方针:保护为主、抢救第一、合理利用、传承发展。正确处理保护和利用的关系,坚持非物质文化遗产保护的真实性和整体性,有效保护的前提下合理利用,防止对非物质文化遗产的误解、歪曲或滥用。在科学认定的基础上,采取有力措施,使非物质文化遗产在全社会得到确认、尊重和弘扬。

工作原则:政府主导、社会参与,明确职责、形成合力;长远规划、分步实施,点面结合、讲求突破。

三、建立名录体系,逐步形成有中国特色的非物质文化遗产保护制度

认真开展非物质文化遗产普查工作。要将普查摸底作为非物质文化遗产保护的基础性工作来抓,统一部署、有序进行。要在充分利用已有工作成果和研究成果的基础上,分地区、分类别制订普查工作方案,组织开展对非物质文化遗产的现状调查,全面了解和掌握各地各民族非物质文化遗产资源的种类、数量、分布状况、生存环境、保护现状及存在问题。要运用文字、录音、录像、数字化多媒体等各种方式,对非物质文化遗产进行真实、系统和全面的记录,建立档案和数据库。

建立非物质文化遗产代表名录体系。要通过制定评审标准并经过科学认定,建立国家级和省、市、县级非物质文化遗产代表作名录体系。国家级非物质文化遗产代表名录由国务院批准公布。省、市、县级非物质文化遗产代表作名录由同级政府批准公布,并报上一级政府备案。

加强非物质文化遗产的研究、认定、保存和传播。要组织各类文化单位、科研机构、大专院校及专家学者对非物质文化遗产的重大理论和实践问题进行研究,重视科研成果和现代技术的应用。组织力量对非物质文化遗产进行科学认定,鉴别真伪。经各级政府授权的有关单位可以征集非物质文化遗产实物、资料,并予以妥善保管。采取有措施,防止珍贵的非物质文化遗产实物和资料流出境外。对

非物质文化遗产的物质载体也要予以保护,对已被确定为文物的,要按照《中华人民共和国文物保护法》的相关规定执行。充分发挥各级图书馆、文化馆、博物馆、科技馆等公共文化机构的作用,有条件的地方可设立专题博物馆或展示中心。

建立科学有效的非物质文化遗产传承机制。对列入各级名录的非物质文化遗产代表作,可采取命名、授予称号、表彰奖励、资助扶持等方式,鼓励代表作传承人(团体)进行传习活动。通过社会教育和学校教育,使非物质文化遗产代表作的传承后继有人。要加强非物质文化遗产知识产权的保护。研究探索对传统文化生态保持较完整并具有特殊价值的村落或特定区域,进行动态整体性保护的方式。在传统文化特色鲜明、具有广泛群众基础的社区、乡村,开展创建民间传统文化之乡的活动。

四、加强领导,落实责任,建立协调有效的工作机制

要发挥政府的主导作用,建立协调有效的保护工作领导机制。由文化部牵头,建立中国非物质文化遗产保护工作部际联席会议制度,统一协调非物质文化遗产保护工作。文化行政部门与各相关部门要积极配合,形成合力。同时,广泛吸纳有关学术研究机构、大专院校、企事业单位、社会团体等各方面力量共同开展非物质文化遗产保护工作。充分发挥专家的作用,建立非物质文化遗产保护的专家咨询机制和检查监督制度。

地方各级政府要加强领导,将保护工作列入重要工作议程,纳入国民经济和社会发展整体规划,纳入文化发展纲要。加强非物质文化遗产的法律法规建设,及时研究制定有关政策措施。要制定非物质文化遗产保护规划,明确保护范围、保护措施和目标。中国民族民间文化保护工程是非物质文化遗产保护工作的重要组成部分,要根据其总体规划,有步骤、有重点地循序渐进,逐步实施,为创建中国特色的非物质文化遗产保护制度积累经验。

各级政府要不断加大非物质文化遗产保护工作的经费投入。通过政策引导等措施,鼓励个人、企业和社会团体对非物质文化遗产保护工作进行资助。要加强非物质文化遗产保护工作队伍建设。通过有计划的教育培训,提高现有人员的工作能力和业务水平;充分利用科研院所、高等院校的人才优势和科研优势,大力培养专门人才。

要充分发挥非物质文化遗产对广大未成年人进行传统文化教育和爱国主义

教育的重要作用。各级图书馆、文化馆、博物馆、科技馆等公共文化机构要积极开展对非物质文化遗产的传播和展示。教育部门和各级各类学校要逐步将优秀的、体现民族精神与民间特色的非物质文化遗产内容编入有关教材,开展教学活动。鼓励和支持新闻出版、广播电视、互联网等媒体对非物质文化遗产及其保护工作进行宣传展示,普及保护知识,培养保护意识,努力在全社会形成共识,营造保护非物质文化遗产的良好氛围。

(附略)

国务院办公厅关于转发文化部等部门中国传统工艺振兴计划的通知

国办发〔2017〕25号

各省、自治区、直辖市人民政府，国务院各部委、各直属机构：

文化部、工业和信息化部、财政部《中国传统工艺振兴计划》已经国务院同意，现转发给你们，请结合实际，认真贯彻执行。

国务院办公厅
2017年3月12日

（此件公开发布）

中国传统工艺振兴计划

文化部　工业和信息化部　财政部

为落实党的十八届五中全会关于"构建中华优秀传统文化传承体系，加强文化遗产保护，振兴传统工艺"和《中华人民共和国国民经济和社会发展第十三个五年规划纲要》关于"制定实施中国传统工艺振兴计划"的要求，促进中国传统工艺的传承与振兴，特制定本计划。

本计划所称传统工艺，是指具有历史传承和民族或地域特色、与日常生活联系紧密、主要使用手工劳动的制作工艺及相关产品，是创造性的手工劳动和因材施艺的个性化制作，具有工业化生产不能替代的特性。

一、重要意义

中国各族人民在长期社会生活实践中共同创造的传统工艺，蕴含着中华民族的文化价值观念、思想智慧和实践经验，是非物质文化遗产的重要组成部分。我国传统工艺门类众多，涵盖衣食住行，遍布各族各地。振兴传统工艺，有助于传承与发展中华优秀传统文化，涵养文化生态，丰富文化资源，增强文化自信；有助于更好地发挥手工劳动的创造力，发现手工劳动的创造性价值，在全社会培育和弘扬精益求精的工匠精神；有助于促进就业，实现精准扶贫，提高城乡居民收入，增强传统街区和村落活力。

二、总体要求

（一）总体目标。立足中华民族优秀传统文化，学习借鉴人类文明优秀成果，发掘和运用传统工艺所包含的文化元素和工艺理念，丰富传统工艺的题材和产品品种，提升设计与制作水平，提高产品品质，培育中国工匠和知名品牌，使传统工艺在现代生活中得到新的广泛应用，更好满足人民群众消费升级的需要。到2020年，传统工艺的传承和再创造能力、行业管理水平和市场竞争力、从业者收入以及对城乡就业的促进作用得到明显提升。

（二）基本原则。

尊重优秀传统文化。尊重地域文化特点、尊重民族传统，保护文化多样性，维护和弘扬传统工艺所蕴含的文化精髓和价值。

坚守工匠精神。厚植工匠文化，倡导专注坚守、追求卓越，树立质量第一意识，推动品质革命，加强品牌建设，多出精品、多出人才。

激发创造活力。保护广大手工艺者个性，挖掘创造性手工的价值，激发因材施艺灵感和精心手作潜能，恢复和发展濒危或退化的优秀工艺和元素。

促进就业增收。发挥传统工艺覆盖面广、兼顾农工、适合家庭生产的优势，扩大就业创业，促进精准扶贫，增加城乡居民收入。

坚持绿色发展。增强生态保护意识，合理利用天然材料，反对滥用不可再生的天然原材料资源，禁止使用非法获取的珍稀动植物资源。

三、主要任务

（一）建立国家传统工艺振兴目录。以国家级非物质文化遗产代表性项目名录为基础，对具备一定传承基础和生产规模、有发展前景、有助于带动就业的传统工艺项目，建立国家传统工艺振兴目录。实施动态管理，鼓励地方参照建立本级的传统工艺振兴目录。对列入振兴目录的项目，予以重点支持。

（二）扩大非物质文化遗产传承人队伍。鼓励技艺精湛、符合条件的中青年传承人申报并进入各级非物质文化遗产代表性项目代表性传承人队伍，形成合理梯队，调动年轻一代从事传统工艺的积极性，培养高水平大国工匠队伍。各地要通过多种方式，为收徒授艺等传统工艺传习活动提供支持。引导返乡下乡人员结合自身优势和特长,发展传统工艺、文化创意等产业。

（三）将传统工艺作为中国非物质文化遗产传承人群研修研习培训计划实施重点。依托相关高校、企业、机构,组织传统工艺持有者、从业者等传承人群参加研修、研习和培训,提高传承能力,增强传承后劲。组织优秀传承人、工艺师及设计、管理人员,到传统工艺项目所在地开展巡回讲习,扩大传承人群培训面。倡导传承人群主动学习,鼓励同行之间或跨行业切磋互鉴,提高技艺水平,提升再创造能力。

（四）加强传统工艺相关学科专业建设和理论、技术研究。支持具备条件的高校开设传统工艺的相关专业和课程,培养传统工艺专业技术人才和理论研究人才。支持具备条件的职业院校加强传统工艺专业建设,培养具有较好文化艺术素质的技术技能人才。积极推行现代学徒制,建设一批技能大师工作室,鼓励代表性传承人参与职业教育教学和开展研究。支持有条件的学校帮助传统工艺传承人群提升学历水平。鼓励高校、研究机构、企业等设立传统工艺的研究基地、重点实验室等,在保持优秀传统的基础上,探索手工技艺与现代科技、工艺装备的有机融合,提高材料处理水平,切实加强成果转化。加强传统工艺的挖掘、记录和整理。对具有独特历史意义的濒危传统工艺项目,加快实施抢救性记录,落实保护与传承措施。鼓励出版有关传统工艺的专著、译著、图册等研究和实践成果。

（五）提高传统工艺产品的设计、制作水平和整体品质。强化质量意识、精品意识、品牌意识和市场意识,结合现代生活需求,改进设计,改善材料,改良制作,并引入现代管理制度,广泛开展质量提升行动,加强全面质量管理,提高传统工艺产品的整体品质和市场竞争力。鼓励传统工艺从业者在自己的作品或产品上署名或使用手作标识,支持发展基于手工劳动、富有文化内涵的现代手工艺。鼓励传统工艺企业和从业者合理运用知识产权制度,注册产品商标,保护商业秘密和创新成果。支持有条件的地方注册地理标志证明商标或集体商标,培育有民族特色的传统工艺知名品牌。鼓励拥有较强设计能力的企业、高校和相关单位到传统工艺项目集中地设立工作站,帮助当地传统工艺企业和从业者解决工艺难题,提高产品品质,培育品牌,拓展市场。依托乡村旅游创客示范基地和返乡下乡人员创业创新培训园区(基地),推动传统工艺品的生产、设计等和发展乡村旅游有机结合。开展多种形式的传统工艺大赛、技能大赛,发现、扶持传统工艺创意人才。

（六）拓宽传统工艺产品的推介、展示、销售渠道。鼓励在传统工艺集中的历史文化街区和村镇、自然和人文景区、传统工艺项目集中地，设立传统工艺产品的展示展销场所，集中展示、宣传和推介具有民族或地域特色的传统工艺产品，推动传统工艺与旅游市场的结合。在非物质文化遗产、旅游等相关节会上设立传统工艺专区。举办多种传统工艺博览会和传统工艺大展，为传统工艺搭建更多展示交易平台。鼓励商业网站与相关专业网站设立网络销售平台，帮助推介传统工艺产品。

（七）加强行业组织建设。鼓励地方成立传统工艺行业组织。行业组织要制定产品质量行业标准，组织或支持开展面向本地区或本行业传承人群的培训和交流等活动，并提供信息发布、权益维护等服务。

（八）加强文化生态环境的整体保护。鼓励各地对传统工艺集中的乡镇、街道和村落实施整体性保护。结合传统村落、少数民族特色村镇和历史文化街区保护，注意保护传统工艺相关的文化空间和特定的自然人文环境。鼓励研发绿色环保材料，改进有污染的工艺流程，加强生态环境保护。整合现有资源开展非商业性象牙雕刻技艺研究和传承，引导和支持使用替代材料传承以象牙等珍稀动植物资源为原材料的相关技艺。

（九）促进社会普及教育。继续开展非物质文化遗产进校园等活动。支持各地将传统工艺纳入高校人文素质课程和中小学相关教育教学活动；支持大中小学校组织开展体现地域特色、民族特色的传统工艺体验和比赛，提高青少年的动手能力和创造能力，加深对传统文化的认知。鼓励电视、网络媒体等推出丰富多彩的传统工艺类节目。拍摄和译制传统工艺纪录片、教学片和宣传片，弘扬工匠精神，促进知识传播、普及和技艺交流，方便大众学习传统工艺知识。鼓励有关部门和社会组织积极参与或组织传统工艺相关活动，充分发挥各级公共文化机构的作用，依托公共文化服务场所积极开展面向社区的传统工艺展演、体验、传习、讲座、培训等各类活动，使各级公共文化机构成为普及推广传统工艺的重要阵地，丰富民众文化生活，增强传统工艺的社会认同。

（十）开展国际交流与合作。通过双边、多边渠道，组织传统工艺传承人、企业和行业组织代表开展国际交流和研修培训，以及技术领域的研究与合作，开拓视野，借鉴经验。

四、保障措施

（一）加强统筹协调。各级人民政府有关部门要结合发展繁荣文化事业和文化产业、精准扶贫、新农村建设、少数民族传统手工艺及特色村镇保护与发展、传统村落保护、美丽乡村建设、乡村旅游发展等工作，积极探索振兴传统工艺的有效途径。广泛开展面向农村剩余劳动力、城市下岗职工、城乡残疾人、返乡下乡创业创新人员、民族地区群众的手工艺技能培训，鼓励其从事传统工艺生产。引导非物质文化遗产生产性保护示范基地发挥示范引领作用。

（二）落实支持政策。利用现有资金渠道，对符合规定的传统工艺相关项目以及特色文化产业传统工艺发展予以适当支持。将传统工艺展示、传习基础设施建设纳入"十三五"时期文化旅游提升工程。传统工艺企业符合现行小微企业和高新技术企业等税收优惠政策条件的，可按规定享受税收优惠政策。

（三）加强金融服务。探索建立传统工艺企业无形资产评估准则体系，支持符合条件的传统工艺企业融资发展。鼓励金融机构开发适合传统工艺企业特点的金融产品和服务，加强对传统工艺企业的投融资支持与服务。

（四）鼓励社会参与。鼓励社会力量兴办传统工艺企业，建设传统工艺展示、传习场所和公共服务平台，举办传统工艺的宣传、培训、研讨和交流合作等。

附录四　非物质文化遗产法规

中华人民共和国非物质文化遗产法

(2011年2月25日第十一届全国人民代表大会常务委员会第十九次会议通过)

目录

第一章　总则

第二章　非物质文化遗产的调查

第三章　非物质文化遗产代表性项目名录

第四章　非物质文化遗产的传承与传播

第五章　法律责任

第六章　附则

第一章　总则

第一条　为了继承和弘扬中华民族优秀传统文化,促进社会主义精神文明建设,加强非物质文化遗产保护、保存工作,制定本法。

第二条　本法所称非物质文化遗产,是指各族人民世代相传并视为其文化遗产组成部分的各种传统文化表现形式,以及与传统文化表现形式相关的实物和场所。包括:

(一) 传统口头文学以及作为其载体的语言;

(二) 传统美术、书法、音乐、舞蹈、戏剧、曲艺和杂技;

(三) 传统技艺、医药和历法;

(四) 传统礼仪、节庆等民俗;

(五) 传统体育和游艺;

(六) 其他非物质文化遗产。

属于非物质文化遗产组成部分的实物和场所,凡属文物的,适用《中华人民共和国文物保护法》的有关规定。

第三条　国家对非物质文化遗产采取认定、记录、建档等措施予以保存,对体现中华民族优秀传统文化,具有历史、文学、艺术、科学价值的非物质文化遗产采取传承、传播等措施予以保护。

第四条　保护非物质文化遗产,应当注重其真实性、整体性和传承性,有利于增强中华民族的文化认同,有利于维护国家统一和民族团结,有利于促进社会和谐和可持续发展。

第五条　使用非物质文化遗产,应当尊重其形式和内涵。

禁止以歪曲、贬损等方式使用非物质文化遗产。

第六条　县级以上人民政府应当将非物质文化遗产保护、保存工作纳入本级国民经济和社会发展规划,并将保护、保存经费列入本级财政预算。

国家扶持民族地区、边远地区、贫困地区的非物质文化遗产保护、保存工作。

第七条　国务院文化主管部门负责全国非物质文化遗产的保护、保存工作;县级以上地方人民政府文化主管部门负责本行政区域内非物质文化遗产的保护、保存工作。

县级以上人民政府其他有关部门在各自职责范围内,负责有关非物质文化遗产的保护、保存工作。

第八条　县级以上人民政府应当加强对非物质文化遗产保护工作的宣传,提高全社会保护非物质文化遗产的意识。

第九条　国家鼓励和支持公民、法人和其他组织参与非物质文化遗产保护工作。

第十条　对在非物质文化遗产保护工作中做出显著贡献的组织和个人,按照国家有关规定予以表彰、奖励。

第二章　非物质文化遗产的调查

第十一条　县级以上人民政府根据非物质文化遗产保护、保存工作需要,组织非物质文化遗产调查。非物质文化遗产调查由文化主管部门负责进行。

县级以上人民政府其他有关部门可以对其工作领域内的非物质文化遗产进行调查。

第十二条　文化主管部门和其他有关部门进行非物质文化遗产调查,应当对非物质文化遗产予以认定、记录、建档,建立健全调查信息共享机制。

文化主管部门和其他有关部门进行非物质文化遗产调查,应当收集属于非物质文化遗产组成部分的代表性实物,整理调查工作中取得的资料,并妥善保存,防止损毁、流失。其他有关部门取得的实物图片、资料复制件,应当汇交给同级文化主管部门。

第十三条　文化主管部门应当全面了解非物质文化遗产有关情况,建立非物质文化遗产档案及相关数据库。除依法应当保密的外,非物质文化遗产档案及相关数据信息应当公开,便于公众查阅。

第十四条　公民、法人和其他组织可以依法进行非物质文化遗产调查。

第十五条　境外组织或者个人在中华人民共和国境内进行非物质文化遗产调查,应当报经省、自治区、直辖市人民政府文化主管部门批准;调查在两个以上省、自治区、直辖市行政区域进行的,应当报经国务院文化主管部门批准;调查结束后,应当向批准调查的文化主管部门提交调查报告和调查中取得的实物图片、资料复制件。

境外组织在中华人民共和国境内进行非物质文化遗产调查,应当与境内非物质文化遗产学术研究机构合作进行。

第十六条　进行非物质文化遗产调查,应当征得调查对象的同意,尊重其风俗习惯,不得损害其合法权益。

第十七条　对通过调查或者其他途径发现的濒临消失的非物质文化遗产项目,县级人民政府文化主管部门应当立即予以记录并收集有关实物,或者采取其他抢救性保存措施;对需要传承的,应当采取有效措施支持传承。

第三章　非物质文化遗产代表性项目名录

第十八条　国务院建立国家级非物质文化遗产代表性项目名录,将体现中华民族优秀传统文化,具有重大历史、文学、艺术、科学价值的非物质文化遗产项目列入名录予以保护。

省、自治区、直辖市人民政府建立地方非物质文化遗产代表性项目名录,将本行政区域内体现中华民族优秀传统文化,具有历史、文学、艺术、科学价值的非物质文化遗产项目列入名录予以保护。

第十九条　省、自治区、直辖市人民政府可以从本省、自治区、直辖市非物质文化遗产代表性项目名录中向国务院文化主管部门推荐列入国家级非物质文化遗产代表性项目名录的项目。推荐时应当提交下列材料：

（一）项目介绍，包括项目的名称、历史、现状和价值；

（二）传承情况介绍，包括传承范围、传承谱系、传承人的技艺水平、传承活动的社会影响；

（三）保护要求，包括保护应当达到的目标和应当采取的措施、步骤、管理制度；

（四）有助于说明项目的视听资料等材料。

第二十条　公民、法人和其他组织认为某项非物质文化遗产体现中华民族优秀传统文化，具有重大历史、文学、艺术、科学价值的，可以向省、自治区、直辖市人民政府或者国务院文化主管部门提出列入国家级非物质文化遗产代表性项目名录的建议。

第二十一条　相同的非物质文化遗产项目，其形式和内涵在两个以上地区均保持完整的，可以同时列入国家级非物质文化遗产代表性项目名录。

第二十二条　国务院文化主管部门应当组织专家评审小组和专家评审委员会，对推荐或者建议列入国家级非物质文化遗产代表性项目名录的非物质文化遗产项目进行初评和审议。

初评意见应当经专家评审小组成员过半数通过。专家评审委员会对初评意见进行审议，提出审议意见。

评审工作应当遵循公开、公平、公正的原则。

第二十三条　国务院文化主管部门应当将拟列入国家级非物质文化遗产代表性项目名录的项目予以公示，征求公众意见。公示时间不得少于二十日。

第二十四条　国务院文化主管部门根据专家评审委员会的审议意见和公示结果，拟订国家级非物质文化遗产代表性项目名录，报国务院批准、公布。

第二十五条　国务院文化主管部门应当组织制定保护规划，对国家级非物质文化遗产代表性项目予以保护。

省、自治区、直辖市人民政府文化主管部门应当组织制定保护规划，对本级人民政府批准公布的地方非物质文化遗产代表性项目予以保护。

制定非物质文化遗产代表性项目保护规划，应当对濒临消失的非物质文化遗产代表性项目予以重点保护。

第二十六条　对非物质文化遗产代表性项目集中、特色鲜明、形式和内涵保持完整的特定区域,当地文化主管部门可以制定专项保护规划,报经本级人民政府批准后,实行区域性整体保护。确定对非物质文化遗产实行区域性整体保护,应当尊重当地居民的意愿,并保护属于非物质文化遗产组成部分的实物和场所,避免遭受破坏。

实行区域性整体保护涉及非物质文化遗产集中地村镇或者街区空间规划的,应当由当地城乡规划主管部门依据相关法规制定专项保护规划。

第二十七条　国务院文化主管部门和省、自治区、直辖市人民政府文化主管部门应当对非物质文化遗产代表性项目保护规划的实施情况进行监督检查;发现保护规划未能有效实施的,应当及时纠正、处理。

第四章　非物质文化遗产的传承与传播

第二十八条　国家鼓励和支持开展非物质文化遗产代表性项目的传承、传播。

第二十九条　国务院文化主管部门和省、自治区、直辖市人民政府文化主管部门对本级人民政府批准公布的非物质文化遗产代表性项目,可以认定代表性传承人。

非物质文化遗产代表性项目的代表性传承人应当符合下列条件:

(一)熟练掌握其传承的非物质文化遗产;

(二)在特定领域内具有代表性,并在一定区域内具有较大影响;

(三)积极开展传承活动。

认定非物质文化遗产代表性项目的代表性传承人,应当参照执行本法有关非物质文化遗产代表性项目评审的规定,并将所认定的代表性传承人名单予以公布。

第三十条　县级以上人民政府文化主管部门根据需要,采取下列措施,支持非物质文化遗产代表性项目的代表性传承人开展传承、传播活动:

(一)提供必要的传承场所;

(二)提供必要的经费资助其开展授徒、传艺、交流等活动;

(三)支持其参与社会公益性活动;

（四）支持其开展传承、传播活动的其他措施。

第三十一条　非物质文化遗产代表性项目的代表性传承人应当履行下列义务：

（一）开展传承活动，培养后继人才；

（二）妥善保存相关的实物、资料；

（三）配合文化主管部门和其他有关部门进行非物质文化遗产调查；

（四）参与非物质文化遗产公益性宣传。

非物质文化遗产代表性项目的代表性传承人无正当理由不履行前款规定义务的，文化主管部门可以取消其代表性传承人资格，重新认定该项目的代表性传承人；丧失传承能力的，文化主管部门可以重新认定该项目的代表性传承人。

第三十二条　县级以上人民政府应当结合实际情况，采取有效措施，组织文化主管部门和其他有关部门宣传、展示非物质文化遗产代表性项目。

第三十三条　国家鼓励开展与非物质文化遗产有关的科学技术研究和非物质文化遗产保护、保存方法研究，鼓励开展非物质文化遗产的记录和非物质文化遗产代表性项目的整理、出版等活动。

第三十四条　学校应当按照国务院教育主管部门的规定，开展相关的非物质文化遗产教育。

新闻媒体应当开展非物质文化遗产代表性项目的宣传，普及非物质文化遗产知识。

第三十五条　图书馆、文化馆、博物馆、科技馆等公共文化机构和非物质文化遗产学术研究机构、保护机构以及利用财政性资金举办的文艺表演团体、演出场所经营单位等，应当根据各自业务范围，开展非物质文化遗产的整理、研究、学术交流和非物质文化遗产代表性项目的宣传、展示。

第三十六条　国家鼓励和支持公民、法人和其他组织依法设立非物质文化遗产展示场所和传承场所，展示和传承非物质文化遗产代表性项目。

第三十七条　国家鼓励和支持发挥非物质文化遗产资源的特殊优势，在有效保护的基础上，合理利用非物质文化遗产代表性项目开发具有地方、民族特色和市场潜力的文化产品和文化服务。

开发利用非物质文化遗产代表性项目的，应当支持代表性传承人开展传承活动,保护属于该项目组成部分的实物和场所。

县级以上地方人民政府应当对合理利用非物质文化遗产代表性项目的单位予以扶持。单位合理利用非物质文化遗产代表性项目的,依法享受国家规定的税收优惠。

第五章 法律责任

第三十八条 文化主管部门和其他有关部门的工作人员在非物质文化遗产保护、保存工作中玩忽职守、滥用职权、徇私舞弊的,依法给予处分。

第三十九条 文化主管部门和其他有关部门的工作人员进行非物质文化遗产调查时侵犯调查对象风俗习惯,造成严重后果的,依法给予处分。

第四十条 违反本法规定,破坏属于非物质文化遗产组成部分的实物和场所的,依法承担民事责任;构成违反治安管理行为的,依法给予治安管理处罚。

第四十一条 境外组织违反本法第十五条规定的,由文化主管部门责令改正,给予警告,没收违法所得及调查中取得的实物、资料;情节严重的,并处十万元以上五十万元以下的罚款。

境外个人违反本法第十五条第一款规定的,由文化主管部门责令改正,给予警告,没收违法所得及调查中取得的实物、资料;情节严重的,并处一万元以上五万元以下的罚款。

第四十二条 违反本法规定,构成犯罪的,依法追究刑事责任。

第六章 附则

第四十三条 建立地方非物质文化遗产代表性项目名录的办法,由省、自治区、直辖市参照本法有关规定制定。

第四十四条 使用非物质文化遗产涉及知识产权的,适用有关法律、行政法规的规定。

对传统医药、传统工艺美术等的保护,其他法律、行政法规另有规定的,依照其规定。

第四十五条 本法自2011年6月1日起施行。

江苏省非物质文化遗产保护条例(2013年修订版)

(2006年9月27日江苏省第十届人民代表大会常务委员会第二十五次会议通过,2013年1月15日江苏省第十一届人民代表大会常务委员会第三十二次会议修订)

第一章 总则

第一条 为了继承和弘扬中华民族优秀传统文化,加强对非物质文化遗产的保护,根据《中华人民共和国非物质文化遗产法》等法律、行政法规,结合本省实际,制定本条例。

第二条 本省行政区域内非物质文化遗产的保护和管理,适用本条例。

第三条 本条例所称非物质文化遗产,是指各族人民世代相传并视为其文化遗产组成部分的各种传统文化表现形式,以及与传统文化表现形式相关的实物和场所,包括:

(一)传统口头文学以及作为其载体的语言;

(二)传统美术、书法、音乐、舞蹈、戏剧、曲艺和杂技;

(三)传统技艺、医药和历法;

(四)传统礼仪、节庆等民俗;

(五)传统体育和游艺;

(六)其他非物质文化遗产。

属于非物质文化遗产组成部分的实物和场所,凡属文物的,适用《中华人民共和国文物保护法》和《江苏省文物保护条例》的有关规定。

第四条 非物质文化遗产保护工作贯彻保护为主、抢救第一、合理利用、传承发展的方针,坚持政府主导、社会参与、长远规划、分步实施的原则。

第五条 县级以上地方人民政府应当加强对非物质文化遗产保护工作的领导,建立部门联席会议制度,统一协调非物质文化遗产保护工作,并将非物质文化遗产保护工作纳入国民经济和社会发展规划以及城乡规划。

县级以上地方人民政府应当将非物质文化遗产保护经费列入本级财政预算，加大投入，并逐步增加。

第六条　县级以上地方人民政府文化主管部门负责本行政区域内的非物质文化遗产保护的组织、协调、监督和管理工作。非物质文化遗产保护工作机构负责具体实施非物质文化遗产保护工作。

县级以上地方人民政府其他有关部门在各自职责范围内，负责非物质文化遗产保护的相关工作。

第七条　鼓励、支持社会团体、高等学校、研究机构、企业事业单位和个人等社会各方面力量参与非物质文化遗产保护工作。

第八条　县级以上地方人民政府对在非物质文化遗产保护工作中做出显著成绩的单位和个人，应当予以表彰、奖励。

第二章　非物质文化遗产的调查

第九条　县级以上地方人民政府根据非物质文化遗产保护工作需要，组织对本行政区域内的非物质文化遗产进行调查。非物质文化遗产调查由文化主管部门负责进行。

县级以上地方人民政府其他有关部门可以对其工作范围内的非物质文化遗产进行调查。

非物质文化遗产调查应当运用文字、录音、录像、数字化多媒体等方式，对非物质文化遗产进行真实、系统和全面的记录，建立非物质文化遗产档案和相关数据库。除依法应当保密的外，非物质文化遗产档案及相关数据信息应当公开，便于公众查阅。

第十条　境外组织或者个人在本省进行非物质文化遗产调查，应当向省人民政府文化主管部门提出申请，载明调查的内容、对象、时间、地点、调查组织或者人员等情况。省人民政府文化主管部门应当自受理申请之日起十五日内作出是否批准的书面决定；获得批准的申请人应当将批准文件送交调查所在地人民政府文化主管部门后，方可开展调查活动。境外组织或者个人应当自调查结束之日起十五日内，向省人民政府文化主管部门提交调查报告和调查中取得的资料复制件、实物图片。

境外组织在本省进行非物质文化遗产调查,应当与本省非物质文化遗产学术研究机构或者保护工作机构合作进行。

第十一条 高等学校、研究机构等吸收境外留学人员和境外访问学者参与在本省进行非物质文化遗产调查的,应当报省人民政府文化主管部门备案。境外留学人员和境外访问学者参与调查时应当服从所在高等学校、研究机构和文化主管部门的管理。

第十二条 开展非物质文化遗产调查、考察、采访和实物征集等活动时,应当征得被调查对象的同意,尊重民族风俗、信仰和习惯,尊重调查项目的真实性、完整性,不得非法占有、损毁相关资料、实物、建(构)筑物、场所等,不得侵害被调查对象的合法权益。

第十三条 对通过调查或者其他途径发现的濒临消失的非物质文化遗产项目,文化主管部门应当及时记录和收集有关资料、实物,并采取有效措施及时进行保护。

第十四条 文化主管部门和其他有关部门对在调查中取得的非物质文化遗产资料和实物,应当妥善保存,防止损毁、流失;其他有关部门取得的资料复制件、实物图片及电子档案,应当汇总后提交同级文化主管部门保存。

第三章 非物质文化遗产代表性项目名录

第十五条 县级以上地方人民政府应当建立本级非物质文化遗产代表性项目名录,将本行政区域内体现优秀传统文化,具有历史、文学、艺术、科学价值的非物质文化遗产项目列入名录予以保护。

第十六条 公民、法人和其他组织可以将其拥有的非物质文化遗产项目向所在地文化主管部门提出列入非物质文化遗产代表性项目名录的申请。

公民、法人和其他组织认为某项非物质文化遗产体现优秀传统文化,具有历史、文学、艺术、科学价值,可以向文化主管部门提出列入非物质文化遗产代表性项目名录的建议。

第十七条 向文化主管部门申请或者推荐列入非物质文化遗产代表性项目名录应当提交下列材料:

(一)项目介绍,包括项目的名称、历史、现状、价值和传播范围;

(二)传承情况介绍,包括传承谱系、传承方式、传承人的知识或者技艺水平、传承活动的社会影响等；

（三）保护计划，包括应当达到的目标和应当采取的措施、步骤等；

（四）有助于说明项目的视听资料等材料。

第十八条　建立非物质文化遗产保护专家评审制度。

文化主管部门应当建立由具有较高学术水平和良好职业道德的专家组成的非物质文化遗产专家库。

第十九条　文化主管部门应当组织五名以上专家组成专家评审小组，对申请或者建议列入非物质文化遗产代表性项目名录的项目进行初评。初评意见应当经专家评审小组成员过半数通过。

文化主管部门应当组织五名以上专家组成专家评审委员会，对初评意见进行审议，提出审议意见。

专家评审小组和专家评审委员会从非物质文化遗产专家库中随机选择相关领域的专家组成；专家库中没有相关领域专家的，可以从专家库外选择专家。

第二十条　文化主管部门应当将拟列入本级非物质文化遗产代表性项目名录的项目予以公示，征求公众意见。公示时间不得少于二十日。

公示期间，公民、法人和其他组织有异议的，应当书面提出。文化主管部门经过调查，认为异议不成立的，应当在收到异议之日起三十日内书面告知异议人并说明理由；认为异议成立的，应当重新组织专家按照本条例规定的程序进行评审。

第二十一条　文化主管部门根据专家评审委员会的审议意见和公示结果，拟订本级非物质文化遗产代表性项目名录，报本级人民政府批准、公布。

设区的市、县（市、区）非物质文化遗产代表性项目名录应当报上一级文化主管部门备案。

第二十二条　省人民政府可以从江苏省非物质文化遗产代表性项目名录中遴选具有重大历史、文学、艺术、科学价值的非物质文化遗产项目，向国务院文化主管部门推荐列入国家级非物质文化遗产代表性项目名录，并提出申报联合国教科文组织"人类非物质文化遗产代表作名录"、"急需保护的非物质文化遗产代表性项目名录"、"非物质文化遗产优秀实践名录"等国家候选项目的建议。

设区的市、县（市、区）人民政府可以从本级非物质文化遗产代表性项目名录中选择项目，向上一级文化主管部门推荐列入上一级非物质文化遗产代表性项目名录。

第二十三条　县级以上地方人民政府根据实际情况建立濒临消失的非物质文化遗产代表性项目名录。在建立非物质文化遗产代表性项目名录时,对体现优秀传统文化,具有历史、文学、艺术、科学价值的濒临消失的非物质文化遗产项目予以优先考虑。

第二十四条　非物质文化遗产代表性项目因客观环境改变、无人传承等原因,或者经抢救性保护仍不能活态存续的,经原批准的地方人民政府文化主管部门组织专家评估、调查核实,报请同级人民政府批准退出名录,并向社会公告。

第四章　非物质文化遗产代表性项目的保护单位和代表性传承人

第二十五条　对列入非物质文化遗产代表性项目名录的项目,文化主管部门可以认定保护单位和代表性传承人。

认定保护单位和代表性传承人,应当经五名以上专家评议、专家评审委员会审议并公示。公示有异议的,按照第二十条第二款的规定处理。

第二十六条　非物质文化遗产代表性项目的保护单位应当具备下列条件:

（一）具有该项目的代表性传承人；

（二）掌握相对完整的资料；

（三）具备实施项目保护计划的能力和开展传承、展示活动的场所及条件。

第二十七条　非物质文化遗产代表性项目的代表性传承人应当符合下列条件:

（一）熟练掌握其传承的非物质文化遗产；

（二）在特定领域内具有代表性,并在一定区域内具有较大影响；

（三）积极开展传承、传播活动,培养后继人才。

不直接从事非物质文化遗产项目传承工作和活动的人员不得被认定为代表性传承人。

第二十八条　非物质文化遗产代表性项目的保护单位享有下列权利:

（一）开展知识和技艺传授、生产、展示、讲学、学术研究等；

（二）依法向他人提供产品和服务；

（三）参加非公益性活动并获取相应的报酬；

（四）开展保护工作有经济困难的,可以向县级以上地方人民政府及其文化主管部门申请资助；

（五）其他与非物质文化遗产保护相关的权利。

第二十九条　非物质文化遗产代表性项目的保护单位履行下列义务：

（一）制定并实施项目保护与传承计划；

（二）全面收集项目的资料、实物，并登记、整理、建档；

（三）推荐项目代表性传承人，并为其开展传承提供必要条件；

（四）保护项目相关的资料、实物、建（构）筑物和场所等；

（五）开展项目的宣传推介活动；

（六）定期向文化主管部门报告项目保护及专项资金使用情况，并接受监督；

（七）配合文化主管部门和其他有关部门进行非物质文化遗产调查；

（八）其他与非物质文化遗产保护相关的义务。

非物质文化遗产代表性项目的保护单位无正当理由不履行前款规定义务，或者因客观原因无法继续履行保护义务的，文化主管部门可以取消其保护单位资格，重新认定该项目的保护单位。

第三十条　非物质文化遗产代表性项目的代表性传承人享有下列权利：

（一）开展知识和技艺传授、艺术创作与生产、展示、表演、学术研究等活动；

（二）依法向他人提供其掌握的知识和技艺以及有关的原始资料、实物、建（构）筑物、场所等；

（三）依法向他人提供产品和服务；

（四）取得传承、传播工作或者其他活动相应的报酬；

（五）开展传承有经济困难的，可以向县级以上地方人民政府及其文化主管部门申请资助；

（六）其他与非物质文化遗产保护相关的权利。

第三十一条　非物质文化遗产代表性项目的代表性传承人履行下列义务：

（一）妥善保存、保护所掌握的知识、技艺及有关原始资料、实物、建（构）筑物、场所等；

（二）采取师承或者其他方式培养后继人才；

（三）积极参与非物质文化遗产公益性宣传、展示、表演、交流、传播等活动；

（四）配合文化主管部门和其他有关部门进行非物质文化遗产调查；

（五）其他与非物质文化遗产保护相关的义务。

第三十二条 文化主管部门应当建立非物质文化遗产代表性项目的代表性传承人档案，每二年对代表性传承人进行一次评估。

代表性传承人死亡的，文化主管部门可以按照本条例规定的条件和程序重新认定该项目的代表性传承人；代表性传承人丧失传承能力的，文化主管部门可以授予其荣誉传承人称号，重新认定该项目的代表性传承人；代表性传承人无正当理由不履行传承义务，或者因其他原因无法履行传承义务的，文化主管部门可以取消其代表性传承人资格，重新认定该项目的代表性传承人。

第三十三条 对做出重要贡献的非物质文化遗产代表性项目的保护单位和代表性传承人，由文化主管部门报本级人民政府核准，授予优秀保护单位和杰出传承人称号，并给予奖励、津贴。

第五章 非物质文化遗产的传承与传播

第三十四条 县级以上地方人民政府及其有关部门应当采取下列措施，支持非物质文化遗产代表性项目的传承、传播活动：

（一）记录、整理、出版有关知识、技艺资料；

（二）提供必要的传承、传播活动场所；

（三）提供必要的经费资助；

（四）组织开展研讨、展示、表演、宣传、推介等活动；

（五）促进相关的交流与合作；

（六）其他有利于项目传承、传播的措施。

第三十五条 县级以上地方人民政府应当采取有效措施，组织文化主管部门和其他有关部门宣传、展示非物质文化遗产代表性项目，可以结合节庆、当地民间习俗等开展相关的展示、表演、比赛等活动。

第三十六条 县级以上地方人民政府应当根据需要，建立非物质文化遗产专题的公共文化设施，或者在公共文化机构内设立专门展室，用于非物质文化遗产代表性项目的展示、传承、收藏和研究。

非物质文化遗产学术研究机构、保护工作机构，以及图书馆、文化馆、群众艺术馆、文化艺术中心、文化站、博物馆、档案馆、科技馆等应当有计划地传播非物质文化遗产代表性项目。

本条第一款、第二款所列机构、设施等应当依照国家和省有关规定向社会免费开放。

第三十七条　广播、电视、互联网、报刊等媒体应当宣传非物质文化遗产保护工作,传播非物质文化遗产代表性项目,普及非物质文化遗产保护知识,提高全社会非物质文化遗产保护意识。

鼓励和支持教育机构将本地优秀的非物质文化遗产项目内容纳入素质教育,以开设相关课程等形式开展传播、弘扬优秀非物质文化遗产活动。

鼓励和支持科研机构、教育机构开展非物质文化遗产保护的研究和培养专门人才。

第三十八条　鼓励和支持公民、法人和其他组织成立非物质文化遗产研究机构,兴办专题博物馆、展览馆和传习所,展示、传承、传播和研究非物质文化遗产代表性项目。

第三十九条　鼓励和支持发挥非物质文化遗产资源的特殊优势,在有效保护的基础上,合理利用非物质文化遗产资源,进行弘扬优秀传统文化的文艺创作,开发具有民间和地方文化特色的传统文化产品,拓展民间民俗文化旅游服务。

利用非物质文化遗产进行创作、改编、展示、表演、产品开发、旅游观光等活动,应当尊重其原真性和文化内涵,保持其原有的文化生态和文化风貌,不得歪曲、贬损。

第四十条　鼓励和支持公民、法人和其他组织将其所有的非物质文化遗产资料、实物、建(构)筑物、场所等捐赠或者委托给人民政府设立的非物质文化遗产收藏、研究机构以及其他文化机构收藏、保管、展出或者使用。对捐赠者,应当给予奖励,并颁发捐赠证书;对委托者,应当注明委托单位名称或者个人姓名。

县级以上地方人民政府设立的非物质文化遗产收藏、研究机构以及其他文化机构对本行政区域内非物质文化遗产资料、实物、建(构)筑物、场所等进行征集收购时,应当遵循自愿原则,合理作价,并可以向所有人颁发证书。

第四十一条　县级以上地方人民政府设立的非物质文化遗产收藏、研究机构以及其他文化机构征集收购和受赠的非物质文化遗产资料、实物、建(构)筑物、场所等属国家所有,应当妥善保护和管理。任何单位和个人不得侵占、破坏。

公民、法人和其他组织合法拥有的非物质文化遗产代表性项目的资料、实物、建(构)筑物、场所等,其所有权或者使用权受法律保护。

第四十二条　珍贵的非物质文化遗产原始资料和实物,限制经营、出境。具体办法按照国家和省有关规定执行。

第四十三条　列入非物质文化遗产代表性名录的传统工艺、制作技艺和艺术表现方法以及其他技艺,属于国家秘密的,应当按照保密法律、法规的规定确定密级、保密期限和知悉范围,标明保密要点,并采取相应的保密措施。纳入保密范围的传统工艺、制作技艺和艺术表现方法以及其他技艺,应当按照保密法律、法规规定的方式、途径进行传播、传授和转让,相关权利人不得擅自传授、转让给境外的组织或者个人。

第四十四条　非物质文化遗产的知识产权及其基于传统知识、民间文艺所产生的其他权利,依法予以保护。

第六章　保障措施

第四十五条　县级以上地方人民政府应当加强非物质文化遗产保护人才队伍建设,培养和引进非物质文化遗产研究、传承、保护、管理等专门人才。

第四十六条　文化主管部门应当组织制定保护规划,对非物质文化遗产代表性项目予以保护,对江苏省以上非物质文化遗产代表性项目予以重点保护。制定和实施保护规划,应当听取专家的意见和建议。

文化主管部门对濒临消失的非物质文化遗产代表性项目应当制定专门方案实施抢救性保护,记录、整理、保存项目资料和实物,修缮建(构)筑物和场所,改善代表性传承人工作和生活条件,安排或者招募人员学艺,并每年进行评估和检查。

第四十七条　县级以上地方人民政府应当设立非物质文化遗产保护专项资金,主要用于下列非物质文化遗产保护工作:

(一)调查、记录、建档、数据库建设和维护以及珍贵资料和实物的收集、整理、保存;

(二)代表性项目保护、濒临消失项目抢救;

(三)代表性传承人传承、传播工作和活动补助、资助;

(四)宣传、出版、展示、表演、研究、咨询、规划编制和人员培训;

(五)保护与传习设施建设或者修缮;

(六)公共文化设施免费开放;

(七)其他重要事项。

县级以上地方人民政府文化、财政等部门应当加强对非物质文化遗产保护专项资金的管理,确保专款专用。

第四十八条　县级以上地方人民政府应当在资金、人才培养、设施建设等方面加强对经济欠发达地区和少数民族非物质文化遗产保护工作的扶持。

对合理利用非物质文化遗产代表性项目发展文化产业的单位和个人,文化产业发展专项资金应当予以扶持。

第四十九条　鼓励和支持公民、法人和其他组织以捐赠、设立专项资金或者保护基金等方式,支持非物质文化遗产的保护。

公民、法人和其他组织向非物质文化遗产保护事业捐赠的,按照国家和省有关规定享受税收等优惠。

第五十条　鼓励和支持公民、法人和其他组织开展与非物质文化遗产有关的科学技术研究和非物质文化遗产保护方法研究,非物质文化遗产保护工作的地区和国际交流与合作,以及非物质文化遗产代表性项目文献、典籍、资料的整理、研究和出版工作。

第五十一条　对非物质文化遗产资源丰富、代表性项目相对集中、形式和内涵保持相对完整、自然生态环境和人文生态环境比较好的特定区域,当地文化主管部门可以制定专项保护规划,经本级人民政府批准,设立以保护非物质文化遗产为核心的文化生态保护区,实行区域性整体保护。

实行区域性整体保护涉及非物质文化遗产集中地村镇或者街区空间规划的,应当由当地城乡规划主管部门依法制定专项保护规划。

第五十二条　县级以上地方人民政府应当对与非物质文化遗产代表性项目直接关联的建(构)筑物、场所、遗迹及其附属物划定保护范围,作出标志说明,建立专门档案,并在城乡规划和建设中采取有效措施予以保护。

前款所称标志说明包括非物质文化遗产代表性项目的名称、级别、简介和设立标志的机关、日期等内容。

第五十三条　县级以上地方人民政府应当加强对与非物质文化遗产代表性项目密切相关的珍稀矿产、动物、植物等天然原材料的保护,依法限量开采、捕猎、采集,提高利用效率。禁止乱采、滥挖或者盗猎、盗卖与非物质文化遗产代表性项目密切相关的珍稀矿产、动物、植物等天然原材料。

第五十四条　文化主管部门应当对非物质文化遗产代表性项目保护规划的实施情况和保护工作落实情况进行监督检查；发现保护规划未能有效实施或者保护工作不力的，应当及时纠正、处理。

第七章　法律责任

第五十五条　违反本条例规定，境外组织或者个人擅自进行非物质文化遗产调查的，由文化主管部门责令改正，给予警告，没收违法所得及调查中取得的资料、实物；情节严重的，对境外组织并处十万元以上五十万元以下的罚款，对境外个人并处一万元以上五万元以下的罚款。

第五十六条　违反本条例规定，公民、法人和其他组织在申报非物质文化遗产代表性项目及其保护单位或者代表性传承人的过程中弄虚作假的，由文化主管部门责令改正，给予警告；情节严重的，取消其参评资格；已被认定为非物质文化遗产代表性项目及其保护单位或者代表性传承人的，予以撤销，并责令其退还项目保护、传承资助、补助经费等。

第五十七条　违反本条例规定，公民、法人和其他组织侵占、破坏已列入名录的非物质文化遗产代表性项目相关资料、实物、建（构）筑物、场所的，由文化主管部门责令改正、恢复原状或者赔偿损失，可以并处二千元以上二万元以下的罚款；情节严重的，并处二万元以上十万元以下的罚款；有违法所得的，没收违法所得；构成违反治安管理行为的，依法给予治安管理处罚；构成犯罪的，依法追究刑事责任。

第五十八条　违反本条例规定，文化主管部门和其他有关部门、非物质文化遗产保护工作机构及其工作人员在非物质文化遗产保护工作中有下列情形之一的，对直接负责的主管人员和其他直接责任人员依法给予行政处分；构成犯罪的，依法追究刑事责任：

（一）未对濒临消失的非物质文化遗产项目及时予以记录和收集有关实物，以及未采取有效措施及时进行抢救性保护，造成严重后果的；

（二）未对征集收购和受赠的非物质文化遗产珍贵资料、实物、建（构）筑物、场所等妥善保护和管理，造成严重后果的；

（三）进行非物质文化遗产调查时不尊重民族风俗、信仰和习惯，造成严重后果的；

（四）违反法定条件和程序认定非物质文化遗产代表性项目及其保护单位和代表性传承人的；

（五）帮助有关单位、个人提供虚假材料申报非物质文化遗产代表性项目及其保护单位和代表性传承人的；

（六）未组织制定非物质文化遗产代表性项目保护规划，以及未对保护规划的实施情况进行监督检查的；

（七）贪污、挪用非物质文化遗产保护经费的。

第八章　附则

第五十九条　本条例自 2013 年 4 月 1 日起施行。

南京市非物质文化遗产保护条例

（2016年10月19日南京市第十五届人民代表大会常务委员会第二十八次会议制定 2016年12月2日江苏省第十二届人民代表大会常务委员会第二十七次会议批准）

第一条 为了加强非物质文化遗产保护，继承和弘扬优秀传统文化，根据《中华人民共和国非物质文化遗产法》《江苏省非物质文化遗产保护条例》等法律、法规，结合本市实际，制定本条例。

第二条 本市行政区域内非物质文化遗产的调查、认定、保存、传承、传播、利用等保护活动和相关管理工作，适用本条例。

第三条 非物质文化遗产保护工作坚持保护为主、抢救第一、传承发展、合理利用的方针，遵循政府主导、社会参与、统筹规划、分类保护的原则，注重非物质文化遗产的原真性、整体性和传承性。

第四条 市、区人民政府应当加强对非物质文化遗产保护工作的领导，将其纳入国民经济和社会发展规划，所需经费列入本级年度财政预算，建立与非物质文化遗产保护工作相适应的经费保障机制，并逐步增加投入。

镇人民政府（街道办事处）应当确定有关单位和专门人员做好非物质文化遗产保护工作。

第五条 市、区人民政府应当建立非物质文化遗产保护工作部门联席会议制度，定期召开会议，统筹协调非物质文化遗产保护工作。部门联席会议主要履行下列职责：

（一）研究制定联合保护措施；

（二）联合推进重要项目实施；

（三）协调解决突出问题；

（四）指导、督促、检查相关部门非物质文化遗产保护和管理工作，检查结果报同级人民政府；

（五）其他需要协调解决的重要事项。

部门联席会议的日常工作由文化行政主管部门承担。

第六条　市、区人民政府应当设立非物质文化遗产保护专项资金，用途如下：

（一）珍贵资料和实物的征集、收购、保存，非物质文化遗产的调查、发掘、整理、建档、数据库建设和维护等；

（二）保护、传承和学习设施的建设、修缮，免费开放设施的保护和管理；

（三）代表性项目保护单位、代表性传承人从事保护、传承、学习活动的资助、补助和奖励；

（四）代表性项目保护、濒危非物质文化遗产的抢救；

（五）区域性整体保护的资助；

（六）非物质文化遗产的宣传、展示、表演和对外交流；

（七）其他法定的非物质文化遗产保护事项。

非物质文化遗产保护专项资金由文化、财政行政主管部门负责管理、监督，确保专款专用。

第七条　文化行政主管部门负责本行政区域内非物质文化遗产保护的组织、协调、监督和管理工作，履行下列职责：

（一）会同规划等行政主管部门编制非物质文化遗产保护规划，报同级人民政府批准后公布实施；

（二）组织编制非物质文化遗产项目保护规划、年度保护工作计划和工作规范；

（三）会同有关部门和单位对非物质文化遗产进行调查、收集、整理、研究和宣传；

（四）组织申报、评审、推荐代表性项目和认定代表性传承人；

（五）组织抢救濒危的非物质文化遗产；

（六）建设非物质文化遗产保护工作队伍和培养专业人才；

（七）依法查处违反非物质文化遗产保护规定的违法行为；

（八）法律、法规规定的其他职责。

第八条　发展和改革、城乡建设、科技、教育、财政、人力资源和社会保障、国土资源、规划、城市管理、住房保障和房产、绿化园林、农业、商务、旅游、卫生和计划生育、体育、民族宗教事务、档案等部门按照各自职责,做好非物质文化遗产保护的相关工作。

第九条 鼓励和支持公民、法人和其他组织通过收藏、展示、捐赠、资助、志愿服务以及设立保护基金、开发文化产品等方式,参与非物质文化遗产保护。

第十条 文化行政主管部门应当建立非物质文化遗产保护工作专家库。专家库人员由历史、文学、艺术、社会和自然科学等领域的专家和政府部门有关人员组成。

文化行政主管部门应当从专家库中选择相关专家,组成专家评审小组和专家评审委员会,开展下列工作:

(一)依法对非物质文化遗产代表性项目、保护单位和代表性传承人资格进行评审,提出评审意见并公示评审结果;

(二)评审、认定代表性项目传承基地;

(三)评审非物质文化遗产保护专项资金申报项目;

(四)参与编制非物质文化遗产保护规划;

(五)参与论证代表性项目保护的重大制度和决策。

第十一条 市、区人民政府应当建立本级非物质文化遗产代表性项目名录,并向社会公布,对列入名录的项目予以有效保护。

公民、法人和其他组织可以向文化行政主管部门提出申请或者建议列入名录的项目。

市、区人民政府应当向上一级文化行政主管部门推荐符合列入上一级名录的项目。

第十二条 列入名录的项目,文化行政主管部门应当按照国家和省有关规定组织认定保护单位、代表性传承人,并向社会公布。

公民、法人和其他组织经被推荐人书面同意,可以向文化行政主管部门推荐代表性传承人人选。公民可以自行申请代表性传承人人选。

文化行政主管部门对代表性传承人根据其历史渊源、技艺水平、社会影响力、文化传承性等依法进行分级认定。认定办法由市文化行政主管部门制定,报市人民政府批准后公布实施。

第十三条　未取得代表性项目保护单位资格、代表性传承人资格的,不得以保护单位、代表性传承人的名义开展传承、传播活动。

代表性项目保护单位、代表性传承人不得以与其资格不符的名义开展传承、传播活动。

第十四条　本市对非物质文化遗产实行分级名录保护。

对列入国家、省、市、区非物质文化遗产代表性项目名录的项目,按照项目保护规划要求实行保护。

列入国家级代表性项目的,实行重点保护。文化行政主管部门和相关保护单位应当编制专项规划;保护单位应当设立专题展示场所或者博物馆,并为国家级代表性传承人设立工作室。

已入选或者已联合入选联合国教科文组织"人类非物质文化遗产代表作名录"的,按照我国加入的相关国际条约要求实行保护。

第十五条　文化行政主管部门应当根据非物质文化遗产的属性、特点及存续状况,通过记忆性保护、抢救性保护、生产性保护等方式,对非物质文化遗产实行分类保护和区域性整体保护。

第十六条　对丧失传承人、客观存续条件已经消失或者基本消失的代表性项目,应当列入记忆性保护名录,实行记忆性保护。

文化行政主管部门应当组织有关单位对列入记忆性保护名录的项目开展调查,收集文字、图片、音像等相关资料和实物,并建立档案库、数据库。

第十七条　对濒临消失、活态传承困难的代表性项目,应当列入濒危项目名录,文化行政主管部门应当采取下列措施实施抢救性保护:

(一)会同有关部门制定抢救保护方案,优先安排资金和展示、展演场地;

(二)对国家级代表性传承人和六十岁以上省级代表性传承人给予重点保护,为其提供工作和生活便利;

(三)安排或者招募二名以上常随学员学艺,并为其生活提供基本保障;

(四)记录代表性传承人掌握的技艺和工艺流程。

第十八条　对存续状态较好,具有市场潜力和发展优势的代表性项目,实行生产性保护。

文化行政主管部门和保护单位应当在保持其传统工艺流程整体性和核心技

艺原真性的前提下,在培育和开发市场、完善和创新产品或者服务方面提供帮助。

被认定为老字号企业的传统技艺和商贸习俗,符合条件的,应当列入代表性项目名录。

第十九条　对非物质文化遗产资源丰富和代表性项目集中、形式和内涵完整、自然生态和人文环境较好的村镇、街区或者特定区域,应当设立文化生态保护区,实行区域性整体保护。

文化行政主管部门应当会同规划、国土资源等部门制定保护区专项规划,报同级人民政府批准后实施。文化生态保护区的历史风貌和传统文化生态应予保持,不得破坏其依存的自然景观和人居环境。

第二十条　文化行政主管部门应当组织实施代表性项目和代表性传承人的数字化保护。运用文字记载、录音、录像、多媒体等方式,对其核心技艺进行全面记录,建立数据库。

鼓励和扶持保护单位或者个人建立数字化的展览馆、博物馆、体验馆等展示平台。

第二十一条　保护单位在保护过程中形成的有保存价值的各种材料,应当依法移交档案机构,任何个人不得据为己有。

第二十二条　文化行政主管部门应当组织保护单位建设代表性项目传承基地,并为社会参与建设传承基地提供服务。

传承基地应当符合下列条件:

(一)有适度规模的传承活动场所,用于教学、展示、宣传等活动的基本设施、设备齐全;

(二)项目资料收集全面,档案保存管理规范;

(三)代表性传承人培养后继人才富有成效,或者有多支开展活动的传承、学习团队;

(四)定期开展传承教学、宣传展示、交流研讨等活动,有较大的社会影响。

第二十三条　文化行政主管部门应当组织代表性项目传承人进入高等院校、职业技术学校或者研究机构进行研修、研习和培训,每年不少于二次。

第二十四条　文化行政主管部门和保护单位应当通过向社会招募学员等方式,推广实施家族传承、师徒传承与现代职业教育相结合的传承人培养模式。

鼓励高等院校、职业技术学校或者研究机构通过开设非物质文化遗产相关专业、设立传承班以及与相关单位联合办学、办班等途径,培养专门人才。

第二十五条　市、区人民政府应当组织做好非物质文化遗产的宣传、展示、展演工作。

各级文化场馆应当参与非物质文化遗产的调查、收集、整理、研究、宣传、展演和交流活动。

广播、电视、报刊、网络等媒体应当做好非物质文化遗产保护的宣传工作,普及保护知识,提高全社会的保护意识。

鼓励公园和有条件的公共场所宣传、展示、展演代表性项目。

第二十六条　教育行政主管部门应当会同有关部门将代表性项目纳入中小学校本课程,作为特色教育的重要内容。

鼓励保护单位、代表性传承人进入社区和校园,开展非物质文化遗产保护的知识普及和宣传教育活动。

第二十七条　鼓励和支持公民、法人和其他组织通过下列方式,参与非物质文化遗产的合理利用与发展:

(一)开发具有地方特色和市场潜力的文化、旅游产品和服务;

(二)开展以弘扬优秀传统文化为主题的文学艺术创作;

(三)开展非物质文化遗产原始文献、典籍、资料的收集、整理、翻译、出版和研究工作。

第二十八条　开发利用非物质文化遗产,应当尊重和保持其传统文化内涵、传统工艺流程、核心技艺的原真性,保持其原有的文化风貌。

改变传统文化内涵、传统工艺流程和核心技艺的,不得以非物质文化遗产项目的名义进行宣传、推广和销售。

第二十九条　公民、法人和其他组织合理利用代表性项目的,依法享受国家和省规定的税收、信贷、行政事业性收费等方面的优惠待遇。

第三十条　文化行政主管部门应当建立代表性项目评估制度,每二年组织一次评估,评估结果向社会公布:

(一)对代表性项目的存续情况进行调查、评估。对于因客观环境改变、无人传承、经抢救性保护仍不能活态存续的,经同级人民政府批准后退出代表性项目

名录,列入记忆性保护名录;

(二)对代表性项目保护单位、代表性传承人进行检查、评估。保护单位、代表性传承人无正当理由不履行义务的,取消其资格以及享有的相应权利。保护单位、代表性传承人被举报或者被发现不履行义务的,文化行政主管部门应当及时组织评估;

(三)对传承基地进行评估。做出突出贡献的,予以优先扶持和奖励;不再符合相关条件的,取消其称号。

第三十一条　违反本条例第十三条规定的,由文化行政主管部门责令限期改正;逾期不改正的,给予警告,对单位并处二千元以上一万元以下罚款,对个人并处一千元以上五千元以下罚款。

第三十二条　非物质文化遗产保护相关部门及其工作人员违反本条例规定,有下列行为之一的,依法给予处分;构成犯罪的,依法追究刑事责任:

(一)不履行或者不正确履行非物质文化遗产保护、监督、管理职责的;

(二)违反法定条件或者程序认定代表性项目、代表性传承人的;

(三)对列入濒危项目名录的代表性项目未及时采取抢救性保护措施,造成严重后果的;

(四)截留、挪用、侵占非物质文化遗产保护专项资金的;

(五)其他玩忽职守、滥用职权、徇私舞弊行为的。

第三十三条　本条例自 2017 年 3 月 1 日起施行。

苏州市非物质文化遗产保护条例

(2013年8月26日苏州市第十五届人民代表大会常务委员会第八次会议制定 2013年9月27日江苏省第十二届人民代表大会常务委员会第五次会议批准)

第一条 为了保护非物质文化遗产,继承和弘扬优秀传统文化,根据《中华人民共和国非物质文化遗产法》、《江苏省非物质文化遗产保护条例》等法律、法规,结合本市实际,制定本条例。

第二条 本市行政区域内非物质文化遗产的保护适用本条例。

第三条 本条例所称非物质文化遗产,是指在本地世代相传并被公认为文化遗产组成部分的各种传统文化表现形式,以及与之相关的实物和场所。包括:

(一)传统口头文学以及作为其载体的语言;

(二)传统美术、书法、音乐、舞蹈、戏剧、曲艺和杂技;

(三)传统技艺、医药和历法;

(四)传统礼仪、节庆等民俗;

(五)传统体育和游艺;

(六)其他非物质文化遗产。

非物质文化遗产组成部分的实物和场所属于文物的,适用文物保护有关法律、法规的规定。

第四条 非物质文化遗产保护工作应当贯彻保护为主、抢救第一、合理利用、传承发展的方针,处理好政府和社会、事业和产业、保护和利用的关系。

第五条 市、县级市(区)人民政府应当将非物质文化遗产保护工作纳入国民经济和社会发展规划以及城乡规划,并建立部门联席会议制度,统一协调非物质文化遗产保护工作。

市、县级市(区)和镇人民政府应当加强对非物质文化遗产保护经费和专项资金的管理、监督。非物质文化遗产保护经费和专项资金的使用,应当突出重点、专款专用、注重实效。

市、县级市（区）人民政府应当在规划布局、项目准入、资金投入、场所调配等方面制定优惠政策，鼓励公民、法人和其他组织参与非物质文化遗产保护。

市、县级市（区）人民政府应当加强对与非物质文化遗产有关的商标、字号、版权等知识产权的保护。

第六条　市、县级市（区）文化主管部门（以下简称文化主管部门）负责本行政区域内非物质文化遗产保护的组织、协调、监督和管理工作。非物质文化遗产保护工作机构负责具体实施非物质文化遗产保护工作。

其他有关部门在各自职责范围内，负责非物质文化遗产保护的相关工作。

镇人民政府（街道办事处）应当明确有关单位、专门人员负责非物质文化遗产保护工作。

第七条　与非物质文化遗产有关的社会组织、人民团体应当参与非物质文化遗产的保护，指导、督促成员做好非物质文化遗产保护工作。

第八条　市、县级市（区）人民政府应当在调查的基础上建立本级非物质文化遗产代表性项目名录，并向上一级文化主管部门推荐非物质文化遗产代表性项目。

公民、法人和其他组织可以向文化主管部门提出列入非物质文化遗产代表性项目名录的建议。

对尚未列入名录的非物质文化遗产项目，有条件的公民、法人和其他组织可以开展抢救、记录、传承等保护工作。

第九条　文化主管部门应当组织编制本行政区域内非物质文化遗产保护规划，报本级人民政府批准后实施。

对列入非物质文化遗产代表性项目名录的，文化主管部门应当组织保护单位制定项目保护规划。

第十条　非物质文化遗产代表性项目的保护单位和代表性传承人的条件、权利、义务，依照《中华人民共和国非物质文化遗产法》《江苏省非物质文化遗产保护条例》的规定执行。

文化主管部门应当建立非物质文化遗产代表性项目的保护单位和代表性传承人的保护工作档案。

文化主管部门应当每二年对保护单位、代表性传承人进行一次评估。经评估，保护单位、代表性传承人无正当理由不履行义务的，可以取消其资格，自取消资格之日起，不再享有相应的权利。

保护单位、代表性传承人被举报或者经检查发现不履行义务的，文化主管部门应当及时进行评估。

文化主管部门应当每年组织有关专家和社会组织对保护单位和代表性传承人的保护工作绩效进行考核，并将考核结果作为给予补助、资助、奖励的依据。

第十一条　文化主管部门在拟订非物质文化遗产代表性项目名录、濒临消失的非物质文化遗产代表性项目名录、非物质文化遗产项目记忆名录和认定非物质文化遗产代表性项目代表性传承人时，应当依法组织专家评审，并将评审意见向社会公示。

文化主管部门在作出编制保护规划、实施重大非物质文化遗产保护工程和确定非物质文化遗产保护专项资金项目等决策时，应当听取专家、公众的意见和建议。

第十二条　对非物质文化遗产代表性项目实行分级保护。

对列入国家级、江苏省、市级、县级非物质文化遗产代表性项目名录的，应当按照项目保护规划要求实行严格保护。

对列入人类非物质文化遗产代表作名录的昆曲、古琴艺术、端午习俗、香山帮传统建筑营造技艺、缂丝织造技艺、宋锦织造技艺等项目，应当按照我国加入的相关国际条约要求实行严格保护。

第十三条　根据非物质文化遗产项目的特点和现状，可以采取抢救性保护、记忆性保护、生产性保护和区域性整体保护等方法实行分类保护。

第十四条　对存续状态受到威胁、濒临消失的非物质文化遗产代表性项目，实施抢救性保护。

市、县级市（区）人民政府应当重点加强对濒临消失的非物质文化遗产代表性项目的保护，并建立濒临消失的非物质文化遗产代表性项目名录。

文化主管部门应当会同有关部门制定抢救保护方案，优先安排非物质文化遗产保护专项资金，记录、整理、保存项目资料和实物，修缮建（构）筑物和场所，改善或者提供相应的传承条件，安排或者招募人员学艺。

第十五条 对丧失传承人、客观存续条件已经消失或者基本消失的非物质文化遗产项目,实施记忆性保护。

市、县级市(区)人民政府应当建立非物质文化遗产项目记忆名录。

文化主管部门应当组织有关单位对列入记忆名录的非物质文化遗产项目,及时开展调查,收集相关资料和实物,形成系统完整的文字、图片、音像等资料,建立数据库、档案库。

第十六条 对存续状态较好、有一定的消费群体,具有市场潜力和发展优势的非物质文化遗产项目,在有效传承其核心技艺和文化内涵的前提下,通过培育和开发市场、完善和创新产品或者服务等形式,实施生产性保护。

实施生产性保护的单位和个人,应当保持传统工艺流程的整体性和核心技艺的真实性,并可以借助生产、流通、销售等手段,将非物质文化遗产及其资源转化为文化产品和文化服务。文化主管部门和有关部门应当加强监督管理。

市、县级市(区)和镇人民政府应当根据生产性保护项目现状、市场情况,制定扶持政策,积极发挥公民、法人和其他组织的作用。

市、县级市(区)人民政府应当引导金融机构通过创新金融产品等方式,对实施生产性保护的非物质文化遗产项目提供信贷支持。

第十七条 对非物质文化遗产资源丰富、代表性项目集中、特色鲜明、形式和内涵保持相对完整、自然生态环境和人文生态环境较好的传统村镇、街区等特定区域,实施区域性整体保护。

市、县级市(区)人民政府应当对实施区域性整体保护的特定区域,设立以非物质文化遗产为核心的文化生态保护区,并逐步建立文化生态保护扶持机制。

实施区域性整体保护应当保持文化生态保护区的历史风貌和传统文化生态,不得改变与其相互依存的自然景观和人居环境。涉及历史文化名城、名镇、名村、街区的,应当执行有关法律、法规的规定,并协调好物质文化遗产保护与非物质文化遗产保护的关系。

第十八条 市、县级市(区)和镇人民政府应当加强对与非物质文化遗产代表性项目密切相关的珍稀矿产、动物、植物等天然原材料的保护。

保护单位和代表性传承人有权优先利用与非物质文化遗产代表性项目密切相关的天然原材料。依法需要经过特别许可的,从其规定。

鼓励种植、养殖与非物质文化遗产代表性项目密切相关的天然原材料。鼓励科研创新,开发、推广和使用与非物质文化遗产代表性项目密切相关的天然原材料的替代品。

第十九条　市、县级市(区)人民政府应当加强非物质文化遗产保护人才队伍建设,培养和引进非物质文化遗产研究、传承、保护、管理等专门人才。

文化主管部门应当会同人力资源和社会保障等部门制定符合行业特点的招聘标准和培训大纲,引进、培养社会专门人才。

鼓励普通高等院校、职业技术院校通过开设非物质文化遗产相关专业、传承班,以及与相关单位联合办学、办班等途径,培养专门人才。鼓励有条件的院校采取减免学费或者给予助学金、奖学金等措施,资助学生学习传统技艺。

第二十条　市、县级市(区)人民政府及有关部门应当对列入濒临消失的非物质文化遗产代表性项目名录的项目学艺者予以扶持。

取得初级职称、国家四级职业资格(中级工)或者达到同等技艺水平的学艺者,文化主管部门应当给予专项资助。

取得中级职称、国家三级职业资格(高级工)或者达到同等技艺水平的非本市户籍的学艺者需要加入本市户籍的,参照引进紧缺人才的户籍准入办法执行。

本条第二款、第三款扶持政策的具体规定,由市文化主管部门会同人力资源和社会保障等部门制定,报市人民政府批准后实施。

第二十一条　教育行政部门应当会同文化主管部门编写有地方特色的读本,并支持中小学校开发校本教材,将本地非物质文化遗产知识列为特色教育的重要内容。

保护单位、代表性传承人应当通过走进学校、社区等形式,传播非物质文化遗产知识。

第二十二条　文化主管部门应当通过重点课题招标、研究成果评估、优秀项目成果奖励等方法,吸引公民、法人和其他组织参与非物质文化遗产研究。

第二十三条　在有效保护的基础上,公民、法人和其他组织可以合理利用非物质文化遗产资源,开发具有地方特色的传统文化产品、服务和旅游项目。

市、县级市(区)和镇人民政府应当对符合本地文化传统特色的民俗节庆加强保护,鼓励、支持单位和个人结合民俗节庆开展非物质文化遗产代表性项目的展示、展演等活动。

第二十四条　鼓励、支持和引导公民、法人和其他组织以捐赠、资助、奖励、提供商业保险、设立基金等形式，参与非物质文化遗产的保护。对做出显著成绩者，由市、县级市（区）和镇人民政府给予表彰、奖励。

建立非物质文化遗产保护志愿者队伍，引导公众参与非物质文化遗产的保护和宣传。

第二十五条　未取得非物质文化遗产代表性项目保护单位、代表性传承人资格的，不得以保护单位、代表性传承人的名义开展传承、传播活动。

非物质文化遗产代表性项目保护单位、代表性传承人不得以与其资格不相符的名义开展传承、传播活动。

第二十六条　违反本条例规定的行为，法律、法规已有处罚规定的，从其规定。

第二十七条　违反本条例第二十五条规定的，文化主管部门应当责令限期改正，逾期不改正的，给予警告，并可以对单位处以一千元以上一万元以下罚款，对个人处以五百元以上五千元以下罚款。

第二十八条　文化主管部门和其他有关部门、非物质文化遗产保护工作机构及其工作人员在非物质文化遗产保护工作中玩忽职守、滥用职权、徇私舞弊的，由其所在单位或者上级主管机关对直接负责的主管人员和其他直接责任人员依法给予行政处分；构成犯罪的，依法追究刑事责任。

第二十九条　本条例自2014年1月1日起施行。2004年5月18日苏州市人民政府发布的《苏州市民族民间传统文化保护办法》同时废止。